Inhalt

Allgemeiner Teil

Unterrichtskommentare

Kopiervorlagen

Lernen an Stationen

Anhang

Allgemeiner Teil

I Konzeption

1. Rahmenbedingungen und Ziele

Veränderungen

Schule und Unterricht sind von ständiger Veränderung geprägt. Hierzu gehören:
- Weiterentwicklungen des fremdsprachlichen Unterrichts in der Grundschule (veränderte unterrichtliche Rahmenbedingungen; veränderte Erwartungen seitens der und an die aufnehmenden Schulen);
- veränderte Handlungsspielräume für Eltern bei der Wahl der weiterführenden Schule (Auswirkungen auf die Zusammensetzung von Eingangsklassen);
- die Einführung von neuen weiterführenden Schulformen verschiedener Profile;
- die Weiterführung der Diskussion um das 8- bzw. 9-jährige Gymnasium und eine damit einhergehende Neubewertung der Erwartungen an die einzelnen Schulstufen;
- die zunehmende Digitalisierung des Lebensumfelds der Lernenden sowie der Unterrichtenden und eine fortschreitende Veränderung im Medienkonsumverhalten;
- die zunehmende Bedeutung des Englischen als *lingua franca*.

Diese Veränderungen stellen neue Herausforderungen an Unterrichtsmaterialien, die die Bedürfnisse sowohl von Lehrkräften (L) als auch von Lernenden (S) in einer Vielzahl von Konstellationen gerecht werden müssen.

Ziele im Lehrwerk

Zu den zentralen Zielen der aktuellen *Green Line*-Generation gehören:
- Befähigung der S zu einer alters- und situationsgemäßen funktionalen interkulturellen Handlungsfähigkeit in für sie lebensweltlich relevanten Situationen;
- Entwicklung eines interkulturellen Bewusstseins in Hinblick auf Ziel- und Heimatkultur(en);
- Transparenz über kurz- und mittelfristige Unterrichtsziele sowohl für L als auch für S;
- Flexibilität hinsichtlich Auswahl und Einsatz des Materials;
- ein für den Großteil der heutigen gymnasialen Schülerpopulation erreichbares Grundniveau;
- Berücksichtigung einer deutlich gestiegenen Heterogenität innerhalb einer Lerngruppe auch am Gymnasium und eine damit einhergehende Bereitstellung von Möglichkeiten und Materialien zur individuellen Förderung.

2. Didaktische Schwerpunkte

Kompetenz- und Aufgabenorientierung

Seit der Vorlage der Bildungsstandards der KMK von 2004 hat sich die Neuorientierung der curricularen Vorgaben der Länder verstärkt: Die bisherige akribische Definition von sprachlich-thematischen Lernzielen wird zunehmend der Entwicklung einer ganzheitlichen fremdsprachlichen Handlungsfähigkeit untergeordnet. Im Lehrwerk schlägt sich diese Entwicklung u.a. in einer stärkeren **Outputorientierung** nieder, die durch einen deutlichen Zuwachs von Aufgaben zur mündlichen und schriftlichen Sprachproduktion dokumentiert wird.
Gleichzeitig werden diese Aufgaben stärker als bisher unter den Gesichtspunkten der lebensweltlichen Relevanz und der persönlichen Bedeutung für die S konzipiert, und es wird eine höhere Transparenz über die Zielsetzung der Aufgabe einerseits und die inhaltlichen und sprachlichen Voraussetzungen andererseits erreicht. Die Aufgaben ermöglichen einen steten, aber stets nachvollziehbaren Kompetenzzuwachs, indem die S schrittweise mehrere **Teilkompetenzen** zu einer größeren **Globalkompetenz** kombinieren.
Diese Entwicklung ist im Lehrwerk erkennbar an
- einer an die S gerichteten Formulierung der **Kompetenzziele** zu Beginn einer Unit unter der Überschrift *„In Unit … you learn…“*;
- sprachhandlungsrelevant formulierten Kompetenzzielen oben auf jeder Seite;

- häufigen ***Your turn***-Aufgaben, die die S als sie selbst zu Wort kommen lassen;
- einer integrativen Kompetenzaufgabe in Gestalt der ***Unit task***, die in jeder Unit die erworbenen Teilkompetenzen kombiniert.

In diesem Zusammenhang ist das blaue Puzzle-Symbol von Bedeutung, das die Aufgaben in der Unit markiert, die in besonderer Weise auf die *Unit task* vorbereiten und möglichst nicht weggelassen werden sollten.

In jedem Schritt werden die zur Durchführung der Aufgaben benötigten Mittel gemeinsam abgeleitet und erarbeitet, um in überschaubaren Zusammenstellungen zum kommunikativen Einsatz zu kommen. Die Funktion der produktiven Aufgaben besteht demzufolge nicht darin, grundsätzlich Neues zu erarbeiten, sondern das bereits Erarbeitete in neuen Kombinationen und Zusammenhängen auf nachvollziehbar kommunikativ sinnvolle Weise zu nutzen. Grundsätzlich wird darauf geachtet, in jeder Unit alle Kompetenzbereiche in angemessener Gewichtung zu berücksichtigen. Die *Unit task* kann dabei von Mal zu Mal einen anderen Schwerpunkt haben (einmal eher schriftlich, ein anderes Mal eher mündlich); die Erarbeitungsschritte beziehen trotzdem die anderen Kompetenzen mit ein.

Zur besseren Orientierung sowohl für L als auch für S wird im Schülerbuch neben jeder Aufgabe bzw. Übung der Fertigkeitsschwerpunkt angegeben:

- LISTENING
- SPEAKING
- READING
- WRITING
- MEDIATION
- VIEWING

Aufgaben, die vorrangig die Einführung oder Festigung von sprachlichen Mitteln zum Ziel haben, werden wie folgt gekennzeichnet:

- LANGUAGE
- VOCABULARY

Differenzierung und Individualisierung

Vor dem Hintergrund der wachsenden Heterogenität der Schülerpopulation auch am Gymnasium dürfen differenzierende und individualisierende Ansätze keine Randerscheinung für Spezialisten mehr sein. Vielmehr müssen L und die von ihnen eingesetzten Materialien den S vielfältige Möglichkeiten bieten, sich die zu erwerbenden Kompetenzen anzueignen:

- mit unterschiedlichen Geschwindigkeiten,
- mit unterschiedlichen Graden der Unterstützung,
- auf verschiedenen Lernwegen,
- anhand von unterschiedlichen Inhalten.

In *Green Line* wird auf den Unit-Seiten grundsätzlich eine **gemeinsame Basis** angeboten, die von allen S beherrscht werden soll. Schon hier entsteht durch eine sorgfältige Auswahl an Themen, Materialien, Aktivitäten, Sozialformen und Aufgabenformaten ein breitgefächertes Angebot, das verschiedene Lerndispositionen anspricht. Darüber hinaus werden im ***Diff pool*** optionale Aufgaben, Hilfen und Übungen präsentiert, die auf verschiedene Art und Weise auf unterschiedliche Lernvoraussetzungen näher eingehen. Die Aufgaben zur Differenzierung lassen sich in **vier Kategorien** einteilen:

a) △ *Help with …* – zusätzliche Hilfen zu einer bestehenden Aufgabe in der Unit, für leistungsschwächere S;
b) △ *Instead of …* – eine leichtere Variante einer bestehenden Aufgabe in der Unit, für leistungsschwächere S;
c) △ *After …* – zusätzliche Festigung zu einer bestehenden Aufgabe in der Unit, für leistungsschwächere S;
d) ▲ *After …* – eine weiterführende Aufgabe, die sich an eine bestehende Aufgabe in der Unit anschließt, für leistungsstärkere S.

Etliche Aufgaben im *Diff pool* bieten darüber hinaus Individualisierungsmöglichkeiten für S, die von einem alternativen Zugang profitieren.

Die Aufgaben der Kategorien **a)** bis **c)** für leistungsschwächere S führen grundsätzlich zum gleichen allgemeinen (Basis-)Lernziel wie die Aufgaben in der Unit selbst. Die weiterführenden Aufgaben der Kategorie **d)** eignen sich u. a. dazu, leistungsstärkere S, die ggf. schneller mit einer vorgegebenen Aufgabe fertig werden, gewinnbringend – d.h. fördernd – zu beschäftigen, während langsamere S das Grundpensum zu Ende bearbeiten. Ebenso wird durch die Verzahnung der Aufgaben Leerlauf für bestimmte S vermieden: Immer dann, wenn ein Stoff von einem Teil der Klasse gesondert geübt werden muss, kann im erweiterten Aufgabenangebot auf eine sinnvolle Zusatzbeschäftigung für die anderen S zurückgegriffen werden.

Mit dem *Diff pool* können Sie grundsätzlich auf zwei verschiedene Weisen im Unterricht arbeiten. Zum einen können Sie damit **parallel differenzieren**, d.h. die S bearbeiten zwar verschiedene Aufgaben im Unterricht, am Ende steht jedoch das **gleiche Ergebnis**. Zum anderen können sie die Aufgaben als zusätzliches Übungsmaterial einsetzen. Auf diese Weise profitieren Sie auch in homogenen Klassen von dem Angebot des *Diff pools*.

Sowohl das lehrwerksbegleitende *Workbook* als auch diese Lehrerhandreichung enthalten weitere differenzierende Aufgaben bzw. Unterrichtshinweise.

Die Lerngruppe wieder zusammenführen

Dank der Paralleldifferenzierung im *Diff pool* können Sie die Aufgabe der Unit-Seite und die Aufgabe des *Diff pools* in einer Phase besprechen, da die Zusammenführung der Ergebnisse entfällt. Sie können die Differenzierungsaufgaben zeitgleich mit den Aufgaben der Unit-Seiten sichern, da die Lösungen bzw. Erwartungshorizonte auf die Aufgaben beider Niveaus zutreffen. Aufgaben zur Paralleldifferenzierung sind als △ *Help with* … und △ *Instead of* … gekennzeichnet.

Die Aufgaben der Kategorie △/▲ *After* … bieten zusätzliches Übungsmaterial für leistungsstärkere und vor allem für -schwächere S. Anhand der Aufgaben im *Diff pool* können leistungsschwächere S zentrale sprachliche Strukturen und Mittel wiederholen z. B. in häuslicher Arbeit. Die Aufgaben für leistungsstärkere S sind so konzipiert, dass sie motivierend sind und nicht als Zusatz empfunden werden. Von einer gemeinsamen Sicherung im Klassenverband profitieren auch die leistungsschwächeren S, wenn es sich um solch kreative Aufgaben handelt wie z. B. S. 132/2 (die S präsentieren ihre Ergebnisse in der Klasse). Andere Aufgaben sind als Partnerübungen gestaltet, so dass gegenseitig verbessert werden kann. Die Sicherung der Übungen für leistungsschwächere S kann auf folgende Weisen erfolgen:

- durch ein vom Lehrer zur Verfügung gestelltes Lösungsblatt;
- durch eine individuelle Korrektur während der Stillarbeitsphase durch L;
- durch die Bestimmung von *experts*, die während der Übungsphase ihre Mitschüler unterstützen und korrigieren;
- durch eine Sicherung in Partnerarbeit nach Abschluss der Übungsphase, bei der leistungsschwächere und -stärkere S zusammenarbeiten;
- eine gemeinsame Sicherung im Unterricht, bei der die leistungsstärkeren S vor der Herausforderung stehen, die Lösung ohne Vorbereitung zu finden und gegebenenfalls die Sätze der anderen zu korrigieren.

Grammatik

Zur kompetenzorientierten Anlage des Lehrwerks gehören wie oben ausgeführt:

- Transparenz über die Ziele der Unit bzw. der jeweiligen Buchseite und über die Bedeutung der einzelnen Aufgaben für die übergreifenden Kompetenzziele einer Unit;
- eine stärkere Outputorientierung im Sinne von sprachproduktiven Aufgaben mit einer hohen Relevanz für die individuellen S;
- eine Betonung der praktischen Verwertbarkeit des Gelernten im Alltag.

Dennoch wird anerkannt, dass die strukturierte und transparente Behandlung sprachlicher Phänomene gerade im fortgeführten Fremdsprachenunterricht am Gymnasium nach wie vor methodisch-didaktisch begründet ist und von vielen L geschätzt wird. Aus diesem Grund wird das Prinzip der Präsentation neuer sprachlicher Mittel in funktionalisierten Texten und einer sich daran anschließenden Habitualisierung und Kognitivierung in durchgehend **themen- und situationsorientierten** Lernsequenzen generell aus der vorhergehenden Lehrwerksgeneration beibehalten. Dabei wird wenn möglich und sinnvoll ein **induktiver Ansatz** gewählt, nach dem S

Sprachfunktionen entdecken und Regelmäßigkeiten selbstständig ableiten können, bevor zu habitualisierenden Aufgaben und einer darauffolgenden situativ eingebetteten freien Verwendung übergegangen wird.

Im ***Grammar*-Anhang**, einer vereinfachten Regelgrammatik ab S. 140, werden in übersichtlicher, bildreicher Form die grammatischen Strukturen, die in den Units behandelt werden, zum Nachschlagen bereitgestellt und mit kurzen Selbstevaluationsaufgaben überprüft.

Generell wurde bei der Konzeption des Lehrwerks darauf geachtet, dass hochfrequente, für die tägliche Kommunikation der S nützliche Strukturen mit Vorrang eingeführt und habitualisiert werden, und dass komplexe, tendenziell problematische Strukturenpensen nicht geballt nacheinander behandelt werden.

Wo möglich und sinnvoll werden ausgewählte Phänomene lexikalisch behandelt, um den Anteil an kognitiver Grammatikarbeit zu reduzieren.

Wortschatz

Maßgabe für die lexikalische Gestaltung von Texten und Aufgaben im Lehrwerk ist ein Grundstock häufig verwendeter und für den Alltag der S nützlicher Wörter und Wendungen. Grundlage bildet die Cambridge PET-Liste, ein Referenz-Corpus von ca. 3.500 häufig verwendeten Vokabeln, die ein GER-Niveau bis B1 einschließt. Ausnahmen bilden landeskundlich bzw. interkulturell interessante Besonderheiten und Wörter, die für die motivierende Textgestaltung herangezogen werden. Arbeitsanweisungen und metasprachliche Begriffe, die in den Aufgabenstellungen verwendet werden, bleiben im rezeptiven Bereich (ab S. 236: *In the classroom*).

Ganz im Sinne des aus der Grundschule bekannten imitativen Sprachlernansatzes wird in *Green Line* von Beginn an mit sogenannten ***Chunks*** gearbeitet, d.h. auswendig zu lernenden, formelhaften Spracheinheiten, die von den S nicht analysiert, sondern nach vorgegebenen Mustern eingesetzt werden.

Im Verlauf des Lehrwerks werden die S angehalten, parallel zur regulären Wortschatzarbeit ein ***personal vocabulary*** aufzubauen, d.h. individuell zusätzlichen Wortschatz zu sammeln, der für die Versprachlichung des eigenen persönlichen Lebensumfelds notwendig ist – sei es ein ungewöhnliches Haustier, ein ausgefallenes Hobby oder das Herkunftsland der (Groß-)Eltern. Für leistungsschwächere S kann sich das *personal vocabulary* durchaus aus dem im Lehrwerk angebotenen Grundstock speisen.

Im ***Vocabulary*** ab Seite 166 wird der komplette Lernwortschatz des Lehrwerks mit phonetischer Umschrift, deutscher Entsprechung und Anmerkungen aufgelistet. Die Anmerkungen zum Lernwortschatz umfassen Beispielsätze, Merksätze, Illustrationen, Synonyme und Antonyme, Hinweise auf Besonderheiten der Aussprache oder Verwendung usw. Weiterhin enthält das *Vocabulary* lernmethodische Hinweise, nützliche Zusammenstellungen von Wortfeldern und viel Bildmaterial.

Textarbeit

In *Green Line* wird von Anfang an auf eine gymnasialgerechte und hohe **Textqualität** geachtet. Sehr kurze, unnatürliche und nur zur Einführung eines einzelnen Grammatik-Teilpensums dienende Texte werden vermieden. Beim Verfassen der Texte wird u. a. den Aspekten der Altersgemäßheit, dem Rollenverständnis von Jungen und Mädchen und der Motivation und Anregung zum weiteren selbstständigen Lesen in der Fremdsprache besondere Beachtung beigemessen.

Neben der gegenüber früheren Lehrwerken erhöhten Textmenge spielt in *Green Line* die **Textsortenvielfalt** eine besondere Rolle. Beispiele hierfür sind Sachtexte, E-Mails, Briefe, Telefongespräche, Bildergeschichten, Fotostorys etc. Die erhöhte Textsortenvielfalt führt zu einem deutlich erweiterten Aufgabenspektrum.

Der dreiseitige **Hauptlesetext** jeder Unit ist mit entsprechenden Anregungen und Aufgaben zur Auswertung (*pre-*, *while-* und *post-reading*) versehen. Er dient vor allem der Auswertung von Texten und führt die S früh an Lesetechniken in der Fremdsprache heran. Dem produktiven Schreiben wird besonderes Gewicht beigemessen. Anhand von Aufgaben zur Erarbeitung der notwendigen sprachlichen Inventare (Strukturen, Wortschatz, Redemittel), möglicher Inhalte und der jeweiligen Textmerkmale werden die S sukzessive an ein systematisches, reflektierendes Verfahren herangeführt, das sie in Zukunft selbstständig anwenden sollen. Textrezeption und Textproduktion bilden so zunehmend eine Einheit. In *Green Line 2* kommen noch fünf authentische Lesetexte hinzu (*Story* 1–5), um das Leseverstehen – vor allem das extensive Leseverstehen – weiter zu schulen.

Zur Erweiterung der Textarbeit bietet der Lehrerband ein **Theaterstück** an, das sowohl als Lesetext eingesetzt werden kann als auch als *radio play* oder für eine Aufführung. Die Arbeit daran fördert das Miteinander, bringt Spaß und stabilisiert das Gruppenbewusstsein der Klasse.

Integriertes Hör-/ Sehverstehen

„Film als Textform", „audiovisuelle Medien", „authentische Filme" sind Begriffe, die in den letzten Jahren immer häufiger in Verbindung mit einem modernen Englischunterricht erwähnt werden. Der Einsatz von Filmsequenzen ist heute eine anerkannte und wichtige Komponente eines modernen Englischunterrichts. Hör-/Sehverstehen wird in den Bildungsstandards verlangt und hat in den Englischunterricht deutscher Schulen Einzug erhalten. Die Nutzung audiovisueller Medien ist zum Bestandteil des S-Alltags geworden. Zunehmend sind Schulen auch mit der nötigen Hardware ausgestattet und L können mit „Filmtexten" in ihrem Unterricht arbeiten.

In der aktuellen Generation von *Green Line* sind nun erstmals mit der neuen Video-DVD *Action UK!* Filmsequenzen im Schülerbuch integriert. Da diese bewusst nur locker an die Schulbuchprogression angelehnt sind, kann an dieser Stelle eine zwanglose Begegnung mit neuem, fakultativem Wortschatz und neuen Strukturen stattfinden. Das Hör-/Seherlebnis steht im Vordergrund und wirkt als Katalysator für die Kommunikation. L sollten ihren S deutlich machen, dass die *Action UK!*-Sequenzen keineswegs der bloßen Unterhaltung dienen, sondern einer aktiven Auseinandersetzung mit der Filmhandlung, den Filmcharakteren und der Sprache. Trotzdem soll der Spaßfaktor natürlich nicht zu kurz kommen. Die „Arbeit" mit den Filmsequenzen stellt für S und L eine willkommene Abwechslung dar. Durch die Umwälzung der Themen der Unit wird den S bewusst, dass Inhalte des Kapitels zur Verbesserung der eigenen Kommunikationskompetenzen beitragen. Weitere Details unter ***3. Action UK!***

Interkulturelle Kompetenz

Zusätzlich zur Begegnung der S mit der Zielkultur durch die *constellation of characters* in den Lesetexten, erweitern die S ihr interkulturelles Wissen auf den **landeskundlichen Einführungsseiten** jeder Unit, den *Check-in*-Doppelseiten. Dort erhalten die S sprachliche, soziale, kulturelle und geografische Informationen über das Zielland. Das Ziel der einführenden Doppelseite und aller anderen Seiten, die landeskundliche Informationen direkt und indirekt vermitteln, liegt jedoch nicht darin, abstrakte, scheinbar objektive Landeskunde vorzuführen. Wo immer möglich sollen Vergleiche zur eigenen Lebenswelt stattfinden können, auch im sprachlichen Bereich. Die Präsentation eines vielfältigen Bildes des Ziellandes wird konsequent verfolgt.

Neu in dieser *Green Line*-Generation sind die zwei ***Across cultures***-Doppelseiten (in *Green Line* 2 nach den Units 2 und 4). Hier werden zentrale Aspekte der britischen Alltagskultur auf zugängliche und kommunikative Weise präsentiert und für die S entsprechende Handlungsmuster erarbeitet und verfügbar gemacht. Eine Besonderheit sind auch die Filmsequenzen auf den *Across cultures*-Doppelseiten (siehe *Action UK!*).

Die *Across cultures*-Doppelseiten stellen einen Lehrgang dar, der stufenplanartig aufeinander aufbaut und bis zum Abschluss der Sekundarstufe I reicht. In den Units regen zusätzlich *Across-cultures*-Boxen mit kurzen Erläuterungen und aktivierenden Fragestellungen zum Vergleich zwischen der Ziel- und der eigenen Kultur an.

Von interkulturellem Interesse sind daneben die zahlreichen mit Gespür fürs Detail gezeichneten Illustrationen. Sie laden die S immer wieder zur Entdeckung und Beschreibung von Unterschieden zwischen britischen und eigenen Lebensgewohnheiten ein.

Selbstevaluationskompetenz

Als autonome Lernende sollen S frühzeitig an die Möglichkeiten herangeführt werden, ihren eigenen Lernfortschritt einzuschätzen und zu dokumentieren. Hierzu macht *Green Line* verschiedene Angebote:

Auf der ***Check-out*-Seite** der Units können die S unter Zuhilfenahme der Lösungen ihren Lernfortschritt in Teilbereichen einschätzen. Die Lösungen zu den Aufgaben sind jeweils im Anschluss an das *Dictionary* zu finden.

Die ***Unit task*** bietet eine sehr gute und motivierende Möglichkeit, den S Ihren Lernzuwachs anhand einer realistischen Situation deutlich zu machen, die ihnen eine Kombination verschiedener vernetzter Kompetenzen abverlangt. Die Methode der *peer evaluation* wird in diesem Zusammenhang in besonderem Maße gefördert.

Die im Schülerbuch integrierte ***Grammar*** enthält im Anschluss an jedes Thema kurze Aufgaben, die für die gemeinsame Verständnisüberprüfung, z. B. in Partnerarbeit, konzipiert sind. Auch hier finden sich die Lösungen zur Selbstkontrolle hinten im Schülerbuch.

Nach jeder im *Workbook* bearbeiteten Aufgabe können die S mit Hilfe einer Ampel eine direkte Selbsteinschätzung vornehmen. Diese Werte übertragen sie nach Abschluss der Unit auf die ***Portfolio*-Seite** am Unit-Ende, um so zu jedem Kompetenzbereich einen auf vielen Einzelbewertungen basierenden Gesamtwert zu bilden.

Im Lehrerband sind Kopiervorlagen für ein **Stationenlernen** enthalten, also für einen Lernzirkel zur Diagnose und Förderung/Forderung, jeweils bezogen auf die Units 1&2, 3&4 und 5. Je nach selbst eingeschätztem Leistungsstand können die S im Anschluss an die Bearbeitung einiger Station offengelegte Schwierigkeiten mit entsprechenden Fördermaterialien beheben oder aber Stärken weiter ausdifferenzieren, indem sie weiterführende Aufgaben eines höheren Anforderungsniveaus bearbeiten.

3. *Action UK!*

Ausbildung von Hör- und Hör-/Sehstrategien

Hör-/Sehverstehen ist zweifelsohne eine Kompetenz, die unsere S beherrschen müssen – und auch beherrschen wollen. Der motivationale Aspekt von Filmen im Unterricht ist nicht zu unterschätzen (mit den Worten von Andy Warhol: *„If it moves, they'll watch it."*). Die integrierten Kompetenzaufgaben auf den Filmseiten sind Motivation und Herausforderung zugleich.

Deshalb ist *Action UK!* mit seinem Kompetenzschwerpunkt *Working with films* zum ersten Mal ein integrierter, aber trotzdem eigenständiger Bestandteil jeder Unit im Schülerbuch. *Action UK!* bietet den S authentische Sprache in kurzen unterhaltsamen Filmsequenzen mit vielen kommunikativen Aufgaben, die Hör-/Sehverstehen fördern und fordern. Die Kreativität und Emotionen der S werden angesprochen und angeregt. *Multiple viewings* sind durch die Kürze der Sequenzen in einer Unterrichtsstunde möglich und auch *partial viewings* – Präsentationen von Teilszenen – ermöglichen eine vertiefte Behandlung einzelner Szenen.

Vermittlung situativer Landeskunde

Die *Action UK!*-Geschichten handeln nicht von den Schulbuchcharakteren, sondern von drei weiteren Kindern: Laura, Marley und Jinsoo. In kurzen Episoden gewähren die drei Freunde Einblick in ihr Leben zu Hause und in Greenwich und lassen uns teilhaben an ihrem Alltag an der *Thomas Tallis School*. Auf diese Weise wird der Handlungsort des Schülerbuchs lebendig. Die Filmsequenzen bilden eine optimale Ergänzung zu den Unit-Geschichten und sind thematisch und sprachlich an die jeweilige Unit angelehnt. Teilaspekte der britischen Kultur werden den S in den Filmsequenzen und in den zugehörigen Aufgaben nahegebracht. Somit trägt die Arbeit mit den Filmseiten zur interkulturellen Kompetenz bei.

Hilfestellung zur Bewältigung kommunikativer Situationen

Die authentische Sprache in realistischen zusammenhängenden Alltagssituationen stellt im Anfangsunterricht eine große, aber auch spannende Herausforderung dar. Wortschatz und Redewendungen, wie auch grammatikalische Strukturen als *lexical chunks*, werden im natürlichen Sprachgebrauch angewandt. Mithilfe der Aufgaben erschließen sich die S den Gebrauch authentischer Sprache und schaffen somit eine Grundlage für eigene sprachliche Aktivitäten, z. B. indem sie über die dargestellten Situationen sprechen und Szenen nachspielen. Zugleich lernen die S, mit Lücken sprachlicher und inhaltlicher Art umzugehen und ihr Hör-/Sehverstehen zu verbessern, indem sie die Bilder und den Handlungskontext nutzen. Die L erhalten in den Film-Transkripten des Lehrerbands eine Auflistung unbekannten Vokabulars, das in den Filmsequenzen vorkommt.

Sprachbewusstsein erhöhen

Die S können die Filmcharaktere beim Sprechen und Handeln genau beobachten. Der Handlungskontext und die non-verbalen Bestandteile mündlicher Kommunikation (z. B. Mimik,

Gestik) werden sichtbar und können in *post-viewing activities* imitiert werden, wie z. B. Gesichtsausdruck und Intonation. Somit dient *Action UK!* der Wiederholung und ganzheitlichen Festigung kommunikativer Strukturen und vermittelt Einsichten in die Besonderheiten gesprochener Sprache.

Aufgabenapparat und Kopiervorlagen

Action UK! bietet den L vielseitige Möglichkeiten, ihre S bei der sprachlichen Bewältigung kommunikativer Situationen zu unterstützen. Die *Action UK!*-Seite im Schülerbuch bietet den L die Möglichkeit, unterschiedliche Schwerpunkte zu setzen, unterstützt von je zwei Kopiervorlagen im Lehrerband und einer weiteren Aufgabe im *Workbook*. Die *Workbook*-Aufgabe kann nach einer „Filmstunde" als Hausaufgabe bearbeitet werden – ohne dass die S den Film dafür nochmals ansehen müssten. Pro Unit gibt es eine Kopiervorlage mit differenzierten Angeboten für leistungsstärkere und -schwächere S. Die Aufgaben für leistungsschwächere S sind so konzipiert, dass sie den S den Zugang zu einer Aufgabe auf einer Filmseite erleichtern. Die zweite Kopiervorlage ist eine Erweiterung oder Vertiefung eines inhaltlichen bzw. grammatikalischen Schwerpunkts. Gewisse Aspekte der Unit, z. B. *Useful phrases*, werden aufgegriffen und in der Vorbereitung oder in der Bearbeitung einer Aufgabe bewusst eingesetzt.

Die L haben die Möglichkeit, je nach Bedarf aus dem angebotenen Filmbegleitmaterial zu wählen. Die Bearbeitung einer Filmsequenz kann auf eine Unterrichtsstunde plus Hausaufgabe begrenzt werden; die vorhandenen Materialien bieten darüber hinaus aber auch weitere Beschäftigungsmöglichkeiten mit einer Episode an. Die L können je nach Bedarf Arbeitsschwerpunkte mit ihren Lerngruppen setzen.

Auf *while-viewing activities* wurde bewusst verzichtet, um die Aufmerksamkeit der S nicht vom Hören und Sehen abzulenken. Stattdessen werden die S in einer *pre-viewing*-Aktivität auf die Filminhalte – *details* – eingestimmt. In den *post-viewing*-Aktivitäten setzen sich die S mit dem Gehörten und Gesehenen in schriftlichen und vor allem mündlichen Aufgaben auseinander. In unterschiedlichen Sozialformen wird auch ein Beitrag zum sozialen Lernen geleistet.

4. Charaktere und Situationen

Lehrwerkskinder

Charaktere und Situationen werden so authentisch gestaltet wie möglich. Die wichtigsten Hintergrundinformationen zu den Lehrwerkscharakteren im Überblick:

Jack

Anna

Luke Elliot

- lives in a terraced house with his parents Jack and Anna, his elder sister Irina, his younger brother Jamie and the family dog Sherlock
- father (of English descent) is a Tube driver, mother (of Polish descent) works in a supermarket
- loves soccer (wants to be a pro), playing with his dog, practical jokes
- has rivalry with Jay at outset

Luke

Sherlock

Irina

Jamie

Holly Richardson
- lives in a council flat with her mum Sally and her sister Amber
- parents divorced; dad Steve an ex-football player, mum unemployed
- loves anything pink, her two guinea pigs (Honey and Mr Fluff), horse riding, shopping (though the family has little money)
- is generally quite shy

Sally

Steve

Amber

Honey

Holly
Mr Fluff

Catherine

Frank

Sid

Dave

Dave Preston
- lives in a Victorian semi-detached house with his parents Frank and Catherine and the cat Sid
- father a civil engineer, mother a vet with her own surgery
- is looked after by annoying Aunt Frances when both parents have to work
- loves his cat Sid, computer games, sci-fi, cooking
- is generally easy-going

Olivia Fraser
- lives in an attractive terraced house with her father Desmond, step-mother Claire and younger half-sister Lucy
- father of Afro-Caribbean descent, step-mother of English descent
- father a web-designer, step-mother runs community centre
- likes netball, playing the saxophone, reading, creative hands-on hobbies
- is very ambitious and self-confident

Desmond

Claire

Olivia

Lucy

Jahangir ('Jay') Azad

- lives with his father Tarik, mother Yasmin and elder brother Shahid
- parents both of Pakistani descent
- father manager at the local leisure centre, mother an estate agent
- Uncle Hamid and Aunt Seeta own a Tandoori restaurant
- likes fashion, singing, dancing, sport
- is popular with the girls

Tarik

Yasmin

Jay

Shahid

Lehrwerks-maskottchen

Tony

- Lou's friend
- lives in Greenwich
- one year old

Lou

- Tony's friend
- lives in Greenwich
- one year old
- is a field mouse

Tony

Lou

Wohnumfeld Diese *constellation of characters* basiert auf authentischen sozialen, familiären und ethnischen Begebenheiten im heutigen Großbritannien und berücksichtigt die von Vielfalt geprägte Zusammensetzung des Stadtteils Greenwich und der *Thomas Tallis School*, die die Lehrwerkskinder – wie in der Vorgängergeneration von *Green Line* – besuchen.

II Der Medienverbund

1. Das Schülerbuch

Aufbau des Schülerbuchs

Der Aufbau des Schülerbuchs im Überblick:
- 5 Units
- *Across cultures 1* und *2* nach den Units 2 und 4
- fakultative *Revisions A* und *B* nach den Units 2 und 4
- fakultative authentische Lesetexte (*Story* 1–5) nach jeder Unit
- *Diff pool* mit Aufgaben zur Differenzierung
- *Grammar*
- *Skills*-Anhang
- *Vocabulary* (Unitvokabular)
- Referenzteil mit *In the classroom* und *Dictionary*
- Landkarten

Alle Units enthalten die gleichen Elemente, in teils leicht abgewandelter Reihenfolge:

Check-in (2 Seiten): Einstimmen auf das Thema, neuer Themenwortschatz, Erwerb landeskundlichen Orientierungswissens, Ankündigen der *Unit task*

Station 1–2 oder ***1–3*** (6 bis 8 Seiten): Kompetenzerwerb von Wortschatz und Grammatik mit Vermittlung aller Fertigkeiten

Skills (1 Seite): Vermittlung von Methodenwissen

Unit task (1–2 Seiten): Komplexe Lernaufgabe (Kompetenzaufgabe), die das in der Unit Gelernte zusammenbringt

Action UK! (1 Seite): Kombiniertes Hör-/Sehverstehen anhand des Filmmaterials auf der Begleit-DVD *Action UK!* mit Auswertung

Story (3 Seiten): Hauptlesetext mit Auswertung

Check-out (1 Seite): Selbstevaluation

Jeder Band von *Green Line* ist selbstverständlich auch als Digitales Schulbuch erhältlich. Mehr Informationen unter www.klett.de.

2. Das *Workbook*

Für den Unterricht und zu Hause

Alle Übungen im *Workbook* sind für ihren optimalen Einsatzort im Schülerbuch selbst und hier im Lehrerband gekennzeichnet. Das *Workbook* kann sowohl für die Arbeit zu Hause als auch im Unterricht eingesetzt werden.

Workbook mit Audio-CD (für Schüler)

Die wichtigsten Inhalte und Funktionen sind:
- zusätzliches Übungsmaterial passend zum Schülerbuch für alle Bereiche: *Vocabulary, Language, Pronunciation, Reading, Writing, Listening, Mediation, Speaking*
- Aufgaben zur Differenzierung an Ort und Stelle, wo sie benötigt werden
- die *Unit task* wird vorbereitend unterstützt (1 Doppelseite pro Unit)
- Pool von Aufgaben, aus denen die S je nach Disposition wählen können sowie *Options* passend zur *Story*
- motivierende, schüler- und lebensnahe Aufgaben, Textsortenvielfalt
- macht S mit Aufgabenformaten vertraut, wie sie in der Leistungsmessung und später auch in VERA zu finden sind
- Ampelsystem zur Selbstevaluation
- *Revision*-Seiten nach Units 2 und 4 mit Verweisen ins Schülerbuch bzw. in die *Grammar* zum nochmaligen Üben/Wiederholen bzw. Nachlesen
- Zusatzheft *Grammar, portfolio and word banks* zum Heraustrennen

- die beiliegende Audio-CD enthält alle Hörverstehenstexte und Ausspracheübungen aus dem *Workbook* sowie ausgewählte Texte aus dem Schülerbuch
- Klett-Nr. 854225

Workbook mit Audio-CD und Übungssoftware (für Schüler)

Wie oben plus Übungssoftware auf CD-ROM:
- abgestimmt auf das Schülerbuch
- zum Üben zu Hause
- das Ampelsystem zur Selbstevaluation im *Workbook* leitet die S direkt zu passenden Übungen auf 3 Niveaus in der Software, die ihren individuellen Förderbedürfnissen entsprechen
- virtuelle Vokabellernkartei zum Üben und Festigen von neuem Wortschatz
- Klett-Nr. 854228

Workbook mit Lösungen, Audio-CD und Übungssoftware (für Lehrer)

Wie oben inklusive aller Medien plus aller Lösungen und Erwartungshorizonte zur komfortablen Kontrolle in blauer Schrift eingetragen.
- Klett-Nr. 854226

3. Der Digitale Unterrichtsassistent Plus

Unterrichtsvorbereitung und Unterricht am Whiteboard

Der Digitale Unterrichtsassistent zu *Green Line* bietet – ausgehend von seinem Herzstück, dem Digitalen Schulbuch – viele nützliche Funktionen sowohl für Ihre Unterrichtsvorbereitung zu Hause als auch für Ihren Unterricht mit Whiteboard bzw. Laptop und Beamer:
- schnelle Vorbereitung, da seitengenauer Zugriff auf alle Begleitmaterialien (*Workbook*/ Lehrerband inklusive editierbarer Kopiervorlagen) und den Differenzierungsanhang (mit seitengenauer Rücksprungfunktion)
- Filme und Audios punktgenau zu den Aufgaben im Schülerbuch abspielbar
- neue Vokabeln und Grammatikstrukturen auf jeder Doppelseite auf einen Blick sichtbar
- zahlreiche Differenzierungsvorschläge punktgenau zu den Aufgaben aufrufbar
- Lösungen punktgenau zu jeder Aufgabe aufrufbar
- viele zusätzliche editierbare Materialien wie Fotos, Lektionstexte, Folien und Transkripte zu jeder Unit
- weitere nützliche Funktionen wie Interaktiver Stoffverteilungsplaner, Textanalysewerkzeug, Übungsgenerator, Notiz- und Markierungsfunktion, Abdeckfunktion
- Klett-Nr. 854272

4. Weitere Werkteile für den Unterricht

Lehrerfassung des Schülerbuchs
- punktgenaue Hinweise auf einsetzbare Zusatzmaterialien wie Kopiervorlagen, Folien, Differenzierungsaufgaben
- Hervorhebung der neuen Vokabeln und Grammatik
- Infos zu Charakteren usw. in den Fotos und Abbildungen
- Lösungen
- Klett-Nr. 854222

Lehrer-Audio-CDs
- Die drei CDs enthalten in chronologischer Reihenfolge alle Schülerbuchtexte, Lieder, Ausspracheübungen und Hörverstehenstexte zum Schülerbuch und zum *Workbook*.
- Auf die Vollversion der Originallieder folgt jeweils die Playback-Version.
- Alle Texte wurden in London mit ausgebildeten muttersprachlichen Sprechern aufgenommen.
- Klett-Nr. 854229

Video-DVD *Action UK!*
- In kurzen motivierenden Spielsequenzen zu jeder Schülerbuch-Unit gewähren die drei Freunde Laura, Marley und Jinsoo den S Einblick in ihren Alltag in Greenwich und an der *Thomas Tallis School*.

- 5 Kapitel: *The new boy – The film star – A day out in London – A picnic in the park – Where's Maisie?*
- Kurze Reportagen zu den *Across cultures*-Seiten im Schülerbuch berichten von interessanten interkulturellen Aspekten (*Royal London – Speaking English*).
- Zwei kurze Dokumentationen: *A look at the Thames – A look at Cornwall.*
- Zusätzlich bietet die DVD fünf kurze Sequenzen mit den Lehrwerkskindern Luke, Olivia, Dave, Holly und Jay.
- Klett-Nr. 834312

Bildfolien
- motivierendes Einstiegs- und Sicherungsmaterial
- Fokus auf Mündlichkeit (Sprechen und Unterstützung zum Hörverstehen (z. B. *Listen and point*)
- Transferfolien und Abbildungen aus dem Schülerbuch zu jeder Unit
- Klett-Nr. 834202

Vorschläge zur Leistungsmessung
- In jeder Unit werden Materialien für Klassenarbeiten zu folgenden Kompetenzbereichen angeboten: *Listening, Reading, Writing, Speaking, Mediation*, Grammatik und Wortschatz. Die Aufgaben sind thematisch gegliedert und die Progression des Vokabulars folgt den Units des Schülerbuchs.
- *Speaking* wird anhand von drei Schritten getestet: *Warm-up* (kurzes L-S Gespräch), Monolog (zusammenhängendes Sprechen) und Dialog (Gespräch führen). *Teacher's notes* und thematische *speaking cards* sind im Heft enthalten (4-farbig, zum Heraustrennen).
- Entsprechend den unterschiedlichen Voraussetzungen einiger Bundesländer (kompetenzorientierte Klassenarbeiten, keine reine Abfrage von Grammatik und Wortschatz) werden die Aufgaben zur Grammatik und zum Wortschatz getrennt angeboten. Diese Materialien können somit einfach nach Bedarf eingesetzt werden.
- Die beiliegende CD-ROM enthält alle Tests in editierbarer Form. So können die L zu jeder Unit Aufgaben gezielt auswählen und die Klassenarbeit individuell zusammenstellen.

Ebenfalls auf der beiliegenden CD-ROM:
- alle Audios für die Hörverstehensaufgaben mit Transkripten
- zusätzliches Filmmaterial
- Vorlagen für Förderempfehlungen zu jeder Unit
- Lösungen
- Klett-Nr. 854224

Lehrwerk Online
- Codes zu Beginn jeder Unit im Schülerbuch sowie auf den *Across cultures*-Doppelseiten
- Code auf www.klett.de eingeben und Zusatzmaterial nutzen: z. B. Anregungen zu den *Unit tasks* oder interessante Hintergrundinformationen zu den *Across cultures*-Themen.

Testen und Fördern
- Bietet die Möglichkeit, innerhalb einer Schulstunde die individuellen Leistungsstände der S zu diagnostizieren und zu dokumentieren.
- Geprüft werden die Bereiche Wortschatz, Sprache und Kommunikation (Fragen stellen und beantworten, begrüßen und verabschieden, sich vorstellen, *classroom phrases*) und Hörverstehen.
- schüler- und lebensnahe Themen: Essen, Tiere, Hobbys, Zahlen und Schule
- Eine Dokumentation des Leistungsstands, die L als Ausgangsbasis zur individuellen Förderung (z. B. durch Lernvertrag) oder für Elterngespräche dient.
- Materialangebot passend zum individuellen Förderbedarf
- www.testen-und-foerdern.de

Unit 1 My friends and I

Die S werden durch Fotos mit dem Brauch britischer und amerikanischer Schulen, ein Jahrbuch zu verfassen, vertraut gemacht. Dabei lernen sie auch den *Red Nose Day* kennen. Anhand der Fotos lernen die S, auf Englisch über ihre Gefühle zu sprechen.

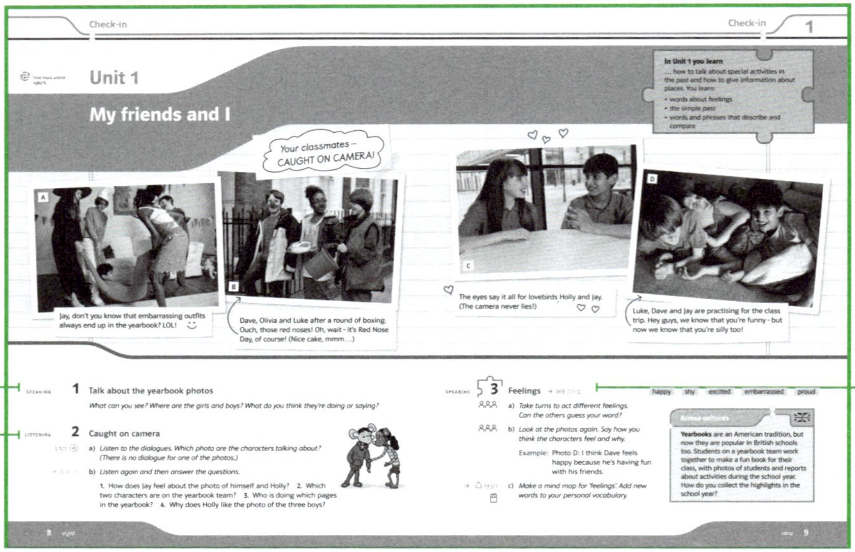

SB 8/1

Lernziel/Kompetenz:
Bilder aus einem Jahrbuch beschreiben und versprachlichen

Materialien:
Folie 1

Zeitlicher Aufwand:
10 Min.

SB 8/2 → L1/1 ◎

Lernziel/Kompetenz:
Dialogen über Jahrbuchfotos Informationen entnehmen

Materialien:
- Lehrer-Audio-CD 1, Track 1
- S. 137, S18–20

Zeitlicher Aufwand:
12 Min.

SB 9/3

Lernziel/Kompetenz:
über Gefühle sprechen

Materialien:
- KV 1: How are you feeling today?
- △ 108/1
- WB 2/1–2

Zeitlicher Aufwand:
20 Min.

Die S erhalten mehr Informationen zum *Red Nose Day*. Sie erarbeiten sich die Bildung regelmäßiger und unregelmäßiger *simple past*-Formen und lernen somit, Sachverhalte in der Vergangenheit wiederzugeben.

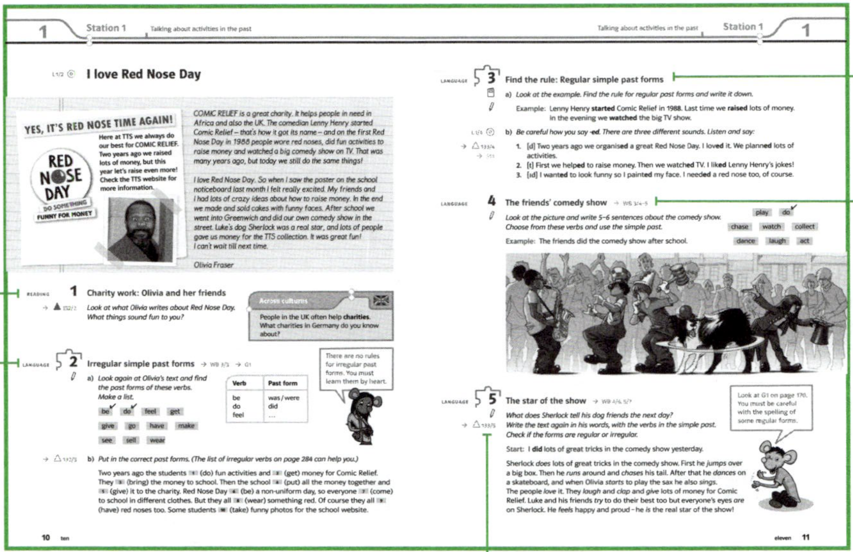

SB 10/1 → L1/2 ◎

Lernziel/Kompetenz:
einen Text über den *Red Nose Day* verstehen

Materialien:
- Lehrer-Audio-CD 1, Track 2
- ▲ 108/2
- KV 2: I love Red Nose Day

Zeitlicher Aufwand:
15 Min.

SB 10/2

Lernziel/Kompetenz:
unregelmäßige *simple past*-Formen erkennen und verwenden

Materialien:
- S. 142–143 G1
- △ 108/3
- WB 3/3

Zeitlicher Aufwand:
20 Min.

SB 11/3 → L1/4 ◎

Lernziel/Kompetenz:
die Aussprache der regelmäßigen *simple past*-Formen erlernen und trainieren

Materialien:
- Lehrer-Audio-CD 1, Track 4
- △ 109/4
- S. 134, S14

Zeitlicher Aufwand:
7 Min.

SB 11/4

Lernziel/Kompetenz:
Sätze über eine *comedy show* im *simple past* bilden

Materialien:
WB 3/4–5

Zeitlicher Aufwand:
10 Min.

SB 11/5

Lernziel/Kompetenz:
einen Text vom *simple present* ins *simple past* übertragen

Materialien:
- △ 109/5
- WB 4/6, 5/7

Zeitlicher Aufwand
12 Min.

SB 12/6

Lernziel/Kompetenz:
über Aktivitäten am *Red Nose Day* sprechen

Materialien:
zwei Würfel pro Paar

Zeitlicher Aufwand:
5 Min.

SB 12/7

Lernziel/Kompetenz:
einen Bericht über eine wohltätige Aktivität verfassen

Materialien:
- KV 3: Peer evaluation: A report about a special activity
- △ 109/6

Zeitlicher Aufwand:
15 Min.

SB 12/8

Lernziel/Kompetenz:
wichtige Informationen aus einem deutschen Flyer auf Englisch wiedergeben

Materialien:
- S. 136, S17
- KV 4: Mediation skills

Zeitlicher Aufwand:

Die S festigen die Bildung und Verwendung des *simple past*. Sie erfahren, dass die Charaktere bald eine Klassenfahrt machen werden und lernen die Charakteristiken einer *puzzle story* kennen.

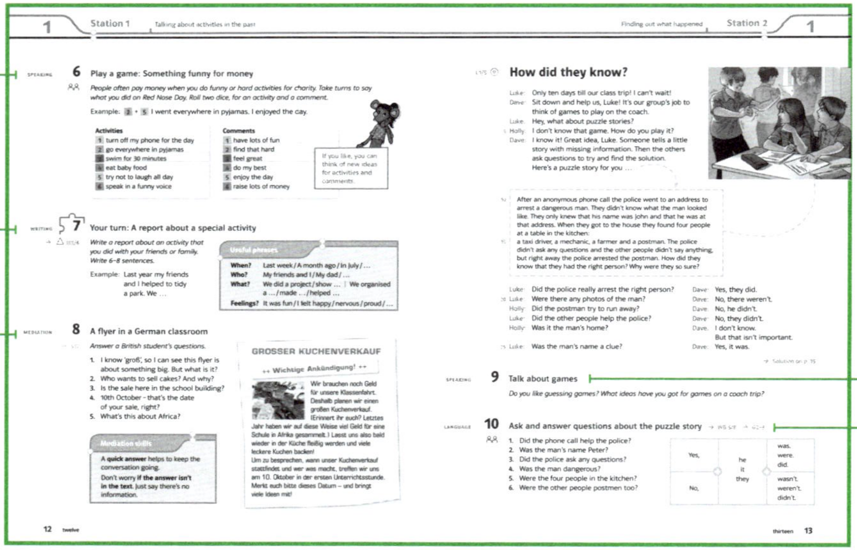
1 Station 1 Talking about activities in the past — Finding out what happened Station 2 1

6 Play a game: Something funny for money

7 Your turn: A report about a special activity

8 A flyer in a German classroom

How did they know?

9 Talk about games

10 Ask and answer questions about the puzzle story

12 twelve — thirteen 13

SB 13/9 → L1/5 ◎

Lernziel/Kompetenz:
einen Dialog über Reisespiele und eine *puzzle story* verstehen

Materialien:
- Lehrer-Audio-CD 1, Track 5
- Folie 2

Zeitlicher Aufwand:
15 Min.

SB 13/10

Lernziel/Kompetenz:
die Bildung von Kurzantworten im *simple past* erarbeiten

Materialien:
- S. 143–146, G2–3
- WB 5/8

Zeitlicher Aufwand:
10 Min.

Die S trainieren in geschlossenen, halboffenen und offenen Aufgabenformaten Fragen, Kurzantworten und Verneinungen im *simple past* (bzw. im *simple present*). Thematisch geht es um Klassenfahrten, insbesondere mit dem Bus.

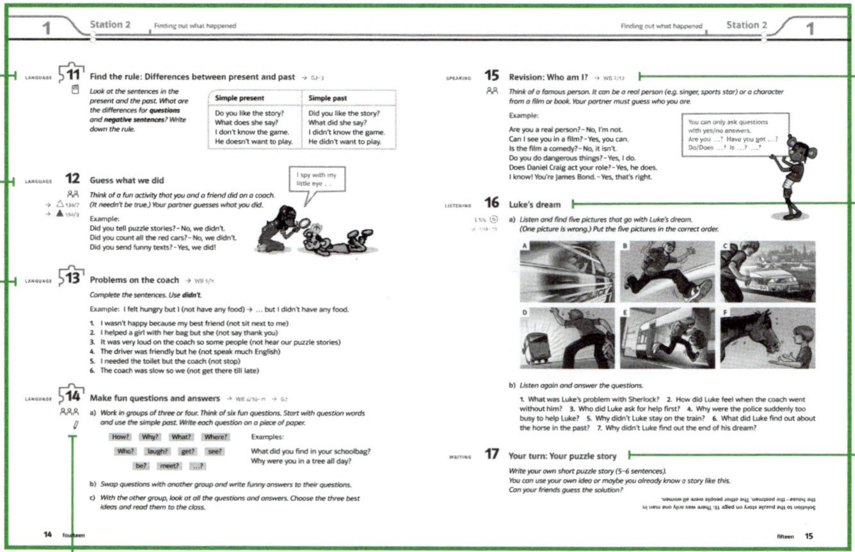

SB 14/11

Lernziel/Kompetenz:
Erarbeitung von Fragen und Verneinungen im *simple past*

Materialien:
- S. 143–146, G2–3
- KV 5: Find the rule: Differences between present and past

Zeitlicher Aufwand:
20 Min.

SB 14/12

Lernziel/Kompetenz:
Anwendung von Fragen und Kurzantworten im *simple past*

Materialien:
- △ 110/7
- ▲ 110/8

Zeitlicher Aufwand:
5 Min.

SB 14/13

Lernziel/Kompetenz:
Verneinungen im *simple past* bilden

Materialien:
- WB 5/9
- KV 6: Danny's trip

Zeitlicher Aufwand:
7 Min.

SB 14/14

Lernziel/Kompetenz:
lustige Fragen mit Fragewörtern im *simple past* bilden

Materialien:
- S. 143–145, G2
- WB 6/10–11
- KV 7: Make fun questions and answers

Zeitlicher Aufwand:
12 Min.

SB 15/15

Lernziel/Kompetenz:
Fragen und Kurzantworten im *simple present* wiederholen

Materialien:
WB 7/12

Zeitlicher Aufwand:
10 Min.

SB 15/16 → L 1/6 ⊙

Lernziel/Kompetenz:
einem Dialog über einen Traum Global- und Detailinformationen entnehmen

Materialien:
- Lehrer-Audio-CD 1, Track 6
- S. 137, S18–20
- KV 8: Listening: Luke's dream
- Folie 3

Zeitlicher Aufwand:
10 Min.

SB 15/17

Lernziel/Kompetenz:
eine eigene *puzzle story* verfassen

Materialien:
KV 9: What's the word?

Zeitlicher Aufwand:
15 Min.

Die S erhalten Informationen über das *Ty'n y Berth outdoor centre* in Wales. Sie lernen verschiedene Aktivitäten kennen und lernen in diesem Zusammenhang, Vergleiche mit Hilfe der Steigerung der Adjektive anzustellen.

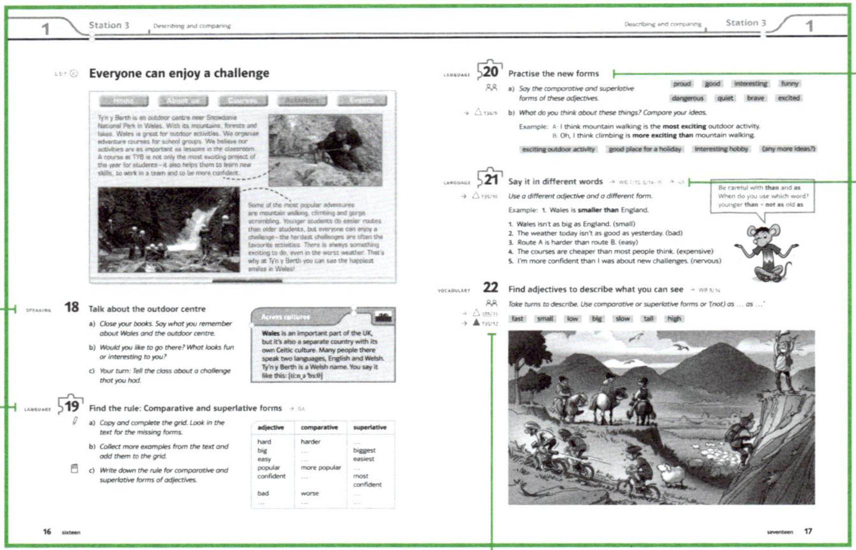

SB 16/18 → L 1/7 ⊙

Lernziel/Kompetenz:
über das *Ty'n y Berth outdoor centre* sprechen

Materialien:
- Lehrer-Audio-CD 1, Track 7
- Folie 4

Zeitlicher Aufwand:
15 Min.

SB 16/19

Lernziel/Kompetenz:
die Bildung der Komparativ- und Superlativformen der Adjektive erarbeiten

Materialien:
S. 146–148, G4

Zeitlicher Aufwand:
15 Min.

SB 17/20

Lernziel/Kompetenz:
die Steigerungsformen der Adjektive trainieren und in einfachen Sätzen anwenden

Materialien:
△ 110/9

Zeitlicher Aufwand:
10 Min.

SB 17/21

Lernziel/Kompetenz:
mit Hilfe der Steigerungsformen Sätze mit derselben Bedeutung bilden

Materialien:
- S. 148–149, G5
- WB 7/13, 8/14–15
- △ 111/10

Zeitlicher Aufwand:
7 Min.

SB 17/22

Lernziel/Kompetenz:
ein Bild mit Hilfe von Vergleichen beschreiben

Materialien:
- △ 111/11
- ▲ 111/12
- WB 8/16
- KV 10 a+b: St Dwynwen's Day
- KV 11: The most exciting holiday
- KV 12: More words
- Folie 5

Die S lesen einen *yearbook report* über die Klassenfahrt der Lehrwerkscharaktere nach Wales. Dabei erweitern sie ihr interkulturelles Orientierungswissen über Wales.

SB 18/1 → S1/3–7 ◎ L1/9–13 ◎

Lernziel/Kompetenz:
anhand von Schlüsselbegriffen eine Leseerwartung aufbauen

Materialien:
- Schüler-Audio-CD 1, Track 3–7
- Lehrer-Audio-CD 1, Track 9–13
- S. 130–131, S5–6, 8

Zeitlicher Aufwand:
10 Min.

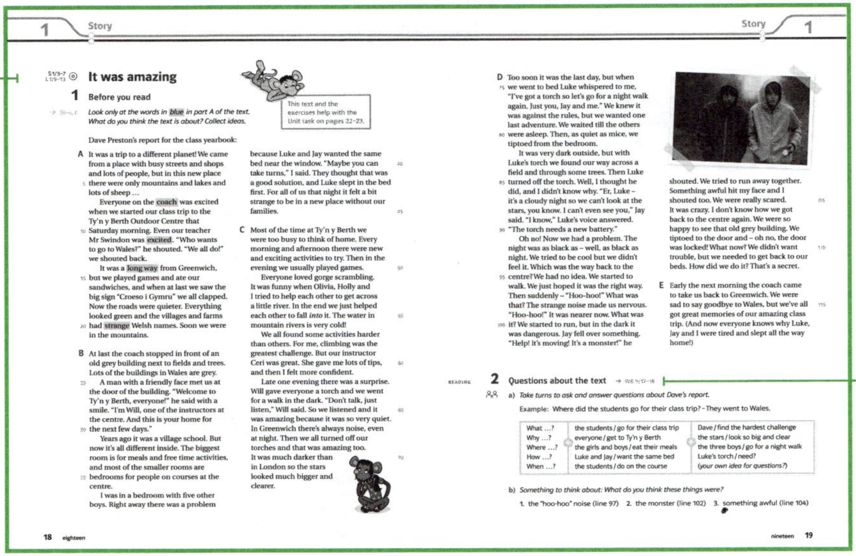

SB 19/2

Lernziel/Kompetenz:
Wh-Fragen zum Text bilden und beantworten

Materialien:
WB 9/17–18

Zeitlicher Aufwand:
12 Min.

Die S planen einen *travel report* und üben dabei, einen Text zu strukturieren und interessant zu gestalten. Sie lernen außerdem den Umgang mit einem zweisprachigen Wörterbuch.

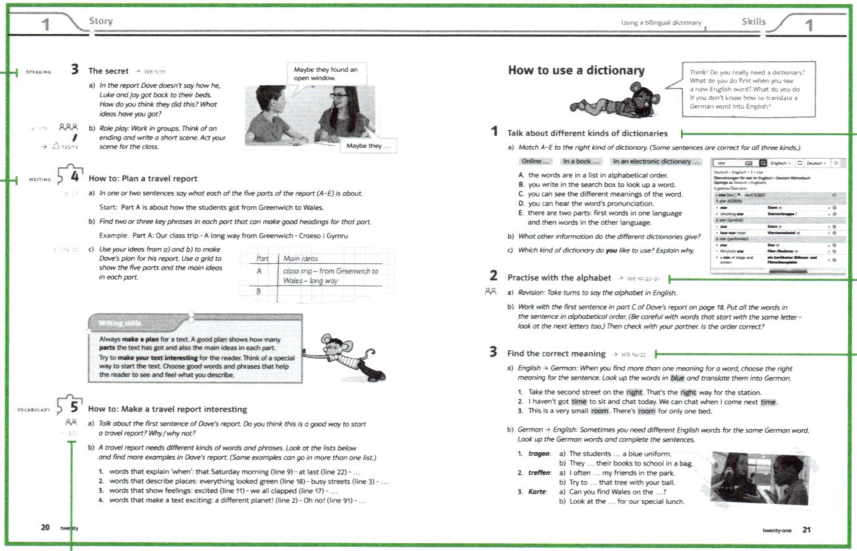

SB 20/3

Lernziel/Kompetenz:
ein Rollenspiel zu Leerstellen im Text verfassen

Materialien:
- S. 135, S16
- △ 111/13
- WB 9/19
- KV 13: Peer evaluation: A role play

Zeitlicher Aufwand:
15 Min.

SB 20/4

Lernziel/Kompetenz:
einen *travel report* planen

Materialien:
- S. 130, S7; S. 132–133, S10–13
- KV 14: How to: Plan a travel report

Zeitlicher Aufwand:
20 Min.

SB 20/5

Lernziel/Kompetenz:
einen Bericht interessant gestalten

Materialien:
S. 133, S13

Zeitlicher Aufwand:
20 Min.

SB 21/1

Lernziel/Kompetenz:
verschiedene Arten von Wörterbüchern kennenlernen

Zeitlicher Aufwand:
7 Min.

SB 21/2

Lernziel/Kompetenz:
Wörter in alphabetische Reihenfolge bringen

Materialien:
WB 10/20–21

Zeitlicher Aufwand:
7 Min.

SB 21/3

Lernziel/Kompetenz:
die passende Bedeutung von Wörtern herausfinden

Materialien:
- zweisprachiges Wörterbuch
- WB 10/22
- KV 15 a+b: How to use an electronic dictionary: Simple past forms
- KV 16 a+b: How to use an electronic dictionary: Feelings
- KV 17: How to use an electronic dictionary: Describing a person's character

Die S planen und verfassen selbstständig in GA einen *travel report* zu einer Klassenfahrt ihrer Wahl.

SB 22/Step 1

Lernziel/Kompetenz:
ein Ziel festlegen und Ideen sammeln

Materialien:
- Placemat

Zeitlicher Aufwand:
20 Min.

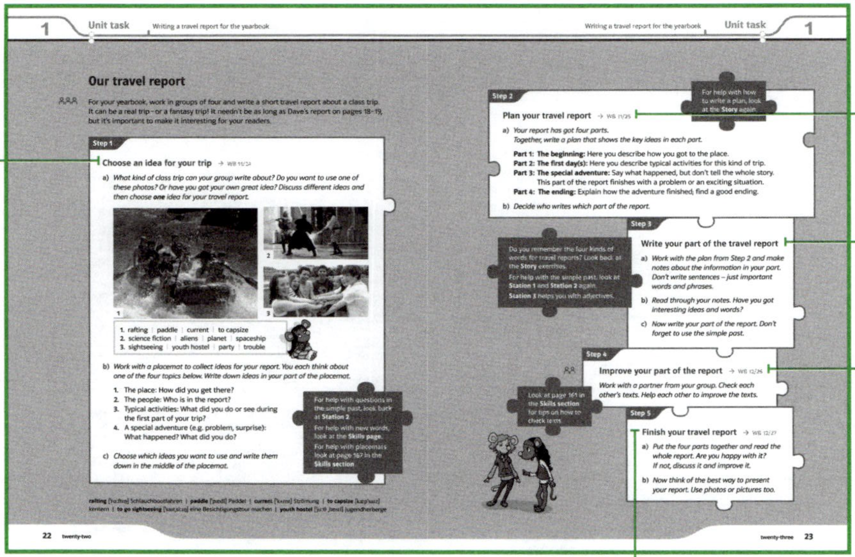
Our travel report

For your yearbook, work in groups of four and write a short travel report about a class trip. It can be a real trip – or a fantasy trip! It needn't be as long as Dave's report on pages 18–19, but it's important to make it interesting for your readers.

Step 1 Choose an idea for your trip → WB 11/24

a) What kind of class trip can your group write about? Do you want to use one of these photos? Or have you got your own great idea? Discuss different ideas and then choose one idea for your travel report.

b) Work with a placemat to collect ideas for your report. You each think about one of the four topics below. Write down ideas in your part of the placemat.
1. The place: How did you get there?
2. The people: Who is in the report?
3. Typical activities: What did you do or see during the first part of your trip?
4. A special adventure (e.g. problem, surprise): What happened? What did you do?

c) Choose which ideas you want to use and write them down in the middle of the placemat.

Step 2 Plan your travel report → WB 11/25

a) Your report has got four parts. Together, write a plan that shows the key ideas in each part.
Part 1: The beginning: Here you describe how you got to the place.
Part 2: The first day(s): Here you describe typical activities for this kind of trip.
Part 3: The special adventure: Say what happened, but don't tell the whole story. This part of the report finishes with a problem or an exciting situation.
Part 4: The ending: Explain how the adventure finished; find a good ending.

b) Decide who writes which part of the report.

Step 3 Write your part of the travel report

a) Work with the plan from Step 2 and make notes about the information in your part. Don't write sentences – just important words and phrases.
b) Read through your notes. Have you got interesting ideas and words?
c) Now write your part of the report. Don't forget to use the simple past.

Step 4 Improve your part of the report → WB 12/26

Work with a partner from your group. Check each other's texts. Help each other to improve the texts.

Step 5 Finish your travel report → WB 12/27

a) Put the four parts together and read the whole report. Are you happy with it? If not, discuss it and improve it.
b) Now think of the best way to present your report. Use photos or pictures too.

SB 23/Step 2

Lernziel/Kompetenz:
einen Bericht planen und Stichpunkte machen

Materialien:
WB 11/25

Zeitlicher Aufwand:
30 Min.

SB 23/Step 3

Lernziel/Kompetenz:
einen Bericht verfassen

Zeitlicher Aufwand:
30 Min.

SB 23/Step 4

Lernziel/Kompetenz:
einen Text überprüfen und korrigieren

Materialien:
WB 12/26

Zeitlicher Aufwand:
30 Min.

SB 23/Step 5

Lernziel/Kompetenz:
einen Bericht lesen und evaluieren

Materialien:
WB 12/27

Zeitlicher Aufwand:
45 Min.

Die S sehen den Kurzfilm *The new boy*. Nick zeigt Jinsoo und Marley, wie man eine Uhr mit einer Zitronenbatterie betreiben kann. Auf der *Check-out*-Seite überprüfen und wiederholen die S ihre Kenntnisse über das *simple past* und die Steigerungsformen der Adjektive.

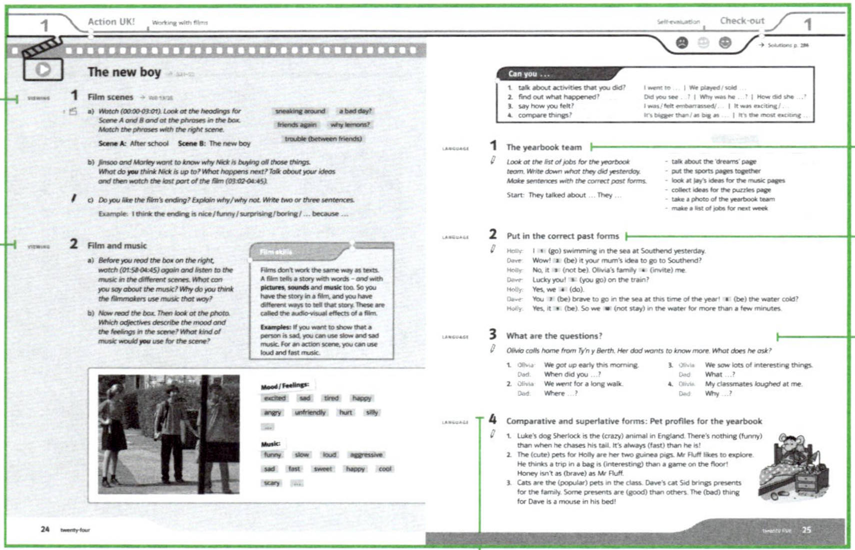

SB 24/1 → 1

Lernziel/Kompetenz:
die Handlung eines kurzen Films global verstehen und Seherwartungen aufbauen

Materialien:
- Lehrer-DVD, Film 1
- WB 13/28
- KV 18 a+b: Nick's experiment

Zeitlicher Aufwand:
20 Min.

SB 24/2

Lernziel/Kompetenz:
Filmmusik beschreiben

Materialien:
Lehrer-DVD, Film 1

Zeitlicher Aufwand:
20 Min.

SB 25/1

Lernziel/Kompetenz:
Sätze im *simple past* bilden

Zeitlicher Aufwand:
7 Min.

SB 25/2

Lernziel/Kompetenz:
bejahte und verneinte Formen des *simple past* in einen Lückentext einfügen

Zeitlicher Aufwand:
5 Min.

SB 25/3

Lernziel/Kompetenz:
Wh-Fragen im *simple past* bilden

Zeitlicher Aufwand:
5 Min.

SB 25/4

Lernziel/Kompetenz:
die Steigerungsformen der Adjektive in einem Lückentext anwenden

Zeitlicher Aufwand:
5 Min.

Check-in

Wortschatz *past, feeling, that, caught on camera, embarrassing, to end up, yearbook, round of boxing, nose, eye, lovebirds (pl), to lie, trip, guy*

S. 8 SPEAKING — 1 Talk about the yearbook photos

Einstieg L schreibt als Impuls *Highlights of the last school year* an die Tafel. Die S haben drei Minuten Zeit zu überlegen, was für sie die Höhepunkte des letzten Schuljahrs waren. L sammelt die S-Beiträge in einem *word web* an der Tafel.

Methodisches Vorgehen Zur Überleitung stellt L die Tradition der *yearbooks* vor. L: *Wouldn't it be nice to have a yearbook to have a look at? In the US and in Britain, students collect photos and reports about the school year. A yearbook team works together. They create the yearbook and the other students can buy it. Let's have a look at some yearbook photos!* L legt **Folie 1** mit den Fotos der Doppelseite auf. Die S betrachten die *Yearbook*-Fotos. Sie beschreiben die Bilder und äußern Vermutungen, was die Kinder sagen bzw. denken könnten.

Lösung *In photo A, you can see five students in a room. Maybe it's a living room because there's a sofa. They're wearing funny outfits and are having a lot of fun. Maybe it's a fancy dress party.*
In photo B, you can see Dave, Olivia and Luke walking along the street. They're wearing red noses. They look like clowns. Olivia is carrying a cake, Luke is carrying a bucket.
In photo C, you can see Holly and Jay sitting at a table at school. They're talking to each other. Holly and Jay are smiling.
In photo D, you can see Luke, Dave and Jay. They're enjoying themselves. There are balloons at the back of the room, so maybe it's a birthday party.

S. 8 LISTENING — 2 Caught on camera → S18–20

HV-Text → L1/1

Narrator: **One.**
Luke: Heehee! Look at this photo, Dave.
Dave: Oooh, yes. They're so cute together.
Jay: Hi, you two. What are you laughing about?
Dave: Oh, er – hi, Jay.
Luke: Oh Jay, let me look into your eyes.
Jay: Uh? What are you talking about, Luke?
Luke: You and Holly, of course – on the new pages for the yearbook.
Jay: What? Let me see. Oh! That's – it's – rubbish!
Luke: But you're on the yearbook team, right? So surely you know –
Jay: These are not my words!
Dave: So who –
Jay: Olivia! Just wait till I see her and tell her what I …
Narrator: **Two.**
Jay: I'm not happy about it, Olivia. I mean, look at this other photo too.
Olivia: Oh, come on, Jay, that's a great photo. You're having fun. What's wrong with that?
Jay: But look what I'm wearing.
Olivia: So? We're all wearing funny clothes. That's what people do at costume parties.
Jay: Hm. Well. But I'm on the yearbook team too, you know.
Olivia: Yes, I know.
Jay: So why can't I choose the photos and words for 'Caught on Camera'?
Olivia: Because those are *my* pages. You've got your own sports pages to do.
Jay: Ah, yes – the sports pages. Well, believe me, I'll find an embarrassing photo or comment about you for that …

Narrator: **Three.**
Holly: I like this photo here.
Luke: Why, Holly? Because Jay's in it?
Holly: No, Luke! Please! Don't start that again. No, it's just – well, it's a really nice happy photo. You're all laughing, and –
Luke: Must be one of my brilliant jokes!
Holly: – you're, well, almost cute. You and Dave are like my guinea pigs, Honey and Mr Fluff. They always climb over each other too.
Luke: I'm not a guinea pig, thank you very much.
Holly: I don't think you and Dave even know someone is taking a photo. Jay's the only one that's smiling at the camera.
Luke: Yes, well – typical Mr Cool – he's always ready for the camera …

Wortschatz *himself*

Einstieg L leitet zur Hörverstehensschulung über: *Let's find out more about the situations caught on camera.*

Methodisches Vorgehen
a) ◎ L erklärt die Aufgabenstellung: *Which photo are the characters talking about? Listen and point. Pay attention: There is no dialogue for one of the photos.* In leistungsschwächeren Klassen kann es sinnvoll sein darauf hinzuweisen, dass die Reihenfolge der Dialoge der der Fotos nicht entspricht. Die S hören den Dialog und zeigen auf das Foto, über das gerade gesprochen wird.
b) Die S lesen die Fragen laut vor und stellen ggf. Verständnisfragen. L spielt die Dialoge ein zweites, ggf. auch ein drittes Mal vor. Anschließend beantworten die S die Fragen und rufen einander auf (**Meldekette**). L greift nur bei Fehlern oder Missverständnissen ein. Bei Schwierigkeiten kann L eine kurze Reflexionsphase zwischenschalten, worin die besonderen Verständnisschwierigkeiten bestanden haben.

Differenzierung ▲ Leistungsstarke S können nach dem ersten und zweiten Hören in eigenen Worten wiedergeben, was sie verstanden haben. Sie können sich darüber hinaus einen Dialog für Bild B ausdenken.

Lösung
a) 1 *C*, 2 *A*, 3 *D (There is no dialogue for picture B.)*
b) 1. *Jay is angry with Olivia because there's a photo of him and Holly in the yearbook. Olivia says they're 'lovebirds'. These are not Jay's words.*
2. *Jay and Olivia are on the yearbook team.*
3. *Olivia is working on the 'Caught on camera' pages. Jay is working on the sports pages.*
4. *Holly likes the photo because the boys look funny, like guinea pigs. They climb over each other too. Jay is smiling at the camera, but Dave and Luke don't even know someone is taking a picture.*

S. 9
SPEAKING

3 Feelings → WB 2/1–2; Diff pool △ 108/1

Wortschatz *shy, embarrassed, proud (of), American, report, during (+ noun), highlight*

Einstieg Die S erhalten **KV 1: How are you feeling today?** und zeichnen in EA den Gesichtsausdruck ein, der zu ihrer aktuellen Stimmung passt. Anschließend bilden sie 4er-Gruppen, zeigen einander ihre Zeichnungen und erraten, wie sich der andere fühlt.

Methodisches Vorgehen
a) Die S schneiden die in **KV 1**, Aufgabe c) abgedruckten Karten aus und drehen diese um. Jeder S zieht eine Karte und spielt sein Gefühl pantomimisch vor. Die übrigen Gruppenmitglieder raten. Wer richtig rät, bekommt die Gefühlskarte. Wer am Ende am meisten Karten hat, gewinnt.
b) Die S betrachten die Fotos und beschreiben, wie sich die Charaktere fühlen. Sie begründen ihre Aussagen.
c) Die S erstellen in EA eine Mindmap zum Thema „Gefühle". Diese wird im *English folder* abgeheftet.

Differenzierung

△ **Diff pool p. 108/1 Feelings** → Help with Check-in, p. 9/3

Methodisches Vorgehen: Die S, die bei diesem Thema mehr Übung benötigen, ordnen vorgegebenen Situationen die passenden Gefühle zu. (Leistungsstärkere S können zusätzlich die Begründungen ausformulieren.) Dabei kann mehr als eine Antwort richtig sein. Die übrigen S können die Aufgabe als HA erledigen. Diejenigen S, die die *Diff*-Aufgabe bereits erledigt haben, können als HA weitere Situationen beschreiben, als Quiz für ihre Mitschüler.

Erwartungshorizont:
1. *I feel nervous because there's a test in English tomorrow.*
2. *I feel excited because my team won a football match.*
3. *I feel bad because I forgot my homework again.*
4. *I feel good because I know all the answers in class today.*
5. *I feel shy because I'm the new student.*
6. *I feel bored because I'm alone and I don't know what to do.*
7. *I'm happy because I'm at the park and am playing with my friends.*
8. *I'm excited because I'm invited to meet my favourite star.*
9. *I'm nervous because I lost my lucky charm.*
10. *I'm embarrassed because I have chocolate on my white jeans and everyone can see it.*

Lösung

a) Individuelle S-Lösungen.

b) Lösungsvorschlag:
Photo A. *I think Dave feels happy because he's having fun with his friends.*
Photo B. *I think the children feel excited because they're going to a party.*
Photo C. *I think Holly feels happy because she's talking to Jay.*
Photo D. *I think Jay feels happy because he's having fun with his friends.*

c) Lösungsvorschlag:

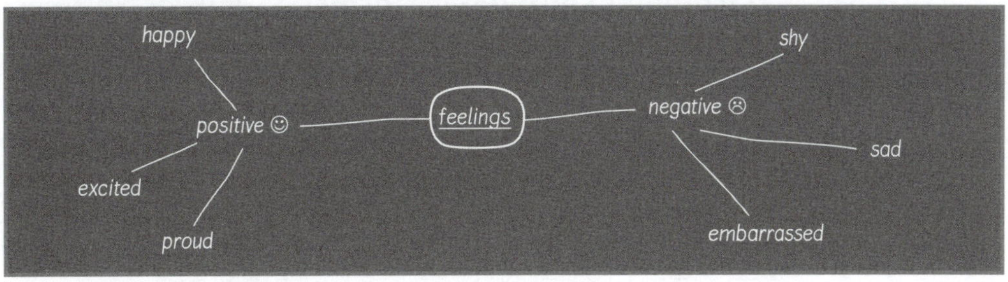

Station 1 Talking about activities in the past

S. 10
Text → L 1/2 ◎

I love Red Nose Day

Wortschatz *(the) best, ago, to raise money, in need, also, that's how, noticeboard, month, in the end, real, collection, I can't wait till next time.*

S. 10
READING

1 Charity work: Olivia and her friends → Diff pool ▲ 108/2

Einstieg L schreibt *Red Nose Day* als **stummen Impuls** an die Tafel und teilt **KV 2: I love Red Nose Day** aus. Die S sammeln Assoziationen zum Begriff auf der KV (ca. 3 Min.). L sammelt anschließend Stichpunkte an der Tafel. Dann leitet L zum Hörtext über: *Let's find out more about Red Nose Day. Listen carefully and take notes.*
Nach dem ersten Hören ergänzen die S die Stichpunkte an der Tafel (**KV 2**, Aufgabe b). Anschließend fassen die S die gesammelten Informationen mündlich zusammen. Beim zweiten

und dritten Hören bearbeiten die S Aufgabe c) auf ihrer KV. Anschließend vergleichen sie ihre Ergebnisse in PA. Bei Bedarf können die S mit Hilfe des SB überprüfen, welche Lösung richtig ist.

Methodisches Vorgehen Die S öffnen das SB, lesen Olivias Text über den *Red Nose Day* und überlegen sich, welche Informationen sie für interessant und lustig erachten. Nach ca. zwei Minuten beginnt das UG und die S geben begründet wieder, was sie an Olivias Bericht unterhaltsam finden.

Differenzierung

▲ Diff pool p. 108/2 Charity work → After Station 1, p. 10/1

Methodisches Vorgehen: Als zusätzliche Herausforderung können die S die Rolle von Kindern reflektieren, die sich für wohltätige Zwecke engagieren. Vielleicht haben einige S schon Erfahrungen in Vereinen oder der Grundschule gesammelt. Die S stellen Überlegungen an, was sie tun können, um Geld für Bedürftige zu sammeln und schreiben ihre Ideen auf. Anschließend bereiten sie eine kurze Rede für die Klasse vor. Wenn sich die Möglichkeit bietet, können diese Projekte der Schulleitung vorgeschlagen und einige Ideen in einem *fundraising event* realisiert werden. Dies wäre eine tolle Erfahrung für die S.

Lösungsvorschlag: *My talk is about a German charity. Its name is 'Kindernothilfe'. It's from Duisburg. The charity helps children in 29 countries all over the world. They also help the children's parents and their community. I'd like to make cakes with you to raise money to give to 'Kindernothilfe'.*

Lösung Lösungsvorschlag:
- *I like that people wear red noses on Red Nose Day because everyone looks funny – like clowns.*
- *It sounds fun to do activities to raise money! I'd like to show my card tricks.*
- *Sherlock was a star for the people in Greenwich; it sounds cool! I'd like to see Sherlock's tricks.*

S. 10
LANGUAGE

2 Irregular simple past forms → WB 3/3; G1; Diff pool △ 108/3

Wortschatz *non-*

Einstieg L steuert die Aufmerksamkeit der S auf die neuen *simple past*-Formen. L: *There is some new grammar in the text. Can you find it?* Die S spekulieren im UG (bei Bedarf nach einer kurzen **Murmelphase**), um welches grammatische Phänomen es sich handelt. Sobald sie erkannt haben, dass neue Verbformen vorkommen, sammelt L exemplarisch bis zu drei Verbformen im *simple past* an der Tafel. Die S benennen die Infinitivformen.

The simple past

Verb (infinitive)	*Verb (simple past)*
(to) be	*was/were*
(to) do	*did*

Methodisches Vorgehen

a) Die S schreiben die Tabelle in ihr Heft und ergänzen diese. Nach einigen Minuten ergänzen mehrere S nacheinander die Tabelle an der Tafel. Sie wählen den nächsten S aus, indem sie ihm die Kreide reichen. Falls Fehler auftreten sollten, weisen die Mitschüler mit einem Klopfzeichen darauf hin.
L führt den Begriff *simple past* ein und lässt die S erläutern, wozu man diese Zeit braucht. L: *These verb forms are in the simple past. When do we use the simple past? (…) We use the simple past to talk about events and activities that took place in the past and are over now.*
L schreibt den Merksatz an die Tafel, die S geben ihn auf Deutsch wieder. L weist auf die vielen unregelmäßigen Verbformen im *simple past* hin, die auswendig gelernt werden müssen (Tipp: in HA integrieren!). Die S setzen ein Lesezeichen auf S. 239–240 (z. B. Post it o. Ä.), um in Zukunft die Liste mit den *irregular verbs* schnell finden zu können. L ergänzt den TA: *I need to learn the irregular verb forms. I can look them up on pp. 239–240.*

b) Die S schreiben den TA in ihr Heft und setzen die entsprechenden Verbformen in den Lückentext ein. Die Liste der unregelmäßigen Verben darf dabei konsultiert werden.

Differenzierung

△ **Diff pool p. 108/3 Irregular simple past forms** → Instead of Station 1, p. 10/2b)

Methodisches Vorgehen: Diejenigen S, die Schwierigkeiten haben, sich die neuen unregelmäßigen Formen zu merken, bearbeiten diese Aufgabe anstelle von S. 10, Aufgabe 2b). Die einzusetzenden Verbformen im *simple past* sind unter dem Lückentext aufgeführt, so dass die S sie nur den entsprechenden Lücken zuordnen müssen.

Lösung: Vgl. Lösung unten.

Tipps für junge Lehrer/innen

Klopfzeichen sind eine Methode, um die S nonverbal auf Fehler hinzuweisen. Diese Form der Fehlerkorrektur sollte mit den S besprochen und geübt werden. Es können auch verschiedene Klopf- oder Handzeichen für unterschiedliche Fehlerkategorien ausgemacht werden. Gerade jüngere S haben Spaß an dieser Art von Fehlerkorrektur. Ihre Aufmerksamkeit in Sicherungsphasen wird durch die Mitverantwortung aktiviert. Es ist allerdings darauf zu achten, dass die S diese Zeichen respektvoll und dezent anwenden, damit die vortragenden S nicht gestört und aus dem Konzept gebracht werden.

Lösung

a)

Verb	*Past form*
be	*was/were*
do	*did*
feel	*felt*
get	*got*
give	*gave*
go	*went*
have	*had*
make	*made*
see	*saw*
sell	*sold*
wear	*wore*

b) 1. *did* 2. *got* 3. *brought* 4. *put* 5. *gave* 6. *was* 7. *came* 8. *wore* 9. *had* 10. *took*

S. 11
LANGUAGE

3 Find the rule: Regular simple past forms → S14; Diff pool △ 109/4

HV-Text
→ L 1/4 ◎

Narrator: **One.**
Boy: Two years ago we organised a great Red Nose Day. I loved it. We planned lots of activities.
Narrator: **Two.**
Girl: First we helped to raise money. Then we watched TV. I liked Lenny Henry's jokes!
Narrator: **Three.**
Boy: I wanted to look funny so I painted my face. I needed a red nose too, of course.

Einstieg

L weist darauf hin, dass es auch viele regelmäßige Verben im *simple past* gibt: *There are many regular verbs in the simple past too. Let's have a look at p. 11, Ex. 3 and find the rule!*

Methodisches Vorgehen

a) Die S lesen die Beispielsätze und formulieren in PA eine Regel für die Bildung des *simple past* bei regelmäßigen Verben. Im UG sammelt L verschiedene Vorschläge und setzt daraus eine korrekte Regel zusammen, die an der Tafel festgehalten wird: *Regular verbs in the simple past: verb + -ed.* Anschließend liest L die Beispielsätze vor, besonders die unterschiedliche Aussprache von *-ed* wird dabei betont. L fragt, was den S bezüglich der Aussprache auffällt. Die S äußern Hypothesen.

b) ◎ Die S hören den HV-Text an und sprechen die gehörten Sätze nach. Tipp: Die S haben Freude an Phonetik. L kann sie bitten, die Sätze überkorrekt oder etwas affektiert vorzulesen. Die S können auch aufgefordert werden, den Unterschied zwischen stimmhaften und stimmlosen Lauten zu erklären. Als Hilfestellung legen sie hierbei die Finger auf den Kehlkopf.

Im Anschluss wird G1 auf S. 142–143 gemeinsam gelesen und besprochen. Dabei sollte auf die Besonderheiten bei der Rechtschreibung eingegangen werden. Alternativ kann dies als HA geschehen.

Differenzierung

△ **Diff pool p. 133/4 Sounds** → After Station 1, p. 11/3

Methodisches Vorgehen: Diese Aufgabe hilft den S, die Lauteigenschaften der neuen Verbformen zu verinnerlichen. Sie kann direkt im Anschluss an S. 11, Aufgabe 3, bearbeitet werden. Die S arbeiten zunächst in EA. Sie lesen die Verbformen und ordnen sie nach phonetischen Aspekten in die vorgegebene Tabelle ein, die sie in ihr Heft übertragen.
Im zweiten Schritt arbeiten die S in PA. Sie lesen einander die Verbformen vor und legen dabei besondere Aufmerksamkeit auf die korrekte Aussprache der Endungen. Anschließend sollten die Ergebnisse gemeinsam verglichen werden.

Lösung:

[d]	[t]	[ɪd]
played	*stopped*	*acted*
turned	*danced*	*collected*
	chased	*wanted*
	laughed	*started*
	watched	
	looked	
	jumped	

Lösung a) Vgl. oben: Methodisches Vorgehen.

S. 11
LANGUAGE

4 The friends' comedy show → WB 3/4–5

Einstieg Die S betrachten das Bild und beschreiben, was sie sehen. L: *What can you see in the picture?*

Methodisches Vorgehen Die S schreiben 5–6 Sätze im *simple past* in ihr Heft und lesen sie anschließend ihrem Nachbarn vor. Gemeinsam wählen die Partner ihre Lieblingssätze aus, die sie anschließend zum UG beisteuern. Exemplarisch werden die Ergebnisse von drei Paaren angehört und ggf. korrigiert.

Differenzierung ▲ Leistungsstarke S können Sätze hinzufügen, die die Emotionen der Charaktere während der *comedy show* beschreiben.

Lösung EH:
- *The friends did the comedy show after school.*
- *Olivia played the saxophone.*
- *Jay and Luke acted as clowns.*
- *Luke chased Jay with a big toy hammer.*
- *A lot of people watched the comedy show.*
- *Holly collected money.*
- *Sherlock danced and chased his tail.*
- *The people laughed because the comedy show was funny.*

S. 11
LANGUAGE

5 The star of the show → WB 4/6, 5/7; Diff pool △ 109/5

Wortschatz *the next day, yesterday*

Einstieg L zeichnet Sherlock mit Sprechblase an die Tafel. L: *What does Sherlock tell his dog friends the next day?* Die S äußern spontan einige Vorschläge.

Methodisches Vorgehen Die S schreiben den vorgegebenen Text in EA oder PA ins *simple past* um. Dabei konsultieren sie bei Bedarf selbstständig die Liste mit unregelmäßigen Verben.

Differenzierung

△ **Diff pool p. 109/5 The star of the show** → Instead of Station 1, p. 11/5

Methodisches Vorgehen: Leistungsschwächere S können anstelle von S. 11, Aufgabe 5, diese Aufgabe schriftlich im Heft bearbeiten. Die einzusetzenden Verbformen im *simple past* sind unter dem Lückentext aufgeführt, so dass die S sie nur den entsprechenden Lücken zuordnen müssen.

Lösung: Vgl. Lösung unten.

Lösung *I **did** lots of great tricks in the comedy show. First I **jumped** over a big box. Then I **ran** around and **chased** my tail. After that I **danced** on a skateboard, and when Olivia **started** to play the sax I also **sang**. The people **loved** it. They **laughed** and **clapped** and **gave** lots of money to Comic Relief. Luke and his friends **tried** to do their best too, but everybody's eyes **were** on me. I **felt** happy and proud – I **was** the real star of the show!*

S. 12
SPEAKING

6 Play a game: Something funny for money

Wortschatz *pyjamas (pl), to enjoy, comment, to turn off, hard, for …, to think of*

Einstieg L fragt die S, was Teenager tun können, um Geld zu verdienen. Die S berichten und erwähnen insbesondere lustige Situationen. L: *What can teenagers do to make money? Are there any fun things you can do?*

Methodisches Vorgehen L leitet zur PA über und erklärt die Aufgabenstellung. L: *Let's imagine it was Red Nose Day yesterday. People often pay money for funny or difficult activities for charity. Roll the two dice and tell your partner what you did.* L teilt Würfel aus. Tipp: Bei einer ungeraden S-Anzahl spielt L mit.

Differenzierung ▲ Schnell arbeitende, kreative S erweitern die Aktivitäten und Kommentare um eigene Ideen. Sie können jeweils sechs neue Ideen auf eine Karteikarte schreiben.

Lösung Individuelle S-Lösungen.

S. 12
WRITING

7 Your turn: A report about a special activity → Diff pool △ 109/6

Wortschatz *nervous*

Methodisches Vorgehen Diese Schreibübung eignet sich besonders gut als Stillarbeit oder HA. Die Besprechung kann nach dem **Think-Pair-Share**-Prinzip erfolgen. **Think:** Die S schreiben 6–8 Sätze in EA ihr Heft. **Pair:** In PA vergleichen die S ihre *reports* und geben einander Feedback zu Inhalt und Sprache. Dabei nutzen sie **KV 3: Peer evaluation: A report about a special activity** zur *peer correction*. **Share:** Im Klassenverband werden exemplarisch S-Arbeiten vorgelesen, ggf. korrigiert und inhaltlich gewürdigt.

Differenzierung

△ **Diff pool p. 109/6 A report about a special activity** → Help with Station 1, p. 12/7

Methodisches Vorgehen: Leistungsschwächere S bearbeiten die Aufgabe im Anhang in EA als Vorbereitung auf S. 12, Aufgabe 7. Durch Bilder und entsprechende Stichpunkte wird es ihnen erleichtert, sich auf die korrekten Verbformen zu konzentrieren. Die Inhaltsebene wird durch die Vorgaben vorentlastet.

Lösung:
1. *These people sold old things on a flea market.*
2. *These people made cakes and biscuits and had a cake sale.*
3. *These people ran for charity. They found sponsors. They paid money per metre.*
4. *These people organised a talent show. They sold tickets and drinks in the break.*

Lösung Lösungsvorschlag:
Last year my friends and I helped to tidy a park. We took plastic bags and gloves and collected the rubbish. It was fun to be outside all day, but I also felt nervous because there was rubbish everywhere! In the end we were very proud because we collected six big bags of rubbish!

S. 12
MEDIATION

8 A flyer in a German classroom → S17

Wortschatz *sale, to keep going*

Einstieg In der Stunde oder als vorbereitende HA machen sich die S die Anforderungen an die Bearbeitung von Mediationsaufgaben bewusst, indem sie S17 auf S. 164 durchlesen. Mit Hilfe von **KV 4: Mediation skills**, die die S einzeln bearbeiten, wird das Verständnis der S für die Besonderheit von Mediationsaufgaben gesichert. Im UG werden die Ergebnisse verglichen, ggf. korrigiert und die Fragen der S beantwortet.

Methodisches Vorgehen Die S bearbeiten die Aufgabe in PA. Sie lesen den deutschsprachigen Flyer und schreiben sich englische Stichpunkte zu den vorgegebenen Fragen auf. Dann kann die Gesprächssituation vor der Klasse vorgespielt werden. Die Mitschüler beurteilen die Leistung der Vorspielenden auf Grundlage der mit der KV erarbeiteten Kriterien.

Tipps für junge Lehrer/innen Es ist besonders wichtig, dass die S begreifen, dass sie bereits Mediationserfahrung (z. B. mit im Ausland lebenden Verwandten) gesammelt haben. Insbesondere S mit Migrationshintergrund können hier wertvolle und unterhaltsame Beispiele liefern.

Lösung
1. *We're planning a big cake sale.*
2. *We are a German tutor group. We need money for our class trip.*
3. *There's no information about that in the text.*
4. *The date of the cake sale is not in the text. October 10th is the date when we meet to plan it.*
5. *Last year we collected a lot of money for an African school.*

Station 2 Finding out what happened

S. 13
Text → L1/5

How did they know?

Wortschatz *coach, someone, missing, solution, anonymous, police, to arrest, what the man looked like, taxi, driver, mechanic, farmer, postman, clue*

S. 13
SPEAKING

9 Talk about games

Einstieg SB geschlossen. L legt **Folie 2** mit dem Bild von S. 13 auf. L: *Let's have a look at the picture. Who can you see? What are the people doing? What are they thinking?* Die S betrachten das Bild und beschreiben, wen sie darauf sehen und welche Emotionen sich auf den Gesichtern der Kinder widerspiegeln. Die S spekulieren, um was für eine Situation es sich handeln könnte und bauen so eine Hörerwartung auf.
Der Hörtext wird vollständig präsentiert. Anschließend geben die S wieder, was sie verstanden haben. L sammelt die Informationen an der Tafel.

How did they know?	
Who?	Luke, Dave, Holly
What?	think of games to play on the coach
Idea:	puzzle story
(Where?	at school)
(Why?	It's boring on the coach.)

Der Hörtext wird ein zweites und ggf. drittes Mal präsentiert und der TA wird vervollständigt bzw. korrigiert. Um leistungsstarke S herauszufordern, kann es sinnvoll sein, Fragen zu stellen, die nicht direkt aus dem Text ersichtlich sind (im TA in Klammern gesetzt). Abschließend lesen die S den Text in verteilten Rollen laut vor. L achtet besonders auf die korrekte Aussprache der Verben im *simple past*.

Methodisches Vorgehen Die S äußern ihre Meinung zu Ratespielen und machen Vorschläge für Spiele, die in einem Reisebus gemacht werden können. Dabei kann es sinnvoll sein, den S zu erlauben, ins Deutsche zu wechseln. L kann dann simultan übersetzen und die Ideen auf Englisch zusammenfassen. Schließlich kann die Klasse über die (3–5) besten Spielideen abstimmen. Alternativ kann diese Aufgabe auch dem oben genannten Einstieg vorangestellt werden.

Vertiefung L spielt ein *guessing game* mit der Klasse. L gibt Impulse, über die die S spekulieren sollen. L: *Guess what my favourite colour is. / Guess how many brothers and sisters I have. / …*

Lösung Individuelle S-Lösungen.

S. 13
LANGUAGE

10 Ask and answer questions about the puzzle story → WB 5/8; G2–3

Einstieg L lenkt die Aufmerksamkeit der S zurück auf den Text. L: *Let's go back to the puzzle story in our English books. Ask and answer questions about the puzzle story. Work with a partner.*

Methodisches Vorgehen In PA lesen die S abwechselnd eine Frage vor und geben dazu die entsprechende Kurzantwort. Dabei kann ihnen der neben den Fragen befindliche Kasten helfen.
Im UG tragen danach unterschiedliche Paare ihre Lösungen vor. Falls die Mitschüler vermuten, eine falsche Lösung gehört zu haben, machen sie ein Klopfzeichen und korrigieren ihre Mitschüler. L korrigiert bei Bedarf.
Anschließend darf jeder S im UG reihum eine weitere Frage stellen, um die Lösung der *puzzle story* zu erraten. Falls jemand mehr als eine Frage stellen möchte, können diese auf kleine Zettel geschrieben und weitergereicht werden. So werden auch diejenigen S eingebunden, denen keine eigene Frage einfällt. Die S spekulieren, wie die Polizei den Täter in der *puzzle story* überführt haben könnte. Bei Bedarf gibt L Hinweise. Falls die S nicht allein auf die Lösung kommen, kann sie auf S. 15 nachgelesen und besprochen werden.
Zum Ziel der *language awareness* reflektiert L mit den S das Phänomen der Kurzantworten im *simple past*. Dabei bezieht er das Vorwissen der S über Kurzantworten im *simple present* mit ein, indem er entsprechende Fragen stellt. L: *Do you like the puzzle story? / Do you think puzzle stories are fun to play on the coach? / Are you excited about your next class trip? / …* Die S geben Kurzantworten im *simple present*, die L an der Tafel sammelt. Anschließend bittet L die S, die Kurzantworten ins *simple past* zu übertragen. L vervollständigt die Tabelle an der Tafel und die S schreiben sie in ihr Heft.

	Short answers	
	In the simple present	*In the simple past*
Positive statements	*Yes, I do.*	*Yes, I did.*
	Yes, he does.	*Yes, he did.*
	Yes, I am.	*Yes, I was.*
Negative statements	*No, I don't.*	*No, I didn't.*
	No, she doesn't.	*No, she didn't.*
	No, he isn't.	*No, he wasn't.*

Lösung 1. *Yes, it did.* 2. *No, it wasn't. The man's name was John.* 3. *No, they didn't. They arrested the postman right away.* 4. *Yes, he was.* 5. *Yes, they were.* 6. *No, they weren't. There was a taxi driver, a mechanic and a farmer.*

S. 14
LANGUAGE

11 Find the rule: Differences between present and past → G2–3

Einstieg L stellt den S Fragen im *simple past* über die letzte Klassenfahrt. Falls das Thema nicht ergiebig sein sollte, kann L auch nach der letzten Geburtstagsparty o. Ä. fragen. Die S beantworten die Fragen im *simple past*. L fragt sowohl nach ganzen Sätzen als auch nach Kurzantworten. Nach etwa zehn Fragen dürfen die S ihre Mitschüler befragen. Bei Bedarf korrigiert L.

Methodisches Vorgehen L verteilt **KV 5: Find the rule: Differences between present and past**. In EA erarbeiten die S selbstständig die Unterschiede bei Fragen und verneinten Aussagesätzen im *simple present* und im *simple past*. Als Beispiel dienen ihnen die Sätze in dem gelben Kasten im SB. Die S erhalten ca. 15 Min. Bearbeitungszeit. Anschließend erstellt L bei Bedarf auf Grundlage der S-Beiträge einen TA, das die wichtigsten Ergebnisse zusammenfasst (vgl. Lösung). Der Aufschrieb wird im *English folder* abgeheftet.

Lösung

	Simple present	*Simple past*
Questions:	*Do ...?*	*Did ...?*
	(question word) does ...?	*(question word) did ...?*
Negative statements:	*... don't ...*	*... didn't ...*
	... doesn't ...	*... didn't ...*

In the simple present we use 'do'/'does' in questions and 'don't'/'doesn't' in negative statements. In the simple past we use 'did' in questions and 'didn't' in negative sentences.
Attention: If there is a form of (to) be in the sentence, you don't need an auxiliary verb. You use 'was' or 'were' in questions and 'wasn't' or 'weren't' in short answers.

S. 14
LANGUAGE

12 Guess what we did → Diff pool △ 110/7; ▲ 110/8

Einstieg L erstellt ein *word web*: *Fun activities to do on a coach.* Die S äußern Ideen, die L notiert.

Methodisches Vorgehen Die S arbeiten in PA. A denkt an ein Spiel, das er/sie gespielt hat. B muss das Spiel erraten, indem er/sie Fragen stellt, auf die ausschließlich Ja-/Nein-Antworten folgen dürfen.

Differenzierung

△ **Diff pool p. 110/7 What they didn't do and what they did** → After Station 2, p. 14/12

Methodisches Vorgehen: Diejenigen S, die mit offenen Aufgabenstellungen leicht überfordert sind, helfen vorstrukturierte Aufgaben wie diese. In PA erzählen die S einander, was Tony (A) und Lou (B) letzte Woche getan bzw. nicht getan haben. Die beiden Illustrationen und die vorgegebenen Phrasen sollen ihnen helfen, erfolgreich Sätze zu bilden.

Lösung:

1. A. *Tony didn't go swimming in the boating lake with Lou, he watched TV.*
   B. *Lou didn't watch TV, she went swimming in the boating lake.*
2. A. *Tony didn't play tennis with a friend, he slept on the sofa.*
   B. *Lou didn't sleep on the sofa, she played tennis with a friend.*
3. A. *Tony didn't buy cheese at Greenwich Market, he listened to music.*
   B. *Lou didn't listen to music, she bought cheese at Greenwich Market.*
4. A. *Tony didn't prepare dinner for his friends, he played a computer game.*
   B. *Lou didn't play a computer game, she prepared dinner for her friends.*

▲ **Diff pool p. 110/8 A perfect day** → After Station 2, p. 14/12

Methodisches Vorgehen: Im Anschluss an S. 14, Aufgabe 12, kann diese Aufgabe in PA für ausgewählte S oder starke Lerngruppen eine zusätzliche Herausforderung sein. Die S fertigen als HA eine Zeichnung an, die ihren perfekten Tag visualisiert. Darüber hinaus überlegen sie sich Fragen, die sie ihrem Partner stellen können.
In der nachfolgenden Stunde arbeiten die S in PA und versuchen, über Ja-/Nein-Fragen im *simple past* möglichst viel über den perfekten Tag ihres Partners herauszufinden. Im UG nutzen die S die Zeichnungen ihres Partners als Hilfe. Sie erzählen den Mitschülern, was ihr Partner an seinem perfekten Tag unternommen hat.

Lösung: Individuelle S-Lösungen.

Lösung Individuelle S-Lösungen.

S. 14 LANGUAGE

13 Problems on the coach → WB 5/9

Wortschatz *friendly*

Methodisches Vorgehen Diese Aufgabe kann mündlich oder schriftlich, in EA oder PA, als HA oder im Unterricht erfolgen. Die Ergebnisse werden gemeinsam im Plenum besprochen.

Differenzierung ▲ Leistungsstarke S können sich weitere Probleme mit dem Bus ausdenken und dazu Sätze bilden. Oder sie malen analog zum Vorgehen auf S. 134, Aufgabe 8, ein Bild zu einem schrecklichen Tag und schreiben 5–10 Sätze darüber, was alles schiefging.

Vertiefung Als weitere Übungsmöglichkeit zu Fragen und verneinten Sätzen im *simple past* kann **KV 6: Danny's trip** eingesetzt werden.

Lösung

1. *I wasn't happy because my best friend didn't sit next to me.*
2. *I helped a girl with her bag but she didn't say thank you.*
3. *It was very loud on the coach so some people didn't hear our puzzle stories.*
4. *The driver was friendly but he didn't speak much English.*
5. *I needed the toilet but the coach didn't stop.*
6. *The coach was slow so we didn't get there till late.*

S. 14 LANGUAGE

14 Make fun questions and answers → WB 6/10–11; G2

Wortschatz *all day*

Einstieg L bildet Gruppen und erklärt die Vorgehensweise für die GA. Dabei kann **KV 7: Make fun questions and answers** als Folie eingesetzt werden, um den S die Aufgabenstellung zu verdeutlichen. Das **Placemat**-Verfahren müsste den S noch aus Klasse 5 bekannt sein. Möglicherweise können die S die Methode selbst erklären.

Methodisches Vorgehen

a) Die S arbeiten in 3er- oder 4er-Gruppen. Jede Gruppe erhält **KV 7**, die auf Din A3-Format kopiert wurde. Sie schreiben in EA zunächst je drei Sätze auf. Nach ca. sechs Minuten weist L durch ein akustisches Signal darauf hin, dass die nächste Arbeitsphase beginnt. Die S präsentieren einander ihre Fragen und wählen die sechs witzigsten als Gruppenergebnis aus. Dazu kann z. B. jeder S drei Sticker erhalten, die er zu der entsprechenden Frage klebt. Die Fragen mit den meisten Punkten werden ausgewählt.

b) Jede Gruppe schreibt ihre Fragen auf kleine Zettel und tauscht sie mit der Nachbargruppe aus. Die S erfinden alberne Antworten zu den Fragen der anderen Gruppe.

c) Gemeinsam mit der Nachbargruppe werden die Fragen und Antworten vorgelesen und die drei besten ausgewählt. Dabei können wieder Sticker eingesetzt werden. Im UG werden die besten Fragen und Antworten präsentiert.

Differenzierung △ L unterstützt bei Bedarf schwächere S durch individuelle Hilfestellung.

Tipps für junge Lehrer/innen Bei dieser Aufgabe wird es sicherlich etwas lauter in der Klasse werden, weil die S über die Fragen und Antworten lachen. In der Regel beruhigen sie sich aber schnell von selbst wieder.

Lösung Individuelle S-Lösungen.

S. 15
SPEAKING

15 Revision: Who am I? → WB 7/12

Wortschatz *singer*

Einstieg L erklärt das Spiel *Who am I?* und klebt einem freiwilligen S einen Zettel mit dem Namen einer bekannten Person – real oder fiktiv – auf die Stirn. Dieser S darf nur Ja-/Nein-Fragen stellen, die von den Mitschülern nur mit Kurzantworten beantwortet werden dürfen. So trainieren die S die Bildung von Fragen und die Verwendung der *short answers*.

Methodisches Vorgehen Sobald der S erraten hat, wer er ist, leitet L zur PA über, indem er die Variante des Spiels erklärt: Zunächst denkt sich jeder S eine Person aus, die er verkörpert. Es empfiehlt sich, die S diesen Namen verdeckt aufschreiben zu lassen. A beginnt, indem er B Fragen stellt, die dieser mit Ja-/Nein-Fragen beantwortet. Sobald A die Person erraten hat, fragt B nach As Identität.

Differenzierung ▲ Schnelle S, die Freude an diesem Spiel haben, können sich mehrere Identitäten ausdenken.

Lösung Individuelle S-Lösungen.

S. 15
LISTENING

16 Luke's dream → S18–20

HV-Text → L 1/6

Luke: I can't wait to jump on that coach!
Dave: Luke, we all know you're excited but –
Luke: I even dreamt about it last night. It was crazy.
Olivia: Really? Come on, tell us about it.
Luke: Well, I remember I was at home with lots of things I needed for the class trip – you know, clothes and shoes and lots of other stuff. But when I tried to put my things in a bag, Sherlock pulled them out again.
Holly: Ah, how sweet! He wanted to keep you at home with him.
Luke: Maybe, Holly. Anyway, because I had this problem with Sherlock, I was too late.
Dave: Too late for the coach, you mean?
Luke: Yes, the coach went without me! When I got to school I saw it – but it was already at the other end of the street. I was horrified! I shouted, but it didn't stop.
Jay: Were we on the coach?
Luke: How do I know? But if you were, you didn't help!
Olivia: So what did you do then, Luke? Did you go home again?
Luke: No, I didn't. There was a police car near the school, so I jumped in the car and asked the police for help.

Dave: And did they help?
Luke: Yes, they did. We started to chase the coach. It was great – really exciting! But then they got a phone call about a man they wanted to arrest. So suddenly they were too busy to help me, and after that I got on a train.
Jay: A train? Did you have a ticket?
Luke: I don't remember. But anyway, I didn't stay on the train very long.
Holly: Why not?
Luke: 'Cos I found out it was a train for Greenwich – the wrong way for me. I didn't want to go back to Greenwich!
Olivia: So how did you chase the coach after that?
Luke: I met a horse from Mudchute Farm. In the past he was a really fast horse. He won lots of prizes.
Dave: How do you know that?
Luke: 'Cos he told me.
Jay: Horses don't talk!
Olivia: In dreams horses can do what they like, Jay! Go on, Luke.
Luke: Well, when I told the horse my problem he wanted to help. So I climbed onto his back and he started to run. But he wasn't very fast anymore because he was too old. And after a short time he was dog-tired.
Jay: Horse-tired, you mean!
Holly: Poor old horse!
Luke: Yes, he was very nice, but not much help. So I said thank you and sent him home again. Then I ran after the coach alone in my new football shoes.
Dave: And? Did you find the coach?
Luke: Who knows? I didn't have time to find out the end of the dream. Suddenly it was seven o'clock this morning and time to get up!

Wortschatz *dream*

Einstieg L legt **Folie 3** auf. Die S betrachten die sechs Bilder und beschreiben, was sie darauf sehen. Sie spekulieren auf Grundlage der Illustrationen, was Luke geträumt haben könnte und bauen so eine Hörerwartung auf.

Methodisches Vorgehen

a) ◎ L präsentiert den Hörtext. Anschließend erklären die S, welche Bilder zu dem Hörtext passen und bringen sie in die richtige Reihenfolge. Bei Bedarf kann L Satzanfänge an die Tafel schreiben, um schwächere S zu unterstützen:

Picture X goes with the text because ... / Picture Y doesn't go with the text because ...

b) Die S lesen die Fragen laut vor und können ggf. Verständnisfragen stellen. L präsentiert den Hörtext zwei weitere Male. Die S machen Notizen zu den Fragen.
Es empfiehlt sich, eine kurze **Murmelphase** zwischenzuschalten, damit unsichere S kurz mit ihren Nachbarn „verhandeln" und sich an der anschließenden Ergebnissicherung per **Meldekette** beteiligen können: Ein S liest die erste Frage vor und wählt einen S aus, der sie beantwortet. Dieser liest die nächste Frage vor und ruft den nächsten S auf. Bei evtl. auftretenden Fehlern machen die Mitschüler oder L durch Klopfzeichen darauf aufmerksam.

Vertiefung **KV 8: Listening: Luke's dream** bietet standardisierte Aufgabenformate zum Verständnis des Hörtextes.

Lösung

a) *Picture C is wrong because Luke doesn't go by boat. Correct order: D, A, E, F, B.*

b) 1. *When Luke tried to put his things in a bag, Sherlock pulled them out again. So he was late.* 2. *Luke was horrified. He shouted, but the coach didn't stop.* 3. *There was a police car near the school, so Luke jumped in the car and asked the police for help.* 4. *The police got a phone call about a man they wanted to arrest.* 5. *Luke found out it was a train for Greenwich – the wrong way for him.* 6. *In the past he was a really fast horse. He won lots of prizes. (But he wasn't very fast any more because he was too old. And after a short time he was dog-tired.)* 7. *Luke didn't have time to find out the end of the dream. Suddenly it was seven o'clock in the morning and time to get up.*

S. 15
WRITING

17 Your turn: Your puzzle story

Methodisches Vorgehen ❀ Diese Aufgabe eignet sich gut als EA oder HA. Die S schreiben eine eigene *puzzle story*, die entweder erfunden oder bereits bekannt sein kann. Anschließend lesen sich die S in PA oder in Kleingruppen gegenseitig ihre *puzzle stories* vor und versuchen, auf die richtige Lösung zu kommen. Exemplarisch sammelt L einzelne Texte ein und korrigiert sie.

Vertiefung Zur Wiederholung des Lernwortschatzes in Unit 1 (bis einschließlich Station 2) kann **KV 9: What's the word?** eingesetzt werden.

Lösung Lösungsvorschlag:
A man lives in a high building. Every morning he takes the lift down and goes away. When he comes back alone, he can only take the lift back to his flat when it's raining. Why?
Solution: *The man isn't very tall. He can't push the upper lift buttons, but he can ask people to push them for him. He can also push them with his umbrella.*

Station 3 Describing and comparing

S. 16
Text → L 1/7 ⦾

Everyone can enjoy a challenge

Wortschatz *challenge, course, mountain, forest, adventure, confident, walking, climbing, gorge scrambling, route, than, the worst*

S. 16
SPEAKING

18 Talk about the outdoor centre

Wortschatz *separate, Celtic, Welsh*

Einstieg SB geschlossen. L schreibt *Wales* als **stummen Impuls** an die Tafel. Die S äußern Vorkenntnisse, die L in einem *word web* oder in einer Mindmap sammelt. Falls keine oder nur wenige Vorkenntnisse vorhanden sind, sehen sich die S die GB-Karte im SB an, lokalisieren Wales und äußern Vermutungen über die Region auf Grundlage der Illustrationen.
L legt **Folie 4** auf und semantisiert anhand der Bilder die Vokabeln *mountain, forest, climbing, gorge scrambling* und *route*. Anschließend wird das SB geöffnet. Die S lesen die *Across cultures*-Box und ergänzen weitere Aspekte in ihrem *word web* bzw. ihrer Mindmap.

Methodisches Vorgehen

a) L präsentiert den Hörtext von CD. Die S lesen im SB mit und versuchen, möglichst viele Informationen im Kopf zu behalten. Anschließend schließen sie das SB. Sie ergänzen das *word web*/die Mindmap an der Tafel mit den Informationen aus dem Hörtext.

b) L fragt die S, ob sie gerne einmal nach Wales und in das *outdoor centre* fahren möchten. Die S begründen ihre Position. Bei Bedarf unterstützt L mit Satzanfängen an der Tafel:

I'd like to go there because …
I wouldn't like to go there because …

c) ❀ In PA erzählen die S von eigenen Erfahrungen mit herausfordernden Situationen. Je nach zeitlicher Situation können anschließend ausgewählte S im UG berichten.

Lösung

a) Lösungsvorschlag: *It's near Snowdonia National Park in Wales; there are mountains, forests and lakes; you can do outdoor activities, for example mountain walking, climbing and gorge scrambling, …*

b) Lösungsvorschlag: *I'd like to go there because I think outdoor activities are fun. It's good for the group to enjoy a challenge together too.*

c) Individuelle S-Lösungen.

S. 16 LANGUAGE

19 Find the rule: Comparative and superlative forms → G4

Einstieg Auf Grundlage der S-Antworten zu Aufgabe 18 bildet L Sätze, in denen er die S vergleicht, z. B. *Lara likes exciting activities, but Noah likes more exciting activities.* So macht er die S mit dem neuen grammatischen Phänomen zunächst passiv vertraut. Anschließend reflektieren die S im UG, was L gemacht hat, nämlich die S miteinander zu vergleichen. L führt das Konzept der *comparison of adjectives* ein und leitet zum Text über, aus dem die S zunächst spontan einige Komparativ- und Superlativformen heraussuchen. So stellt L sicher, dass alle S verstanden haben, worum es geht.

Methodisches Vorgehen **a) + b)** L bereitet den TA vor. Die S bearbeiten die Aufgaben in EA oder PA. Die Lösungen werden im UG kontrolliert. Der TA kann dabei exemplarisch nach und nach vervollständigt werden:

Comparing things and people

adjective	*comparative*	*superlative*
hard	*harder*	*(the) hardest*
easy	*easier*	*(the) easiest*
confident	*more confident*	*(the) most confident*
interesting	*more interesting*	*(the) most interesting*
good	*better*	*(the) best*
bad	*worse*	*(the) worst*

Rule:

- *Group 1: adjective – adjective + -er – (the) adjective + -est*
  Adjectives with one syllable and adjectives with two syllables in -y / -le / -ow / -er belong to this group, e.g. happy, clever, simple.
- *Group 2: adjective – more + adjective – (the) most + adjective*
  Almost all other adjectives belong to this group.
- *Irregular forms:*
  good – better – (the) best
  bad – worse – (the) worst

c) Auf Grundlage des TA stellen die S Vermutungen über die Regeln zur Steigerung von Adjektiven an. L notiert richtige Aspekte und ergänzt bei Bedarf. Die Regel wird im *English folder* festgehalten.

Tipps für junge Lehrer/innen Diese Aufgabe ist in der Regel zu anspruchsvoll, als dass die S selbst die komplette Regel ableiten können. Dennoch sollten die S zunächst Vermutungen anstellen. Anschließend kann G4 auf S. 146–148 gemeinsam oder als HA gelesen werden.

Lösung **a) + b)**

adjective	***comparative***	***superlative***
hard	*harder*	*hardest*
big	*bigger*	*biggest*
easy	*easier*	*easiest*
popular	*more popular*	*most popular*
confident	*more confident*	*most confident*
bad	*worse*	*worst*
young	*younger*	*youngest*
old	*older*	*oldest*
happy	*happier*	*happiest*

c) Vgl. TA.

S. 17 LANGUAGE

20 Practise the new forms → Diff pool △ 110/9

Methodisches Vorgehen

a) Die S nennen einander in PA abwechselnd die Komparativ- und Superlativformen der vorgegebenen Adjektive und überprüfen so, ob sie die Regeln zur Steigerung der Adjektive korrekt anwenden können. Je nach Leistungsstand der Lerngruppe kann es sinnvoll sein, die Ergebnisse im Rahmen einer Zwischensicherung im UG zu besprechen.

b) Die S vergleichen mindestens drei Aktivitäten miteinander und üben so, die neue Grammatik in ganzen Sätzen anzuwenden.

Differenzierung

△ Diff pool p. 110/9 The new forms → After Station 3, p. 17/20b)

Methodisches Vorgehen: Nach S. 17, Aufgabe 20b) kann diese Aufgabe bearbeitet werden. Insbesondere S mit Verständnisschwierigkeiten helfen leichtere Aufgaben, Erfolgserlebnisse zu haben. Diese Einsetzübung beinhaltet ein Streitgespräch zwischen Tony und Lou, das die S sicher unterhaltsam finden. Die S schreiben den Dialog in EA in ihr Heft. Dies kann auch als HA erfolgen.

Erweiterung: Leistungsstärkere S könnten die Aufgabe erweitern, indem sie ein Streitgespräch, z. B. zwischen Prinz William und Prinz Harry, erfinden und aufschreiben. In der folgenden Stunde werden die Dialoge mit verteilten Rollen vorgelesen.

Lösung: 1. *bigger* 2. *big* 3. *nicer* 4. *more popular* 5. *funnier* 6. *funny* 7. *worse* 8. *faster* 9. *taller* 10. *more intelligent* 11. *faster*

Lösung

a) *proud, prouder, proudest; good, better, best; interesting, more interesting, most interesting; funny, funnier, funniest; dangerous, more dangerous, most dangerous; quiet, more quiet, most quiet; brave, braver, bravest; excited, more excited, most excited*

b) Lösungsvorschlag:
A: *I think Snowdonia National Park is a better place for a holiday than London.*
B: *Oh, I think London with its sights is the best place for a holiday.*
A: *I think gorge scrambling is the most dangerous hobby I know.*
B: *I think climbing is more dangerous than gorge scrambling.*

S. 17 LANGUAGE

21 Say it in different words → WB 7/13, 8/14–15; G5; Diff pool △ 111/10

Einstieg

Drei freiwillige S kommen nach vorne. L fragt sie nach Alter, Größe, Anzahl der gesprochenen Fremdsprachen, Geschwistern und erstellt eine kleine Tabelle dazu an der Tafel. L: *How old are you? How tall are you? How many languages do you speak? How many brothers or sisters have you got?*

	A	B	C
age			
height			
languages			
brothers or sisters			

Die Freiwilligen rufen abwechselnd ihre Mitschüler auf. Diese vergleichen die drei Schüler. L korrigiert bei Bedarf. Damit die S verstehen, wann sie *as … as* bzw. *… than* benutzen müssen, formuliert L weitere Sätze über S, die dieses Phänomen illustrieren. L erstellt einen TA als visuelle Hilfe.

The same or different: Making comparisons with adjectives	
... that are the same	... that are different
Maris is as old as Anja.	Calvin is taller than Vivian. Arne is not as small as Bettina.
as + adjective + as	comparative form of the adjective + than not as + adjective + as

Methodisches Vorgehen Die S schreiben Sätze in EA oder PA in ihr Heft. Bei Bedarf können sie G5 auf S. 148–149 lesen. Anschließend vergleichen die S ihre Ergebnisse mit einem Mitschüler oder einem anderen Schülerpaar.

Vertiefung Die S denken sich acht Fragen aus, die sie ihren Mitschülern stellen wollen. Sie führen eine *classroom survey* durch und schreiben die Antworten ihrer Mitschüler auf. Anschließend werten sie ihre Bögen aus, indem sie zehn Sätze schreiben, in denen sie die auffälligsten Ergebnisse ihrer Umfrage zusammenfassen.

Differenzierung

△ **Diff pool p. 111/10 Say what's different** → Instead of Station 3, p. 17/21

Methodisches Vorgehen: Leistungsschwächere S bearbeiten diese Aufgabe an Stelle von S. 17, Aufgabe 21. Nach der Arbeitsphase vergleichen sie ihre Ergebnisse mit einem Partner. Dies kann z. B. per **Lerntempoduett** erfolgen.

Lösung: Vgl. unten.

Lösung 1. *Wales is smaller than England.* 2. *The weather today is worse than yesterday.* 3. *Route B is easier than Route A.* 4. *The courses aren't as expensive as most people think.* 5. *I'm not as nervous as I was about new challenges.*

S. 17
VOCABULARY

22 Find adjectives to describe what you can see

→ WB 8/16; Diff pool △ 111/11; ▲ 111/12

Wortschatz *low, tall, high*

Einstieg L legt **Folie 5** auf. Die S betrachten und beschreiben das Bild. Bei Bedarf kann L relevantes Vokabular vorentlasten.

Methodisches Vorgehen Die S arbeiten in PA. Sie nutzen die vorgegebenen Adjektive, um Sätze mit Komparativ- und Superlativformen zu bilden. Anschließend präsentieren drei Paare exemplarisch ihre Sätze im UG.

Differenzierung ▲ Mit **KV 10a+b: St Dwynwen's Day** lernen die S den walisischen St Dwynwen's Day kennen. So wird ihre Phantasie beflügelt, sie erweitern ihre soziokulturellen Kenntnisse und üben, Adjektive zu steigern. Darüber hinaus erweitern sie ihre interkulturelle Kompetenz, indem sie über romantische Gebräuche ihres Heimatlandes berichten.

△ **Diff pool p. 111/11 Who's the tallest?** → After Station 3, p. 17/22

Methodisches Vorgehen: Die S arbeiten in 3er-Gruppen, die in einem Wettbewerb gegeneinander antreten. Jede Gruppe bearbeitet eine der vorgegebenen Ideen. Die S bilden zum jeweiligen Aspekt drei Sätze. Sobald sie diese korrekt formuliert haben, ruft die jeweilige Gruppe *„Stop!"* und präsentiert ihre Sätze. Daraufhin werden neue 3er-Gruppen gebildet. Die S arbeiten analog zum bereits geschilderten Prinzip. Mindestens drei Gruppen sollten die Möglichkeit zur Präsentation bekommen.

Lösung: Individuelle S-Lösungen.

Vertiefung Weitere Aufgaben zur Steigerung der Adjektive bietet **KV 11: The most exciting holiday**.

Tipps für junge Lehrer/innen Statt *„Stop!"* zu rufen kann auch ein akustisches Signal, z. B. eine Klingel, eingesetzt werden.

Differenzierung

▲ **Diff pool p. 111/12 The best thing ever** → After Station 3, p. 17/22

Methodisches Vorgehen: Leistungsstarke S schreiben einen kurzen Text über zwei Themen ihrer Wahl. Sie üben so die Verwendung des *simple past* als auch die Steigerung von Adjektiven. Dies kann als HA erfolgen. In der nächsten Stunde sammelt L die Texte ein und korrigiert diese.

Lösungsvorschlag:
1. *The tastiest meal I ever had was a plate of spaghetti when I was on holiday in Rome. At home I enjoy eating hamburgers, but hamburgers aren't as tasty as that spaghetti. The plate of spaghetti was even tastier than the ice-cream I had as a dessert!*
2. *The funniest book I ever read was* The secret diary of Adrian Mole, aged 13 3/4. *It isn't as exciting as the Harry Potter books, but it's much funnier. Adrian Mole is a funny character. For example, his mother thinks his room is too tidy and is angry with Adrian. It's a great book.*

Vertiefung **KV 12: More words** bietet vertiefende Wortschatzaufgaben zum Abschluss von Station 3.

Tipps für junge Lehrer/innen Bei leistungsstärkeren S ist es wichtig, die entsprechenden Talente zu würdigen. Für Kinder ist es nicht immer leicht, Geduld und Verständnis für andere aufzubringen.

Lösung Lösungsvorschlag:
1. *There are teenagers in a beautiful landscape with mountains. The highest mountain is on the right.*
2. *Three teenagers are horse-riding. The two girls are sitting on big horses, but the boy's horse is not as big as the girls' horses.*
3. *Two boys are climbing. One boy is slower than the other. The faster boy is happier than the slower boy; he smiles a lot.*
4. *Three boys are cycling. The boy with the yellow T-shirt is faster than the others. The third boy is not as fit as the others.*
5. *The sheep in the valley look smaller than the sheep on the hill.*
6. *There are two trees. The left tree is bigger than the right tree.*
7. *There are three birds in the sky. Two birds are flying high, but one bird is flying lower than the other birds.*

Story

S. 18 1 Before you read → S5–6, 8

Methodisches Vorgehen Variante 1: L schreibt die im Textteil A blau markierten Wörter *coach, excited, long way, strange* an die Tafel. Diese Stichwörter können als Schreibanlass für eine vorbereitende HA genutzt werden: Die S schreiben eine eigene Geschichte, in der diese Wörter vorkommen müssen. In der nachfolgenden Stunde tauschen je zwei S ihre Geschichten aus und geben einander Feedback. Ausgewählte Texte werden vorgelesen und exemplarisch korrigiert.
Variante 2: L schreibt die im Textteil A blau markierten Wörter an die Tafel. Die S spekulieren, worum es in dem Text gehen könnte. So bauen sie eine Leseerwartung auf.

Lösung Lösungsvorschlag:
I think the story is about a class trip, maybe to Wales. The students on the coach feel excited and can't wait to arrive at the youth hostel. But it's a long way to Wales. Something strange happens during their trip …

S. 18–19
Text → S 1/3–7 ⊙
L 1/9–13 ⊙

It was amazing

Wortschatz *amazing, planet, sheep, sheep (pl), sign, road, soon, field, Welcome!, instructor, few, meal, a bit, cold, torch, to go for a walk, the dark, noise, dark, night walk, against, to be asleep, to tiptoe, cloudy, battery, no idea, locked, trouble, secret, memory*

Methodisches Vorgehen SB geöffnet. L präsentiert Teil A der Geschichte von der CD. Die S stellen ihr Globalverständnis unter Beweis, indem sie *Wh*-Fragen beantworten. L notiert wesentliche Aspekte an der Tafel. Zusätzlich fragt er nach Wörtern oder Sätzen, die die S gefühlsmäßig beeindruckt haben. L: *Which words did you like/not like and why? How did you feel when you were listening?*

It was amazing – A yearbook report

Part A

Who?	*Mr Swindon* *tutor group*
What?	*trip to outdoor centre*
Where?	*on the coach from Greenwich to Wales*
When?	*Saturday morning*
Why?	*class trip*

L führt die **Klangbildmethode** ein, die die Affekte der Lerner als Ausgangspunkt für die Textbearbeitung nimmt. Er erklärt den S, dass sie sich beim Hören diejenigen Wörter notieren sollen, die sie emotional beeindrucken. Diese Emotionen können breit gestreut sein: Zustimmung oder Ablehnung, Angst oder Wut, Unsicherheit oder Neugier, Freude und andere positive oder negative Affekte. L: *We're going to work with a new method. Listen and take notes of all the words or phrases which appeal to your feelings. They can be positive or negative.*

Nachdem alle Textteile von der CD präsentiert wurden, spielt L die Geschichte noch einmal komplett vor. Dabei lesen die S die von ihnen notierten Wörter laut mit - das Klangbild entsteht. L: *Let's listen to the story again. Now you are a speaker too. Read out all the words you wrote down.* Anschließend vergleichen die S ihre Wörter und begründen ihre Auswahl, ggf. auf Deutsch. L und die S reflektieren den Höreindruck im UG. Einige S berichten, warum sie sich für welche Wörter entschieden haben.
In der nächsten Phase arbeiten die S in 3er- oder 4er-Gruppen. Sie finden Kategorien, denen sie ihre Wörter zuordnen. Die Ergebnisse werden auf einer Folie gesichert. 2–3 Gruppen präsentieren ihre Ergebnisse im Plenum. Abschließend formulieren die S Fragen an den Text. Zum Stundenende moderiert L eine Methodenreflexion: Die S kommentieren die **Klangbildmethode** aus persönlicher, gruppendynamischer und fachlicher Sicht.

S. 19
READING

2 Questions about the text → WB 9/17–18

Methodisches Vorgehen

a) In PA stellen sich die S abwechselnd Fragen zum Inhalt des Textes. Nachdem die neun vorgegebenen Fragen gestellt und beantwortet wurden, wird die Aufgabe offener und die S können eigene Fragen stellen. Dies kann auch im Plenum stattfinden, wobei z. B. die linke gegen die rechte Seite der Klasse antritt und ein Wettbewerb ausgetragen wird.

b) Die S lesen die drei vorgegebenen Textstellen und beraten sich in einer kurzen **Murmelphase**, was den Kindern Angst gemacht haben könnte. Anschließend äußern mehrere S ihre Vermutungen im Plenum. Ggf. muss L punktuell aus der Muttersprache übersetzen, um die S in ihrem Mitteilungsbedürfnis zu unterstützen.

Lösung

a) 1. *Where did the students go for their class trip? – They went to Wales.*
2. *How did everyone get to Ty'n y Berth? – They got there by coach.*
3. *Where did the boys and girls eat their meals? – They ate their meals in the biggest room of the old village school.*

4. *Why did Luke and Jay want the same bed? – They wanted the same bed because it was near the window.*
5. *What did the students do on the course? – Every morning and afternoon there were new and exciting activities – like gorge scrambling or climbing.*
6. *What did Dave find the hardest challenge? – For Dave, climbing was the biggest challenge.*
7. *Why did the stars look so big and clear? – The stars looked so big and clear because it was much darker in Wales than in London.*
8. *When did the three boys go for a night walk? – The boys went for a night walk on the last day.*
9. *What did Luke's torch need? – It needed new batteries.*

b) Lösungsvorschlag: 1. *an owl*; 2. *a snake or another animal*; 3. *a part of a tree*

S. 20
SPEAKING

3 The secret → WB 9/19; S16; Diff pool △ 111/13

Einstieg L leitet zum Ende des Berichts über. L: *At the end of the story, Dave keeps a secret. What did he NOT tell us?* Die S benennen die Leerstelle: Sie haben nicht erfahren, wie Jay, Luke und Dave in ihre Betten gekommen sind.

Methodisches Vorgehen

a) Nun spekulieren die S, wie die drei Jungen den Weg zurückgefunden haben. Je nach Kreativität und Spontanität der S kann dies nach einer **Murmelphase** oder gleich in 4er-Gruppen erfolgen.

b) Die S arbeiten in 4er-Gruppen und denken sich ein mögliches Ende der Geschichte aus. Die Ideen werden mittels des **Placemat**-Verfahrens gesammelt. Anschließend schreiben die S eine kurze Szene und üben diese ein. Zur Ergebnissicherung werden exemplarisch einige Szenen im Plenum präsentiert. Die Zuschauer geben kriterienorientiertes Feedback zu den einzelnen Szenen. Hierbei kann **KV 13: Peer evaluation: A role play** zum Einsatz kommen. Die S üben so erneut die Methode der *peer evaluation*.

Differenzierung

△ Diff pool p. 111/13 The secret → Help with Story, p. 20/3b)

Methodisches Vorgehen: S oder Lerngruppen, die Schwierigkeiten haben, in kurzer Zeit ein Rollenspiel und dessen Verlauf auszuhandeln, finden hier Hilfe in Form von Illustrationen und Satzanfängen. Diese helfen Ihnen, innerhalb von kurzer Zeit zu vorzeigbaren Ergebnissen zu gelangen. In 4er-Gruppen schreiben die S ihr Rollenspiel auf Grundlage der Hilfestellungen und üben ihren Text, um es anschließend vorspielen zu können.

Erwartungshorizont:

Luke: *Look! I think that window is open. Oh no, I can't reach it. Jay, can you help me up?*
Jay: *Yes, of course! Can you reach it?*
Dave: *Hey, here's another door! Do you think it's open?*
Luke: *Shshsh, quiet!*
Jay: *Don't make so much noise!*
Dave: *There's a light on! I think it's the window of the girls' room.*
Jay: *Let's throw a small stone!*
Olivia: *Who's there? Oh, it's you, boys! I thought I heard something. What are you doing out there?*
Luke: *There's no time to explain. We need to get inside! Can you help us, Olivia?*
Olivia: *But how? I can only open this window upstairs. The teachers are sleeping downstairs!*
Jay: *We can use this ladder to climb upstairs!*
Dave. *Great! I can climb up and then …*
Olivia: *… I can open the window!*
Luke: *Let's go!*

Lösung

a) Lösungvorschlag: *Maybe they found an open window. / Maybe they called a friend on his/her mobile. / Maybe someone came outside to look at the stars and the boys went inside.*

b) Individuelle S-Lösungen (vgl. oben, Differenzierung).

S. 20
WRITING

4 How to: Plan a travel report → S7; S10–13

Wortschatz *travel report*

Methodisches Vorgehen

Diese Aufgabe eignet sich gut als HA. Als Unterstützung bei der Bearbeitung kann **KV 14: How to: Plan a travel report** ausgeteilt werden.

a) Die S arbeiten in EA oder PA. Sie fassen die Textteile A–E in 1–2 Sätzen schriftlich zusammen.

b) Die S notieren Schlüsselphrasen für die Textteile A–E, die sich als Überschrift eignen würden.

c) Die S nutzen ihre Ergebnisse aus a) und b), um die Tabelle zu rekonstruieren, die Dave zum Verfassen seines *travel report* erstellt hat.

Lösung

a) *Part A is about how the students get from Greenwich to Wales.*
Part B is about the outdoor centre and the boys' bedroom.
Part C is about the activities at Ty'n y Berth and a surprise: a walk in the dark under the Welsh stars.
Part D is about the last day and the boys' idea to go for another night walk.
Part E is about the morning when the coach came and the class trip ended.

b) *Part A: Our class trip – A long way from Greenwich – Croeso i Gymru*
Part B: Welcome to Ty'n y Berth – the rooms – the bed near the window
Part C: exciting activities – challenges – a surprise
Part D: Luke's idea – as black as night – back to the centre
Part E: Goodbye Wales – amazing memories

c)

Part	*Main ideas*
A	*class trip – from Greenwich to Wales – long way*
B	*arrival at the centre – the rooms – a problem with the beds*
C	*activities – challenges – the night walk under the stars*
D	*Luke and the torch – a scary monster – back to bed*
E	*back to Greenwich – why we were tired*

S. 20
VOCABULARY

5 How to: Make a travel report interesting → S13

Methodisches Vorgehen

a) In PA sprechen die S über den ersten Satz von Daves Bericht. Sie erklären, ob es sich dabei um einen guten Einstieg für einen Reisebericht handelt oder nicht und begründen ihre Äußerungen.

b) Jeweils zwei Paare tun sich zu 4er-Gruppen zusammen. Innerhalb der Gruppen arbeiten die S arbeitsteilig, d.h. jeder S bearbeitet eine der Aufgaben. Anschließend besprechen sie ihre Ergebnisse mit den übrigen Gruppenmitgliedern. Die S einer 4er-Gruppe erhalten jeweils eine Folie und einen Folienstift und stellen ihre Ergebnisse im Plenum vor. Die übrigen S ergänzen ggf. weitere Wörter/Phrasen aus dem Text. Alternativ kann auch ein **Gruppenpuzzle** sinnvoll sein, führt aber in der Regel zu größerer Unruhe in der Klasse.

Lösung

a) EH: *I think it's a good way to start a travel report because the idea that they travelled to a different planet makes you want to know more about the class trip. You want to go on reading and find out what was so different in Wales.*

b) EH:

words that explain 'when'	*that Saturday morning (lines 9–10) – at last (line 16, line 22) – now (line 18, line 32) – soon (line 20) – for the next few days (lines 29–30) – years ago (line 31) – right away (line 38) – that night (line 43) – most of the time (line 46) – every morning and afternoon (lines 47–48) – then in the evening (lines 49–50) – late one evening (line 62) – at night (line 68) – too soon (line 74) – the last day (lines 74–75) – when we went to bed (line 74) – till the others were asleep (lines 79–80) – early the next morning (line 113)*
words that describe places	*a different planet (line 2) – busy streets and shops and lots of people (lines 3–4) – new place (line 4) – only mountains and lakes and lots of sheep (lines 5–6) – the roads were quieter (line 18) – everything looked green (lines 18–19) – the villages and farms had strange Welsh names (lines 19–20) – in the mountains (line 21) – an old grey building (lines 22–23, line 108) – fields and trees (line 23) – village school (line 31) – the biggest room (lines 32–33) – smaller rooms (line 34) – a bedroom (line 37) – a little river (line 54) – the water in mountain rivers (lines 55–56) – amazing (line 66) – much darker (line 70) – the stars looked much bigger and clearer (lines 71–73) – across a field (lines 83–84) – some trees (line 84)*
words that show feelings	*excited (line 7, line 11) – we all clapped (line 17) – strange (line 20) – friendly (line 25) – with a smile (lines 27–28) – exciting (line 49) – loved (line 51) – funny (line 52) – confident (line 61) – surprise (line 62) – amazing (line 66, line 69, line 116) – we wanted one last adventure (lines 78–79) – Oh no! (line 91) – We had no idea (line 95) – nervous (line 98) – Help! (line 102) – awful (line 104) – scared (line 105) – happy (line 108) – What now? (line 110) – sad (line 115) – tired (line 118)*
words that make a text exciting	*a different planet (line 2) – whispered (line 75) – against the rules (line 78) – as quiet as mice (line 80) – tiptoed (line 81) – very dark outside (line 82) – Oh, no! (ine 91) – the night was as black as – well, as black as night (lines 91–93) – Which was the way back? (line 94) – suddenly (line 97) – What was that? (lines 97–98) – strange noise (line 98) – dangerous (line 101) – Help! (line 102) – monster (line 102) – crazy (line 106) – How did we do it? (line 112) – secret (line 112)*

Skills Using a bilingual dictionary

How to use a dictionary

S. 21 **1 Talk about different kinds of dictionaries**

Wortschatz *electronic, search, meaning*

Einstieg L legt eine Folie mit der Überschrift *How to understand new English words* auf. Die S äußern spontan ihre Assoziationen dazu, L schreibt mit. Je nach Qualität und Differenziertheit der S-Äußerungen kann S9 auf S. 159 gemeinsam gelesen werden. Im Anschluss wird die Folienmitschrift um neue Aspekte ergänzt.

Methodisches Vorgehen L zeigt verschiedene Wörterbücher: ein klassisches Wörterbuch, ein elektronisches Wörterbuch und ein Online-Wörterbuch. L fragt die S, welche(s) Hilfsmittel sie am häufigsten nutzen. Tipp: An dieser Stelle kann es sinnvoll sein, auch auf das Wörterbuch im SB hinzuweisen. Gerade jüngere S vergessen oft, dass sie auch dort Vokabular nachschlagen können.

a) In EA oder PA ordnen die S den verschiedenen Nachschlagewerken die vorgegebenen Eigenschaften zu.

b) Die S ergänzen eigene Stichpunkte zu der Frage, welche zusätzlichen Informationen die verschiedenen Wörterbuchtypen geben. L sichert die Ergebnisse aus a) und b) auf Folie.
c) Im UG erläutern die S, welche Wörterbücher sie am liebsten nutzen und warum.

Lösung
a) *Online: B, C, D, E; in a book: A, C, E; in an electronic dictionary: B, C, D, E*
b) EH: *Online: discussion groups about different expressions; in a book: pictures, word families; in an electronic dictionary: you can save the words you have searched for*
c) Lösungsvorschlag: *I like to use an online dictionary. I can use it with my mobile phone, so it's always with me and I needn't carry a heavy book to school.*

S. 21

2 Practise with the alphabet → WB 10/20–21

Einstieg Zur Motivation und Einstimmung auf das Alphabet kann z. B. der *Alphabet Song* aus der *Sesame Street* auf YouTube gemeinsam angeschaut werden.

Methodisches Vorgehen
a) Die S sagen abwechselnd das englische Alphabet auf.
b) In EA ordnen die S die einzelnen Wörter des ersten Satzes in Teil C *(Most of the time at Ty'n y Berth we were too busy to think of home.)* in alphabetischer Reihenfolge. Anschließend vergleichen sie ihre Ergebnisse in PA.

Lösung
b) *at – busy – home – most – of – the – think – time – to – too – Ty'n y Berth – we – were*

S. 21

3 Find the correct meaning → WB 10/22

Einstieg Diese Aufgabe sensibilisiert die S für Wörter, zu denen es mehrere Übersetzungen gibt. Vor der Bearbeitung kann z. B. in mehrsprachigen Lerngruppen ein diesbezüglicher Erfahrungsaustausch stattfinden.

Methodisches Vorgehen
a) Die S schlagen in EA die blau markierten Wörter im Wörterbuch nach und schreiben die entsprechenden Übersetzungen in ihr Heft.
b) Die S schlagen die drei deutschen Wörter nach, die im Englischen verschiedene Entsprechungen haben. Dann schreiben sie die entsprechenden Sätze in ihr Heft und vergleichen sie mit ihrem Nachbarn. Im UG können ggf. Fragen und Unsicherheiten geklärt werden.

Differenzierung ▲ Leistungsstarke S erstellen eine analoge Lernaufgabe für (fiktive) S, die Deutsch als Fremdsprache lernen.

Lösung
a) 1. *right:* rechts, richtig 2. *time:* Zeit, Mal 3. *room:* Zimmer, Platz
b) 1. tragen: *wear, carry* 2. treffen: *meet, hit* 2. Karte: *map, menu*

Extra: How to use a portable electronic dictionary (PED)

Didaktische Überlegungen Nach einer ersten Bewusstmachung verschiedener Nachschlagemöglichkeiten für die S (vgl. dazu S. 21, Aufgabe 1) soll nun der praxisorientierte Umgang mit elektronischen Wörterbüchern im Vordergrund stehen. Nachschlagewerke als Printausgabe haben bereits seit der Grundschule in verschiedenen Fächern ihren festen Platz. Außerdem sind es die S in Klasse 6 inzwischen auch gewohnt, Online-Wörterbücher zu konsultieren, wenngleich dies aus vielerlei Gründen nicht immer zwingend zu treffsicheren Ergebnissen führen muss.
Nicht nur für Schulen, die für die Sprachen – inklusive der Muttersprache – PEDs eingeführt haben, ist es ein gewinnbringender Ansatz, zu den in sich geschlossenen bzw. nicht manipulierbaren PEDs einen Zugang zu eröffnen. PEDs bieten ein Äquivalent zu den zugelassenen Printversionen, hier besonders mittel- und langfristig in Bezug auf Prüfungssituationen. Darüber hinaus gibt es aber auch Momente der technischen wie auch lernpsychologischen Überlegenheit, die bereits ab Klasse 6 sinnvoll nutzbar gemacht werden können. Hier seien folgende Aspekte exemplarisch genannt:
- individuelles und exploratives Lernen im Sinne des *life-long learning*
- intrinsische Lernmotivation erhöht nachweislich die Nachschlagfrequenz
- schnelle Zugriffszeiten

- Erstellung individueller Wortlisten bzw. themengebundener Wortfelder über die Favorit-Funktion → systematischer Aufbau des individuellen mentalen Lexikons bzw. des Aktiv- und Passivwortschatzes
- Vokabelabfragen über Wortfelder der Favoritenlisten
- Vorschläge für gesuchte Wörter nach jedem eingetippten Buchstaben (Schnellzugriff über Scroll-Funktion)
- Dokumentation des Aufrufens von Begriffen in Projekten oder *Unit tasks* über die Verlauf-Funktion
- rechtschreibtolerante Eingaben bieten orthographisch korrekte Optionen
- Differenzierung über die Erweiterung kommunikativer Kompetenzen, die über die reinen Vokabelangaben der Lehrwerkslisten hinaus gehen (z. B. weitere Beispieleinträge im kommunikativen Kontext)
- schnelles Aufrufen von Beispielsätzen und Kommentaren, um *chunks* und *collocations* sowie natürlichen Sprachgebrauch zusätzlich bewusst zu machen
- schnelle Möglichkeit zur Äquivalenzprobe, da durch die Sprung-Funktion sehr schnell zwischen D–E und E–D gewechselt werden kann

Anhand der KVs sollen schrittweise differenzierende Übungsmöglichkeiten vorgestellt werden, die ein (weiteres) Einschleifen des Umgangs mit einem PED ermöglichen. Den Einsatz der KVs kann L frei bestimmen. Wortarten und deren Abkürzungen *(n, v, vt, etc.)*, besondere Zeichen wie eckige Klammern (Lautschrift) oder spitze Klammern (z. B. unregelmäßige Formen eines Verbes) sollten (z. B. anhand der Screenshots) in Ruhe erläutert werden. Zur eigenen Vorbereitung bieten die gängigen PEDs die Möglichkeit, sich mit Zeichen und Abkürzungen vertraut zu machen (z. B. Casio EW-G560C: Shift + Sprung nacheinander drücken, wenn man ein Wörterbuch angewählt hat). Gerade zu Beginn sollte man sich genügend Zeit lassen, die richtigen Verbformen zu finden oder bei der Wortsuche über die Sprungtaste zwischen D–E oder E–D Wörterbüchern zu wechseln. L sollte die S immer wieder darauf hinweisen, ganze Einträge zu sichten und die Scroll-Tasten hierzu mit einzubeziehen.

KV 15 a+b: How to use an electronic dictionary: Simple past forms

Einstieg

Als Einstimmung auf **KV 15a+b** kann auf die visuellen Impulse auf S. 16–17 Bezug genommen werden: *What kinds of activities did you do during the day?* Auf diese Weise wird das Unit-Vokabular reaktiviert und umgewälzt.

Methodisches Vorgehen

a) Die beiden Screenshots dienen den S als eine erste Orientierung, wobei die Angabe in spitzen Klammern die abweichende Schreibweise der *simple past*-Form anzeigt. Zu der Darstellung im zweiten Screenshot gelangen die S über das Drücken der Beispiel-Taste. Hier werden die erste Bedeutungsebene und der dazugehörige Beispielsatz angezeigt. Über die Taste ESC gelangt man entsprechend auf den vorherigen Display-Eintrag.

b) Die S suchen in PA die fehlenden *simple past*-Formen und die deutsche Übersetzung und ergänzen sie in der Tabelle.

c) In EA schreiben die S vier Sätze darüber, wie sie an ihrer Schule zu einem *Charity*-Projekt beigetragen haben und verwenden dabei die nachgeschlagenen Formen.

d) Die S machen sich zunächst Stichpunkte auf einem gesonderten Blatt, um Ideen zu sammeln und sich ggf. fehlendes Vokabular bewusst zu machen. Die eigentliche Schreibphase erfolgt als HA. Zur Ergebnissicherung bietet es sich an, einige Beispiele nach dem mündlichen Vortrag (Schulung der Präsentations- und der Hörverstehenskompetenz) mit Hilfe einer Dokumentenkamera oder einer Folie zu visualisieren und zu besprechen. Abschließend sollten die Texte ggf. behutsam korrigiert und im *English folder* abgeheftet werden.

Lösung

a) *You find the spelling in the angle brackets <ie>.*

b) ***to clap***, *clapped*, klatschen; ***to do***, *did*, tun, machen; ***to feel***, *felt*, fühlen; ***to get***, *got*, bekommen, holen, erhalten, werden; ***to give***, *gave*, geben; ***to go***, *went*, gehen; ***to have***, *had*, haben; ***to make***, *made*, machen; ***to plan***, *planned*, planen; ***to put***, *put*, setzen, stellen, legen; ***to see***, *saw*, sehen; ***to sell***, *sold*, verkaufen; ***to stop***, *stopped*, anhalten, stoppen; ***to take***, *took*, nehmen; ***to wear***, *wore*, tragen, anhaben

c) Lösungsvorschlag:
1. *We planned a special event.* 2. *We made cakes and sold them.* 3. *We did great tricks in a show.* 4. *We wore funny outfits.*

d) Lösungsvorschlag:
On our class trip, the class went camping in Wales. One night we didn't want to go to bed early, so we met our friends and played cards. After that we told each other ghost stories. We were all scared, but we didn't want to show it. Suddenly there was a noise outside. "What was that?" my friend Peter asked. "I think it was just the wind," I said, but I wasn't sure. Then we heard another sound: "Boohoo!" "Oh dear, a ghost," Peter whispered. When we looked outside, we saw a white figure and it came closer to our tent. We were so scared, but suddenly the ghost let his coat fall down and there was Mr Miller, our English teacher. "Go to bed now!" he said.

KV 16 a + b: How to use an electronic dictionary: Feelings

Methodisches Vorgehen

a) Die S sind im Umgang mit dem PED inzwischen etwas vertrauter, so dass sie in ihrem eigenen Lerntempo Adjektive zu verschiedenen Gefühlslagen nachschlagen können. Dabei ist es sinnvoll, mit Hilfe der Sprungtaste jeweils eine Äquivalenzprobe anzuregen. Beispiel: Bei dem Adjektiv *confident* (Einführung in *Station 3*, Unit 1) ergeben sich zwei Wortbedeutungsebenen, die im Vergleich zum Vokabelteil im Anhang bereits eine Erweiterung darstellen (vgl. Screenshot 1 und 2). Die Möglichkeit zur Äquivalenzprobe wird exemplarisch anhand der Screenshots 3 bis 6 erläutert.

b) 👥/👥👤 Die Aufgabe wird in PA oder in 3er-Gruppen bearbeitet. In der Regel setzen die S, unabhängig von den Bildimpulsen und den Aufgaben im Buch (z. B. S. 9, Aufgabe 3), viele ihrer eigenen Ideen um (intrinsische Motivation). Um die Ergebnisse einfacher, schneller und sicherer zu strukturieren, entscheiden die S, ob die gefundenen Adjektive positiv, negativ oder eher neutral besetzt sind. Eine Auswertung und mögliche Diskussion erfolgt im Plenum, z. B. über Tafel, Folie, Smartboard oder eine Dokumentenkamera. Die Ergebnisse auf dem Arbeitsblatt werden ggf. für die kontinuierliche Weiterführung im *English folder* abgeheftet.

c) Ziel der Aufgabe ist es, möglichst viele Adjektive aus der Mindmap umzuwälzen. Die Bildimpulse auf **KV 16b** können einen Anreiz geben.

Vertiefung

👥 Die S geben sich gegenseitig einen Satzanfang vor (*When you …*), den der Partner aus seiner Perspektive vervollständigen muss. Hierbei kann in der Vertiefungsphase die **Walk-stop-talk**-Methode angewandt werden. Die Phase wird durch einige Beispiele im Plenum abgerundet.

Tipps für junge Lehrer/innen

Die **Walk-stop-talk**-Methode lässt sich schnell einführen und nimmt zunehmend weniger Zeit in Anspruch. Dabei erhöhen die S deutlich ihre aktive Sprechzeit, statt mit immer demselben Partner zu sprechen. Außerdem kommt Bewegung in den Klassenraum. Die S entscheiden frei, mit wem sie sich austauschen möchten. Sie gehen im Klassenraum umher. Auf ein Signal von L hin suchen sie sich einen Partner in der Nähe, auf ein weiteres Signal hin gehen sie weiter, bis wiederum ein Signal erfolgt.

Lösung

b) EH: Positiv besetzte Adjektive: *proud, good, thrilled, relaxed, secure, strong, healthy, wonderful, fantastic, great, impressed, …*
Negativ besetzte Adjektive: *angry, nervous, scared, unhappy, bad, miserable, embarrassed, terrible, awful, hurt, tired, desperate, sick, ill, worried, …*
Neutral besetzte Adjektive: *undecided, neutral, …*

c) Lösungsvorschlag:
1. *When I have a test at school, I'm usually very nervous.* 2. *I'm always relaxed when I'm on holiday.* 3. *I'm often tired after a long school day.* 4. *I'm sometimes undecided when I choose my lunch.* 5. *When we go on a class trip, I'm always thrilled.* 6. *When I get a good mark, I'm usually proud.*

KV 17: How to use an electronic dictionary: Describing a person's character

Einstieg Als Einführung kann eine kurze **Brainstorming**-Phase zu der Frage *What's he/she like?* erfolgen. Exemplarisch kann dies an einer der Lehrwerkscharaktere kurz erläutert werden.

Methodisches Vorgehen

a) Zunächst werden auf einer Folie oder an der Tafel mehrere Beispiele gemeinsam gesammelt, bevor in PA bereits bekannte Adjektive reaktiviert und in die Mindmap eingetragen werden. Anschließend schlagen die S in EA mit Hilfe eines PED weitere Charaktereigenschaften nach und ergänzen diese in der Mindmap. Hier sollte wiederum eine Äquivalenzprobe über die Sprung-Taste erfolgen, besonders dann, wenn es sich um unbekannte Wörter handelt. Eine Auswertung der EA erfolgt z. B. über eine Tabelle an der Tafel. Das Gesamtergebnis kann als Mindmap auf einem entsprechend großen Lernposter für die weitere Arbeit festgehalten werden. Die Arbeitsblätter können zur kontinuierlichen Fortführung im *English folder* abgeheftet werden.

b) Diese Aufgabe eignet sich gut als HA oder sie wird zur Festigung und Sicherung in EA im Unterricht bearbeitet. L steht dabei als Ansprechpartner zur Verfügung und kann während der Erarbeitung bereits sprachliche Korrekturen vornehmen. Gleichzeitig ist gewährleistet, dass die S in ihrem eigenen Lerntempo arbeiten können. Als Anregung können die S dazu motiviert werden, zu einem späteren Zeitpunkt Fotos der betreffenden Person zu ergänzen. Um die Ergebnisse entsprechend zu würdigen, sollten die Texte eingesammelt und behutsam korrigiert werden. Abschließend können die Ergebnisse im *English folder* abgeheftet werden.

Lösung

a) EH: Positive Eigenschaften: *good, friendly, funny, nice, kind, confident, brave, interesting, strong, passionate, reliable, honest, interested, realistic, polite, popular, fair, cool, lovable, helpful, self-assured, perfect, clever, sensitive, self-critical, powerful, …*
Negative Eigenschaften: *criminal, weird, mad, unfriendly, bad, nasty, thoughtless, unreliable, mean, dangerous, unkind, jealous, wicked, dirty, rude, silly, stupid, unfair, nasty, boring, terrible, scary, greedy, strict, merciless, …*
Neutrale Eigenschaften: *curious, sad, shy, …*

b) Individuelle S-Lösungen.

Unit task Writing a travel report for the yearbook

Our travel report

Methodisches Vorgehen Die S verfassen selbstständig in Kleingruppen einen *travel report*. Sie durchlaufen dabei verschiedene Schritte – von der Auswahl des Themas, über die Planung, das Verfassen und Editieren des Textes, bis hin zur Präsentation. Diese Schritte können die S selbstständig in ihren Gruppen bearbeiten. L hält sich im Hintergrund und fungiert als *learning facilitator*.

S. 22 Step 1 Choose an idea for your trip → WB 11/24

Wortschatz *spaceship, beginning*

Einstieg Als **stummen Impuls** schreibt L *A perfect class trip* an die Tafel. Die S erstellen in EA eine Mindmap, die ihre Vorstellungen von einer perfekten Klassenfahrt visualisiert. Die S dürfen dabei schreiben und malen. Nach ca. sieben Min. berichten ausgewählte S im UG oder bereits in Gruppen über ihre perfekte Klassenfahrt. L teilt 4er-Gruppen ein oder lässt die S nach Neigung 4er-Gruppen bilden.

Methodisches Vorgehen

a) Die S diskutieren in ihren Gruppen verschiedene Vorschläge für Klassenausflüge, z. B. auf der Grundlage der im SB abgebildeten Fotos. Unter den Fotos befindet sich eine Box mit sprachlichen Mitteln, die die S in ihrer Kommunikationsabsicht unterstützen sollen. Falls nötig, können die S mit Hilfe der *Skills page* (S. 21) noch einmal den Umgang mit neuen Wörtern wiederholen. Gemeinsam wählen die S eine Idee aus, über die sie ihren *travel report* schreiben wollen.

b) Mittels des **Placemat**-Verfahrens sammeln die S Ideen für ihren *travel report*. Dabei strukturieren die vorgegebenen Fragen im SB die Ideensammlung vor. Bei Bedarf finden die S Informationen zur Methode im *Skills*-Anhang auf S. 139. Bei Problemen mit der Bildung von Fragen im *simple past* schlagen sie selbstständig in *Station 2* nach. Anschließend stellen sich die S ihre Ideen gegenseitig vor und wählen diejenigen aus, die sie für ihre GA nutzen möchten. Diese werden in der Mitte der **Placemat** notiert.

Lösung Individuelle S-Lösungen.

S. 23
Step 2 Plan your travel report → WB 11/25

Einstieg Die S rekapitulieren, wie man einen *travel report* plant. Bei Bedarf kann S. 20, Aufgabe 4, konsultiert werden.

Methodisches Vorgehen

a) Zur Ideensammlung kann eine EA-Phase vorgeschaltet werden, in der alle S mit Hilfe von **Freewriting**, einer Form des assoziativen Schreibens, ihre eigenen Ideen ungefiltert sammeln. Beim **Freewriting** schreiben die S einige Minuten zu den vorgegebenen Stichpunkten, ohne den Stift abzusetzen. Anschließend stellen sie sich ihre Ideen gegenseitig vor und einigen sich auf gemeinsame Stichpunkte für die vier Teile ihres Reiseberichts.

b) Die einzelnen Teile des *travel report* werden an die Gruppenmitglieder verteilt. Tipp: Um unnötige Diskussionen zu vermeiden, kann es sinnvoll sein, ein Los entscheiden zu lassen, wer welchen Teil übernimmt.

Lösung Individuelle S-Lösungen.

S. 23
Step 3 Write your part of the travel report

Methodisches Vorgehen

a)–c) Diese Aufgabe kann in der Schule oder als HA erledigt werden. Die S machen sich in EA Notizen zu ihrem Teil des Berichts. Anschließend schreiben sie eine erste Fassung im *simple past*.

Lösung Individuelle S-Lösungen.

S. 23
Step 4 Improve your part of the report → WB 12/26

Methodisches Vorgehen

Die S tauschen ihre Texte mit einem Partner aus und helfen sich gegenseitig, diese zu verbessern.

Lösung Individuelle S-Lösungen.

S. 23
Step 5 Finish your travel report → WB 12/27

Methodisches Vorgehen

a) Als vorbereitende HA bringen die S Materialien für die Präsentation ihres Reiseberichts mit, z. B. Kleber, Scheren, Poster, Fotos, etc. In ihren Gruppen stellen sie die vier Teile ihres Reiseberichts zusammen und lesen ihn gemeinsam durch. Danach besprechen sie, ob sie mit dem Ergebnis zufrieden sind. Falls nicht, überlegen sie gemeinsam, wie die Qualität des Textes verbessert werden könnte.

b) Die S besprechen, wie sie ihren Bericht am besten präsentieren können. Dann bereiten sie mit Hilfe der mitgebrachten Materialien die Präsentation vor. Abschließend präsentieren 2–4 Gruppen ihren Reisebericht. Die übrigen S geben Feedback.

Lösung Individuelle S-Lösungen.

Action UK! Working with films

The new boy → S21–22

S. 24
VIEWING

1 Film scenes → WB 13/28

Film-Transkript
→ 1

Thomas Tallis School

Laura: And then I asked Mr Nair if I could join the Drama Club and he said 'yes!' I'm so happy! It starts next week. What's the matter, guys? Are you still sad about your Maths test, Jinsoo?

Jinsoo: I can't believe I did so badly!

Laura: Yeah, but you did well on all your other subjects so far. Cheer up! How did your basketball match go, Marley?

Marley: We lost.

Laura: Oh, sorry! What have you got there, Jinsoo?

Jinsoo: My comic book: 'Raven-Man and the Aliens'.

Laura: Sounds cool!

Jinsoo: It *was* cool. Until *somebody* ruined it. Look!

Marley: I told you I didn't do it on purpose!

Jinsoo: You always ruin my things!

Marley: What?! That isn't true! Raven-Man isn't *that* cool, anyway!

Jinsoo: Yes, he is! The comics are great!

Marley: I don't think so.

Jinsoo: You're stupid!

Laura: Stop it, guys! Marley told you he didn't do it on purpose. But Jinsoo is right: You do need to take more care of other people's things.

Marley: Oh, all right. I'll buy you a new comic, OK?

Jinsoo: Issue 8 is hard to find. But if you want to go look for it, go ahead. I'm sorry I called you stupid.

Laura: Anyway, I'm meeting Parule now, so I'll see you tomorrow at school!

Marley: OK, bye!

Jinsoo: Bye!

Laura: Bye!

Kidbrook/Greenwich, Newsagent

Jinsoo: Look, there's Nick, the new boy!

Marley: Oh yeah. What's he up to?

Hardware store

Jinsoo: What do you think he's looking for at a hardware store?

Marley: No idea!

Greengrocer

Marley: Lemons? Why is he buying lemons?

Nick: Oh, hi there!

Marley: Hi! What are you doing?

Nick: I'm buying things for my experiment.

Marley: Experiment?

Nick: I can show you if you want. Come on!

Nick's house, kitchen

Nick: These are old pennies. They're made from 97% copper.

Jinsoo: Ah.

Nick: It doesn't work with newer pennies because they have only got a little of copper in them.

Marley: What's all this for?

Nick: I'm building a lemon-powered clock.

Marley/ Jinsoo: A what?!

Nick: You can use lemons as a battery. This magazine explains how. This makes the lemons nice and juicy. Then you connect the pennies to the wire; then the nails. Watch! Then you connect the lemons like this. If you touch the clock here with these two ends of the wire, the lemons work, look, just like a battery. See?

Marley: Wow! That's really cool.

Jinsoo: Yeah! Now you don't need to buy batteries anymore!

Nick: There's lots of other great experiments in here. I have a dream to one day build a time machine.

Wortschatz *to sneak around, lemon, surprising*

Methodisches Vorgehen

a) Die S lesen die Aufgabenstellung. L: *There are two scenes in the first part of the film, 'After school' and 'The new boy'.* L liest die vorgegebenen *phrases* langsam vor. L: *Watch the film now and then use the phrases to say what the scenes are about.* Die S schauen den ersten Teil des Films an (00:00–03:01), dann erst ordnen sie die *phrases* den Szenen zu und beschreiben kurz mit Hilfe der *phrases*, was in den beiden Szenen passiert (Globalverständnis).

b) In EA überlegen sich die S, wofür Nick die Sachen braucht. Anschließend tauschen sie sich in PA aus: *I think… / Maybe he wants to …* Die S melden sich im Plenum und die Ideen werden an der Tafel gesammelt (vgl. Lösung). Danach schauen die S den zweiten Teil des Films an (03:02–04:45).

c) L weist auf die Sprachhilfen in der Aufgabe hin. Die S schreiben 2–3 Sätze in EA oder als HA. Mehrere S lesen im Plenum ihre Ergebnisse vor.

Differenzierung △ ▲ Die **KVs 18 a + b: Nick's experiment** bieten weitere differenzierende Aufgaben zum Film.

Tipps für junge Lehrer/innen *While-viewing activities* sind mit kurzen Filmsequenzen im Anfangsunterricht problematisch. Es ist viel sinnvoller, den S eine *focusing task* zu geben, die diese unmittelbar nach der Präsentation des Films bearbeiten – in EA oder mit einem Partner/in der Gruppe.

Lösung

a) ***After school:*** *a bad day?, trouble (between friends), friends again*
The new boy: *sneaking around, why lemons?*

b) Lösungsvorschlag: *I think he … / Maybe he … is shopping for his mum. / … is buying things for school. / … is helping his dad.*

c) Individuelle S-Lösungen.

S. 24

2 Film and music

VIEWING

Wortschatz *filmmaker, mood, unfriendly, hurt, aggressive, scary*

Methodisches Vorgehen

a) Die S schauen den Filmausschnitt (01:58–04:45) nochmals an. L: *Watch the pictures and listen to the music. What's the music like? Why is it like that?* Die S lesen zunächst die *Film skills* und beantworten dann die Fragen in PA.

b) L: *You can use adjectives to describe a mood or feelings and different kinds of music. Now take a look at the adjectives in the box and do the task.* Ggf. können die S passende Musiktitel vorschlagen und die Musik auf ihrem Handy vorspielen – falls Handynutzung in der Schule erlaubt ist.

Tipps für junge Lehrer/innen Filmanalyse gehört zur Medienkompetenz. In Klasse 6 geht es um eine Einführung auf einem altersentsprechenden Niveau. Interesse sollte dabei für verschiedene Aspekte des Films geweckt werden, in diesem Fall für die audiovisuellen Mittel, die in einem Film zum Einsatz kommen.

Lösung a) 01:58–02:50 *The music asks a question: What is Nick doing? It's slow and a bit scary – even aggressive.*
03:13–03:20 *The music is happy. The boys have the answer! Nick is buying things for his experiment.*
03:54–04:03/04:06–04:46 *During the experiment the music is cool because it's a cool experiment. At the end of the film the music is loud and fast because Nick is excited about his time machine.*
b) ***Mood/feelings:*** *sad, angry, unfriendly, hurt*
Music*: slow, sad, (perhaps) loud, aggressive (a fight/an argument)*

Check-out Self-evaluation

Methodisches Vorgehen L erklärt den S das Prinzip der Selbstdiagnose im *Check-out*. Die S überprüfen ihren Lernfortschritt nach der Unit anhand der Kontrollaufgaben auf dieser Seite. Die Lösungen zur Kontrolle können sie auf S. 241 nachschlagen.

S. 25
LANGUAGE

1 The yearbook team

Methodisches Vorgehen Die S lesen die Liste mit den Aufgaben durch und schreiben die Sätze im *simple past* in ihr Heft. Anschließend berichten sie im Plenum darüber, was das Jahrbuch-Team am vorigen Tag geleistet hat. Bei Bedarf können die S die Liste mit *irregular verbs* zu Hilfe nehmen.

Lösung Vgl. SB S. 241.

S. 25
LANGUAGE

2 Put in the correct past forms

Methodisches Vorgehen Die S vervollständigen in EA den Dialog zwischen Holly und Dave mit den korrekten Verbformen im *simple past* und schreiben ihn in ihr Heft.

Lösung Vgl. SB S. 241.

S. 25
LANGUAGE

3 What are the questions?

Die S ergänzen das Telefongespräch zwischen Olivia und ihrem Vater. Dabei formulieren sie die Fragen des Vaters im *simple past.*

Lösung Vgl. SB S. 241.

S. 25
LANGUAGE

4 Comparative and superlative forms: Pet profiles for the yearbook

Methodisches Vorgehen In EA erstellen die S drei *pet profiles* für das *TTS*-Jahrbuch. Zur Beschreibung von Lukes Hund, Hollys Meerschweinchen und Daves Katze wenden sie Komparativ- und Superlativformen an. Zusätzlich können die S die entsprechenden Tiere in ihr Heft malen.

Lösung Vgl. SB S. 241.

Middle school: How I got lost in London

Der vorliegende Lesetext ist ein Auszug aus James Pattersons *How I got lost in London*, Band 6 seiner *Middle school*-Reihe. Angaben zum Inhalt der Geschichte entnehmen Sie bitte der nachfolgenden Seite.

SB 26–27 → S 1/8–12 ◎ L 1/14–18 ◎

Lernziel/Kompetenz:
einen narrativen Text selbstständig lesen

Materialien:
- Schüler-Audio-CD 1, Track 8–12
- Lehrer-Audio-CD 1, Track 14–18
- WB 15/1–4
- Folie 6
- KV 1: 'Scary' words
- KV 2: Who's who?
- KV 3: Madame Tussauds
- KV 4: How to tell a scary story

Zeitlicher Aufwand:
90 Min.

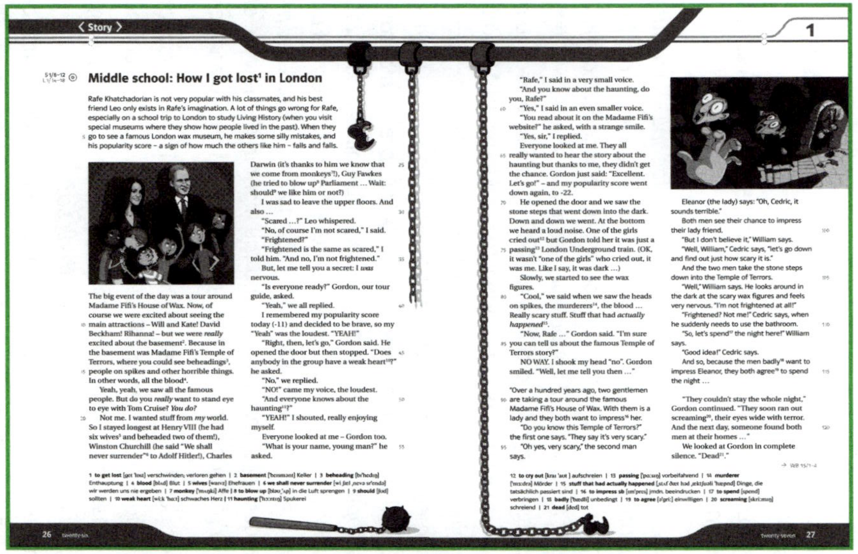

S 1/8–12 L 1/14–18 ◎ **Middle school: How I got lost[1] in London**

Rafe Khatchadorian is not very popular with his classmates, and his best friend Leo only exists in Rafe's imagination. A lot of things go wrong for Rafe, especially on a school trip to London to study Living History (when you visit special museums where they show how people lived in the past). When they go to see a famous London wax museum, he makes some silly mistakes, and his popularity score – a sign of how much the others like him – falls and falls.

The big event of the day was a tour around Madame Fifi's House of Wax. Now, of course we were excited about seeing the main attractions – Will and Kate! David Beckham! Rihanna! – but we were *really* excited about the basement[2]. Because in the basement was Madame Fifi's Temple of Terrors, where you could see beheadings[3], people on spikes and other horrible things. In other words, all the blood[4].

Yeah, yeah, we saw all the famous people. But do you *really* want to stand eye to eye with Tom Cruise? *You do?*

Not me. I wanted stuff from *my* world. So I stayed longest at Henry VIII (he had six wives[5] and beheaded two of them!), Winston Churchill (he said "We shall never surrender"[6] to Adolf Hitler!), Charles Darwin (it's thanks to him we know that we come from monkeys[7]!), Guy Fawkes (he tried to blow up[8] Parliament ... Wait: should[9] we like him or not?)

I was sad to leave the upper floors. And also ...

"Scared ...?" Leo whispered.

"No, of course I'm not scared," I said.

"Frightened?"

"Frightened is the same as scared," I told him. "And no, I'm not frightened."

But, let me tell you a secret: I *was* nervous.

"Is everyone ready?" Gordon, our tour guide, asked.

"Yeah," we all replied.

I remembered my popularity score today (-11) and decided to be brave, so my "Yeah" was the loudest. "YEAH!"

"Right, then, let's go," Gordon said. He opened the door but then stopped. "Does anybody in the group have a weak heart[10]?" he asked.

"No," we replied.

"NO!" came my voice, the loudest.

"And everyone knows about the haunting[11]?"

"YEAH!" I shouted, really enjoying myself.

Everyone looked at me – Gordon too.

"What is your name, young man?" he asked.

"Rafe," I said in a very small voice.

"And you know about the haunting, do you, Rafe?"

"Yes," I said in an even smaller voice.

"You read about it on the Madame Fifi's website?" he asked, with a strange smile.

"Yes, sir," I replied.

Everyone looked at me. They all really wanted to hear the story about the haunting but thanks to me, they didn't get the chance. Gordon just said: "Excellent. Let's go!" – and my popularity score went down again, to -22.

He opened the door and we saw the stone steps that went down into the dark. Down and down we went. At the bottom we heard a loud noise. One of the girls cried out[12] but Gordon told her it was just a passing[13] London Underground train. (OK, it wasn't "one of the girls" who cried out, it was me. Like I say, it was dark ...)

Slowly, we started to see the wax figures.

"Cool," we said when we saw the heads on spikes, the murderers[14], the blood ... Really scary stuff. Stuff that had *actually happened*[15].

"Now, Rafe ..." Gordon said. "I'm sure you can tell us about the famous Temple of Terrors story?"

NO WAY. I shook my head "no". Gordon smiled. "Well, let me tell you then ..."

"Over a hundred years ago, two gentlemen are taking a tour around the famous Madame Fifi's House of Wax. With them is a lady and they both want to impress[16] her.

"Do you know this Temple of Terrors?" the first one says. "They say it's very scary."

"Oh yes, very scary," the second man says.

Eleanor (the lady) says: "Oh, Cedric, it sounds terrible."

Both men see their chance to impress their lady friend.

"But I don't believe it," William says.

"Well, William," Cedric says, "let's go down and find out just how scary it is."

And the two men take the stone steps down into the Temple of Terrors.

"Well," William says. He looks around in the dark at the scary wax figures and feels very nervous. "I'm not frightened at all!"

"Frightened? Not me!" Cedric says, when he suddenly needs to use the bathroom.

"So, let's spend[17] the night here!" William says.

"Good idea!" Cedric says.

And so, because the men badly[18] want to impress Eleanor, they both agree[19] to spend the night ...

"They couldn't stay the whole night," Gordon continued. "They soon ran out screaming[20], their eyes wide with terror. And the next day, someone found both men at their homes ..."

We looked at Gordon in complete silence. "Dead[21]."

→ WB 15/1–4

1 **to get lost** [get 'lɒst] verschwinden; verloren gehen | 2 **basement** ['beɪsmənt] Keller | 3 **beheading** [bɪ'hedɪŋ] Enthauptung | 4 **blood** [blʌd] Blut | 5 **wives** [waɪvz] Ehefrauen | 6 **we shall never surrender** [wi ʃæl ˌnevə sə'rendə] wir werden uns nie ergeben | 7 **monkey** ['mʌŋki] Affe | 8 **to blow up** [bləʊ 'ʌp] in die Luft sprengen | 9 **should** [ʃʊd] sollten | 10 **weak heart** [wiːk 'hɑːt] schwaches Herz | 11 **haunting** ['hɔːntɪŋ] Spukerei

12 **to cry out** [kraɪ 'aʊt] aufschreien | 13 **passing** ['pɑːsɪŋ] vorbeifahrend | 14 **murderer** ['mɜːdərə] Mörder | 15 **stuff that had actually happened** [stʌf ðæt hæd ˌæktʃuəli 'hæpənd] Dinge, die tatsächlich passiert sind | 16 **to impress sb** [ɪm'pres] jmdn. beeindrucken | 17 **to spend** [spend] verbringen | 18 **badly** ['bædli] unbedingt | 19 **to agree** [ə'griː] einwilligen | 20 **screaming** ['skriːmɪŋ] schreiend | 21 **dead** [ded] tot

S. 26–27
READING
Text
→ S 1/8–12
L 1/14–18

Middle school: How I got lost in London → WB 15/1–4

Background information

James Brendan Patterson (born March 22th, 1947) is an American author. He is largely known for his novels about fictional psychologist Alex Cross. Patterson has written many thrillers, non-fiction and romance novels. His books have sold more than 300 million copies and he holds the Guinness World Record for being the first person to sell one million e-books. He and his books also have over four million Facebook followers. He started writing children's books and teen fiction when he realised his son Jack (born 1998) wasn't turning into an avid reader. Patterson also started the ReadKiddoRead website for parents who just can't seem to find any good books for their child. Books and reading are very important to him: In 2013, he financed a campaign to support book stores. His ads were published in major magazines and raised the following questions: "If there are no bookstores, no libraries, no serious publishers with passionate, dedicated, idealistic editors, what will happen to our literature? Who will discover and mentor new writers? Who will publish our important books? What will happen if there are no more books like these?"
How I got lost in London *is book six in the* Middle School *series. At present, the series consists of seven books (2014).*

Summary of the story

Rafe Khatchadorian hasn't got any friends except for one – Leo. But Leo isn't real, Leo is all part of Rafe's imagination. Rafe is going on a school trip to London so he can study Living History. Everything goes wrong on this trip. On the flight, Rafe causes a chain-reaction, and everybody is sick on the plane. In London, his popularity score plummets, and finally he is locked in the 'dungeon' and meets a ghost. Fortunately, he finds his way back to the hotel.
In this excerpt of How I got lost in London, *the children visit Madame Fifi's House of Wax. Rafe talks to his imaginary friend, Leo, and tells him about the tour through the Temple of Terrors, the part in the basement where you can see horrible things. Rafe claims not to be scared. The group meets Gordon, their guide, and Rafe makes a bad impression because of his cheeky behaviour. This causes his popularity score to drop further. He claims to know the story of 'the haunting' (which he actually doesn't). They descend to the Temple of Terrors and Gordon tells the group the allegedly true story of two men: More than 100 years ago they made a bet to impress a young lady, Eleanor. They decided to spend the night in the Temple of Terrors, but in the middle of the night they ran out horrified. The next day, they were found dead in their homes.*

Einstieg

L legt **Folie 6** mit der Illustration auf S. 26 auf (Bild 2 ist noch abgedeckt) und stellt folgende Impulsfragen: *Who can you see in the picture? Where can you go to meet these people? Do you know any wax museums? We're going to read a story about a young boy, Rafe. Which of the people in the picture is Rafe? Why do you think so?*
Die Illustration auf S. 27 (**Folie 6**, Bild 2) sowie die Rahmenillustration der Ketten und Folterinstrumente (Morgenstern = *spiked mace*) kann als Sprechanlass über die Atmosphäre in einem *dungeon* herangezogen werden. L: *In the basement of the wax museum, there is a 'Temple of Terrors'. How do you think the children feel down there?*

Methodisches Vorgehen

L präsentiert den ersten Teil der Story (Z. 1–69) bei geschlossenem SB. Der Inhalt kann über folgende Fragen gesichert werden:
- *Where are the children? (in Madame Fifi's House of Wax)*
- *What or who are the main attractions there? (stars like William and Kate, Rihanna or David Beckham)*
- *Rafe says, "I wanted stuff from my world." What does he mean? (He wants to see people he's interested in.)*
- *What do you remember about the famous people he mentions? (Henry VIII: six wives, beheaded two of them; Winston Churchill: said "We shall never surrender" to Adolf Hitler; Charles Darwin: thanks to him we know that we come from monkeys; Guy Fawkes: tried to blow up Parliament)*

- *How does Rafe feel about the tour? (sad to leave the upper floors and scared about the basement)*
- *Explain who Leo is. Why do they talk about being scared? (Rafe's imaginary friend – talking to him is like talking to himself; trying not to feel scared)*
- *Why does Gordon want to know Rafe's name? (maybe wants to talk to his teacher about him)*
- *Explain the part of the story about 'the haunting'. Why does Rafe's popularity score go down again? (The other students didn't hear the story about 'the haunting' because of him.)*

Nach der ersten Sicherung des Inhalts bietet es sich an, **KV 1: 'Scary' words** oder **KV 2: Who's who?** einzusetzen. Anschließend spekulieren die S im UG, wie die Geschichte weitergehen könnte. L präsentiert den zweiten Teil der Geschichte bei geöffnetem SB. Die Geschichte, die Gordon erzählt, wird zweimal vorgespielt. Die S versuchen dabei, den Tonfall und die Erzählweise Gordons möglichst genau zu imitieren. Wer in der Klasse traut sich zu, einzelne Sätze möglichst spannend nachzuerzählen? Als nachbereitende HA können die S dies auch anhand der S-CD im Workbook vorbereiten.

Mögliche *post-reading activities*:
- *How do the children react to Gordon's story? What questions do they have?*
- *Imagine the children talk to their parents on the phone. What do they say about their visit to Madame Fifi's House of Wax?*
- *How does the story go on? What do you think happens to Rafe?*
- *Imagine you are Leo, Rafe's imaginary friend. With a partner, make a list of tips for Rafe to get a better popularity score.*
- **KV 3: Madame Tussauds**
- **KV 4: How to tell a scary story**

Vertiefung Die Erzählung einer spannenden Geschichte vermittelt den S, wie eine mündliche Erzählung mit verschiedenen Sprechern ausgestaltet werden kann, inklusive bewusst gesetzter Pausen. Die S sollten dies üben und selbst ausprobieren dürfen.

Unit 2 Let's discover TTS!

SB 28/1

Lernziel/Kompetenz:
Zitate über die *TTS* den korrekten Bildern zuordnen und die *TTS* mit der eigenen Schule vergleichen

Materialien:
- KV 1: The sign language club
- Folie 7

Zeitlicher Aufwand:
12 Min.

Auf der Doppelseite gewinnen die S einen vertiefenden Eindruck über den Schulalltag an der *Thomas Tallis School*.

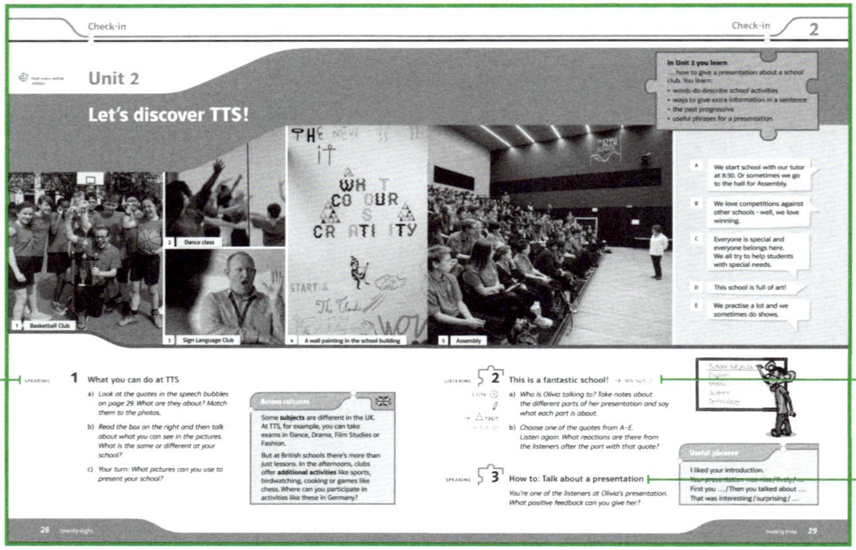

SB 29/2 → L 1/19 ◎

Lernziel/Kompetenz:
einem gesprochenen Dialog über die *TTS* Global- und Detailinformationen entnehmen

Materialien:
- Lehrer-Audio-CD 1, Track 19
- WB 16/1–2
- KV 2: This is a fantastic school!
- S. 137, S18–20
- △ 112/1

Zeitlicher Aufwand:
15 Min.

SB 29/3

Lernziel/Kompetenz:
ein Feedback zu einer Präsentation geben

Zeitlicher Aufwand:
6 Min.

SB 31/2

Lernziel/Kompetenz:
die Regel zur Verwendung der Relativpronomen *who, which, that* und *whose* erarbeiten

Materialien:
S. 149–151, G6

Zeitlicher Aufwand:
15 Min.

Die S erweitern durch Lukes Geschichtspräsentation ihr Hintergrundwissen über *Queen Anne* und *Queen Mary* und erlernen die Verwendung der *defining relative clauses*.

SB 30/1 → L 1/20 ⊙

Lernziel/Kompetenz:
Aussagen zum Text korrigieren

Materialien:
Lehrer-Audio-CD 1, Track 20

Zeitlicher Aufwand:
7 Min.

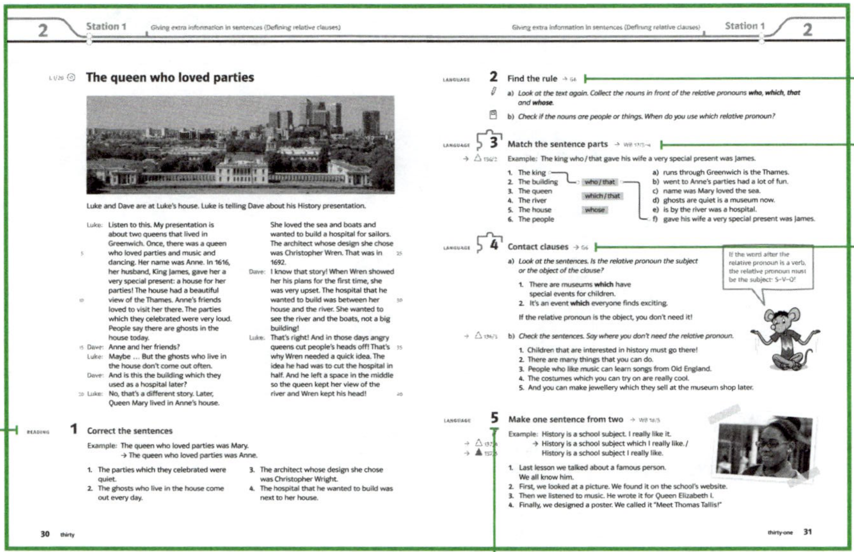

2 Station 1 Giving extra information in sentences (Defining relative clauses)

L 1/20 ⊙ **The queen who loved parties**

Luke and Dave are at Luke's house. Luke is telling Dave about his History presentation.

Luke: Listen to this. My presentation is about two queens that lived in Greenwich. Once, there was a queen who loved parties and music and dancing. Her name was Anne. In 1616, her husband, King James, gave her a very special present: a house for her parties! The house had a beautiful view of the Thames. Anne's friends loved to visit her there. The parties which they celebrated were very loud. People say there are ghosts in the house today.
Dave: Anne and her friends?
Luke: Maybe … But the ghosts who live in the house don't come out often.
Dave: And is this the building which they used as a hospital later?
Luke: No, that's a different story. Later, Queen Mary lived in Anne's house. She loved the sea and boats and wanted to build a hospital for sailors. The architect whose design she chose was Christopher Wren. That was in 1692.
Dave: I know that story! When Wren showed her his plans for the first time, she was very upset. The hospital that he wanted to build was between her house and the river. She wanted to see the river and the boats, not a big building!
Luke: That's right! And in those days angry queens cut people's heads off! That's why Wren needed a quick idea. The idea he had was to cut the hospital in half. And he left a space in the middle so the queen kept her view of the river and Wren kept his head!

READING **1 Correct the sentences**

Example: The queen who loved parties was Mary.
→ The queen who loved parties was Anne.

1. The parties which they celebrated were quiet.
2. The ghosts who live in the house come out every day.
3. The architect whose design she chose was Christopher Wright.
4. The hospital that he wanted to build was next to her house.

30 thirty

Giving extra information in sentences (Defining relative clauses) Station 1 2

LANGUAGE **2 Find the rule** → G6

a) *Look at the text again. Collect the nouns in front of the relative pronouns* ***who, which, that*** *and* ***whose****.*

b) *Check if the nouns are people or things. When do you use which relative pronoun?*

LANGUAGE **3 Match the sentence parts** → WB 17/3–4
→ △ 136/2

Example: The king who / that gave his wife a very special present was James.

1. The king
2. The building
3. The queen
4. The river
5. The house
6. The people

who / that – which / that – whose

a) runs through Greenwich is the Thames.
b) went to Anne's parties had a lot of fun.
c) name was Mary loved the sea.
d) ghosts are quiet is a museum now.
e) is by the river was a hospital.
f) gave his wife a very special present was James.

LANGUAGE **4 Contact clauses** → G6

a) *Look at the sentences. Is the relative pronoun the subject or the object of the clause?*

1. There are museums **which** have special events for children.
2. It's an event **which** everyone finds exciting.

If the relative pronoun is the object, you don't need it!

If the word after the relative pronoun is a verb, the relative pronoun must be the subject: S-V-O!

→ △ 136/3 b) *Check the sentences. Say where you don't need the relative pronoun.*

1. Children that are interested in history must go there!
2. There are many things that you can do.
3. People who like music can learn songs from Old England.
4. The costumes which you can try on are really cool.
5. And you can make jewellery which they sell at the museum shop later.

LANGUAGE **5 Make one sentence from two** → WB 18/5
→ △ 137/4
→ ▲ 137/5

Example: History is a school subject. I really like it.
→ History is a school subject which I really like. / History is a school subject I really like.

1. Last lesson we talked about a famous person. We all know him.
2. First, we looked at a picture. We found it on the school's website.
3. Then we listened to music. He wrote it for Queen Elizabeth I.
4. Finally, we designed a poster. We called it "Meet Thomas Tallis!"

thirty-one 31

SB 31/3

Lernziel/Kompetenz:
Satzteile mit Hilfe der korrekten Relativpronomen verbinden

Materialien:
- WB 17/3–4
- △ 112/2

Zeitlicher Aufwand:
7 Min.

SB 31/5

Lernziel/Kompetenz:
zwei Sätze mit Hilfe von Relativsätzen verbinden

Materialien:
- WB 18/5
- △ 113/4
- ▲ 113/5

Zeitlicher Aufwand:
10 Min.

SB 31/4

Lernziel/Kompetenz:
die Regel für die *contact clauses* ableiten und anwenden

Materialien:
- S. 149–151, G6
- △ 112/3
- KV 3: Play a game with relative clauses
- KV 4: A student is a person who …

Zeitlicher Aufwand:
15 Min.

Im weiteren Verlauf von *Station 1* üben die S, *prompt cards* zu erstellen und über Schulfächer und Stundenpläne zu sprechen. Dabei wird ein neuer Charakter – das sehbehinderte Mädchen Gwen – eingeführt. Der Text zu *Station 2* behandelt einen *club* und führt das *past progressive* ein.

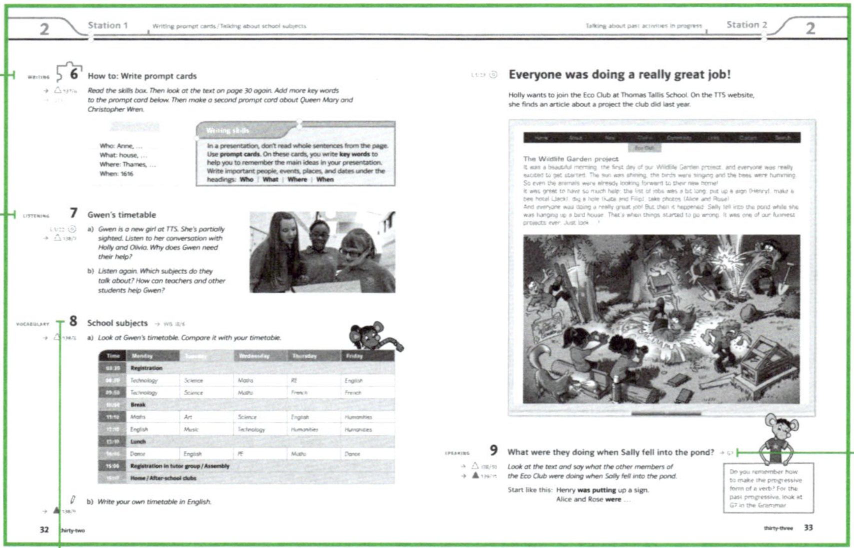
2 Station 1
6 How to: Write prompt cards
7 Gwen's timetable
8 School subjects
32
Station 2 2
Everyone was doing a really great job!
9 What were they doing when Sally fell into the pond?
33

SB 32/6

Lernziel/Kompetenz:
prompt cards erstellen

Materialien:
- △ 113/6
- KV 5: Peer evaluation: Writing prompt cards
- S. 132, S11

Zeitlicher Aufwand:
20 Min.

SB 32/7 → L 1/22 ◎

Lernziel/Kompetenz:
einem gesprochenen Dialog über die Schule Global- und Detailinformationen entnehmen

Materialien:
- Lehrer-Audio-CD 1, Track 22
- △ 114/7
- KV 6: Listening: Gwen's timetable

Zeitlicher Aufwand:
10 Min.

SB 32/8

Lernziel/Kompetenz:
den eigenen Stundenplan mit dem einer britischen Schülerin vergleichen und einen Stundenplan auf Englisch schreiben

Materialien:
- WB 18/6
- △ 114/8
- ▲ 114/9
- KV 7: Mediation: Braille – Letters for the blind
- KV 8: What's the word?

SB 33/9 → L 1/23 ◎

Lernziel/Kompetenz:
Handlungen in der Vergangenheit mit Hilfe des *past progressive* beschreiben

Materialien:
- Lehrer-Audio-CD 1, Track 23
- Folie 8
- △ 114/10
- ▲ 115/11
- KV 9: What were they doing when the teacher came in?
- S. 151–152, G7

Zeitlicher Aufwand:
15 Min.

Die S sprechen über *clubs* an Schulen und trainieren dabei die Verwendung des *past progressive* und das Entwerfen von Flyern.

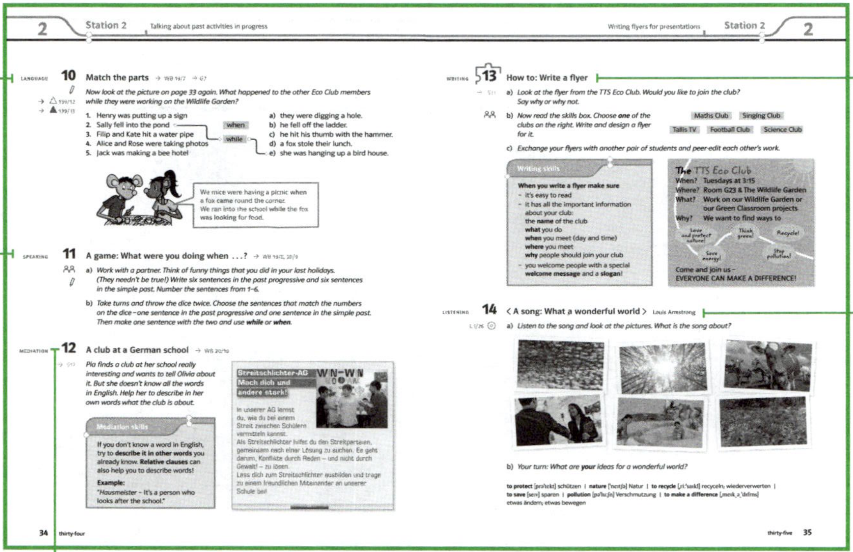

SB 34/10

Lernziel/Kompetenz:
Sätze mit *when* und *while* verbinden

Materialien:
- Folie 8
- WB 19/7
- S. 151–152, G7
- △ 115/12
- ▲ 115/13

Zeitlicher Aufwand:
7 Min.

SB 34/11

Lernziel/Kompetenz:
mit Hilfe des *past progressive* über die Ferien sprechen

Materialien:
- WB 19/8, 20/9
- KV 10: What was happeing when …

Zeitlicher Aufwand:
10 Min.

SB 34/12

Lernziel/Kompetenz:
die Beschreibung einer deutschen AG auf Englisch wiedergeben

Materialien:
- WB 20/10
- S. 136, S17

Zeitlicher Aufwand:
15 Min.

SB 35/13

Lernziel/Kompetenz:
einen Flyer für einen *club* entwerfen

Materialien:
- S. 132, S11
- KV 11: Peer evaluation: Writing a flyer
- KV 12: More words

Zeitlicher Aufwand:
30 Min.

SB 35/14 → L 1/26 ◎

Lernziel/Kompetenz:
einen Liedtext global verstehen und eigene Ideen dazu entwickeln

Materialien:
- Lehrer-Audio-CD 1, Track 26
- Folie 9

Zeitlicher Aufwand:
15 Min.

Lauras Traum ist es, ein Filmstar zu werden, doch sie hat Hemmungen, vor vielen Leuten zu sprechen. Von ihrem Idol bekommt sie hilfreiche Tipps. Auf der *Skills page* erlernen die S Strategien für eine gute Präsentation.

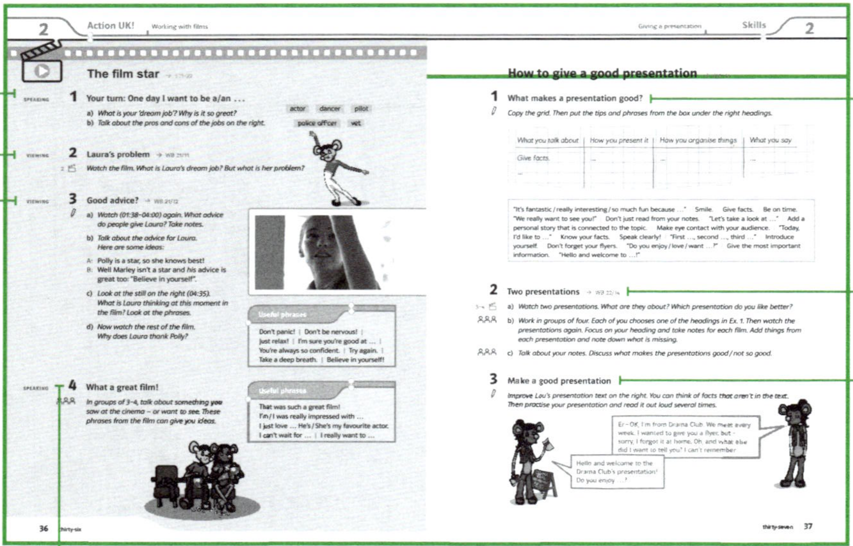

SB 36/1

Lernziel/Kompetenz:
über Berufe sprechen

Materialien:
KV 13: Your dream job

Zeitlicher Aufwand:
8 Min.

SB 36/2 → 2

Lernziel/Kompetenz:
einen kurzen Film global verstehen

Materialien:
- WB 21/11
- Lehrer-DVD, Film 2

Zeitlicher Aufwand:
7 Min.

SB 36/3 → 2

Lernziel/Kompetenz:
über die Inhalte des Films vertiefend sprechen

Materialien:
- WB 21/12
- Lehrer-DVD, Film 2
- Folie 10
- KV 14: I love acting!

Zeitlicher Aufwand:

SB 36/4

Lernziel/Kompetenz:
über einen Kinofilm sprechen

Zeitlicher Aufwand:
10 Min.

SB 37/1

Lernziel/Kompetenz:
Tipps und Redewendungen für eine gute Präsentation sortieren

Materialien:
KV 15: 30 second talks

Zeitlicher Aufwand:
15 Min.

SB 37/2 → 3–4

Lernziel/Kompetenz:
zwei Präsentationen evaluieren

Materialien:
- WB 22/14
- Lehrer-DVD, Film 3–4

Zeitlicher Aufwand:
25 Min.

SB 37/3

Lernziel/Kompetenz:
eine Präsentation verbessern

Zeitlicher Aufwand:
15 Min.

Die S entwickeln selbstständig in Kleingruppen einen Flyer zu einem *club* ihrer Wahl und halten eine Präsentation darüber.

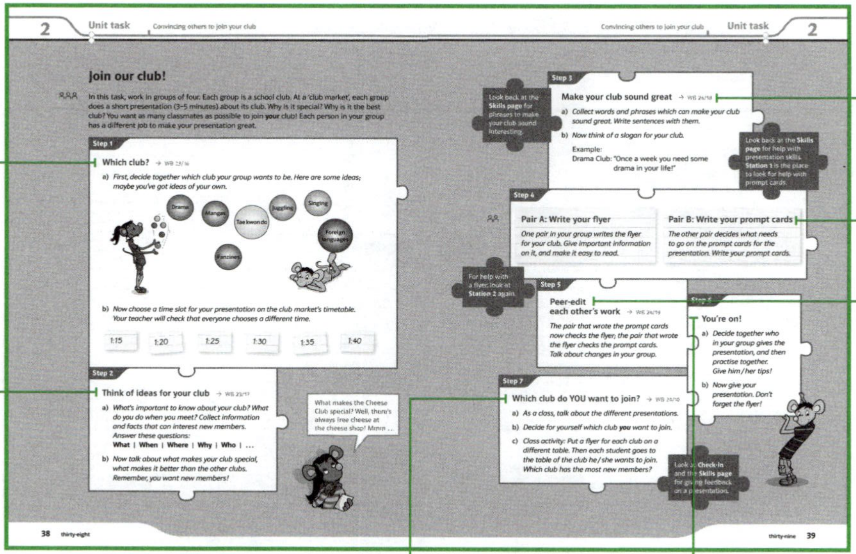

SB 38/Step 1

Lernziel/Kompetenz:
sich auf einen *club* und ein Zeitfenster für die Präsentation einigen

Materialien:
- WB 23/16
- Folie 11

Zeitlicher Aufwand:
10 Min.

SB 38/Step 2

Lernziel/Kompetenz:
Fakten und Besonderheiten des *club* festlegen

Materialien:
WB 23/17

Zeitlicher Aufwand:
25 Min.

SB 39/Step 3

Lernziel/Kompetenz:
Useful phrases sammeln und einen Slogan festlegen

Materialien:
WB 24/18

Zeitlicher Aufwand:
20 Min.

SB 39/Step 4

Lernziel/Kompetenz:
einen Flyer und *prompt cards* verfassen

Zeitlicher Aufwand:
35 Min.

SB 39/Step 5

Lernziel/Kompetenz:
gegenseitiges Korrekturlesen der Flyer und *prompt cards*

Materialien:
- WB 24/19
- KV 5: Peer evaluation: Writing prompt cards
- KV 11: Peer evaluation: Writing a flyer

Zeitlicher Aufwand:
30 Min.

SB 39/Step 6

Lernziel/Kompetenz:
die Präsentation üben und halten

Materialien:
KV 16: Peer evaluation: Giving a presentation

Zeitlicher Aufwand:
45 Min.

SB 39/Step 7

Lernziel/Kompetenz:
Feedback geben und ein Meinungsbild abfragen

Materialien:
- WB 24/20
- KV 16: Peer evaluation: Giving a presentation

Zeitlicher Aufwand:
20 Min.

Luke möchte mit Jay an einem *poster competition* teilnehmen, doch Jay möchte lieber alleine daran arbeiten. Es entsteht ein Konflikt, doch letztendlich finden die beiden heraus, dass sie durch Teamarbeit ein besseres Ergebnis erzielen.

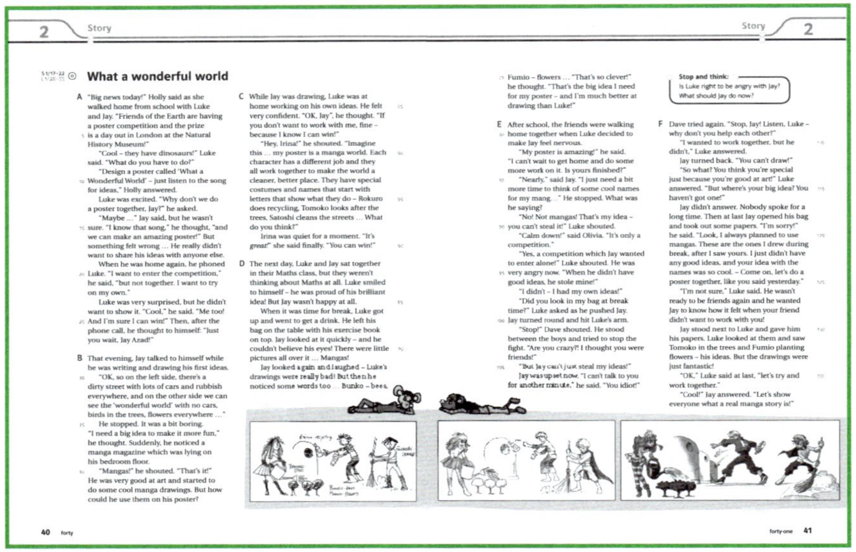

2 Story

S 1/17–22

What a wonderful world

A "Big news today!" Holly said as she walked home from school with Luke and Jay. "Friends of the Earth are having a poster competition and the prize is a day out in London at the Natural History Museum!"

"Cool – they have dinosaurs!" Luke said. "What do you have to do?"

"Design a poster called 'What a Wonderful World' – just listen to the song for ideas," Holly answered.

Luke was excited. "Why don't we do a poster together, Jay?" he asked.

"Maybe …" Jay said, but he wasn't sure. "I know that song," he thought, "and we can make an amazing poster!" But something felt wrong … He really didn't want to share his ideas with anyone else.

When he was home again, he phoned Luke. "I want to enter the competition," he said, "but not together. I want to try on my own."

Luke was very surprised, but he didn't want to show it. "Cool," he said. "Me too! And I'm sure I can win!" Then, after the phone call, he thought to himself: "Just you wait, Jay Azad!"

B That evening, Jay talked to himself while he was writing and drawing his first ideas.

"OK, so on the left side, there's a dirty street with lots of cars and rubbish everywhere, and on the other side we can see the 'wonderful world' with no cars, birds in the trees, flowers everywhere …"

He stopped. It was a bit boring. "I need a big idea to make it more fun," he thought. Suddenly, he noticed a manga magazine which was lying on his bedroom floor.

"Mangas!" he shouted. "That's it!" He was very good at art and started to do some cool manga drawings. But how could he use them on his poster?

C While Jay was drawing, Luke was at home working on his own ideas. He felt very confident. "OK, Jay", he thought. "If you don't want to work with me, fine – because I know I can win!"

"Hey, Irina!" he shouted. "Imagine this … my poster is a manga world. Each character has a different job and they all work together to make the world a cleaner, better place. They have special costumes and names that start with letters that show what they do – Rokuro does recycling, Tomoko looks after the trees, Satoshi cleans the streets … What do you think?"

Irina was quiet for a moment. "It's *great!*" she said finally. "You can win!"

D The next day, Luke and Jay sat together in their Maths class, but they weren't thinking about Maths at all. Luke smiled to himself – he was proud of his brilliant idea! But Jay wasn't happy at all.

When it was time for break, Luke got up and went to get a drink. He left his bag on the table with his exercise book on top. Jay looked at it quickly – and he couldn't believe his eyes! There were little pictures all over it … Mangas!

Jay looked again and laughed – Luke's drawings were really bad! But then he noticed some words too … Bunko – bees, Fumio – flowers … "That's so clever!" he thought. "That's the big idea I need for my poster – and I'm much better at drawing than Luke!"

E After school, the friends were walking home together when Luke decided to make Jay feel nervous.

"My poster is amazing!" he said. "I can't wait to get home and do some more work on it. Is yours finished?"

"Nearly," said Jay. "I just need a bit more time to think of some cool names for my mang…" He stopped. What was he saying?

"No! Not mangas! That's my idea – you can't steal it!" Luke shouted.

"Calm down!" said Olivia. "It's only a competition."

"Yes, a competition which Jay wanted to enter alone!" Luke shouted. He was very angry now. "When he didn't have good ideas, he stole mine!"

"I didn't – I had my own ideas!"

"Did you look in my bag at break time?" Luke asked as he pushed Jay. Jay turned round and hit Luke's arm.

"Stop!" Dave shouted. He stood between the boys and tried to stop the fight. "Are you crazy?! I thought you were friends!"

"But Jay can't just steal my ideas!"

Jay was upset now. "I can't talk to you for another minute," he said. "You idiot!"

Stop and think:
Is Luke right to be angry with Jay?
What should Jay do now?

F Dave tried again. "Stop, Jay! Listen, Luke – why don't you help each other?"

"I wanted to work together, but he didn't," Luke answered.

Jay turned back. "You can't draw!"

"So what? You think you're special just because you're good at art!" Luke answered. "But where's your big idea? You haven't got one!"

Jay didn't answer. Nobody spoke for a long time. Then at last Jay opened his bag and took out some papers. "I'm sorry!" he said. "Look, I always planned to use mangas. These are the ones I drew during break, after I saw yours. I just didn't have any good ideas, and your idea with the names was so cool. – Come on, let's do a poster together, like you said yesterday."

"I'm not sure," Luke said. He wasn't ready to be friends again and he wanted Jay to know how it felt when your friend didn't want to work with you!

Jay stood next to Luke and gave him his papers. Luke looked at them and saw Tomoko in the trees and Fumio planting flowers – his ideas. But the drawings were just fantastic!

"OK," Luke said at last, "let's try and work together."

"Cool!" Jay answered. "Let's show everyone what a real manga story is!"

40 forty

forty-one 41

SB 42/1 → S 1/17–22 ⊙ L 1/28–33 ⊙

Lernziel/Kompetenz:
die eigene Meinung zum Text wiedergeben

Materialien:
- Schüler-Audio-CD 1, Track 17–22
- Lehrer-Audio-CD 1, Track 28–33
- WB 25/21
- KV 17: What a wonderful world

Zeitlicher Aufwand:
15 Min.

SB 42/2

Lernziel/Kompetenz:
den Text gliedern

Materialien:
- WB 25/22
- S. 130–131, S7–8

Zeitlicher Aufwand:
20 Min.

SB 42/3

Lernziel/Kompetenz:
die Gedanken und Gefühle der Charaktere erkennen und Vokabular zum Ausdruck von Gefühlen sammeln

Materialien:
- ▲ 115/14
- S. 128–129, S3

Zeitlicher Aufwand:
30 Min.

Die S bearbeiten Aufgaben zum Textverständnis und erweitern ihren Wortschatz, um starke Gefühle auszudrücken. Auf der *Check-out*-Seite überprüfen sie ihre Kenntnis der Grammatikinhalte der Unit und schreiben einen kurzen Text über Schulfächer.

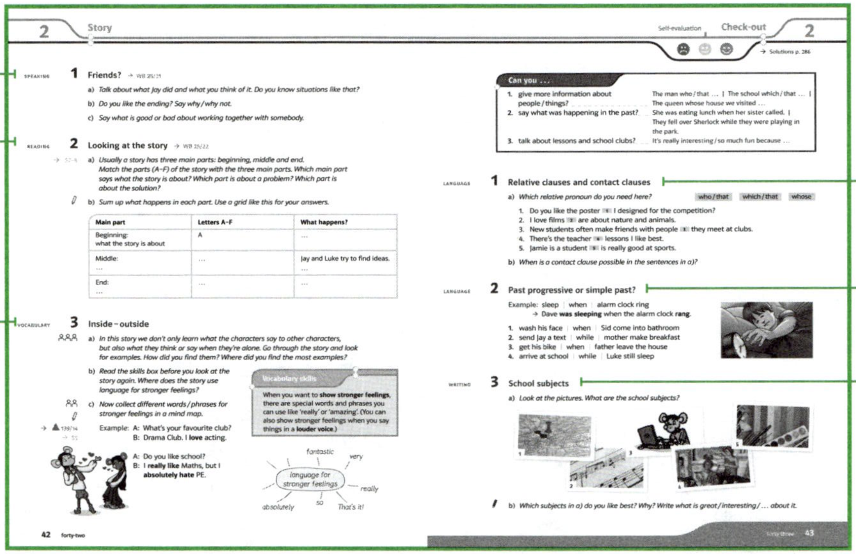

SB 43/1

Lernziel/Kompetenz:
Relativpronomen in einen Lückentext einsetzen

Zeitlicher Aufwand:
5 Min.

SB 43/2

Lernziel/Kompetenz:
Sätze mit Hilfe des *past progressive* bilden

Zeitlicher Aufwand:
8 Min.

SB 43/3

Lernziel/Kompetenz:
über Schulfächer schreiben

Zeitlicher Aufwand:
10 Min.

Check-in

Wortschatz *to discover, painting, assembly, hall, competition, to belong (to), with special needs, art*

Einstieg SB geschlossen. L notiert die Buchstaben *TTS* an der Tafel und die S rekapitulieren, was sie bereits aus *Green Line 1* über die *Thomas Tallis School* wissen. Die Informationen werden in einer Mindmap unter verschiedenen Kategorien gesammelt, z. B. *people, places, subjects, activities, facts*, etc. Anschließend leitet L zur Unit über: *You know quite a lot about TTS already, but there's much more to discover. Let's find out!*

Methodisches Vorgehen L legt **Folie 7** auf und die S haben 1–2 Minuten Zeit, die Bilder zu betrachten. Anschließend beschreiben sie die Bilder im Plenum. Mit Hilfe des Bildmaterials führt L das neue Vokabular ein. Einzelne Begriffe, wie z. B. *assembly* oder *club*, können zur Sicherung in die Mindmap mit aufgenommen werden.

Differenzierung △ In leistungsschwächeren Lerngruppen beschreiben die S die Bilder zunächst ihrem Nachbarn in einer **Murmelphase**, bevor die Äußerungen im Plenum gesammelt werden.

Tipps für junge Lehrer/innen Die Mindmap kann im Laufe oder am Ende der Unit wieder aufgegriffen und mit dem in dieser Unit neu erworbenen Wissen ergänzt werden. Dieses Vorgehen sorgt für Transparenz, da den S so ihr Lernfortschritt – hier im Bereich Landeskunde – bewusst gemacht wird. Dazu ist es sinnvoll, die Mindmap als Folie oder als Datei für das Smartboard zu erstellen, um leichter darauf zurückgreifen zu können.

S. 28
SPEAKING

1 What you can do at TTS

Wortschatz *subject, exam, drama, studies (pl), fashion, to offer, additional, birdwatching, chess*

Methodisches Vorgehen

a) Die S lesen die Sprechblasen, die sie mit Hilfe des vorentlasteten Vokabulars nun problemlos verstehen sollten und ordnen sie den Bildern zu. Die Aufgabe kann als kurze EA erfolgen oder direkt gemeinsam im Plenum.

b) Die S lesen die *Across cultures*-Box. Ggf. kann der Inhalt kurz gesichert werden: *What subjects are there at TTS? What additional activities are there?* Die S sammeln die Gemeinsamkeiten und Unterschiede zwischen TTS und ihrer eigenen Schule zunächst in PA, bevor die Ergebnisse im Plenum zusammengetragen werden.

c) ❀ In PA überlegen sich die S 4–6 Bilder, die einen guten Einblick in das Leben an ihrer Schule geben können. Sie begründen dabei, warum sie diese Motive für besonders aussagekräftig halten.

Vertiefung Die S machen 4–6 Bilder von ihrer Schule und schreiben 1–2 Sätze auf Englisch dazu. Sehr leistungsstarke S könnten mit Hilfe solcher Bilder im Anschluss an Aufgabe 2 und 3 selbst eine kurze Präsentation über die eigene Schule erstellen.
KV 1: The Sign Language Club bietet einerseits einen spielerischen Zugang zum *Sign Language Club* – die Zeichensprache kann hier wie eine Art Rätsel entschlüsselt werden – und macht andererseits die Vielfalt englischer Clubs sowie die Bedeutung von Inklusion deutlich.

Lösung

a) 1B; 2E; 3C; 4D; 5A

b) + c) Individuelle S-Lösungen.

S. 29
LISTENING

2 This is a fantastic school! → WB 16/1–2; S18–20; Diff pool △ 112/1

HV-Text → L 1/19 ◎

Olivia: Hello and welcome to Thomas Tallis Visitor's Day! My name is Olivia and I'm a Year 8 student. I'm here today to tell you about the school and what we do here every day. When I started at Thomas Tallis, I felt very nervous because I didn't know much about it – only that it was very big! So, first I want to say that this is a fantastic school –

don't be afraid! We really want to see you here next September! Today I can give you some information and show you the school.

Child 1: Thank you, that's great!

Child 2: Yes, please.

Olivia: OK, so let's discover Thomas Tallis School! And let's start with what's special about it. First, of course, you know that we're in Greenwich, but we often visit other parts of London too – for example, we go all over the city to play sport. We love competitions against other schools – well, we love winning! We have fantastic football, basketball and volleyball teams and lots of students go to watch them when they play.

Child 3: Great, I really like sports!

Child 2: Me too. I'd love to join the basketball team!

Olivia: Now, for the second special thing – this school is full of art. If you don't believe me, just look around – there are pictures all over the walls with fun messages like "What colour is creativity?", "Start a band", "Why are we here?", and "Don't be afraid". I mean, young people can do anything, and so I think it's really cool that TTS makes us think about all the different subjects and activities we can do with art on the walls! What do you think?

Child 1: Cool!

Child 3: I saw those when I came into the building. They're good.

Child 4: Yeah, it looks really nice.

Olivia: OK, so the third very important thing about Thomas Tallis is that everyone is special and everyone belongs here! We all try to help students with special needs, and we can learn how to help them more – for example, there's a Sign Language Club on Monday lunchtimes.

Child 3: That sounds interesting.

Child 1: Yes, that's great! I already know a bit of sign language.

Olivia: Really? That's cool. Now, let's talk about the school day. We start school at 8:30 and spend 20 minutes in our tutor groups with our tutor – our main teacher. He or she checks that everyone is there and then we usually open our planners and talk together about important things we need to do.
Lessons start at ten to nine and go on all morning, with a break at ten to eleven. Lunch is from ten past one until 2 o'clock. We can eat in the cafeteria. There's also a school shop where we can buy school things or sweets and snacks. From 2 o'clock we have lessons again until 3 o'clock. Then we go back to our tutor groups for the last ten minutes, to talk about our day and plan our homework. After that we can go home – or we can stay for an after-school club.

Child 2: What subjects do you study?

Olivia: Well, everyone must study English, Maths and Science but there are a lot of other subjects too, for example languages or Technology. And I really love my Dance class! We practise a lot and sometimes do shows for our friends and families. We have to work hard here, but it's fun too. And there are lots of cool clubs and activities to do outside the classroom, for example, Cooking Club, Drama Club, Chess Club, Music Club. If you want to make new friends when you come here, you must join a club! It's a fantastic way to meet other students and have a good time together!
So, are there any questions?

Child 2: No, thank you. Your presentation was very good!

Child 1: You gave us so much information.

Child 3: And I really think it's the right school for me and my friend.

Olivia: Great. But now, let's go on a tour of the school so you can see all the rooms and what's happening here.

Wortschatz *fantastic, reaction*

Einstieg L notiert das Wort *presentation* an der Tafel und fragt die S nach Merkmalen einer guten Präsentation und was der Sprecher dabei beachten muss. Die Ergebnisse werden stichpunktartig an der Tafel festgehalten und beim Feedback in Aufgabe 3 wieder aufgegriffen.

Presentation
A good presentation ...
has an introduction (say hello; say what the presentation is about).
has a good structure.
has interesting facts/information.
has a language/words which is/are easy to understand.
The speaker ...
tells the listener what he/she is talking about (first, after that, finally, ...).
speaks in a loud and clear voice and not too fast.
looks at his/her audience.
gives the listeners time to ask questions.

Methodisches Vorgehen

a) ◎ ✎ L leitet zur Aufgabe über: *Olivia is giving a presentation at school. Let's find out who she's talking to and what she's talking about.* Beim ersten Hören versuchen die S zunächst grob herauszufinden, mit wem und worüber Olivia spricht. Beim zweiten Hören machen sie sich Notizen über die verschiedenen Teile von Olivias Präsentation. Anschließend werden die Ergebnisse gemeinsam im Plenum gesammelt. Zur Sicherung des Hörverstehens kann auch **KV 2: This is a fantastic school!** eingesetzt werden.

b) Die S wählen eines der Zitate auf S. 29 aus und konzentrieren sich beim dritten Hören auf die Reaktion der Zuhörer auf diese bestimmte Äußerung Olivias. Bei der anschließenden Ergebnissicherung können die Zitate auch in die richtige Reihenfolge gebracht werden.

This is a fantastic school!

Olivia is talking to younger students about TTS.

Olivia tells them ...	*Reactions from the listeners*
B: We love competitions against other schools – well, we love winning.	*They like sports.*
D: This school is full of art!	*They saw the wall paintings when they came into the building. They're good.*
C: Everyone is special and everyone belongs here. We all try to help students with special needs.	*That sounds interesting. One of the students knows a bit of sign language.*
A: We start school with our tutor at 8:30. Or sometimes we go to the hall for Assembly.	*What subjects do you study?*
E: We practise a lot and we sometimes do shows.	*(Your presentation was very good!)*

Differenzierung

△ **Diff pool p. 112/1 This is a fantastic school!** → After Check-in, p. 29/2

Methodisches Vorgehen:

a) ✎ Die Differenzierungsaufgabe kann als *Pre-listening*-Aufgabe vor dem HV-Text in Aufgabe 2 oder auch im Anschluss an die Aufgabe eingesetzt werden. Die S notieren zunächst in EA zehn Dinge, die zu einer guten Schule gehören.

b) 👥 Anschließend tauschen die S sich in 3er- oder 4er-Gruppen aus. Nach Möglichkeit sollten sie dabei ihre Wahl begründen. Sie geben sich Punkte für jede Antwort, die kein anderer in der Kleingruppe hat.

Lösung: Individuelle S-Lösungen.

Lösung **a) + b)** Vgl. TA.

S. 29
SPEAKING

3 How to: Talk about a presentation

Wortschatz *positive, introduction, lively*

Methodisches Vorgehen L verweist auf die Reaktion der S auf Olivias Präsentation (*Your presentation was very good!*) und auf die eingangs aufgeführten Kriterien für eine gute Präsentation. Anhand dieser Kriterien und mit Hilfe der *Useful phrases* geben die S ihr Feedback zu Olivias Präsentation.

Lösung Individuelle S-Lösungen.

Station 1 Giving extra information in sentences (Defining relative clauses)

S. 30
Text → L 1/20

The queen who loved parties

Wortschatz *queen, who, history, husband, beautiful, view, which, ghost, as, hospital, to build, built, architect, whose, design, to choose, chose, upset, to cut, cut (off), that's why, to leave, left, space*

Einstieg Die S beschreiben das Bild auf S. 30. Sie stellen Vermutungen an, wer in den beiden Gebäuden im Vordergrund gelebt haben könnte oder wofür sie genutzt wurden. Die Vermutungen der S werden stichpunktartig an der Tafel notiert.

Methodisches Vorgehen L gibt den S die einleitenden Informationen: *Luke and Dave are at Luke's house. Luke is telling Dave about his History presentation. Let's find out what he's telling us about the two buildings in the picture.* Der Text wird von den S leise gelesen oder als HV-Text präsentiert. Anschließend benennen die S, wer in den beiden Gebäuden gelebt hat bzw. wofür sie genutzt wurden.

S. 30
READING

1 Correct the sentences

Methodisches Vorgehen Die S lesen sich den Text erneut durch und korrigieren die Sätze mündlich oder schriftlich. Sie kommen hierbei mit der neuen Struktur in Berührung, ohne sie selbst bilden zu müssen.

Lösung
1. *The parties which they celebrated were loud.*
2. *The ghosts who live in the house don't come out often.*
3. *The architect whose design she chose was Christopher Wren.*
4. *The hospital that he wanted to build was between her house and the river.*

S. 31
LANGUAGE

2 Find the rule → G6

Methodisches Vorgehen

a) L notiert an der Tafel eine Tabelle mit den Relativpronomen *who, which, that* und *whose*. Exemplarisch wird ein Nomen in die Tabelle eingetragen. Die S übertragen die Tabelle in ihr Heft und vervollständigen sie in EA.

b) Die S überlegen in PA, ob die Relativpronomen im Text für Personen oder Dinge verwendet werden. L bittet ein oder zwei S, die Ergebnisse auf einer Folie festzuhalten. Mit Hilfe der Folie werden sie im Plenum überprüft. Abschließend formulieren die S eine Regel zur Verwendung der Relativpronomen. Das Relativpronomen *whose* sollte gesondert erläutert werden. Der TA wird im *English folder* festgehalten.

Relative pronouns

who	which	that	whose
a queen the ghosts	the parties the building	two queens	the architect
→ people	→ things	→ people or things	→ people (or things)

Rule: We use the relative pronoun 'who' for people and 'which' for things. We can use 'that' and 'whose' for people or things.

Vertiefung Vor oder nach der Zuordnung der Relativpronomen kann eine explizite Einführung der neuen grammatischen Struktur erfolgen. Hierzu notiert L den Beispielsatz *The queen who loved parties was Anne* an der Tafel und unterstreicht den Relativsatz. Die S überlegen, wen oder was dieser Relativsatz näher beschreibt. Das entsprechende Nomen wird unterstrichen und der Bezug mit Hilfe eines Bogens verdeutlicht.

Anschließend wiederholen die S dieses Verfahren für die übrigen Beispielsätze im Text. Im Plenum formulieren L und die S gemeinsam eine Regel zu den Relativsätzen.

Relative clauses

The queen who loved parties was Anne.

The parties which they celebrated were loud.

The ghosts who live in the house don't come out often.

The architect whose design she chose was Christopher Wren.

The hospital that he wanted to build was between her house and the river.

Rule: Relative clauses are subordinate clauses which describe the noun.

Lösung a) + b) Vgl. TA.

S. 31
LANGUAGE

3 Match the sentence parts → WB 17/3–4; Diff pool △ 112/2

Wortschatz *wife, wives (pl), by the river*

Methodisches Vorgehen Die S verbinden die Satzteile und das jeweilige Relativpronomen und notieren diese Sätze in ihren Heften. Die Ergebnisse vergleichen sie mit einem Partner. Bei der Überprüfung begründen die S, warum sie sich für das jeweilige Relativpronomen entschieden haben, z. B. *The king is a person. So you need 'who' or 'that'.*

Lösung
2. *The building which/that is by the river was a hospital.*
3. *The queen whose name was Mary loved the sea.*
4. *The river which/that runs through Greenwich is the Thames.*
5. *The house whose ghosts are quiet is a museum now.*
6. *The people who/that went to Anne's parties had a lot of fun.*

Differenzierung

△ **Diff pool p. 112/2 A school trip which was really cool** → After Station 1, p. 31/3

Methodisches Vorgehen: Die Differenzierungsaufgabe ist besonders geeignet für S, die noch Schwierigkeiten bei der Zuordnung der richtigen Relativpronomen und insbesondere mit dem Relativpronomen *whose* haben. Die S bearbeiten die Aufgabe in EA und vergleichen ihr Ergebnis mit einem Partner. Unklarheiten werden ggf. im Plenum geklärt.

Lösung: 1. *whose* 2. *which/that* 3. *whose* 4. *who/that* 5. *whose* 6. *who/that*

S. 31
LANGUAGE

4 Contact clauses → G6; Diff pool △ 112/3

Wortschatz *to be interested in, to try on*

Methodisches Vorgehen

a) L notiert die beiden Beispielsätze an der Tafel und bittet die S, die Relativsätze zu benennen und zu unterstreichen. Die S sollen nun Relativpronomen, Subjekt und Verb in dem Relativsatz markieren und ihre Ergebnisse mit einem Nachbarn vergleichen. Anschließend werden die Ergebnisse im TA gesammelt. L erläutert den Begriff *contact clause*.

Contact clauses

There are museums	*which*	*have*	*special events for children.*
	RP	V	O

→ *The word after the relative pronoun is a verb.*
→ *The relative pronoun is the subject of the relative clause. You need it!*

It's an event	*which*	*everyone*	*finds exciting.*
	RP	S	V

→ *The word after the relative pronoun is the subject of the relative clause.*
→ *The relative pronoun is the object of the relative clause. You don't need it!*
→ *It's an event everyone finds exciting.*

b) Die Aufgabe kann gemeinsam im Plenum oder schriftlich in EA oder PA bearbeitet werden. Die Ergebnisse werden anschließend gemeinsam im Plenum überprüft.

Differenzierung △ In leistungsschwächeren Lerngruppen sollte zunächst die englische Satzstellung S-V-O anhand einfacher Aussagesätze wiederholt werden, z. B. *The girl opens the door. The man reads a book.*

△ **Diff pool p. 112/3 Contact clauses** → After Station 1, p. 31/4b)

Methodisches Vorgehen: Die Aufgabe im *Diff pool* dient der weiteren Übung und Vertiefung. Sie kann in EA oder PA bearbeitet werden.

Lösung:
1b) *Lots of children I know go to the museum.*
2a) *The art you can see all around our school gives us lots of ideas.*
3b) *I'm friends with lots of the students I see at Dance class.*
4a) *This is a website I use a lot for my homework.*
5a) *I think the school trips we go on are fun.*
6b) *Students I see from the car window often get there earlier than me!*

Vertiefung Vertiefend kann **KV 3: Play a game with relative clauses** eingesetzt werden. Bei dem Spiel trainieren die Schüler mit Hilfe von einfachen Sätzen die Verwendung der Relativpronomen bzw. die Bildung von Relativsätzen.
Ebenfalls möglich ist der Einsatz von **KV 4: A student is a person who...** Hier werden nochmals die Relativpronomen *who* und *which* geübt, bevor falsche Relativpronomen gestrichen werden müssen.

Lösung

a) Vgl. TA.

b) 1. *Children that are interested in history must go there.*
2. *There are many things (that) you can do.*
3. *People who like music can learn songs from Old England.*
4. *The costumes (which) you can try on are really cool.*
5. *And you can make jewellery (which) they sell at the museum shop later.*

S. 31
LANGUAGE

5 Make one sentence from two → WB 18/5; Diff pool △ 113/4; ▲ 113/5

Wortschatz *finally, to design*

Methodisches Vorgehen SB geschlossen. L notiert die beiden Beispielsätze an der Tafel (*History is a school subject. I really like it.*) und bittet die S, diese beiden Sätze zu einem Satz zusammenzufügen. Das Ergebnis wird ebenfalls notiert. Anschließend öffnen die S das SB und bilden nach dem Beispiel weitere zusammengesetzte Sätze.

Differenzierung

△ Diff pool p. 113/4 Make one sentence from two → After Station 1, p. 31/5

Methodisches Vorgehen: Diese Aufgabe bietet sich für S an, die mit der Aufgabe in der Unit Schwierigkeiten hatten oder noch weiter üben möchten. Das Subjekt bzw. Objekt, das hier im zweiten Satz durch ein Relativpronomen ersetzt werden soll, ist bereits markiert. Die S schreiben die Sätze in ihr Heft.

Lösung:
1. *At TTS there are lots of clubs and activities (which/that) you can do outside.*
2. *I'm playing tennis with a new friend who/that can run really fast!*
3. *Last lesson we watched a film which/that was really interesting.*
4. *In Drama Club we learn about different film stars (who/that) I like very much.*
5. *I can show you a cool wall painting (which/that) we made yesterday.*
6. *Do you know the new girl who/that is talking to Luke?*

▲ Diff pool p. 113/5 Puzzles → After Station 1, p. 31/5

Methodisches Vorgehen: a) + b) Diese Aufgabe bietet sich als zusätzliche Aufgabe für schnellere S an. Zunächst setzen die S die richtigen Relativpronomen in die Lücken ein und überlegen anschließend in EA oder PA, was jeweils gemeint sein könnte. Die Antworten befinden sich unterhalb der Aufgabe und können von den S selbstständig verglichen werden.

Lösung:
a) 1. *which/that* 2. *which/that* 3. *who/that* 4. *which/that* 5. *whose* 6. *which/that*
b) Vgl. Lösungen unter der Aufgabe im SB.

Lösung

1. *Last lesson we talked about a famous person (who/that) we all know.*
2. *First we looked at a picture (which/that) we found on the school website.*
3. *Then we listened to music (which/that) he wrote for Queen Elizabeth I.*
4. *Finally, we designed a poster (which/that) we called "Meet Thomas Tallis!"*

S. 32
WRITING

6 How to: Write prompt cards → S11; Diff pool △ 113/6

Einstieg L konfrontiert die S mit Lukes Situation: *Luke has to give his History presentation tomorrow, but he can't remember all the information. What can he do?* Gemeinsam werden im UG verschiedene Lösungsansätze thematisiert, um im Anschluss näher auf *note-taking* bzw. *prompt cards* einzugehen. Die S lesen sich dafür die grüne Infobox *Writing skills* durch, während L die Vorlage für die *prompt card* an der Tafel aufzeichnet.

Methodisches Vorgehen

Die S lesen dann erneut den Text *The queen who loved parties* auf S. 30 und nennen mögliche Punkte, die auf der *prompt card* ergänzt werden können. Im Anschluss erstellen die S eine weitere *prompt card* für Queen Mary und Christopher Wren. Zur Evaluation der Ergebnisse kann **KV 5: Peer evaluation: Writing prompt cards** eingesetzt werden.

Differenzierung

△ **Diff pool p. 113/6 How to: Write prompt cards** → Instead of Station 1, p. 32/6

Methodisches Vorgehen: Diese Aufgabe eignet sich als Parallelaufgabe für S, die Probleme haben, dem Text Informationen zu entnehmen oder denen es schwer fällt, sich auf wenige Stichpunkte zu beschränken. Nach dem Vorbild der gemeinsam erstellten *prompt card* erstellen die S in EA eine zweite *prompt card* zu Queen Mary und Christopher Wren, auf der sie die einzelnen Informationen den jeweiligen *Wh*-Fragen zuordnen.

Lösung: Vgl. Lösung unten.

Lösung

Who: Anne, loved parties, music, dancing
What: house, present from her husband, many visitors, loud parties, now ghosts
Where: Thames, Greenwich
When: 1616

Who: Mary / Christopher Wren (famous architect)
What: liked the sea / wanted a hospital / hospital between her house and the river / queen was upset / Wren had a very good idea / cut the hospital in half
Where: Greenwich
When: 1692

S. 32
LISTENING

7 Gwen's timetable → Diff pool △ 114/7

HV-Text
→ L 1/22

Olivia: Who's the new girl over there?
Holly: I don't know.
Olivia: Wow, she's wearing really cool glasses! – Oh, she's coming over to us!
Gwen: Hi girls. I'm Gwen. Which class are you in?
Olivia: Hi Gwen. I'm Olivia and this is Holly. We're in class 8RS.
Gwen: Great. That's my class. Then maybe you can help me with my timetable. I'm partially sighted – you know, I can't see very well.
Holly: Oh, I didn't know …
Gwen: No problem! It's great because it's very easy for me to talk to new people and make friends. You see, I sometimes need a bit of help and I only choose the coolest people to help me.
Olivia: So, of course, you chose us!
Gwen: Well, maybe.
Holly: But you do need our help?
Gwen: Well, I don't know my timetable very well, and I'm still waiting for my special timetable for my computer. It will be much easier to read for me – you know, I can make the words bigger on my tablet or computer. Anyway, can you help me to read this one?
Olivia: Sure, let's look at today, Wednesday. We're having Maths now. Our Maths teacher, Mr Pinner, is very nice and funny. I like his jokes!
Gwen: I know a lot of jokes myself …
Holly: Tell us one!
Gwen: There's no time – our first lesson starts soon.
Holly: Oh, OK, well after break you have Science in the Science Laboratory – it's Room B17. Be careful – Mr Burns is very strict. You mustn't be late, you must switch your mobile off and you must never talk when he is talking!
Gwen: Oh no! That's really difficult for me – there are always so many things I want to say!

Holly: Can you do everything in a Science lesson? I mean is it a problem that you can't see well?

Gwen: Well, I sometimes start a fire by mistake … only joking! It's better for me if I work in a group when we do an experiment. It's great – I tell the others what to do – and they do it!

Olivia: After Science you've got Technology in Room C14. We all love it – the teacher is cool and we all work in groups on different projects.

Gwen: Great – I already know the school has got special computers for me, so no problem!

Holly: And then, this afternoon we all go outside for PE. The girls play volleyball in winter – do you play?

Gwen: I love it! I can't see the ball very well of course, but if the other students shout really loudly I can usually find it and score the best points! The matches I play in are always really noisy and exciting!

Olivia: Of course!

Gwen: But running is my favourite sport.

Holly: What do you think of this school so far?

Gwen: Cool school, cool people – that's you, I mean …

Holly: Thanks – you too!

Olivia: There are lots of activities here for students with special needs – like the Sign Language Club and Wheelchair Basketball. Students who join clubs can make a lot of new friends. We can help you to find out which clubs would be good for you.

Gwen: Sounds great!

Wortschatz *partially sighted*

Einstieg Die S beschreiben das Bild auf S. 32. L erläutert daraufhin die Situation wie in a) beschrieben.

Methodisches Vorgehen

a) ◎ Nach dem ersten Hören äußern sich die S im Plenum zu der Frage: *Why does Gwen need their help?*

b) ◎ L notiert die Überschriften der folgenden Tabelle an der Tafel. Die S übertragen die Tabelle in ihr Heft und notieren während des zweiten Hörens die relevanten Informationen. Die Ergebnisse werden anschließend im Plenum gesammelt.

Subject	*How teachers and other students can help Gwen*
Science	*It's good for Gwen to work in a group.*
Technology	*There are special computers for Gwen.*
PE	*Volleyball: Other students have to shout to tell her where the ball is.*

Differenzierung

△ **Diff pool p. 114/7 Gwen's timetable** → Help with Station 1, p. 32/7

Methodisches Vorgehen: Die Bilder bieten eine visuelle Unterstützung zum Verständnis des HV-Textes. Die S betrachten dabei zunächst die Bilder und beschreiben diese ggf. kurz. Alternativ können die Bilder auch kopiert und zerschnitten werden und zur Sicherung des Inhalts des HV-Textes von den S in PA in die richtige Reihenfolge gebracht werden.

Vertiefung **KV 6: Listening: Gwen's timetable** bietet standardisierte Aufgabenformate zum Verständnis des Hörtextes.

Lösung

a) *Gwen needs Olivia and Holly help because she can't read her new timetable because the words are too small. She's still waiting for her special timetable for her computer. She can make the words bigger with it.*

b) Vgl. TA.

S. 32
VOCABULARY

8 School subjects → WB 18/6; Diff pool △ 114/8; ▲ 114/9

Wortschatz *registration, Technology, Science, Maths, RE (= Religious Education), French, Humanities (pl), PE (= Physical Education)*

Methodisches Vorgehen
a) Die S haben 1–2 Minuten Zeit, Gwens Stundenplan in Ruhe anzuschauen. Sie vergleichen ihn dann mit ihrem eigenen Stundenplan. Die Aufgabe kann mündlich oder schriftlich bearbeitet werden.
b) Die S schreiben ihren eigenen Stundenplan auf Englisch auf. Sie beachten dabei die Vorgaben, die in Gwens Stundenplan gemacht werden, d.h. es werden auch Pausenzeiten, außerunterrichtliche Aktivitäten, usw. mit angegeben.

Differenzierung

△ **Diff pool p. 114/8 School subjects** → Help with Station 1, p. 32/8a)

Methodisches Vorgehen: Die Vokabelhilfen helfen den S, ihren eigenen Stundenplan mit Gwens Stundenplan zu vergleichen. Vor der Bearbeitung der Aufgabe lesen die S sie zunächst durch. Eventuelle Verständnisfragen werden im Plenum oder individuell geklärt.

▲ **Diff pool p. 114/9 School subjects** → After Station 1, p. 32/8b)

Methodisches Vorgehen: Die S können dieses Spiel zusammen mit einem oder zwei Partnern spielen. Sie beschreiben dafür eine Unterrichtsstunde in der vergangenen Woche, ohne den Namen des Lehrers oder den Namen des Fachs zu nennen. Der oder die Partner müssen nun raten, um welche Stunde es sich handelt.

Lösung: Individuelle S-Lösungen.

Vertiefung Vertiefend kann mit **KV 7 Mediation: Braille – Letters for the blind** ein Mediationstext zur Brailleschrift eingesetzt werden, der eine Sprachmittlung vom Englischen ins Deutsche vorsieht und zudem spannende Hintergrundinformation für S bietet, die mit blinden oder sehbehinderten Menschen bislang nicht viel Kontakt hatten.
KV 8: What's the word? bietet vertiefende Wortschatzaufgaben zum Abschluss von Station 1.

Lösung **a) + b)** Individuelle S-Lösungen.

Station 2 Talking about past activities in progress

S. 33
Text → L 1/23

Everyone was doing a really great job!

Wortschatz *to join, Eco, article, wildlife, to get started, sun, to shine, shone, bee, to hum, to look forward to, to put up, put up, hotel, to dig, dug, hole, pond, to hang up, hung up, bird, ever*

Einstieg L befragt die S bei geschlossenem SB, welche AGs und außerunterrichtlichen Aktivitäten es an der Schule gibt. Die S benennen verschiedene AGs und berichten, was dort passiert, wie viele S in der AG sind, wer sie leitet, was das letzte große Projekt war, wann und wo die AG stattfindet, usw. Falls es kaum AGs an der Schule gibt oder diese eher für S der Oberstufe sind, kann auch nach bereits bekannten *clubs* an der *TTS* gefragt werden. L leitet zum SB über: *At TTS there are a lot of clubs. Holly wants to join the Eco Club. Let's find out what the Eco Club is and what they do in the club.*

Methodisches Vorgehen SB geschlossen. L legt **Folie 8** auf. Die S beschreiben zunächst das Bild und stellen Vermutungen an, was ein *Eco Club* ist und was die Schüler in einem solchen *Eco Club* genau machen. Auch das neue Vokabular kann hier gut mit Hilfe des Bildes eingeführt werden. Dann leitet L zum Text über: *On the TTS website, Holly finds an article about a project the Eco Club did last year. Let's find out what the project was and what happened.* Die S öffnen das SB und lesen den Text leise für sich oder hören ihn als HV-Text an. Anschließend benennen sie das Projekt (*Create a Wildlife Garden*) und das Problem (*Sally fell into the pond*).

Tipps für junge Lehrer/innen Bei der Bildbeschreibung sollte auf die Verwendung des *present progressive* geachtet werden. Ggf. können auch einzelne Sätze im *present progressive* an der Tafel notiert werden. So kann bei der Einführung des *past progressive* darauf zurückgegriffen werden.

S. 33
SPEAKING

9 What were they doing when Sally fell into the pond?

→ G7; Diff pool △ 114/10; ▲ 115/11

Wortschatz *member*

Methodisches Vorgehen L stellt die Frage *What were the others doing when Sally fell into the pond?* und notiert das Beispiel, das im Buch vorgegeben ist, an der Tafel. Dabei weist er die S darauf hin, dass eine neue grammatische Struktur verwendet werden soll. Die S suchen zunächst Henry auf dem Bild und haben dann ca. sieben Minuten Zeit, mit Hilfe des Bildes und des Textes herauszufinden, was die anderen Mitglieder des *Eco Club* in der Zeit gemacht haben. Dabei dürfen sie G7 (S. 151–152) zu Hilfe nehmen. Die Sätze werden im Plenum mündlich gesammelt.

Vertiefung Soll an dieser Stelle eine explizite Einführung der neuen grammatischen Struktur erfolgen, notiert L die genannten Sätze an der Tafel. Die neue Form wird im TA unterstrichen und die S überlegen zunächst kurz in PA, wie die Form gebildet und wann sie verwendet wird. Im Plenum wird anschließend gemeinsam eine Regel formuliert und im TA ergänzt. Der TA wird im *English folder* abgelegt.

What were the others doing when Sally fell into the pond?

The past progressive

Henry was putting up a sign.
Alice and Rose were taking photos.
Jack was making a bee hotel.
Kate and Filip were digging a hole.
Form: was/were + -ing-form (= present participle)
Rule: We use the past progressive for uncompleted actions that happened in the past over a longer period of time.

Differenzierung

△ Diff pool p. 114/10 The mice's Cooking Club → After Station 2, p. 33/9

Methodisches Vorgehen: Mit dieser Aufgabe erfolgt eine Gegenüberstellung von *present progressive* und *past progressive*. Sie wird von den S schriftlich in EA bearbeitet. Eine Übertragung und Gegenüberstellung aller Sätze ist insbesondere für leistungsschwächere S sinnvoll, da sie so die jeweiligen Einzelsätze vergleichen können. Die entsprechenden Verbformen können abschließend noch unterstrichen werden.

Lösung:
Present Progressive: 3. *are eating* 5. *are looking*
Past Progressive: 2. *was learning* 4. *were preparing*

▲ Diff pool p. 115/11 Act it out and guess! → After Station 2, p. 33/9

Methodisches Vorgehen: Das Spiel kann in der gesamten Klasse oder in kleinen Gruppen gespielt werden. Zur Erläuterung sollte ein Probelauf im Plenum durchgeführt werden, bei dem explizit auf die richtige Verwendung des *past progressive* geachtet wird. Unterstützend können Beispielfragen und die Kurzantworten (*Yes, we were. / No, we weren't.*) an der Tafel notiert werden.

Lösung: Individuelle S-Lösungen.

Vertiefung Zur weiteren Übung des *past progressive* kann **KV 9: What were they doing when the teacher came in?** eingesetzt werden.

Lösung Vgl. TA.

S. 34 LANGUAGE

10 Match the parts → WB 19/7; G7; Diff pool △ 115/12; ▲ 115/13

Wortschatz *pipe, to fall off, fell off, ladder, fox, to steal, stole, thumb, hammer, corner*

Methodisches Vorgehen Die S betrachten erneut das Bild auf **Folie 8** und bearbeiten die Aufgabe schriftlich in EA. Die Ergebnisse werden zunächst mit einem Partner abgeglichen und dann im Plenum kontrolliert. Die Verwendung von *simple past* und *past progressive* wird zusätzlich in einem TA veranschaulicht.

The past progressive and the simple past

Henry was putting up a sign ...	*... when he fell off the ladder.*
One action was happening over a period of time (past progressive) ...	*... when another action suddenly happened (simple past).*

Vertiefung Mit Hilfe von G7 (S. 151–152) können die verschiedenen Anwendungssituationen für das *past progressive* bzw. das *past progressive* in Kombination mit dem *simple past* noch weiter verdeutlicht werden.

Tipps für junge Lehrer/innen Für die Aufgabe ist es sinnvoll, das Bild mit Hilfe von **Folie 8** an die Wand zu projizieren, damit die S nicht ständig hin und her blättern müssen.

Differenzierung

△ Diff pool p. 115/12 When or while? → After Station 2, p. 34/10

Methodisches Vorgehen: Soweit bislang keine explizite Bewusstmachung von *when* und *while* im Unterricht erfolgt ist, sollte dies einführend geschehen. L notiert dafür zwei Sätze an der Tafel und unterstreicht *when* bzw. *while*. Dann bittet L die S, die beiden Sätze zu übersetzen und dabei besonders auf *when* bzw. *while* zu achten. Im Anschluss bearbeiten die S die Aufgabe im *Diff pool* in EA oder PA.

When or while?

Henry was putting up a sign when he fell off the ladder.
Henry war gerade dabei ein Schild aufzuhängen, als er von der Leiter fiel.

Sally fell into the pond while she was hanging up a bird house.
Sally fiel in den Teich, während sie gerade dabei war, das Vogelhaus aufzuhängen.

Lösung: 1. *when* 2. *When* 3. *while* 4. *While* 5. *when* 6. *While*

▲ Diff pool p. 115/13 A crazy day at home → After Station 2, p. 34/10

Methodisches Vorgehen: Diese Aufgabe ist für leistungsstärkere S gedacht, die *simple past* und *past progressive* schon gut unterscheiden können. Die S beschreiben zunächst die beiden Fotos und verfassen dann eine Geschichte mit dem Titel *A crazy day at home*. Sie verwenden dafür die vorgegebenen Ideen. Abschließend können S die ihre Geschichten austauschen und sich gegenseitig korrigieren. Einige besonders gut gelungene Beispiele werden im Plenum vorgelesen.

Lösungsvorschlag:
First, breakfast was crazy. While Mum was reading the newspaper, our dog was eating her breakfast! Then, while Mum and Dad were doing the dishes, we were making a mess in the kitchen. But when Dad came in, we were just talking to each other. When we were going for a walk with our dog in the afternoon, he ran after a cat. While we were watching TV in the evening, we saw our uncle on TV. He was taking part in a quiz show.

Lösung

1. *Henry was putting up a sign when he fell off the ladder.*
2. *Sally fell into the pond while she was hanging up a bird house.*
3. *Filip and Kate hit a water pipe while they were digging a hole.*
4. *Alice and Rose were taking photos when a fox stole their lunch.*
5. *Jack was making a bee hotel when he hit his thumb with the hammer.*

S. 34
SPEAKING

11 A game: What were you doing when ...? → WB 19/8, 20/9

Methodisches Vorgehen

a) Die Aufgabenstellung wird gemeinsam im Plenum gelesen. Als Hilfestellung können vorab mehrere Beispiele zu beiden Zeitformen gesammelt werden. Dann schreiben die S in PA jeweils sechs Sätze im *past progressive* und im *simple past* zu realen oder fiktiven Erlebnissen aus ihren letzten Ferien und nummerieren diese mit den Zahlen 1–6.

b) Die beiden Partner würfeln abwechselnd jeweils zweimal und setzen die beiden Sätze im *past progressive* und im *simple past* zu einem Satz zusammen. Dabei verwenden sie *when* bzw. *while*.

Vertiefung

KV 10: What was happening when... bietet eine weitere spielerische Aufgabe zum *Past progressive.*

Lösung

Individuelle S-Lösungen.

S. 34
MEDIATION

12 A club at a German school → WB 20/10; S17

Einstieg

L führt zunächst in das Szenario ein, wie es in der Einleitung beschrieben ist. Die S lesen zusätzlich die Hinweise zu den *Mediation skills* durch.

Methodisches Vorgehen

Die Aufgabe kann schriftlich, z. B. in Form einer E-Mail von Pia an Olivia, oder mündlich in PA bearbeitet werden, wobei die S dann in die Rollen von Pia und Olivia schlüpfen.

Lösung

EH: *This is a club in which you learn how you can help when students have a fight. You look for a solution together with the students who have a fight. You show them how to solve their conflict with words. There's special training for students who want to join the club.*

S. 35
WRITING

13 How to: Write a flyer → S11

Wortschatz

to welcome

Methodisches Vorgehen

a) Die S betrachten den Flyer des *TTS Eco Club* und äußern erste Eindrücke. Sie sagen, ob sie gerne teilnehmen würden und begründen dies.

b) Die S lesen sich die Hinweise zu den *Writing skills* durch. Im Plenum wird gemeinsam überprüft, ob der Flyer des *TTS Eco Club* alle hier genannten Kriterien eines guten Flyers erfüllt. Ergänzt werden sollte noch, dass auch ein ansprechendes Design, Layout und evtl. Bilder oder Illustrationen wichtig sind, um die Aufmerksamkeit des Lesers zu gewinnen. Die S wählen dann von den genannten AGs eine aus und erstellen dazu in PA einen Flyer. Dabei sollten sie versuchen, alle der genannten Kriterien zu berücksichtigen. Alternativ können sie auch Ideen für eine eigene AG entwickeln oder einen Flyer für eine AG erstellen, die es bereits an der eigenen Schule gibt.

c) Die Flyer werden zwischen den Schülerpaaren ausgetauscht oder wie bei einem **Gallery walk** im Klassenraum aufgehängt. Die S bewerten die Arbeiten ihrer Mitschüler mit Hilfe von **KV 11: Peer evaluation: Writing a flyer**. Am Ende benennen die S den Flyer, der ihnen am besten gefallen hat und begründen ihre Entscheidung.

Vertiefung

KV 12: More words bietet vertiefende Wortschatzaufgaben zum Abschluss von Station 2.

Lösung

Individuelle S-Lösungen.

S. 35
LISTENING
HV-Text
→ L 1/26 ◎

14 <A song: What a wonderful world> Louis Armstrong

Methodisches Vorgehen

a) ◎ SB geschlossen. L legt **Folie 9** auf. Die S beschreiben zunächst die Bilder. Sie hören dann das Lied an und benennen, worum es darin geht.

b) Die S entwickeln eigene Ideen für eine *wonderful world*. Diese halten sie z. B. in einer Mindmap fest.

Lösung

a) EH: *The song is about how wonderful our world is. The singer gives many examples of beautiful things in our world. He talks about nature: the blue sky, white clouds, green trees and the colours of the rainbow. He also talks about friends and family. The singer wants to say that our world is very beautiful and that we must protect it.*

b) Individuelle S-Lösungen.

Action UK! Working with films

The film star → S21–22

S. 36
SPEAKING

1 Your turn: One day I want to be a/an ...

Wortschatz

one day, actor, dancer, pilot, police officer

Methodisches Vorgehen

a) ❀ L: *A dream job! – Have you got one? And why is it your dream job?* Die S machen sich in EA Notizen über die Gründe für ihre Wahl. Bei Bedarf schreibt L unbekanntes Vokabular (Berufe, Gründe für die Wahl) an die Tafel, dann können alle S darauf zurückgreifen. Evtl. können zweisprachige Wörterbücher zur Verfügung gestellt werden. Abschließend stellen mehrere S ihre Traumjobs kurz im Plenum vor.

b) Diese Aufgabe kann als alternativer Einstieg oder als Ergänzung zu Aufgabe a) eingesetzt werden. Um Zeit zu sparen, ist es sinnvoll, arbeitsteilig zu arbeiten. In PA wählen die S eine der beiden Arbeitsaufträge aus und erstellen ein *word web* mit positiven Eigenschaften links und negativen Eigenschaften rechts. Danach werden die Ergebnisse im **Kreidestaffelverfahren** (**Chalk relay**) an der Tafel festgehalten. In PA besprechen die S anschließend, welchen der fünf Berufe sie sich am ehesten vorstellen könnten und warum. Mehrere Schülerpaare stellen abschließend ihre „Berufswahl" im Plenum vor.

Differenzierung

△ Da leistungsschwächere S Schwierigkeiten haben könnten, die Vor- und Nachteile der vorgegebenen Jobs zu benennen, kann **KV 13: Your dream job** als Hilfestellung eingesetzt werden.

Tipps für junge Lehrer/innen

In einigen Schulen ist Handynutzung verboten. Falls dies nicht der Fall ist, können die S das Internet oder *Dictionary apps* verwenden, um nach unbekanntem Wortschatz zu suchen. Erfahrungsgemäß gehen S verantwortlich damit um – und sie sind motiviert, wenn sie das Medium nutzen dürfen.

Lösung

a) Individuelle S-Lösungen.

b)

Job	**+**	**-**
Actor	*creative / exciting / famous / popular*	*Not all actors get enough work / become famous. / They must learn a lot of text.*
Dancer	*creative / exciting*	*You must always be fit/healthy.*
Pilot	*can travel / go to different countries*	*can be dangerous /difficult to get a job*
Police officer	*interesting job / meet different and interesting people / not boring*	*can be dangerous or scary / meet difficult people*
Vet	*can work with animals / interesting*	*difficult/crazy/nervous animals / Some animals have awful problems.*

S. 36
VIEWING

2 Laura's problem → WB 21/11

Film-Transkript → 2

Cinema

Laura: That was such a good film! I just love Polly McCane!
Marley: I was surprised. I liked it. She's from Greenwich, you know.
Parule: Really? Wow!
Laura: I can't wait for the next Drama Club. One day I want to be a great actor – just like Polly McCane!

Drama Club (Thomas Tallis School)

Mr Nair: OK, class. OK, listen, class: I have three tickets for an acting workshop at Shakespeare's Globe Theatre. At the end of the next lesson, I'll decide which three of you can go. Laura, do you want to come up and act out the first scene from the Frog Prince, please?
Laura: Yes, sure, Mr Nair!
Mr Nair: Thank you.
Laura: Oh, this forest is so nice and quiet! And I … I …
Mr Nair: Go on. That's pretty good so far!
Laura: I can't remember my lines, sir!
Mr Nair: Well, try again next week. Thank you, Laura. I think you need to practise a bit more!
Laura: But I practised all weekend!
Mr Nair: I know. Next week. OK, class, who wants to do the next scene?

Juice bar

Laura: I really want to go to that workshop! But Mr Nair won't pick me. He thinks I didn't practise my lines. But I did! I just went blank in class. I suddenly didn't know what to say. I don't know why. Maybe I'm not good at acting after all.
Marley: I'm sure you're good at acting! Just believe in yourself!
Jinsoo: Yeah, what's up? You're always so confident.
Laura: It's OK when I'm practising at home. But it's different in class, with a room full of people.
Jinsoo/Marley: What?
Laura: Isn't that … Polly McCane?
Jinsoo: The actor? Your idol?
Marley: We just saw her new film!
Laura: No, don't look! I'm not sure … Is it really her?
Jinsoo: Why don't you just go up and ask?
Marley: Why not? I'll go then.
Laura: No, wait! Excuse me, are you Polly McCane?
Polly: I was hoping nobody would recognise me. But, yes, I am.
Laura: Well, it's just … I love your new film!
Marley: Laura is talking about you all the time.
Polly: Thanks! Well, nice to meet you, Laura!
Laura: I can't believe you're here. I want to be an actor, too, one day. I go to Drama Club, but today was awful. I went blank when I was trying to act out my scene.
Polly: Don't worry! That happens all the time – even to the famous actors. Listen, try this: Next time you forget your lines, don't panic. Take a deep breath, relax, act as if it was part of the scene, and that will give you time to remember your lines.

Drama Club (Thomas Tallis School)

Mr Nair: OK, it's time for Laura's scene again.
Laura: Oh, this forest is so nice and quiet! I love my golden ball. It's my favourite toy! What's this? A pond! It's so nice to sit beside the cold water. Oh, no! My ball! It's gone. It fell into the water! What will my father, the king, say if he finds out I've lost it?

Mr Nair: That was very good, Laura. I'm impressed. Well done!
Laura: Thank you, sir!
Mr Nair: Now, remember about that acting workshop at Shakespeare's Globe Theatre? Well, I'm pleased to announce that the three students who can go are: Sandra, James and Laura!
Laura: Wow! Thank you, sir! Thank you, Polly McCane!

Methodisches Vorgehen Nach der ersten Präsentation des Films machen sich die S Notizen zu den beiden Fragestellungen und vergleichen diese in PA. Anschließend werden die Ergebnisse kurz im Plenum besprochen.

Lösung *Laura wants to be a great actor like Polly McCane, but she forgets her lines when she is in a room full of people.*

S. 36
VIEWING

3 Good advice? → WB 21/12

Wortschatz *advice, to panic, to relax, Take a deep breath., to thank*

Methodisches Vorgehen

a) Vor der Präsentation des Filmausschnitts (01:38–04:00) bilden die S 4er-Gruppen (jeder S übernimmt eine Person im Film). Alternativ wäre auch PA möglich (Lehrer/Jinsoo und Marley/Polly). L: *The teacher, Marley, Jinsoo and Polly McCane give Laura advice. Try to remember what they say.* Nach dem Anschauen machen sich die S Notizen.
b) Die S tauschen sich in ihren Gruppen über die Ratschläge für Laura aus.
c) L legt **Folie 10** auf und die S überlegen mit Hilfe der *Useful phrases*, was gerade in Lauras Kopf vorgehen könnte. Anschließend tragen mehrere S ihre Ideen in die *thought bubbles* auf der Folie ein.
d) Nachdem der letzte Teil des Films gemeinsam angeschaut wurde, beantworten die S die Frage im Plenum, warum Laura sich bei Polly bedankt.

Differenzierung ▲ Ein leistungsstärkerer S kann sich bei Teilaufgabe a) Notizen zu Polly machen, da sie Laura die meisten Ratschläge gibt.
△ Als Alternative für leistungsschwächere S kann Aufgabe a) auf **KV 14: I love acting!** eingesetzt werden.

Vertiefung Mit Aufgabe b) und c) auf **KV 14** können die Tipps und Ratschläge für einen guten Schauspieler zusätzlich vertieft werden.

Tipps für junge Lehrer/innen Beobachtungsaufträge (*focusing tasks*) erleichtern die Arbeit mit dem Film. Viele S wären mit Aufgabe a) überfordert, da vier Personen Ratschläge erteilen. In Kleingruppen können die S unmittelbar nach der Präsentation des Films ihre Ergebnisse zusammentragen. Auch wenn die S nur für eine Person im Film zuständig sind, können sie trotzdem helfen, eventuelle Verständnisschwierigkeiten der anderen Gruppenmitglieder zu klären.

Lösung

a) *The teacher: You need to practise a bit more and try again next week.*
Marley: Believe in yourself.
Jinsoo: You're always so confident. (Be more confident now.)
Polly McCane: Don't worry. [Forgetting your lines] happens all the time. Don't panic. Take a deep breath. Relax. Act as if it was all part of the scene and that will give you time to remember your lines.
b) Individuelle S-Lösungen.
c) Vgl. *Useful phrases* S. 36.
d) EH: *Laura acts her scene from The Frog Prince. Everybody claps because she is great. She can go to the acting workshop at the Globe Theatre. She thanks Polly because she gave her some very good advice.*

S. 36
SPEAKING

4 What a great film!

Wortschatz *such, impressed*

Methodisches Vorgehen Mit Hilfe der *Useful phrases* sprechen die S in GA über einen Film, den sie im Kino gesehen haben oder gerne noch sehen möchten. Möglich wäre es auch, einen kurzen Dialog zu erarbeiten, den die S anschließend im Plenum vorspielen.

Differenzierung △ Leistungsschwächere S können einen vorbereiteten Dialog erhalten (vgl. Lösung), den sie auswendig lernen und vor der Klasse vorspielen.

Lösung Lösungsvorschlag:
A group of friends are just leaving the cinema.
A: *[…] was such a great film.*
B: *Yes, I was really impressed with […]. He's/She's my favourite film star. He's/She's such a great actor.*
C: *I'm not so sure about that. I like […] better. I can't wait to see […]. It's on TV at the weekend.*
D: *Yes, I really want to see that film too.*

Skills Giving a presentation

How to give a good presentation → S14–16

Einstieg L erinnert die S an Olivias Präsentation zu Beginn von Unit 2: *Do you remember Olivia's presentation? She gave a presentation for younger students at TTS. What did you like about her presentation? What makes a presentation good?* Im Plenum werden Aspekte wiederholt bzw. neue Aspekte gesammelt. Alternativ kann als Einstieg **KV 15: 30 second talks** eingesetzt werden, um im Anschluss daran gemeinsam mit den Schülern zu überlegen, was genau eine gute Präsentation ausmacht. **KV 15** kann auch im Anschluss an S. 37 als Übung angehängt werden.

S. 37

1 What makes a presentation good?

Wortschatz *fact, on time, take a look at, to be connected, topic, contact, audience*

Methodisches Vorgehen Die S übertragen die Tabelle in ihr Heft und tragen die Hinweise und Ausdrücke aus der gelben Box in die Tabelle ein. L gibt einem oder mehreren S eine Folie und einen Folienstift. Mit Hilfe der Folie(n) können die Ergebnisse im Plenum abgeglichen werden.

Lösung

What you talk about	*How you present it*	*How you organise things*	*What you say*
Give facts. *Add a personal story that is connected to the topic.* *Introduce yourself.* *Give the most important information.*	*Smile.* *Don't just read from your notes.* *Make eye contact with your audience.* *Speak clearly!*	*Be on time.* *Know your facts.* *Don't forget your flyers.*	*"It's fantastic/really interesting/so much fun because …"* *"We really want to see you!"* *"Let's take a look at …"* *"Today, I'd like to …"* *"First …, second …, third …"* *"Do you enjoy/love/want …?"* *"Hello and welcome to …!"*

S. 37 2 Two presentations → WB 22/14

Film-Transkript → 3–4

Giving a presentation: Example 1

TTS classroom

Student 1: OK … I'm from Dance Club. It's good. You can learn a lot of new dances and make new friends. We do school shows too. Don't be nervous. Everyone is friendly. We're learning Street Dance this month. Come if you want to. We meet on Mondays at 3.15 in Room … I can't remember the room and I forgot to bring a flyer but you can find the information on the club noticeboard. See you there.

Giving a presentation: Example 2

TTS classroom

Student 2: Hello and welcome to Dance Club! Do you like dancing? Do you enjoy listening to all different kinds of music and learning new dance moves? Do you want to make great new friends and star in big school shows? If you do, then, well, you *must* come to Dance Club! It's *fantastic*! This time last year, I was looking for a cool new hobby. I was tired of dancing all alone in my bedroom. It was no fun! So I decided to try Dance Club. At first, I was really nervous but the people were so friendly. And now I love it. We're learning Street Dance – it's the best! If you want to join us, come to Room 04.05 at 3.15 on Monday. Here's some flyers with all the information. We *really* want to see you there!

Methodisches Vorgehen

a) Die S schauen sich die beiden Präsentationen an, sagen worum es jeweils geht und welche Präsentation sie besser finden. Ihre Meinung sollten sie dabei unbedingt begründen.

b) Die Klasse wird in 4er-Gruppen aufgeteilt. Jeder der S übernimmt arbeitsteilig eine der Überschriften aus Aufgabe 1 und macht sich Notizen. Dies kann vorstruktierend für c) bereits in einer Tabelle erfolgen (vgl. Lösung).

c) Die S präsentieren ihre Ergebnisse in der Gruppe und diskutieren, was sie an den Präsentationen gut bzw. nicht so gut finden. Abschließend werden die Statements zu den beiden Präsentationen im Plenum gesammelt.

Lösung

a) EH: *The presentations are about a Dance Club at school. The speakers want to invite the students to join it.*
I like the second presentation better because the speaker is more motivated/doesn't look at his notes/is more confident/is better organised …

b) + c)

What you talk about			
Presentation 1		*Presentation 2*	
good	*missing*	*good*	*missing*
gives the most important information	*doesn't remember the room*	*gives all the important facts/ information*	*doesn't introduce himself*
introduces himself	*doesn't add a personal story*	*adds a personal story*	

How you present it			
Presentation 1		*Presentation 2*	
good	*missing*	*good*	*missing*
speaks clearly	*doesn't smile*	*smiles*	*should speak a little bit more clearly*
sometimes makes eye contact	*looks a lot at his notes*	*makes eye contact*	
		does not read from his notes	

How you organise things			
Presentation 1		*Presentation 2*	
good	*missing*	*good*	*missing*
	doesn't know all the facts	*knows his facts*	
	forgot to bring the flyers	*has got the flyers*	

What you say			
Presentation 1		*Presentation 2*	
good	*missing*	*good*	*missing*
	"Hello and welcome to …!"	*"Hello and welcome to …!"*	*("Let's take a look at …")*
	"It's fantastic/really interesting/so much fun because …"	*"Do you enjoy/love/want …?"*	*"Today, I'd like to …"*
	"We really want to see you!"	*"It's fantastic!"*	*("First …, second …, third …")*
	"Let's take a look at …"	*"We really want to see you!"*	
	"Today, I'd like to …"		
	"First …, second …, third …"		
	"Do you enjoy/love/want …?"		

S. 37

3 Make a good presentation

Einstieg Die S lesen Lous Präsentation zum *Drama Club* durch. Alternativ kann L oder ein S, der sich kurz darauf vorbereiten konnte, in die Rolle von Lou schlüpfen und gelangweilt und sehr leise Lous Vortrag präsentieren. Im Plenum wird kurz gesammelt, was an der Präsentation nicht gut war.

Methodisches Vorgehen In EA oder PA überarbeiten die S Lous Präsentation. Sie können den Text als Fließtext verfassen – oder im Sinne einer guten Präsentation *prompt cards* anfertigen (vgl. S. 32, Aufgabe 6). Wichtig ist, dass die S genügend Zeit haben, ihre Präsentation zu üben. Dies sollte am besten in PA erfolgen, damit die S sich gegenseitig Feedback geben können. Einzelne S stellen dann ihre Präsentation im Plenum vor – die übrigen S geben Feedback.

Tipps für junge Lehrer/innen Beim Feedback ist es wichtig, dass die Regeln für ein gutes Feedback eingehalten werden und nicht nur Kritik geäußert wird. Sinnvoll ist z. B. die **Sandwich**-Methode, bei der die S zunächst etwas Positives erwähnen, dann einen Punkt anmerken, der noch verbessert werden kann und abschließend erneut einen positiven Aspekt herausstellen. Die S müssen schrittweise an diese Feedbackregeln herangeführt werden und diese immer wieder üben, bis sie selbstverständlich werden. Es ist auch sinnvoll, das Feedback zeitlich zu begrenzen – z. B. durch die Vorgabe, dass derjenige, der die Präsentation hält, drei Leute auswählt, die ihm ein Feedback geben.

Lösung Lösungsvorschlag:
Hello and welcome to Drama Club! Do you enjoy role plays and acting? Then you should join our Drama Club. It's really so much fun because you can act different roles. When I started, at first I was very shy, but the teacher and the others were so nice and now I feel very confident. We meet every Thursday at 3 p.m. in room B32. Here's a flyer with all the information. We'd love to see you there!

Unit task Convincing others to join your club

Join our club!

Wortschatz *juggling, foreign language, fanzine, life, lives (pl)*

Einstieg Im Plenum werden gemeinsam die einführenden Erläuterungen zur *Unit task* gelesen. Anschließend erhalten die S mehrere Minuten Zeit, um sich in Ruhe die verschiedenen Schritte durchzulesen und sich einen ersten Überblick zu verschaffen. Für die Arbeit an der *Unit task* wird die Klasse in 4er-Gruppen aufgeteilt. Ggf. kann bereits ein konkreter Zeitrahmen abgesteckt werden.

S. 38 Step 1 Which club? → WB 23/16

Methodisches Vorgehen

a) Die S beschäftigen sich zunächst mit den verschiedenen *clubs*, die im SB angeboten werden. Im Plenum wird geklärt, welche Aktivitäten sich hinter den jeweiligen Begriffen verbergen. **Folie 11** kann zur visuellen Unterstützung eingesetzt werden. Ggf. können auch weitere Ideen für *clubs* im Plenum gesammelt werden. In ihren Gruppen überlegen die S, welchen *club* sie präsentieren wollen. Sollten zwei Gruppen sich für den gleichen *club* interessieren, entscheidet das Los.

b) Die S legen fest, wann sie ihre Präsentation halten wollen. Sie sollten ca. 3–5 Minuten für ihre Präsentation einplanen. Alternativ kann die Reihenfolge der Präsentationen ausgelost werden.

Lösung Individuelle S-Lösungen.

S. 38 Step 2 Think of ideas for your club → WB 23/17

Methodisches Vorgehen

a) In der Gruppe sammeln die S zunächst wichtige Informationen zu ihrem *club* und beantworten die *Wh*-Fragen. Die Informationen können in einer Mindmap oder einer Tabelle festgehalten werden.

b) Während die S sich bei den *Wh*-Fragen vor allem auf die Fakten konzentrieren, geht es in Aufgabe b) darum, Besonderheiten des *club* herauszustellen und ihn so für neue Mitglieder attraktiver zu machen. Auch diese Ergebnisse sollten stichpunktartig festgehalten werden.

Lösung Individuelle S-Lösungen.

S. 39 Step 3 Make your club sound great → WB 24/18

Methodisches Vorgehen

a) In diesem Schritt sammeln die S Wörter und Phrasen für ihre Präsentation. Hilfreich ist es hier, auf Aufgabe 1 auf der *Skills page* zu verweisen. Die Phrasen in der rechten Spalte *What you say* können für die eigene Präsentation angepasst und vervollständigt werden.

b) Die S sollen nun einen griffigen Slogan entwickeln, mit dem sie ihren *club* bewerben können. Ggf. können einführend im Plenum einzelne englische Werbeslogans gesammelt werden.

Lösung Individuelle S-Lösungen.

S. 39 Step 4 Pair A: Write your flyer / Pair B: Write your prompt cards

Methodisches Vorgehen

Die S bearbeiten den nächsten Schritt jeweils in PA – zwei S erstellen den Flyer und die anderen beiden die *prompt cards*. Da die *prompt cards* zur Präsentation des Flyers unerlässlich sind, ist eine gute Abstimmung unabdingbar. Die S können ihre Notizen aus *Step 1* zur Hilfe nehmen und überprüfen, ob sie noch etwas ergänzen müssen. Ggf. ist es sinnvoll, zunächst eine grobe Skizze des Flyers in der 4er-Gruppe zu erstellen und dann erst in die PA zu gehen.
Pair A: Bei der Erstellung des Flyers sollten die S die Hinweise aus der grünen Infobox auf S. 35 beachten. Auch das Beispiel kann eine gute Anregung sein.
Pair B: Bei der Erstellung der *prompt cards* sollten die Vorgaben aus der grünen Infobox auf S. 32 beachtet werden.

Lösung Individuelle S-Lösungen.

S. 39 Step 5 Peer-edit each other's work → WB 24/19

Methodisches Vorgehen

Die beiden Schülerpaare geben sich nun gegenseitig Feedback zu ihren Arbeiten und machen Verbesserungsvorschläge. Dies kann mit Hilfe von **KV 5: Peer evaluation: Writing prompt cards** und **KV 11: Peer evaluation: Writing a flyer** erfolgen.

Lösung Individuelle S-Lösungen.

S. 39 Step 6 You're on!

Methodisches Vorgehen

a) Die S bestimmen in der Gruppe, wer die Präsentation halten soll. Alternativ kann hier das Los entscheiden. Der ausgewählte S übt die Präsentation mehrfach vor den Mitgliedern seiner Gruppe, die ihm Feedback und weitere Anregungen geben. Das Feedback kann mit Hilfe von **KV 16: Peer evaluation: Giving a presentation** erfolgen.
b) Nach dem vorher festgelegten Zeitplan präsentieren die S ihre *clubs* und den dazugehörigen Flyer.

Lösung Individuelle S-Lösungen.

S. 39 Step 7 Which club do YOU want to join? → WB 24/20

Methodisches Vorgehen

a) Das Feedback zu den einzelnen Präsentationen sollte nach Möglichkeit direkt im Anschluss an die Präsentationen erfolgen. Die Kriterien von **KV 16** können hier als Leitfaden dienen.
b) Die S bekommen ca. 1 Min. Zeit zu überlegen, welchem *club* sie beitreten wollen und warum. Dies sollte nicht der *club* sein, den sie selbst präsentiert haben.
c) Die Flyer werden auf verschiedenen Tischen im Klassenraum ausgelegt und die S ordnen sich einem der *clubs* zu. Der *club* mit den meisten Mitgliedern hat gewonnen. Abschließend werden einzelne S befragt, warum sie dem jeweiligen *club* beigetreten sind.

Lösung Individuelle S-Lösungen.

Story

S. 40–41
Text
→ S 1/17–22
L 1/28–33

What a wonderful world

Wortschatz
wonderful, news (sg), earth, dinosaur, to have to, to share, anyone else, to enter, on my own, side, dirty, to notice, to lie, lay, could, moment, class, break, quickly, He couldn't believe his eyes., flower, clever, yours, nearly, to calm down, mine, to push, to turn (a)round, arm, fight, idiot, to turn back, nobody, ready, to plant

Einstieg
Die S beschreiben die Bilderfolge und stellen auf dieser Grundlage Überlegungen zum Inhalt der Geschichte an. Der Begriff „Manga" sollte anhand der Bilder kurz thematisiert werden. Anhand der Bilder lassen sich auch folgende neue Vokabeln semantisieren: *earth, dirty, flower, clever* und *to plant*.

Methodisches Vorgehen
Die S hören den HV-Text abschnittsweise bei geschlossenem SB an. Zur Sicherung des Textverständnisses kann **KV 17: What a wonderful world** eingesetzt werden. Vor Abschnitt F wird der HV-Text unterbrochen, um die beiden Fragen *Is Luke right to be angry with Jay? What should Jay do now?* zu diskutieren. **Think – Pair – Share:** Die S bekommen zunächst ca. 2 Min. Zeit, um über die beiden Fragen nachzudenken. Anschließend tauschen sie sich mit einem Partner darüber aus. Im Plenum werden die Ergebnisse gesammelt, bevor der letzte Teil des HV-Textes präsentiert wird.

Tipps für junge Lehrer/innen
Der HV-Text sollte auch bei einem abschnittsweisen Vorgehen immer zweimal präsentiert werden – beim ersten Hören haben die S die Chance sich zu orientieren, beim zweiten Durchlauf können sie sich dann darauf konzentrieren, dem HV-Text konkrete Informationen zu entnehmen.

S. 42
SPEAKING

1 Friends? → WB 25/21

Methodisches Vorgehen
a)–c) L stellt die Fragen nacheinander als Impulsfragen, die dann im Plenum besprochen werden. Ggf. kann den S zunächst einige Minuten Zeit eingeräumt werden, um über die Fragen nachzudenken oder sich kurz mit einem Nachbarn auszutauschen.

Tipps für junge Lehrer/innen
Die zweite Fragestellung in Aufgabe a) *Do you know situations like that?* ist sehr persönlich und daher sollte L behutsam vorgehen. Auf S, die sich nicht äußern wollen, sollte in jedem Fall Rücksicht genommen werden und Äußerungen von S, die andere Mitschüler betreffen, sollten mit Vorsicht behandelt und ggf. im persönlichen Gespräch nach der Stunde geklärt werden.

Lösung
a) Lösungsvorschlag:
Jay wanted to enter the competition alone. He didn't want to work with Luke. I think what Jay did was not OK. It's always better to work as a team because you can help each other. / I can understand Jay. Sometimes it's better to work alone when you're very good at something, especially in a competition.
I know situations like that. I wanted to work alone when …

b) Lösungsvorschlag:
I like the ending. It shows that working as a team is better because as a team, with Luke's ideas and Jay's drawings, Jay and Luke make a fantastic poster.

c) Lösungsvorschlag:
It's good that you can share the work, so you need less time. The other person can do some things better than yourself, so you get the best result.
Working as a team can be a problem when you and your partner have got different ideas, so there can be conflicts. Sometimes your partner isn't as motivated as you and doesn't want to work.

S. 42
READING

2 Looking at the story → WB 25/22; S7–8

Methodisches Vorgehen

a) Die S lesen die Aufgabenstellung und überfliegen erneut die Geschichte. Die Fragen werden im Plenum gemeinsam beantwortet und in die Tabelle eingetragen.

b) Die S vervollständigen die rechte Spalte der Tabelle in EA. Dann vergleichen sie ihre Ergebnisse mit einem Nachbarn, bevor diese dann gemeinsam im Plenum überprüft werden. L kann einen oder mehrere S bitten, ihre Ergebnisse für die abschließende Sicherung auf Folie zu übertragen.

Vertiefung

Die Ergebnisse können zur Illustration auch in eine Spannungskurve oder Lesefieberkurve eingetragen werden.

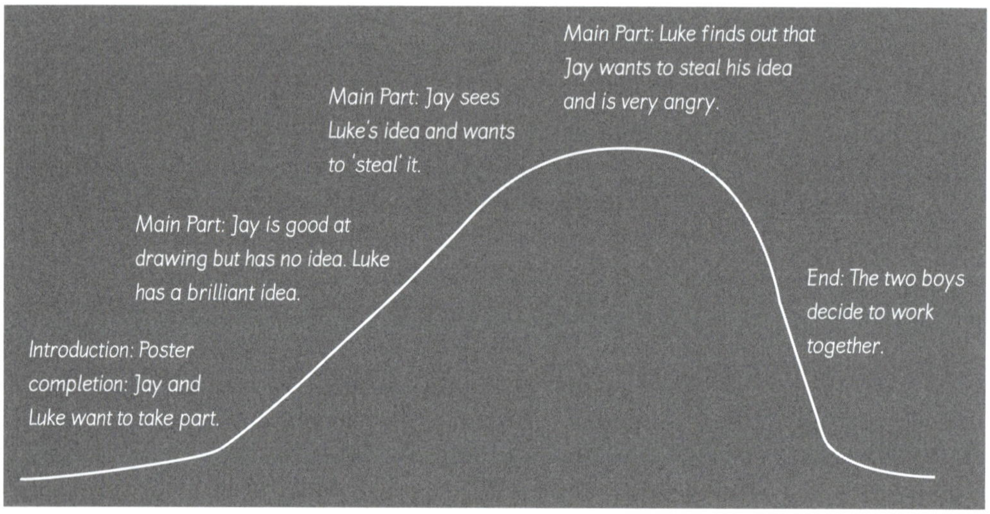

Lösung

a) + b)

Main part	***Letters A–F***	***What happens?***
Beginning: what the story is about	*A*	*There is a poster competition by Friends of the Earth.* *Luke and Jay want to take part in it.* *Jay wants to do a poster on his own.*
Middle: the problem	*B–E*	*Jay and Luke try to find ideas.* *Jay is good at drawing but has no ideas.* *Luke has got a brilliant idea but he is not good at drawing.* *Jay sees Luke's idea and wants to use it for his poster.* *Luke is very angry and the two friends start to fight.*
End: the solution	*F*	*Jay says that he is sorry and makes the suggestion to work together.* *Luke is still angry but finally he agrees to work together with Jay.*

S. 42
VOCABULARY

3 Inside – outside → S3; Diff pool ▲ 115/14

Wortschatz

strong, absolutely, to hate

Methodisches Vorgehen

a) Nach der Erläuterung der Aufgabenstellung gehen die S in Kleingruppen erneut durch den Text und suchen nach Textstellen, in denen die Gedanken oder Selbstgespräche der Figuren geäußert werden. Im Plenum werden die Beispiele gesammelt und die S erläutern, wie und wo sie die Textstellen gefunden haben.

b) Die S lesen die Hinweise zu den *Vocabulary skills* und suchen nach Textstellen, in denen starke Gefühle zum Ausdruck gebracht werden.

c) In PA sammeln die S in einer Mindmap Wörter und Phrasen, um starke Gefühle auszudrücken. Sie können dafür mit den Beispielen aus dem Text beginnen und weitere Beispiele ergänzen.

Differenzierung

▲ Diff pool p. 115/14 Write a dialogue → Instead of Story, p. 42/3c)

Methodisches Vorgehen: Diese Aufgabe richtet sich an leistungsstärkere Schüler und kann anstelle von Teilaufgabe c) bearbeitet werden. Die S wenden das entsprechende Vokabular zum Ausdruck von starken Gefühlen direkt in einer realitätsnahen Situation an und trainieren dabei zudem den Perspektivwechsel.

Lösungsvorschlag:

Mum: *You look **really** angry Luke. Is anything wrong?*
Luke: *I had an **absolutely awful** fight with Jay today.*
Mum: *What was the problem that made you **so angry**?*
Luke: *I had a **brilliant idea** for a competition, but Jay didn't want to work with me as a team, so now I am working alone. **That's it!***
Mum: *Oh, that's **very sad.** Can't you talk to him again?*
Luke: ***No way!** Now I **absolutely want** to win the competition alone!*

Lösung

a) *Introduction to the thoughts of the character, e.g. "he thought to himself"* (line 26), *"he talked to himself"* (line 28), *"he shouted" (line 40), "he thought" (line 46); rhetorical questions, e.g. "But how could he use them on his poster?"* (lines 42–43); *emotional reactions, e.g. "Jay looked again and laughed"* (line 72), *"He wasn't ready to be friends again …" (lines 126–128) You find examples at the end of part A (lines 23f.), but especially in part B, C and D and in part F, shortly before the story ends (lines 126–128).*

b) *Language for stronger feelings: "Just you wait!" (lines 26–27), "he shouted" (line 40), "If you don't want to work with me, <u>fine</u> …" (line 47), … "I know I can win!" (line 48), "he was proud of his brilliant idea!" (lines 64–65), … "he couldn't believe his eyes" (lines 69–70), "Luke's drawings were <u>really</u> bad!" (lines 72–73), "That's so clever!" (line 75), "That's the big idea I need" (line 76), "I'm <u>much</u> better at drawing …" (lines 77–78)*

c) EH:

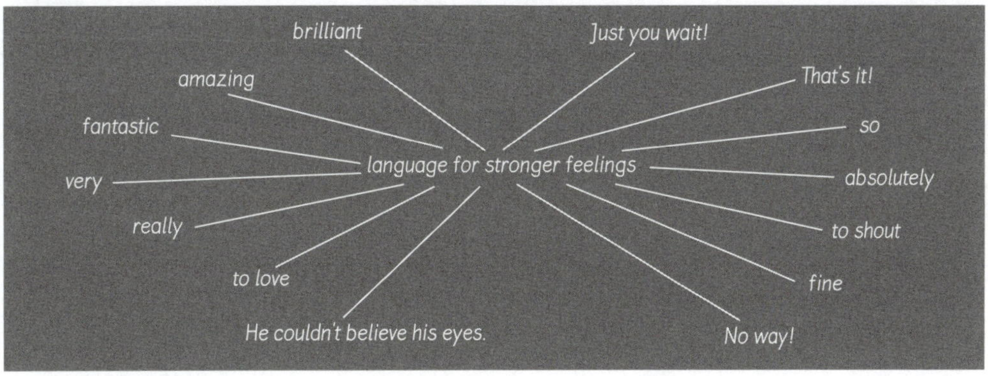

Check-out Self-evaluation

S. 43
LANGUAGE

1 Relative clauses and contact clauses

Wortschatz *nature, to make friends*

Methodisches Vorgehen

a) Die S bearbeiten die Aufgabe in EA. Sie schreiben die Sätze ab und ergänzen die Relativpronomen.

b) Die S lesen sich die Sätze noch einmal durch und setzen die entsprechenden Relativpronomen in Klammern.

Lösung Vgl. SB S. 241.

S. 43 LANGUAGE — 2 Past progressive or simple past?

Wortschatz *alarm clock*

Methodisches Vorgehen Die S bilden in EA Sätze mit dem *past progressive* und schreiben sie in ihr Heft.

Lösung Vgl. SB S. 241.

S. 43 WRITING — 3 School subjects

Methodisches Vorgehen
a Die S benennen die Schulfächer auf den Bildern.
b) Die S verfassen in EA einen kurzen Text über ihr Lieblingsfach.

Lösung Vgl. SB S. 241.

Horrid Henry's Christmas play

SB 44–45 → S 1/23–27 ◎ L 1/34–38 ◎

Lernziel/Kompetenz:
einen narrativen Text selbstständig lesen

Materialien:
- Schüler-Audio-CD 1, Track 23–27
- Lehrer-Audio-CD 1, Track 34–38
- WB 27/1–4
- Folie 12
- KVs 1a–1f: A Christmas play

Zeitlicher Aufwand:
45 Min.

Der vorliegende Lesetext ist ein Auszug aus Francesca Simons *Horrid Henry*-Reihe. Angaben zum Inhalt der Geschichte entnehmen Sie bitte der nachfolgenden Seite.

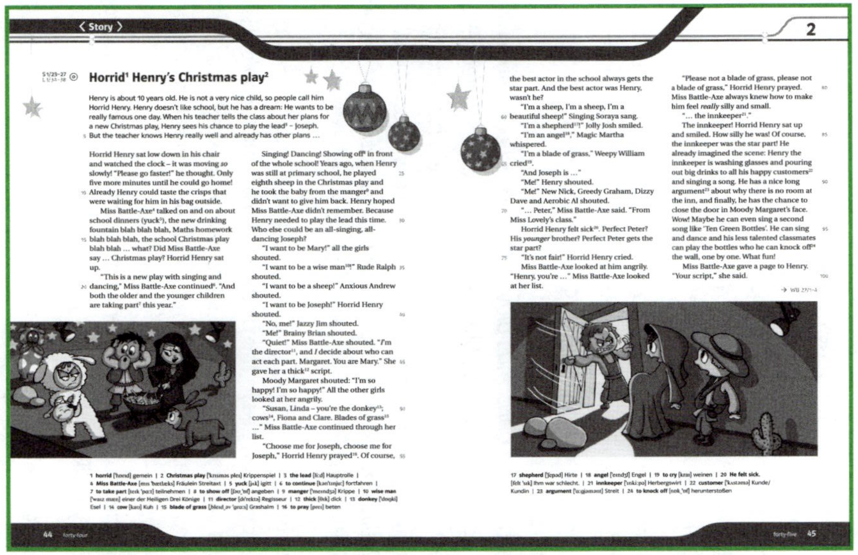

Horrid Henry's Christmas play → WB 27/1–4

S. 44–45
READING
Text
→ S 1/23–27 ◎
L 1/34–38 ◎

Background information

Horrid Henry *is a popular British series created by the author Francesca Simon and illustrated by Tony Ross. The first* Horrid Henry *book was written and published in 1994 by Orion Books and, as of July 2013, there have been 24 titles published, as well as numerous collections, activity books and joke books.*
Francesca Simon was born on February 23rd, 1955 in St Louis, Missouri, grew up in California, and attended both Yale and Oxford Universities, where she specialised in Medieval Studies. She worked as a freelance journalist, writing for the Sunday Times, *the* Guardian, *the* Mail on Sunday, *the* Telegraph, *and* Vogue (US). *After her son Joshua was born in 1989, she started writing children's books full time. One of the UK's best-selling children's writers, Francesca has published over 50 books, including the immensely popular* Horrid Henry *series, which has now sold over 15 million copies. The series is also an animated CITV series that can be watched in full on YouTube.*
Francesca Simon won the Children's Book of the Year in 2008 at the British Book Awards for Horrid Henry and the Abominable Snowman. Horrid Henry *has been published in 24 countries. The author lives in London with her husband, son, and Tibetan Spaniel, Shanti.*

Summary of the story

In most of the stories, Henry is selfish, and will typically be faced with a problem and then attempt to solve it, often in interesting ways that endanger other people. Henry has a brother called Perfect Peter, who is generally the exact opposite to Henry, and who chooses to always be respectful of other people.
In this episode, there's a Christmas play at Henry's school. Henry wants to act the role of Joseph to show off in front of the school, but the role is given to Perfect Peter. Henry is assigned the role of the innkeeper and is happy about it. However, when his teacher hands him the script, he realises that he only has one line to say. Henry is terribly annoyed, of course, so he tries to improvise, embellishing his part and improving his chances of becoming a star. The episode is taken from book 15, Horrid Henry's Christmas Cracker.

Einstieg

L legt zum Einstieg die erste Illustration auf **Folie 12** auf (SB S. 44). Bild 2 ist noch abgedeckt
L: *Describe what you can see in the picture. Who are the people? What do you know about them? There are two lights and some stars: What does this tell you about where we are and what's happening here? Why do the man and the woman look so angry, and what's the 'sheep' doing with the baby?*
Alternativer Einstieg: L: *Have you ever taken part in a Christmas play? What parts are there? What part would you like? Why?*

Methodisches Vorgehen

L präsentiert die Geschichte bei geschlossenem SB von der CD bis Z. 40. L: *As you listen to the story, write down how Henry feels and how his feelings change. For each of the adjectives, make a complete sentence.* Die Adjektive werden in vertauschter Reihenfolge vorgegeben. (Lösung: bis Z. 40: *bored* → *interested*, ab Z. 40: → *excited* → *disappointed* → *happy)*
Dann folgt die Klärung des Inhalts und die weitere Präsentation bei geschlossenem SB bis Z. 54. Nach Klärung des Globalverständnisses anhand der Adjektive (*Why is Henry excited? We have two adjectives left: disappointed and happy – what do you think happens next?)* wird der Rest der Geschichte bis Z. 82 bei geöffnetem SB präsentiert. Danach verweist L auf das zweite Bild auf **Folie 12**: *Look at the second picture: From what you know about Horrid Henry, how is he going to act the role of the innkeeper?* Danach wird der Rest der Geschichte präsentiert. Als nachbereitende HA sollten die S die Geschichte von der S-CD im Workbook noch einmal anhören.

Mögliche *Post-reading activities*:
- *What do we find out about Henry from this short text? What kind of a person/child is he? The names of the other children can help you – is Henry just horrid? (The text offers: rude, anxious, jazzy, brainy, moody, singing, jolly, magic, weepy, new, greedy, dizzy, aerobic, lovely and perfect.)*

- *Look at your own initials (your first name and your family name). Find adjectives to go with your initials that describe you. Example: Nina Peters → nice/new/nervous – positive/perfect/ polite.*

Der sprachliche Schwerpunkt dieses Textes liegt auf der Beschäftigung mit den Namen der Kinder/unterschiedlichen Adjektiven sowie der dabei verwendeten Alliterationen. Durch die Beschäftigung mit dem Thema *Christmas play* bietet es sich natürlich auch an, verschiedene Sätze des Textes im Sinne eines **Mouth jogging** in unterschiedlichen Stimmen, Stimmungen und Lautstärken vortragen zu lassen.

Vertiefung Auf den **KVs 1a–1f: A Christmas play** findet sich ein unterhaltsames Theaterstück, das als zusätzliche Aufgabe in der Vorweihnachtszeit eingeübt und ggf. vor den Eltern aufgeführt werden kann. Aufwändige Requisiten sind nicht nötig und es kann die gesamte Lerngruppe miteinbezogen werden. Sollte die Klasse nicht gerne schauspielern, kann das Stück auch in verteilten Rollen gelesen werden. Wichtig ist in jedem Falle, dass die Aussprache der annotierten Wörter vorab geklärt wird.

‹Revision A›

Die S wiederholen und festigen auf der fakultativen Doppelseite die Inhalte der Units 1 und 2. Es werden alle grundlegenden Fertigkeiten trainiert und die vorhandenen Kenntnisse wiederholt.

SB 46/1 → L 1/39 ◎

Lernziel/Kompetenz:
einem mündlichen Bericht über eine Klassenfahrt Informationen entnehmen

Materialien:
- Lehrer-Audio-CD 1, Track 39
- WB 28/1

Zeitlicher Aufwand:
20 Min.

SB 46/2

Lernziel/Kompetenz:
regelmäßige und unregelmäßige Verben im *simple past* anwenden

Zeitlicher Aufwand:
7 Min.

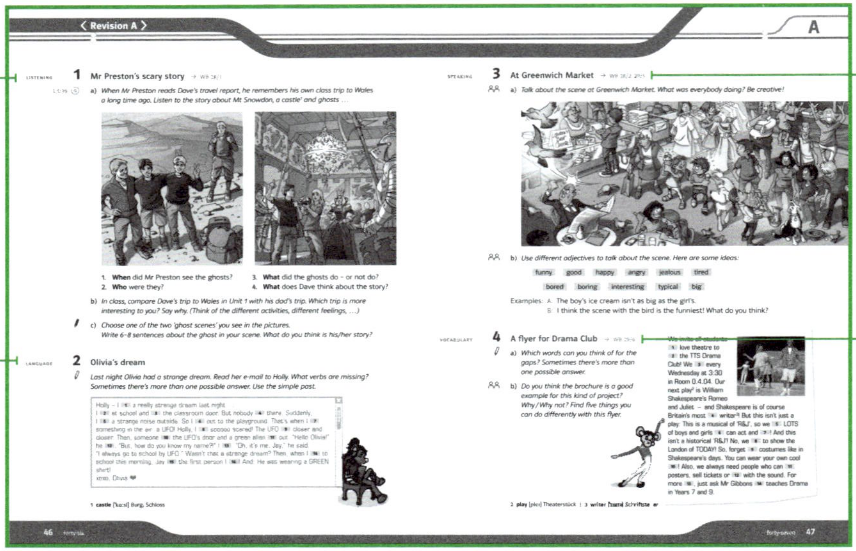

SB 47/3

Lernziel/Kompetenz:
eine Szene auf einem Markt beschreiben

Materialien:
WB 28/2, 29/5

Zeitlicher Aufwand:
10 Min.

SB 47/4

Lernziel/Kompetenz:
fehlende Wörter in einem Flyer ergänzen und diesen evaluieren

Materialien:
- WB 29/6
- KV 1 a+b: Test yourself

Zeitlicher Aufwand:
12 Min.

<Revision A>

Allgemeine Hinweise

Die *Revision*-Aufgaben sind unitübergreifend und dienen der Sicherung des Grundwissens. In *Revision A* werden wichtige strukturelle und kommunikative Pensen der Units 1 und 2 aufgegriffen und wiederholt. Die Aufgaben sollen den S zeigen, wo ihre Stärken, aber auch ihre Schwächen zum Zeitpunkt der Bearbeitung in Bezug auf Grammatikkompetenz und Kommunikationsfähigkeit liegen. Methodisch sollten die Aufgaben von den S weitgehend eigenständig bearbeitet werden, um die Selbstständigkeit zu fördern und sie dazu anzuregen, mögliche Lücken individuell zu schließen. Die Korrektur der Aufgaben kann im UG oder in PA erfolgen. Die Ergebnisse sollten von L nicht als Grundlage für eine Benotung verwendet werden.

S. 46
LISTENING

1 Mr Preston's scary story → WB 28/1

HV-Text → L 1/39

Mr Preston: That's a great travel report, Dave. I liked it. Good job. But: There are two important pieces of information you forgot!

Dave: Oh, I didn't forget anything, don't worry.

Mr Preston: Oh, come on! What was the thing you fell over in the dark? You know, the thing that made the strange noise? And you wrote, "It's moving!" And then there was that other thing, at the end: How did you, Jay and Luke get back into your beds?

Dave: Well Dad, a secret isn't a secret any more if I *tell* you what happened, right?

Mr Preston: Well OK, "Mr Secret". You think *your* story is so great, but *you* didn't have ghosts on *your* trip, did you?

Dave: Ghosts?! Er, no. There were no ghosts.

Mr Preston: Well, *we* had ghosts.

Dave: Dad, are you feeling a little tired? Or is your head playing tricks on you? Maybe you should go to bed.

Mr Preston: Dave, I'm serious: There were ghosts in Wales!

Dave: Oh yeah, right. Let me guess: They were throwing things in your room at the hostel, and making lots of loud noises, right?

Mr Preston: Er, no …

Dave: Oh, I know: They suddenly appeared in the corridors, and then just disappeared, right?

Mr Preston: Er, no. We never *saw* them or *heard* them at the hostel or anywhere else. Nothing happened. We only saw them *later*, in the *photos* we took.

Dave: In the photos?! I don't understand.

Mr Preston: Well, I wanted to show you these photos *after* your trip; I mean, I didn't want to scare you before! But here, look at this one: That's me, my friend Steve, and our teacher Mr Marks on Mt Snowdon. It was a beautiful day for trekking, and we had a lot of fun. It felt great to get to the top. We all smiled into the camera.

Dave: But there are *four* people in the picture. Who's that boy with the old trekking clothes? He looks so sad.

Mr Preston: We don't know. He wasn't with us that day.

Dave: But he's in the picture!

Mr Preston: Exactly. But we didn't see the pictures till *after* we got home. That's a ghost, Dave.

Dave: That is really strange … But wait a minute – this is a trick! Dad, you're worse than Luke!

Mr Preston: A trick? You think so? Look at this photo …

Dave: Oh, you went to a castle in Wales. We didn't do that on our trip, but that's cool that you did.

Mr Preston: Yeah, it was a great castle, and very, very big! We had fun.

Dave: Oh, is that one of your teachers there? She's wearing a queen's costume!

Mr Preston: No, no. That isn't a teacher.

Dave: Let me guess: She was a ghost too?

Mr Preston:	She wasn't there that day; we were looking around in that big room at the castle, and that woman was nowhere! I mean, you see a queen when a queen is in the room, right?
Dave:	Well, yeah, I guess so. Dad, if this is a trick, I'm really angry with you! But if this *isn't* a trick, then, well – that's *scary*. Really scary …
Mr Preston:	Well you know, after our trip I read a lot about this kind of thing.
Dave:	Yeah?
Mr Preston:	Yeah, it's happened to lots of people.

Einstieg Zum Aufbau einer Hörerwartung betrachten die S zunächst die beiden Bilder. L gibt an, dass es sich dabei um Fotos von Mr Prestons Schulausflug handelt. Die S beschreiben die Bilder zunächst im Plenum. Hierbei kann der benötigte Wortschatz reaktiviert und unbekannte Wörter (*castle*) können semantisiert werden. Anschließend sprechen die S in PA über die Ereignisse auf Mr Prestons Ausflug, auch im Hinblick auf die Überschrift. Die Ideen werden im Plenum gesammelt.

Methodisches Vorgehen

a) ⊙ Die S hören den Text zweimal an und machen sich in EA Notizen zu den einzelnen *Wh*-Fragen. Das Globalverständnis des Hörtextes wird danach mündlich im Plenum gesichert.

b) Die S bearbeiten die Aufgabe entweder in EA oder in PA. Sie fertigen eine Tabelle im Heft an, in der sie die beiden Ausflüge stichpunktartig vergleichen. Auf Grundlage dieser Notizen bilden sie eine eigene Meinung und begründen diese in einer anschließenden Plenumsdiskussion.

c) Die S bearbeiten die Schreibaufgabe in EA. Danach werden einige Texte im Plenum vorgelesen.

Differenzierung △ Leistungsschwächere S können zunächst in PA Ideen sammeln, bevor sie den Text für Teilaufgabe c) verfassen.

Lösung

a) 1. *He saw them after the trip when he looked at the photos.* 2. *They were a man in trekking clothes and a queen.* 3. *In the pictures, they are standing near Mr Preston and his classmates, but they weren't there when the students took the pictures.* 4. *Dave thinks it's a trick.*

b) Individuelle S-Lösungen.

c) Lösungsvorschlag:
Scene 1: The boy went on a class trip to Wales. When they were trekking in the mountains, the boy walked away from the group. He wanted to go back, but he couldn't find them any more. While he was looking for them, he had an accident. He fell and died. Everybody was looking for him, but they didn't find him.
Scene 2: The woman in the picture was a young queen who lived in the castle. She was a very good queen and everybody loved her. Only her unfriendly sister didn't. She wanted to become queen. When they were having a party at the castle, she put something in the queen's drink and killed her. She became queen because nobody found out about what she did.

S. 46
LANGUAGE

2 Olivia's dream

Einstieg L schreibt die Frage *What can happen in a strange dream?* an die Tafel. Die S sammeln Ideen in einem kurzen **Blitzlicht**.

Methodisches Vorgehen Die S bearbeiten die Aufgabe in EA. Die Besprechung erfolgt anschließend im Plenum.

Differenzierung △ Leistungsschwächere S können ihre Ergebnisse vor der Besprechung in PA vergleichen.

Lösung 1. *had* 2. *was* 3. *opened* 4. *was* 5. *heard* 6. *went/ran* 7. *saw* 8. *was* 9. *came* 10. *opened* 11. *came/walked* 12. *said* 13. *asked* 14. *came* 15. *was* 16. *saw/met*

S. 47
SPEAKING

3 At Greenwich market → WB 28/2, 29/5

Einstieg SB geschlossen. Zur Reaktivierung des Wortschatzes sammeln die S in PA Ideen zur Fragestellung *What can you do at a market?* Diese werden anschließend kurz im Plenum gesammelt.

Methodisches Vorgehen
a) Die S betrachten das Bild im SB und bilden in PA Sätze im *past progressive*.
b) Die S sprechen mit Hilfe der vorgegebenen Adjektive über die dargestellte Szene und trainieren so die Steigerungsformen.

Differenzierung △ Leistungsschwächere S können für die Bearbeitung die Grammatikkapitel G4 und G7 zu Hilfe nehmen.

Lösung
a) Lösungsvorschlag:
A boy was buying some cheese. A woman was looking at a yellow dress. Two girls were laughing at a man. A black dog was sleeping on the floor. A man was shouting at a bird etc.
b) Lösungsvorschlag:
I think the yellow dress looks better than the white shirt. The girl is happier than the boy because her ice cream is bigger than his. The boy is angry, but the man is angrier than him because of the birds. The boy with the small ice cream is the most jealous person in the picture. The small black dog is more tired than the big white dog. The boy with the orange T-shirt is the most bored person in the picture. I think buying cheese is more boring than playing the saxophone. I think reading the newspaper is more interesting than shopping.

S. 47
VOCABULARY

4 A flyer for the drama club → WB 29/6

Einstieg Die S diskutieren im Plenum, wie ein Flyer für einen *drama club* aufgebaut sein könnte und welche Informationen enthalten sein sollten. Die Antworten werden stichpunktartig festgehalten, um sie in Teilaufgabe b) wieder aufzugreifen.

Methodisches Vorgehen
a) Die S bearbeiten die Aufgabe in EA. Die Sicherung erfolgt im Plenum.
b) Die S diskutieren die Aufgabenstellung zunächst in PA. Dabei nehmen sie auch Bezug auf ihre Notizen aus dem Einstieg. Anschließend wird die Diskussion im Plenum eröffnet.

Differenzierung △ Leistungsschwächere S können ihre Ergebnisse aus Teilaufgabe a) vor der Besprechung in PA vergleichen und ggf. Abweichungen diskutieren.

Vertiefung Zusätzliche vertiefende *Revision*-Aufgaben befinden sich auf **KV 1 a + b: Test yourself**.

Lösung
a) 1. *who/that* 2. *join* 3. *meet* 4. *famous/important* 5. *need* 6. *who/that* 7. *sing/dance* 8. *want* 9. *about* 10. *clothes* 11. *make* 12. *help* 13. *information* 14. *who*
b) *The brochure isn't a good example because it's too long, there's too much information, it's difficult to read etc.*
Five things you can do differently/better: think of a heading, give only the important information, add more pictures, design it more clearly, think of an interesting slogan etc.

London: A special city

Auf der Doppelseite erweitern die S ihr Orientierungswissen zum Thema *London*. Sie lernen die wichtigsten Sehenswürdigkeiten und Fakten kennen und erfahren etwas über die Lebenswelt junger Londoner.

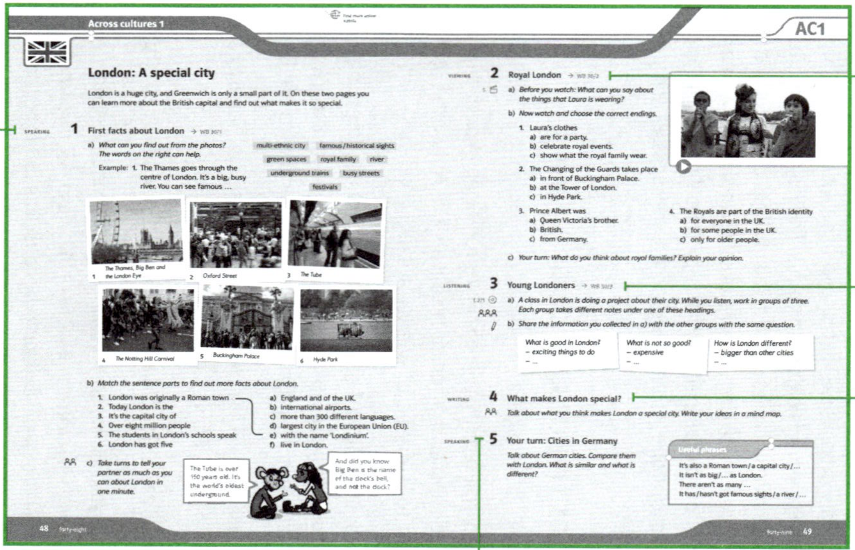

SB 48/1

Lernziel/Kompetenz:
anhand von Fotos über London sprechen und dabei Wissen reaktivieren und erweitern

Materialien:
- Folie 13
- Folie 14
- WB 30/1
- KV 1: My London words

Zeitlicher Aufwand:
15 Min.

SB 49/2 → 5

Lernziel/Kompetenz:
einen kurzen Film zum Thema *Royal London* verstehen

Materialien:
- Lehrer-DVD, Film 5
- WB 30/2
- KV 2: Royal London

Zeitlicher Aufwand:
12 Min.

SB 49/3 → L 2/1

Lernziel/Kompetenz:
Redebeiträge von Schülern zum Thema *London* verstehen

Materialien:
- Lehrer-Audio-CD 2, Track 1
- WB 30/3

Zeitlicher Aufwand:
20 Min.

SB 49/4

Lernziel/Kompetenz:
darüber schreiben, warum London besonders ist und eine Mindmap erstellen

Materialien:
KV 3: London and other special cities

Zeitlicher Aufwand:
20 Min.

SB 49/5

Lernziel/Kompetenz:
eine deutsche Stadt mit London vergleichen

Materialien:
KV 3: London and other special cities

Zeitlicher Aufwand:
15 Min.

London: A special city

Wortschatz *huge, capital*

S. 48 **SPEAKING**

1 First facts about London → WB 30/1

Wortschatz *multi-ethnic, sight, underground, the Tube, carnival, originally, Roman, airport, million, large, bell*

Einstieg SB geschlossen. L entlastet einige Vokabeln vorab: *Our new topic is London. London isn't a small city. It's a huge city! It's England's capital. Our capital is Berlin. (Which other capitals do you know?) There are many places to see and visit in London. London has got many sights.* Anschließend leitet L zur *Across cultures*-Doppelseite über: *Please finish this sentence: London is/has got … Take a minute and write down your ideas. Don't talk to your neighbour.* Darauf folgt eine **Blitzlicht**-Runde (**Round robin**), in der jeder S einen Satz zu London vorliest. Die Aussagen bleiben bis zum Abschluss der Runde unkommentiert. Dann leitet L zu Aufgabe 1 über: *Let's take a closer look at London now (and during the next lessons)! Let's see if what you said about the city is true. Open your books, please.*

Methodisches Vorgehen

a) L legt **Folie 13** auf. L und die S lesen die Aufgabenstellung gemeinsam. Dabei können Vokabelfragen zu den gelb unterlegten Wörtern geklärt werden. Ein S liest die Anfangssätze zum ersten Bild vor und führt die Beschreibung fort. Anschließend werden die übrigen Bilder mündlich im UG oder schriftlich in EA beschrieben. Die S können ggf. eigene Ideen zu den Bildern ergänzen. Abschließend suchen die S die genannten Orte und Sehenswürdigkeiten auf dem Stadtplan von London hinten im Buch. Diese können dann mit Hilfe von **Folie 14** am OHP gezeigt werden.

b) Die S bearbeiten die Aufgabe in EA und notieren die Sätze in ihrem Heft. Der Vergleich der Ergebnisse erfolgt im Plenum. Anschließend teilt L **KV 1: My London words** aus, die während der Arbeit mit Across cultures 1 und Unit 3 immer weiter ergänzt werden soll.

c) L: *Now let's see what you can remember about London. Take turns to tell your partner as much as you can about London in one minute!* L gibt das Start- und Endsignal vor. In PA erzählen sich die S gegenseitig so viel über London, wie ihnen in einer Minute einfällt. Das SB bleibt dabei geschlossen. Im Anschluss berichten die S im Plenum, ob ihnen genügend Informationen eingefallen sind. Ggf. können sie zusätzlich über neue Fakten zu London berichten, die noch nicht in a) und b) erwähnt wurden.

Differenzierung △ Oft benötigen leistungsschwächere S mehr Zeit, um Fakten aus den Bildern abzuleiten. Damit sie im UG nicht übergangen werden, bietet es sich im Fall von sehr heterogenen Lerngruppen an, die Bilder im Aufgabenteil a) zunächst in PA und anschließend im Plenum beschreiben zu lassen.

▲ Schnelle S überlegen sich nach Bearbeitung des Aufgabenteils b) drei Sätze zu London. Diese teilen sie in Satzhälften auf und lassen sie von anderen S, die ebenfalls fertig sind, wieder zusammensetzen.

Lösung

a)
1. *The Thames goes through the centre of London. It's a big, busy river. You can see famous sights such as the London Eye and historical sights such as Big Ben.*
2. *Oxford Street is a very busy street. You can find many people and many shops there. The underground stop on Oxford Street is Oxford Circus. The buses on Oxford Street are famous because you can hop on and hop off.*
3. *London has got many underground trains. 'The Tube' is another name for the London underground. You can get to many sights by Tube. It's a fast way to get around the city.*
4. *London is a multi-ethnic city which has got many festivals; one of the most famous is the Notting Hill Carnival. It takes place in Notting Hill in summer. Many people come to look at the great costumes and to listen to the music of people from different countries.*

5. *Buckingham Palace is one of the most popular sights in London. It's a huge building. The royal family often stays there and when they do, you can't go inside. So people often look at it from the outside.*
6. *There are a lot of green spaces in London: Hyde Park, for example. It's a very big park and you can relax there. It has got a boating lake too.*

b) 1e); 2d); 3a); 4f); 5c); 6b)

c) Individuelle S-Lösungen.

S. 49
VIEWING

2 Royal London → WB 30/2

Film-Transkript → 5

Battersea Park

Laura: Hi! Do you like my outfit?

Jinsoo: Well …

Marley: Are you going to a fancy dress party?

Laura: No. I'd just like to show the type of things I like to wear when I go to royal celebrations. Many people in Britain celebrated William and Kate's wedding … and the Queen's Diamond Jubilee. Tourists from all over the world come to events like these. Some people love the traditions. For others it's just a party! The Royal Family is one thing London is famous for. People from all over the world come here to see the Beefeaters … the 'Changing the Guard' … or the 'Trooping the Colour' ceremony. A lot of London sights are named after members of the Royal Family – like this bridge. It's called the 'Royal Albert Bridge' or 'Albert Bridge' for short. Prince Albert was Queen Victoria's husband. He lived in the 19th century. Did you know he was German?

Battersea Park

Laura: There are a lot of other Royal sights and attractions too, like the Royal Albert Hall – for events and concerts … Buckingham Palace, the Tower of London … and of course the Royal Parks, such as Hyde Park, St James's Park and Greenwich Park. The Royals are part of the British identity. Well, at least for some. Do you know any other countries that have a king or queen?

Wortschatz *guard, identity*

Einstieg L fragt die S nach ihrem Wissen über die *Royal Family/Royal London*. Im UG werden erste Fakten (ggf. an der Tafel) gesammelt. Sollte diese Unterrichtsstunde aufgrund des Films im Computerraum stattfinden, kann L den S als Einstieg auch eine kleine Rechercheaufgabe zur *Royal Family* geben, z. B. *Find out as many facts as you can about the Royal Family/Royal London in five minutes!*

Methodisches Vorgehen

a) Die S beschreiben das Standbild auf S. 49 oben und beantworten die Fragestellung: *What can you say about the things that Laura is wearing?*

b) Die S erhalten **KV 2: Royal London**. Der Film wird beim ersten Mal ohne Ton gezeigt. Die S bringen die Standbilder auf der KV in die richtige Reihenfolge. Anschließend erfolgt ein Abgleich im Plenum. Vor der zweiten Präsentation des Films ordnen die S den Bildern die passenden Aussagen von Laura zu (siehe **KV 2**). Beim zweiten Mal wird der Film mit Ton abgespielt. Die Zuordnung der Aussagen wird im UG überprüft. Nun erfolgt die Bearbeitung von Teilaufgabe b) im SB in EA. Die Ergebnisse werden wieder im Plenum verglichen. Zum Abschluss wird der Film noch einmal gezeigt.

c) L fragt die S zunächst, was sie an dem Film interessant fanden (siehe **KV 2**). Es folgt ein kurzer Austausch mit dem Partner. Im nächsten Schritt fragt L die S nach ihrer Meinung zu königlichen Familien. Jeder S überlegt zunächst in EA und macht sich ggf. Notizen. Anschließend erfolgt entweder ein Austausch über die eigene Meinung im UG oder in Kleingruppen.

Differenzierung △ L gibt leistungsschwächeren S *cue cards* mit Fragen, die ihnen in Teilaufgabe c) helfen sollen, sich eine Meinung zu bilden, z. B. *Which other royal families do you know? Do you read about royal families in magazines? Are you interested in special royal people? What is interesting about them? Do you like to watch films/news about royal families on TV? Is it important for you what a special royal person does?*

Tipps für junge Lehrer/innen L sollte den S für c) *Useful phrases* an die Hand geben, z. B. *In my opinion… / I think that … / I like/don't like … because … / That's why… / I hate …*

Lösung

a) *She's wearing a special yellow and dark-red scarf, a white T-shirt and a hat. She has got a bag too. On the scarf you can see William and Kate. Her T-shirt shows Queen Elizabeth II. Laura's hat has got the colours red, white and blue on it, and the Union Jack. On one side of the bag it says "I love London"; on the other side you can see a part of the Union Jack. These clothes seem like souvenirs for tourists or for British people who like to show they're British / who are fans of the Royal Family.*

b) 1b); 2a); 3c); 4b)

c) Individuelle S-Lösungen.

S. 49
LISTENING

3 Young Londoners → WB 30/3

HV-Text → L 2/1

Teacher: OK, everybody, who wants to start our discussion about London and how it compares with other cities in the UK? You, Jason? What ideas have you got?

Boy 1: Well, for a start, London is HUGE – I mean, much bigger than other cities. But I think it's a really cool place to live 'cos, you know, there are so many exciting things to see and do.

Girl 1: I agree. Famous sights, amazing museums, great music – London's got it all.

Boy 2: But lots of things are very expensive here. I mean, a family day out in London costs an awful lot of money. That isn't so good.

Boy 3: Yeah, but you don't always need to spend a lot. And also, people in London often earn more money than people with the same job in other parts of the UK. Everyone knows that.

Girl 2: You can only earn a lot if you've got a good job. Anyway, everything costs more in London, like – you know – especially houses. And although there are lots of really rich people in London, there are also lots of people who haven't got much money at all.

Girl 3: Another thing is that London is so – well, it's always so busy everywhere, with people getting in each other's way everywhere. I mean, I know there are lots of parks and gardens, and that's great. But the streets are always full of people and buses and cars. Sometimes it's hard to move!

Boy 2: That's why it's good we've got the Tube – it's the fastest way to get around.

Girl 3: Well, yeah – the Tube helps. But it isn't much fun when the trains are full.

Boy 1: It's no surprise that London is so busy. Just think how many people visit this city *every* year – it's, like, *millions* from all over the world! London gets *lots* more visitors than the rest of the UK. Not just tourists. Also people who come to do business or whatever.

Girl 2: And don't forget there are more than eight million Londoners. That's what I love – I mean all the different people who live here and all the different cultures. For me, that's what makes London so cool. OK, there are all kinds of people and cultures in most parts of the UK, but London is the most multi-ethnic city.

Boy 3: Actually, there's *another* reason why London is different from other multi-ethnic cities in the UK – and that's 'cos lots of people weren't *born* here. I found out on the internet that more than one in three Londoners comes from another country.

Teacher: Did anyone in this class come from another country?

Girl 1: Yes, I did. My family came to London when I was six. My father wanted …

Einstieg L bereitet die S auf den HV-Text vor: *There's a class in London that is doing a project about their city. They're having a discussion on what's good and not so good in London. Have you got any ideas what students who live in London like about their city and don't like about it?* Die S äußern spontan Vermutungen.

Methodisches Vorgehen

a) ◎ 👥👥👥 Der HV-Text wird einmal komplett von der CD präsentiert. Anschließend stellt L Fragen zum Globalverständnis, z. B. *What did you understand? / How many different girls and boys are speaking? / What are they talking about?* Zur Vorbereitung auf die Bearbeitung von Teilaufgabe a) wird die Klasse in 3er-Gruppen aufgeteilt. Jede Gruppe macht sich Notizen zu unterschiedlichen Gesichtspunkten. Dazu wird eine Tabelle im Heft vorbereitet (vgl. Lösung). L präsentiert den HV-Text noch einmal und die S machen sich Notizen. Anschließend vergleichen die S ihre Ergebnisse innerhalb ihrer Gruppen.

b) ✎ Je nach Bedarf präsentiert L den HV-Text noch ein weiteres Mal. Nun gehen zwei 3er-Gruppen zusammen, die dieselbe Fragestellung bearbeitet haben und vergleichen ihre Ergebnisse. L gibt jeder Gruppe eine Folie, auf der diese ihre Ergebnisse zusammenfasst. Anschließend stellt die Gruppe oder ein S aus der Gruppe die Ergebnisse vor. Die S übernehmen die Lösungen der anderen Gruppen in ihr Heft.

Alternative: Für die Aufgabe eignet sich auch ein Vorgehen nach dem **Gruppenpuzzle**-Prinzip: Innerhalb der 3er-Gruppen bearbeitet jeder S eine andere Frage. Nach dem ersten Hören und *note-taking* gehen neue Expertengruppen zusammen (immer drei S mit derselben Frage), die ihre Antworten vergleichen und fehlende Informationen ergänzen. Ggf. wird der HV-Text nun noch einmal vorgespielt. In der nächsten Phase gehen die S wieder in ihren Stammgruppen zusammen und stellen sich gegenseitig die Antworten zu ihren Fragen vor. Sie ergänzen die Ergebnisse der anderen Gruppenmitglieder in ihrer Tabelle.

Vertiefung

Vertiefend fragt L die S: *Would you like to be a student in London?* Ein Austausch über diese Frage erfolgt im UG oder in PA. Im Anschluss daran kann L noch (vorbereitend auf Aufgabe 5) fragen: *Is it good to be a student in …* (Name der Stadt/des Ortes)?

Lösung

a) + b)

What is good in London?	*exciting things to see and do* *London has got everything: famous sights, amazing museums, great music.* *You don't always have to spend a lot of money to do something exciting.* *There are many parks and gardens.* *London has got the Tube – the fastest way to get around.* *Many different people live there. → There are many different cultures in the city.*
What is not so good?	*expensive, e.g. a family day out in London* *There are many people who haven't got much money.* *It's very busy, people get in each other's way and the streets are always full of people and buses and cars.* *The Tube and the trains are often full.*
How is London different?	*bigger than other cities* *People in London often earn more money than people with the same job in other parts of the UK. (But there are also lots of people who don't earn a lot.)* *Everything costs more in London, especially houses.* *London gets more visitors from all over the world than the rest of the UK (not only tourists, also business people).* *most multi-ethnic city in the UK* *Many Londoners weren't born there, more than one in three Londoners comes from another country.*

S. 49
WRITING

4 What makes London special?

Methodisches Vorgehen

L leitet in die Aufgabe ein: *Now you've learnt some interesting facts about London. What do you think makes London a special city?* Die S diskutieren die Frage mit einem Partner. Die Aufgaben a) und b) auf **KV 3: London and other special cities** können hierbei als Unterstützung dienen. Zusammen mit einem Partner notieren die S wichtige Aspekte in einer Mindmap. Anschließend stellen sie sich vor, sie würden einer anderen Person berichten, warum London eine besondere Stadt ist. Zur Ergebnissicherung können mehrere Berichte im Plenum vorgetragen werden. L und die übrigen S geben Feedback.

Lösung Individuelle S-Lösungen.

S. 49
SPEAKING

5 Your turn: Cities in Germany

Methodisches Vorgehen

L liest mit den S die Aufgabenstellung. Anschließend werden gemeinsam Kriterien gesammelt, anhand derer Städte miteinander verglichen werden können, z. B. *Which sights has the city got? How big is it? Does it have an underground/buses/...? What can you do in this city? Is it very expensive? What's special about it? Is there/are there a river/a lake/the sea/any mountains close to the city?*

Nun gibt es zwei verschiedene Bearbeitungsmöglichkeiten: Entweder einigt sich die Klasse zu Beginn auf eine Stadt (z. B. die Stadt, in der die Schule ist) oder es werden verschiedene deutsche Städte in den Fokus genommen, die jeweils von einer Gruppe bearbeitet werden.

Alternative 1 (die S vergleichen eine deutsche Stadt mit London): Mit Hilfe von Aufgabe c) auf **KV 3: London and other special cities** stellen die S in EA erste Überlegungen zu Vor- und Nachteilen der jeweiligen Stadt an und machen sich Notizen. Danach formuliert jeder S mindestens fünf Sätze, anhand derer die gewählte Stadt mit London verglichen wird. Der Austausch der Ergebnisse erfolgt mittels der Methode **Inside outside circle** (**Kugellager**, siehe auch S25 auf S. 139): In der ersten Runde werden nur die Stichpunkte gegenseitig abgeglichen und ggf. ergänzt (Vor- und Nachteile der jeweiligen Stadt), dann rutschen alle einen Platz weiter. In der zweiten Runde vergleichen die S die Stadt mit London.

Alternative 2 (die S vergleichen mehrere deutsche Städte mit London): In 4er-Gruppen wird je eine Stadt bearbeitet. Auch hier machen sich die S mit Hilfe von Aufgabe c) auf **KV 3** zunächst eigene Gedanken/Notizen zu der jeweiligen Stadt. Diese werden im Anschluss in der Gruppe ausgetauscht und es werden mindestens fünf Sätze formuliert, anhand derer die Stadt mit London verglichen wird. Damit der Redeanteil aller S hoch ist, macht es Sinn, dass nicht pro Gruppe ein S die Ergebnisse vor der Klasse vorstellt, sondern dass nach dem **Gruppenpuzzle**-Prinzip neue Gruppen mit je einem Vertreter für jede Stadt gebildet werden. Die Vertreter stellen dann in diesen neuen Gruppen ihre Städte bzw. den Vergleich mit London vor.

Differenzierung

▲ Leistungsstarke S schreiben (zusätzlich) einen ähnlichen Dialog wie im HV-Text zu Aufgabe 3 auf S. 49, in dem sie die gewählte Stadt unter den folgenden Aspekten vorstellen: *What is good in this city? What is not so good? How is it different from London? What is similar?*

Lösung Individuelle S-Lösungen.

Unit 3 London is amazing!

Auf der Doppelseite vertiefen die S ihr Wissen über London und lernen verschiedene Sehenswürdigkeiten näher kennen. Sie erfahren außerdem, dass Jay's Cousin Amir aus Bradford plant, eine Woche in London zu verbringen.

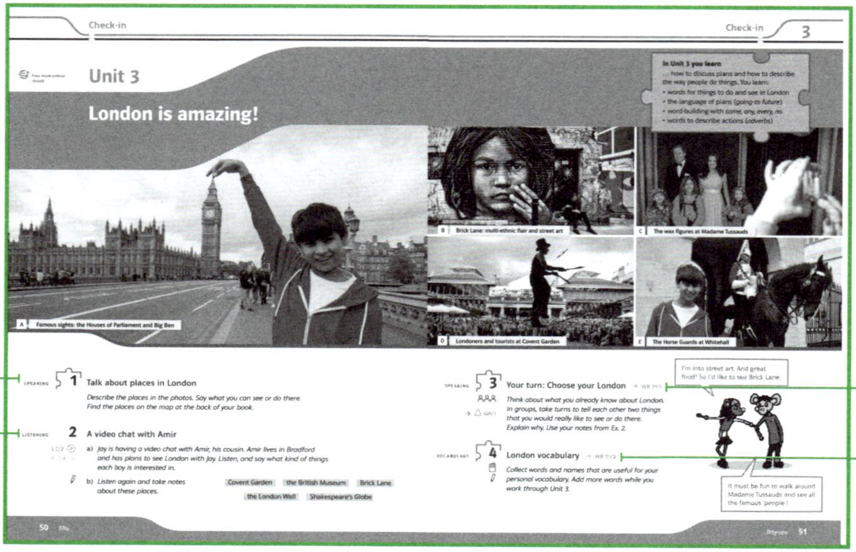

SB 50/1

Lernziel/Kompetenz:
Bilder von Londoner Sehenswürdigkeiten beschreiben und auf einer Karte finden

Materialien:
- Folie 14
- Folie 15
- Karte hinterer Buchrücken

Zeitlicher Aufwand:
8 Min.

SB 50/2 → L 2/2 ⊙

Lernziel/Kompetenz:
einem gesprochenen Dialog über London Global- und Detailinformationen entnehmen

Materialien:
- Lehrer-Audio-CD 2, Track 2
- KV 1: A video chat with Amir
- S. 137, S18–20

Zeitlicher Aufwand:
20 Min.

SB 51/3

Lernziel/Kompetenz:
über Sehenswürdigkeiten in London sprechen

Materialien:
- WB 31/1
- △ 116/1

Zeitlicher Aufwand:
8 Min.

SB 51/4

Lernziel/Kompetenz:
themenspezifischen Wortschatz sammeln

Materialien:
- WB 31/2
- KV 1 von Across cultures 1

Zeitlicher Aufwand:
8 Min.

Amir und Jay planen einen Ausflug ins *British Museum* mit Olivia und Holly. Sie werden von Shahid begleitet. In diesem Zusammenhang erlernen die S das *going-to future* und mit der *Tube map* umzugehen.

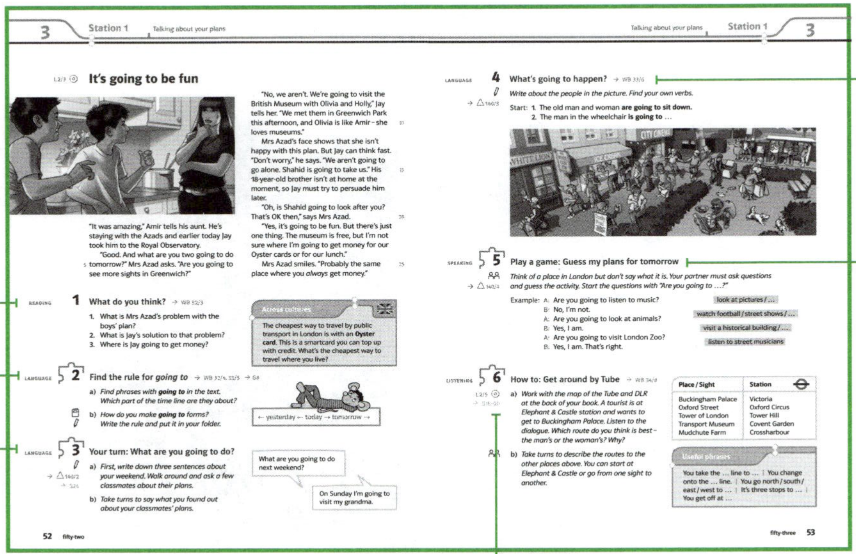

SB 52/1 → L 2/3 ⊙

Lernziel/Kompetenz:
einen kurzen Text global verstehen

Materialien:
- WB 32/3
- Lehrer-Audio CD 2, Track 3
- Folie 16
- KV 2: It's going to be fun

Zeitlicher Aufwand:
12 Min.

SB 52/2

Lernziel/Kompetenz:
die Bildung und Verwendung des *going-to future* erarbeiten

Materialien:
- WB 32/4, 33/5
- S. 153–154, G8

Zeitlicher Aufwand:
15 Min.

SB 52/3

Lernziel/Kompetenz:
über Wochenendpläne sprechen

Materialien:
- △ 116/2
- S. 139, S24

Zeitlicher Aufwand:
15 Min.

SB 53/4

Lernziel/Kompetenz:
anhand eines Bildes beschreiben, was sicher passieren wird

Materialien:
- WB 33/6
- △ 116/3
- Folie 17
- KV 3: What are they going to do?

Zeitlicher Aufwand:
7 Min.

SB 53/5

Lernziel/Kompetenz:
Pläne erraten

Materialien:
△ 116/4

Zeitlicher Aufwand:
10 Min.

SB 53/6 → L 2/5 ⊙

Lernziel/Kompetenz:
sich auf der *Tube map* orientieren

Materialien:
- WB 34/8
- Lehrer-Audio-CD 2, Track 5
- KV 4: Pia's plan for her London trip
- KV 5: Useful phrases for Unit 3
- S. 137, S18–20
- KV 6: What's the word?

Zeitlicher Aufwand:
10 Min.

Die S lesen eine *photo story* über eine Situation während des Ausflugs der Freunde und trainieren dabei die Verwendung von *some, any* und ihren *compounds*.

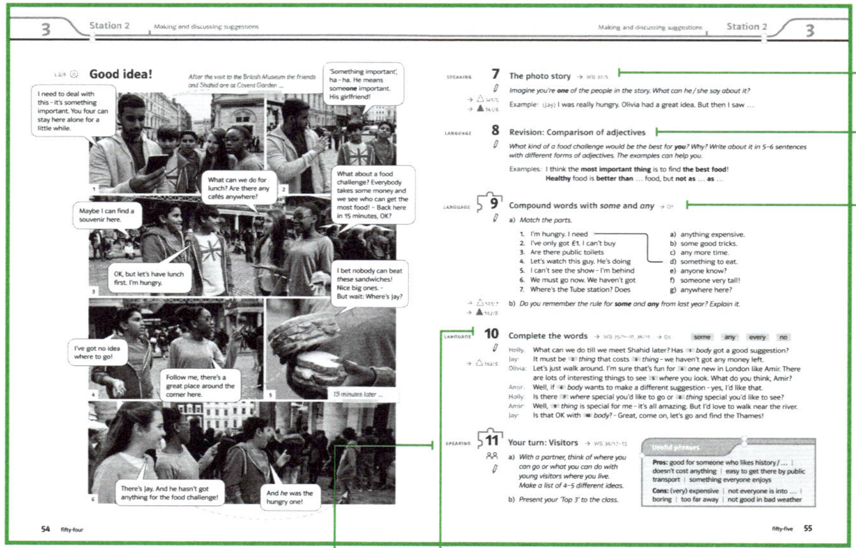

3 Station 2 Making and discussing suggestions

L 2/6 **Good idea!**

After the visit to the British Museum the friends and Shahid are at Covent Garden …

I need to deal with this – it's something important. You four can stay here alone for a little while.

'Something important', ha – ha. He means some**one** important. His girlfriend!

What can we do for lunch? Are there any cafés anywhere?

What about a food challenge? Everybody takes some money and we see who can get the most food! – Back here in 15 minutes, OK?

Maybe I can find a souvenir here.

OK, but let's have lunch first. I'm hungry.

I bet nobody can beat *these* sandwiches! Nice big ones. – But wait: Where's Jay?

I've got no idea where to go!

Follow me, there's a great place around the corner here.

15 minutes later …

There's Jay. And he hasn't got anything for the food challenge!

And *he* was the hungry one!

54 fifty-four

Making and discussing suggestions Station 2 3

SPEAKING **7 The photo story** → WB 34/8

Imagine you're ***one*** *of the people in the story. What can he / she say about it?*

Example: (Jay) I was really hungry. Olivia had a great idea. But then I saw …

LANGUAGE **8 Revision: Comparison of adjectives**

What kind of a food challenge would be the best for ***you****? Why? Write about it in 5–6 sentences with different forms of adjectives. The examples can help you.*

Examples: I think the **most important thing** is to find **the best food**! **Healthy** food is **better than** … food, but **not as** … **as** …

LANGUAGE **9 Compound words with *some* and *any*** → G9

a) *Match the parts.*

1. I'm hungry. I need
2. I've only got £1. I can't buy
3. Are there public toilets
4. Let's watch this guy. He's doing
5. I can't see the show – I'm behind
6. We must go now. We haven't got
7. Where's the Tube station? Does

a) anything expensive.
b) some good tricks.
c) any more time.
d) something to eat.
e) anyone know?
f) someone very tall!
g) anywhere here?

b) *Do you remember the rule for* ***some*** *and* ***any*** *from last year? Explain it.*

LANGUAGE **10 Complete the words** → WB 35/9–10, 36/11 → G9 some any every no

Holly: What can we do till we meet Shahid later? Has 1 *body* got a good suggestion?
Jay: It must be 2 *thing* that costs 3 *thing* – we haven't got any money left.
Olivia: Let's just walk around. I'm sure that's fun for 4 *one* new in London like Amir. There are lots of interesting things to see 5 *where* you look. What do you think, Amir?
Amir: Well, if 6 *body* wants to make a different suggestion – yes, I'd like that.
Holly: Is there 7 *where* special you'd like to go or 8 *thing* special you'd like to see?
Amir: Well, 9 *thing* is special for me – it's all amazing. But I'd love to walk near the river.
Jay: Is that OK with 10 *body*? – Great, come on, let's go and find the Thames!

SPEAKING **11 Your turn: Visitors** → WB 36/12–13

a) *With a partner, think of where you can go or what you can do with young visitors where you live. Make a list of 4–5 different ideas.*

b) *Present your 'Top 3' to the class.*

Useful phrases
Pros: good for someone who likes history / … | doesn't cost anything | easy to get there by public transport | something everyone enjoys
Cons: (very) expensive | not everyone is into … | boring | too far away | not good in bad weather

fifty-five 55

SB 55/7 → L 2/6

Lernziel/Kompetenz:
Die *photo story* aus einer anderen Perspektive erzählen

Materialien:
- WB 34/8
- △ 117/5
- ▲ 117/6
- Lehrer-Audio-CD 2, Track 6
- KV 7: The food challenge
- Folie 18

Zeitlicher Aufwand:
8 Min.

SB 55/8

Lernziel/Kompetenz:
die Steigerung der Adjektive wiederholen

Zeitlicher Aufwand:
8 Min.

SB 55/9

Lernziel/Kompetenz:
Sätze mit den *compounds* von *some* und *any* bilden

Materialien:
- △ 117/7
- ▲ 118/8
- KV 8: *Some, any* and their compounds
- KV 9: Tandem activity
- S. 154–156, G9

SB 55/11

Lernziel/Kompetenz:
über Attraktionen in der eigenen Stadt sprechen und Vorschläge für junge Besucher machen

Materialien:
- WB 36/12–13
- KV 5: Useful phrases for Unit 3

Zeitlicher Aufwand:
15 Min.

SB 55/10

Lernziel/Kompetenz:
die Verwendung von *some, any* und ihren *compounds* trainieren

Materialien:
- WB 35/9–10, 36/11
- △ 118/9
- S. 154–156, G9

Zeitlicher Aufwand:
7 Min.

Die S erhalten mehr Informationen zum *Tower of London* und zu Stadtführungen im Allgemeinen. Dabei erlernen sie die Bildung und Verwendung von Adverbien.

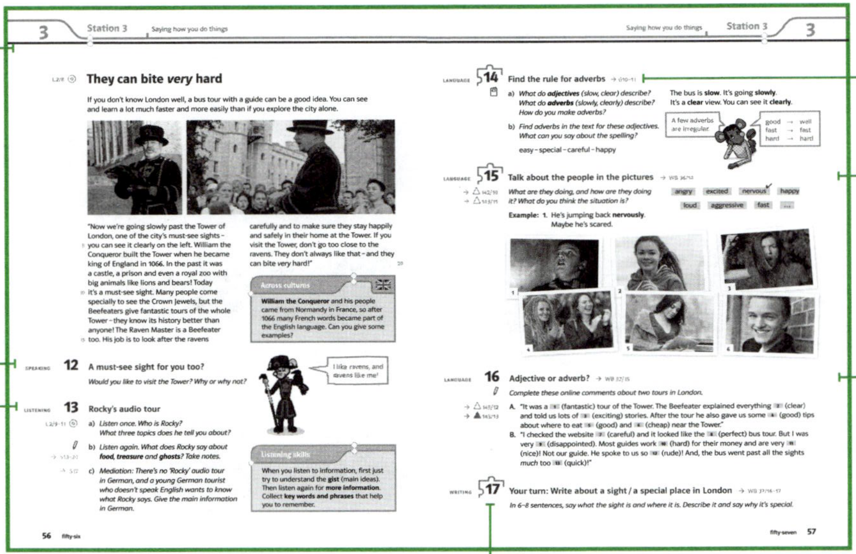

SB 56/12 → L 2/8 ⊙

Lernziel/Kompetenz:
einen Auszug einer Führung im *Tower of London* verstehen und die eigene Meinung dazu wiedergeben

Materialien:
- Lehrer-Audio-CD 2, Track 8
- Folie 19

Zeitlicher Aufwand:
10 Min.

SB 56/13 → L 2/9–11 ⊙

Lernziel/Kompetenz:
einen Auszug einer Führung verstehen und auf Deutsch zusammenfassen

Materialien:
- KV 10: Listening: Rocky's audio tour
- KV 11: Mediation: Rocky's audio tour
- Lehrer-Audio-CD 2, Track 9–11
- S. 137, S18–20
- S. 136, S17

Zeitlicher Aufwand:
20 Min.

SB 57/14

Lernziel/Kompetenz:
die Bildung und Verwendung von Adverbien erarbeiten

Materialien:
- S. 156–158 , G10–11
- KV 12: Mrs Azad's trip to London

Zeitlicher Aufwand:
10 Min.

SB 57/15

Lernziel/Kompetenz:
Bilder mit Hilfe von Adverbien beschreiben

Materialien:
- WB 36/14
- △ 118/10, 119/11
- KV 13: At Covent Garden

Zeitlicher Aufwand:
10 Min.

SB 57/16

Lernziel/Kompetenz:
Adjektive oder Adverbien in einen Lückentext einfügen

Materialien:
- WB 37/15
- △ 119/12
- ▲ 119/13
- KV 14: Words that go together

Zeitlicher Aufwand:
8 Min.

SB 57/17

Lernziel/Kompetenz:
einen Text über eine Londoner Sehenswürdigkeit verfassen

Materialien:
- WB 37/16–17
- KV 15: My sight/special place in London

Zeitlicher Aufwand:
15 Min.

Die *Film page* behandelt einen Ausflug der Charaktere an verschiedene bekannte Orte in London. Auf der *Skills page* erlernen die S Strategien, um Informationen auf englischsprachigen Internetseiten zu finden.

SB 58/1

Lernziel/Kompetenz:
Vorwissen zu den Londoner Sehenswürdigkeiten reaktivieren

Zeitlicher Aufwand:
5 Min.

SB 58/2 → 6 🎬

Lernziel/Kompetenz:
einen kurzen Film verstehen und die eigene Meinung dazu versprachlichen

Materialien:
- Lehrer-DVD, Film 6
- WB 38/18
- KV 16: A day out in London

Zeitlicher Aufwand:
10 Min.

SB 58/3

Lernziel/Kompetenz:
einem kurzen Film Detailinformationen entnehmen

Materialien:
- WB 38/19
- KV 16: A day out in London

Zeitlicher Aufwand:
10 Min.

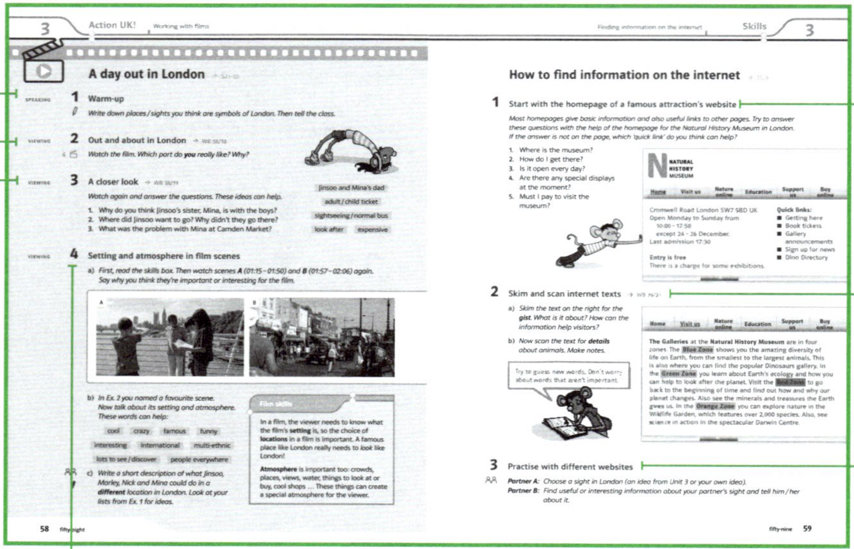

SB 58/4

Lernziel/Kompetenz:
die Atmosphäre und das *setting* beschreiben

Materialien:
- KV 16: A day out in London
- KV 17: A great view!

Zeitlicher Aufwand:
20 Min.

SB 59/1

Lernziel/Kompetenz:
sich auf einer englischsprachigen Internetseite zurechtfinden

Zeitlicher Aufwand:
5 Min.

SB 59/2

Lernziel/Kompetenz:
einer Internetseite Global- und Detailinformationen entnehmen

Materialien:
WB 39/21

Zeitlicher Aufwand:
12 Min.

SB 59/3

Lernziel/Kompetenz:
einen Partner mit Hilfe des Internets über eine Sehenswürdigkeit informieren

Zeitlicher Aufwand:
45 Min.

Die S erarbeiten selbstständig in Kleingruppen eine *sightseeing tour* durch London und präsentieren diese der Klasse.

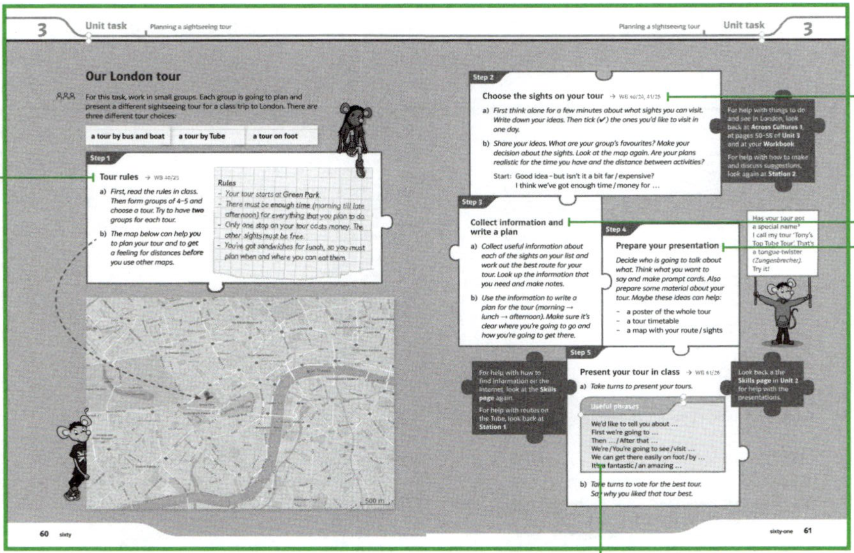

SB 60/Step 1

Lernziel/Kompetenz:
Bildung der Gruppen, Klärung der Vorgaben und Entscheidung über die Art der Tour

Materialien:
- WB 40/23
- KV 18: Our London tour

Zeitlicher Aufwand:
15 Min.

SB 61/Step 2

Lernziel/Kompetenz:
Sehenswürdigkeiten auswählen

Materialien:
- WB 40/24, 41/25
- KV 5: Useful phrases for Unit 3
- KV 18: Our London tour

Zeitlicher Aufwand:
20 Min.

SB 61/Step 3

Lernziel/Kompetenz:
Informationen sammeln und einen Plan schreiben

Materialien:
KV 18: Our London tour

Zeitlicher Aufwand:
45 Min.

SB 61/Step 4

Lernziel/Kompetenz:
Präsentation planen und Visualisierungstechniken auswählen

Zeitlicher Aufwand:
30 Min.

SB 61/Step 5

Lernziel/Kompetenz:
Präsentation und Evaluation der Ergebnisse

Material:
WB 41/26

Zeitlicher Aufwand:
45 Min.

In der Geschichte *I'm a mudlark* treffen die Charaktere während ihres Ausflugs ins Zentrum von London auf einen *mudlark*, der im Schlamm der Themse nach interessanten Dingen sucht.

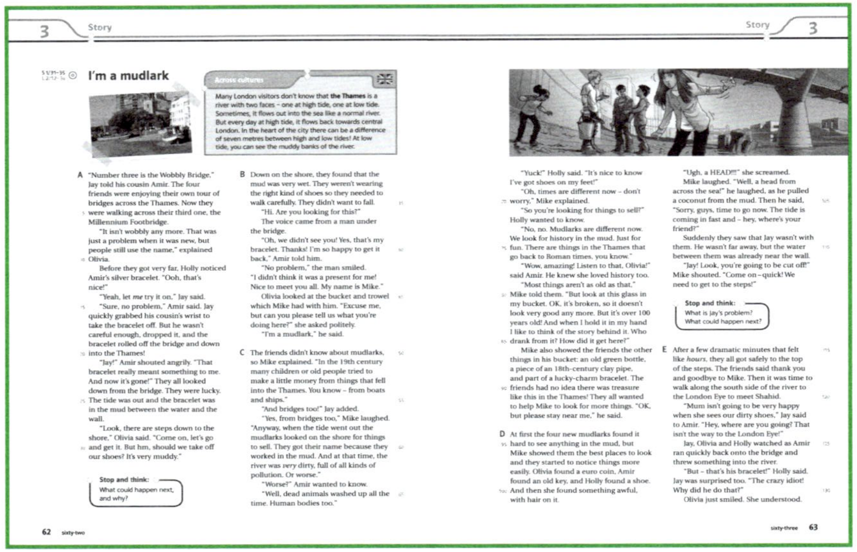

I'm a mudlark

Across cultures

Many London visitors don't know that **the Thames** is a river with two faces – one at high tide, one at low tide. Sometimes, it flows out into the sea like a normal river. But every day at high tide, it flows back towards central London. In the heart of the city there can be a difference of seven metres between high and low tides! At low tide, you can see the muddy banks of the river.

A "Number three is the Wobbly Bridge," Jay told his cousin Amir. The four friends were enjoying their own tour of bridges across the Thames. Now they were walking across their third one, the Millennium Footbridge.

"It isn't wobbly any more. That was just a problem when it was new, but people still use the name," explained Olivia.

Before they got very far, Holly noticed Amir's silver bracelet. "Ooh, that's nice!"

"Yeah, let *me* try it on," Jay said.

"Sure, no problem," Amir said. Jay quickly grabbed his cousin's wrist to take the bracelet off. But he wasn't careful enough, dropped it, and the bracelet rolled off the bridge and down into the Thames!

"Jay!" Amir shouted angrily. "That bracelet really meant something to me. And now it's gone!" They all looked down from the bridge. They were lucky. The tide was out and the bracelet was in the mud between the water and the wall.

"Look, there are steps down to the shore," Olivia said. "Come on, let's go and get it. But hm, should we take off our shoes? It's very muddy."

Stop and think:
What could happen next, and why?

B Down on the shore, they found that the mud was very wet. They weren't wearing the right kind of shoes so they needed to walk carefully. They didn't want to fall.

"Hi. Are you looking for this?"

The voice came from a man under the bridge.

"Oh, we didn't see you! Yes, that's my bracelet. Thanks! I'm so happy to get it back," Amir told him.

"No problem," the man smiled. "I didn't think it was a present for me! Nice to meet you all. My name is Mike."

Olivia looked at the bucket and trowel which Mike had with him. "Excuse me, but can you please tell us what you're doing here?" she asked politely.

"I'm a mudlark," he said.

C The friends didn't know about mudlarks, so Mike explained. "In the 19th century many children or old people tried to make a little money from things that fell into the Thames. You know – from boats and ships."

"And bridges too!" Jay added.

"Yes, from bridges too," Mike laughed. "Anyway, when the tide went out the mudlarks looked on the shore for things to sell. They got their name because they worked in the mud. And at that time, the river was *very* dirty, full of all kinds of pollution. Or worse."

"Worse?" Amir wanted to know.

"Well, dead animals washed up all the time. Human bodies too."

"Yuck!" Holly said. "It's nice to know I've got shoes on my feet!"

"Oh, times are different now – don't worry," Mike explained.

"So you're looking for things to sell?" Holly wanted to know.

"No, no. Mudlarks are different now. We look for history in the mud. Just for fun. There are things in the Thames that go back to Roman times, you know."

"Wow, amazing! Listen to that, Olivia!" said Amir. He knew she loved history too.

"Most things aren't as old as that," Mike told them. "But look at this glass in my bucket. OK, it's broken, so it doesn't look very good any more. But it's over 100 years old! And when I hold it in my hand I like to think of the story behind it. Who drank from it? How did it get here?"

Mike also showed the friends the other things in his bucket: an old green bottle, a piece of an 18th-century clay pipe, and part of a lucky-charm bracelet. The friends had no idea there was treasure like this in the Thames! They all wanted to help Mike to look for more things. "OK, but please stay near me," he said.

D At first the four new mudlarks found it hard to see anything in the mud, but Mike showed them the best places to look and they started to notice things more easily. Olivia found a euro coin, Amir found an old key, and Holly found a shoe. And then she found something awful, with hair on it.

"Ugh, a HEAD!!!" she screamed.

Mike laughed. "Well, a head from across the sea!" he laughed, as he pulled a coconut from the mud. Then he said, "Sorry, guys, time to go now. The tide is coming in fast and – hey, where's your friend?"

Suddenly they saw that Jay wasn't with them. He wasn't far away, but the water between them was already near the wall.

"Jay! Look, you're going to be cut off!" Mike shouted. "Come on – quick! We need to get to the steps!"

Stop and think:
What is Jay's problem?
What could happen next?

E After a few dramatic minutes that felt like *hours*, they all got safely to the top of the steps. The friends said thank you and goodbye to Mike. Then it was time to walk along the south side of the river to the London Eye to meet Shahid.

"Mum isn't going to be very happy when she sees our dirty shoes," Jay said to Amir. "Hey, where are you going? That isn't the way to the London Eye!"

Jay, Olivia and Holly watched as Amir ran quickly back onto the bridge and threw something into the river.

"But – that's his bracelet!" Holly said. Jay was surprised too. "The crazy idiot! Why did he do that?"

Olivia just smiled. She understood.

Die S bearbeiten Aufgaben zum Textverständnis und weiterführende Schreibaufgaben. Im *Check-out* überprüfen sie ihr Wissen zu den Themen *going-to future, some, any and their compounds* und *adverbs*.

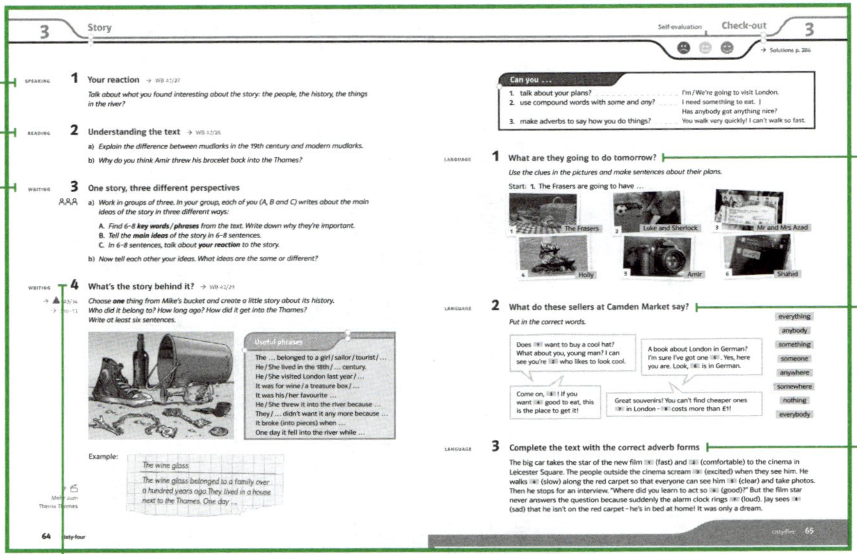

SB 64/1 → S 1/31–35 ⊙ L 2/12–16 ⊙

Lernziel/Kompetenz:
erste Reaktionen auf die Geschichte versprachlichen

Materialien:
- Schüler-Audio-CD 1, Track 31–35
- Lehrer-Audio-CD 2, Track 12–16
- WB 42/27
- KV 19: I'm a mudlark

Zeitlicher Aufwand:
8 Min.

SB 64/2

Lernziel/Kompetenz:
dem Text Detailinformationen entnehmen

Materialien:
- WB 42/28
- KV 19: I'm a mudlark

Zeitlicher Aufwand:
10 Min.

SB 64/3

Lernziel/Kompetenz:
verschiedene Arten der Texterschließung und Zusammenfassung anwenden

Zeitlicher Aufwand:
40 Min.

SB 64/4

Lernziel/Kompetenz:
einen kurzen Text über eigene Ideen zu den gefundenen Gegenständen verfassen

Materialien:
- WB 42/29
- ▲ 119/14
- S. 132–133, S10–13
- KV 20: A look at the Thames
- KV 21: A tour from Westminster Bridge to Tower Bridge

Zeitlicher Aufwand:
15 Min.

SB 65/1

Lernziel/Kompetenz:
Pläne mit Hilfe des *going-to future* versprachlichen

Zeitlicher Aufwand:
5 Min.

SB 65/2

Lernziel/Kompetenz:
some, any und ihre *compounds* anwenden

Zeitlicher Aufwand:
5 Min.

SB 65/3

Lernziel/Kompetenz:
Adverbien korrekt bilden

Zeitlicher Aufwand:
5 Min.

Check-in

Wortschatz *flair, wax figure*

Einstieg SB geschlossen. L schreibt *London* an die Tafel und verteilt kleine Kärtchen an die S. L: *What do you know and remember about London from before? Make a little drawing on your card.* L weist die S darauf hin, dass sie die Zeichnung möglichst einfach halten sollten.

Methodisches Vorgehen Nach der Methode **Milling around** gehen die S nun durch die Klasse und zeigen und erklären sich gegenseitig ihre Zeichnungen. Nachdem jeder S mit mindestens drei Mitschülern gesprochen hat, klebt/heftet jeder S seine Karte an die Tafel. L kann dazu bereits verschiedene Kategorien vorbereiten: *public transport, sights, activities in London, people in London, places to eat etc., …* Auf diese Weise wird das Wissen der S in Bezug auf London reaktiviert.

Differenzierung △ Sollten sich einige S mit der Zeichnung schwer tun, können diese ggf. auch ein Stichwort zu London notieren.

Tipps für junge Lehrer/innen Damit Einsprachigkeit gewahrt bleibt, bietet es sich an, bestimmte Redemittel im Vorfeld an der Tafel zu sammeln oder per OHP an die Wand zu projizieren, z. B. *On my card you can see … / Here is a … / I chose it because …*

S. 50
SPEAKING

1 Talk about places in London

Methodisches Vorgehen SB geschlossen. L legt **Folie 15** mit den Fotos von der *Check-in*-Doppelseite auf. L: *Look, Jay is visiting some sights in London. Let's take a look at these places. Describe the pictures and say what you can see or do there.* Die S beschreiben die Fotos. Neue Vokabeln werden an der Tafel gesammelt. L legt die Bildunterschriften als Folienschnipsel auf und lässt sie von den S den einzelnen Fotos zuordnen. Anschließend leitet er zum SB über: *Let's see if you're correct! Please open your books at page 50.* Nach dem Abgleich der Ergebnisse suchen die S in PA die abgebildeten Orte auf der Karte hinten im Buch. Die S erhalten kurz Zeit, um sich auf dem Stadtplan zu orientieren und die abgebildeten Orte/Sehenswürdigkeiten zu finden. Anschließend kommen mehrere S nach vorne und zeigen jeweils eine Sehenswürdigkeit auf **Folie 14**.

Vertiefung Falls es sich zeitlich anbietet, fragt L die S: *Which picture do you like best? Which of these places are you interested in? Which one would you like to see/visit?*

Tipps für junge Lehrer/innen Aufgabe 4 auf S. 51 kann schon zu Beginn der Arbeit mit der *Check-in*-Doppelseite mit den S besprochen werden. Alle Wörter, die nicht in der Vokabelliste des Buches auftauchen, werden direkt in die persönliche Vokabelliste aufgenommen (siehe dazu auch KV 1 zu Across cultures 1).

Lösung Individuelle S-Lösungen.

S. 50
LISTENING

2 A video chat with Amir → S18–20

HV-Text → L 2/2 ◎

Jay: Hi Amir. Are you looking forward to your visit to London next week?
Amir: Yeah – I can't wait!
Jay: Same here. It's gonna be so cool to show you around.
Amir: Yeah, but you didn't wait for me to go to Big Ben and the Horse Guards! Thanks for the photos.
Jay: Yeah, I wanted to show you some famous things *before* your visit! I look pretty cool with Big Ben, huh? – Anyway, we can go to those places again, don't worry, Amir.
Amir: Cool! But I've got some of my own ideas too. On the internet I was reading about –

Jay: You *must* see Covent Garden. That's one of my favourite places. I love the street shows there. They're the best in London! You can see and hear all kinds of things – music, comedy, magic tricks – *everything*!

Amir: Sounds great. But I hope we can go to the British Museum too. I looked on the website, and it looks absolutely fantastic. It's got amazing things from different cultures all over the world.

Jay: Er, it's very big, you know. Like, *really* big. You can't see much of it in one visit.

Amir: I know, I know. But you can get a list of a *hundred* special things in the museum that help you to explore the history of the whole world. That's exciting. I'd love to see some of those things.

Jay: Well, I – OK – if we don't have to spend *all week* there. I mean, London is *amazing*, and I want to show you other cool places too – like Brick Lane.

Amir: Brick Lane? Isn't that where lots of Bangladeshi people live?

Jay: Yeah, so there are lots of curry places – that's cool for lunch. But what's *really* cool is the street art! All sorts of street artists live in Brick Lane too.

Amir: Yeah?

Jay: Yeah, that's why they film so many music videos there. The street art is brilliant for videos – big pictures and graffiti in crazy colours all over the walls! It's the coolest street in the East End. And you can get great clothes really cheap. See this T-shirt I'm wearing?

Amir: Hey – cool.

Jay: Got it in Brick Lane! Maybe you can find something good there too.

Amir: Well, I can look. Hey, and while we're in East London, maybe I can go and see the London Wall.

Jay: Huh?

Amir: Yeah, the London Wall. You know, part of the walls the Romans built. It's next to the Tower of London.

Jay: Oh sure. Sorry, I thought you were talking about a wall with graffiti or something. Anyway, so what can you see there?

Amir: Well, London was a Roman city, right? And this is the biggest piece of the old city wall that's still left – more than eighteen hundred years old! I'm *really* into the Romans.

Jay: I can see that. Hey, if you like history, I know a good place for you – the Globe! You know – the old Shakespeare theatre. Well, it isn't the *same* building from Shakespeare's time – that's gone. But the new one is just like it. And you can learn all about the history of the theatre and everything, and you can see some of the world's best Shakespeare actors! I love acting.

Amir: Wow, yes – I'd like that too.

Jay: So that's a place we can *both* enjoy. Brilliant! I know the Globe really well. I did an acting workshop there last year. It was like, so amazing …

Einstieg SB geschlossen. L leitet in die Aufgabe ein: *There are many places in London you're interested in. Jay and his cousin Amir from Bradford are interested in London as well and are planning a trip to the city. They're having a video chat. Let's find out what each boy would like to see.*

Methodisches Vorgehen

a) ◎ Erstes Vorspielen der Tonaufnahme von CD bei geschlossenem SB. Die S hören nur zu (keine Notizen!). L überprüft das Globalverständnis mit der Frage: *Which places are they talking about?* Die genannten Orte werden an der Tafel festgehalten (in leistungsstärkeren Klassen kann dieser Schritt auch weggelassen werden). Danach erhalten die S **KV 1: A video chat with Amir**. Während des zweiten Hörens notieren die S, welcher Junge welche Orte sehen möchte, indem sie die Orte auf der KV eintragen und ein entsprechendes Häkchen setzen. L: *Note down the places each boy wants to see and tick the right box.* Nach dem zweiten Hören erfolgt ein kurzer Abgleich im UG, die Lösung wird als TA ergänzt.

b) ✎ Beim dritten Hören arbeiten die S in PA. Ein S macht sich Notizen zu den von Jay favorisierten Sehenswürdigkeiten (*Covent Garden* und *Brick Lane*) und einer zu den von Amir favorisierten (*British Museum* und *the London Wall*). Beide S machen sich Notizen zu *Shakespeare's Globe*. Anschließend werden die Ergebnisse im Plenum besprochen und an der Tafel festgehalten. Diese können ggf. durch weitere Informationen ergänzt werden. L: *Is there any information missing? Do you know anything else about these sights?*

	Amir	Jay
Big Ben	✓	✓
Horse Guards	✓	✓
Covent Garden *– has got the best street shows of London* *– You can see and hear all kinds of music, comedy and magic tricks.*		✓
British Museum *– has got amazing things from different cultures all over the world* *– is very big → a lot for one visit* *– You can get a list of a hundred special things there.* *– You can explore the history of the whole world.*	✓	
Brick Lane *– Lots of Bangladeshi people live there.* *– interesting street in the East End* *– There are lots of curry places (good for lunch).* *– You can discover the street art = big pictures and graffiti in crazy colours all over the walls. → reason for the many music videos that they film there* *– You can get really great and cheap clothes.*		✓
London Wall (and Tower of London) *– part of the walls the Romans built (London = Roman city)* *– next to the Tower of London* *– the biggest piece of the old city wall that's still left* *– more than eighteen hundred years old*	✓	
Shakespeare's Globe *– It's like the old Shakespeare theatre, but they built a new one.* *– You can learn all about the history of the theatre.* *– You can see some of the world's best Shakespeare actors there.* *– You can do acting workshops there.*	✓	✓

Vertiefung L kann (eine Auswahl der folgenden) Fragen stellen: *Which of these sights is your favourite sight? Do you like Jay or Amir's ideas better? Add new words to your personal vocabulary* (vgl. Hinweise oben, Aufgabe 1).

Differenzierung △ Für leistungsschwächere S gibt L ein Gerüst an Informationen auf **KV 1** vor (vgl. TA).
▲ Leistungsstärkere S arbeiten nicht arbeitsteilig mit einem Partner, sondern notieren die Informationen zu allen Sehenswürdigkeiten. Darüber hinaus können sie sich *Useful phrases* aus dem Dialog notieren, die in Aufgabe 3 auf S. 51 Verwendung finden werden.

Lösung Vgl. TA.

S. 51
SPEAKING

3 Your turn: Choose your London → WB 31/1; Diff pool △ 116/1

Methodisches Vorgehen ❀ 웃웃웃 L: *Now that we know Jay and Amir's plans for their London visit, I'd like to learn about your ideas. What would you really like to see or do in London?* Zunächst notieren die S in EA zwei Dinge, die sie in London gerne sehen/tun möchten, ihre Gründe dafür und was sie über diese Sehenswürdigkeiten/Aktivitäten wissen. L kann den S kleine Kärtchen zur Verfügung stellen, auf denen sie sich Notizen machen. Auch das *personal vocabulary* kann den S in dieser Phase als Hilfestellung dienen.
Für den anschließenden Ideenaustausch bietet sich die **Kugellager**-Methode (**Inside outside circle**, siehe S. 139, S25) an, denn so ist eine hohe Redezeit aller S gewährleistet. Am Ende können mit Hilfe eines Zufallsgenerators zwei S (je einer aus dem Innen- und einer aus dem Außenkreis) ausgewählt werden, die ihre Notizen im Plenum vortragen. Alternativ dazu tauschen die S ihre Ideen in Kleingruppen aus und küren ggf. die beste Idee in ihrer Gruppe, die dann der Klasse vorgestellt wird.

Differenzierung

△ **Diff pool p. 116/1 Choose your London** → Help with Check-in, p. 51/3

Methodisches Vorgehen: Hier finden leistungsschwächere S Redemittel als Hilfestellung für den Austausch in Kleingruppen bzw. im **Kugellager**. L weist zu Beginn der Bearbeitung von Aufgabe 3 auf S. 51 darauf hin und ggf. werden die Redemittel in der Klasse gemeinsam gelesen. Bei Bedarf können die S sich im Vorfeld *Useful phrases* aussuchen und diese auf ihren Kärtchen notieren.

▲ Bei einer Klasse mit großen Leistungsunterschieden können während der ersten Phase (Ideen sammeln, Notizen machen) die leistungsstärkeren S auch einen kleinen Dialog schreiben, in dem sich zwei Freunde darüber austauschen, was sie in London machen möchten (angelehnt an den HV-Text mit Jay und Amir).

Lösung Individuelle S-Lösungen.

S. 51
VOCABULARY

4 London vocabulary → WB 31/2

Einstieg L bittet die S, **KV 1** von Across cultures 1 herauszunehmen und fragt, wie viele *London words* sie schon gesammelt haben. Ziel soll es sein, mindestens acht Wörter aus dem Kopf in der Vokabelliste zu ergänzen.

Methodisches Vorgehen Hier bietet sich die **Think-Pair-Share**-Methode an. Die S gehen zunächst in EA die *Check-in*-Doppelseite durch und ergänzen nach Möglichkeit weitere Vokabeln. In der nächsten Phase vergleichen sie ihre Liste mit einem Partner und ergänzen mehr Vokabeln. Anschließend gehen je zwei Paare zusammen und vergleichen wiederum ihre Listen. L sollte für die Vokabelarbeit Wörterbücher zur Verfügung stellen. Abschließend wird im Plenum verglichen, wie viele Vokabeln die einzelnen Gruppen gefunden haben.

Vertiefung Jede Gruppe bildet aus ihren zehn „Lieblingswörtern" eine *word snake* (dabei werden Wörter aneinandergereiht, zwischen den Wörtern gibt es jedoch randomisierte Buchstaben, so dass die Wörter dazwischen gesucht werden müssen). Diese Wortschlangen werden dann an eine andere Gruppe weitergegeben, so dass jede Gruppe die zehn Wörter einer anderen Gruppe herausfinden muss.

Station 1 Talking about your plans

S. 52
Text → L 2/3

It's going to be fun

Wortschatz *to stay with, this afternoon, 18-year-old, to persuade, probably*

Einstieg L legt **Folie 16** auf und lässt die Illustrationen zunächst von den S beschreiben. Dabei werden Teile des neuen Vokabulars eingeführt und anschließend an der Tafel notiert (zumindest *to stay with, to persuade* und *public transport* sollten vorentlastet werden). Anschließend stellen die S Mutmaßungen über die Situation und die Pläne von Jay und Amir an.

Methodisches Vorgehen Vorgehensweise in eher leistungsstarken Klassen: Mit der Überleitung zum SB-Text (L: *Let's find out what the two boys want from Mrs Azad.*) wird der Text von der CD präsentiert, ohne dass die S im SB mitlesen.
In leistungsschwächeren oder sehr heterogenen Klassen lesen die S während des Abspielens des Textes im SB mit (ggf. können hier leistungsstärkere S nur zuhören und nicht mitlesen). Im Anschluss an das erste Hören/Lesen überprüft L das Textverständnis mit der Frage: *What's Jay and Amir's plan for the afternoon?* Ggf. Klären von weiteren Vokabelfragen. Alternativ kann zur Sicherung des Textverständnisses **KV 2: It's going to be fun** ausgeteilt werden. Anschließend wird der Text in der Klasse laut gelesen, ggf. mehrfach.

S. 52
READING

1 What do you think? → WB 32/3

Wortschatz *to travel, public transport (no pl), smartcard, to top up, credit*

Methodisches Vorgehen Im Anschluss an die Lesephase gibt es unterschiedliche Möglichkeiten zur Bearbeitung von Aufgabe 1 (je nach Klasse, Leistungsstand, Stundenziel, usw.). Entweder werden die Fragen im UG besprochen und anschließend notiert jeder S die Ergebnisse ins Heft, oder die S bearbeiten die Aufgaben zunächst in EA bzw. PA und die Ergebnisse werden gemeinsam im Plenum besprochen.

Lösung 1. *She isn't happy if they go to the British Museum alone.* 2. *Jay wants to ask his older brother to come with them. But Shahid isn't at home, so he must ask him later.* 3. *Jay is going to get some money from his mother/parents.*

S. 52
LANGUAGE

2 Find the rule for *going to* → WB 32/4, 33/5; G8

Einstieg Ohne die sofortige Bewusstmachung der Regel wenden die S das *going-to future* in einer **Blitzlicht**-Runde (**Round robin**) an. Dazu stellen sie sich vor, dass sie am nächsten Tag nach London reisen. L: *Imagine you're going to go to London tomorrow. What are you going to do there?* Als kleine Hilfe schreibt L an die Tafel: *In London, I'm going to visit/go to/ …*

Methodisches Vorgehen

a) Die S suchen Beispiele für das *going-to future* im Text auf S. 52. Diese werden an der Tafel gesammelt. Anschließend beantworten die S die Frage, wo auf dem Zeitstrahl das *going-to future* angesiedelt ist.

b) Die S überlegen sich eine Regel für das *going-to future* in EA. Anschließend wird im UG eine gemeinsame Regel formuliert und an der Tafel festgehalten. Je nach Leistungs- bzw. Konzentrationsstärke der Klasse bespricht L noch kurz die Verneinung und Fragebildung im *going-to future*. Hierzu kann auf G8 auf S. 153 hingewiesen werden. Der TA wird im *English folder* abgelegt.

Going-to future

- *It's going to be fun.*
- *And what are you two going to do tomorrow?*
- *Are you going to see more sights in Greenwich?*
- *We're going to visit the British Museum with Olivia and Holly.*
- *We aren't going to go alone.*
- *Shahid is going to take us.*
- *Oh, is Shahid going to look after you?*
- *Yes, it's going to be fun.*
- *The museum is free, but I'm not sure where I'm going to get money for our Oyster cards or for our lunch.*

Rule: We use the going-to future for plans and intentions in the future.

Form:
form of 'to be' + going to + infinitive
negative form: form of 'to be' + not + going to + infinitive
question: (question word +) form of 'to be'+ subject + going to + infinitive + ?

Differenzierung △ L kann an leistungsschwächere S eine Kopie des Textes austeilen, in der erste Beispiele bereits unterstrichen sind, und die S bitten, weitere Beispiele zu unterstreichen.

Tipps für junge Lehrer/innen Es empfiehlt sich, dass die S Grammatikthemen in einem separaten Heft oder einer separaten Mappe (*English folder*) notieren. Diese sollten zumindest für die Zeit der Unter- und Mittelstufe aufbewahrt werden, denn so können die S bisher erlernte Grammatik immer wieder nachschlagen.

Lösung **a) + b)** Vgl. TA.

S. 52
LANGUAGE

3 Your turn: What are you going to do? → S24; △ 116/2

Methodisches Vorgehen

a) L leitet in die Aufgabe ein: *We know a lot about Jay and Amir's plans. But I'd like to know what your plans are. What are you going to do at the weekend?* Zunächst notiert jeder S drei Sätze über seine Pläne für das kommende Wochenende. Nach der Methode **Milling around** (siehe S. 139, S24) gehen die S danach durch den Klassenraum und fragen mindestens fünf weitere S nach ihren Plänen. L sollte die S darauf hinweisen, dass sie sich merken (oder kurz notieren) sollen, was die Klassenkameraden am kommenden Wochenende vorhaben.

b) Die S berichten in Kleingruppen oder im UG über die Wochenendpläne ihrer Klassenkameraden. Abschließend kann L einige der genannten Pläne als Grundlage für weitere Fragen nutzen, z. B. *Who is going to go to the cinema at the weekend?* Die S melden sich und benennen, welcher S diese Pläne hat.

Differenzierung

△ Diff pool p. 116/2 What are they going to do next week? → After Station 1, p. 52/3

Methodisches Vorgehen: Die Aufgabe aus dem *Diff pool* ist als Vertiefung gedacht und richtet sich an leistungsschwächere S, die ggf. noch Probleme bei der Bearbeitung von Aufgabe 3 auf S. 52 oder zusätzlichen Übungsbedarf haben. Sie kann in EA während der Stunde oder als HA aufgegeben werden. Die Aufgabe stellt insofern eine Progression dar, als dass hier das *going-to future* für unterschiedliche Personen gebildet werden muss.

Lösung: *Dear Mum, I can't call you very often next week because I have so many plans! On Monday, Jay and I are going to go to the cinema. On Tuesday, Aunt Yasmin is going to go shopping with me – she's going to buy a London T-shirt for me. On Wednesday, I'm going to meet Jay's friends in the afternoon. And on Thursday, Shahid and I are going to visit the Cutty Sark. On Friday, Jay and I are going to have a sleepover at Luke's house.*

Lösung Individuelle S-Lösungen.

S. 53
LANGUAGE

4 What's going to happen? → WB 33/6; Diff pool △ 116/3

Wortschatz *wheelchair*

Einstieg L schaut aus dem Fenster und leitet je nach Wetterlage in die Aufgabe ein, z. B. *Oh, it's going to be a nice day today!* In diesem Zusammenhang erklärt L oder ein S, dass man das *going-to future* auch dann verwendet, wenn man sicher ist, dass etwas geschehen wird, weil es gerade Anzeichen dafür gibt. Die S ergänzen ihre Regel zum *going-to future* durch einen entsprechenden Merksatz: *You also use the going to future when you are sure that something is going to happen because there is evidence.* Das Wort *evidence* sollte hierbei kurz erläutert werden.

Methodisches Vorgehen L leitet zur Aufgabe über, indem er **Folie 17** auflegt und die S auffordert, sich das Bild genauer anzuschauen. Zusätzlich kann er ein erstes Beispiel vorgeben: *Look, the man in the wheelchair is in front of a door. He's going to open the door.* Anschließend wird ein weiterer Beispielsatz gemeinsam in der Klasse besprochen.
Danach notieren die S in EA mindestens sieben Sätze zu den Vorhaben der Menschen in dem Bild. Nach der Erarbeitungsphase werden die Sätze mittels TA/Folie verglichen.

Tipps für junge Lehrer/innen Wichtig ist die schriftliche Sicherung sowie der anschließende sorgfältige Vergleich der Ergebnisse, da viele S sonst ihre eigenen Fehler nicht erkennen.

Differenzierung

△ **Diff pool p. 116/3 What's going to happen?** → Help with Station 1, p. 53/4

Methodisches Vorgehen: Nachdem zwei Beispielsätze für Aufgabe 4 auf S. 53 in der Klasse besprochen wurden, merkt L an, dass es für die S, die Schwierigkeiten haben, eine Hilfestellung im *Diff pool* gibt. Hier werden Verben bzw. Satzteile als Hilfe angeboten, um Sätze über die Menschen im Wimmelbild zu formulieren.

▲ Die schnelleren, leistungsstärkeren S können gebeten werden, je einen Satz auf einer Folie/ an der Tafel zu notieren. Darüber hinaus können sie noch weitere Fantasiesätze über die Personen im Bild formulieren: *Later, the boy from the Charity Fund is going to count all the money. The old man and woman are going to cook their lunch. …*

Vertiefung Zur weiteren Übung des *going-to future* kann **KV 3: What are they going to do?** eingesetzt werden.

Lösung EH: 2. *The man in the wheelchair is going to open the door.* 3. *The young boy is going to help him.* 4. *The old man and woman are going to sit down.* 5. *The woman is going to play the saxophone.* 6. *One dog is going to run after another dog.* 7. *The man is going to clean the street/park.* 8. *The people at the bus stop are going to take the bus/get on the bus.* 9. *The woman is going to give some money to charity.* 10. *The man and woman are going to go to the cinema.* 11. *The people in the queue are going to get/buy/eat an ice-cream.* 12. *The man and woman are going to queue for an ice-cream.*

S. 53
SPEAKING

5 Play a game: Guess my plans for tomorrow → Diff pool △ 116/4

Wortschatz *zoo, musician*

Methodisches Vorgehen L liest die Aufgabenstellung gemeinsam mit den S durch. Dabei weist L auf die gelb unterlegten *phrases* hin. Damit die S beurteilen können, ob sie die Aufgabe so erledigen können oder weitere Hilfestellung aus dem *Diff pool* benötigen, wird ein Beispiel gemeinsam in der Klasse besprochen. Dazu notiert L an der Tafel die Frage *Are you going to …?* L: *I've got a plan for my London visit tomorrow. Guess what it is!* L überlegt sich ein eigenes Ausflugsziel und die S stellen im UG Fragen mit dem *going-to future*. Als Hilfe dient der TA. Anschließend wird die Aufgabe in PA bearbeitet. L erinnert an die Einhaltung der Einsprachigkeit. Derjenige S, der weniger Fragen gebraucht hat, um die Pläne des Partners zu erraten, gewinnt das Spiel.

Differenzierung

△ **Diff pool p. 116/4 Guess my plans for tomorrow** → Help with Station 1, p. 53/5

Methodisches Vorgehen: Oft überlegen manche S sehr lange, um ein eigenes Ausflugsziel oder Ideen für Fragen nach dem Ausflugsziel des Partners zu finden. Hier dient diese Aufgabe aus dem *Diff pool* als Hilfestellung. Die Aufgabe wird zunächst in EA bearbeitet. L kann die Lösungen an der Tafelrückseite notieren oder sie anderweitig auslegen.

Lösung: 1e); 2d); 3b); 4a); 5c)

▲ L richtet zwei verschiedene *bus stops* in der Klasse ein: eine für den Gewinner aus dem Spiel, eine für den Verlierer. Wenn ein Paar fertig ist, verteilt es sich an die jeweilige Bushaltestelle. Sobald sich ein weiteres Paar den jeweiligen *bus stops* zugeordnet hat, entstehen so neue Paare, die das Spiel noch einmal spielen können. Das Spiel kann endlos so weitergeführt werden – es treten immer Gewinner gegen Gewinner und Verlierer gegen Verlierer an. L kann vorgeben, dass jeder S das Spiel mit mindestens zwei verschiedenen Partnern gespielt haben sollte. Alternativ kann eine Zeit vorgegeben werden. Nach Beendigung des Spiels trägt das Paar, welches sich zuletzt an der Gewinner-Bushaltestelle einfindet, ihren Dialog vor der Klasse vor (auf freiwilliger Basis). L beauftragt die übrigen S, auf die richtige Anwendung des *going-to future* zu achten.

Lösung Individuelle S-Lösungen.

S. 53
LISTENING

6 How to: Get around by Tube → WB 34/8; S18–20

HV-Text → L 2/5 ◎

Tourist: Er – excuse me. Do you think you can help me, please? I want to go and see the Changing of the Guard but I'm not sure how to get to Buckingham Palace.

Man: Buckingham Palace, eh? I think your nearest Tube station is Victoria. Right, Alice?

Woman: Yes, from Victoria it's only a short walk – probably about ten minutes.

Tourist: And how do I get to Victoria from here?

Man: You take the Bakerloo line to Embankment. Then you change onto the Circle or District Line and go west three stops to Victoria.

Woman: Actually, you can also start on the Northern Line. If you get off at Monument, you can change onto the Circle Line there too. But you still need to go west to Victoria.

Tourist: Oh, so I can choose. OK – thank you very much.

Wortschatz *to get around, to change (onto), north, south, stop, to get off, got off (a bus/train)*

Methodisches Vorgehen

a) ◎ L leitet zur Aufgabe über, indem er mit den S die Stationen *Elephant & Castle* und *Victoria* auf dem U-Bahn-Plan am Ende des SB sucht. L: *A tourist is at Elephant & Castle. He's asking two people for the right way to a famous sight in London. Let's listen!* L präsentiert den HV-Text. Nach dem ersten Hören wird das Globalverständnis mit folgenden Fragen gesichert: *How many people are talking? Where does the tourist want to go? Which stations are they talking about?*
Beim zweiten Hören versuchen die S, die beiden genannten Routen auf dem U-Bahn-Plan am Ende des Buches nachzuvollziehen. Anschließend können zwei S gebeten werden, die beiden Routen auf dem U-Bahn-Plan vor der Klasse aufzuzeigen. Die Frage, welche Route die bessere ist und warum, wird gemeinsam im UG besprochen.

b) L bespricht mit den S gemeinsam den Arbeitsauftrag. Anschließend erklären sich die S abwechselnd in PA, wie sie zu den genannten Sehenswürdigkeiten kommen. Dabei können ihnen die *Useful phrases* Hilfestellung geben.
Alternativ können die S **KV 4: Pia's plan for her London trip** bearbeiten. Hier geht es darum, Pia eine Route zu den fünf im SB genannten Sehenswürdigkeiten zusammenzustellen. Im Anschluss an die Bearbeitung der Aufgabe stellen mehrere Paare ihre Routen der Klasse vor.
Abschließend notieren die S die bei dieser Aufgabe verwendeten *Useful phrases* auf **KV 5: Useful phrases for Unit 3**. Diese KV dient dem Sammeln von *Useful phrases* aus Unit 3 und kommt auf S. 55 noch einmal zum Einsatz.

Tipps für junge Lehrer/innen Es lohnt sich, bei einem London-Besuch einen Klassensatz an kostenlosen *Tube maps* mitzunehmen. Sie stellen sehr schönes authentisches Material dar und können bei dieser Thematik sehr gut eingesetzt werden.

Vertiefung **KV 6: What's the word?** bietet vertiefende Wortschatzaufgaben zum Abschluss von Station 1.

Lösung

a) *The man's route is best. It's shorter. It has only got 6 stops. The woman's route has got 11 stops.*

b)

From – to	*Lines*	*Change at …*	*Sight*
Elephant & Castle – Victoria	*Bakerloo, Circle or District*	*Embankment*	*Buckingham Palace*
Victoria – Oxford Circus	*Victoria Line*	–	*Oxford Street*
Oxford Circus – Tower Hill	*Central, Circle or District*	*Bank/Monument or Liverpool Street*	*Tower of London*
Tower Hill – Covent Garden	*Circle or District, Central, Piccadilly*	*Bank/Monument and Holborn*	*Transport Museum*
Covent Garden – Crossharbour	*Piccadilly, Central, District or Circle, DLR*	*Holborn, Bank/ Monument, Tower Hill/Tower Gateway*	*Mudchute Farm*

Station 2 Making and discussing suggestions

S. 54
Text → L 2/6 ⦾

Good idea!

Wortschatz *to deal, dealt (with), a while, to mean, meant, girlfriend, souvenir, anywhere, everybody, … where to go, to follow, I bet, to beat, beat, one (sg)/ones (pl)*

Methodisches Vorgehen L berichtet einleitend, dass Jay und Amir mit Olivia, Holly und Shahid im *British Museum* waren und sich nun am *Covent Garden* eingefunden haben. Die Vokabeln *to deal with, to mean, I bet* und *to beat* sollten vorentlastet werden. Anschließend legt L **Folie 18** mit der Fotostory ohne Sprechblasen auf. L zeigt nur die Bilder 1, 3 und 5 der Fotostory, lässt sie von den S beschreiben und fragt abschließend: *What do you think they are doing at Covent Garden?* Die S stellen Vermutungen über den Inhalt der Fotostory an. Der HV-Text wird bei geschlossenem SB und nur mit Hilfe der Folie (nun alle Bilder) präsentiert. L sichert das Verständnis mit den Fragen: *Where does Shahid go? Why? What are the four friends doing at Covent Garden?* L legt die Sprechblasen gesondert als Folienschnipsel aus. Im UG werden sie den einzelnen Bildern zugeordnet. Im Anschluss daran wird die Fotostory noch einmal angehört und die S überprüfen die richtige Zuordnung der Sprechblasen.

Differenzierung △ In leistungsschwächeren Lerngruppen sollten die Sprechblasen mit Nummern versehen werden. Die S überlegen zunächst in EA eine richtige Reihenfolge der Sprechblasen, bevor die Besprechung im UG erfolgt.
▲ Leistungsstärkere S formulieren eine Antwort für Jay im letzten Bild.

Vertiefung Die Fotostory wird in Kleingruppen (je 5 S) mit verteilten Rollen gelesen (nun SB geöffnet). Eine Schülergruppe trägt die Fotostory vor der Klasse auswendig vor (oder liest sie vor).

S. 55
SPEAKING

7 The photo story → WB 34/8; Diff pool △ 117/5; ▲ 117/6

Methodisches Vorgehen ✎ Die S überlegen zunächst in EA für einen der Charaktere, was dieser über die Geschehnisse in der Fotostory sagen könnte. Ihre Ergebnisse können sie auf **KV 7: The food challenge** eintragen. Sobald die S fertig sind, gehen sie zu einer der vier *bus stops*, die zuvor durch L vorbereitet wurden (es gibt pro Charakter einen *bus stop*). Hier vergleichen sie dann ihre Ideen mit demjenigen S, der sich dort als nächstes einfindet. L sollte diese Aufgabe im Vorfeld zeitlich limitieren (aber so, dass jeder S die Aussage von einem Charakter aufschreiben und mit einem Mitschüler vergleichen kann). Wenn ein S bei dem ersten *bus stop* war, kann er sich einen weiteren Charakter aussuchen und dessen Statement notieren.

Abschließend stellen vier S die Aussagen der Charaktere der Klasse vor. Hierzu kann auch **KV 7** auf Folie kopiert und dann zerschnitten werden. L gibt die Sprechblasen an vier verschiedene S, die dann hier ihre Lösung notieren und der Klasse vorstellen.

Vertiefung Zur Vertiefung kann L weiterführende Fragen stellen, die dann im UG besprochen werden, z. B. *Can you understand this character? Which character is like you? Would you think the same way?*

Differenzierung

△ **Diff pool p. 117/5 The photo story** → Help with Station 2, p. 55/7

Methodisches Vorgehen: Einige S haben Schwierigkeiten, sich in einen Charakter hineinzuversetzen und Ideen zu entwickeln, was dieser Charakter denkt/fühlt. In diesem Fall kann L auf die Hilfen im *Diff pool* verweisen. Zuvor sollten die S aber ermutigt werden, eigene Ideen zu entwickeln und den *Diff pool* nur im Notfall zu Rate zu ziehen.

▲ **Diff pool p. 117/6 A game: Why didn't you buy any food?** → After Station 2, p. 55/7

Methodisches Vorgehen: Mit dieser Aufgabe kann direkt an das oben beschriebene methodische Vorgehen angeknüpft werden. Für leistungsstärkere S wird ein fünfter *bus stop* eingerichtet. Diejenigen S, die bereits die Aussagen aller Charaktere notiert und verglichen haben, finden sich an diesem *bus stop* ein. Sobald hier ein weiterer S hinzukommt, bearbeiten die beiden die Aufgabe im *Diff pool* in PA. Dazu benötigen beide S ihr Englischheft. Abschließend üben sie den erarbeiteten Dialog ein und präsentieren ihn vor der Klasse.

Lösung: Individuelle S-Lösungen.

Lösung Lösungsvorschlag:
Jay: I was really hungry. Olivia had a great idea. I wanted to find something special to eat. But then I saw this amazing clown! He did one great trick after another, and I couldn't take my eyes off him. Then I moved on and wanted to buy a burger. But then there was this fantastic busker! I really like music and he played a cool song. I wasn't so hungry any more, so I stayed there and listened to the music …

S. 55 LANGUAGE

8 Revision: Comparison of adjectives

Einstieg L bereitet eine Tabelle an der Tafel mit den drei Kategorien *Adjective – Comparative – Superlative* vor. Anschließend leitet er zu der Aufgabe über, indem er seinen eigenen *food challenge* vorstellt, z. B. *For me, eating the healthiest food is the most important thing. Healthy food is sometimes more expensive than unhealthy food, but I am happier when I eat healthy food. I can get the best food from the market in my neighbourhood. I always go there when I'm hungry. The market is bigger than our school playground. You can get the most amazing pasta there!* Im Anschluss daran projiziert L diese Sätze auf Folie an die Wand und lässt die Adjektive von den S unterstreichen. Die gefundenen Beispiele werden in der Tabelle an der Tafel in der richtigen Spalte notiert. Anschließend werden die fehlenden Formen gemeinsam im UG erarbeitet und in die Tabelle eingetragen. Dabei wiederholt L mit den S die in Unit 1 erarbeiteten Regeln zur Steigerung der Adjektive. Alternativ dazu kann der TA auch auf Folie vorbereitet werden. Dabei sollten die einzusetzenden Wörter ausgeschnitten werden, damit sie in die jeweilige Spalte eingeordnet werden können.

Methodisches Vorgehen Im Anschluss daran leitet L zu Aufgabe 8 über, indem er ggf. seine Beispielsätze noch einmal vorliest und dann die S nach ihrer *food challenge* befragt. Die S bearbeiten die Aufgabe in EA und schreiben die Sätze in ihr Heft. Diejenigen S, die mit der Aufgabe fertig sind, suchen einen Partner, der ebenfalls fertig ist. Die beiden S tauschen ihr Heft aus, lesen gegenseitig ihre Sätze und unterstreichen die verwendeten Adjektive (und korrigieren ggf. Fehler).

Vertiefung Abschließend kann eine Umfrage durchgeführt werden, wie viele S welche Art von *food challenge* favorisieren (*healthy, cheap, a lot of, expensive, international, ...*).

Lösung Vgl. Beispiel oben, Einstieg.

S. 55
LANGUAGE

9 Compound words with *some* and *any* → G9; Diff pool △ 117/7; ▲ 118/8

Methodisches Vorgehen

a) Die S bearbeiten die Aufgabe, indem sie die Lösungssätze in ihr Heft schreiben. L hält die S an, dabei die Sätze mit *some* und *any* zu gruppieren sowie die entscheidenden Wörter zu unterstreichen.

b) Die Regel für *some* und *any* wird kurz mündlich wiederholt. Zusätzlich weist L auf G9 (S. 154–156) hin. Alternativ kann zur Wiederholung der Regel auch **KV 8: *Some, any* and their compounds** eingesetzt werden.

Differenzierung

△ Diff pool p. 117/7 Compound words with *some* and *any* → After Station 2, p. 55/9

Methodisches Vorgehen: a) + b) Die beiden Aufgaben werden in EA bearbeitet. Es bietet sich an, die Lösungen auszulegen, damit jeder S seine Ergebnisse abgleichen kann. Fragen sollten notiert und am Ende der Stunde gemeinsam besprochen werden.

Lösung:
a) 1. *some* 2. *some* 3. *any* 4. *any* 5. *any* 6. *some*
b) 1. *any* 2. *any* 3. *some* 4. *some* 5. *some* 6. *any*

▲ Diff pool p. 118/8 Sherlock, you crazy dog! → After Station 2, p. 55/9

Methodisches Vorgehen: Die S bearbeiten die Aufgabe in EA. Nachdem die zusammengehörigen Satzteile kombiniert wurden, müssen die Sätze noch in die richtige Reihenfolge gebracht werden. Diese werden dann im Heft notiert. Auch hier bietet es sich an, die korrekte Lösung auszulegen, so dass jeder S seine Ergebnisse abgleichen kann.

Lösung:
1. *Hi everyone, I hope you can manage without me!* 2. *I had to get to the station, so I didn't do everything before I left.* 3. *You needn't buy anything for dinner.* 4. *There's something in the fridge for you, please check.* 5. *I don't want to find any food on the sofa when I come back.* 6. *Everybody should clean up a bit.* 7. *Can someone please clean the windows?* 8. *Remember: someone must take Sherlock for a walk tomorrow morning.* 9. *Lots of love for everybody, Mum.*
(Die Sätze 6, 7 und 8 sind in der Reihenfolge vertauschbar.)

Vertiefung Als Vertiefung zu *some, any* und ihren *compounds* kann **KV 9: Tandem activity** eingesetzt werden. Hierbei handelt es sich um eine mündliche Aufgabe, die in PA durchgeführt wird.

Lösung
a) 1d); 2a); 3g); 4b); 5f); 6c); 7e)
b) *We use 'some' in positive statements. We use 'any' in questions and in negative statements.*

S. 55
LANGUAGE

10 Complete the words → WB 35/9–10, 36/11; G9; Diff pool △ 118/9

Einstieg L: *Have you got any ideas what Jay, Amir, Holly and Olivia can do till they meet Shahid later?* Die Ideen der S können nach einer kurzen **Think**-Phase mittels einer **Blitzlicht**-Runde ausgetauscht oder im UG zusammengetragen werden.

Methodisches Vorgehen L leitet zu der Aufgabe im SB über: *Let's find out what ideas Holly, Olivia, Jay and Amir have got!* Der erste Satz wird gemeinsam im UG besprochen. Anschließend bearbeiten die S die Aufgabe in EA. L weist auf die *Instead of*-Aufgabe im *Diff pool* hin.

Differenzierung

△ **Diff pool p. 118/9 Complete the text** → Instead of Station 2, p. 55/10

Methodisches Vorgehen: Diese Aufgabe stellt eine leichtere Variante der Aufgabe in der Unit dar, da hier alle Wörter, die eingesetzt werden müssen, am Rand vorgegeben sind. Da die Ergebnisse dieselben sind, werden beide Aufgaben nach der Bearbeitungszeit gemeinsam im Plenum besprochen.

Lösung: Vgl. Lösung unten.

▲ Diejenigen S, die schneller mit der Aufgabe fertig sind, notieren je einen Lösungssatz an der Tafel. Nach der Bearbeitungszeit können mit Hilfe ihrer Lösungssätze die Ergebnisse abgeglichen werden.

Lösung 1. *anybody* 2. *something* 3. *nothing* 4. *someone* 5. *everywhere* 6. *nobody* 7. *anywhere* 8. *anything* 9. *everything* 10. *everybody*

S. 55
SPEAKING

11 Your turn: Visitors → WB 36/12–13

Wortschatz *pro, con, far*

Einstieg Falls vorhanden, bringt L eine Informationsbroschüre zur eigenen Stadt/Region mit. Als Einstieg berichtet L, dass er neulich Besuch von Freunden aus England hatte und ihnen eine bestimmte Sehenswürdigkeit gezeigt hat. Jedoch würde nun deren Tochter nach Deutschland kommen und L kenne sich nicht so gut mit Tipps für *young visitors* aus. Daher bittet er die Klasse um Hilfe. L und die S lesen gemeinsam die Aufgabenstellung.

Methodisches Vorgehen

a) Für die Bearbeitung der Aufgabe benötigen die S geeignete Redemittel, um Vorschläge zu machen und zu diskutieren. An dieser Stelle kann **KV 5: Useful phrases for Unit 3** erneut eingesetzt werden. Die S sammeln aus der Fotostory auf S. 54, aus Aufgabe 10 auf S. 55 und aus der Box zu Aufgabe 11 *Useful phrases*, die ihnen bei der Bearbeitung der Aufgabe helfen können. Dies kann auch als vorbereitende HA erfolgen. Anschließend überlegt sich jeder S zunächst mindestens zwei Tipps für junge Besucher in seiner Stadt/Region und begründet diese. Im nächsten Schritt tauschen sich die S in PA aus und erstellen eine Liste mit 4–5 Ideen. L gibt ggf. eine Strukturierungshilfe an der Tafel vor:

	Tip 1: ______	*Tip 2:* ______	*Tip 3:* ______	...
What you can do there				
Pros				
Cons				

b) Abschließend präsentieren die S ihre Ergebnisse im Plenum. Alternativ finden sich immer zwei Paare zusammen, die sich ihre Top 3 gegenseitig vorstellen. Diese 4er-Gruppen einigen sich nun wiederum auf ihre Top 3. Abschließend wird im UG ein Ranking der beliebtesten Ausflugsziele der Klasse erstellt (evtl. Top 3 der Klasse).

Vertiefung Die S schreiben eine E-Mail an die imaginäre Tochter in England, in der sie ihre Tipps vorstellen und begründen, warum diese gut sind.

Lösung Individuelle S-Lösungen.

Station 3 Saying how you do things

S. 56
Text → L 2/8 ⦾

They can bite *very* hard

Wortschatz *to bite, bit, hard, tour, guide, to become, became, castle, prison, lion, bear, crown jewels, Beefeater, raven, raven master, careful, safe, close*

Einstieg L legt **Folie 19** mit der Überschrift des Textes *They can bite very hard* und den zum Text passenden Bildern auf. Anhand der Bilder erläutert er kurz folgende der neuen Vokabeln: *to bite, guide, tour, Beefeater, Crown Jewels, raven* und *raven master*. Die S schauen sich nun die Bilder und die Überschrift an und schreiben anschließend in so wenigen Sätzen wie möglich auf (max. 5), wovon der Text handeln könnte. Nach der **Think-Pair-Share**-Methode werden die Überlegungen zum Inhalt zunächst mit einem Partner und dann im UG besprechen. Alternativ dazu kann auch direkt nach der Einführung der neuen Vokabeln ein Austausch über Spekulationen zum Inhalt im UG stattfinden.

Methodisches Vorgehen Im Anschluss daran wird das SB auf S. 56 geöffnet und der Text von CD präsentiert. Die S lesen parallel dazu im SB mit. Nach dem ersten Hören/Lesen werden weitere Verständnisfragen geklärt. Zudem erfolgt ein Abgleich der Spekulationen der S mit dem SB-Text. L sichert ggf. das Globalverständnis mit den folgenden Fragen: *Which sight is this text about? Who or what can bite very hard? What do you learn about the Tower of London?* Der Text wird noch einmal im Plenum laut gelesen.

SB geschlossen. L legt wieder **Folie 19** auf. Jeder S schreibt zu jedem Bild mindestens einen Satz, der sich auf den SB-Text bezieht.

Tipps für junge Lehrer/innen Dem Training der Aussprache sollte immer Zeit im Unterricht eingeräumt werden, weshalb es wichtig ist, die Unit-Texte mehrfach zu lesen. Dabei können verschiedene Methoden angewandt werden, z. B. liest ein S 1–3 Sätze vor, und wenn er mit Lesen fertig ist, nennt er, ohne zu überlegen, den Namen eines Mitschülers. Dann ist dieser S an der Reihe, liest 1–3 Sätze vor und ruft wieder ohne zu überlegen den nächsten Mitschüler auf. Auf diese Weise ist die Reihenfolge der Lesenden nicht vorhersehbar und die Aufmerksamkeit meistens sehr hoch. Man kann mit den Klassen auch vereinbaren, dass die Abfolge Junge–Mädchen–Junge–Mädchen eingehalten werden muss.

S. 56
SPEAKING

12 A must-see sight for you too?

Methodisches Vorgehen Diese Aufgabe dient als Vertiefung zur vorhergehenden Texterschließung. Die S machen sich zunächst in EA ein paar Stichpunkte, ob sie den *Tower of London* gerne sehen möchten und warum/warum nicht. Damit der Redeanteil aller S hoch ist, erfolgt anschließend ein Austausch über die eigene Meinung mittels **Buzz groups**: L teilt die Klasse in Kleingruppen (3–4 S) ein, von denen jede einen *recorder* bestimmt. L gibt ein Zeitlimit vor, dann tauschen sich die S in ihrer Kleingruppe zu der Frage aus. Der *recorder* hält die Gruppenergebnisse schriftlich in Form von Notizen fest. In der darauffolgenden Auswertung teilen die *recorder* der einzelnen **Buzz groups** ihre Ergebnisse der Klasse mit. L sollte die *recorder* im Vorfeld kurz auf ihren Auftrag vorbereiten: die Hauptideen der Gruppe notieren, die Notizen den anderen Gruppenmitgliedern vorlesen und kurz darüber abstimmen, was der Klasse berichtet wird, dann die Ergebnisse der Klasse präsentieren. Als Abschluss wird Stimmungsbild erhoben: Würde die Mehrheit der Klasse gerne den Tower of London besuchen?

Differenzierung △ Als Hilfestellung für die leistungsschwächeren S gibt L ihnen mögliche Antworten an die Hand (an der Tafel/auf Folie oder auf kleinen Zetteln):
I'd like to visit the Tower of London because …
- *I like old buildings.*
- *I'd like to see the ravens.*
- *I'm into history.*

I wouldn't like to visit the Tower of London because …
– I think the Tower of London is boring.
– I'm not into history.
– I'd like to visit …
▲ Wird die Beantwortung der Fragestellung mittels **Buzz groups** durchgeführt, bietet es sich an, die Rolle der *recorder* durch leistungsstärkere S zu besetzen.

Tipps für junge Lehrer/innen Das Bilden der **Buzz groups** kann zunächst etwas Unruhe stiften. Jedoch lohnt es sich, da die S auf diese Weise in eigenverantwortlichen Kleingruppen hohe Redeanteile haben. Je öfter man diese schüleraktivierenden Methoden praktiziert, desto schneller läuft die Organisation ab. Von daher zahlt es sich langfristig aus, die anfänglichen Hürden auf sich zu nehmen.

Lösung Individuelle S-Lösungen.

S. 56
LISTENING

13 Rocky's audio tour → S18–20; S17

HV-Text L 2/9–11 Hello. Welcome to the Tower of London. My name is Rocky and I live here – this is my home. Yes, you can hear from my beautiful voice – I'm a raven. And you're lucky because I'm your guide today. I can show you around much better than those Beefeaters in their funny uniforms. OK, first I'm sure you want to hear about us ravens. There are only six of us, but we're very important. Ravens at the Tower are an old tradition. People say there must always be six ravens here. They say if the ravens go away, it means the end of the Tower and also the end of England! So you see we keep the whole country safe, and that's why the Raven Master works so hard to look after us. I must say he does a good job. We've got a special house where we can sleep at night, and we get lots of good food to eat – meat and biscuits, an egg every week, and sometimes a whole rabbit! Yes, this is a good place for us. We live much longer than other ravens, you know – one Tower raven lived for 44 years! It's fun to walk around and watch the tourists too. A few people are rude and come too close, but most are very nice. And I like you. Come on, time for our tour now.
This building is the Jewel House. Guess what you can see here. Correct – the Crown Jewels! Old William the Conqueror kept his treasure in the Tower of London. It was the safest place in those days, and today it's still the safest place. Everything is behind glass – no chance to take a souvenir! The Jewel House is always busy. People like to look at beautiful things worth lots of money. You too? Yes, I thought so.
In the past the kings and queens of England loved to collect treasure and some of the amazing jewels you can see are very old. But you mustn't think the Crown Jewels are just museum pieces. No, they're part of British culture and tradition and some things still play a role in important royal events – like the special crown when someone becomes king or queen. Try to find that one while you're looking at the display.
I hope you're enjoying the tour so far. Now, we're stopping here because – well, I don't want to make you nervous, but this is where a Beefeater once saw a ghost. Yes, really! It wasn't the ghost of a man or woman – or even of a raven. It was the ghost of a big bear! Why a bear? Well, in the past the Tower was a royal zoo, and at different times it was home to two bears. The first one was a white bear that the king of Norway gave to the king of England in 1252. It loved to swim in the Thames and get fish to eat. The other bear was a brown colour. It came from Canada in 1811 and lived at the Tower till 1832 when it went to the new London Zoo. So we think the ghost was one of these two bears, but nobody knows which one. The colour doesn't help because ghosts are always white! Can you see anything strange today? If not, let's go and find out what it was like to be in prison here in the past …

Wortschatz *audio tour, treasure*

Einstieg Die S stellen Vermutungen an, wer Rocky sein könnte (evtl. in **Blitzlicht**-Runde). L leitet zum HV-Text über: *Now let's listen and find out who Rocky is! What three topics does he tell you about?*

Methodisches Vorgehen

a) ◎ Bevor L den HV-Text von der CD präsentiert, fordert er die S auf, einen Zettel für ihre Notizen zur Hand zu nehmen. Da der HV-Text recht lang ist, stoppt L die Aufnahme zwischen den drei Abschnitten (und klärt eventuelle Vokabelfragen). Nach dem zweiten Abschnitt sollte die Vokabel *treasure* hergeleitet/erläutert werden. Im Anschluss werden die Fragen im UG beantwortet und die Antworten an der Tafel notiert.
Nach dem ersten Hören fragt L die S, wie sie mit dem Hörverstehen zurechtkommen und erklärt Ihnen, dass es das Ziel der aktuellen Stunde ist, die *Listening skills* zu verbessern. Dazu werden im Anschluss an das erste Hören die Hinweise S18–20 auf S. 137 im *Skills*-Anhang sowie die grüne Box unten auf S. 56 gelesen. L erklärt den S, dass es bei Teilaufgabe a) um das *Listening for gist* ging und dass es nun bei b) um das *Listening for detail* gehen wird.

b) Zunächst legen sich die S in ihrem Heft eine Tabelle an, in der sie sich Notizen zu den einzelnen Themen machen können. L präsentiert den HV-Text ein zweites Mal. Anschließend werden die Ergebnisse im UG an der Tafel zusammengetragen. Zum Abschluss reflektieren die S, ob sie die Tipps aus S18–20 umsetzen konnten, ob diese hilfreich waren und was sie noch verbessern müssen.

c) L liest gemeinsam mit den S die Aufgabenstellung. Danach wird S17 auf S. 136 gemeinsam gelesen und eventuelle Fragen der S geklärt. L sollte vor der Bearbeitung der Aufgabe mit den S klären, wer der Adressat ist und zu welchem Zweck er die Informationen benötigt. Zusätzlich kann der HV-Text noch einmal angehört werden, damit sich die S bei Bedarf weitere Notizen machen können. Zur Ergebnissicherung kann die Beispiellösung ausgelegt werden (vgl. unten), mit der die S ihre Ergebnisse abgleichen. Alternativ können mehrere Lösungen auf Folie kopiert und mit der Klasse gemeinsam verglichen werden.

Vertiefung

KV 10: Listening: Rocky's audio tour bietet standardisierte Aufgabenformate zum Verständnis des Hörtextes.

Differenzierung

△ Zur Unterstützung der *Mediation*-Aufgabe bietet es sich an, **KV 11: Mediation: Rocky's audio tour** einzusetzen.

Lösung

a) *Rocky is one of the ravens that live in the Tower of London. He's a guide at the Tower. He tells us about the tradition of the six ravens at the Tower of London and how they live there today, about the safest place – the Jewel House – with its Crown Jewels, and the two bears that lived in the Tower of London when it was a royal zoo.*

b)

food	*The ravens get lots of good food at the Tower of London.* *They get meat and biscuits, an egg every week, and sometimes a whole rabbit.* *(This is why they live much longer than other ravens.)*
treasure	*The Crown Jewels were William the Conqueror's treasure.* *He kept them in the Tower of London (= was and is the safest place).* *The kings and queens of England loved to collect treasure.* *The Crown Jewels still play a role in royal events.*
ghosts	*A Beefeater once saw a ghost of a big bear at the Tower of London.* *In the past the Tower of London was home to two bears: one white and one brown bear.* *But the ghost can be that of any of the two bears because ghosts are always white.*

c) Als erstes berichtet Rocky über die sechs Raben, die im *Tower of London* leben. Sie gehören einer alten Tradition an und sind sehr wichtig für den *Tower* und für England. Es wird gesagt, dass es ohne die Raben den *Tower of London* und sogar England nicht mehr geben würde! Deswegen werden sie vom Herrn der Raben versorgt: Sie bekommen sehr viel gutes Essen und haben einen speziellen Schlafplatz. Sie leben von daher länger als andere Raben. Als nächstes sind wir jetzt am *Jewel House*, in dem sich die Kronjuwelen befinden. Schon *William the Conqueror* bewahrte seinen Schatz – die Kronjuwelen – hier auf, da es der sicherste Platz war und ist. Hier im *Jewel House* sind immer viele Menschen, die sich gerne die Schätze der verschiedenen englischen Könige und Königinnen ansehen. Allerdings sind die Kronjuwelen nicht nur zum Angucken da – sie kommen bei wichtigen königlichen Anlässen zum Einsatz und gehören also zur britischen Kultur und Tradition. Nun machen wir an einem geheimnisvollen Ort Halt, denn einer der königlichen Leibgardisten hat hier einmal einen Geist gesehen, und zwar den eines Bären! Das liegt daran, dass der *Tower of London* einst ein königlicher Zoo war, in dem zu unterschiedlichen Zeiten zwei Bären lebten. Der Geist muss also von einem dieser beiden Bären gewesen sein. Da ein Geist immer weiß ist, hat man nicht in Erfahrung bringen können, von welchem Bär der Geist gewesen ist …

Vertiefung Die Klasse gibt Rückmeldung, wie leicht/schwer ihr die *Mediation*-Aufgabe gefallen ist und wo vor allem Probleme bestehen. Diese werden dann bei weiteren *Mediation*-Aufgaben in den Blick genommen.

S. 57
LANGUAGE

14 Find the rule for adverbs → G10–11

Einstieg L fragt die S, ob ihnen etwas Neues bzw. eine neue Wortart im Text aufgefallen ist. Falls ja, notiert L die entsprechenden Sätze an der Tafel und unterstreicht die Adverbien (oder lässt sie durch die S unterstreichen).

Methodisches Vorgehen

a) Sollten die S im Einstieg gute Beispiele für Adverbien gefunden haben, formuliert L entsprechende Sätze mit Adjektiven und stellt diese an der Tafel gegenüber. Wenn dem nicht so ist, schreibt L die Beispielsätze aus Aufgabe 14 an die Tafel. L unterstreicht *slow/slowly* und *clear/clearly* sowie *bus, view, see, going*. Die S bestimmen jeweils die Wortart. L erläutert, dass es sich bei *slowly* und *clearly* um Adverbien handelt. Die Fragen aus a) werden im UG beantwortet und an der Tafel notiert (vgl. TA). Den S sollte deutlich werden, dass Adverbien beschreiben, wie etwas getan wird, und wie sie in der Regel gebildet werden.

b) Die S suchen in EA die Adverbien zu den genannten Adjektiven. Diese werden in einer Tabelle an der Tafel notiert. Aus diesen Beispielen leiten die S ab, dass wenn ein Adjektiv auf *-y* endet, das „y" beim Adverb zu „i" wird. Dies wird im TA ergänzt.

Vertiefung Die S führen die Tabelle in ihrem Heft fort. L gibt ihnen weitere Wörter aus dem Text vor, die die S in die richtige Spalte ihrer Tabelle einordnen, um dann die fehlende Wortart zu ergänzen: *well (line 1), fast(er) (line 2), fantastic (line 12), safely (line 17), hard (line 20)*. Damit die Wörter nicht zu sehr aus dem Zusammenhang gerissen sind, kann L auch die kompletten Sätze vorlesen. Im Rahmen dieser Vertiefungsaufgabe bespricht L die unregelmäßigen Formen der Adverbien von *good, fast* und *hard* mit den S und ergänzt sie im TA. Auch die Bildung der Adverbien von Adjektiven, die auf *-ic* enden, wird hier thematisiert.
Anschließend lesen die S G10 auf S. 156–157 und ergänzen die Formen der Adjektive, die auf *-le* enden: Bei der Bildung der Adverbien fällt das *-e* weg. Abschließend bilden die S Beispielsätze mit mindestens vier Wörtern aus ihrer Tabelle.

Adjectives and adverbs

The bus is slow. — *It's going slowly.*
It's a clear view. — *You can see it clearly.*
Rule: Adjectives describe nouns.
Adverbs describe verbs. They tell us how people do things.
Form:
– most adverbs = adjective + -ly
– adverbs of adjectives that end in 'y' → -ily
– adverbs of adjectives that end in -ic → adjective + -ally
– adjectives that end in 'le': adverb without 'e' → -ly
– irregular forms: good → well, fast → fast, hard → hard

Um mit den S die Steigerung der Adverbien zu besprechen, kann **KV 12: Mrs Azad's trip to London** eingesetzt werden. Als Vorbereitung kann G11 auf S. 157–158 gemeinsam gelesen werden.

Lösung **a)** Vgl. TA.

b)

adjective	*adverb*
easy	*easily*
special	*specially*
careful	*carefully*
happy	*happily*

S. 57
LANGUAGE

15 Talk about the people in the pictures → WB 36/14; Diff pool △ 118/10, 119/11

Wortschatz *to jump back*

Einstieg SB geschlossen. L leitet in die Aufgabe ein: *Look at the bird outside. It's flying quickly through the air!* (Alternativ dazu kann auch die Aktion eines S oder des zufällig vorbeilaufenden Hausmeisters beschrieben werden.) *Now let's take a look at how different people do things.* Das SB wird auf S. 57 geöffnet.

Methodisches Vorgehen L und die S lesen die Aufgabenstellung gemeinsam. Die Lösung zu Bild 1 wird beispielhaft besprochen. L demonstriert die Vokabel *to jump back*. Anschließend wird die Aufgabe schriftlich in EA oder PA erledigt und dann gemeinsam verglichen.

Differenzierung

△ Diff pool p. 118/10 Adverbs → After Station 3, p. 57/15

Methodisches Vorgehen: Diese Aufgabe richtet sich an leistungsschwächere S. Hier können sie noch einmal die richtige Bildung der Adverbien üben. Die Aufgabe wird in EA durchgeführt. L kann die Lösungen auslegen oder sie im Plenum mit allen S besprechen. Leistungsstärkere S lösen die Aufgabe dann aus dem Stegreif oder betreuen während der Bearbeitung leistungsschwächere S.

Lösung: 1. *carefully* 2. *fast* 3. *slowly* 4. *clearly* 5. *politely* 6. *hard* 7. *nervously* 8. *happily*

△ Diff pool p. 119/11 Act it out! → After Station 3, p. 57/15

Methodisches Vorgehen: Diese Aufgabe richtet sich als zusätzliche Übung an leistungsschwächere S. Sie lässt sich jedoch auch gut in heterogenen Kleingruppen von 4–5 S mit der gesamten Klasse durchführen. L sollte dazu kleine Kärtchen vorbereitet haben und jeder Gruppe mindestens zehn Kärtchen geben. In der Kleingruppe wird dann pro Karte eine der im SB genannten Aktivitäten notiert. Leistungsstärkere S ergänzen eine weitere Aktivität auf der noch verbleibenden Karte. Anschließend werden die Karten in die Mitte eines Tisches gelegt. Ein S nimmt eine Karte und führt die jeweilige Aktivität durch. Derjenige S, der diese Aktivität als erstes errät, darf die nächste Karte ziehen und diese Aktivität vorführen. L wiederholt mit den S im Vorfeld die richtige Fragebildung, z. B. *Are you jumping quickly?* Alternativ dazu kann die Aufgabe auch mit der gesamten Klasse durchgeführt werden. Dann sollte L die Karten auf dem Lehrerpult verteilen.

Vertiefung Zur weiteren Übung der Adverbien kann **KV 13: At Covent Garden** eingesetzt werden.

Lösung EH: 2. *She's running fast. Maybe she wants to get fit.* 3. *She's shouting aggressively. Maybe she's angry.* 4. *They're clapping their hands loudly. Maybe they're excited.* 5. *She's looking quietly at a tablet PC. Maybe she's busy.* 6. *He's smiling happily. Maybe he's in a good mood.*

S. 57
LANGUAGE

16 Adjective or adverb? → WB 37/15; Diff pool △ 119/12; ▲ 119/13

Methodisches Vorgehen
Die Aufgabe wird im Plenum erläutert und dann von den S in EA oder als HA bearbeitet. Die Ergebnisse werden anschließend im Plenum (evtl. anhand von einer Folie) besprochen.

Differenzierung

△ Diff pool p. 119/12 Adjective or adverb? → After Station 3, p. 57/16

Methodisches Vorgehen: Diese Aufgabe richtet sich an leistungsschwächere S und wird in EA erledigt. Die S müssen hier entscheiden, ob ein Adverb oder Adjektiv in die Lücken eingesetzt werden muss. Jeder S notiert die Sätze mit den Lösungen in sein Heft. Zur Ergebnissicherung gibt L den S die Lösungen nach Beendigung der Aufgabe zum eigenständigen Abgleich. Fragen können abschließend im Plenum geklärt werden.

Lösung:
1. *When Amir came to London, he was* ***nervous*** *because he travelled alone. At Victoria Station he looked around* ***nervously*** *to find Jay and his aunt and uncle.*
2. *But he was also* ***excited****: Jay always talked so* ***excitedly*** *about all the things you can do in London!*
3. *Amir, Jay and his aunt and uncle went home by bus. The old London buses are very* ***slow****. They travel around the city very* ***slowly*** *so tourists can have a* ***good*** *look at all the sights. You can see them very* ***well*** *from the top of a real London bus.*
4. *On the bus, Amir smiled* ***happily****. A whole week in London! And he was* ***happy*** *to see his cousin and his family.*

▲ Diff pool p. 119/13 Adjective or adverb? → After Station 3, p. 57/16

Methodisches Vorgehen: Diese offene Aufgabe, die ebenfalls in EA bearbeitet wird, richtet sich an leistungsstärkere S. Jeder S bildet mit Hilfe der Satzbausteine (bzw. Aktivitäten) aus Box 1 und einem Adjektiv/Adverb aus Box 2 Sätze über sich. Die zusammengehörigen Adjektive und Adverbien sollten in der gleichen Farbe unterstrichen werden. Zur Ergebnissicherung können sich die S, die ihre Aufgabe beendet haben, an einem *bus stop* mit einem Partner treffen, gegenseitig ihre Texte vorlesen und anschließend Korrektur lesen.

Lösung: Individuelle S-Lösungen.

▲ Alternativ können leistungsstärkere S auch die folgende Zusatzaufgabe bearbeiten: *Write your own online comment about a tour for tourists that you once joined in a city. Use at least four different adverbs.*

Vertiefung
KV 14: Words that go together bietet vertiefende Wortschatzaufgaben zum Abschluss von Station 3.

Lösung
A. 1. *fantastic* 2. *clearly* 3. *exciting* 4. *good* 5. *well* 6. *cheaply*
B. 7. *carefully* 8. *perfect* 9. *disappointed* 10. *hard* 11. *nice* 12. *rudely* 13. *quickly*

S. 57
WRITING

17 Your turn: Write about a sight / a special place in London

→ WB 37/16–17

Einstieg
L leitet in die Aufgabe ein: *Now you know a lot about London. And maybe you've got your personal sight number one. I'd like to know what your personal must-see sight or place in London is. Your task is to write about this sight!*

Methodisches Vorgehen
L liest mit den S die Aufgabenstellung durch und bespricht die übliche Herangehensweise (zuerst Brainstorming/Mindmap oder Notizen machen, dann den Text verfassen, siehe auch S10 auf S. 132). Anschließend bearbeiten die S die Aufgabe in EA. L gibt währenddessen Hilfestellung und korrigiert ggf. einzelne Texte. Danach lesen einige S ihre Texte im Plenum vor.

Differenzierung
△ Diejenigen S, die Strukturierungshilfen für das Schreiben ihres Textes benötigen, erhalten **KV 15: My sight/special place in London**. Hier werden sie durch die einzelnen Arbeitsschritte geleitet.

▲ Leistungsstarke S beschreiben zusätzlich noch den Weg zu ihrer Sehenswürdigkeit von *Victoria Station* aus.

Lösung Lösungsvorschlag:
My favourite place in London is Shakespeare's Globe. It's on the bank of the river Thames close to Southwark Bridge. The easiest way to get there is to walk along the Thames. It isn't the old building from Shakespeare's time any more, but they built it just like it. You can visit this 'new old' theatre, join a tour about Shakespeare and his time, and you can even watch Shakespeare's plays there. Sometimes it's not so easy to get a ticket for a play. It's easier to get a standing ticket, but that means that you need to stand all the time. It's special to me because you can meet actors and join acting workshops there!

Action UK! Working with films

A day out in London → S21–22

Wortschatz *a day out in …*

S. 58
SPEAKING

1 Warm-up

Methodisches Vorgehen Nach kurzem Überlegen benennen die S einen Ort oder eine Sehenwürdigkeit und sagen, warum sie es mit London verbinden. Alternativ machen die S sich eine Liste mit *places/sights* in London. Anschließend tragen mehrere S jeweils einen Ort/eine Sehenswürdigkeit in ein *word web* (*Places/sights in London*) an der Tafel ein. Es folgt ein kurzer Austausch im Plenum. L: *Why do you think these places/sights are symbols of London?*

Lösung Individuelle S-Lösungen.

S. 58
VIEWING

2 Out and about in London → WB 38/18

Film-Transkript → 6

London, South Bank

Jinsoo:	I really wanted to go to the London Dungeon, Mina!
Mina:	I know! But £20 for a child and 25 for an adult: That's –
Nick:	… £85!
Mina:	Correct! It's just too expensive and Dad didn't give me that much money when I said I'd take you and your friends out for the day.
Jinsoo:	Do you really need an adult ticket? You're only 17!
Mina:	Yeah, but you often have to buy an adult ticket when you're 16. It's crazy!
Marley:	Hey, why don't we take Nick sightseeing? It's his first time in Central London.
Mina:	Really?!
Nick:	Yes. I'm from Taunton – it's in the southwest of England. It's a lot smaller than London.
Mina:	Sightseeing is a great idea. But sightseeing buses are also too expensive.
Jinsoo:	We could look at the sights on a normal bus. Us kids go free with our Oyster Cards.
Marley:	Yeah!
Mina:	That's a great idea!

Millenium Bridge

Nick:	I'm looking forward to seeing all the London sights. How about we go to Camden Market too? I've heard it's great.
Mina:	Sure, I love Camden! Why don't we go there first? Look, we can catch the Northern Line from Embankment.

Marley: I think Embankment Station is closed today.
Mina: Oh, right! OK.
Marley: Let's go from Waterloo Station.
Mina: OK.

Camden Market

Nick: Hey, look at these!
Marley: That looks good! Stylish.
Nick: They're nice.

Sunglasses stall

Marley: Hey! What do you think?
Jinsoo: They look cool! What about these ones?
Nick: Awesome!
Mina: Hey guys, I just want to check out some stalls back there. I'll be back in five minutes! So don't move, OK?
Jinsoo: OK.
Nick: Try these ones on. They'll look cool on you! Excuse me, how much are these sunglasses?
Stallholder: They're all five pounds.
Nick: How about three pound fifty?
Stallholder: You know, five pounds is pretty cheap for a pair of sunglasses.
Marley: How about three for the price of two?
Stallholder: OK. I give you three for twelve pounds. Four pounds each.
Nick: Yes.
Jinsoo: Sounds good.
Nick: Bargain.
Marley: Thank you.
Jinsoo: Thanks.

Camden Canal

Marley: How much longer do we have to wait? I'm bored.
Nick: Me too.
Jinsoo: Yeah, I don't know what's keeping Mina so long. Hang on. Let me go and check.

Clothes stalls

Jinsoo: Hey, it's me! Where are you?

Changing cubicle

Mina: I'm just in the changing room. I need another five minutes, OK?

Clothes stalls

Jinsoo: OK ... Hey, Marley! It's me. Mina needs another five minutes. And I saw something really funny, so let's meet at the sunglasses stand in five minutes. OK. Great.

Camden Canal

Marley: Now we have to wait another five minutes. Jinsoo is looking around too!
Nick: Well, if they're all busy, let's just go to that stall over there.
Marley: OK.

Sunglasses stand

Mina: Jinsoo! Where are you? Marley? Nick?
Jinsoo: Finally!
Mina: Where were you? I told you to stay here!
Jinsoo: Well, we only left because you took so long!
Mina: Yes, but – You're right. I'm sorry.
Marley: I've got a present for you. Here, look what I found.
Jinsoo: 'Raven-Man and the Alien' issue 8! Wow! Thanks!
Mina: So, who wants ice cream?
Jinsoo/Marley/Nick: Me!

Wortschatz *out and about*

Methodisches Vorgehen Nach dem ersten Sehen sprechen die S darüber, welcher Teil des Films ihnen besonders gefallen hat und warum – zuerst in einer **Murmelphase** mit einem Partner und dann im Plenum.

Differenzierung △ ▲ Als Hilfestellung für leistungsschwächere S kann Aufgabe a) auf **KV 16: A day out in London** eingesetzt werden. Hier erhalten die S eine Auswahl von möglichen Szenen und sprachliche Unterstützung. Leistungsstärkere S erhalten mit Aufgabe b) eine Schreibaufgabe als zusätzliche Herausforderung.

Tipps für junge Lehrer/innen Wenn L die Sitzordnung entsprechend gestaltet, können leistungsstärkere S in Austauschphasen weniger gute S sprachlich und inhaltlich unterstützen (*peer coaching*).

Lösung Lösungsvorschlag:
I really like the scene when the boys buy the sunglasses. It's funny.
Camden Market is great. I like shopping.
The scene when the boys must wait for Mina is not funny, but my sister is like that – always late!
Marley is a good friend. He remembers to buy another 'Raven-Man and the Alien' comic for Jinsoo. I like that.

S. 58 VIEWING

3 A closer look → WB 38/19

Wortschatz *adult, sightseeing, normal*

Methodisches Vorgehen Die S lesen die Fragen durch. L weist sie darauf hin, dass sie sich während der Präsentation des Films noch keine Notizen machen sollen. Nachdem sie den Film angeschaut haben, beantworten die S die Fragen in PA oder in Kleingruppen mit Hilfe der Vorgaben. Wenn die S in einer 3er-Gruppe arbeiten, können sie sich jeweils auf eine der drei *focus questions* konzentrieren. Die Ergebnisse werden abschließend im Plenum kurz besprochen.

Differenzierung △ L kann leistungsschwächeren S die Lösungen als *gap text* anbieten, evtl. auch mit durcheinandergewürfelten Lösungswörtern.
▲ Leistungsstärkere S können Aufgabe 2 auf **KV 16** als (freiwillige) HA oder als „Zeitfüller" bearbeiten, sofern noch nicht geschehen. Hier geht es darum, den Dialog zwischen Jinsoo und Mina am Telefon mit eigenen Ideen zu erweitern.

Lösung
1. *Mina said she wanted to take Jinsoo and his friends out in London for the day. Their dad gave her some money. / Mina must look after the boys because they're too young to be in London alone.*
2. *Jinsoo wanted to go to the London Dungeon, but it costs £20 for a child and £25 for an adult. That was too expensive and their dad didn't give Mina that much money. Sightseeing buses are expensive too – so they went on a normal bus.*
3. *Mina wanted to try on clothes and it took too long. The boys waited for a long time and then walked around the market and didn't wait at the stall with the sunglasses. Mina was angry, but then she said sorry.*

S. 58 VIEWING

4 Setting and atmosphere in film scenes

Wortschatz *choice, location, crowd*

Methodisches Vorgehen a) Die S lesen die *Film skills*-Box und besprechen in PA, was die Begriffe *setting* und *atmosphere* bedeuten und warum sie für Filme wichtig sind. Die Ergebnisse werden kurz im Plenum besprochen. L zeichnet eine Tabelle an die Tafel (vgl. Lösung).
Vor der Präsentation der beiden Filmszenen betrachten die S Standbild A auf S. 58 und beschreiben das *setting*. L: *Look at the film still on the left. Do you know where the kids are? How do we know?* S: *We can see Big Ben, the Houses of Parliament and Westminster Bridge. I think we must be on Waterloo Bridge. There's a great view from there.*

L spielt die beiden Filmszenen A (01:15–01:50) und B (01:57–02:06) ab, wobei er den S nach jeder Szene 1–2 Minuten Zeit gibt, um Notizen zu machen. Die Szenen können evtl. auch ohne Ton präsentiert werden (**Mute screen**). Anschließend vergleichen die S ihre Notizen in PA, bevor sie im Plenum besprochen werden.

b) Die S sammeln mit Hilfe der Vorgaben Ideen zu ihrer Lieblingsszene. Falls sie Schwierigkeiten haben, sich an eine Szene genau zu erinnern, können sie die Standbilder im SB oder auf **KV 16** nutzen.

c) Die S sammeln Ideen in PA und skizzieren kurz eine weitere Szene mit Jinsoo, Marley, Nick und Mina in London. Anschließend werden mehrere Texte im Plenum präsentiert. Wenn genug Zeit bleibt, kann eine Szene ausgewählt und weiter ausgearbeitet werden.

Vertiefung Zur Vertiefung des *setting* in Szene A und zur Wiederholung der Orientierung auf dem U-Bahn-Plan kann **KV 17: A great view!** eingesetzt werden.

Tipps für junge Lehrer/innen Mit einem **Mute screen** sind die S auf die Bilder fokussiert und werden nicht durch andere Eindrücke abgelenkt. Geräusche können die Atmosphäre ebenfalls beeinflussen, aber manchmal ist es hilfreich, sich nur mit den Bildern zu beschäftigen.
In manchen Lerngruppen kann es auch sinnvoll sein, mit Standbildern zu arbeiten oder eine Filmsequenz aufzuteilen und zu unterbrechen (*stop-start technique*). Details wie ein Doppeldeckerbus, eine Telefonzelle oder ein U-Bahn-Schild werden von den S evtl. nicht wahrgenommen. Detailliertes Beobachten muss trainiert werden. Die S können „kleine Portionen“ besser verdauen und eine kurzzeitige Unterbrechung bietet ihnen die Möglichkeit, sich Notizen zu machen, ohne etwas Wichtiges zu verpassen.

Lösung **a)**

Scene	*Setting/locations*	*Important/interesting for the film*
01:15–01:50	*on Waterloo Bridge with a great view of the Thames and famous London sights (Big Ben, the Houses of Parliament, Westminster Bridge, the London Eye)*	*It's clearly London because of the famous sights and the map of the London underground/the Tube. (01:14 the telephone box = a symbol of London)*
01:57–02:06	*Camden Market in Camden Town*	*stalls, shops, crowds, many interesting/different people (typical London atmosphere)*

b) Lösungsvorschlag:
The street scene in Camden Town is really cool. There are people everywhere – and there are some crazy people too. There are lots of shops with lots of things to discover. I think Camden Town and Camden Market are really interesting. I'd love to go there.

c) Individuelle S-Lösungen.

Skills Finding information on the internet

How to find information on the internet → S5, 9

S. 59 1 Start with the homepage of a famous attraction's website

Wortschatz *attraction, basic, display*

Einstieg L: *What do you usually do if you need more information about something, for example about a tourist attraction like the Natural History Museum in London?* (In diesem Zusammenhang kann direkt die Vokabel *attraction* erläutert werden.) Die S werden voraussichtlich berichten, dass sie im Internet nach mehr Informationen suchen. L: *How do you get information about something on the internet? How do you start? What do you do next?* Darauf erfolgt ein kurzer Austausch in Form von **Buzz groups**, entweder mit dem Partner oder – wenn die Klasse in dieser Methode geübt ist – in 3er- oder 4er-Gruppen. L weist die S darauf hin, dass die Antworten detaillierter ausfallen sollten als nur auf eine Suchmaschine zu verweisen. Wenn für diese Unterrichtsstunde der Computerraum zur Verfügung steht, können die S auch mit einem Partner direkt am PC ausprobieren/nachvollziehen, wie sie vorgehen würden. Abschließend erfolgt ein kurzer Austausch im UG. Es wird festgehalten, dass nach dem ersten Suchen die Homepage der jeweiligen Sehenswürdigkeit ein guter Ausgangspunkt ist und dass diese ausführlich gelesen und weitere Links beachtet werden sollten.

Methodisches Vorgehen L und die S lesen die Aufgabenstellung gemeinsam. Hierbei sollten die Vokabeln *display* und *basic* geklärt werden. Anschließend bearbeiten die S die Aufgabe in PA. Für die Ergebnissicherung bietet es sich an, dass L die SB-Seite auf Folie kopiert. Um die Antworten zu vergleichen, zeigt dann jeweils ein S auf der Folie, wo er diese Information gefunden hat. Sollte der Unterricht im Computerraum stattfinden, kann L auch die Homepage des *Natural History Museum* aufrufen und die Lösungen können direkt auf der Leinwand/dem Whiteboard gezeigt werden.

Lösung

1. *The museum is in Cromwell Road (London SW7 5BD UK).*
2. *The answer isn't on the homepage. The quick link 'Getting here' helps.*
3. *It's open nearly every day (Monday to Sunday from 10:00–17:50), except for Christmas (24–26 December).*
4. *There's no answer on this webpage. The quick link 'Gallery announcements' helps.*
5. *No, you needn't pay. The entry is free.*

S. 59 2 Skim and scan internet texts → WB 39/21

Methodisches Vorgehen

a) L: *There's a lot of information on the internet and sometimes you have to read a longer text. Do you remember any reading strategies?* Falls den S *skimming* und *scanning* kein Begriff mehr sein sollte, kann zunächst S5 auf S. 130 gemeinsam gelesen werden. Nach der Wiederholung der Begriffe wird Teilaufgabe a) bearbeitet. Hierzu kann der Text laut im Plenum gelesen und die Fragen anschließend mündlich beantwortet werden.

b) Zunächst fragt L die S, was sie machen, wenn im Text unbekannte Wörter auftauchen. In diesem Zusammenhang werden die in S9 (S. 131) genannten Techniken gemeinsam besprochen. Anschließend wird die Aufgabe in EA bearbeitet. Jeder S macht sich Notizen im Heft. Die Ergebnisse werden an der Tafel gesammelt.

Differenzierung △ L kann den Text für leistungsschwächere S kopieren, so dass sie im Text wichtige Wörter unterstreichen können.

▲ Bei Vorhandensein eines Computerraums können leistungsstärkere S die Antworten zu den Fragen 2 und 4 aus Aufgabe 1 (mithilfe der *quick links*) recherchieren. Zudem können sie im *Dino Directory* auf der Homepage des *Natural History Museum* nach Antworten zu folgenden Fragen suchen:

- *Which dinosaurs lived in Britain and the rest of the world?*
- *What's so special about the Stegosaurus skeleton?*
- *Which animals can you find in the Wildlife Garden?*
- …

Lösung

a) *The text is about the galleries of the National History Museum and their four zones: the Blue Zone, the Green Zone, the Red Zone and the Orange Zone. This information helps visitors because each zone has got a different topic. This way you can plan your visit and just go to the gallery that you are interested in.*

b) *Details about animals in the text:*

- *Most of the animals are in the Blue Zone.*
- *Here you can see all different kinds of animals, from smallest to largest.*
- *The Dinosaurs' gallery is in the Blue Zone too.*
- *In the Wildlife Garden of the Orange Zone, you can also watch animals (2,000 species).*
- *You can discover animals in the Darwin Centre as well.*

S. 59 3 Practise with different websites

Methodisches Vorgehen Für diese Aufgabe wird ein Computerraum benötigt. L: *Let's practise your internet skills now! Get together with your partner and find more information about a sight in London that your partner would like to know more about.* Die Aufgabenstellung wird gemeinsam gelesen. L bespricht kurz mit den S, welche Informationen wichtig sind und hält die entscheidenden Fragen an der Tafel fest. Der TA kann ins Heft übernommen und mit Informationen gefüllt werden.

What do you need to know about a sight?

1. *Where is the sight?*
2. *How do you get there?*
3. *What can you do there?*
4. *Does the sight have a special history?*
5. *Why is it special?*
6. *What are the opening times?*
7. *Must I pay to get into the sight/to take a closer look?*
8. *Is there anything else I need to know?*

Anschließend gehen die S mit einem Partner zusammen und nennen sich gegenseitig eine Sehenswürdigkeit oder ein Ausflugsziel in London. Der jeweils andere Partner sammelt dann die entsprechenden Informationen im Internet und macht sich Notizen. Die Aufgabe kann auch in Form eines kleinen Wettkampfs zwischen den Partnern durchgeführt werden: Wer findet schneller die wichtigen und richtigen Informationen? Wenn beide Partner fertig sind, informieren sie sich gegenseitig über die jeweilige Sehenswürdigkeit. Anschließend stellen einige S ihre Ergebnisse kurz der Klasse vor, andere ergänzen ggf. bei gleicher Wahl.

Differenzierung ▲ Leistungsstärkere S entwickeln einen kleinen Dialog aus Fragen zu den beiden Sehenswürdigkeiten. Darüber hinaus diskutieren sie, welche Sehenswürdigkeit sich eher lohnen würde und warum. Abschließend einigen sie sich auf eine der beiden Sehenswürdigkeiten. Dieser Dialog wird anschließend der Klasse präsentiert.

Vertiefung L bespricht mit den S abschließend, welche Tücken es bei der Internetrecherche gibt (z. B. kommerzielle Seiten, Werbung, aus vielen verschiedenen Informationsangeboten geeignete Quellen auswählen, …) und worauf besonders geachtet werden sollte (bei Sehenswürdigkeiten z. B. die Homepage der Sehenswürdigkeit aufrufen).

Lösung Individuelle S-Lösungen.

Unit task Planning a sightseeing tour

Our London tour

Wortschatz *on foot, distance, realistic, material*

Einstieg L sollte für diese *Unit task* ca. 4–5 Unterrichtsstunden einplanen. Wenn vorhanden, bringt L ein paar Informationsbroschüren zu Sehenswürdigkeiten oder zu verschiedenen Tour-Angeboten in London mit. Diese dienen den S später zur Durchsicht.
Zum Einstieg liest L den S eine fiktive Email vor. L: *I know someone who organises language holidays in England and this person sent an e-mail to me last week:*

Dear Mrs/Mr …,
In your last e-mail you told me that your English class is learning about London at the moment and that your students know the city well.

I organise language holidays for German students in England. We always go to the South of England in Brighton for three weeks. For next summer I plan to offer day trips to London as well. The planning isn't so easy, I need some help. I would also like to know what young students are interested in.
I heard that you have many London experts in your class and this is why I'm writing to you: Could you help me plan a sightseeing tour for a day-trip to London? This would be so great! Maybe your students would like to go on a language holiday to England one day. And maybe I can arrange a special offer for your class
Best wishes,
Tess Abbott

Nach dem Vorlesen der Email wartet L auf spontane Reaktionen der S. Im folgenden Gespräch sollte sich die Bereitschaft ergeben, eine *London tour* zu planen. In diesem Zusammenhang fragt L die S, ob sie schon einmal an einer *sightseeing tour* teilgenommen haben und wenn ja, wie diese den S gefallen hat: *What did you like about that tour? What didn't you like about it?* Bei größerem Interesse der S kann die Fragestellung auch nach der **Think-Pair-Share**-Methode beantwortet werden. Auf diese Weise aktivieren die S ihr Vorwissen. Sollten eher weniger S bisher eine solche Tour gemacht haben, fragt L die S, was sie von einer guten *sightseeing tour* erwarten würden.

Methodisches Vorgehen

L leitet zur *Unit task* über: *I'm sure that you know a lot about London now and that you've got your own ideas for a perfect tour in London. During the next lessons you're going to plan your sightseeing tour for a class trip to London!* L und die S lesen nun die Doppelseite zur *Unit task* gemeinsam, besprechen die einzelnen Schritte und klären Fragen. Anschließend werden die Arbeitsgruppen eingeteilt. Zur Einteilung der Gruppen siehe unten, Tipps für junge Lehrer/innen.

Tipps für junge Lehrer/innen

Das Einhalten der Einsprachigkeit während längerer GA-Phasen stellt für viele S eine große Herausforderung dar. Von daher sollte pro Gruppe ein *language watchdog* (oder *language manager*) bestimmt werden. Dieser S ist für das Einhalten der Einsprachigkeit innerhalb der Gruppe verantwortlich und weist andere S der Gruppe darauf hin, wenn sie Deutsch sprechen. L kann dafür kleine Kärtchen vorbereiten mit Phrasen, die der *language watchdog* verwenden kann, z.B. *Only English, please. / Can you say that in English, please?* (Die *language watchdogs* können auch jede Stunde wechseln.)
Das Bilden von Arbeitsgruppen ist – je nach Lerngruppe – nicht immer einfach, da die S oft am liebsten mit ihren engsten Freunden zusammenarbeiten. Es ist jedoch vorteilhaft für die Klassengemeinschaft, wenn immer unterschiedliche S zusammenkommen und so jeder S lernt, mit den anderen Klassenkameraden auszukommen. Für die *Unit task* bieten sich heterogene Kleingruppen an. Neben dem Losverfahren kann L die Gruppen auch bewusst einteilen, so dass das Leistungsvermögen der einzelnen Gruppen nicht zu sehr voneinander abweicht.

S. 60 Step 1 Tour rules → WB 40/23

Methodisches Vorgehen

a) + b) Bevor die S sich in ihren Gruppen zusammenfinden, werden noch einmal die Regeln für die *London tour* gemeinsam besprochen. L weist auf die Karte unten auf S. 60 und den geltenden Maßstab hin. Im Anschluss daran gehen die S in ihren Gruppen zusammen und überlegen, welche Art von Tour sie gerne erstellen möchten (mit Bus und Boot, mit der U-Bahn, zu Fuß). Sollte dies zu Konflikten führen, werden die Optionen verlost (es sollte möglichst zwei Gruppen pro Option geben). L hält diese Einteilung auf einer Folie oder auf einem Plakat fest. Als Unterstützung bei der Planung ihrer London tour kann L **KV 18: Our London tour** an die S austeilen.

Differenzierung

△ **KV 18** kann auch zur Differenzierung eingesetzt werden – für diejenigen S, die etwas mehr Strukturierungshilfe benötigen.

Tipps für junge Lehrer/innen

Sollte die Klasse Schwierigkeiten haben, eigenständig konzentriert zu arbeiten, kann die Folie/das Plakat, auf dem die Gruppeneinteilung festgehalten wurde, auch zur Dokumentation des

Lernfortschritts genutzt werden. L hält nach jeder Stunde fest, wie weit jede Gruppe gekommen ist. Zudem verteilt er nach jeder Stunde 1–3 Sternchen an jede Gruppe, je nachdem wie konzentriert und zielstrebig sie gearbeitet hat. So erhält jede Gruppe ein Feedback zu ihrem Arbeitsverhalten.

Lösung Individuelle S-Lösungen.

S. 61 Step 2 Choose the sights on your tour → WB 40/24, 41/25

Methodisches Vorgehen

a) + b) Teilaufgabe a) kann von den S vorab als HA bearbeitet werden. Ansonsten bietet es sich an, die **Think-Share**-Methode einzusetzen: Jeder S der Gruppe überlegt zunächst für sich allein, welche Sehenswürdigkeiten er an einem Tag gerne besichtigen würde. Dabei sollten alle die für ihre Gruppe verbindliche Fortbewegungsart berücksichtigen. Anschließend berichten sich die S in den Gruppen gegenseitig von ihren Ideen und einigen sich auf Sehenswürdigkeiten, die sie als Gruppe gerne besuchen würden. L sollte während dieser Phase immer wieder auf die Einhaltung der Regeln aus *Step 1* hinweisen. Um die Einsprachigkeit zu gewährleisten, können die S die *Useful phrases* aus *Station 2* und auf **KV 5: Useful phrases for Unit 3** zur Hilfe nehmen.

Tipps für junge Lehrer/innen L kann für die einzelnen Schritte zeitliche Rahmen vorgeben, damit sich keine Gruppe zu lange mit einer Aufgabe aufhält. L kann von den Gruppen auch Zwischenergebnisse einfordern.

Lösung Individuelle S-Lösungen.

S. 61 Step 3 Collect information and write a plan

Methodisches Vorgehen

a) In diesem Arbeitsschritt werden nähere Informationen zu den Sehenswürdigkeiten recherchiert und die entsprechende Route geplant. Am besten bearbeiten die S innerhalb ihrer Gruppen die Sehenswürdigkeiten arbeitsteilig. Dies kann als vorbereitende HA erfolgen. Sollte die Recherche im Unterricht stattfinden, so bietet sich für diese Phase die Arbeit im Computerraum an. Auch die oben erwähnten Broschüren können nun zum Einsatz kommen. Wichtige Informationen zu den Sehenswürdigkeiten werden im Heft oder auf **KV 18** festgehalten.

b) Im nächsten Schritt einigt sich die Gruppe auf einen Ablaufplan für ihre Tour (Reihenfolge der Sehenswürdigkeiten, Zeit und Ort für Mittagspause, usw.). Dieser kann im Heft oder auf **KV 18** aufgeschrieben werden.

Differenzierung △ Sollte es in den Gruppen mehr S als Sehenswürdigkeiten geben, können sich die leistungsschwächeren S mit einem leistungsstärkeren S zusammentun und mit ihm gemeinsam recherchieren.

Lösung Individuelle S-Lösungen.

S. 61 Step 4 Prepare your presentation

Methodisches Vorgehen Nach Möglichkeit sollte jeder S einer Gruppe einen Teil der Tour präsentieren. Die S erstellen *prompt cards* für die Präsentation und bereiten die Materialien vor, anhand derer sie ihre Tour präsentieren wollen. Bei der Vorbereitung ihrer Präsentation kann den S die *Skills page* in Unit 2 und die *Useful phrases* in *Step 5* Hilfestellung geben.

Tipps für junge Lehrer/innen Bei dieser *Unit task* geht es vor allem um die Planung einer guten *sightseeing tour*. Der Erstellung eines Posters sollte nicht allzu viel Zeit eingeräumt werden (es sei denn, diese steht zur Verfügung).

Lösung Individuelle S-Lösungen.

S. 61 Step 5 Present your tour in class → WB 41/26

Methodisches Vorgehen

a) Da es 6–7 Gruppen pro Klasse gibt, bietet es sich an, dass jede Gruppe ihre *sightseeing tour* der gesamten Klasse vorstellt. Nach jeder Präsentation dürfen Fragen gestellt werden und es gibt ein kurzes Feedback.

b) Nach Abschluss aller Präsentationen wählt die Klasse die beste *sightseeing tour*. Hierfür erhält jeder S einen roten Punkt, der auf einer Übersicht über alle Touren (auf dem unter *Step 1* angefertigten Übersichtsplakat oder an der Tafel) hinter die favorisierte Gruppe bzw. Tour geklebt wird. Es kann auch mehrere Beurteilungskategorien und eine dem entsprechende Anzahl an Punkten geben. Diejenige Gruppe, die die meisten Punkte erhält, bekommt von der Klasse noch ein kurzes Feedback, warum ihre Tour so gut angekommen ist.

Vertiefung

Am Ende der *Unit task* reflektieren L und die S, was gut gelaufen ist und an welchen Stellen sie noch Verbesserungs-/Entwicklungsbedarf sehen. Die S verschriftlichen ihre Tour in Form von einer Antwort-Email an den Reiseveranstalter aus dem Einstieg (siehe oben).

Story

S. 62 I'm a mudlark

Text
→ L 1/31–35 ⊙
S 2/12–16 ⊙

Wortschatz

mudlark, high tide, low tide, to flow out, towards, central, heart, metre, muddy, bank, wobbly, bridge, silver, to grab, wrist, to drop, to roll off, It's gone., down, to be lucky, mud, shore, wet, bucket, trowel, century, anyway, pollution, dead, to wash up, all the time, human body, clay pipe, at first, key, to scream, coconut, dramatic, hour, to be surprised

Einstieg

SB geöffnet. Die S beschreiben die Bilder. Anhand des Bildes auf S. 62 führt L die Wörter *high tide, low tide, shore* und *to flow out* ein. In diesem Zusammenhang kann L kurz darauf hinweisen, dass es in der Themse Ebbe und Flut gibt (siehe *Across cultures*-Box auf S. 62). Anhand des Bildes auf S. 63 werden die Vokabeln *mud, muddy, wet, trowel* und *pollution* vorentlastet.
Im nächsten Schritt wird mit Hilfe der Bilder die Bedeutung des Wortes *mudlark* hergeleitet. L: *All these pictures have something to do with a mudlark. Have you got any idea what this word means?* Dabei sollte zumindest deutlich werden, dass ein *mudlark* jemand ist, der im Schlamm nach (alten) Dingen sucht.
L: *Our next story is called 'I'm a mudlark'. Make a guess: What have Olivia, Holly, Jay and Amir got to do with mudlarks?* Im UG äußern die S spontan Vermutungen über den Inhalt der Geschichte.

Methodisches Vorgehen

L spielt den Text von der CD in kurzen Abschnitten vor und die S lesen parallel mit. Nach den einzelnen Abschnitten stellt L Fragen zum Textverständnis. Die S fragen ggf. nach neuem Vokabular. Zu den beiden *Stop and think*-Fragen nach den Abschnitten A und D tauschen sich die S jeweils kurz mit einem Partner aus, danach erfolgt ein kurzer Austausch im Plenum.
Mögliche Fragen nach Abschnitt A:
- *Where are the four friends? (They're walking across some bridges in London, now they're at Millenium Footbridge.)*
- *Whose silver bracelet is it? (It's Amir's.)*
- *Why does it fall into the Thames? (Jay likes it, wants to try it on, grabs his cousin's arm and drops it. Then it rolls down into the Thames).*
- *Where do they see the bracelet? (It's in the mud between the water and the wall.)*

Mögliche Fragen nach Abschnitt B:
- *Where are the four friends? (They're down on the shore in the mud.)*
- *Who finds the bracelet? (Mike finds the bracelet.)*
- *What do you learn about Mike? (He's a mudlark, he has got at bucket and a trowel with him.)*

Mögliche Fragen nach Abschnitt C:
- *What does Mike tell them about? (He tells them about mudlarks.)*
- *What did mudlarks do in the 19th century? (When the tide went out, people looked on the shore of the Thames for things to sell.)*
- *What are mudlarks today? (They're different; they look for history in the mud, just for fun.)*
- *Which objects does Mike show them in his bucket? (He shows them an old glass, an old green bottle, a clay pipe and a bracelet.)*

Mögliche Fragen nach Abschnitt D:
- *What are the four of them doing now? (They start looking for things in the mud as well.)*
- *What do they find? (They find a euro coin, an old key, a shoe and a coconut.)*
- *Why do they have to go? (The tide is coming in.)*

Mögliche Fragen nach Abschnitt E:
- *Can they save Jay? (Yes, they can.)*
- *What's their plan now? (They're going to meet Shahid at the London Eye.)*
- *What does Amir do? (He throws his bracelet into the river.)*

Nach dem ersten Hören/Lesen fragt L nach spontanen Äußerungen und Reaktionen der S. Im Anschluss daran kann die Geschichte noch einmal laut in der Klasse gelesen werden.
Zur Texterschließung kann auch **KV 19: I'm a mudlark** eingesetzt werden.

S. 64
SPEAKING

1 Your reaction → WB 42/27

Methodisches Vorgehen

Je nach Vorlieben/Zusammensetzung der Lerngruppe gibt es hier unterschiedliche Umsetzungsmöglichkeiten: Die Aufgabe kann im UG mündlich bearbeitet werden oder die S tauschen sich zunächst in PA aus und machen sich ggf. Notizen, bevor sie im Plenum berichten. Alternativ können 4er-Gruppen (**Buzz groups**) gebildet werden. In ihren Gruppen sprechen die S über die für sie interessanten Aspekte aus der Geschichte. (Die S können auch mit anderen S eine Gruppe bilden, die denselben Aspekt interessant finden.) Abschließend berichtet ein S aus jeder Gruppe der Klasse über die Ergebnisse der Gruppenphase.
Unabhängig vom Vorgehen weist L die S darauf hin, dass sie begründen sollen, warum sie diesen Aspekt am interessantesten finden. Als Hilfestellung können *Useful phrases* an der Tafel notiert werden:

I find ... interesting because ... / I like ... / I'm interested in ... / The history is interesting because ... / This is why ...

Differenzierung

△ L kann für leistungsschwächere S auch *cue cards* vorbereiten. Auf den *cue cards* werden Anregungen notiert, was an den Leuten, den Dingen im Fluss oder dem geschichtlichen Aspekt interessant sein könnte (z. B. *people: Mike: special hobby, Amir and Olivia: interested in history, the four friends: always ready for an adventure, … ; things: everything in the bucket tells a story, …; history: didn't know about mudlarks before, many people were poor in the 19th century,…).*

Lösung

Individuelle S-Lösungen.

S. 64
READING

2 Understanding the text → WB 42/28

Wortschatz

modern

Methodisches Vorgehen

a) Die S bearbeiten die Aufgabe in EA. Anschließend werden die Ergebnisse in einer Tabelle an der Tafel gesammelt (vgl. Lösung). Alternativ kann L auch fertige Lösungsblätter auslegen, so dass die S ihre Ergebnisse eigenständig abgleichen können.

b) L nimmt **KV 19**, Aufgabe b), zu Hilfe. Wenn b) schon bearbeitet worden ist, können die S an dieser Stelle kurz ihre Ergebnisse vorlesen. Dann leitet L zu der Aufgabe im SB über: *These are Olivia's thoughts. What do you think are Amir's reasons to throw his bracelet back into the Thames?* Die S formulieren eine schriftliche Antwort. Anschließend werden die Ergebnisse im Plenum verglichen.

Vertiefung L kann weiterführende Fragen stellen: *Would you like to be a mudlark? Why/why not? Would you throw your bracelet into the river like Amir?*

Lösung a)

Mudlarks in the 19th century	*Modern mudlarks*
– *They tried to make money from things that fell into the Thames (from boats, ships, bridges).* – *When the tide went out, the people went on the shore of the Thames and started looking for things to sell.* – *They were usually children and old people.* – *At that time the river was very dirty.*	– *They don't try to make money; they do it for fun.* – *They are looking for history in the mud.* – *The river is less dirty today.*

b) EH: *His silver bracelet means something to him. But Amir is also into history. By throwing his silver bracelet back into the Thames, it becomes part of history: A mudlark can find it one day (maybe many years in the future) and think about the story behind the bracelet.*

S. 64
WRITING

3 One story, three different perspectives

Methodisches Vorgehen a) + b) L teilt die S in 3er-Gruppen ein. Als Organisationsform eignet sich ein **Gruppenpuzzle**: In den 3er-Stamm-Gruppen bearbeitet jeder S eine Aufgabe für sich (A, B oder C). Nachdem jeder S seine Aufgabe bearbeitet hat, vergleicht er zunächst seine Ergebnisse mit S aus anderen Gruppen, die die gleiche Teilaufgabe bearbeitet haben. L sollte Zeiten vorgeben und ein Signal setzen, wann Arbeitsschritte beendet sind. Auch das Zusammenfinden der neuen Expertengruppen sollte im Vorhinein organisiert werden. Im Anschluss daran geht die Stammgruppe wieder zusammen und tauscht ihre Ergebnisse aus. Dabei stellt sie heraus, welche Ideen ähnlich und welche abweichend sind. Abschließend können im UG Aspekte angemerkt werden, die aufgefallen sind oder über die sich die S austauschen möchten. Eine Gruppe kann ihre Arbeitsergebnisse auch im Plenum vorstellen.

Differenzierung △ ▲ L teilt die Gruppen leistungsdifferent ein. A wird von tendenziell leistungsschwächeren S bearbeitet, B von S auf mittlerem Niveau, C von tendenziell leistungsstärkeren S. Bei A können zunächst auch nur Schlüsselwörter gesucht werden – ohne Begründung. L kann Teile der Lösungen auf Anfrage der S als weitere Hilfestellung anbieten.

Tipps für junge Lehrer/innen Sowohl die Stamm- als auch die Expertengruppen für das **Gruppenpuzzle** müssen im Vorhinein festgelegt werden, ebenso wie der organisatorische Rahmen (Zeit, Ort des Zusammenfindens, genauer Arbeitsauftrag). Je öfter ein **Gruppenpuzzle** in der Klasse praktiziert wird, desto reibungsloser läuft es ab.

Lösung a) + b) EH:

A.

Key words/phrases from the text	*Why are they important?*
the bracelet	*beginning of the story / This is why they find Mike and find out about mudlarks. / In the end Jay throws his bracelet into the Thames.*
mud	*The story takes place in the mud. Mudlarks work in the mud.*
The tide was out …	*This is the reason why Amir gets his bracelet back and why they start looking for old things on the shore of the Thames.*
mudlark	*They meet the mudlark Mike, they learn about the history of mudlarks and become mudlarks themselves.*
bucket and trowel	*These are very important things for mudlarks. Mike has many interesting things in his bucket.*

history	*Mudlarks look for history in the mud. / Amir's bracelet can become part of history.*
"The tide is coming in fast …"	*The job of a mudlark can be dangerous. They have to watch the tide. Jay is nearly cut off because of the tide.*
Thames	*This is where the story takes place and where mudlarks work at low tide.*

B.

1. *Jay isn't careful enough, drops Amir's bracelet and it rolls into the Thames.*
2. *They're lucky because the tide is out and they see the bracelet in the mud on the shore of the Thames.*
3. *When they go down to get the bracelet, they meet Mike, a mudlark.*
4. *Mike tells them about the history of mudlarks and what modern mudlarks do.*
5. *Mike shows them the old things he found in the mud and the four friends want to help Mike.*
6. *When they look for things in the mud, the tide comes in and Jay is nearly cut off from the others.*
7. *But they get safely to the top of the steps.*
8. *Amir throws his bracelet back into the Thames.*

C.

I like this story because …
… I learned about mudlarks. I didn't know about them before. The history of mudlarks is very interesting.
… the story is exciting: Jay is nearly cut off and the others have to help/save him!
… I like to think about the stories behind the things in Mike's bucket.
… I like to stop and think about what could happen next.
I don't like the story because …
… I'm not into history. / The story about mudlarks is boring.
… the story wants to teach us about the history of mudlarks. I don't like this way of teaching.
… the story is not realistic – a bracelet rolls into the Thames, you find it on the huge shore of the Thames and then you even meet a mudlark …

S. 64
WRITING

4 What's the story behind it? → WB 42/29; S10–13; Diff pool ▲ 119/14

Einstieg Zum Einstieg liest L folgende Textstelle aus Abschnitt C vor: *But look at this glass in my bucket. OK, it's broken, so it doesn't look very good any more. But it's over 100 years old! And when I hold it in my hand I like to think of the story behind it. Who drank from it? How did it get here?* Die S äußern spontan ihre Ideen im Plenum.

Methodisches Vorgehen L leitet zur Aufgabe im SB über. Die Aufgabenstellung und die *Useful phrases* werden gemeinsam gelesen. Anschließend bearbeiten die S die Aufgabe in EA. Als Hilfestellung dienen S10–13 auf S. 132–133. Je nach Schwerpunkt der Stunde kann L auch zunächst die *Skills*-Seiten mit den S besprechen.
Nachdem jeder S seinen eigenen Text aufmerksam Korrektur gelesen hat (S12 und S13), werden die Texte im Rahmen einer **Peer conference** korrigiert. Hier gibt es unterschiedliche Organisationsmöglichkeiten, z. B. können sich diejenigen S, die fertig sind, an einem *bus stop* treffen. Sobald sich drei S eingefunden haben, bilden sie eine Gruppe für die **Peer conference** und tauschen ihre Texte untereinander aus. Dabei wird im ersten Durchgang nur auf Rechtschreibung und Grammatik geachtet. Sollte dies die erste **Peer conference** in der Klasse sein, genügt ein Durchgang. Ansonsten können die Texte noch einmal innerhalb der 3er-Gruppen ausgetauscht werden (so dass jedes Mal ein neuer Text Korrektur gelesen wird) und bei diesem Durchgang wird der Inhalt in den Fokus genommen. Hilfreich hierfür ist auch die Checkliste in S12 auf S. 133. Allerdings wird es für eine 6. Klasse schwierig sein, ein inhaltliches Feedback zu dem Text auf Englisch zu geben, ggf. kann L dies ausnahmsweise auf Deutsch zulassen oder

den S entsprechende *Useful phrases* mit an die Hand geben. Alternativ zur **Peer conference** können sich nach dem Verfassen der Texte diejenigen S zusammenfinden, die über die gleichen Objekte aus dem Eimer geschrieben haben. In diesen Kleingruppen lesen sie sich ihre Texte gegenseitig vor und wählen einen Text aus, der dann in der Klasse vorgetragen wird.

Differenzierung

▲ Diff pool p. 119/14 A treasure in the Thames → Instead of Story, p. 64/4

Methodisches Vorgehen: Diese Aufgabe stellt eine anspruchsvollere Aufgabe für die leistungsstärkeren S dar und kann anstelle von Aufgabe 4 auf S. 64 bearbeitet werden. Hier müssen die S die *Story* erweitern (wie die vier Freunde zu einem ihrer Gegenstände kommen und was sie damit anstellen etc.). Leistungsstärkere S können selbst entscheiden, welche Aufgabe sie lieber bearbeiten möchten. Die Aufgabe im *Diff pool* wird ebenfalls als Schreibaufgabe in EA bearbeitet.

Lösung: Individuelle S-Lösungen.

Lösung Lösungsvorschlag:
The wine glass belonged to a family over a hundred years ago. They lived in a house next to the Thames. One day the family had a big party in their house with all their friends. They ate a great meal and drank some wine. The daughter of the family was 18 years old at that time. There was a son from another family who was 20 years old and who liked her a lot. "It's so warm inside. Would you like to go outside and walk along the Thames?" he asked her. The two went outside with their wine glasses. They enjoyed the warm summer night and walked along the Thames. They stopped to watch the stars. At once the young man tried to kiss her! She was so surprised that she moved away from him and hit his wine glass. It fell into the Thames! "Go away and don't come back to the party!" she shouted at him. Then he ran away …

<A look at the Thames>

Allgemeine Hinweise Der Kurzfilm bietet visuelle Eindrücke und weitere Informationen zum Thema *Thames*. Er kann nach der Bearbeitung von S. 64, Aufgabe 4 im SB oder zum Abschluss der Unit eingesetzt werden.

Film-Transkript → 7 London and its river, the Thames … You can't imagine one without the other. Take a walk along the river, and you can see some of the world's most famous tourist attractions … For example, the Houses of Parliament and Big Ben … And the London Eye, of course. Further downstream, to the east, 'The Shard' is difficult to ignore. At over 300 metres, it's London's tallest skyscraper. And many say that Tower Bridge is the most beautiful Thames bridge. In the distance, beyond the famous O_2 Arena in Greenwich, you see a bridge-like structure over the Thames: The Thames Barrier. This isn't a famous tourist sight like Big Ben or the London Eye. But The Thames Barrier plays a very important role in the city and in the life of all Londoners.
At the eastern end of London, the Thames Barrier stretches 520 metres across the river. The Thames is a tidal river and so London needs protection against extremely high tides and flood waters from the North Sea. The barrier was built in 1982, and its heavy steel gates have gone up more than 150 times to protect the city and its eight million people.

Einstieg L: *The Thames is London's famous river. When you walk along the Thames, what famous sights and tourist attractions can you see?* Die S nennen spontan einige Attraktionen. L leitet zum Film über: *Let's take a closer look at the Thames and see if you're right.*

Methodisches Vorgehen Der Film wird zunächst einmal komplett angesehen. Nach dem ersten Sehen überprüft L das Globalverständnis: *In one sentence, say what the film is about. (It is about the Thames, the sights you can see near it and the Thames Barrier.)* Beim zweiten Sehen ist es sinnvoll, den Film in zwei Abschnitte zu teilen. Zunächst wird der Abschnitt, der die Sehenswürdigkeiten behandelt (00:00–01.24), noch einmal angesehen. Die S bearbeiten danach die Aufgaben a) und b) auf **KV 20: A look at the Thames**. Die Aufgaben werden in EA bearbeitet und danach

kurz im Plenum besprochen. Danach präsentiert L den Abschnitt über die *Thames Barrier* (01:25–2:24). Einige Vokabeln (*tidal river, flood waters, steel gate*) sollten ggf. vorentlastet werden. Dann bearbeiten die S in EA Aufgabe c) auf **KV 20**. Die Ergebnisse werden kurz im Plenum verglichen.
Als *post-viewing activity* bearbeiten die S je nach Leistungsstand Aufgabe a) oder b) auf **KV 21: A tour from Westminster Bridge to Tower Bridge**. Einige Ergebnisse werden im Plenum vorgelesen.

Differenzierung △ ▲ Auf **KV 21** bearbeiten weniger leistungsstarke S die angeleitete Aufgabe a), während leistungsstärkere S in Aufgabe b) einen freien Dialog verfassen.

Check-out Self-evaluation

S. 65
LANGUAGE

1 What are they going to do tomorrow?

Methodisches Vorgehen Diese Aufgabe dient der Wiederholung des *going-to future*. In EA schreiben die S Sätze über die Pläne der jeweiligen Personen. Die Lösungen werden selbstständig mit dem Lösungsschlüssel auf S. 241 abgeglichen.

Lösung Vgl. SB S. 241.

S. 65
LANGUAGE

2 What do these sellers at Camden Market say?

Methodisches Vorgehen Hier üben die S die Zusammensetzungen mit *some, any, every* und *no*. Sie schreiben die Äußerungen der Verkäufer vom *Camden Market* ab und setzen die richtigen Wörter ein, die am Rand aufgeführt sind. Im Anschluss überprüft jeder S eigenständig seine Lösungen.

Lösung Vgl. SB S. 241.

S. 65
LANGUAGE

3 Complete the text with the correct adverb forms

Wortschatz *comfortable, carpet*

Methodisches Vorgehen Die S schreiben den Text ab und setzen die richtigen Formen der Adverbien ein. Auch hier erfolgt die eigenständige Kontrolle mit Hilfe des Lösungsschlüssels.

Lösung Vgl. SB S. 241.

The copper treasure

SB 66–67 → S 1/36–39 ⊙ L 2/17–20 ⊙

Lernziel/Kompetenz:
einen Romanauszug selbstständig lesen

Materialien:
- Schüler-Audio-CD 1, Track 36–39
- Lehrer-Audio-CD 2, Track 17–20
- WB 44/1–3
- Folie 20
- KV 1: Mudlarks
- KV 2: The characters in the story

Zeitlicher Aufwand:
90 Min.

Bei dem vorliegenden Lesetext handelt es sich um einen Auszug aus Melvin Burgess' Roman *The copper treasure*. Eine Zusammenfassung des Inhalts finden Sie auf der nachfolgenden Seite.

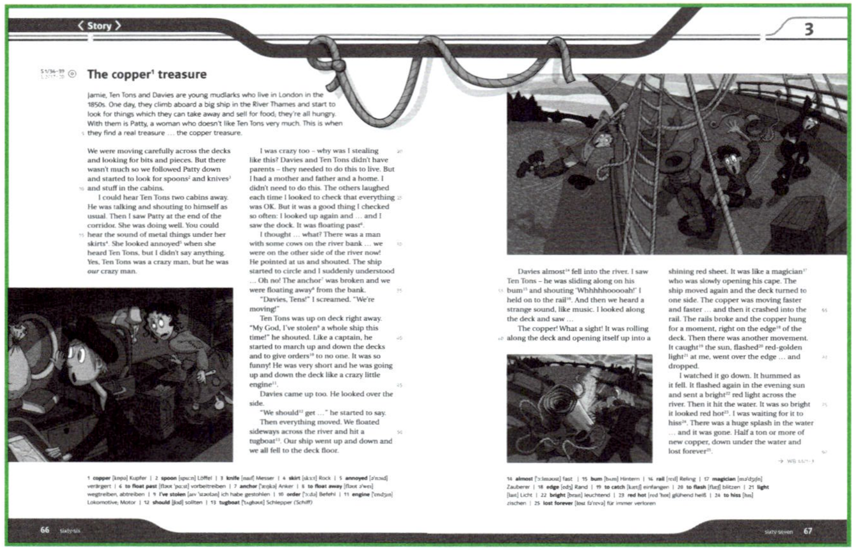

S. 66–67
READING
Text
→ S 1/36–39 ◎
L 2/17–20 ◎

The copper treasure → WB 44/1-3

Background information

This novel was written by Melvin Burgess (born April 25th, 1954), a well-known British writer of children's books and teen fiction, who at present lives in Manchester. He became famous in 1996 with the publication of Junk, *a story about heroin-addicted teenagers on the streets of Bristol. His novel* The copper treasure *was first published in 1998. It will appeal to readers with an interest in a gripping adventure story. At the same time, it provides the reader with an accurate and rather gloomy glimpse into the life of a poverty-stricken Victorian boy.*

Summary of the novel

In Victorian England, some children have to eke out a meagre existence by working along the banks of the river Thames. They are so-called 'Mudlarks', digging for treasure in the mudflats at low tide. One day, three children – Davies, Jamie (the 11-year-old narrator of the story) and Ten Tons decide to climb aboard a tall ship and steal whatever they can get hold of there. When the anchor breaks, the ship goes adrift and the children find themselves in a struggle for survival. A valuable roll of shiny copper goes overboard in a most spectacular manner, and is lost forever – or so they think. The boys then try to retrieve the treasure, knowing that selling the roll would instantly solve all their financial problems and enable them to become apprentices on a sailing ship. But how can they lift up a heavy role of metal from the bottom of a huge river without endangering their own lives? Overcoming many difficulties, they eventually manage to get their hands on the copper, but their success is marred by tragedy: Ten Tons loses his life. With the proceeds from the sale of the recovered copper, Davies and Jamie realise their ambition of buying a berth aboard a ship to learn to be seamen.

Einstieg

Der Einstieg in den Romanauszug kann über **Folie 20** erfolgen, auf der die Illustrationen auf S. 66–67 zu sehen sind. L: *Look at (one of) the picture(s). What do you think: Where are we? When is this happening? Imagine you could climb into the picture: What would you see or hear? Feel and taste? Smell?* Bei der Verwendung der Illustrationen als Einstieg sollte bedacht werden, dass die Phantasie der S durch die vorgegebenen Bilder bereits eingeschränkt wird. Der Schwerpunkt der Versprachlichung im Unterricht sollte auf der Ebene der fünf Sinne liegen, weil dies auch im Text stark betont wird. Die Sprache des Textauszugs arbeitet stark mit Bildern, die im Kopf des Lesers ausgelöst werden.

Als eine weitere Möglichkeit des Einstiegs bringt L eine Kupferrolle zur Ansicht mit in den Unterricht. L: *Do you know the name of this metal? How do you use it? Why is the book called* The copper treasure*? How can copper be a treasure?*

Anschließend werden die S aufgefordert, den Preis für Kupfer zu schätzen. L: *How much does half a tonne of copper cost? (500 kg of copper = ca. 2800 Euros)* Die S sollen begreifen, dass der Wert in der viktorianischen Zeit einem Vermögen glich.

Alternativ kann mit Hilfe von **KV 1: Mudlarks** in die Geschichte eingeführt werden.

Methodisches Vorgehen

Die Vertonung der Geschichte auf der CD sollte im Unterricht eingesetzt werden. In Vorbereitung auf **KV 2: The characters in the story** kann die Klasse unterschiedliche Höraufträge erhalten: In vier Gruppen achten die S darauf, wie Jamie, Ten Tons, Davies und Patty jeweils charakterisiert werden. Die dem Workbook beiliegende CD beinhaltet ebenfalls die Vertonung der Geschichte. Diese kann als wiederholende HA eingesetzt werden oder als Leseübung für die S, die den Auftrag erhalten, die CD mehrfach anzuhören und dabei im **Echo-Verfahren** mitzulesen, um die Betonung und Prosodie möglichst perfekt zu imitieren.

Mögliche *while-reading activities:*

- L: *While you read the text, concentrate on the words used for things that you see and things that you hear* (*things that you see: look for, look annoyed, look to check, look up, see the dock floating past, look over the side, what a sight, shimmering red, caught in the sun, flash, send a bright red light, bright, red (hot); things that you hear: shout, the sound of metal things under her skirt, scream, a sound like music, crash, hum, hiss, splash*).

- L: *In this passage, the writer uses language like a camera in a film. Go through the text and say where he changes the position of the camera. Where do things move slowly and where do they become faster? Where are things quiet and where do they become louder? How does this make us feel when we read the text?*

Zum Abschluss spekulieren die S im UG, wie die Geschichte weitergehen könnte.

Unit 4 Sport is good for you!

Die S lernen verschiedene Sportarten kennen und erweitern dabei ihren themenspezifischen Wortschatz.

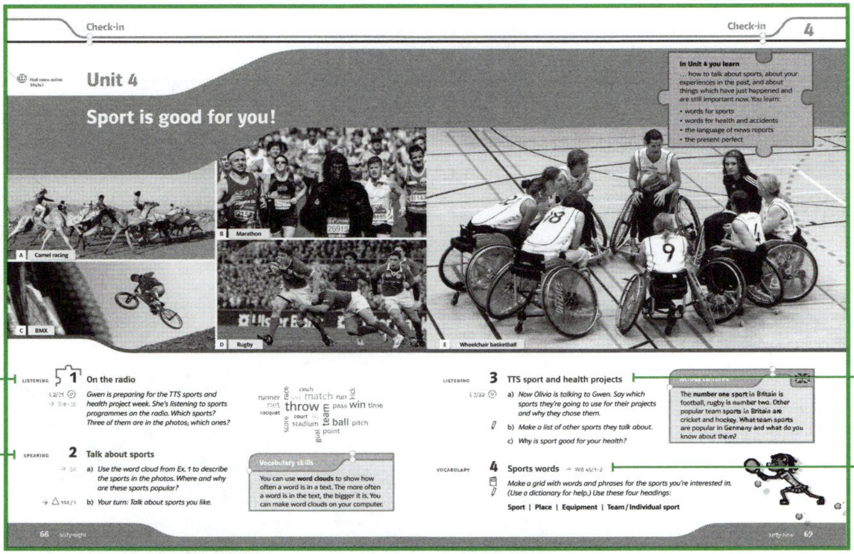

SB 68/1 → L2/21

Lernziel/Kompetenz:
einen Beitrag in einer Radiosendung global verstehen

Materialien:
- KV 1: The world of sports
- Lehrer-Audio-CD 2, Track 21
- S. 137, S18–20

Zeitlicher Aufwand:
12 Min.

SB 68/2

Lernziel/Kompetenz:
über Sportarten sprechen

Materialien:
- KV 2: Talking about my favourite sports
- Folie 21
- △ 120/1
- S. 129, S4

Zeitlicher Aufwand:
15 Min.

SB 69/3 → L2/22

Lernziel/Kompetenz:
einem gesprochenen Dialog über ein Schulprojekt Global- und Detailinformationen entnehmen

Materialien:
- Lehrer-Audio-CD 2, Track 22
- KV 3: Listening: TTS sport and health projects

Zeitlicher Aufwand:
12 Min.

SB 69/4

Lernziel/Kompetenz:
Wörter zum Thema „Sport“ sammeln und gliedern

Materialien:
- WB 45/1–2
- KV 4: My sports words

Zeitlicher Aufwand:
10 Min.

Die Charaktere sprechen über den *London Marathon* und ihre Erfahrungen mit Rennen. Olivia, Gwen und Luke entscheiden, am *Mini marathon* teilzunehmen. Die S erlernen in diesem Zusammenhang die Verwendung des *present perfect simple* zur Wiedergabe von Erfahrungen.

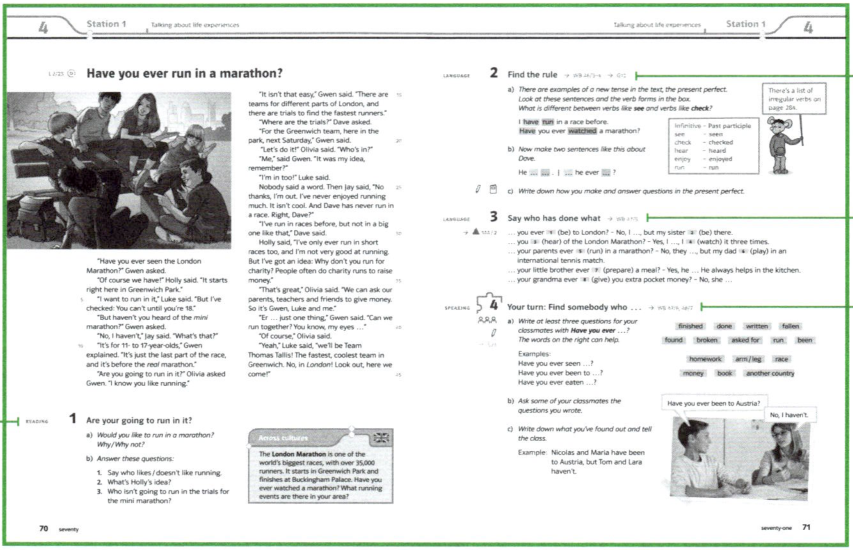

4 Station 1 Talking about life experiences

L2/23 **Have you ever run in a marathon?**

"Have you ever seen the London Marathon?" Gwen asked.
"Of course we have!" Holly said. "It starts right here in Greenwich Park."
"I want to run in it," Luke said. "But I've checked: You can't until you're 18."
"But haven't you heard of the *mini* marathon?" Gwen asked.
"No, I haven't," Jay said. "What's that?"
"It's for 11- to 17-year-olds," Gwen explained. "It's just the last part of the race, and it's before the *real* marathon."
"Are you going to run in it?" Olivia asked Gwen. "I know you like running."
"It isn't that easy," Gwen said. "There are teams for different parts of London, and there are trials to find the fastest runners."
"Where are the trials?" Dave asked.
"For the Greenwich team, here in the park, next Saturday," Gwen said.
"Let's do it!" Olivia said. "Who's in?"
"Me," said Gwen. "It was my idea, remember?"
"I'm in too!" Luke said.
Nobody said a word. Then Jay said, "No thanks, I'm out. I've never enjoyed running much. It isn't cool. And Dave has never run in a race. Right, Dave?"
"I've run in races before, but not in a big one like that," Dave said.
Holly said, "I've only ever run in short races too, and I'm not very good at running. But I've got an idea: Why don't you run for charity? People often do charity runs to raise money."
"That's great," Olivia said. "We can ask our parents, teachers and friends to give money. So it's Gwen, Luke and me."
"Er … just one thing," Gwen said. "Can we run together? You know, my eyes …"
"Of course," Olivia said.
"Yeah," Luke said, "we'll be Team Thomas Tallis! The fastest, coolest team in Greenwich. No, in *London*! Look out, here we come!"

READING **1 Are your going to run in it?**

a) *Would you like to run in a marathon? Why/Why not?*

b) *Answer these questions:*

1. Say who likes / doesn't like running.
2. What's Holly's idea?
3. Who isn't going to run in the trials for the mini marathon?

Across cultures
The **London Marathon** is one of the world's biggest races, with over 35,000 runners. It starts in Greenwich Park and finishes at Buckingham Palace. Have you ever watched a marathon? What running events are there in your area?

70 seventy

Talking about life experiences Station 1 4

LANGUAGE **2 Find the rule** → WB 46/3–4 → G12

a) *There are examples of a new tense in the text, the present perfect. Look at these sentences and the verb forms in the box. What is different between verbs like* ***see*** *and verbs like* ***check****?*

I have run in a race before.
Have you ever watched a marathon?

Infinitive	Past participle
see	seen
check	checked
hear	heard
enjoy	enjoyed
run	run

There's a list of irregular verbs on page 284.

b) *Now make two sentences like this about Dave.*

He … … . | … he ever … ?

c) *Write down how you make and answer questions in the present perfect.*

LANGUAGE **3 Say who has done what** → WB 47/5 → ▲ 120/2

… you ever 1 (be) to London? – No, I …, but my sister 2 (be) there.
… you 3 (hear) of the London Marathon? – Yes, I …, I 4 (watch) it three times.
… your parents ever 5 (run) in a marathon? – No, they …, but my dad 6 (play) in an international tennis match.
… your little brother ever 7 (prepare) a meal? – Yes, he … He always helps in the kitchen.
… your grandma ever 8 (give) you extra pocket money? – No, she …

SPEAKING **4 Your turn: Find somebody who …** → WB 47/6, 48/7

a) *Write at least three questions for your classmates with* ***Have you ever …?*** *The words on the right can help.*

finished done written fallen found broken asked for run been
homework arm/leg race money book another country

Examples:
Have you ever seen …?
Have you ever been to …?
Have you ever eaten …?

b) *Ask some of your classmates the questions you wrote.*

c) *Write down what you've found out and tell the class.*

Example: Nicolas and Maria have been to Austria, but Tom and Lara haven't.

Have you ever been to Austria?
No, I haven't.

seventy-one 71

SB 70/1 → L2/23 ⊙

Lernziel/Kompetenz:
die eigene Meinung wiedergeben und Fragen zum Text beantworten

Materialien:
Lehrer-Audio-CD 2, Track 23

Zeitlicher Aufwand:
10 Min.

SB 71/2

Lernziel/Kompetenz:
die Regel zur Bildung des *present perfect simple* erarbeiten

Materialien:
- S. 158–160, G12
- Folie 22
- KV 5: The present perfect simple
- WB 46/3-4

Zeitlicher Aufwand:
30 Min.

SB 71/3

Lernziel/Kompetenz:
die Formen des *present perfect simple* in einen Lückentext einfügen

Materialien:
- WB 47/5
- ▲ 120/2

Zeitlicher Aufwand:
10 Min.

SB 71/4

Lernziel/Kompetenz:
Find somebody who … mit Hilfe des *present perfect simple* durchführen

Materialien:
- WB 47/6, 48/7
- S. 139, S24
- KV 6: What's the word?

SB 72/5 → L2/26 ◎

Lernziel/Kompetenz:
Fragen zum Text beantworten

Materialien:
- Lehrer-Audio-CD 2, Track 26
- KV 7: Have you been to the doctor's yet?

Zeitlicher Aufwand:
15 Min.

SB 72/6

Lernziel/Kompetenz:
Fragen mit *yet* und Kurzantworten anhand einer Checkliste bilden

Materialien:
- S. 158–160, G12
- KV 5: The present perfect simple

Zeitlicher Aufwand:
7 Min.

Die S erfahren, dass Olivia sich am Fuß verletzt hat und es nicht klar ist, ob sie an den Qualifikationen für den *Mini marathon* teilnehmen kann. Sie erlernen dabei weitere Verwendungen des *present perfect simple* und themenspezifischen Wortschatz für einen Arztbesuch.

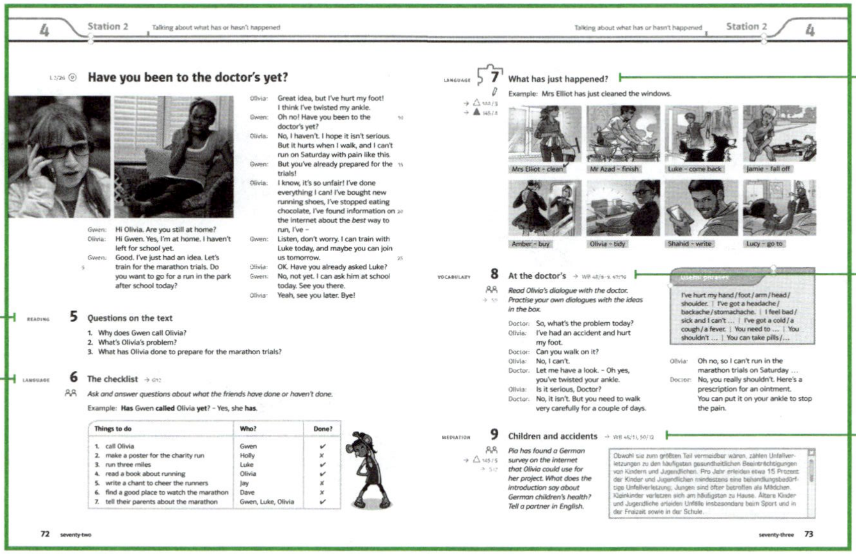
4 Station 2 Talking about what has or hasn't happened

Have you been to the doctor's yet?

Gwen: Hi Olivia. Are you still at home?
Olivia: Hi Gwen. Yes, I'm at home. I haven't left for school yet.
Gwen: Good. I've just had an idea. Let's train for the marathon trials. Do you want to go for a run in the park after school today?
Olivia: Great idea, but I've hurt my foot! I think I've twisted my ankle.
Gwen: Oh no! Have you been to the doctor's yet?
Olivia: No, I haven't. I hope it isn't serious. But it hurts when I walk, and I can't run on Saturday with pain like this.
Gwen: But you've already prepared for the trials!
Olivia: I know, it's so unfair! I've done everything I can! I've bought new running shoes, I've stopped eating chocolate, I've found information on the internet about the best way to run, I've –
Gwen: Listen, don't worry. I can train with Luke today, and maybe you can join us tomorrow.
Olivia: OK. Have you already asked Luke?
Gwen: No, not yet. I can ask him at school today. See you there.
Olivia: Yeah, see you later. Bye!

5 Questions on the text
1. Why does Gwen call Olivia?
2. What's Olivia's problem?
3. What has Olivia done to prepare for the marathon trials?

6 The checklist
Ask and answer questions about what the friends have done or haven't done.
Example: Has Gwen called Olivia yet? – Yes, she has.

Things to do	Who?	Done?
1. call Olivia	Gwen	✓
2. make a poster for the charity run	Holly	✗
3. run three miles	Luke	✓
4. read a book about running	Olivia	✓
5. write a chant to cheer the runners	Jay	✗
6. find a good place to watch the marathon	Dave	✗
7. tell their parents about the marathon	Gwen, Luke, Olivia	✓

72 seventy-two

Talking about what has or hasn't happened Station 2 4

7 What has just happened?
Example: Mrs Elliot has just cleaned the windows.
Mrs Elliot – clean; Mr Azad – finish; Luke – come back; Jamie – fall off; Amber – buy; Olivia – tidy; Shahid – write; Lucy – go to

8 At the doctor's
Read Olivia's dialogue with the doctor. Practise your own dialogues with the ideas in the box.
Doctor: So, what's the problem today?
Olivia: I've had an accident and hurt my foot.
Doctor: Can you walk on it?
Olivia: No, I can't.
Doctor: Let me have a look. – Oh yes, you've twisted your ankle.
Olivia: Is it serious, Doctor?
Doctor: No, it isn't. But you need to walk very carefully for a couple of days.
Olivia: Oh no, so I can't run in the marathon trials on Saturday …
Doctor: No, you really shouldn't. Here's a prescription for an ointment. You can put it on your ankle to stop the pain.

I've hurt my hand / foot / arm / head / shoulder. | I've got a headache / backache / stomachache. | I feel bad / sick and I can't … | I've got a cold / a cough / a fever. | You need to … | You shouldn't … | You can take pills / …

9 Children and accidents
Pia has found a German survey on the internet that Olivia could use for her project. What does the introduction say about German children's health? Tell a partner in English.

seventy-three 73

SB 73/7

Lernziel/Kompetenz:
anhand von Bildern sagen, was jemand gerade getan hat

Materialien:
- △ 120/3
- ▲ 121/4
- KV 5: The present perfect simple
- KV 8: Practise the present perfect

Zeitlicher Aufwand:
8 Min.

SB 73/8

Lernziel/Kompetenz:
einen Dialog beim Arzt verfassen und vorspielen

Materialien:
- WB 48/8–9, 49/10
- S. 131, S9
- KV 9: Hockey has always been my favourite sport

Zeitlicher Aufwand:
20 Min.

SB 73/9

Lernziel/Kompetenz:
die Ergebnisse einer Studie über Unfallverletzungen sprachmittelnd auf Englisch wiedergeben

Materialien:
- WB 48/11, 50/12
- △ 121/5
- S. 136, S17

Zeitlicher Aufwand:
15 Min.

Die S lesen ein Interview mit der Sportlerin Ayla, der besten Läuferin der *TTS*. Sie erlernen in diesem Zusammenhang die unterschiedliche Verwendung von *present perfect* und *simple past* und verfassen ein eigenes Interview.

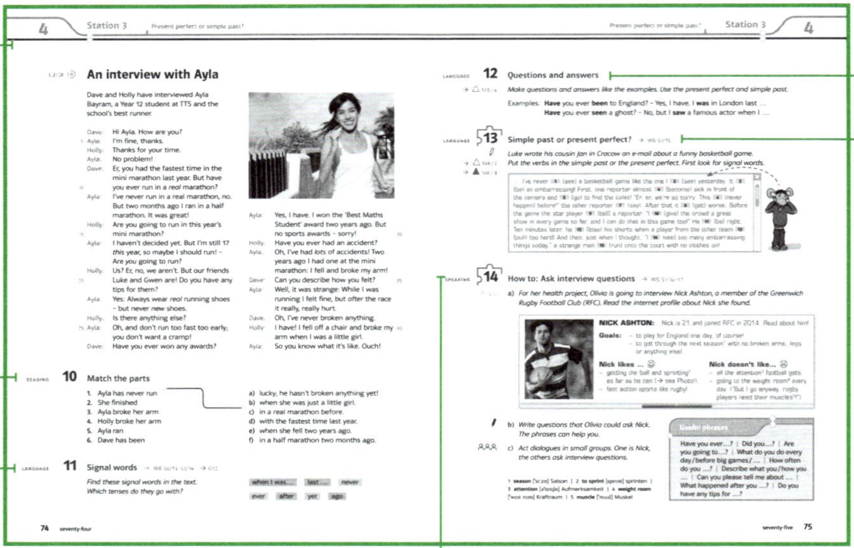

SB 74/10 → L2/28 ⊙

Lernziel/Kompetenz:
Satzteile anhand des Textes zu korrekten Aussagen verbinden

Materialien:
Lehrer-Audio-CD 2, Track 28

Zeitlicher Aufwand:
7 Min.

SB 74/11

Lernziel/Kompetenz:
Signalwörter der richtigen Zeitform zuordnen

Materialien:
- WB 50/13, 51/14
- S. 158–160, G12

Zeitlicher Aufwand:
15 Min.

SB 75/12

Lernziel/Kompetenz:
Fragen und Antworten im *present perfect* und *simple past* bilden

Materialien:
△ 121/6

Zeitlicher Aufwand:
10 Min.

SB 75/13

Lernziel/Kompetenz:
die Formen des *simple past* und des *present perfect* in einen Lückentext einfügen

Materialien:
- WB 51/15
- △ 122/7
- ▲ 122/8
- KV 10: Meet Steve Way
- KV 11: Present perfect or simple past?

Zeitlicher Aufwand:
15 Min.

SB 75/14

Lernziel/Kompetenz:
ein Interview vorbereiten und durchführen

Materialien:
- WB 51/16–17
- S. 135, S16
- KV 4: My sports words
- KV 12: More words

Zeitlicher Aufwand:

In dem kurzen Film machen die Freunde ein Picknick im Park. Marley soll abends mit seinem Vater den Dachboden ausräumen, möchte aber lieber ein Fußballspiel sehen. Daher fingiert er eine Verletzung. Auf der *Skills page* üben die S das Verstehen von Radioreportagen.

SB 76/1 → 8

Lernziel/Kompetenz:
Sätze zu korrekten Aussagen verbinden

Materialien:
- Lehrer-DVD, Film 8
- KV 13: A picnic in the park

Zeitlicher Aufwand:
8 Min.

SB 76/2

Lernziel/Kompetenz:
über das Ende des Films sprechen

Materialien:
KV 13: A picnic in the park

Zeitlicher Aufwand:
10 Min.

SB 76/3

Lernziel/Kompetenz:
über *picnic food* sprechen

Materialien:
- WB 52/18
- KV 14: Your favourite picnic

Zeitlicher Aufwand:
10 Min.

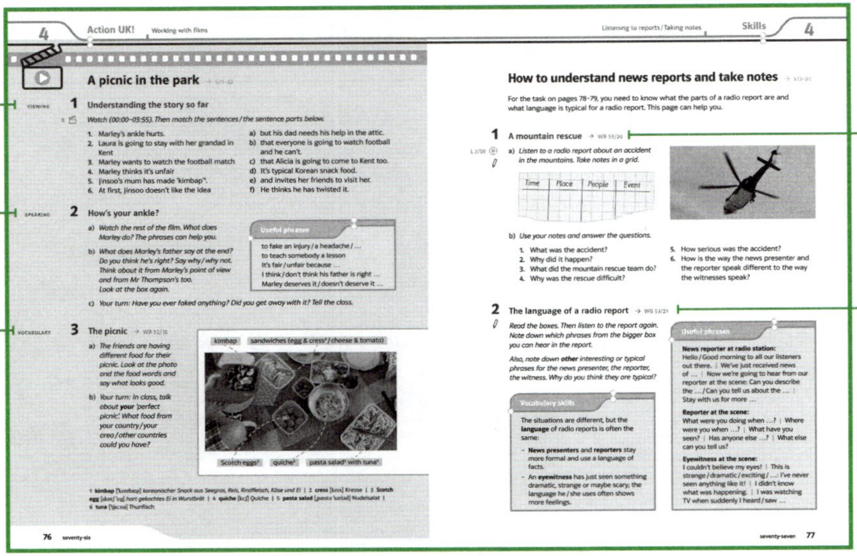

SB 77/1 → L2/30

Lernziel/Kompetenz:
Notizen zu einem *radio report* anfertigen

Materialien:
- Lehrer-Audio-CD 2, Track 30
- WB 53/20

Zeitlicher Aufwand:
15 Min.

SB 77/2

Lernziel/Kompetenz:
die Sprache der verschiedenen Personen in der Reportage analysieren

Materialien:
- WB 53/21
- KV 15a: The language of a radio report
- KV 15b: Your radio report

Zeitlicher Aufwand:
15 Min.

Die S planen und entwickeln selbstständig in Kleingruppen einen *radio report* und zeichnen diesen auf.

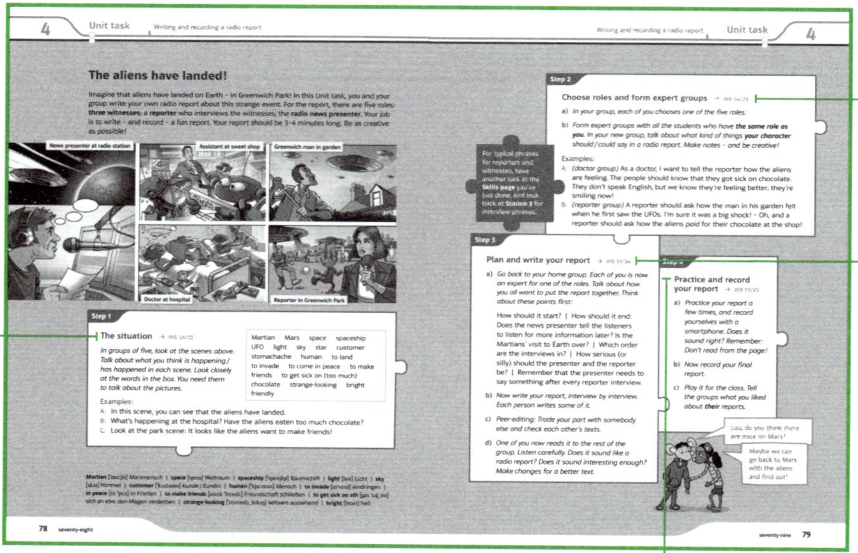

SB 78/Step 1

Lernziel/Kompetenz:
das Szenario anhand von Bildern beschreiben und interpretieren

Materialien:
- WB 54/22
- Folie 23

Zeitlicher Aufwand:
15 Min.

SB 79/Step 2

Lernziel/Kompetenz:
die Rollen verteilen und in Expertengruppen vorbereiten

Materialien:
- WB 54/23
- KV 16a: The aliens have landed! – Prepare your role

Zeitlicher Aufwand:
45 Min.

SB 79/Step 3

Lernziel/Kompetenz:
den *report* planen, schreiben und editieren

Materialien:
- WB 55/24
- KV 16b: The aliens have landed! – Write your report

Zeitlicher Aufwand:
45 Min.

SB 79/Step 4

Lernziel/Kompetenz:
den *report* üben, aufnehmen, vorspielen und Feedback geben

Materialien:
WB 55/25

Zeitlicher Aufwand:
45 Min.

Luke und Gwen starten beim *Mini marathon*. Obwohl sie beide während des Rennens Schmerzen haben, schaffen sie es ins Ziel. Heimlich nehmen Jay und Dave, als Katze und Hund verkleidet, ebenfalls an dem Rennen teil und verursachen einen Unfall.

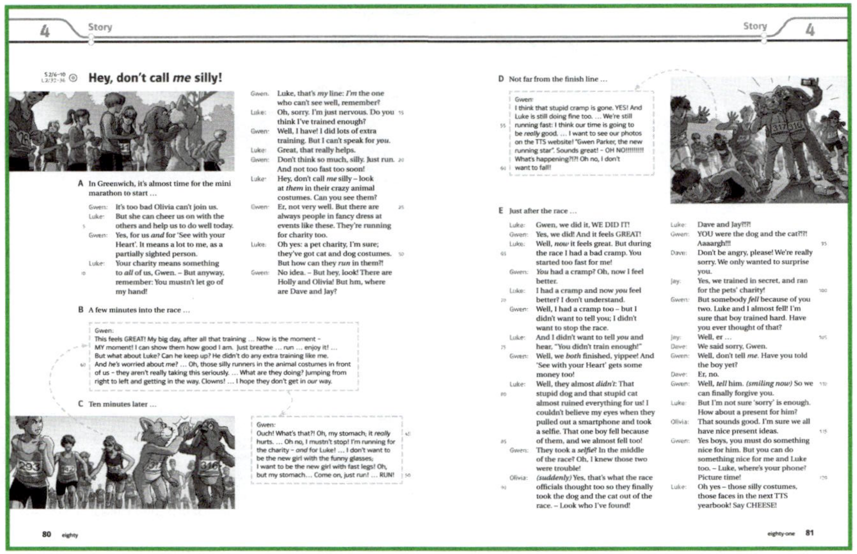

4 Story

S 2/6–10 L 2/32–36

Hey, don't call *me* silly!

A In Greenwich, it's almost time for the mini marathon to start …

Gwen: It's too bad Olivia can't join us.
Luke: But she can cheer us on with the others and help us to do well today.
Gwen: Yes, for us *and* for 'See with your Heart'. It means a lot to me, as a partially sighted person.
Luke: Your charity means something to *all* of us, Gwen. – But anyway, remember: You mustn't let go of my hand!
Gwen: Luke, that's *my* line: *I'm* the one who can't see well, remember?
Luke: Oh, sorry. I'm just nervous. Do you think I've trained enough?
Gwen: Well, I have! I did lots of extra training. But I can't speak for *you*.
Luke: Great, that really helps.
Gwen: Don't think so much, silly. Just run. And not too fast too soon!
Luke: Hey, don't call *me* silly – look at *them* in their crazy animal costumes. Can you see them?
Gwen: Er, not very well. But there are always people in fancy dress at events like these. They're running for charity too.
Luke: Oh yes: a pet charity, I'm sure; they've got cat and dog costumes. But how can they *run* in them?!
Gwen: No idea. – But hey, look! There are Holly and Olivia! But hm, where are Dave and Jay?

B A few minutes into the race …

Gwen:
This feels GREAT! My big day, after all that training … Now is the moment – MY moment! I can show them how good I am. Just breathe … run … enjoy it! … But what about Luke? Can he keep up? He didn't do any extra training like me. And *he's* worried about *me*? … Oh, those silly runners in the animal costumes in front of us – they aren't really taking this seriously. … What are they doing? Jumping from right to left and getting in the way. Clowns! … I hope they don't get in *our* way.

C Ten minutes later …

Gwen:
Ouch! What's that?! Oh, my stomach, it *really* hurts. … Oh no, I mustn't stop! I'm running for the charity – *and* for Luke! … I don't want to be the new girl with the funny glasses; I want to be the new girl with fast legs! Oh, but my stomach… Come on, just run! … RUN!

80 eighty

Story 4

D Not far from the finish line …

Gwen:
I think that stupid cramp is gone. YES! And Luke is still doing fine too. … We're still running fast: I think our time is going to be *really* good. … I want to see our photos on the TTS website! "Gwen Parker, the new running star". Sounds great! – OH NO!!!!!!!!! What's happening?!?! Oh no, I don't want to fall!

E Just after the race …

Luke: Gwen, we did it, WE DID IT!
Gwen: Yes, we did! And it feels GREAT!
Luke: Well, *now* it feels great. But during the race I had a bad cramp. You started too fast for me!
Gwen: *You* had a cramp? Oh, now I feel better.
Luke: I had a cramp and now *you* feel better? I don't understand.
Gwen: Well, I had a cramp too – but I didn't want to tell you; I didn't want to stop the race.
Luke: And I didn't want to tell *you* and hear, "You didn't train enough!"
Gwen: Well, we *both* finished, yippee! And 'See with your Heart' gets some money too!
Luke: Well, they almost *didn't*: That stupid dog and that stupid cat almost ruined everything for us! I couldn't believe my eyes when they pulled out a smartphone and took a selfie. That one boy fell because of them, and we almost fell too!
Gwen: They took a *selfie*? In the middle of the race? Oh, I knew those two were trouble!
Olivia: *(suddenly)* Yes, that's what the race officials thought too so they finally took the dog and the cat out of the race. – Look who I've found!
Luke: Dave and Jay?!?!
Gwen: YOU were the dog and the cat?!?! Aaaargh!!!
Dave: Don't be angry, please! We're really sorry. We only wanted to surprise you.
Jay: Yes, we trained in secret, and ran for the pets' charity!
Gwen: But somebody *fell* because of you two. Luke and I almost fell! I'm sure that boy trained hard. Have you ever thought of that?
Jay: Well, er …
Dave: We said sorry, Gwen.
Gwen: Well, don't tell *me*. Have you told the boy yet?
Dave: Er, no.
Gwen: Well, *tell* him. *(smiling now)* So we can finally forgive you.
Luke: But I'm not sure 'sorry' is enough. How about a present for him?
Olivia: That sounds good. I'm sure we all have nice present ideas.
Gwen: Yes boys, you must do something nice for him. But you can do something nice for me and Luke too. – Luke, where's your phone? Picture time!
Luke: Oh yes – those silly costumes, those faces in the next TTS yearbook! Say CHEESE!

eighty-one 81

SB 82/1 → S 2/6–10 ◎ L 2/32–36 ◎

Lernziel/Kompetenz:
Fragen zum Text beantworten und die Geschichte nacherzählen

Materialien:
- Folie 24
- Schüler-Audio-CD 2, Track 6–10
- Lehrer-Audio-CD 2, Track 32–36
- WB 56/26
- △ 123/9

Zeitlicher Aufwand:
25 Min.

SB 82/2

Lernziel/Kompetenz:
die Handlungen der Charaktere bewerten

Materialien:
△ 123/10

Zeitlicher Aufwand:
20 Min.

SB 82/3

Lernziel/Kompetenz:
Beispiele für typische Elemente gesprochener Sprache sammeln

Materialien:
- △ 123/11
- ▲ 123/12
- KV 17: Hey, don't call *me* silly

Zeitlicher Aufwand:

Die S bearbeiten Aufgaben zum Textverständnis und weiterführende Schreibaufgaben. Auf der *Check-out*-Seite überprüfen sie ihr Wissen zu der Zeitform *present perfect* (in Kontrastierung mit dem *simple past*).

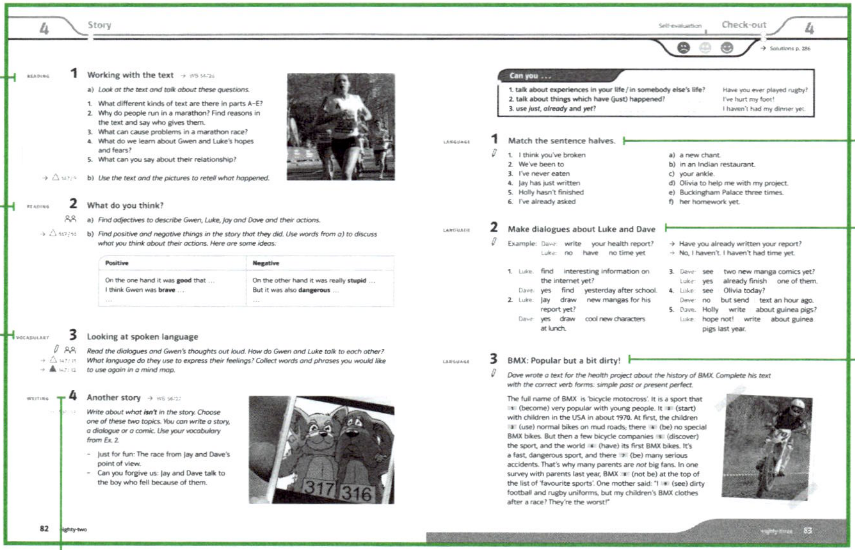

SB 82/4

Lernziel/Kompetenz:
einen Paralleltext zur Geschichte verfassen

Materialien:
- WB 56/27
- S. 132–133, S10–13

Zeitlicher Aufwand:
20 Min.

SB 83/1

Lernziel/Kompetenz:
Sätze im *present perfect* verbinden

Zeitlicher Aufwand:
5 Min.

SB 83/2

Lernziel/Kompetenz:
Sätze mit Hilfe des *simple past* und des *present perfect* bilden

Zeitlicher Aufwand:
10 Min.

SB 83/3

Lernziel/Kompetenz:
einen Lückentext mit Hilfe des *present perfect* und des *simple past* vervollständigen

Zeitlicher Aufwand:
10 Min.

Check-in

Wortschatz *experience, health, accident, camel racing, marathon*

Einstieg Als Einstieg in die neue Unit zum Thema „Sport" kann **KV 1: The world of sports** dienen. Sie bietet Kärtchen mit Bildern sowie passenden Begriffen und Sätzen zu acht verschiedenen Sportarten. Jeder S erhält ein Kärtchen. Nach der Methode **Milling around** (vgl. S. 167, S24) gehen die S im Klassenraum umher und suchen diejenigen S, die ein Kärtchen zur selben Sportart haben. In ihrer Gruppe stellen sie sich ihre Bilder/Begriffe/Sätze kurz vor. Im Anschluss daran präsentiert jede Gruppe kurz ihre Kärtchen mit der jeweiligen Sportart im Plenum. Diese können dann an der Tafel angebracht werden. Diejenigen S, die Kärtchen mit nur einzelnen Wörtern, Kollokationen oder Bildern haben, sollten dabei noch einen Satz zu ihrer Sportart formulieren und können dabei, wenn möglich, die Begriffe pantomimisch darstellen. Auf diese Weise werden auch erste neue Vokabeln eingeführt. (Je nach Leistungsstärke der Lerngruppe sollte L im Vorfeld ggf. einige Vokabeln vorentlasten, z. B. *race, to kick, to pass, to catch, caught, caught, match, to lose, lost, lost, to score, pitch, equipment, individual, accident.*)

Differenzierung △ ▲ L kann die Kärtchen mit den Sätzen an leistungsschwächere S ausgeben. Die Kärtchen mit den Bildern gehen an leistungsstärkere S, da diese eigenständig Sätze bilden müssen.

S. 68
LISTENING

1 On the radio → S18–20

HV-Text → L2/21 ◎

Narrator: **One.**

Woman 1: The first runners are coming towards the finishing line now. I'm sure they're all very tired. Of course, this race is 42 kilometres and it's a hot day today in London. Yes, the first of the 37,000 runners in this year's race crosses the line, in a time of two hours, five minutes and 38 seconds. That's amazing! What a great time!

Narrator: **Two.**

Man 1: Oh no! Vukovic hit the ball into the net! That means he loses the match and Garcia wins the Wimbledon final! Oh dear. Vukovic isn't happy. He drops his racquet, and sits down on the court with his head in his hands. He can't believe it! I'm sure he really wanted to win this match.

Narrator: **Three.**

Man 2: Andrews passes to Bosco, Bosco passes to Fisher, Fisher kicks the ball and … Goal! What a fantastic goal! Fisher kicked it straight into the back of the net! The crowd is going crazy here in the stadium.

Narrator: **Four.**

Woman 2: What an exciting match! It's easy to see why this is one of the most popular Paralympic sports. Jalanga throws the ball up to the net and … yes! It goes straight through. That means the Australian team are now winning, with the score at 28 points to 25.

Narrator: **Five.**

Man 3: Beauvais throws the ball to Marceau, Marceau catches it and runs very fast down the pitch, throws it to Olivier and oh no! Olivier drops it! O'Leary from the Irish team picks it up and throws it to Donohue. Now Donohue is running with it and throws it to … Oh! That's end of the match. The Irish team wins, 52 points to 11. This is a bad day for the French team.

Wortschatz *radio, programme, runner, race, net, to lose, lost, lost, match, racquet, court, to pass, to kick, stadium, score, point, to catch, caught, caught, pitch*

Einstieg L bereitet die S auf den HV-Text vor: *We've got many sports words here on the board. Let's listen to some sports programmes on the radio and see if you can hear any of the new words!* Anschließend wird der Arbeitsauftrag im SB gemeinsam gelesen. Die S fertigen ein Lösungsraster an (vgl. Lösung), in dem sie während des Hörens *words/phrases* zu den verschiedenen Sportarten notieren sollen.

Methodisches Vorgehen ◎ Anschließend präsentiert L die Ausschnitte aus fünf Radioprogrammen. Nach jedem Ausschnitt wird kurz gestoppt, damit die S sich Notizen machen können. In einem zweiten Durchgang werden alle fünf Ausschnitte unmittelbar hintereinander abgespielt und die S vervollständigen ihre Notizen.
Die S vergleichen ihre Notizen in PA. L gibt einzelnen Paaren Folienschnipsel, auf denen sie ihre Ergebnisse zu einem Radioprogramm übertragen. Diese werden im Plenum vorgestellt und die einzelnen Sportarten benannt. Nach dem Abgleich der Notizen suchen die S die drei Sportarten in den Bildern auf S. 68–69.

Differenzierung △ L kann leistungsschwächeren S das Lösungsraster mit einigen bereits eingefügten Stichpunkten vorgeben.

Vertiefung L fragt die S, ob sie öfter Sportprogramme im Radio hören: *Do you often listen to sports programmes on the radio? If yes, which sports? How often do you listen to sports programmes and when? Why do/don't you like them?* Die S können sich zunächst in einer **Murmelphase** mit dem Nachbarn über die Fragen austauschen, bevor ein Austausch im Plenum erfolgt.

Lösung

	Sports	*Words/Phrases*
1.	*marathon (running)*	*runners, finishing line, race, 42 kilometres, crosses the line, great time*
2.	*tennis*	*hit the ball into the net, loses the match, wins the Wimbledon final, racquet, court, win this match*
3.	*football*	*passes to, kicks the ball, goal, kicked it straight into the back of the net, crowd, stadium*
4.	*wheelchair basketball*	*exciting match, Paralympic sports, throws the ball up to the net, winning, with the score at … points to …*
5.	*rugby*	*throws the ball to, catches it and runs very fast down the pitch, drops it, picks it up, is running with it, end of the match, … team wins, points*

Sports in the photos: running (marathon) (B), rugby (D), wheelchair basketball (E)

S. 68
SPEAKING

2 Talk about sports → S4; Diff pool △ 120/1

Wortschatz *the … the*

Methodisches Vorgehen

a) L leitet in die Aufgabe ein: *Now let's take a closer look at the photos on pages 68 and 69. Describe them in a few words to the class.* Bevor die Fotos im Plenum beschrieben werden, lesen L und die S die *word cloud* und den Hinweiskasten zu den *Vocabulary skills*. Bei Bedarf werden Vokabelfragen geklärt. L legt **Folie 21** auf. Danach beschreibt jeder S sein Lieblingsbild schriftlich. Diese kurzen Beschreibungen werden dann – ohne die Sportart zu nennen – laut in der Klasse oder dem Nachbarn vorgelesen und die jeweilige Sportart muss erraten werden. Im Anschluss besprechen L und die S im UG, wo und warum die aufgeführten Sportarten beliebt sein könnten. L kann zur Unterstützung einige *Useful phrases* vorgeben:
This sport is popular because …
- *it's dangerous/very exciting/special/a crazy idea/fun to watch.*
- *people reach their personal limits.*
- *it's difficult/hard. Not everybody can do it.*

b) ❀ Mit Hilfe von **KV 2: Talking about my favourite sports** bereitet jeder S einen **3-minute-talk** über seine Lieblingssportart(en) vor. Die KV hilft, den Vorbereitungsprozess zu strukturieren, indem die S zuerst eine Mindmap und dann eine *word cloud* mit wichtigen Vokabeln erstellen. Anschließend präsentieren sie ihre Vorträge in Kleingruppen und wählen den besten Vortrag aus, der dann im Plenum präsentiert wird. Zu jedem Vortrag sollte es zumindest ein kurzes Feedback geben (*Did he/she speak clearly? Did he/she speak loudly? Did he/she look at the audience? Did he/she say why he/she likes the sport?*).

Differenzierung

△ **Diff pool p. 120/1 Talk about sports** → Help with Check-in, p. 68/2b)

Methodisches Vorgehen: Diese Aufgabe dient als Hilfestellung für leistungsschwächere S. In den beiden vorgegebenen *word clouds* sind weitere Vokabeln zum Beschreiben von Sportarten aufgeführt, die die S für die Vorbereitung ihres **3-minute-talks** verwenden können.

Lösung: *red cloud: tennis, judo, skating; green cloud: karate, gymnastics, dancing (hip hop, ballet)*

Lösung

a) EH: ***Picture A:*** *You can see men on camels. They are in the desert. The camels are running fast. It looks like a race.*
Camel racing is a popular sport in countries where there are deserts.
Picture B: *Many people are running. There's a runner in an animal costume. The people are taking part in a marathon.*
Marathons are popular all over the world because they're a challenge.
Picture C: *A boy is on a BMX bike. He's jumping high in the air with his bike. He's wearing a helmet.*
BMX is popular all over the world because it's exciting.
Picture D: *There are five rugby players on a pitch. Two of them are wearing a blue T-shirt and three a green one, so they're on two different teams. The man on the left is running with the ball in his hand/arm. The man in the middle is trying to hold this man's legs. The other three men are running after the two men. In the background you can see many people who are watching the match (the crowd).*
Rugby is especially popular in New Zealand, South Africa, Australia, Wales, England, Ireland, Scotland and France. It's fun to watch.
Picture E: *You can see nine women in wheelchairs. They're in a circle. One woman on the right side is wearing a black T-shirt. The others are wearing white T-shirts. One woman has the basketball on her lap. The women are looking at each other.*
People play wheelchair basketball all over the world. It's popular because it's a fast game and you can score many points.

b) Individuelle S-Lösungen.

S. 69
LISTENING

3 TTS sport and health projects

HV-Text → L 2/22 ⊙

Voice from radio: Evans passes to Gilroy, Gilroy passes to Brown, Brown runs towards the goal, shoots and … Ohhhh! So close, so close! Brown can't believe it! That's the fifth time now that Brown has tried to score and the fifth time he hasn't succeeded; how frustrating for him and his team. They really need to win today, and they know it, so let's see if …

Olivia: Hi Gwen. What are you listening to?

Gwen: Football. But it's not a very good match. No goals.

Olivia: Don't turn it off because of me.

Gwen: Don't worry. It was a boring match. Hey, what are you doing for the sports and health project?

Olivia: I think I'm going to do something on rugby. I like team sports, and it's fast and exciting.

Gwen: But also dangerous, right? So it's good for the 'health' part of the project. That's a good idea.

Olivia: I thought the project was about the *good* effects of sports on your health. There are surveys that say young people who do a lot of sports feel better than people who don't, and they are better at school too. You can stay fit even as you're getting old when you do sports regularly. And team sports help you to learn how to work together with other people. I can't say anything *bad* about sports, you know.

Gwen: Well, you're right. But there are healthier sports than rugby. One of my uncles broke his foot more than once when he was on the school rugby team.

Olivia: Yeah, you must be careful. But I still think there's nothing wrong with a bit of fun and action. So, I'm going to do rugby. Which sport are you going to do?

Gwen: I don't know. Maybe skiing. That can be dangerous too, but I don't care. I like winter sports.

Olivia: Me too! I love skiing. It must be *great* to race through the snow so fast. And I love the mountains.

Gwen: Do you mean you *go* skiing, Olivia?

Olivia: No, I don't. It's really expensive. You need special equipment and I think the nearest place you can do it is Scotland. But I watch it on TV. But anyway, do skiing for your project!

Gwen: Yes, I think that's a good idea. Skiing it is!

Olivia: Oh good!

Gwen: But tell me: What sports do you like to do?

Olivia: Well, like I said, I like team sports, and netball is a great team sport! But I also like sports I can do alone – you know, like swimming. I go to the leisure centre sometimes; they've got great water slides there.

Gwen: What about running?

Olivia: Running? I don't really know. When I want to go fast, I go cycling or skating.

Gwen: Oh yes, I know you love skating. But I like running more.

Olivia: Are you fast?

Gwen: Well, I'm not *slow*. I'm faster than my brother, and he's two years older than I am. We have races, and I *always* win.

Olivia: Wow! So you're a fast runner. Isn't it fun to be fast? That's one reason I love cycling and skating so much, you know?

Einstieg L: *TTS is doing a sports and health project. What do you think this is?* Die S stellen erste Vermutungen an, um was es genau bei diesem Projekt geht. Dann fragt L: *Which sports do you think are good for this project?* Die S äußern ihre Ideen. L leitet zum HV-Text über: *Now let's listen and find out which sports Gwen and Olivia are going to use for their projects and why.* Die S bereiten ein Lösungsraster in ihrem Heft vor, in das sie ihre Notizen eintragen können (vgl. Lösung).

Methodisches Vorgehen

a) ◎ Während des ersten Hörens machen sich die S Notizen zu den beiden Fragestellungen. Dabei kann die Tonaufnahme mehrfach unterbrochen werden, um den S Zeit zum Schreiben zu geben. Anschließend werden bei Bedarf Verständnisfragen geklärt und die Ergebnisse im Plenum verglichen. L hält diese an der Tafel fest.

b) ✎ An der Tafel werden zunächst Sportarten gesammelt, an die sich die S nach dem ersten Hören noch erinnern können. Anschließend wird der HV-Text ein zweites Mal präsentiert. Die Ergebnisse werden im TA ergänzt.

c) Ausgehend vom HV-Text sammeln die S in PA Gründe dafür, warum Sport gesund ist. Diese werden anschließend im UG an der Tafel gesammelt.

Vertiefung **KV 3: Listening: TTS sport and health projects** bietet standardisierte Aufgabenformate zum Verständnis des Hörtextes.

Differenzierung △ ▲ Die ersten beiden Teilaufgaben können arbeitsteilig bearbeitet werden: Ein leistungsstärkerer S übernimmt a) und ein leistungsschwächerer S übernimmt b). Nachdem die Tonaufnahme zwei Mal angehört wurde, finden sich je zwei S, die die gleiche Aufgabe bearbeitet haben, zusammen und vergleichen ihre Ergebnisse. Danach gehen die S wieder in ihre ursprünglichen Zweierteams zurück und berichten sich gegenseitig. Anschließend werden die Ergebnisse im Plenum besprochen.

Vertiefung L fragt die S nach Gründen, warum sie Sport treiben (oder ggf. keinen Sport treiben) und ob ihre Gesundheit ein Grund dafür ist.

Lösung a)

	Sports	*Why?*
Gwen	*skiing*	*She likes winter sports (but it can be dangerous).*
Olivia	*rugby*	*She likes team sports; it's fast and exciting; it's a team sport and helps you to learn how to work together with other people; it's fun and full of action.*

b) *football, netball, swimming, running, cycling and skating*

c) *You feel better than people who don't do any sports. Young people are better at school. You stay fit even as you're getting older. Team sports help you to learn how to work together with other people. You can do everyday activities more easily. You feel stronger.*

S. 69
VOCABULARY

4 Sports words → WB 45/1–2

Wortschatz *equipment, individual*

Methodisches Vorgehen Damit die S ihr persönliches Vokabular über das verbindliche Unit-Vokabular hinaus erweitern, notiert jeder S im Zuge dieser Aufgabe für ihn wichtige (neue) Wörter zum Thema „Sport". L hält Wörterbücher bereit. Die S können sich auch noch einmal **KV 2** und ihren **3-minute-talk** ansehen. Die neuen Vokabeln können auf **KV 4: My sports words** notiert werden. Diese Vokabelliste sollte im Laufe der Arbeit mit Unit 4 fortgeführt werden. Nachdem die S mindestens zehn neue Vokabeln gefunden haben, vergleichen sie ihre Ergebnisse mit einem anderen S mit der gleichen Sportart. Die Liste wird im *English folder* abgelegt.

Vertiefung Jeder S entwirft eine kleine Aufgabe zu seinen Vokabeln, z. B. eine *word snake* oder ein Kreuzworträtsel. Diese Aufgaben werden dann unter den S mit den gleichen Sportarten ausgetauscht, so dass jeder eine neue Aufgabe zu bearbeiten hat.

Differenzierung ▲ Leistungsstärkere S schreiben mit Hilfe ihrer Vokabeln über ein Erlebnis, das ihnen in ihrer Sportart widerfahren ist. Alternativ dazu schreiben sie darüber, inwiefern sie glauben, dass ihre Sportart gut für ihre Gesundheit ist.

Lösung Lösungsvorschlag:

Sport	*Place*	*Equipment*	*Team/Individual sport*
swimming	*swimming pool (also lake or the sea)*	*swimsuit/swimming trunks, goggles, cap*	*mostly individual sport (except for relay races)*

Station 1 Talking about life experiences

S. 70
Text → L 2/23

Have you ever run in a marathon?

Wortschatz *right here, until, 11-year-old, running, trial, Who's in?, to be in, run, to look out*

Methodisches Vorgehen SB geschlossen. L: *Luke, Dave, Jay, Olivia, Gwen and Holly are talking about the London Marathon and a mini marathon for 11- to 17-year-olds. Before we read the text, please think about who says what about this mini marathon.* Die S spekulieren zunächst in PA, dann werden die Ideen im Plenum gesammelt und an der Tafel festgehalten. Danach leitet L zum Text über: *Let's read the text and find out if your ideas are correct!*
SB geöffnet. Der Text wird von der CD abgespielt, die S lesen mit. Nach dem ersten Hören/Lesen erfolgt ein Abgleich der Ideen mit den wirklichen Aussagen der Charaktere. Bei Bedarf werden Vokabelfragen geklärt. Im Anschluss wird der Text laut im Plenum gelesen.

Tipps für junge Lehrer/innen Erfahrungsgemäß lesen die S Unit-Texte gerne laut, auch wenn immer nur ein S an der Reihe ist. Dem gemeinsamen Lesen im Plenum sollte zwecks der Verbesserung der Aussprache immer etwas Zeit eingeräumt werden.

S. 70
READING

1 Are you going to run in it?

Wortschatz *area*

Methodisches Vorgehen

a) Einleitend lesen S und L die *Across cultures*-Box gemeinsam. Die neue Vokabel *area* wird geklärt. Anschließend erfolgt ein Austausch über die Fragestellung. L fragt die S: *Would you like to run in a marathon?* Diejenigen S, die gerne einmal einen Marathon laufen würden, heben den Arm. Aus dieser Schülergruppe werden kleinere Gruppen gebildet (je 2–3 S). Auch die S, die nicht gerne einen Marathon laufen würden, gehen in Kleingruppen zusammen. In ihren Gruppen sammeln die S Argumente, warum sie gerne einen Marathon laufen würden oder nicht. Im Anschluss erfolgt der Austausch im Plenum. Die S berichten sich nun gegenseitig ihre Meinung und die jeweiligen Gründe, ggf. beginnt eine kleine Diskussion. L sollte den S folgende *Useful phrases* mit an die Hand geben: *I think … / I feel … / I believe that … / I think so too. / I don't think so …*

b) Die S machen sich in EA Notizen zu den drei Fragestellungen. Die Ergebnisse werden im Plenum mittels TA oder Folie verglichen.

Differenzierung △ Bei Teilaufgabe b) kann L leistungsschwächeren S die Zeilen im Text vorgeben, in denen sie die Antworten finden können.

Lösung

a) EH:
I'd like to run in a marathon because …
- *not everybody can do it / it's not easy. → It's something special.*
- *it's fun to run with so many people.*
- *it's a great event in a city.*
- *I like (long-distance) running.*
- *I like to do sport outside.*
- *I like extreme sports.*
- *I want to keep fit.*

I wouldn't like to run in a marathon because …
- *I don't like running.*
- *I'm not good at (long-distance) running.*
- *I prefer team sports.*
- *you need to train very hard and often before the race. – I don't like that.*
- *it's really extreme and not healthy to run such a long distance.*

b)
1. *Olivia, Gwen and Luke like running. Jay doesn't like running. Holly and Dave don't say this clearly; they've only ever run in shorter races.*
2. *Holly's idea is that the friends could run for charity. This means they ask friends, family and teachers to give money if they run in a race.*
3. *Jay, Dave and Holly are not going to run in the trials for the mini marathon.*

S. 71
LANGUAGE

2 Find the rule → WB 46/3–4; G12

Wortschatz *before*

Einstieg Zur Einführung des *present perfect simple* nach der erwerbsorientierten Methode (nach Detlef und Margaret von Ziegésar) dient **Folie 22**. Hier sind drei Bildpaare zu sehen, auf denen die Charaktere etwas schon mehrmals oder noch nie gemacht haben. L zeigt auf das erste Bildpaar: *Has Holly ever raised money for charity? Yes, she has. She has raised money for charity three times. Has Holly ever run for charity? No, she hasn't run for charity before.* So wird jedes Bildpaar vorgestellt (= Demonstration). Im nächsten Schritt (= Verstehen und Reagieren) legt L eine Scha-

blone auf die Folie, die die Satzpaare zudeckt. Die S sollen nun das Bild identifizieren, das L beschreibt: *Holly hasn't run for charity before. Which picture is that? Come and show me.* Ein S zeigt auf das entsprechende Bild. Im folgenden Schritt beschreiben die S die Bilder der Reihe nach (= Produzieren; die Schablone bleibt liegen und bedeckt die Sätze). Erst nach diesem Schritt erfolgt die Bewusstmachung der Regel. L notiert dazu die Beispielsätze an der Tafel (vgl. TA). L fragt die S, was ihnen auffällt. Nach Möglichkeit entwickeln die S die Regel, wann man diese Zeitform verwendet. Eventuell muss L mit zusätzlichen Impulsen nachsteuern. Es sollte dabei betont werden, dass man das *present perfect* verwendet, wenn es darauf ankommt, *dass* (und nicht *wann*) jemand etwas getan hat, das Auswirkungen auf die Gegenwart hat. L weist die S auf bestimmte Signalwörter in den Beispielsätzen hin. Diese werden im TA noch einmal extra notiert. Die Ergebnisse können auf **KV 5: The present perfect simple** festgehalten werden.
Weitere Beispielsätze und Signalwörter können im Verlauf von *Station 2* ergänzt werden.

The present perfect simple	
Holly has raised money for charity three times. Dave and Holly have only ever run in small races before. Gwen has run in races many times.	Holly hasn't run for charity before. Dave and Holly haven't run in a big race before. Gwen has never run in a marathon.
Rule: You use the present perfect simple when you're interested in the fact that someone has or hasn't done something, not when he/she has done it. Signal words: (only) ever, never, three times, (in Station 2 ergänzen: already, (not) yet, just)	

a) Die S suchen weitere Beispiele für das *present perfect simple* aus dem Text auf S. 70 und nennen die dazugehörigen Infinitive. L hält die Ergebnisse an der Tafel fest. Anhand dieser Beispiele sollten die S den Unterschied zwischen regelmäßigen und unregelmäßigen Partizip-Formen erkennen. Eine Regel zur Bildung der Partizipien wird gemeinsam entwickelt und an der Tafel festgehalten.
b) Die Sätze über Dave werden in EA gebildet. Ein Abgleich erfolgt im Plenum. Im Hinblick auf Teilaufgabe c) werden die Sätze an der Tafel notiert.
c) Anhand der Sätze aus a) und b) werden Regeln zur Bildung von Fragen und Kurzantworten im *present perfect* formuliert. Darüber hinaus weist L noch auf die korrekte Formulierung von Fragen mit Fragewort hin, z. B. *What has Jay never enjoyed?* Die erarbeiteten Regeln werden im *English folder* abgelegt.

	Questions	Short answers
Examples	Have you ever watched a marathon? Has Dave ever run in a big race?	Yes, I have. No, he hasn't.
Rules	(question word +) have/has + subject (+ adverb) + past participle + rest of the sentence	Yes, subject + have/has. No, subject + haven't/hasn't.

Vertiefung Zu b): Die S bilden ähnliche Fragen/Sätze über die anderen Charaktere, z. B. *Has Jay ever enjoyed running? – No, he hasn't.*

Lösung **a)**

Infinitive	*Past participle*	*Rule*
see *hear* *run*	*seen* *heard* *run*	→ *irregular verbs*
check *enjoy*	*checked* *enjoyed*	→ *regular verbs (infinitive + -ed)*

b) Lösungsvorschlag: *Dave has run in a race before. Has he ever run in a big race? – No, he hasn't.*
c) Vgl. TA.

S. 71
LANGUAGE

3 Say who has done what → WB 47/5; Diff pool ▲ 120/2

Methodisches Vorgehen Die S bearbeiten die Aufgabe in EA und schreiben die Sätze in ihr Heft. Der Vergleich erfolgt anschließend im Plenum (anhand von Folie/TA).

Differenzierung △ ▲ L richtet im Klassenraum drei verschiedene *bus stops* ein. An einem *bus stop* liegen die Ergebnisse von Aufgabe 3 aus. Sobald ein S fertig ist, findet er sich an diesem *bus stop* ein und vergleicht seine Lösungen. Dann gibt es einen *bus stop* für Fragen. Wenn ein S mit Aufgabe 3 nicht klarkommt, geht er zu diesem *bus stop* und erhält hier entweder von L oder von anderen S Hilfestellung. Diejenigen S, die diese beiden *bus stops* durchlaufen haben, finden sich am dritten *bus stop* ein. Hier kann man einen Partner für die Aufgabe im *Diff pool* auf S. 144 finden.

▲ Diff pool p. 120/2 Have you really done that? → After Station 1, p. 71/3

Methodisches Vorgehen: Diese Aufgabe richtet sich an leistungsstärkere S. Sobald sich zwei S am dritten *bus stop* eingefunden haben, beginnen sie mit der Aufgabe: Jeder S schreibt sechs seltsame oder aufregende Aktivitäten auf, von denen er eine tatsächlich getan haben muss. Anschließend muss der Partner erraten, welche das ist. Alle Fragen werden im *present perfect* gestellt. L gibt einen zeitlichen Rahmen für diese Aufgabe vor. Innerhalb dieses Rahmens kann die Aufgabe mit verschiedenen Partnern durchgeführt werden.

Lösung: Individuelle S-Lösungen.

Lösung
Have *you ever* ***been*** *to London? – No, I* ***haven't****, but my sister* ***has been*** *there.*
Have *you* ***heard*** *of the London Marathon? – Yes, I* ***have****, I've* ***watched*** *it three times.*
Have *your parents ever* ***run*** *in a marathon? – No, they* ***haven't****, but my dad* ***has played*** *in an international tennis match.*
Has *your little brother ever* ***prepared*** *a meal? – Yes, he* ***has****. He always helps in the kitchen.*
Has *your grandma ever* ***given*** *you extra pocket money? – No, she* ***hasn't****.*

S. 71
SPEAKING

4 Your turn: Find somebody who … → WB 47/6, 48/7; S24

Wortschatz *leg*

Einstieg L leitet in die Aufgabe ein: *Now you can find out something about your classmates that you've always wanted to know!* Anschließend lesen L und die S die Aufgabenstellung gemeinsam. Die S fertigen eine Tabelle auf einem Zettel an, den sie in der folgenden Phase mit durch den Klassenraum nehmen können.

Methodisches Vorgehen
a) Jeder S formuliert mindestens drei Fragen, die er seinen Klassenkameraden gerne stellen möchte. Die Wörter am Rand dienen als Hilfestellung.

✓ = yes / – = no	*(Name)*	*(Name)*	*(Name)*	*(Name)*	*(Name)*
Have you ever seen …?					
Have you ever been to …?					
Have you ever eaten …?					
Have you ever …?					

b) Nach der Methode **Milling around** (S. 139, S24) bewegen sich alle S durch den Klassenraum und stellen sich gegenseitig ihre Fragen. Jeder S notiert die Antworten in der vorbereiteten Tabelle. Pro Frage sollten mindestens drei verschiedene S gefragt werden. L weist auf die Einsprachigkeit hin.

c) Im Anschluss teilen die S der Klasse ihre Ergebnisse mit. Dazu schreibt jeder S in EA einen kurzen Text darüber, was er über seine Klassenkameraden herausgefunden hat. L weist nochmals auf die Verwendung des *present perfect* hin. Die Korrektur der Texte erfolgt durch die jeweiligen Sitznachbarn. Abschließend werden ein paar Texte laut im Plenum vorgelesen (alternativ kann dies auch in Kleingruppen erfolgen).

Vertiefung Jeder S schreibt seine Sätze zu je einem Klassenkameraden auf einen Zettel, ohne den Namen des jeweiligen S zu nennen (mind. 3 Sätze). Der Name des S wird in Klammern unten auf dem Zettel notiert. L sammelt alle Zettel ein und mischt sie. Ein S darf einen Zettel ziehen und liest die Sätze vor, ohne den Namen zu nennen. Die Klassenkameraden müssen erraten, um welchen S es sich handelt. Wer richtig geraten hat, zieht den nächsten Zettel usw.
KV 6: What's the word? bietet vertiefende Wortschatzaufgaben zum Abschluss von Station 1.

Lösung Individuelle S-Lösungen.

Station 2 Talking about what has or hasn't happened

S. 72
Text → L 2/26

Have you been to the doctor's yet?

Wortschatz *doctor, yet, to leave, left, left, not … yet, to train, to hurt, hurt, hurt, to twist your ankle, pain, unfair, Bye!*

Einstieg L humpelt durch den Klassenraum und erläutert daran die Vokabeln *to twist your ankle, hurt, pain* und *doctor*. Anschließend verteilt L **KV 7: Have you been to the doctor's yet?** In Aufgabe a) auf der KV sind einzelne Sätze aus dem Dialog zwischen Gwen und Olivia abgedruckt. Die S bringen die Sätze in EA in die richtige Reihenfolge. L kopiert die Sätze auf Folie und schneidet sie dann aus. Im Plenum werden die Lösungen verglichen, indem einzelne S die Sätze in der – ihrer Meinung nach – richtigen Reihenfolge auf den OHP legen. Weitere Vokabeln werden erläutert.

Methodisches Vorgehen L leitet zum SB-Text über: *Let's see if you have the sentences in the correct order!* L spielt den Text vor (ohne dass die S mitlesen; lediglich **KV 5** liegt ihnen vor). Die S geben nach dem ersten Hören Rückmeldung, ob ihre Reihenfolge richtig war und korrigieren diese bei Bedarf. Beim nächsten Abspielen des Dialogs lesen die S leise im SB mit. Weitere Vokabelfragen und Verständnisprobleme werden im Plenum besprochen.

Tipps für junge Lehrer/innen Szenisches Spiel bzw. Mini-Dialoge sind ein wichtiges Mittel zur Ausbildung der sprachlichen Kompetenz. Um sich den Text besser einprägen zu können, eignet sich die **Read-and-look-up**-Technik. Dazu sitzen (oder stehen) sich die S gegenüber. Sie schauen kurz ins Buch, prägen sich ihren Satz ein, sehen ihren Partner an und sprechen den Satz nach Möglichkeit so, wie er in einer realen Gesprächssituation gesprochen wird. Satz für Satz wechseln sich die beiden Partner nach dieser Methode ab. Ziel ist es, den gesamten Text auf diese Weise auswendig zu lernen bzw. ihn so zu beherrschen, dass sie ihn mit geschickter Improvisation frei szenisch sprechen können.

S. 72
READING

5 Questions on the text

Methodisches Vorgehen Aufgabe 5 kann auch bereits nach dem ersten Hören des Textes bearbeitet werden. Zusammen mit einem Partner formulieren die S Antworten zu den Fragen, die dann abschließend im Plenum besprochen werden.

Differenzierung △ L gibt leistungsschwächeren S die jeweiligen Textstellen zur Beantwortung der Fragen vor. Alternativ kann er ihnen auch die entsprechenden Textpassagen kopieren und austeilen.
▲ In sehr leistungsstarken Lerngruppen kann die Aufgabe direkt mündlich bearbeitet werden.

Lösung

1. *Gwen calls Olivia because she wants to train with her for the marathon trials. She'd like to go for a run in the park after school that day together with Olivia.*
2. *Olivia's problem is her foot. It hurts when she walks. She thinks that she's twisted her ankle.*
3. *Olivia has done a lot: She's bought new running shoes, she's stopped eating chocolate, and she's found information on the internet about the best way to run.*

S. 72
LANGUAGE

6 The checklist → G12

Wortschatz *mile, chant, to cheer*

Einstieg L leitet in die Aufgabe ein: *What can you do to prepare before a marathon? Have you got any ideas?* Die S äußern spontan ihre Ideen. L: *Let's find out what the friends have/haven't done yet.* L und die S lesen die Aufgabenstellung gemeinsam. L bespricht mit den S die drei neuen Vokabeln.

Methodisches Vorgehen Die Aufgabe wird in PA erledigt. Ein Partner stellt eine Frage, der andere gibt die Antwort. Der Partner, der die Antwort gegeben hat, stellt als nächstes die Frage. Zur Unterstützung kann ein weiteres Beispiel gemeinsam im Plenum besprochen werden, bevor die PA beginnt. Ggf. wird noch einmal die Fragebildung im *present perfect* wiederholt. Nach der PA-Phase werden die Lösungen gemeinsam im Plenum verglichen. Abschließend werden ein Beispielsatz und die Signalwörter *(not) yet* und *already* in **KV 5** aufgenommen.

Differenzierung ▲ Leistungsstarke S notieren ihre Fragen und die dazugehörigen Antworten auf Folienstreifen, die dann zum Vergleichen der Ergebnisse verwendet werden.

Lösung

1. *Has Gwen called Olivia yet? – Yes, she has.*
2. *Has Holly made a poster for the charity run yet? – No, she hasn't.*
3. *Has Luke run three miles yet? – Yes, he has.*
4. *Has Olivia read a book about running yet? – Yes, she has.*
5. *Has Jay written a chant to cheer the runners yet? – No, he hasn't.*
6. *Has Dave found a good place to watch the marathon yet? – No, he hasn't.*
7. *Have Gwen, Luke and Olivia told their parents about the marathon yet? – Yes, they have.*

S. 73
LANGUAGE

7 What has just happened? → Diff pool △ 120/3; ▲ 121/4

Methodisches Vorgehen L leitet zu Aufgabe 7 über: *Now let's find out what our characters have just done!* L und die S lesen das Beispiel und bearbeiten das zweite Bild ggf. auch noch gemeinsam. Dann erledigen die S die Aufgabe in EA. Im Anschluss an die Besprechung im Plenum wird ein Beispielsatz und das Signalwort *just* in **KV 5** übernommen.

Differenzierung

△ **Diff pool p. 120/3 Great runners** → After Station 2, p. 73/7

Methodisches Vorgehen: Diese Aufgabe richtet sich an leistungsschwächere S und trainiert die korrekte Bildung des *present perfect simple*. Die S bearbeiten die Aufgabe schriftlich in EA. Der Dialog wird komplett mit den richtigen Formen ins Heft abgeschrieben.

Lösung: 1. *have you written an e-mail to* 2. *haven't got* 3. *have found* 4. *Have they won* 5. *have never heard* 6. *have run* 7. *has won* 8. *hasn't won* 9. *Have you checked* 10. *have copied* 11. *haven't had* 12. *have looked*

▲ **Diff pool p. 121/4 Write a profile about Brandon** → After Station 2, p. 73/7

Methodisches Vorgehen: Bei dieser Aufgabe im *Diff pool* schreiben leistungsstärkere S ein Profil über einen (fiktiven) reichen und berühmten jungen Schauspieler. Das *present perfect* wird dabei im Zusammenhang mit unterschiedlichen Signalwörtern angewandt. Gleichzeitig wird auch noch einmal das *going-to future* wiederholt. Die Aufgabe wird schriftlich in EA bearbeitet. L sollte den S Wörterbücher zur Verfügung stellen.

Lösungsvorschlag:
Have you ever heard about Brandon Fairchild? I've just seen him in his latest movie. He's beautiful. He always wears his cool black sunglasses. He's just got the award for 'Coolest Actor'. He's very rich and many girls would love to be his girlfriend, but he's never had a famous girlfriend. I know that he's already bought a cool house in Hollywood, but that he hasn't found a new house in London yet. He's even got a private jet and he's already travelled around the world in it! He loves travelling. That's why he's going to buy his own ship. He's acted in so many great films already. He's going to win an Oscar soon!

Vertiefung Vertiefend kann das *present perfect* mit **KV 8: Practise the present perfect** geübt werden.

Lösung EH: 2. *Mr Azad has just finished preparing dinner.* 3. *Luke has just come back from a walk with Sherlock.* 4. *Jamie has just fallen off his bike.* 5. *Amber has just bought a new dress.* 6. *Olivia has just tidied her desk.* 7. *Shahid has just written a text message.* 8. *Lucy has just gone to bed.*

S. 73
VOCABULARY

8 At the doctor's → WB 48/8–9; 49/10; S9

Wortschatz *to have a look (at), shouldn't, prescription, ointment, shoulder, headache (no pl), backache, stomachache, to feel sick, cold, cough, fever, pill*

Einstieg L bereitet die S auf die Situation vor: *Olivia is going to see the doctor. What do you think: Can she run in the mini marathon?* Die S äußern ihre Vermutungen. Hinführend zum Text und zur Vokabelarbeit fragt L die S: *Which 'doctor words' do you already know in English?* L und die S sammeln bereits bekannte Vokabeln zum Thema Krankheit/Arztbesuch in Form eines *word web* an der Tafel (ggf. kann vorweg eine kurze Phase in EA erfolgen). In diesem Zusammenhang kann L die Vokabeln *prescription* und *ointment*, ggf. auch *to have a look* und *shouldn't* vorentlasten.

Methodisches Vorgehen Nun wird der Dialog mit verteilten Rollen gelesen. L sichert das Globalverständnis mit den Fragen: *What's the doctor's advice? What can Olivia do to get better?* Die S fassen kurz den Rat des Arztes zusammen. Nachdem L und die S den Kasten mit den *Useful phrases* auf S. 73 gelesen und ggf. mit den Vokabeln im *word web* an der Tafel abgeglichen haben, folgt ein kleiner Exkurs zu S9 auf S. 131.
Anschließend gehen die S zu zweit zusammen und entwickeln eigene Dialoge mit Hilfe der gesammelten Redewendungen an der Tafel. Diese Dialoge werden entweder in Kleingruppen oder in der Klasse vorgespielt. Die übrigen S geben kurz Feedback. (Folgende Feedback-Fragen können auf verschiedene S aufgeteilt werden: *Did they use many new words/useful phrases? Which ones? Did they speak loudly and clearly? Is this a realistic situation at the doctor's?)*

Vertiefung Einen weiteren Dialog in Form eines Interviews erarbeiten die S mit **KV 9: Hockey has always been my favorite sport**.

Differenzierung △ L bereitet verschiedene Rollenkarten vor (*patient – doctor*), die bereits Aussagen der jeweiligen Rollen bzw. Stichpunkte enthalten. Diese dienen leistungsschwächeren S als Anregung zum Schreiben eigener Dialoge.
▲ Leistungsstärkere S können eigene Rollenkarten für Dialoge zum Thema „Arztbesuch" entwerfen. Diese Rollenkarten werden auf dem Lehrertisch ausgelegt. Diejenigen S, die mit einem ersten Dialog fertig sind, ziehen eine Rollenkarte und entwickeln den Dialog mit Hilfe der Rollenkarte.

Tipps für junge Lehrer/innen Es bietet sich an, den *English folder* in verschiedene Kategorien zu unterteilen, z. B. nach den sprachlichen Kompetenzen oder eine Kategorie für Grammatik, eine für Arbeitsblätter, eine für Vokabeln und eine für *Useful phrases*. Die hier aufgeführten *Useful phrases* sollten an entsprechender Stelle im *English folder* abgeheftet werden. Für die Sammlung von *Useful phrases* sollten die S auch immer Unit-Texte nach passenden Redewendungen/Vokabeln durchsuchen und ihre Listen ergänzen.

Vertiefung Um die neuen Vokabeln zu festigen, kann ein Vokabelspiel gespielt werden, z. B. *Vocabulary Bingo*. Jeder S zeichnet ein Quadrat mit neun Feldern in sein Heft und notiert in jedem Feld eine neue Vokabel auf Englisch aus einer vorher festgelegten größeren Auswahl an Vokabeln. Dann nennt L neun Vokabeln aus dieser Auswahl nacheinander auf Deutsch. Die S streichen dann jeweils die englische Übersetzung in ihrem Feld durch. Gewonnen hat, wer als erster drei Vokabeln diagonal, vertikal oder horizontal durchgestrichen hat.

Lösung Lösungsvorschlag:

Doctor: *Good morning, … What's the problem?*
Patient: *Good morning! My shoulder hurts very badly. I can't move my arm very well.*
Doctor: *Oh! This doesn't look good. What have you done?*
Patient: *I had an accident on my inline-skates this morning. At the end of our street I couldn't stop and then I fell.*
Doctor: *Let me have a look. Does this hurt?*
Patient: *It doesn't hurt that much. But it hurts when I move my arm.*
Doctor: *Good, your arm isn't broken.*
Patient: *I'm happy to hear that.*
Doctor: *Here is a prescription for some pills. You can take them to stop the pain.*
Patient: *How often do I have to take them?*
Doctor: *Three times a day.*
Patient: *OK, thank you.*
Doctor: *And you shouldn't move your arm during the next few days. See me again in a week!*
Patient: OK, goodbye!
Doctor: Goodbye!

S. 73
MEDIATION

9 Children and accidents → WB 49/11, 50/12; S17; Diff pool △ 121/5

Einstieg Als Vorbereitung auf die Aufgabe benennen die S die wichtigsten Aspekte bei einer Mediation (ggf. wird S17 auf S. 136 noch einmal gelesen): Ziel ist nicht eine wörtliche Übersetzung, sondern nur die Wiedergabe der wichtigsten Informationen. Zu beachten ist, für *wen* die Information bestimmt ist und *wozu* eine Person die Information benötigt (alles, was den Adressaten nicht interessiert, kann weggelassen werden). Im Anschluss lesen L und die S die Aufgabenstellung gemeinsam. Das „Wer" und das „Wozu" der Mediation werden geklärt:

Mediation: Children and accidents
– Information for? → Olivia
– Why does she need the information? → facts that she could use for her project (sports and health)

Methodisches Vorgehen

Nun wird der Auszug aus dem Internet gelesen. Zunächst fassen die S im UG in eigenen Worten auf Deutsch zusammen, welche Informationen für Olivia wichtig sind. Diese werden an der Tafel gesammelt. (Sollte es sich eher um eine leistungsschwächere Lerngruppe handeln, kann L den Text auch für alle S kopieren, so dass sie zunächst wichtige Wörter im Text unterstreichen können.) Dann macht sich jeder S auf Englisch Notizen über die Punkte, die er seinem Partner berichten möchte. L gibt die Vokabel *injury* für „Verletzung" als Hilfestellung vor. Nachdem sich die Partner gegenseitig ihre Ergebnisse berichtet haben, erfolgt der Vergleich im Plenum. Dazu kann entweder ein S seine Lösung mündlich vortragen oder sie wird vorher auf eine Folie übertragen und dann im UG besprochen.

Differenzierung

△ **Diff pool p. 121/5 Children and accidents** → Help with Station 2, p. 73/9

Methodisches Vorgehen: Die Vorgaben im *Diff pool* können leistungsschwächeren S helfen, die Mediation-Aufgabe zu bearbeiten.
Als weitere Differenzierungsmöglichkeit für sehr leistungsschwache S kann L die einzelnen Sätze aus dem Lösungsvorschlag in folgenden Varianten zur Verfügung stellen: Entweder gibt er den S die Sätze in einer falscher Reihenfolge vor und die S müssen diese in die richtige Reihenfolge bringen. Oder L gibt den S die Lösung als Lückentext und die S müssen die fehlenden Wörter einsetzen (hier können z. B. die Vorgaben aus dem *Diff pool* weggelassen werden).

Tipps für junge Lehrer/innen

Dieser kurze Textauszug aus dem Internet weist für S dieser Klassenstufe ein recht hohes sprachliches Niveau auf. L sollte den S vorab deutlich machen, dass sie diesen Text keineswegs auf dem gleichen sprachlichen Niveau Wort für Wort übersetzen müssen, sondern in ihren eigenen Worten wiedergeben können, was für Olivia und ihr Projekt relevant ist.

Lösung

EH: *Most children or young people need to see a doctor because they have an injury. Every year about 15 per cent of all German children and young people need to see a doctor because they've hurt themselves in accidents. Small children get hurt at home the most. Older children and young people have most of their accidents when they do sports, during their free time or during school.*

Station 3 Present perfect or simple past?

S. 74
Text → L 2/28

An interview with Ayla

Wortschatz

should, cramp, award, … what it's like

Einstieg

Die S beschreiben zunächst das Foto von Ayla auf S. 74. Anschließend fragt L gezielter (falls noch nicht geschehen): *What does Ayla look like?* (*What can you find out about her?)* In diesem Zusammenhang führt L die Vokabel *award* ein. Hinführend auf den Text erläutert L: *We're going to read an interview with Ayla. What questions would you like to ask her?* Das SB wird geschlossen. Jeder S formuliert mindestens drei Fragen an Ayla, die er in seinem Heft notiert. Anschließend lesen einzelne S ihre Fragen an Ayla vor; diese bleiben unkommentiert und kommen später noch einmal zum Einsatz (siehe unten, Vertiefung). An dieser Stelle kann L die Vokabel *cramp* vorentlasten (ggf. anhand von einer eigenen Frage an Ayla).

Methodisches Vorgehen

L leitet zum SB-Text über: *Let's see what questions Dave and Holly have for Ayla!* Vor dem ersten Hören wird die Klasse in zwei Gruppen aufgeteilt. Die eine Gruppe erhält den Auftrag, die an Ayla gestellten Fragen zu notieren, die andere Gruppe versucht, Aylas Antworten stichpunktartig festzuhalten. Nach der ersten Präsentation des Textes von der CD (SB bleibt geschlossen) werden die Fragen und Antworten im UG zusammengetragen. Alternativ zu diesem Arbeitsauftrag kann L nach dem ersten Hören das Globalverständnis mit der Frage sichern:

What have you found out about Ayla? Die S benennen einzelne Aspekte, die sie verstanden haben. Im nächsten Durchgang wird der Text noch einmal angehört, die S lesen nun im SB mit. Weitere Vokabelfragen werden geklärt. Der Text wird abschließend mit verteilten Rollen im Plenum (oder in 3er-Gruppen) gelesen.

Vertiefung L leitet in die Vertiefung ein: *Who hasn't found their questions in the interview? Now you've got the chance to ask Ayla your questions! We're going to have a* **Hot seat** *here in class.* L stellt die Methode vor. Je nach Geübtheit/Leistungsstärke der Lerngruppe gibt es verschiedene Vorgehensweisen: Es gibt einen **Hot seat**, auf den sich ein S als Ayla setzen darf, die anderen S im Klassenraum stellen die Fragen. Es kann auch eine Gruppe von S geben, die auf dem **Hot seat** Platz nehmen und die Fragen abwechselnd beantworten. Die Person auf dem **Hot seat** kann nach einiger Zeit ausgetauscht werden. Alternativ dazu kann der **Hot seat** in Kleingruppen oder sogar nur mit einem Partner durchgeführt werden. Bei dieser Variante kommen mehr S zum Zuge, jedoch hat L nicht mehr die Möglichkeit, die Methode zu überblicken.
Zur Vorbereitung werden die Rollen der S festgelegt. Ayla sollte dabei durch leistungsstärkere S besetzt werden, da hier sehr flexibel auf die Fragen reagiert werden muss. Gleichzeitig sollten bei den ersten Malen freiwillige S den **Hot seat** besetzen.
Die Rollenvorbereitung kann nach dem **Think-Pair-(Share)**-Verfahren unter S mit den gleichen Rollen durchgeführt werden. L weist die S an, sich in die jeweilige Rolle einzufühlen. Die S, die Ayla darstellen, sollten das Interview noch einmal lesen und sich Notizen zu ihrer Rolle machen. Sie können mögliche Fragen antizipieren und sich bereits Antworten überlegen. Die Interviewer überlegen sich weitere Fragen, die sie Ayla stellen könnten. Bei der ersten Durchführung des **Hot seat** kann L auch Fragen stellen. Nach der Durchführung des **Hot seat** erfolgt eine Methodenreflexion (Qualität der Fragen, Interaktion der S untereinander, Qualität der Antworten, Ablauf bei der Durchführung, usw.) im Plenum.

S. 74
READING

10 Match the parts

Methodisches Vorgehen Die S bearbeiten die Aufgabe in EA und notieren die zusammengesetzten Sätze in ihrem Heft. Anschließend erfolgt der Vergleich im Plenum. L schreibt dazu die einzelnen Satzteile auf Folienschnipsel. Die S müssen die passenden Satzteile auf dem OHP zusammenlegen.

Differenzierung ▲ Leistungsstärkere S entwerfen weitere zueinander gehörende Satzteile auf Folienschnipseln. Diese werden im Anschluss an die Sicherung auf den OHP gelegt und müssen von den anderen S zusammengefügt werden.

Lösung 1c); 2d); 3e); 4b); 5f); 6a)

S. 74
LANGUAGE

11 Signal words → WB 50/13, 51/14; G12

Methodisches Vorgehen L kopiert den Text auf Folie. Er fragt die S nach (bekannten) Signalwörtern und lässt diese in den auf S. 74 vorgegebenen Farben unterstreichen. Die S legen dann eine Tabelle an (vgl. TA) und gruppieren die Signalwörter anhand des Textes in zwei verschiedene Kategorien – *simple past* und *present perfect*. L und die S klären gemeinsam den Unterschied zwischen den beiden Zeitformen. Weitere Signalwörter werden ergänzt. Abschließend wird der letzte Teil von G12 auf S. 160 gelesen.

Present perfect and simple past	
Present perfect	*Simple past*
Signal words: *never, yet, ever, (ergänzen: already, just, so far)* *→ Something happened in the past. It is not important when it happened but that it happened.*	*Signal words:* *last year, two months ago, two years ago, after the race, when I was a little girl (ergänzen: yesterday, in 1997)* *→ Something happened in the past and it is important when it happened. It's over now.*

Tipps für junge Lehrer/innen Für die S ist es eine große Hilfe, wenn die sprachlichen Strukturen im Text visualisiert und unterstrichen werden. Sollten die SB geliehen sein, empfiehlt es sich, dass L den SB-Text für alle S kopiert und sie hier die Signalwörter und Verbformen unterstreichen können.

Vertiefung Im Zuge dieser Aufgabe sollten die S ihr Wissen zum *simple past* auffrischen (vgl. Unit 1). Dazu wiederholen sie die Bildung von Aussagesatz, Verneinung und Fragen im *simple past*, ggf. wird G1–G3 (S. 142–146) noch einmal gelesen.

Lösung Vgl. TA.

S. 75
LANGUAGE

12 Questions and answers → Diff pool △ 121/6

Methodisches Vorgehen L und die S lesen die Aufgabenstellung gemeinsam und sehen sich die Beispiele an. Dann notiert jeder S mindestens fünf Fragen in EA in seinem Heft. Die Aufgabe kann nun in kleinen (3er-)Gruppen bearbeitet werden. Ein S fungiert dabei als *language watchdog* – er achtet auf die korrekte Bildung des *simple past* und des *present perfect*. Die anderen (beiden) S stellen sich Fragen und geben sich Antworten im Wechsel. Der *language watchdog* notiert Fehler und meldet diese nach einiger Zeit zurück (z. B. nach einer Frage und einer Antwort), oder er gibt bei Fehlern ein kurzes Signal. Die Rollen werden nach einiger Zeit getauscht. Die Rolle des *language watchdog* sollte möglichst durch leistungsstärkere S besetzt werden.
Alternativ kann die Aufgabe auch im Plenum durchgeführt werden. Der S, der eine Frage stellt, erhält einen Ball. Er wirft ihn dem S, der die Frage beantworten soll/möchte, zu. Nach der Beantwortung stellt nun dieser S seine Frage und wirft den Ball dem nächsten S zu.

Differenzierung

△ Diff pool p. 121/6 Questions and answers → Help with Station 3, p. 75/12

Methodisches Vorgehen: Die hier gegebene Hilfestellung zu Aufgabe 12 auf S. 75 richtet sich an leistungsschwächere S. Es sind Ideen vorgegeben, die die S für die Fragen und Antworten verwenden können. Zudem wird angegeben, welche Zeitangaben welche Zeitform (*simple past* oder *present perfect*) bedingen.

Tipps für junge Lehrer/innen Der Einsatz eines kleinen (Tennis-)Balles hat eine sehr auffordernde und motivierende Wirkung auf die S.

Lösung Individuelle S-Lösungen.

S. 75
LANGUAGE

13 Simple past or present perfect? → WB 51/15; Diff pool △ 122/7; ▲ 122/8

Wortschatz *almost, player, so far*

Methodisches Vorgehen L und die S besprechen die ersten Sätze gemeinsam im Plenum. Dabei sollte nach jedem Satz begründet werden, warum die jeweilige Zeitform gewählt wurde. Im Anschluss daran bearbeiten die S die Aufgabe in EA. Hierzu wird der gesamte Text abgeschrieben, damit die Signalwörter unterstrichen werden können. Der Abgleich der Ergebnisse erfolgt mit Hilfe eines *bus stop*, an dem L die Lösungen auslegt. (Es ist sinnvoll, mehrere Kopien auszulegen.) Mögliche Fragen werden notiert. Darüber hinaus baut L zwei weitere *bus stops* auf, einen für diejenigen S, die bei der Bearbeitung der Aufgabe Schwierigkeiten hatten (*bus stop 2*) und einen für leistungsstärkere bzw. schnellere S (*bus stop 3*).

Tipps für junge Lehrer/innen Die Selbsteinschätzungskompetenz wird beginnend mit *Green Line* 1 kontinuierlich aufgebaut und fortwährend gefördert. Die S sollten somit zunehmend in der Lage sein, ihre Leistung realistisch einzuschätzen. L sollte die eigenständige Zuordnung der S zu *bus stops* jedoch immer im Auge behalten und ggf. mit den S ihre Selbsteinschätzung reflektieren (bzw. sogar ändern).

Differenzierung

△ Diff pool p. 122/7 Boys' day → After Station 3, p. 75/13

Methodisches Vorgehen: Die Aufgabe im *Diff pool* ist eine zusätzliche Übungsmöglichkeit für leistungsschwächere S, die an *bus stop 2* bearbeitet werden kann (vgl. oben, methodisches Vorgehen). Die S notieren die Lösungen sowie die Signalwörter in ihrem Heft. L legt die Lösungen aus, damit die S ihre Ergebnisse eigenständig vergleichen können.

Lösung: 1. *haven't told* 2. *have* 3. *talked* 4. *did you say* 5. *has bought* 6. *thought* 7. *did Luke say* 8. *told* 9. *has ('s) already asked* 10. *has just given* 11. *did* 12. *Have you asked* 13. *haven't* 14. *didn't ask*

▲ Diff pool p. 122/8 A game: Who is it? → After Station 3, p. 75/13

Methodisches Vorgehen: Diese Aufgabe wird an *bus stop 3* bearbeitet (vgl. methodisches Vorgehen). L sollte kleine Kärtchen auslegen, auf denen die S fünf Aktivitäten zu einer (berühmten) Person, die in der Klasse bekannt ist, notieren können. Wichtig ist, dass diese Aktivitäten in der Vergangenheit liegen. Jeder S, der eine Karte fertig geschrieben hat, legt diese auf einen Stapel. Sobald ein paar Karten fertig geschrieben sind, gehen mindestens drei S in einer Kleingruppe zusammen (es können mehrere Kleingruppen die Aufgabe parallel bearbeiten). Ein S nimmt eine Karte und liest diese laut vor. Die anderen müssen raten. Es können auch Punkte für richtig erratene Personen vergeben werden (oder der S, der die Person erraten hat, zieht die nächste Karte).

Lösung: Individuelle S-Lösungen (vgl. Beispiel auf S. 122).

Vertiefung L: *Write Jan's reply! He's just watched a football match between two football clubs: the Wisla Cracow Club and KS Cracovia. Use the simple past and the present perfect.* Alternativ dazu können die S in ihrer Antwort-Email auch von einem anderen Sportevent berichten, bei dem sie schon gewesen sind. Dabei sollten sie das *simple past* und das *present perfect* verwenden. Mit Hilfe von **KV 10: Meet Steve Way** und **KV 11: Present perfect or simple past?** können die S den Einsatz der beiden Zeiten weiter üben.

Lösung 1. *seen* 2. *saw* 3. *was* 4. *became* 5. *went* 6. *has never happened* 7. *said* 8. *got* 9. *told* 10. *have given* 11. *was* 12. *lost* 13. *pulled* 14. *have seen* 15. *ran*

S. 75
SPEAKING

14 How to: Ask interview questions → WB 51/16–17; S16

Einstieg

L leitet in die Aufgabe ein: *You've already interviewed Ayla. Are there any useful phrases that you could also use for other interviews?* Die S notieren anhand ihrer Fragen und des SB-Textes nützliche Redewendungen, um ein Interview zu führen. Es erfolgt ein Abgleich im Plenum. L und die S sehen sich dann die *Useful phrases* auf S. 75 unten an und ergänzen ggf. wichtige Ausdrücke. Diese Redewendungen sollten auf einem gesonderten Arbeitsblatt notiert werden, das an der dafür vorgesehenen Stelle im *English folder* abgeheftet wird.

Useful phrases for interviews

- *It's great to have you here.*
- *I'd like to ask you about ...*
- *When did you first ...?*
- *Have you ever ...?*
- *Did you ...?*
- *What do you do every day/before big games/ ...?*
- *How often do you ...?*
- *Describe what you/how you ...*
- *Can you please tell me about ...*
- *What happened after ...?*
- *Do you have any tips for ...?*
- *Thank you very much for the interview.*

Methodisches Vorgehen

a) L leitet zur Aufgabe im SB über: *Olivia is going to interview Nick Ashton, a member of the Greenwich Rugby Football Club for her health project. Let's take a look at his profile!* Das Profil von Nick Ashton wird gemeinsam gelesen. Die unbekannten Vokabeln werden geklärt und ggf. auf **KV 4** eingetragen.

b) Nun bereiten die S ein Interview vor. L: *You already know how to interview other people. Now it's your job to write some good interview questions that Olivia could ask Nick Ashton. Take another look at his profile and at your useful phrases.* Jeder S notiert in EA mindestens fünf Fragen an Nick.

c) Bevor die Dialoge durchgeführt werden, lesen L und die S gemeinsam S16 auf S. 135. Für die Dialoge werden kleinere Gruppen von 3–5 Schülern gebildet. In jeder Gruppe gibt es 1–2 Nicks und 3–4 Olivias *(interviewer)*. Ähnlich dem **Hot seat**-Verfahren werden nun spontane Dialoge in den Gruppen durchgeführt. Die Interviewer stellen Nick nacheinander Fragen aus ihrem Fragenkatalog; die S, die Nick spielen, antworten aus seiner Perspektive. L weist auf die Beachtung der Einsprachigkeit hin. Abschließend tragen freiwillige Gruppen ihre Dialoge in der Klasse vor.

Differenzierung

△ L kann leistungsschwächeren S ein paar Anregungen für Fragen (vgl. Lösung) geben.
▲ Leistungsstärkere S besetzen in den Interviews die Rolle von Nick. Ggf. sollten sie schon während der Bearbeitung von b) festgelegt werden. So können diese S die Fragen antizipieren und sich die Antworten überlegen.

Vertiefung

Die S fassen die Informationen, die sie in den Interviews über Nick erhalten haben, in einem kleinen Text über Nick zusammen.
KV 12: More words bietet vertiefende Wortschatzaufgaben zum Abschluss von Station 3.

Lösung

b) EH: *When did you start playing rugby? What do you like about rugby? Have you ever had an accident? Do you think rugby is a dangerous sport? What don't you like about rugby? How often do you train in a week? Please describe your training! What do you do before big games? Can you remember your first rugby match? Do you eat special food?*

c) Individuelle S-Lösungen.

Action UK! Working with films

A picnic in the park → S21–22

S. 76
VIEWING
Film-Transkript
→ 8

1 Understanding the story so far

Battersea Park, lawn

Laura:	Oh come on, that's too easy!
Marley:	OK, how's this then?
Laura:	No problem. I'm good at badminton.
Marley:	What were you saying?
Laura:	Later on, after the picnic, I'm going to watch the football match. What about you?
Marley:	I really want to watch it too! But my dad wants me to help him clear out the attic.
Laura:	Can't it wait?
Marley:	Our roof is broken and it might rain tonight. Dad is afraid that all the stuff in the attic might get wet.
Laura:	Oh …

Battersea Park, picnic spot

Mrs Thompson:	Hi, guys!
Laura:	Hi!
Mrs Thompson:	Let's stop here. Ta! Thank you!
Laura:	I'm so thirsty. Can you pass me some water, please, Jinsoo?
Jinsoo:	Sure.
Laura:	Thank you.
Mrs Thompson:	Here, clean your hands before we eat.
Jinsoo:	Thank you.
Marley:	I don't like quiche. Oh, but Scotch eggs are my favourite, though!
Mrs Thompson:	So, here we are. Help yourselves! Would you like a sandwich, Jinsoo? We've got egg and cress or cheese and tomato.
Jinsoo:	I think I'll have some egg and cress.
Mrs Thompson:	How's the pasta salad, Laura? Is it OK? It's got tuna in it.
Jinsoo:	Oh, I almost forgot! My mum made us some 'kimbap'.
Marley:	Yes! I love 'kimbap'.
Laura:	What's 'kimbap'?
Jinsoo:	It's Korean. Typical snack food, usually for picnics.
Marley:	I often have it at Jinsoo's house. You should try it. It's rice wrapped in seaweed. It also has egg, cheese and beef in it.
Laura:	It's delicious!

Battersea Park

Mrs Thompson:	Marley, it's four o'clock. Time to go home.
Marley:	Just five more minutes, Mum!
Mrs Thompson:	OK. But really only five more minutes.
Jinsoo:	Do you want to come back to my house to watch some football?
Marley:	I have to help my dad tonight, remember? It's so unfair! Everyone is watching football and I can't! Ow!
Mrs Thompson:	What happened?
Jinsoo:	You all right?
Marley:	My ankle!
Mrs Thompson:	What happened? Where does it hurt?
Marley:	My ankle … I think I twisted it.

Battersea Park, path

Laura:	I'm spending the summer with my Grandad in Kent. You should come down for a few days. Alicia is coming too.

Jinsoo:	Alicia? Hmm …
Laura:	Come on, she's really nice!
Marley:	Yeah, sounds cool!
Jinsoo:	OK – why not?
Laura:	It'll be great.
Jinsoo:	You're heavy!
Marley:	Sorry …!
Mrs Thompson:	All right, let's get you home as quickly as possible. We need to put some ice on that ankle!

Marley's living room

Mr Thompson:	What's the score?
Marley:	2:1 to Arsenal.
Mr Thompson:	Ah, great!
Marley:	Yes! Yes! Oh, yeah! Oh, yeah! …
Mr Thompson:	How's your ankle, Marley?
Marley:	What? Oh, it's still a bit sore …
Mr Thompson:	Well, you know what? With that injured ankle of yours, I don't think you can go to your basketball practice tomorrow. You may have to miss it all week. You need to take a good, long rest.

Wortschatz *attic, Korean*

Einstieg Als Einstieg stellt L eine Frage zum Titel des Films: L: *Look at the title of the film page: A picnic in the park. What do you think the film is about?* Die S spekulieren im UG kurz über den Inhalt des Films.

Methodisches Vorgehen Die S schauen sich den ersten Teil des Films an (00:00–03:55) und ordnen die richtigen Satzhälften einander zu. Die Ergebnisse werden kurz im Plenum besprochen.

Differenzierung △ In leistungsschwächeren Lerngruppen können sich die S die Satzhälften vor der Präsentation des Films durchlesen. Dies nimmt zwar etwas die Spannung, aber die S sind besser auf die Handlung vorbereitet.

▲ Leistungsstärkere S können alternativ zur Aufgabe im SB Aufgabe a) auf **KV 13: A picnic in the park** bearbeiten. Hier geht es darum, anhand von drei Standbildern die Handlung nachzuvollziehen und eigene Sätze zu den Bildern zu schreiben.

Lösung 1f); 2e); 3a); 4b); 5d); 6c)

S. 76

2 How's your ankle?

SPEAKING

Wortschatz *to fake, injury, to teach somebody a lesson, to teach, taught, taught, to deserve, point of view, to get away with*

Methodisches Vorgehen

a) + b) Es bietet sich an, die beiden Teilaufgaben zusammen bearbeiten zu lassen. Die S schauen sich den Rest des Films an (03.55–05:07) und beantworten die Fragestellungen mit Hilfe der *Useful phrases*. Damit alle S zu Wort kommen, kann die **Think-Pair-Share**-Methode eingesetzt werden.

c) ❀ Nach der Besprechung der Ergebnisse von a) und b) tauschen sich die S bei einem **Milling around** (vgl. S. 139, S24) darüber aus, ob sie schon einmal etwas vorgetäuscht haben und ob sie damit durchgekommen sind. Bei Bedarf hilft L mit unbekanntem Vokabular.

Differenzierung △ Um den S die Bearbeitung von Teilaufgabe b) zu erleichten, kann zunächst der Lückentext auf **KV 13**, Aufgabe b), eingesetzt werden. Im Anschluss daran äußern die S ihre Meinung zu Marleys Verhalten aus der Sicht von Marley und der seines Vaters.

Lösung **a)** *Marley fakes an injury so he can watch the Arsenal football game, and his father must clear out the attic alone.*

b) EH: *Marley's father sees him jump up and dance when Arsenal score a goal. He decides to teach Marley a lesson. He thinks Marley needs a long rest so he says he can't go to basketball training the next day, or maybe for a whole week.*
Marley is unfair, not his dad. Mr Thompson needs Marley's help, but now his dad must do all the work alone. I can understand that Marley wants to watch the football game on TV, but he deserves to miss his basketball training. I think Mr Thompson is right to teach Marley a lesson.
c) Individuelle S-Lösungen.

S. 76
VOCABULARY

3 The picnic → WB 52/18

Methodisches Vorgehen

a) Die S betrachten das Standbild auf S. 76. Anschließend wird das SB geschlossen. L stellt Fragen zum Bild: *It's got egg and cress in it. What is it? (an egg and cress sandwich) It looks a bit like pizza, but it's completely different. What is it? (quiche) It's in a box. It's healthy, fresh food. What is it? (green salad) It's got cheese, egg, rice and some other things in it. / It's typical Korean snack food. What is it? (kimbap) It's got tuna in it. What is it? (pasta salad with tuna) It's Marley's favourite food. What is it? (a Scotch egg/Scotch eggs).* Abschließend äußern sich die S kurz im Plenum, welches Essen ihrer Meinung nach gut aussieht.
b) ❀ Die S äußern sich spontan zu der Frage, wie ihr perfektes Picknick aussehen würde. Alternativ kann die Aufgabe auch schriftlich als HA vorbereitet werden.

Vertiefung

Als Vertiefung kann **KV 14: Your favourite picnic** eingesetzt werden. Hier erarbeiten die S eine Mindmap und ein Rollenspiel zum Thema „Picknick".

Tipps für junge Lehrer/innen

In Lerngruppen mit S unterschiedlicher Herkunft bietet das Thema „Essen" eine gute Möglichkeit für interkulturellen Austausch. Ein *picnic breakfast* oder *lunch* in einer Englischstunde schafft zahlreiche Sprechanlässe.

Lösung

a) Lösungsvorschlag:
I think the kimbap looks great. / I'm not sure about the Scotch eggs, but they look interesting. / I think the green salad looks boring. / …
b) Individuelle S-Lösungen.

Skills Listening to reports / Taking notes

How to understand news reports and take notes → S 18–20

S. 77

1 A mountain rescue → WB 53/20

HV-Text
→ L 2/30

News

presenter: Good morning, everyone. I'm Sandy. We've just received news of a mountain rescue which happened earlier this morning in the nearby Scafell Pike area of the Lake District National Park. A group of teenage hikers from Bristol was walking along a mountain path when the path fell away under the feet of one of the hikers. The hiker, a 17-year-old girl, fell and broke her leg. Now we're going to hear from our reporter on the scene, Sean Abbott. – Sean, can you describe the situation for us?

Reporter: Well, as you've just said, the whole path fell away – it looks pretty bad. I was up there about 10 minutes ago, but we left quickly before more of the path could fall away; it has rained a lot and the paths are all very, very wet. It's hard to believe that just the one girl fell and hurt herself. It was impossible for the other hikers to rescue their 17-year-old friend, so they called the mountain rescue service on a mobile phone and the mountain rescue people took her to hospital. I'm with Annie Price from the rescue service right now. – Er, Annie, what can you tell us about the rescue; was it difficult?

Annie: Yes, it really was. You know, it isn't easy to get somebody with a broken leg from the side of a mountain. It's difficult to get the helicopter in close enough, and somebody with a broken leg can't stand, so that's one more problem.

Reporter: I understand the hiker hasn't suffered a serious injury.

Annie: Well, on a mountain, a broken leg is serious. But in general, you're right, she was never in any very serious danger, and she's going to be fine after a few days in hospital.

Reporter: Have you done many rescues from these mountains?

Annie: Oh yes, mountains are dangerous places. People think they can just walk around like they're in a park, you know, but it's important to remember that you must always be careful, and always have the right equipment. Accidents happen all the time. We get called out maybe once a week, more in the summer when there are a lot of hikers out there.

Reporter: Annie Price from the mountain rescue service, thank you for talking to us. – Back to you, Sandy.

News presenter: Sean, have you been able to speak to any of the other teenage hikers?

Reporter: Well some of the hikers are still here at the scene now, and I've got one of them here to talk to us. This is Danny Sampson. – Hello Danny, tell us how your friend is doing, please.

Danny: Oh, Sharon is doing well. Some of the hikers went to hospital with her, and some of us stayed here to answer the mountain rescue service's questions.

Reporter: What were you doing exactly when the accident happened?

Danny: Oh, nothing special. We were just walking along the path when suddenly everything just fell away. I mean, it was a huge shock, and it happened so suddenly; we couldn't believe our eyes! It was just so scary. I mean, when somebody falls 50 metres, you think the worst has happened.

Reporter: What else can you tell us?

Danny: Well, we're all just happy that Sharon's OK, and that we're alive too. – Oh, and it's really strange – Sharon doesn't remember anything! But we all remember everything, and it's hard to get that picture out of your head, you know?

Reporter: Yes, I can imagine what you mean. Thanks, Danny, we're happy everything is going to be fine for Sharon and your group. – And now back to you again, Sandy.

News presenter: Thanks very much, Sean, for the report. – And to all of our listeners out there, it's important to know that the whole Scafell Pike area is now closed for hiking. Please listen for more information, or check our website. OK, on to our next story. This doesn't happen every day, but believe it or not, there's been a report about …

Wortschatz *rescue, difficult, witness*

Einstieg L semantisiert die drei neuen Vokabeln, indem er sie in einen eigenen (oder fiktiven) Unfall-/Rettungsbericht einbaut, z. B. *During my last summer holidays, I was at the seaside and a dramatic accident took place. I became a <u>witness</u> of it – this means I saw it: I was walking along the beach. I was watching a young family. Their two children had a small boat and they wanted to go boating on the open sea. The two boys were sitting in the boat and the father was holding the boat. Then all at once a big wave came, the father let go of the boat, and the next thing I saw was that the boat was out on the open sea. This was a huge shock! The father and mother tried to swim after the boat, but they couldn't reach it. The younger boy wanted to reach his parents and held out his hands, but then he fell into the water. He couldn't swim! What then followed was a dramatic and <u>difficult</u> – this means not easy – sea <u>rescue</u>: the coastguard and a helicopter came and tried to save the two children. In the end they luckily found the little boy alive and also saved the older boy in the boat. On the evening news, the news presenter (the person who reads the news on TV or on the radio) reported this dramatic rescue. Have you ever become witnesses to any accidents or rescues?* Die S berichten ggf. über selbst beobachtete Rettungsaktionen/Unfälle. Um das Mitteilungsbedürfnis der S zu befriedigen, kann es hier sinnvoll sein, ausnahmsweise einen Wechsel ins Deutsche zu erlauben. L übersetzt ggf. simultan und schreibt unbekannte Wörter an die Tafel.

Methodisches Vorgehen

a) ◎ ✎ L leitet zum HV-Text über: *Now we're going to listen to a radio report about an accident and a rescue in the mountains.* Zur Vorbereitung der HV-Aufgabe zeichnen die S die Tabelle aus dem SB in ihr Heft. Gemäß S19–20 weist L noch einmal darauf hin, dass es sich nun um das *listening for gist* handelt, bei dem zu den wichtigsten Punkten des Textes Notizen gemacht werden. Der HV-Text wird ein Mal vorgespielt und die S machen sich in ihrer Tabelle Notizen. Da der erste Redebeitrag des *news presenters* schon recht viele Antworten beinhaltet, wird dieser ggf. ein zweites Mal angehört.

b) L und die S lesen die Fragestellungen gemeinsam. Dann beantworten die S die Fragen in PA. Die Antworten werden mit Hilfe der Notizen aus a) notiert. Im Anschluss daran wird der HV-Text ein zweites Mal präsentiert. L weist darauf hin, dass es nun um das *listening for detail* geht. Fehlende Details werden ergänzt. Die S gleichen ihre Antworten noch einmal mit ihrem Partner ab, bevor die Ergebnisse im Plenum verglichen werden. Dazu stellen immer zwei S ihre Ergebnisse vor. Im Hinblick auf Aufgabe 2 sollte bei Frage 6 etwas Platz gelassen werden, da dann ggf. Informationen aus dem grünen Kasten *Vocabulary skills* ergänzt werden können.

Differenzierung

△ Zu a): Die Kategorien in der Tabelle können auch arbeitsteilig beantwortet werden, z. B. bearbeitet ein S *time* und *event*, ein anderer *place* und *people*. L kann leistungsschwächeren S auch die Lösungstabelle mit Lücken vorgeben. Die S müssen dann die fehlenden Antworten eintragen.

Zu b): Auch hier können leistungsschwächere S die Fragen arbeitsteilig bearbeiten. Weiterhin können die Paare auch so zusammengesetzt werden, dass immer ein leistungsschwächerer mit einem leistungsstärkeren S zusammenarbeitet.

Lösung

a)

Time	***Place***	***People***	***Event***
earlier this morning	*nearby Scafell Pike, area of the Lake District National Park*	*– group of teenage hikers from Bristol* *– Sharon (girl with broken leg)* *– Danny Sampson, friend of Sharon* *– mountain rescue people* *– Annie Price, rescue service* *– Sean Abbott, reporter* *– Sandy, newsreader*	*– teenage hikers walking along mountain path* *– path fell away under the feet of 17-year-old girl* *– fell 50 metres, broke leg* *– friends called mountain rescue service* *– hospital*

b) 1. *A girl who was walking on a path in the mountains of the Lake District National Park fell 50 metres and broke her leg.*
2. *A whole path suddenly fell away under her feet. It rained a lot and the paths were very wet.*
3. *The mountain rescue team took her to hospital.*
4. *The rescue was difficult because she had a broken leg and couldn't stand. She was on the side of a mountain. It wasn't easy to get the helicopter close enough.*
5. *She wasn't in serious danger, but breaking one's leg on a mountain is serious. She's going to be fine after a few days in hospital.*
6.

The way the news presenter and the reporter speak	***The way the witnesses speak***
– calmly and clearly *– the reporter asks many questions* *– newsreader uses 'we'* *– tells many facts*	*– excitedly and dramatically* *– sometimes fast* *– language shows feelings* *– uses 'I' → personal point of view* *– more colloquial language (well, you know, …)*

S. 77 2 The language of a radio report → WB 53/21

Wortschatz *eyewitness, station, listener, to receive, scene*

Methodisches Vorgehen L leitet in die Aufgabe ein: *Let's compare your results from question 6 with the ideas in the book.* L und die S lesen die Aufgabenstellung. Die Hinweise in der *Vocabulary skills*-Box werden mit den Lösungen der S zu Frage 6 in Aufgabe 1 verglichen und ggf. ergänzt. Anschließend werden die *Useful phrases* gemeinsam gelesen und ggf. neue Vokabeln erläutert. Die Aufgabe bearbeiten die S arbeitsteilig in 3er-Gruppen: Ein S achtet auf die *Useful phrases* des *news presenters*, ein S auf die des *reporters* und einer auf die der *eyewitnesses*. Zur Bearbeitung kann **KV 15a: The language of a radio report** eingesetzt werden. Nach dem erneuten Hören des HV-Textes tauschen die S in ihren Gruppen ihre Ergebnisse untereinander aus. Ggf. erfolgt ein weiterer Abgleich im Plenum. Anschließend werden im Plenum weitere *phrases* gesammelt.

Vertiefung Zur Vertiefung dient **KV 15b: Your radio report**. Damit die S einen ersten kurzen Radiobericht schreiben können, muss L mit ihnen die Struktur und die Abfolge der einzelnen Sprecher in einem Radiobericht klären. Dazu findet zunächst eine kurze PA-Phase statt, in der die S versuchen, sich an die Abfolge der einzelnen Sprecher aus dem HV-Text zu erinnern. Die Ergebnisse werden im Plenum verglichen und mittels TA gesichert:

Parts of a radio report

News reporter at radio station
Reporter at the scene
First eyewitness at the scene } *maybe several times*
Reporter at the scene }
News reporter at radio station
Reporter at the scene
Second eyewitness at the scene } *maybe several times*
Reporter at the scene }
News reporter at radio station
(...)
(There can be more eyewitnesses than just two.)

Nun wenden die S die *Useful phrases* in einem kurzen *radio report* an. Dieser soll aber nur einen Augenzeugen beinhalten. Je nach Geübtheit, Eigenständigkeit und Kreativität der Lerngruppe kann L weitere Anregungen/Ideen auf Rollenkarten vorbereiten. Da auch in der *Unit task* ein eigener *radio report* erstellt werden soll, stellt dies eine kurze Vorübung dar, der auch nicht allzu viel Zeit eingeräumt werden sollte.

Lösung ***News reporter at radio station:*** *Good morning, everyone (to all our listeners). / We've just received news of … / Now we're going to hear from our reporter at the scene: Can you describe the …*
More phrases: *…, have you been able to speak to any of the …? / Thanks very much for the report! / And to all of our listeners out there, it's important to know that … / Please listen for more information, or check our website. / OK, on to our next story …*
Reporter at the scene: *What where you doing when … / What else can you tell us?*
More phrases: *Well, as you've just said … / It's hard to believe that … / …, thank you for talking to us. / Back to you, … / This is Danny Sampson. – Hello Danny, tell us how your friend is doing, please. / Yes, I can imagine what you mean. Thanks …*
Eyewitness: *I couldn't believe my eyes! / This is (It's) strange.*
More phrases: *We were … when suddenly … / I mean, it was a huge shock, and it happened so suddenly … / It was just so scary. / Well, we're all just happy that … / It's hard to get that picture out of your head, you know?*
The new phrases are typical because …
- *the news presenter and the reporters use formal language. They need sentences to introduce other people/facts/settings/ …*
- *the eyewitnesses use language that shows more feelings.*

Unit task Writing and recording a radio report

The aliens have landed!

Wortschatz *to land, to record, assistant, to end, over*

Einstieg L stimmt die S mit Hilfe von **Folie 23** auf die Aufgabe und die Situation ein. L zeigt nacheinander auf die Bilder und semantisiert die Vokabeln *space, spaceship, to land, UFO, Martian, Mars, light, bright, to invade.*

Methodisches Vorgehen L leitet zur *Unit task* über: *Now imagine that aliens have landed on Earth – in Greenwich Park!* L zeigt das letzte Bild auf **Folie 23** und wartet auf die Reaktionen der S. Ist die Lerngruppe mit einem **stummen Impuls** geübt, so beschreiben sie kurz das Bild und leiten ihre Aufgabe ab: *It's our job to make a radio report about this.* L bereitet die S darauf vor, dass sie in 5er-Gruppen einen Radiobericht schreiben und aufnehmen werden. Bevor die Gruppen eingeteilt werden, lesen L und die S die vier Schritte auf S. 78–79 gemeinsam und klären eventuelle Fragen. L sollte darauf achten, dass die Gruppen leistungsheterogen zusammengesetzt werden.

Tipps für junge Lehrer/innen L kann die vier Schritte auf Folie kopieren und während der Bearbeitung den jeweiligen Arbeitsschritt an die Wand projizieren. So haben die S immer vor Augen, an welchem Arbeitsschritt sie aktuell arbeiten.

S. 78 Step 1 The situation → WB 54/22

Methodisches Vorgehen In ihren 5er-Gruppen lesen die S noch einmal die Aufgabenstellung und die Vokabeln im gelben Kasten durch. L erinnert die S daran, dass sie zunächst nur beschreiben sollen, was sie sehen und danach erst Vermutungen/Interpretationen anstellen sollen. In den Gruppen kann zunächst arbeitsteilig gearbeitet werden: Jeder S beschäftigt sich detailliert mit einem Bild und beschreibt dieses mit mindestens drei Sätzen. L legt **Folie 23** zur Bildbeschreibung nochmals auf. Dann stellt jeder S in der Gruppe „sein" Bild vor. Die anderen S ergänzen die Beschreibungen und Mutmaßungen über die Situation. Je nach Lerngruppe führt L noch eine abschließende Sicherungsphase im Plenum durch oder legt Lösungsbeispiele aus.

Differenzierung △ L kann leistungsschwächeren S die passenden Wörter für jedes Bild vorgeben: *Picture 1: space, spaceship, UFO, light, sky, star, bright; Picture 2: strange-looking, Martian, Mars, customer, invade; Picture 3: to land, bright, light, sky, UFO, spaceship; Picture 4: stomachache, to get sick on (too much) chocolate, Martian; Picture 5: human, come in peace, to make friends, friendly, to land*

Tipps für junge Lehrer/innen Bei einer länger andauernden GA ist die Wahrung von Einsprachigkeit ein wichtiges Thema. L sollte hierzu *language watchdogs* oder *language managers* in den Gruppen bestimmen, welche die anderen S darauf hinweisen, wenn sie kein Englisch mehr sprechen. Diese Aufgabe kann innerhalb der Gruppe nach einiger Zeit gewechselt werden.

Lösung ***Picture 1:*** *The news presenter is at the radio station. He's got computer screens and a microphone in front of him. He's holding a sheet of paper in his hands. Above him you can see his thoughts. You can see the Earth, the sky with the stars and the space around it. Three spaceships are coming closer to the Earth. It looks as if the news presenter is reading out news about the spaceships that are flying towards the Earth.*
Picture 2: *Three strange-looking aliens are in a sweet shop. They're green and have big, yellow eyes. Maybe they're from Mars. The shop assistant looks scared. The three Martians have got chocolate in their hands. One of them is holding money in its hands. It looks as if they want to buy all the chocolate.*
Picture 3: *There's a man in his garden. The sky is bright. Above the man's head there are many UFOs. It looks like the UFOs are going to land soon. This man also looks scared.*

Picture 4: *Two aliens are lying in a hospital beds. A doctor is with them. There are many chocolate bars all around them. The aliens don't look well. One of them has got its hands on its stomach. Its eyes look strange. Maybe the aliens have eaten too much chocolate; maybe it has made them sick and given them stomachache.*
Picture 5: *There's a young reporter with a microphone in the foreground. Behind her, there are two UFOs. You can see that the aliens have landed. The aliens are together with humans in the park. In the background they shake hands with the humans. One alien is playing football with a human. Maybe they want to make friends with the humans. It looks like the aliens have come in peace.*

S. 79 Step 2 Choose roles and form expert groups → WB 54/23

Methodisches Vorgehen

a) Die S verteilen die fünf Rollen in ihrer Gruppe: Es gibt einen Nachrichtensprecher, einen Reporter vor Ort und drei Zeugen. Als Zeugen kommen die Ärztin, der Verkäufer im Süßigkeitenladen, der Mann in seinem Garten und evtl. der fußballspielende Mann im Greenwich Park in Frage.

b) Bevor die S nun nach dem **Gruppenpuzzle**-Prinzip mit anderen S mit derselben Rolle zusammengehen, macht sich jeder S in EA kurz ein paar Notizen/Gedanken zu seiner Rolle. Dazu dient **KV 16a: The aliens have landed! – Prepare your role**. L weist auf mögliche Hilfestellungen hin: die Beispiele auf dieser Seite, die *Skills page* auf S. 77 sowie die *Useful phrases* auf S. 75. Darüber hinaus stellt L den S Wörterbücher zur Verfügung. Nach der EA-Phase erfolgt ein Austausch in den Expertengruppen. Die S machen sich weitere Notizen zu ihrer Rolle.

Tipps für junge Lehrer/innen

L sollte es den S selbst überlassen, die einzelnen Rollen in ihren Gruppen zu besetzen. Er sollte die Gruppen dabei aber genau beobachten. Bei Streitereien oder Unstimmigkeiten sollte er ggf. eingreifen und die Rollenverteilung auslosen.

Differenzierung

△ Als Unterstützung für leistungsschwächere S kann L *cue cards* mit Lösungsvorschlägen auf dem Lehrerpult auslegen (vgl. Lösung). Hier können sich die S Anregungen holen.
▲ Möchte L die Rollen leistungsdifferent verteilen, so sollte er darauf achten, dass die Rollen der Augenzeugen durch leistungsstärkere S besetzt werden, da diese bei ihren Rollen den größten Gestaltungsspielraum haben.

Lösung

Lösungsvorschlag:
News presenter at radio station:
- *Good afternoon to all our listeners out there. We've just received news of something that has never happened before in Greenwich! UFOs have landed in Greenwich Park! We still can't believe it. Now we're going to hear from our reporter at the scene. …, can you describe the situation, please?*
- *Thanks very much for the report.*
- *…, have you been able to speak to the man in the garden who saw the UFOs first?*
- *…, can you tell us about the events at Greenwich's sweet shop?*
- *Please stay with us for more information. Our reporter is going to talk to the doctor next.*
- *And to all our listeners out there, it's important to know that the Martians haven't been dangerous so far. It looks as if they've come in peace. So don't panic. The police are trying to control the situation.*

Reporter who interviews the witnesses: *Hello … I'm in Greenwich Park at the moment. Everybody is very excited. Nobody has ever seen anything like this! More and more green figures are coming out of the UFOs that have landed here. People guess they're from Mars. The people here in Greenwich Park don't seem to be scared. They're shaking hands and even playing football together! This is really strange. But let's talk to some other witnesses first! I've got a man here who saw the UFOs first.*
Questions for the man in the garden:
- *Hello Mr … You were the first person in Greenwich who saw the UFOs.*
- *What were you doing when you saw them?*
- *Were they very loud?*

- *How did you feel when you saw them? Was it a big shock? I can imagine how you felt …*
- *What else can you tell us?*
- *Thank you for talking to us.*
- *Now back to you, …*

Questions for the doctor:

- *Good afternoon, Mrs … Please tell us how the two aliens are doing at the moment!*
- *What did you think at first when you saw the green figures?*
- *How did you know what their problem was?*
- *Is their body similar to the human body?*
- *How long are they going to stay in hospital?*
- *What can you do to make them get better?*
- *Thank you for the interview, Mrs … Now back to our radio station!*

Questions for the shop assistant:

- *How did you feel when the three Martians entered your sweet shop?*
- *What were you doing when they came in?*
- *Was it a big shock for you?*
- *What did the aliens buy?*
- *How did they pay?*
- *Thanks for talking to us, Mr … Now we know the reason for the aliens' sickness.*
- *And now back to you again, …*

Witness (man in his garden): *I was working in my garden when suddenly I saw a big, dark shadow on my grass. Suddenly the sky became very bright and yellow. Then I looked up into the sky and I couldn't believe my eyes! I saw at least ten UFOs above me! I asked myself: Am I dreaming? Am I in a science fiction film? I really didn't know what was happening. My neighbour was outside as well. We both have never seen anything like this! We were really scared. Then we could see that the spaceships were flying towards Greenwich Park.*

Witness (assistant in sweet shop): *The day started quite normally like any other day. But then three green figures came into my sweet shop. I couldn't believe what I was seeing! They didn't talk to me. They just went looking for all the chocolate in my shop and took every piece of chocolate they could find. I was really scared and couldn't move any more! Then one green figure came to pay with our money. But where were those figures from? And how did they get our money? I still can't believe what's happening here!*

Witness (doctor): *This was the strangest moment I've ever had as a doctor! This morning the ambulance brought in two aliens with stomachache! They were really sick and their stomachs were so full that they couldn't move any more. They didn't speak our language, but all the chocolate they had with them tells us the reason for their sickness: They got sick on too much chocolate/human food! We've already helped them a little bit; they're smiling now. We're going to offer them different food. But we still need to keep them here for a little while.*

S. 79 Step 3 Plan and write your report → WB 55/24

Methodisches Vorgehen

a) Bevor die Arbeit in den Stammgruppen beginnt, melden die S Probleme/Fragen aus *Step 2* im Plenum zurück. L teilt den S mit, dass sie nach Beendigung von *Step 3* mit *Step 4* beginnen können, ohne dass es eine weitere Sicherungsphase im Plenum gibt. Bevor die S jedoch mit *Step 4* beginnen, legen sie L ihren fertigen Bericht vor. (So hat L den Überblick, wie weit die Gruppen sind und die Sicherheit, dass erst mit *Step 4* begonnen wird, wenn *Step 3* beendet ist.) Die S gehen nun wieder in ihre Stammgruppen zurück und stellen sich gegenseitig ihre Rollen vor. Als nächstes einigen sich die S auf eine Struktur des Berichts. Dazu muss jede Gruppe die unter a) aufgeworfenen Fragen klären. Um die Struktur des Radioberichts zu notieren, kann **KV 16b: The aliens have landed! – Write your report** als Unterstützung dienen.

b) Jeder S aus der 5er-Gruppe schreibt einen Teil des Radioberichts. Die Ergebnisse können jeweils auf **KV 16b** notiert werden. Die S sollten sich immer wieder untereinander absprechen, damit die Übergänge zwischen den einzelnen Teilen gut passen.

c) Die S lesen ihre Berichte gegenseitig Korrektur. L steht für weitere Fragen zur Verfügung.

d) Nun wird der gesamte Radiobericht in der Gruppe langsam vorgelesen und ggf. weiter angepasst. Die S können **KV 16b**, Aufgabe c) vom restlichen Blatt abtrennen und dann die einzelnen Teile des Radioberichts aneinander kleben.

Tipps für junge Lehrer/innen L sollte den S Redemittel zur Organisation der GA zur Verfügung stellen. Wenn die S ihren Bericht planen, können geeignete Redemittel das Einhalten der Einsprachigkeit erleichtern:

Getting started: *OK, can we get started?* *Let's start with …* *Could you …?* *Okay, now we must look at …*	*Getting on:* *Let's turn to the next question/step/task …* *OK, the next point is …* *First we should … Then we need …*
What you think: *I feel …* *I think that …* *I believe that …*	*Asking the others:* *What do you think about this?* *Do you think that …?* *Are you sure that?*
If you think in a different way: *I can't see your point.* *I don't think so.* *This might be true, but …* *You're wrong there.*	

Lösung Individuelle S-Lösungen.

S. 79 Step 4 Practise and record your report → WB 55/25

Methodisches Vorgehen **a) + b)** Nachdem die S ihren Bericht erstellt haben, wird dieser in den Gruppen mit verteilten Rollen gelesen und einstudiert. Die Aufnahme kann anschließend mit Hilfe eines Smartphones oder (falls Handys an der Schule verboten sind) mit *Easy speak*-Mikrofonen erfolgen. Die einzelnen Sprecher sollten bei der Aufnahme nicht so klingen, als würden sie den Text einfach nur ablesen. Vor allem sollten die Zeugen in ihren Äußerungen recht „spontan" klingen.

c) Die aufgenommenen Berichte werden in der Klasse nacheinander abgespielt. Alternativ können die einzelnen Gruppen ihre Berichte in der Klasse vortragen.

Tipps für junge Lehrer/innen Durch die Aufnahme wird das Arbeitsergebnis sehr authentisch und sie demonstriert den S zudem ihre englische Aussprache. Damit die Aufnahmen gut gelingen und nicht zu viele Hintergrundgeräusche zu hören sind, sollten mehrere Räumlichkeiten zur Verfügung stehen.

Story

S. 80–81 Hey, don't call *me* silly!

Text
→ S 2/6–10 ◎
L 2/32–36 ◎

Wortschatz *to let go (of), silly, fancy dress, to breathe, to keep up, kept up, kept up (with), to be worried, to get in the way, stomach, glasses (pl), finish line, stupid, to be gone, We did it!, both, to ruin, official, to surprise, in secret, because of, to forgive, forgave, forgiven*

Einstieg L zeigt nur Bild 2 auf **Folie 24**. Die S beschreiben das Bild und stellen anschließend Vermutungen über den Verlauf/Inhalt der Geschichte an. In diesem Zusammenhang führt L die Vokabeln *fancy dress, silly, to get in the way, to let go of (Luke's hand), keep up, stomach, glasses, in secret* ein. Die S können auch anhand dieser Vokabeln über den Inhalt der Story spekulieren. Dann zeigt L die weiteren Bilder. Die S gleichen ihre Spekulationen ab. Während des Hörens/Lesens der *Story* projiziert L die weiteren Bilder an die Wand.

Methodisches Vorgehen

L leitet zur Geschichte über: *Now let's find out if you were right …* Der Text wird von der CD präsentiert und die S lesen mit. Nach jedem Abschnitt werden kurze Pausen gemacht, Vokabel-/Verständnisfragen geklärt und je nach Leistungsstand der Lerngruppe sichert L das Textverständnis mit Fragen zum Inhalt.

Mögliche Fragen nach Abschnitt A:

- *How are Luke and Gwen running? (Gwen is holding his hand because she can't see very well.)*
- *Who's more nervous – Luke or Gwen? Why? (Luke is more nervous; he asks Gwen what she thinks about his training.)*
- *What are the two people in fancy dress running for? (They're running for a pet charity.)*
- *Who does Gwen see? (She sees Holly and Olivia).*

Mögliche Fragen nach Abschnitt B:

- *Who did extra training? (Gwen did extra training.)*
- *What does Gwen think about the runners in the animal costumes? (They're silly and they aren't taking the marathon seriously. They're getting in people's way. They're like clowns.)*

Mögliche Fragen nach Abschnitt C:

- *What's Gwen's problem? (She's got a stomachache.)*
- *What is she worried about? (She doesn't want to give up; she doesn't want to be the silly girl with the funny glasses, but the new girl with the fast legs!)*

Mögliche Fragen nach Abschnitt D:

- *How is Gwen feeling now? (She's feeling better, the cramp has gone.)*
- *What does she think about their time? (She thinks it's going to be very good).*

Mögliche Fragen nach Abschnitt E:

- *How do Luke and Gwen feel just after the race? (They're happy because they did it).*
- *What was Luke's problem during the race? (He had a cramp and didn't want to tell Gwen.)*
- *What did the two people in the fancy dress do during the race? (They took a selfie with their mobile phone.)*
- *What happened because of that? (A boy fell because of them. Then the race officials took them out of the race.)*
- *Who dressed as a cat and a dog and why? (Dave and Jay did. They wanted to surprise the others. They trained in secret and ran for the pet charity.)*
- *What can Dave and Jay do so that the boy and the others can forgive them? (They can say sorry to the boy who fell and give him a present.)*

Nach dem ersten Hören/Lesen äußern die S spontan ihre Reaktionen zum Text.

S. 82
READING

1 Working with the text → WB 56/26; Diff pool △ 123/9

Wortschatz *reason, to cause, hope, fear, relationship*

Methodisches Vorgehen

a) L und die S lesen die Fragestellungen gemeinsam und klären unbekannte Vokabeln. Für den weiteren Verlauf gibt es unterschiedliche Vorgehensweisen (je nach Schwerpunkt der Stunde, Leistungsstand und Eigenheiten der Lerngruppe):

1. Die S bearbeiten die Aufgaben stichpunktartig in EA. L richtet fünf *bus stops* ein. Sobald ein S eine Aufgabe fertig hat, geht er zum jeweiligen *bus stop*. Wenn sich ein weiterer S dort einfindet, vergleichen beide ihre Ergebnisse. Bei Bedarf/weiteren Fragen gleichen die S ihre Ergebnisse noch mit Lösungsblättern von L ab, die dieser auf seinem Pult bereithält.
2. Bevor die jeweilige Frage im Plenum besprochen wird, bekommen die S kurz Zeit, sich Notizen zu machen und diese mit einem Nachbarn zu vergleichen. Dann tauschen sich die S untereinander im Plenum aus.
3. Die einzelnen Fragen werden arbeitsteilig in einer Gruppe (oder arbeitsteilig in der gesamten Klasse) bearbeitet. Jeder S stellt den anderen Gruppenmitgliedern (bzw. der Klasse) seine Arbeitsergebnisse vor.
4. Die Fragen werden in PA bearbeitet. Nach der Bearbeitungsphase stellt immer ein Paar seine Antwort zu einer Frage vor, die anderen ergänzen ggf. weitere Aspekte.

b) SB geschlossen. Nach einer kurzen Brainstorming-Phase benennen die S im UG die wichtigsten Aspekte bei einer Nacherzählung. Ggf. werden diese an der Tafel festgehalten. Anschließend lesen die S die Geschichte noch einmal in EA. Bevor die S mit der eigentlichen Nacherzählung beginnen, legt L **Folie 24** auf. L gibt den Satzbeginn des ersten Satzes vor: *When the race started …* Dieser und evtl. noch der zweite Satz zur Nacherzählung werden im Plenum gebildet. Danach bearbeiten die S diese Aufgabe gemeinsam mit einem Partner und notieren pro Bild ca. 4–6 Sätze in ihrem Heft. Anschließend wird die Geschichte im Plenum nacherzählt. Jeder S sagt einen Satz, dann ist der nächste an der Reihe. Dabei kann ein kleiner Ball zum Einsatz kommen. Je nach Lernziel der Stunde hält L die nacherzählten Sätze schriftlich auf Folie/an der Tafel fest.

Differenzierung

△ **Diff pool p. 123/9 The London Mini Marathon** → Help with Story, p. 82/1b)

Methodisches Vorgehen: Im *Diff pool* werden *words* und *phrases* vorgegeben, die leistungsschwächeren S helfen können, die Geschichte nachzuerzählen.

Lösung **a)** 1. *A and E are dialogues; B, C and D are thoughts of a character in the story (interior monologues). (The texts in A and E show what people say; in B, C and D they show what someone thinks.)*

2. *Reasons for running in a marathon:*

Reason	***Part in the text***	***Who gives this reason?***
People run to raise money, e.g. for charity.	*part A*	*Gwen*
to have a reason to go training	*part B*	*Gwen*
to show how good you are at something	*part B*	*Gwen*
to enjoy it	*part B* *part E*	*Gwen* *Luke*
to run for your friends, to do something together	*part C*	*Gwen*
to become famous/popular	*part C* *part D*	*Gwen* *Gwen*

3. *There are different reasons for problems in a marathon race:*
   - *You start too quickly. → You give up before the race is over.*
   - *You get a cramp (in your stomach/muscles).*
   - *You can fall (for example because other people don't look where you/they are).*
   - *Some people don't take it seriously and do other things but run (for example Jay and Dave take a selfie in the middle of the race).*
   - *You haven't trained enough. → You can't finish the race.*

4.

	Hopes	***Fears***
Gwen	– *wants to show how good she is* – *wants to run a good time* – *wants to see their photos on the TTS website* – *would like to be a running star*	– *Can Luke keep up?* – *Are the cat and dog going to get in their way?* – *She fears not to be "the new girl with the fast legs" when she gets a stomachache.*
Luke	– *hopes that he has trained enough and can keep up*	– *He fears that Gwen could let go of his hand. → He can't show her the right way during the race.* – *He's nervous before the race. (Has he trained enough?)*

5. *Luke and Gwen are really good friends. They help each other. Gwen needs Luke during the race and he's there for her. They don't tell each other when they get a cramp because they don't want the other person to give up because of them.*

b) ***Picture 1:*** *When the race started, Gwen was sure she would finish. Olivia wasn't there, so she needed to hold Luke's hand to find the right way. Gwen was a bit worried about Luke. She told Luke, "Don't run too fast too soon!" Luke saw two people in fancy dress, in cat and dog costumes.*
Picture 2: *Ten minutes later, Gwen felt her stomach. She told herself to go on running because she was running for the charity and for Luke. The two runners in the funny costumes weren't taking the race seriously. They were getting in other people's way. Luke and Gwen were still doing fine/running fast.*
Picture 3*: Suddenly, the runners in the animal costumes pulled out a phone, took a selfie and caused an accident. The officials took them out of the race because of this. But Gwen and Luke finished the race happily. Olivia found out that the dog and cat were Dave and Jay.*

S. 82
READING

2 What do you think? → Diff pool △ 123/10

Wortschatz *On the one hand …, (but) on the other hand …*

Einstieg SB geschlossen. L fragt die S nach Adjektiven, die sie kennen, um Menschen und deren Handlungen zu beschreiben. Diese werden an der Tafel gesammelt.

Methodisches Vorgehen

a) L zeigt den S ein Zitat aus der Story, z. B. *Luke: … remember: You mustn't let go of my hand!* L fragt die S, wie sie Lukes Handeln in dieser Situation beschreiben würden. Die S sollten auf *helpful* kommen, ggf. muss L ihnen die Vokabel *responsible* nennen. Anschließend beschäftigen sich die S in PA mit je einem der vier Charaktere. Bei Bedarf gibt L weitere Vokabeln vor, z. B. *selfish, ambitious* und stellt Wörterbücher zur Verfügung. Nachdem die S die Aufgabe mit ihrem Partner bearbeitet haben, gehen sie mit einem weiteren Paar zusammen, das denselben Charakter bearbeitet hat und vergleichen ihre Ergebnisse. Abschließend stellen einige Paare diese in der Klasse vor. (Die Ergebnisse können zuvor auf einer Folie verschriftlicht werden, so dass sich die S die Ergebnisse zu den anderen Charakteren leichter notieren können).

b) L und die S lesen die Aufgabenstellung und die Beispiele gemeinsam. L führt die neue Vokabel *on the one hand …, (but) on the other hand …* ein. Den Beispielen im SB folgend notieren sich die S mit ihrem Partner weitere Handlungen der Charaktere und bewerten diese. Alternativ dazu kann dieses Gespräch auch im Plenum erfolgen.

Differenzierung

△ Diff pool p. 123/10 What's the person like? → Help with Story, p. 82/2

Methodisches Vorgehen: Diese Aufgabe dient der Unterstützung von leistungsschwächeren S bei der Bearbeitung von Aufgabe 2 auf S. 82. Damit die S über genügend Adjektive verfügen, um die vier Charaktere und deren Handlungen zu beschreiben, können sie hier zunächst die vorgegebenen Adjektive in zwei Listen (positiv/negativ) sortieren. Die S bearbeiten die Aufgabe in EA. L legt die Lösungen aus, so dass die S sie selbstständig abgleichen können.

Lösung: ***Positive:*** *brave, fast, polite, clever, careful, helpful, funny, interesting, great, good, confident, friendly, popular, nice*
Negative: *unfriendly, stupid, crazy, silly, boring, awful*

Lösung a) + b)

Luke:

Actions	*Positive or negative?*	*Adjectives*
wants to hold Gwen's hand and show her the way during the race	+	*helpful, nice (responsible)*
hasn't done any extra training	–	*lazy*
has got a cramp during the race but goes on running	+	*brave, ambitious*
finishes the mini marathon in a good time	+	*fast*

Gwen:

Actions	*Positive or negative?*	*Adjectives*
is partially sighted but runs in a big race	+	*brave, confident*
runs for a charity	+	*helpful*
has done a lot of extra training	+	*ambitious, clever*
her stomach hurts, but she goes on running	+	*brave, ambitious*
finishes the mini marathon in a good time	+	*fast*

Jay and Dave:

Actions	*Positive or negative?*	*Adjectives*
dress in an animal costume, make a 'show' out of the race	–	*crazy*
take a selfie during the mini marathon and get in the way of other runners	–	*silly, stupid, selfish*
run for a charity	+	*helpful*
are going to say sorry	+	*good*

S. 82
VOCABULARY

3 Looking at spoken language → Diff pool △ 123/11; ▲ 123/12

Einstieg L fordert die S auf, sich kurz die Dialoge auf S. 80–81 noch einmal anzusehen und einen Satz/eine Aussage, die ihnen gefällt, herauszusuchen. Reihum nennt jeder S seinen „Lieblingssatz" - diese bleiben unkommentiert.

Methodisches Vorgehen L und die S lesen die Aufgabenstellung gemeinsam. Die S können diese Aufgabe leichter bearbeiten, wenn sie den SB-Text als Kopie vorliegen haben. Eine Hälfte der Klasse beschäftigt sich mit Gwens Gedanken, die andere mit dem Dialog zwischen Gwen und Luke. Zunächst lesen sie in einer **Murmelphase** die Textabschnitte abwechselnd bzw. in verteilen Rollen. Dann unterstreichen sie mit ihrem Partner auffällige Sätze/Satzteile/Wörter oder schreiben diese heraus. Am Ende der Bearbeitungszeit werden die Zitate aus dem Text im Plenum mündlich gesammelt. Im Anschluss erstellt jeder S eine Mindmap mit mindestens fünf *words/phrases*, die er gerne wieder verwenden möchte. Dazu kann Aufgabe a) auf **KV 17: Hey, don't call *me* silly!** verwendet werden. Einige S stellen abschließend ihre Mindmap im Plenum vor (z. B. auf Folie).

Differenzierung

△ **Diff pool p. 123/11 Useful phrases from the story** → Help with Story, p. 82/3

Methodisches Vorgehen: Diese Aufgabe stellt eine zusätzliche Hilfestellung für leistungsschwächere S dar. Durch die Vervollständigung der Sätze (Achtung, die Sätze weichen leicht von denen in der *Story* ab!) werden die S auf *words/phrases* aufmerksam, die ihnen bei der Erstellung ihrer Mindmap nützlich sein können.

Lösung: 1. *means a lot* 2. *too bad* 3. *don't call* 4. *feels so* 5. *nervous*

▲ **Diff pool p. 123/12 A game: Frozen image!** → After Story, p. 82/3

Methodisches Vorgehen: Diese Aufgabe richtet sich an leistungsstärkere S. Gleichzeitig kann sie auch als vertiefende Aufgabe zum Textverständnis mit der gesamten Klasse durchgeführt werden. Je nach Vertrautheit der Lerngruppe mit dieser Methode sollte L die S etwas genauer einweisen. Wichtig ist, dass sich die S über die Gefühle des Charakters, den sie spielen werden, sowie über die Beziehung zwischen den einzelnen Charakteren aus der jeweiligen Szene bewusst werden. In Kleingruppen (4–5 S) üben die S ihr Standbild ein. Anschließend werden die Standbilder in der Klasse präsentiert, die übrigen S versuchen, die Szene zu erraten, und geben Feedback. Dabei können ihnen folgende Redemittel helfen:

- *It's clear that ….*
- *I'm not quite sure, but I think you want to show that …*
- *I think your frozen image shows … / doesn't show …*
- *I think your frozen image is a good way to show … / not a good way …*

Lösung: Individuelle S-Lösungen.

Lösung

Dialogues: *It's too bad Olivia can't join us. / It means a lot to me. / Your charity means something to all of us, Gwen. / Oh sorry. I'm just nervous. / Great, that really helps. / Don't think so much, silly. / Hey, don't call* me *silly … / We did it, WE DID IT! / And it feels GREAT! / Well, we both finished, yippee!*

Gwen's thoughts: *This feels GREAT! My big day… this is the moment – MY moment! / And he's worried about me? / Oh, those silly (runners in the animal costumes) … Clowns! / Ouch! What's that?! Oh, my stomach, it really hurts. / Oh no, I mustn't stop! / Come on, just run! … RUN! / I think our time is going to be really good. / Sounds great!*

Vertiefung

Die S machen aus den Redewendungen in ihren Mindmaps einen eigenen kleinen Dialog (z. B. zu einem Thema, das sie aktuell beschäftigt). Als Vertiefung kann auch Aufgabe b)–e) auf **KV 17** eingesetzt werden.

S. 82
WRITING

4 Another story → WB 56/27; S10–13

Methodisches Vorgehen

Bei dieser kreativen Schreibaufgabe können die S zwischen zwei verschiedenen Aufgaben wählen. L und die S lesen die Aufgabenstellung gemeinsam. Die Aufgabe wird schriftlich in EA erledigt. Bevor die S beginnen, wird im Plenum – auf S10–13 Bezug nehmend – noch einmal kurz ins Gedächtnis gerufen, wie die S vorgehen, wenn sie einen (längeren) Text schreiben. L weist vor allem auf eine sorgfältige Planung hin. (Die S machen sich zuerst Notizen, bevor sie mit dem Schreiben beginnen.) Sie können bei der Bearbeitung der Aufgabe auf die gesammelten Ausdrücke aus Aufgabe 2 und 3 zurückgreifen.

Lösung

Lösungsvorschlag:

Just for fun: The race from Jay and Dave's point of view.

Before the mini marathon started, Jay and Dave were hiding behind a tree. Jay said: "Let's put our costumes on quickly! I don't want the others to see us. It must be a surprise." The two boys put their dog and cat costumes on. They looked very funny in them. "Oh, it's very hot in here. It's good that we're running just for fun. I don't think we can run very fast," Dave said. "For fun and for the pet charity, of course," Jay answered. The race started. The two boys ran very slowly. "It's so hot," Dave thought. He was feeling very bad in his costume. "Hey Jay," he shouted. "I need a break. Let's stop and take a selfie!" So the two boys stopped. They didn't think about the runners behind them until they suddenly heard a boy shout: "Ouch! What are you doing? Are you stupid?" The boy was on the ground. "Let's go on," Jay said, but there were two officials who stopped them and took them out of the race because what they did was dangerous for the other runners. "Too bad," Dave said, but he was really happy that the race was over for them and he could take the costume off.

Can you forgive us: Jay and Dave talk to the boy who fell because of them.

Jay: *Gwen was right. It was a stupid idea to take the selfie. Let's go and find the boy.*
Dave: *OK. I can see him next to the tree over there. He's holding his ankle.*
Jay: *Oh no, I hope he hasn't hurt himself because of us.*
They go over to the boy.
Dave: *Hello … er …*
Boy: *Who are you?*
Jay: *We were wearing the dog and cat costumes and …*
Boy: *What do you want? Because of you I twisted my ankle and couldn't finish the race. All that training … I'm so angry at you.*
Dave: *Look, we're so sorry. We didn't think about the runners behind us. We just wanted to have a funny photo. What about your ankle?*
Boy: *I don't think it's serious, but the race is over.*
Jay: *We want to show you that we're really sorry. I've got two tickets for the big football match next week. You can have them. Can you forgive us?*
Boy: *OK, it's nice that you came to talk to me. Keep your tickets. I've got two myself. Maybe see you there.*
Dave: *Thank you. Bye.*
Boy: *Bye.*

Check-out Self-evaluation

1 Match the sentence halves

S. 83
LANGUAGE

Methodisches Vorgehen Die S fügen die passenden Satzteile in EA zusammen.

Lösung Vgl. SB S. 241.

2 Make dialogues about Luke and Dave

S. 83
LANGUAGE

Methodisches Vorgehen Bei dieser Aufgabe zum *present perfect* und *simple past* schreiben die S einen Dialog zwischen Dave und Luke, indem sie aus den Vorgaben Sätze bilden. Die S sollten auf Signalwörter achten und sich bewusst für die jeweilige Zeit entscheiden.

Lösung Vgl. SB S. 241.

3 BMX: Popular but a bit dirty!

S. 83
LANGUAGE

Wortschatz *bicycle motocross*

Methodisches Vorgehen Zu Beginn weist L auf die neue Vokabel hin. Bei dieser Aufgabe müssen die S die Verben in der richtigen Zeitform (*simple past* oder *present perfect*) einsetzen. Sie schreiben den kompletten Text in ihr Heft ab.

Lösung Vgl. SB S. 242.

The summer table

Bei dem vorliegenden Lesetext handelt es sich um einen Auszug aus R. J. Palacios Roman *Wonder*. Eine Zusammenfassung des Inhalts finden Sie auf der nachfolgenden Seite.

SB 84–85 → S 2/11–14 ◎ L 3/1–4 ◎

Lernziel/Kompetenz:
einen Romanauszug selbstständig lesen

Materialien:
- Schüler-Audio-CD 2, Track 11–14
- Lehrer-Audio-CD 3, Track 1–4
- WB 58/1–4
- Folie 25
- KV 1: Bullies
- KV 2: A summary
- KV 3: Making conversation

Zeitlicher Aufwand:
90 Min.

‹Story› 4

The summer table

S. 84–85
READING
Text
→ S 2/11–14
L 3/1–4

The summer table → WB 58/1–4

Background information
The text is an excerpt from R. J. Palacio's novel Wonder *(2012). In 2014,* The Julian Chapter *was published, which narrates the events from the perspective of another child.*
Raquel J. Palacio lives in New York City with her husband, two sons, and two dogs. For many years, she was an art director and book jacket designer. After she had designed book jackets for other authors for 20 years, she decided to write her own book. Wonder *is her first novel.*

Summary of the novel
August (Auggie) Pullman was born with a facial deformity due to a genetic defect and, because of this, was homeschooled by his mother. He has had 27 surgeries to correct his facial anomalies, but still his face causes the other children to stare at him or ignore him completely. At the age of 10, his parents decide to send him to a normal school. He starts 5th grade at Beecher Prep, and has a hard time. Auggie, who is a kind, funny and clever boy, has to struggle to find his place in this environment.
The plot is divided into eight parts. It includes not only Auggie's point of view, but also the voices of family members and classmates, which show that his arrival at the school is a challenge – not only for him, but for the whole community.
The excerpt presents the reader with a scene in the school cafeteria. At lunchtime, Auggie is sitting alone at his table, feeling bad, when suddenly a girl named Summer sits down at his table and starts a conversation.

Einstieg
L legt **Folie 25** mit den Illustrationen der Doppelseite auf. Im Plenum werden folgende Impulsfragen besprochen: *Where are we? What's the situation? What are the students saying or thinking?*
Alternativ können die S angeregt werden, über mögliche eigene Erfahrungen zu berichten: *Have you ever been the new kid in town? How did this feel? How did you make your first friends?*
Zusätzlich kann **KV 1: Bullies** eingesetzt werden.
Auf der Homepage der Autorin findet sich außerdem eine Einführung in das Buch als filmische Umsetzung.

Methodisches Vorgehen
Die CD kann eingesetzt werden, ohne zuvor eine Vokabelvorentlastung vorzunehmen. Vorher sollte die Situation, dass Auggie alleine am Tisch sitzt und sich Summer unvermittelt zu ihm setzt, geklärt werden. Nach dem ersten Hören kann das Textverständnis mit **KV 2: A summary**, Aufgabe a), überprüft werden. Beim zweiten Hören kann der Klasse der Hörauftrag gestellt werden, dass die Jungen darauf achten, wie sich Auggie im Gespräch verhält; die Mädchen hören gezielt Summer zu und beobachten, wie sie das Gespräch mit Auggie beginnt und weiterführt. Ziel der HV-Aufgabe ist letztlich, dass die S in der Lage sind, den Text gestaltend vorzulesen bzw. in Ansätzen sogar (nach mehrfachem Hören der CD im Workbook) frei nachzuspielen.
Der sprachliche Schwerpunkt dieses Textauszugs liegt auf dem Bereich Konversation und small talk – wie kann man ein Gespräch beginnen bzw. am Laufen halten? Hierzu kann auch **KV 3: Making conversation** eingesetzt werden.

Mögliche *post-reading activities*:
- *Think about the character of Jack Will. What could he be like? Why do you think Auggie wants to include him?*
- **KV 2**, Aufgabe b)

Vertiefung
Auf der Homepage der Autorin werden weitere Ideen für Diskussionen im Unterricht angeboten.

‹Revision B›

Die S wiederholen und festigen auf der fakultativen Doppelseite die Inhalte der Units 3 und 4. Es werden alle grundlegenden Fertigkeiten trainiert und die vorhandenen Kenntnisse wiederholt.

SB 86/1

Lernziel/Kompetenz:
Adjektive und Adverbien korrekt anwenden

Zeitlicher Aufwand:
25 Min.

SB 86/2 → L 3/5 ◎

Lernziel/Kompetenz:
einer Radioreportage über Souvenirs von London global und selektiv Informationen entnehmen

Materialien:
- Lehrer-Audio-CD 3, Track 5
- WB 59/1–2

Zeitlicher Aufwand:
15 Min.

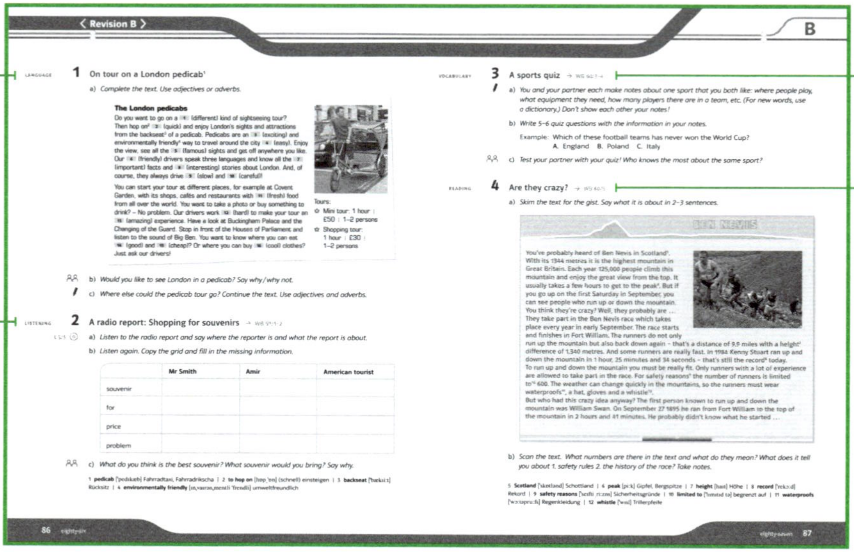
‹ Revision B ›

1 On tour on a London pedicab
a) Complete the text. Use adjectives or adverbs.
The London pedicabs
b) Would you like to see London in a pedicab? Say why/why not.
c) Where else could the pedicab tour go? Continue the text. Use adjectives and adverbs.

2 A radio report: Shopping for souvenirs
a) Listen to the radio report and say where the reporter is and what the report is about.
b) Listen again. Copy the grid and fill in the missing information.
c) What do you think is the best souvenir? What souvenir would you bring? Say why.

3 A sports quiz
b) Write 5–6 quiz questions with the information in your notes.
c) Test your partner with your quiz! Who knows the most about the same sport?

4 Are they crazy?
a) Skim the text for the gist. Say what it is about in 2–3 sentences.
b) Scan the text. What numbers are there in the text and what do they mean? What does it tell you about 1. safety rules 2. the history of the race? Take notes.

SB 87/3

Lernziel/Kompetenz:
ein *sports quiz* entwerfen und durchspielen.

Materialien:
WB 60/3–4

Zeitlicher Aufwand:
20 Min.

SB 87/4

Lernziel/Kompetenz:
einem Bericht global und selektiv Informationen entnehmen

Materialien:
- WB 60/3–4
- KV 1 a+b: Test yourself

Zeitlicher Aufwand:
15 Min.

<Revision B>

Allgemeine Hinweise

Wie schon bei *Revision A* sollen die S mit Hilfe der *Revision B* Inhalte wiederholen, vertiefen und üben. Die Doppelseite dient außerdem der Selbsteinschätzung bezüglich der behandelten Themen und trainierten Kompetenzen. In *Revision B* werden die Inhalte der Units 3 und 4 aufgegriffen und wiederholt. Die Aufgaben sollen im Klassenverband bearbeitet werden, wobei L auch einzelne Aufgaben in die häusliche Arbeit verlegen kann. Bei Aufgaben, die in PA bearbeitet werden, sollten die S die Möglichkeit haben, auch einmal mit S zusammen zu arbeiten, mit denen sie sonst nicht so oft ein Tandem bilden. Diese Abwechslung kann neue Perspektiven und Lernwege bieten und somit Lernerfolge ermöglichen.

S. 86
LANGUAGE

1 On tour on a London pedicab

Einstieg

Die S betrachten zunächst das Bild. L: *Explain the word 'pedicab' in English.* Einige der Definitionen werden im Plenum angehört.

Methodisches Vorgehen

a) Die S bearbeiten die Aufgabe in EA. Danach erfolgt ein Vergleich der Ergebnisse im Plenum.

b) Die S tun sich zu Paaren zusammen. **Think:** Zunächst haben sie einige Minuten Zeit, in EA ihre Meinung zu bilden und einige Stichpunkte zu notieren, um diese zu begründen. **Pair:** Daraufhin diskutieren sie die Fragestellung in PA. **Share:** Anschließend wird die Diskussion im Plenum eröffnet.

c) Die S schreiben den Text in EA weiter. In der Sicherungsphase werden einige Texte vorgelesen. Als Hörauftrag soll ein Teil der Klasse sich inhaltliche Notizen zu den besuchten Sehenswürdigkeiten machen, während der andere Teil die verwendeten Adjektive und Adverbien notiert.

Differenzierung

△ Leistungsschwächere S können in Teilaufgabe a) ihre Ergebnisse vor der gemeinsamen Besprechung in PA vergleichen. In Teilaufgabe c) kann vor dem Vorlesen der Ergebnisse eine *peer-correction*-Phase eingeschoben werden.

Lösung

a) 1. *different* 2. *quickly* 3. *exciting* 4. *easily* 5. *famous* 6. *friendly* 7. *important* 8. *interesting* 9. *slowly* 10. *carefully* 11. *fresh* 12. *hard* 13. *amazing* 14. *well* 15. *cheaply* 16. *cool*

b) Individuelle S-Lösungen.

c) Lösungsvorschlag:
You can go along the Thames and have a look at the huge London Eye. Do you want to go for a ride on the big wheel? – No problem. Our driver is happy to wait for you. Enjoy the fantastic view over the beautiful city of London! After that, our driver is going to take you over Tower Bridge to cross the Thames. Maybe you can see the bridge open slowly. Our tour is going to end at the Tower of London, where you can have a look at the amazing Crown Jewels.

S. 86
LISTENING

2 A radio report: Shopping for souvenirs → WB 59/1–2

HV-Text
→ L 3/5

Narrator: **One.**

Reporter: Welcome to Capital Radio everyone, your favourite station here in the British capital. Well, we all love our city, and I'm sure you've noticed that there are lots of others who love it too: Yes, it's no secret that London is a *big* favourite with tourists from around the world. But you know, I'm a bit curious: People who come to London buy all kinds of things here, as souvenirs. But what exactly? I'd like to find out, so I'm here in the heart of Central London, in Covent Garden – a popular place with *lots and lots* of shops. There must be a thousand possibilities to buy great souvenirs here, and I'm going to find out more about that right now …
Er, excuse me, sir. I'm Matt Jones from Capital Radio. What's your name?

Mr Smith: Hello, I'm Sam Smith.

Reporter: Mr Smith, I see you've got a shopping bag.

Mr Smith: Yes, that's right.

Reporter: Could you tell me if you've bought any souvenirs today?

Mr Smith: Well, yes I have actually. I'm just here for the weekend. My daughter wanted to come with me to London but now she's ill and must stay in bed. So I promised her to buy her a nice souvenir at least.

Reporter: So, what did you find for her?

Mr Smith: Well, she loves T-shirts. So I got her one of those "I love London" T-shirts. I know she likes shirts like that because she's already got an "I love New York" one that she wears all the time. I just hope it's not too big. My daughter usually wears size S but all they had was M and L, so I bought an M. I hope it fits!

Reporter: Well, let's keep our fingers crossed and hope size M is just right. How much did the T-shirt cost?

Mr Smith: Well, I got it for twenty pounds.

Reporter: Thank you very much.

Narrator: **Two**.

Reporter: Hi, I'm Matt from Capital Radio. What's your name?

Amir: Hi. I'm Amir.

Reporter: Amir, are you from London or are you just visiting London?

Amir: No, I'm from Bradford but this week I'm here to see my cousin in London.

Reporter: Have you bought any souvenirs yet?

Amir: Well, I'm trying to find a nice souvenir for myself and one for my mum too, but it isn't that easy.

Reporter: But with so many shops, there must be a million cool things!

Amir: Well, yes there *are* a million things, but not always *cool*. There are lots of typical things like – you know – mugs, postcards, T-shirts, magnets, and all sorts of Royal stuff. But it's just too boring; I want a special souvenir, a cool one. But I think I've got an idea.

Reporter: OK, I'm listening.

Amir: Well, there's this book with ghost stories and horror stories about London, from the old days, when Jack the Ripper lived in London. It's a true story about a man who lived at the end of the 19th century. He killed five women!

Reporter: Oh, that's scary stuff. Are you sure that's the perfect souvenir for you?

Amir: Well, I love scary books and I love history, so why not? The problem is just that the book is pretty expensive: £24.99! And I need money for my souvenir and for my mum's.

Reporter: Well, maybe you can find something for your mum which is nice but not expensive, and you can still buy your book. Good luck!

Narrator: **Three**.

Reporter: Excuse me. I'm Matt Jones from Capital Radio. What's your name, please?

American tourist: Oh hi. I'm Lisa Fernandez.

Reporter: Oh, are you from the United States?

American tourist: That's right.

Reporter: I'd like to ask you if you've bought any souvenirs today.

American tourist: Oh, Covent Garden is an *awesome* place for souvenir shopping! There are so many cute things. It's just *so* difficult to decide what to buy. I mean, just look at those mugs in the window over there – with the map of the London underground. See 'em? They're cool! Or those little models of the Houses of Parliament or Tower Bridge – aren't they cute? Or look over there at those boxes with English Tea – that's so typically British. And there's a plate with a picture of William and Kate. That's beautiful!

Reporter: So are you going to buy *everything*?

American tourist: Oh I'd love to have everything – but my suitcase is so full and so heavy already. You know I've been in Europe for two weeks now and I've already bought a lot of souvenirs from different countries. But here in England, I've only bought one souvenir – look at this. It's a little teddy bear with a beefeater costume! Just like the beefeaters at the Tower of London. Isn't that just *so* cute? It's a gift for a friend back home. She loves teddy bears so much. And it was only £19,99! I think that's a pretty good price, don't you?

Reporter: Well, sure – that doesn't sound too bad. Anyway, thanks very much!

American tourist: Oh, you're welcome. Oh, and you know, I love the way you guys talk here in England. It sounds so cool! Back home in …

Einstieg Die S diskutieren in PA die Fragestellung: *What souvenirs can you buy in a big city?* Danach erfolgt ein kurzer Ideenaustausch im **Blitzlicht**.

Methodisches Vorgehen
a) ◎ Die S lesen zunächst die Fragestellung und machen sich während des ersten Hörens kurze Notizen zum Globalverständnis, welches dann kurz im Plenum überprüft wird.
b) Die S zeichnen die Tabelle ins Heft und machen sich während des zweiten Hörens Notizen zum selektiven Verstehen. Die Besprechung der Teilaufgabe kann am OHP erfolgen.
c) Die S diskutieren die Fragestellung in PA. Danach erfolgt ein Austausch im Plenum.

Differenzierung △ Leistungsschwächere S können in Teilaufgabe b) eine Tabelle verwenden, in der schon ein paar Lösungen vorgegeben sind.

Lösung
a) *The reporter is in Covent Garden. The report is about souvenirs of London.*
b)

	Mr Smith	***Amir***	***American tourist***
souvenir	*"I love London" T-shirt*	*book with ghost stories and horror stories about London*	*teddy bear with Beefeater costume*
for	*his daughter*	*himself*	*a friend in America*
price	*£20*	*£24.99*	*£19.99*
problem	*They didn't have size S. He hopes size M isn't too big.*	*It's quite expensive and he needs to find something for his mum too.*	*She'd like to buy more souvenirs, but her suitcase is too full.*

c) Individuelle S-Lösungen.

S. 87
VOCABULARY

3 A sports quiz → WB 60/3–4

Einstieg In einem kurzen Plenumsgespräch werden Wörter zum Thema „Sport" gesammelt und an der Tafel festgehalten.

Methodisches Vorgehen
a) Die S tun sich zu Paaren zusammen, einigen sich auf eine Sportart und machen sich in EA Notizen.
b) Die S entwerfen in EA die Fragen für ein Quiz.
c) Die S führen das Quiz in PA durch. L geht währenddessen herum. Eine gemeinsame Sicherung im Plenum ist nicht notwendig.

Differenzierung ▲ Leistungsstärkere S können sich eine höhere Anzahl an Quiz-Fragen ausdenken.

Lösung **a)–c)** Individuelle S-Lösungen.

S. 87
READING

4 Are they crazy? → WB 60/5

Einstieg Die S beschreiben das Foto in PA und stellen Hypothesen zum Inhalt des Textes auf. Danach erfolgt ein kurzer Austausch im Plenum.

Methodisches Vorgehen
a) Die S lesen den Text in ihrem eigenen Lesetempo durch und schreiben 2–3 Sätze zum Globalverständnis. Dieses wird daraufhin kurz im Plenum sichergestellt.
b) Die S lesen den Text ein zweites Mal und machen sich Notizen zu den Fragen. Hierbei trainieren sie das selektive Verstehen. Es erfolgt ein Vergleich der Ergebnisse im Plenum.

Differenzierung △ Leistungsschwächere S können ihre Ergebnisse aus Teilaufgabe b) vor der gemeinsamen Besprechung in PA vergleichen.

Vertiefung Zusätzliche vertiefende *Revision*-Aufgaben befinden sich auf **KV 1 a + b: Test yourself**.

Lösung
a) *The text is about the Ben Nevis race. Every year in early September runners run up Ben Nevis and back down again.*

b)

number	***meaning***
1344 metres	*height of Ben Nevis*
125,000	*number of people that climb Ben Nevis every year*
9.9 miles	*distance to the top and back down again*
1,340 metres	*height difference the runners have to overcome*
1984	*year in which Kenny Steward broke the record*
1 hour, 25 minutes and 34 seconds	*the time in which Kenny Steward ran the race*
600	*number of runners that are allowed to take part in the race*
September 27, 1895	*date when William Swan was the first person to run up and down the mountain*
2 hours and 41 minutes	*the time in which William Swan ran up and down the mountain*

1. *Safety rules: Only 600 runners can run the race; they must have a lot of experience; they must wear waterproofs, a hat, gloves and a whistle.*
2. *The history of the race: On September 27, 1895, William Swan was the first person to run up and down Ben Nevis. He started at Fort William.*

English around the world

Auf der Doppelseite erweitern die S ihr Orientierungswissen bezüglich der Stellung des Englischen als Lingua franca in der Welt. Sie erfahren mehr über die Geschichte der Verbreitung der Sprache und lernen verschiedene Varietäten des Englischen und deren Merkmale kennen.

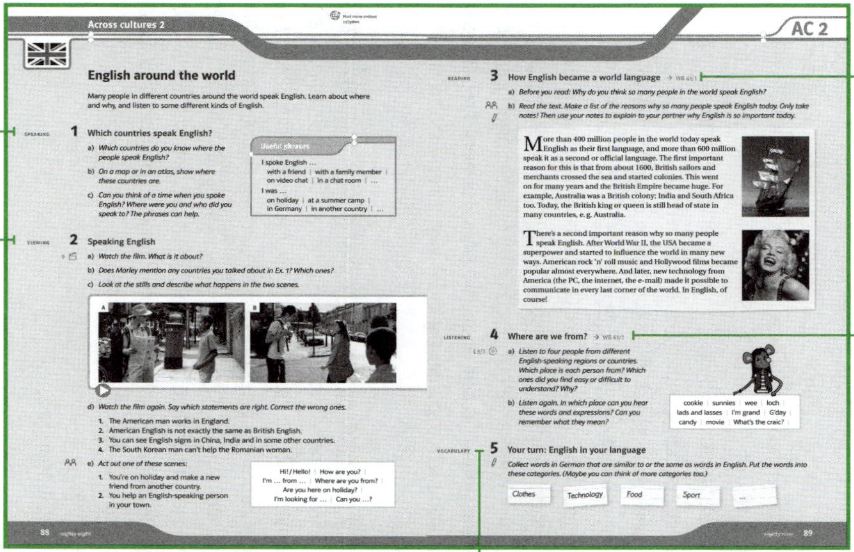

SB 88/1

Lernziel/Kompetenz:
Länder, in denen Englisch Amtssprache ist, benennen und auf der Karte finden

Materialien:
- Folie 26

Zeitlicher Aufwand:
25 Min.

SB 88/2 → 9

Lernziel/Kompetenz:
einem Film über das Englische als Lingua franca die wichtigsten Informationen entnehmen und ein Rollenspiel durchführen

Materialien:
- Lehrer-DVD, Film 9
- KV 1a: Speaking English – Prepare your role
- KV 1b: Speaking English – Act and give feedback

Zeitlicher Aufwand:
30 Min.

SB 89/3

Lernziel/Kompetenz:
einem Text über die Geschichte der Verbreitung des Englischen Detailinformationen entnehmen

Materialien:
WB 61/1

Zeitlicher Aufwand:
20 Min.

SB 89/4 → L3/7

Lernziel/Kompetenz:
verschiedene Varietäten des Englischen ihren Regionen zuordnen und Besonderheiten erkennen

Materialien:
- Lehrer-Audio-CD 3, Track 7
- WB 61/2
- KV 2: Different forms of English

Zeitlicher Aufwand:
8 Min.

SB 89/5

Lernziel/Kompetenz:
mit dem Englischen verwandte Wörter in der deutschen Sprache finden und gruppieren

Zeitlicher Aufwand:
10 Min.

English around the world

Einstieg L legt **Folie 26** als **stummen Impuls** auf. Wenn die S mit der Methode vertraut sind, melden sie sich und beschreiben zunächst im Plenum, was sie auf den Bildern sehen. Nach der Beschreibung der Fotos sollten die S erkennen, dass Englisch in all diesen Situationen eine wichtige Rolle für die Kommunikation spielt. Sollte dies nicht der Fall sein, kann L mit einem zusätzlichen Impuls nachhelfen: *What's a big help in these situations?*

S. 88
SPEAKING

1 Which countries speak English?

Wortschatz *summer camp*

Methodisches Vorgehen

a) L leitet zur Aufgabe über: *As we've seen in the photos, English is an important language, not only in the UK, but all around the world. Which countries do you know where people speak English?* Mit Hilfe der **Think-Pair-Share**-Methode überlegen die S zunächst in EA und machen sich Notizen. Danach tauschen sie sich in PA oder in Kleingruppen aus und vervollständigen ihre Ergebnisse. Diese werden an der Tafel in einer Mindmap nach Kontinenten gegliedert und ggf. ergänzt. Die S werden hierbei viele Ländernamen auf Deutsch nennen, da ihnen die englischen Begriffe noch nicht bekannt sind. L schreibt in der Sicherungsphase die englischen Ländernamen daneben.

b) Mit Hilfe eines Atlasses suchen die S nun die entsprechenden Länder auf der Karte. Dies sollte am besten arbeitsteilig geschehen, so dass jeder S ungefähr fünf Länder heraussucht. Wenn eine große Wandkarte im Klassenraum vorhanden ist, können die S die Länder danach im Plenum zeigen, ansonsten ist auch eine Sicherung am OHP möglich, bei der L eine Folie mit einer Weltkarte auflegt. Für ihre Unterlagen kann L den S auch eine Kopie einer Weltkarte ausgeben, in der die S die entsprechenden Länder markieren.

c) Die S erzählen sich gegenseitig in PA von ihren Erfahrungen. Danach erfolgt ein Austausch im Plenum.

Lösung

a) *Antigua and Barbuda, Australia, Barbados, Belize, Botswana, Cameroon, Canada, Dominica, Federated States of Micronesia, Fiji, Ghana, Great Britain, Grenada, Guyana, India, Jamaica, Jordan, Kenya, Kiribati, Lesotho, Liberia, Malawi, Malta, Marshall Islands, Mauritius, Namibia, Nauru, New Zealand, Nigeria, Pakistan, Palau, Papua New Guinea, Philippines, Republic of Ireland, Rwanda, Saint Kitts and Nevis, Saint Lucia, Saint Vincent and the Grenadines, Samoa, Seychelles, Sierra Leone, Singapore, Solomon Islands, South Africa, Sudan, Swaziland, Tanzania, The Bahamas, The Gambia, Tonga, Trinidad and Tobago, Tuvalu, Uganda, United States of America, Zambia, Zimbabwe*

b) Vgl. Karte/Atlas.

c) Individuelle S-Lösungen.

S. 88
VIEWING

2 Speaking English

Film-Transkript → 9

Camden Street

Marley:	Hello there! Did you know that people speak English in many different parts of the world – not just in Britain? There are the United States of America, Australia, New Zealand and parts of Canada, for example. Excuse me, may I ask where you're from?
American tourist:	Why, sure, buddy! I'm from Nashville, Tennessee. I'm here on vacation.
Marley:	So you're an American.
American tourist:	Yeah.
Marley:	Thanks! Enjoy your stay.

American tourist: OK.

Marley: American English doesn't sound like British English. Did you hear the difference? Americans also use different words sometimes. For example, they say 'vacation'; we here in Britain say 'holidays'. In some countries, people use English, even if it isn't their mother tongue – as you can see here in Japan, China, in India and in some African countries. If you can speak English, you can talk to people in many parts of the world.

Romanian tourist: Excuse me, I am looking for a supermarket. Do you know where I can find one near here?

Marley: Hmm, I'm not sure.

South-east Asian student: Hi! Are you looking for (a) supermarket?

Romanian tourist: Yes.

South-east Asian student: I know one. I can show you.

Romanian tourist: That would be great! Bye!

South-east Asian student: Where are you from?

Romanian tourist: Romania. And you?

South-east Asian student: South Korea.

Marley: See? Two people from different parts of the world can talk to each other in a language that isn't their own! Have you spoken English in a foreign country before?

Wortschatz *to mention, statement, exactly, as, South Korean, Romanian*

Methodisches Vorgehen

a) L spielt den Film ein erstes Mal vor. Danach sollen die S in ihren eigenen Worten im Plenum wiedergeben, um was es darin geht. In leistungsschwächeren Lerngruppen kann zunächst ein kurzer Austausch mit einem Partner vorgeschaltet werden.

b) Je nach Leistungsstand der Lerngruppe spielt L den Film ein weiteres Mal vor. Die S machen sich Notizen zur Fragestellung. Danach erfolgt ein **Blitzlicht** im Plenum.

c) Die Aufgabe kann entweder schriftlich in EA oder mündlich in PA bearbeitet werden. Zur Sicherung werden einige Beschreibungen im Plenum vorgetragen. Die übrigen S sagen, um welches der beiden Standbilder es sich handelt und geben Feedback, ob die Beschreibung korrekt und vollständig ist.

d) Die S lesen sich die Aussagen zunächst durch, dann wird der Film noch einmal vorgespielt. Anschließend entscheiden die S über die Richtigkeit der Aussagen und korrigieren die falschen Sätze. Die Sicherung erfolgt mit Hilfe einer **Meldekette**.

e) L bespricht gemeinsam mit den S die Kriterien für ein gutes Rollenspiel. *(Don't just read your notes. Look at your partner. Speak loudly and clearly enough. Use body language. Act in a natural way.)* Die Paare wählen das Szenario aus, das sie bearbeiten möchten. In EA fertigen die S zunächst Rollenkarten mit Informationen zu ihrer Rolle an. Hierfür kann **KV 1a: Speaking English – Prepare your role** hinzugezogen werden. Danach spielen sie den Dialog spontan mit dem Partner durch. Einige Szenen werden dann im Plenum vorgespielt. Die übrigen S geben Feedback. Hierzu kann das Raster auf **KV 1b: Speaking English – Act and give feedback** verwendet werden.

Differenzierung △ In leistungsschwächeren Lerngruppen, die Hemmungen haben, ein Rollenspiel vor der Klasse vorzutragen, kann in Teilaufgabe e) jedem Paar ein Beobachter zugeteilt werden, der nach der Durchführung des Rollenspiels im geschützten Raum Feedback gibt. Das Vorspielen des Rollenspiels im Plenum kann dann auf freiwilliger Basis erfolgen.

Lösung

a) *The film is about the use of English in different countries. It shows that the English people speak in different countries is not exactly the same. The British and the Americans use some different words, for example. English also helps people from two different countries to talk to each other.*

b) *United States of America, Australia, New Zealand, Canada, India, Rwanda*

c) A: *A young man is looking at a map. Marley asks him where he's from. The young man is a tourist from America. He speaks American English.*

B: *A young woman asks Marley where she can find a supermarket. Marley isn't sure. A young Asian man hears this and offers to show the woman where the supermarket is. He asks her where she's from. The young woman is Romanian; the young man is from South Korea. They can talk to each other in English.*

d) 1. *wrong: He is on holiday.* 2. *right* 3. *right* 4. *wrong: He can show her where the supermarket is.*

e) Individuelle S-Lösungen.

S. 89
READING

3 How English became a world language → WB 61/1

Wortschatz *first language, official language, merchant, to cross, colony, for example, head of state, superpower, to influence, technology, to communicate*

Methodisches Vorgehen

a) Die S bearbeiten die Fragestellung zunächst in einer **Murmelphase** in PA oder in Kleingruppen. Danach werden die Vermutungen im Plenum zusammengetragen.

b) L leitet zum Text über: *Let's find out why so many people around the world speak English today. Read the text and make notes about the reasons why English is so important today.* Die Klasse wird in zwei gleich große Teile geteilt. Die beiden Gruppen lesen je einen Abschnitt des Textes in ihrem eigenen Lesetempo und machen sich dabei Notizen. L richtet einen *bus stop* im Klassenraum ein, an dem sich die S einfinden, sobald sie die Aufgabe bearbeitet haben. Dort tun sich immer zwei S zusammen, die jeweils einen der beiden Abschnitte gelesen haben und informieren sich gegenseitig über dessen Inhalt. Dabei ergänzen sie ihre Notizen. Danach werden die Gründe in einem TA gesammelt.

How English became a world language

	When?	What?
First reason:	from about 1600 for many years	- British sailors/merchants crossed sea - started colonies - British Empire grew - Examples of British colonies: Australia, India, South Africa
Second reason:	after World War II	- USA → superpower - started to influence world: rock 'n' roll music, Hollywood films - later: new technology from America (PC, internet, e-mail) → communication in English with every part of the world

Vertiefung L fragt die S: *Why is it important for you to learn English?* Die S tauschen sich in PA oder in Kleingruppen aus. Danach erfolgt ein **Blitzlicht** im Plenum.

Lösung

a) Individuelle S-Lösungen.

b) Vgl. TA.

S. 89
LISTENING

4 Where are we from? → WB 61/2

HV-Text
→ L3/7 ⦾

Speaker 1:
Hello! I live in a country which is to the north of England. The capital is Edinburgh and it has a big castle on top of a hill. The landscape is beautiful – we have mountains, forests and lakes. The word we use for 'lake' is 'loch' – the most famous loch we have is Loch Ness – where the monster lives! We have other words which are different from English too – for example, 'lads and lasses' are boys and girls and 'wee' means small or young – so a 'wee lass' is a young girl! The traditional dress for men and boys is a skirt called a 'kilt'.

Speaker 2:
G'day! My country is far away from Europe. It's a very big island. Its most famous city is Sydney, but Sydney isn't the capital. There are lots of fantastic beaches in my country and the people love to be outside and to do sport. We have animals and birds that you can't find anywhere else – they have strange names like kangaroo, dingo and koala. Koalas live in trees and sleep for 22 hours a day! When we speak, we often make words shorter. For example, we say 'G'day', which means 'Good day' or 'Hello', and 'See you this arvo' means 'See you this afternoon'. 'Sunnies' are sunglasses and 'uni' is university – you get the idea!

Speaker 3:
Hi! How ya doin? I come from a very big country with some well-known cities – you've heard of New York and Los Angeles, right? New York is famous for its very tall buildings, called 'skyscrapers'. People say it's the city that never sleeps! Los Angeles is famous because Hollywood is there – that's where they make so many of the movies we see. 'Movie' is the word for film where I come from, and we use a lot of other words which are different. For example, trousers are 'pants', a biscuit is a 'cookie', a sweet is 'candy' and a clever boy is a 'smart guy'!

Speaker 4:
Top o' the day to you! My country is a small island very close to England. There are two parts – the North is part of the United Kingdom but the South isn't. We love our 'Ceilidhs' – big parties where we dance to traditional music and have a grand time! If you ask someone from my country "How are you?", they might answer "I'm grand!", meaning "Fine thanks!". "It's a fine day, to be sure!" means "It's a really nice day" and another famous expression we use is "What's the craic?", which means "What's happening?" or "What's your news?".

Wortschatz *region, expression*

Methodisches Vorgehen

a) ⦾ Nachdem die S die Aufgabenstellung gelesen haben, spielt L den Hörtext ein erstes Mal ohne Pause vor, damit die S einen ersten Eindruck über die Unterschiede der verschiedenen Varietäten des Englischen bekommen können. Danach hören die S den Text ein zweites mal an und L stoppt nach den einzelnen Sprechern. Die S notieren die Herkunft der Sprecher und, wenn möglich, die Gründe für ihre Entscheidung. In einer anschließenden Plenumsphase werden die Ergebnisse besprochen und die S geben ihren Eindruck wieder, welche der Sprecher einfach oder schwer zu verstehen waren.

b) ⦾ Die S fertigen ein Raster an (vgl. Lösung), bevor sie den Text ein drittes Mal hören. In das Raster tragen sie während des Hörens die entsprechenden Wörter ein. Die Sicherung erfolgt am OHP.

Vertiefung In besonders interessierten Lerngruppen kann vertiefend **KV 2: Different forms of English** bearbeitet werden.

Lösung

a) *Speaker 1: Scotland; Speaker 2: Australia; Speaker 3: USA; Speaker 4: Ireland*

b)

Scotland	*Australia*	*USA*	*Ireland*
lads and lasses *wee* *loch*	*sunnies* *G'day*	*cookie* *candy* *movie*	*I'm grand* *What's the craic?*

S. 89
VOCABULARY

5 Your turn: English in your language

Methodisches Vorgehen Die Aufgabe kann arbeitsteilig bearbeitet werden. Je ein Teil der Klasse bearbeitet in EA oder mit einem Partner eine der vier Kategorien. Wenn die S sich ihre Kategorie selbst aussuchen, sollte L darauf achten, dass alle ungefähr gleich stark vorhanden sind. Danach werden die Ergebnisse in einer Mindmap oder einer Tabelle an der Tafel gesichert.

Differenzierung ▲ Leistungsstarke S denken sich weitere Kategorien aus und sammeln Wörter dazu.

Lösung Lösungsvorschlag:
Clothes: T-Shirt, Jeans, Jacke, Pullover, Hut, Schuh, …
Technology: CD (Player), MP3 (Player), Computer, Laptop, Tablet, …
Food: Eiscreme, Hamburger, Cupcake, Butter, …
Sport: Basketball, Volleyball, Match, Team, kicken, …

Unit 5 Stay in touch

Die S sprechen über verschiedene Formen von Medien und deren Verwendung durch Jugendliche und erweitern dabei ihren themenspezifischen Wortschatz.

SB 90/1

Lernziel/Kompetenz:
Aussagen über verschiedene Medien verstehen und über eigene Erfahrungen berichten

Materialien:
Folie 27

Zeitlicher Aufwand:
15 Min.

SB 90/2

Lernziel/Kompetenz:
mit Kollokationen Sätze bilden

Materialien:
- △ 124/1
- S. 128–129, S3

Zeitlicher Aufwand:
15 Min.

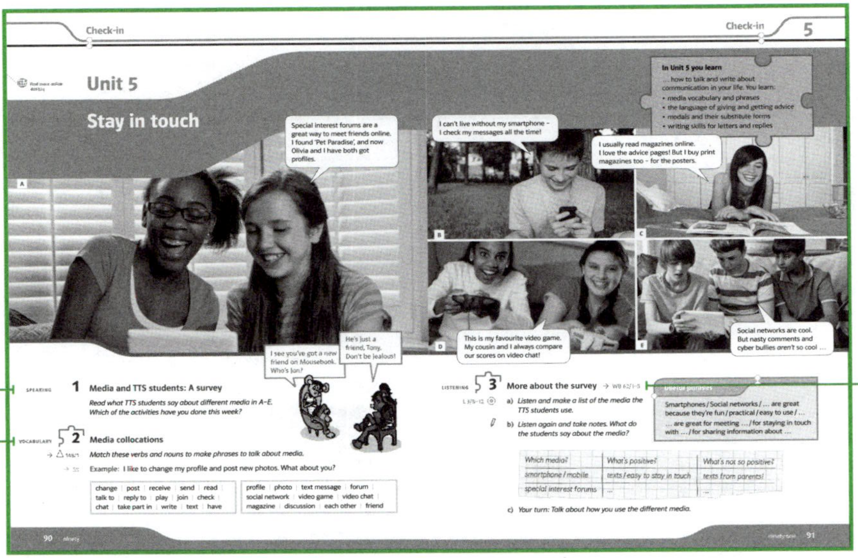

SB 91/3 → L3/8–12 ⊙

Lernziel/Kompetenz:
einem Interview über Medien Global- und Detailinformationen entnehmen

Materialien:
- Lehrer-Audio-CD 3, Track 8–12
- WB 62/1–3
- KV 1: Listening: More about the survey
- KV 2: More about the survey

Zeitlicher Aufwand:
20 Min.

Die S lesen eine *'agony aunt' page* und erlernen in diesem Zusammenhang nützliche Wendungen, um Rat zu erbitten und selbst Ratschläge zu erteilen sowie die Verwendung von *linking words*.

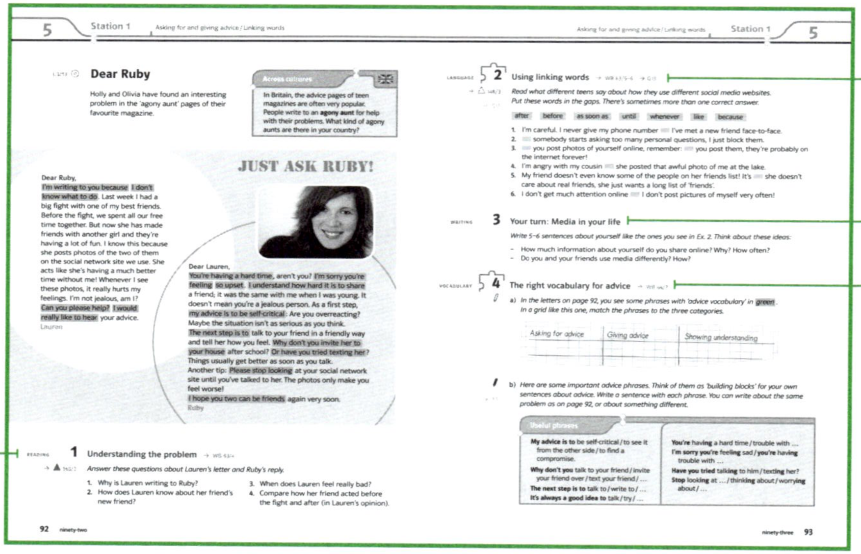
Dear Ruby

JUST ASK RUBY!

1 Understanding the problem

2 Using linking words

3 Your turn: Media in your life

4 The right vocabulary for advice

SB 92/1 → L 3/13 ◎

Lernziel/Kompetenz:
Fragen zum Text beantworten

Materialien:
- Lehrer-Audio-CD 3, Track 13
- WB 63/4
- ▲ 124/2

Zeitlicher Aufwand:
10 Min.

SB 93/2

Lernziel/Kompetenz:
linking words in einen Lückentext einsetzen

Materialien:
- WB 63/5–6
- △ 124/3
- S. 161–162, G13
- S. 133, S13
- KV 3: Linking words

Zeitlicher Aufwand:
30 Min.

SB 93/3

Lernziel/Kompetenz:
einen kurzen Text über sein eigenes Medienverhalten schreiben

Materialien:
KV 4: Media words

Zeitlicher Aufwand:
12 Min.

SB 93/4

Lernziel/Kompetenz:
nützliches Vokabular, um Ratschläge zu erbitten und zu erteilen, gliedern und anwenden

Materialien:
- WB 64/7
- S. 128–129, S3

Die S erlernen die Bildung und Verwendung von *question tags*. Im Text zu *Station 2* versucht Lukes Vater, die Waschmaschine zu reparieren. Luke hilft, indem er eine Anleitung in einem Forum findet.

SB 94/5 → L3/16 ◎

Lernziel/Kompetenz:
die Bildung und Verwendung von *question tags* erarbeiten

Materialien:
- Lehrer-Audio-CD 3, Track 16
- WB 64/8
- △ 125/4
- ▲ 125/5
- S. 162–164, G14

Zeitlicher Aufwand:
20 Min.

SB 94/6 → L3/17 ◎

Lernziel/Kompetenz:
einen Popsong über Freundschaft hören und verstehen

Materialien:
- Lehrer-Audio-CD 3, Track 17
- △ 125/6
- KV 5: <A song: Friends>
- S. 131, S9

Zeitlicher Aufwand:
15 Min.

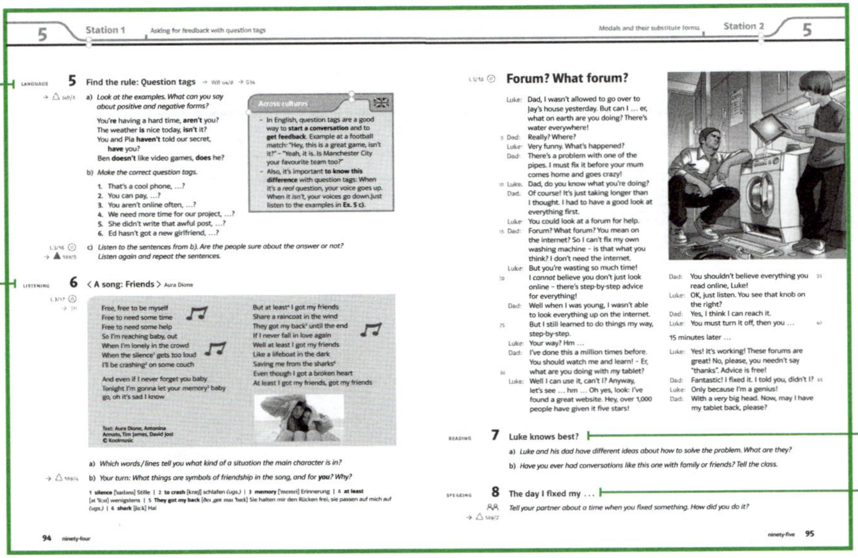

5 Station 1 Asking for feedback with question tags

LANGUAGE **5 Find the rule: Question tags**

a) *Look at the examples. What can you say about positive and negative forms?*

You**'re** having a hard time, **aren't** you?
The weather **is** nice today, **isn't** it?
You and Pia **haven't** told our secret, **have** you?
Ben **doesn't** like video games, **does** he?

b) *Make the correct question tags.*

1. That's a cool phone, …?
2. You can pay, …?
3. You aren't online often, …?
4. We need more time for our project, …?
5. She didn't write that awful post, …?
6. Ed hasn't got a new girlfriend, …?

c) *Listen to the sentences from b). Are the people sure about the answer or not? Listen again and repeat the sentences.*

Across cultures

- In English, question tags are a good way to **start a conversation** and to **get feedback**. Example at a football match: "Hey, this is a great game, isn't it?" – "Yeah, it is. Is Manchester City your favourite team too?"
- Also, it's important **to know this difference** with question tags: When it's a *real* question, your voice goes up. When it *isn't*, your voices go down. Just listen to the examples in **Ex. 5 c)**.

LISTENING **6 < A song: Friends >** Aura Dione

Free, free to be myself
Free to need some time
Free to need some help
So I'm reaching baby, out
When I'm lonely in the crowd
When the silence[1] gets too loud
I'll be crashing[2] on some couch

And even if I never forget you baby
Tonight I'm gonna let your memory[3] baby
go, oh it's sad I know

But at least[4] I got my friends
Share a raincoat in the wind
They got my back[5] until the end
If I never fall in love again
Well at least I got my friends
Like a lifeboat in the dark
Saving me from the sharks[6]
Even though I got a broken heart
At least I got my friends, got my friends

Text: Aura Dione, Antonina Armato, Tim James, David Jost
© Koolmusic

a) *Which words/lines tell you what kind of a situation the main character is in?*

b) *Your turn: What things are symbols of friendship in the song, and for* **you**? *Why?*

1 **silence** ['saɪləns] Stille | 2 **to crash** [kræʃ] schlafen *(ugs.)* | 3 **memory** ['meməri] Erinnerung | 4 **at least** [ət 'li:st] wenigstens | 5 **They got my back** [ðeɪ ˌgɒt maɪ 'bæk] Sie halten mir den Rücken frei; sie passen auf mich auf *(ugs.)* | 6 **shark** [ʃɑ:k] Hai

94 ninety-four

Modals and their substitute forms Station 2 5

Forum? What forum?

Luke: Dad, I wasn't allowed to go over to Jay's house yesterday. But can I … er, what on earth are you doing? There's water everywhere!
Dad: Really? Where?
Luke: Very funny. What's happened?
Dad: There's a problem with one of the pipes. I must fix it before your mum comes home and goes crazy!
Luke: Dad, do you know what you're doing?
Dad: Of course! It's just taking longer than I thought. I had to have a good look at everything first.
Luke: You could look at a forum for help.
Dad: Forum? What forum? You mean on the internet? So I can't fix my own washing machine – is that what you think? I don't need the internet.
Luke: But you're wasting so much time! I *cannot* believe you don't just look online – there's step-by-step advice for everything!
Dad: Well when I was young, I wasn't able to look everything up on the internet. But I still learned to do things my way, step-by-step.
Luke: Your way? Hm …
Dad: I've done this a million times before. You should watch me and learn! – Er, what are you doing with *my* tablet?
Luke: Well I can use it, can't I? Anyway, let's see … hm … Oh yes, look: I've found a great website. Hey, over 1,000 people have given it five stars!
Dad: You shouldn't believe everything you read online, Luke!
Luke: OK, just listen. You see that knob on the right?
Dad: Yes, I think I can reach it.
Luke: You must turn it off, then you …

15 minutes later …

Luke: Yes! It's working! These forums are great! No, please, you needn't say "thanks". Advice is free!
Dad: Fantastic! I fixed it. I told you, didn't I?
Luke: Only because I'm a genius!
Dad: With a very big head. Now, may I have my tablet back, please?

READING **7 Luke knows best?**

a) *Luke and his dad have different ideas about how to solve the problem. What are they?*

b) *Have you ever had conversations like this one with family or friends? Tell the class.*

SPEAKING **8 The day I fixed my …**

Tell your partner about a time when you fixed something. How did you do it?

ninety-five 95

SB 95/7 → L3/18 ◎

Lernziel/Kompetenz:
einem Dialog selektiv Informationen entnehmen

Materialien:
- Lehrer-Audio-CD 3, Track 18
- Folie 28

Zeitlicher Aufwand:
15 Min.

SB 95/8

Lernziel/Kompetenz:
über eigene Erfahrungen beim Reparieren von etwas sprechen

Materialien:
△ 125/7

Zeitlicher Aufwand:
8 Min.

Die S erarbeiten und trainieren die Verwendung der Modalverben und ihrer Ersatzformen und machen einen Test über ihr eigenes Medienverhalten.

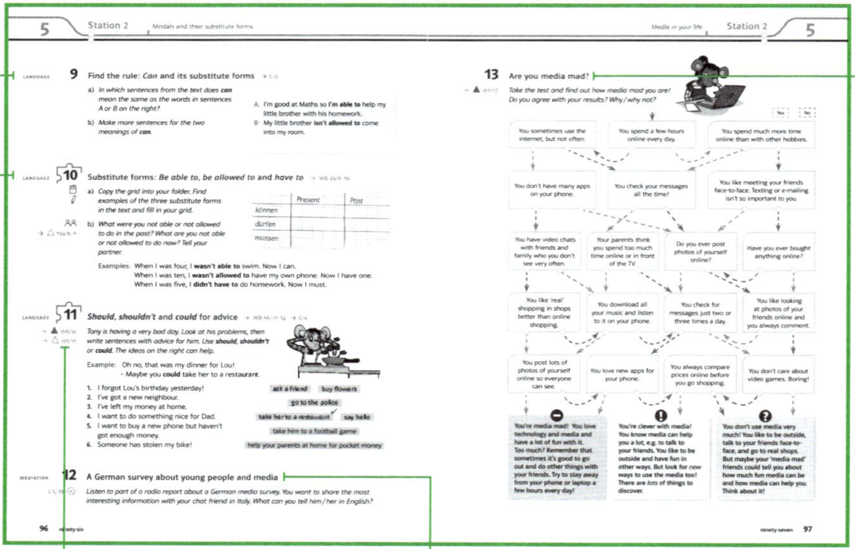

SB 96/9

Lernziel/Kompetenz:
die verschiedenen Bedeutungsebenen von *can* erarbeiten und die Ersatzformen herleiten

Materialien:
- S. 164–165, G15
- KV 6: Find the rule: *Can* and its substitute forms

Zeitlicher Aufwand:
12 Min.

SB 96/10

Lernziel/Kompetenz:
die Ersatzformen *be able to, be allowed to* und *have to* ihrer korrekten Bedeutung zuordnen

Materialien:
- WB 65/9–10
- △ 126/8–9
- KV 7: Can I invite all my friends?

Zeitlicher Aufwand:
15 Min.

SB 96/11

Lernziel/Kompetenz:
Ratschläge mit *should, shouldn't* und *could* erteilen

Materialien:
- WB 66/11–12
- S. 165, G16
- ▲ 126/10
- △ 127/11
- KV 7: Can I invite all my friends?

Zeitlicher Aufwand:

SB 96/12 → L3/20 ⊙

Lernziel/Kompetenz:
die wichtigsten Inhalte eines deutschen Radioberichts auf Englisch zusammenfassen

Materialien:
- Lehrer-Audio-CD 3, Track 20
- KV 8: A German survey about young people and media

Zeitlicher Aufwand:

SB 97/13

Lernziel/Kompetenz:
sein eigenes Medienverhalten testen und reflektieren

Materialien:
- ▲ 127/12
- KV 9: More words

Zeitlicher Aufwand:
15 Min.

In dem kurzen Film geht Maisie, Lauras Hund, verloren. Die Freunde nutzen verschiedene Wege, um sie zu finden. Auf der *Skills page* trainieren die S das Schreiben von Briefen.

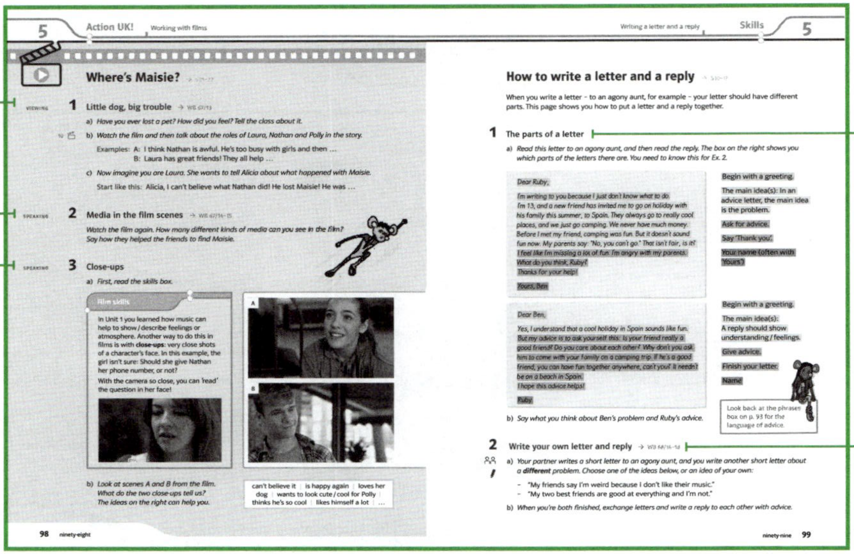

SB 98/1 → 10

Lernziel/Kompetenz:
über die verschiedenen Charaktere des Films sprechen

Materialien:
- Lehrer-DVD, Film 10
- WB 67/13

Zeitlicher Aufwand:
15 Min.

SB 98/2

Lernziel/Kompetenz:
über die verschiedenen Medien im Film sprechen

Materialien:
- WB 67/14–15
- KV 10: Media in the film scenes

Zeitlicher Aufwand:
7 Min.

SB 76/3

Lernziel/Kompetenz:
close-ups in Filmen interpretieren

Materialien:
- Folie 29
- KV 11: What do the close-ups tell us?

Zeitlicher Aufwand:
20 Min.

SB 99/1

Lernziel/Kompetenz:
die verschiedenen Teile eines Briefes identifizieren

Materialien:
KV 12: How to write a letter and a reply

Zeitlicher Aufwand:
10 Min.

SB 99/2

Lernziel/Kompetenz:
einen Brief an eine *agony aunt* und eine Antwort darauf verfassen

Materialien:
- WB 68/16–18
- KV 13: Peer evaluation: A letter and a reply

Zeitlicher Aufwand:
45 Min.

Die S erstellen in Kleingruppen eine Sammlung aus Problembriefen an eine *agony aunt* und ihren Antworten auf diese.

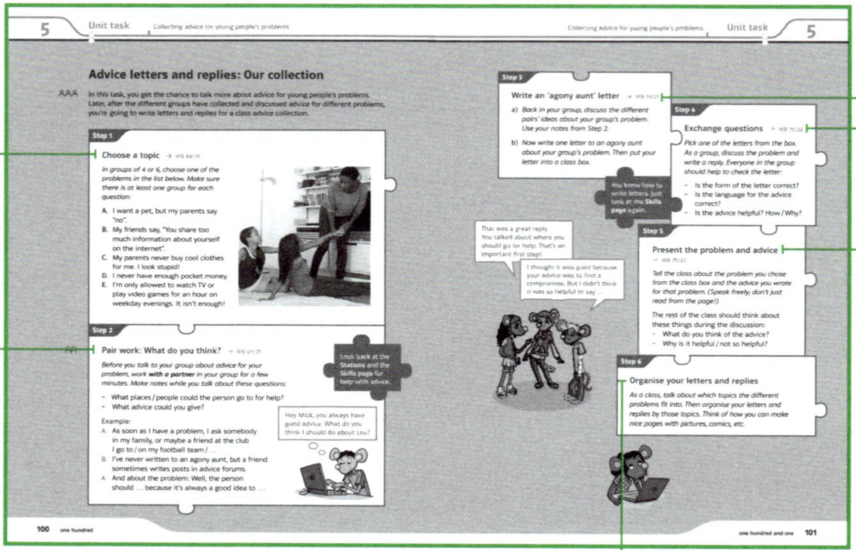

SB 100/Step 1

Lernziel/Kompetenz:
die Gruppen einteilen und ein Problem auswählen

Materialien:
- WB 69/19

Zeitlicher Aufwand:
12 Min.

SB 100/Step 2

Lernziel/Kompetenz:
verschiedene Lösungsansätze für ein Problem diskutieren

Materialien:
WB 69/20

Zeitlicher Aufwand:
15 Min.

SB 101/Step 3

Lernziel/Kompetenz:
die Ergebnisse aus *Step 2* diskutieren und einen Brief an die *agony aunt* schreiben

Materialien:
WB 70/21

Zeitlicher Aufwand:
45 Min.

SB 101/Step 4

Lernziel/Kompetenz:
einen Antwortbrief verfassen und editieren

Materialien:
WB 70/22

Zeitlicher Aufwand:
45 Min.

SB 101/Step 5

Lernziel/Kompetenz:
die Ergebnisse präsentieren und Feedback geben

Materialien:
WB 70/23

Zeitlicher Aufwand:

SB 101/Step 6

Lernziel/Kompetenz:
die Ergebnisse sortieren und ansprechend gestalten

Zeitlicher Aufwand:
30 Min.

Die Freunde planen eine Party und Jay möchte die Einladungen über ein soziales Netzwerk an alle User verschicken, als es plötzlich einen Stromausfall gibt. Jay bereut inzwischen sein Verhalten und hofft, dass der Stromausfall die Nachricht gestoppt hat.

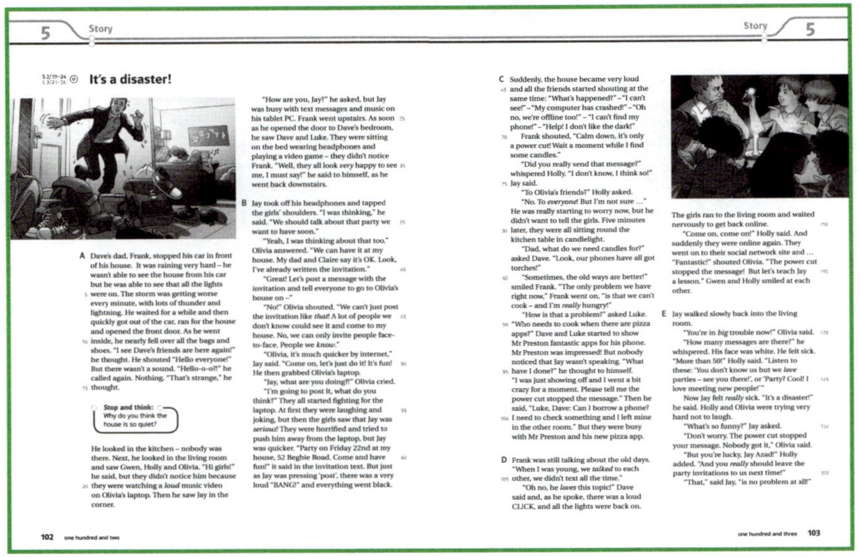

S 2/19–24 L 3/21–26

It's a disaster!

A Dave's dad, Frank, stopped his car in front of his house. It was raining very hard – he wasn't able to see the house from his car but he was able to see that all the lights were on. The storm was getting worse every minute, with lots of thunder and lightning. He waited for a while and then quickly got out of the car, ran for the house and opened the front door. As he went inside, he nearly fell over all the bags and shoes. "I see Dave's friends are here again!" he thought. He shouted "Hello everyone!" But there wasn't a sound. "Hello-o-o?!" he called again. Nothing. "That's strange," he thought.

Stop and think: Why do you think the house is so quiet?

He looked in the kitchen – nobody was there. Next, he looked in the living room and saw Gwen, Holly and Olivia. "Hi girls!" he said, but they didn't notice him because they were watching a *loud* music video on Olivia's laptop. Then he saw Jay in the corner.

"How are you, Jay?" he asked, but Jay was busy with text messages and music on his tablet PC. Frank went upstairs. As soon as he opened the door to Dave's bedroom, he saw Dave and Luke. They were sitting on the bed wearing headphones and playing a video game – they didn't notice Frank. "Well, they all look *very* happy to see me, I must say!" he said to himself, as he went back downstairs.

B Jay took off his headphones and tapped the girls' shoulders. "I was thinking," he said. "We should talk about that party we want to have soon."

"Yeah, I was thinking about that too," Olivia answered. "We can have it at my house. My dad and Claire say it's OK. Look, I've already written the invitation."

"Great! Let's post a message with the invitation and tell everyone to go to Olivia's house on –"

"No!" Olivia shouted. "We can't just post the invitation like *that*! A lot of people we don't know could see it and come to my house. No, we can only invite people face-to-face. People we *know*."

"Olivia, it's much quicker by internet," Jay said. "Come on, let's just do it! It's fun! He then grabbed Olivia's laptop.

"Jay, what are you doing?!" Olivia cried.

"I'm going to post it, what do you think?" They all started fighting for the laptop. At first they were laughing and joking, but then the girls saw that Jay was *serious*! They were horrified and tried to push him away from the laptop, but Jay was quicker. "Party on Friday 22nd at my house, 52 Begbie Road. Come and have fun!" it said in the invitation text. But just as Jay was pressing 'post', there was a very loud "BANG!" and everything went black.

C Suddenly, the house became very loud and all the friends started shouting at the same time: "What's happened?" – "I can't see!" – "My computer has crashed!" – "Oh no, we're offline too!" – "I can't find my phone!" – "Help! I don't like the dark!"

Frank shouted, "Calm down, it's only a power cut! Wait a moment while I find some candles."

"Did you really send that message?" whispered Holly. "I don't know, I think so!" Jay said.

"To Olivia's friends?" Holly asked.

"No. To *everyone*! But I'm not sure …" He was really starting to worry now, but he didn't want to tell the girls. Five minutes later, they were all sitting round the kitchen table in candlelight.

"Dad, what do we need candles for?" asked Dave. "Look, our phones have all got torches!"

"Sometimes, the old ways are better!" smiled Frank. "The only problem we have right now," Frank went on, "is that we can't cook – and I'm *really* hungry!"

"How is that a problem?" asked Luke. "Who needs to cook when there are pizza apps?" Dave and Luke started to show Mr Preston fantastic apps for his phone. Mr Preston was impressed! But nobody noticed that Jay wasn't speaking. "What have I done?" he thought to himself. "I was just showing off and I went a bit crazy for a moment. Please tell me the power cut stopped the message." Then he said, "Luke, Dave: Can I borrow a phone? I need to check something and I left mine in the other room." But they were busy with Mr Preston and his new pizza app.

D Frank was still talking about the old days. "When I was young, we *talked* to each other, we didn't text all the time."

"Oh no, he *loves* this topic!" Dave said and, as he spoke, there was a loud CLICK, and all the lights were back on.

The girls ran to the living room and waited nervously to get back online.

"Come on, come on!" Holly said. And suddenly they were online again. They went on to their social network site and … "Fantastic!" shouted Olivia. "The power cut stopped the message! But let's teach Jay a lesson." Gwen and Holly smiled at each other.

E Jay walked slowly back into the living room.

"You're in *big* trouble now!" Olivia said.

"How many messages are there?" he whispered. His face was white. He felt sick. "More than 50!" Holly said. "Listen to these: 'You don't know us but we *love* parties – see you there!', or 'Party? Cool! I love meeting new people!'"

Now Jay felt *really* sick. "It's a disaster!" he said. Holly and Olivia were trying very hard not to laugh.

"What's so funny?" Jay asked.

"Don't worry. The power cut stopped your message. Nobody got it," Olivia said.

"But you're lucky, Jay Azad!" Holly added. "And you *really* should leave the party invitations to us next time!"

"That," said Jay, "is no problem at all!"

Die S befassen sich mit den Charakteren und ihren Gefühlen und stellen diese in einem Rollenspiel dar. Sie erlernen außerdem, über die Vor- und Nachteile einer Sache zu schreiben. Auf der *Check-out*-Seite überprüfen und wiederholen sie die sprachlichen Mittel der Unit.

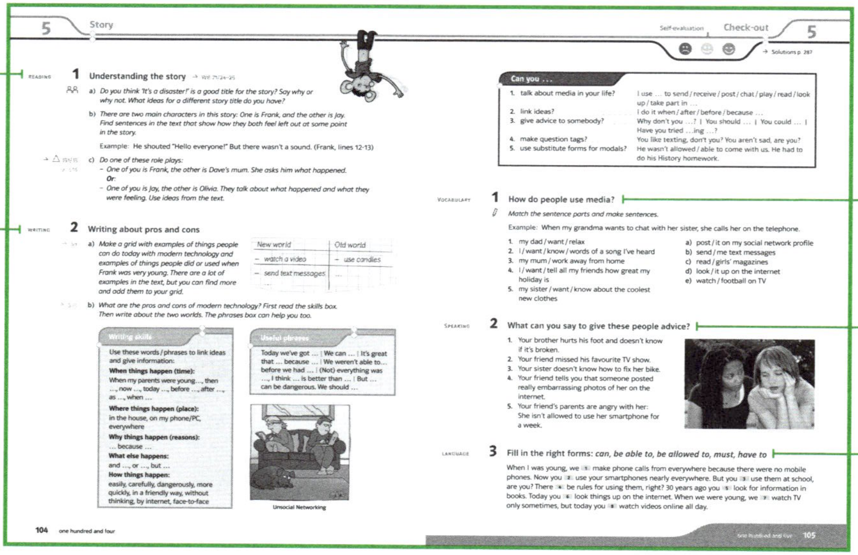

SB 104/1 → S2/19–24 ◎ L3/21–26 ◎

Lernziel/Kompetenz:
über den Titel und die Charaktere der Geschichte sprechen und ein Rollenspiel durchführen

Materialien:
- Folie 30
- Schüler-Audio-CD 2, Track 19–24
- Lehrer-Audio-CD 3, Track 21–26
- WB 71/24–25
- △ 127/13
- S. 135, S16
- KV 14: It's a disaster!

Zeitlicher Aufwand:
45 Min.

SB 104/2

Lernziel/Kompetenz:
über die Vor- und Nachteile von etwas schreiben

Materialien:
- S. 131, S8
- S. 133, S13

Zeitlicher Aufwand:
45 Min.

SB 105/1

Lernziel/Kompetenz:
Satzteile mit Hilfe der *linking words* verbinden

Zeitlicher Aufwand:
10 Min.

SB 105/2

Lernziel/Kompetenz:
Ratschläge in verschiedenen Problemsituationen erteilen

Zeitlicher Aufwand:
15 Min.

SB 105/3

Lernziel/Kompetenz:
einen Lückentext mit Hilfe der Ersatzformen der Modalverben vervollständigen

Zeitlicher Aufwand:
8 Min.

Check-in

Wortschatz *to stay in touch (with), media, letter, interest, paradise, print, for, social network, nasty, cyber bully*

S. 90 SPEAKING 1 Media and TTS students: A survey

Einstieg L schreibt die Überschrift *Media and communication in everyday life* an die Tafel und sammelt bzw. strukturiert die S-Beiträge stichpunktartig in einer Mindmap. Dabei werden bereits wichtige *key words* reaktiviert bzw. es können neue *words and phrases* kontextuell sematisiert werden. Die Mindmap kann später durch das Vokabular der Fotostrecke (Fotos A–E) ergänzt werden. Zu der in der Mitte platzierten Überschrift bieten sich die folgenden Unterpunkte an: *websites/forums, smartphone, online/print magazines and papers, the world of games, social networks.* Anschließend leitet L zur Fotostrecke im SB über: *Today we want to find out how TTS students spend their days with different media. Let's have a look!*

Methodisches Vorgehen L legt bei noch geschlossenem SB **Folie 27** mit den Bildern der Fotostrecke auf. Darüber wird eine zweite Folie mit leeren Sprechblasen gelegt. Nach einer kurzen Orientierungsphase in EA machen die S nun spontan Vorschläge zum Ausfüllen der Sprechblasen. Diese werden als Ergebnissammlung auf der Folie schriftlich fixiert. In einem weiteren Schritt öffnen die S ihre Bücher und lesen zunächst in EA die Sprechblasen zu den fünf Fotos. Anschließend ergänzen die S die Mindmap ggf. mit weiteren Begriffen aus der Fotostrecke. Schließlich werden die Sprechblasen (auch die von Lou und Tony) von verschiedenen S laut gelesen. Hier sollte bereits Wert auf situationsangemessenes Lesen gelegt werden (*dramatic reading*). Danach erläutern die S kurz im Plenum, welche Medien sie in der betreffenden Woche schon genutzt haben und wofür.

Differenzierung ▲ Leistungsstärkere S können die Mindmap mit ihnen bereits bekanntem zusätzlichem Vokabular zum Thema „Medien" ergänzen oder ihnen unbekannte Wörter nachschlagen.

Vertiefung Zur Schulung der Aussprache und des *dramatic reading* lesen die S die kurzen Textabschnitte in mehreren Durchgängen.

Tipps für junge Lehrer/innen Es ist möglich, die Einstiegsphase über eine vorbereitende HA zu entlasten, so dass das entsprechende Vokabular schnell eingeführt werden kann. Dazu können die S beispielsweise gebeten werden, Fotos zu ihrem Lieblingsmedium (*z.* B. Smartphone) mitzubringen und diese mit den entsprechenden Wörtern zu beschriften bzw. zu beschreiben. Beispiel: *I'm really crazy about my smartphone. I just love it and use it many times a day. I often check my mails and messages. It's great to use. I can't use it at school, only outside during our break. The teachers are very strict about it.*

Lösung Individuelle S-Lösungen.

S. 90 VOCABULARY 2 Media collocations → S3; Diff pool △ 124/1

Wortschatz *to change, to post, to take part (in), to text, discussion*

Einstieg L leitet in die Aufgabe ein, indem er anhand von Beispielen darauf hinweist, dass bereits in den Sprechblasen der *TTS students* bestimmte Verben und Nomen eine feste Bedeutungseinheit ergeben (Kollokation). Beispiele: *to check a message, to meet sb online, to read sth online etc.* Aber nicht: *to text a message,* da das Verb *to text* bereits das Wort SMS impliziert. Bereits an dieser Stelle ist es sinnvoll, zusammen einen Blick in den *Skills*-Anhang (S. 128–129) zu werfen, um anhand von weiteren Beispielen die inhaltliche Kombination von sprachlichen Bausteinen nachzuvollziehen.

Methodisches Vorgehen Die S lesen in EA zunächst die Verben und Nomen in den beiden gelben Boxen. Anhand des Beispiels wird die Aufgabe kurz erläutert. Anschließend bearbeiten die S die Aufgabe in PA. Als Anreiz kann ein zeitlicher Rahmen gesetzt werden, der durch einen kleinen Preis belohnt wird (z. B. ein Sticker). Jedes Verb sollte dabei mindestens einmal korrekt kontextualisiert worden sein.
Exemplarisch werden im Anschluss Beispielsätze vorgetragen und an der Tafel gesammelt bzw. illustriert. Die individuelle Auswertung der PA-Phase erfolgt mit Hilfe des SB. Im Vokabelteil (S. 195) sind unter *Media collocations* die entsprechenden gängigen Kollokationen zum Thema „Medien" aufgelistet. Die S gleichen selbstständig ihre Beispiele mit der Liste ab.

Differenzierung △ Besonders in der Auswertungsphase in EA ist es sinnvoll, unsicheren und/oder leistungsschwächeren S individuelle Unterstützung zukommen zu lassen.

△ Diff pool p. 124/1 Media collocations → Instead of Check-in, p. 90/2

Methodisches Vorgehen: a) + b) ✎ Als Alternative bietet der Induktionstext über Tony eine Vielzahl der gängigen *media collocations* an. Über die beiden Aufgabenteile a) und b) lassen sich nach der Einstiegsphase in einer enger gelenkten Weise dieselben Ergebnisse erzielen. Der Abgleich kann ebenfalls mit Hilfe der Vokabelbox auf S. 195 erfolgen.

Lösung: Vgl. Übersicht S. 195.

Vertiefung Die S schreiben als HA, unter Anwendung der eingeführten Kollokationen, mehrere Sätze über ihr tägliches Medien-Verhalten. Hier sollte eine Mindestzahl von Sätzen bzw. Kollokationen vereinbart werden.

Tipps für junge Lehrer/innen Die S kennen aus der Grundschule und dem Deutschunterricht grammatische Begriffe, die jedoch regelmäßig aufgefrischt werden müssen. Im Verlauf des Unterrichts bieten sich immer wieder Gelegenheiten, Fachtermini noch einmal bewusst zu machen und weiter einzuschleifen. Hier sind es Verb (*verb*), Nomen (*noun*) und die Kombination aus beidem (*collocation*).

Lösung Vgl. Übersicht S. 195.

S. 91
LISTENING

3 More about the survey → WB 62/1–3

HV-Text → L 3/8–12 ⦾

Narrator: **A.**
Interviewer: OK, so you like special interest forums a lot.
Holly: That's right.
Interviewer: Could you tell me more about 'Pet Paradise'?
Holly: Sure. Well, I love animals, *all kinds* of animals, and I've got two wonderful little guinea pigs, Honey and Mr Fluff. *Anyway*, they're super cute, and my friend Olivia and I love taking photos of them, so: When I found the Pets Paradise forum, I saw all these cool profiles of other people my age, and they all had cool photos of *their* pets and other animals. So I thought: "Why not post *my* photos?"
Interviewer: So you joined the forum and created a profile?
Holly: Yeah, and I got some really positive feedback right away.
Interviewer: What else do you like about the forum?
Holly: Er, it's fun to take part in all the different pet discussions too. People have good tips about pets, and everyone has been really nice. Well, so far! I hope nobody says anything bad about me or my pictures! Anyway, Olivia and I are now friends with a really cool girl from the other side of London, and sometimes we visit each other.
Narrator: **B.**
Interviewer: You can't *live* without your phone?
Boy: Well, I mean, of course I can *live* without it. But I don't *want* to – I don't want to miss my friends' text messages! You know, we text each other funny stuff, or sometimes there's a change of plans for after school or the weekend. It's a fast and

easy way to keep in touch, you know? And a phone is easy to carry around too, so I always have it with me.

Interviewer: But all the texts – don't they get on your nerves?

Boy: Only when I see there's new text for me, and then I see it's from my mum or dad. That gets on my nerves.

Narrator: **C.**

Interviewer: So you like magazines a lot?

Girl: Yes, I love my magazines! I buy one or two every week and take them to school to read with my friends at break time.

Interviewer: But isn't it easier – and cheaper – to just read them online? I mean, there are advice pages in the online magazines too.

Girl: Cheaper, yes. But it isn't always easier. I mean, I don't always have room in my bag for a tablet PC. And they can be heavy! But it's always easy to just throw a magazine in my bag, you know? So magazines are practical.

Interviewer: Yes, that's true.

Narrator: **D.**

Interviewer: So what's so great about video games?

Girl: What's so great? Oh my God, where do I start?! Video games are the *best* way to relax after a hard day at school! When I'm playing my games, I don't think about anything else and I feel really happy.

Interviewer: And your parents don't have any problems with that? I mean, you can play video games as often as you want?

Girl: Well … there *is* a bit of a problem. My parents always tell me to go outside more, you know: "Oh, it's a beautiful day, and you're in your room with your video games!" But why go to the park on a sunny day when all my friends are at home with their video games too?

Interviewer: OK, so video games help you to relax, and you also play them because a lot of your friends do too. But are they useful in any way?

Girl: Er, why must everything be *useful*? Video games are FUN, that's enough for me!

Narrator: **E.**

Interviewer: So social network sites are something you like to spend your free time on?

Dave: Well, usually everything's OK. I mean, it's fun to change your profile picture, and write things on your friends' walls, and it's nice to keep in touch with friends or cousins who live far away. So we keep in touch with our profiles, and by video chat too.

Interviewer: And what did you mean about nasty comments? What happened?

Dave: Oh, a few days ago my two best friends and I were looking at another friend's profile, and we thought it was awful! Poor Kevin.

Interviewer: Why, what happened?

Dave: Oh, there was a *really* nasty comment on Kevin's wall. Something about one of his photos. That's not so nice, and we felt really bad for him. But then Kevin wrote something back to the other boy which was *also* quite nasty, and of course *everybody* in Kevin's friends list can see *all* the comments, and now everyone in Greenwich knows everything! Awful. Sometimes people don't think about how you can hurt somebody's feelings with a stupid comment. But usually things are fine, and my good friends don't write stupid things. Well, sometimes …

Wortschatz *practical, mobile*

Methodisches Vorgehen

a) ⦾ L führt kurz in die *Listening*-Aufgabe ein: *Let's listen in detail to what Holly, Dave and three other students from TTS think about the forms of media they use. Let's draw a grid first.*
Die S übertragen zunächst die Tabelle in ihr Heft. Anschließend wird der Hörtext das erste Mal vorgespielt. Die S füllen die linke Spalte der Tabelle aus, was auch in weniger leistungsstarken Lerngruppen keine Probleme bereiten sollte. Ein Vergleich des Zwischenergebnisses bietet sich entweder über eine vorab angelegte Tabelle an der Tafel oder eine Folie an.

b) Bevor der Text ein zweites Mal vorgespielt wird, thematisiert L, dass die verschiedenen Medien Positives wie Negatives mit sich bringen können. Hierzu werden die *Useful phrases* auf S. 91 eingeführt, die in der Bearbeitung des zweiten Hördurchgangs ein gutes *scaffolding* bieten. Eingeführt wird dabei das neue Wort *practical*. Der zweite Durchgang sollte nach jedem der fünf Abschnitte kurz unterbrochen werden, damit die S ihre *key words* in die entsprechenden Spalten schreiben können.

c) Die Aufgabe wird als Abschluss im **Milling around**-Verfahren durchgeführt. Auf diese Weise ist gewährleistet, dass die neu eingeführten sprachlichen Mittel kommunikativ umgewälzt werden.

Vertiefung **KV 1: Listening: More about the survey** bietet standardisierte Aufgabenformate zum Verständnis des Hörtextes.

Differenzierung △ Leistungsschwächere S können sich mit Hilfe von Aufgabe a) auf **KV 2: More about the survey** auf die *Your turn*-Aufgabe c) im SB vorbereiten.
▲ Aufgabe b) auf **KV 2** bietet eine weiterführende Auseinandersetzung mit der Umfrage für leistungsstärkere S.

Tipps für junge Lehrer/innen Es ist in jedem Fall hilfreich, die HV-Aufgabe bei geöffnetem SB durchzuführen, um leistungsschwächere Lerngruppen zu unterstützen. Begrifflichkeiten können so einfacher erschlossen werden (z. B. *special interest forums, social networks, print magazines, online magazines*), zusätzlich gestützt durch die *visual prompts*.

Lösung a) + b)

Which media?	***What's positive?***	***What's not so positive?***
smartphone/ mobile	– *texts/easy to stay in touch with friends* – *fun to read messages/texts* – *easy to carry around*	– *texts from parents*
special interest forums	– *post cool photos to your own profiles* – *get positive feedback* – *fun to take part in pet discussions* – *good tips* – *get to know and visit other nice people*	– *someone could say sth bad about the posted pictures*
online magazines/ print magazines	– *fun to buy and read with friends* – *easy to put and carry in a schoolbag*	– *a tablet can sometimes be heavy*
video games	– *best way to relax after school* – *friends play too* – *just fun, not always useful*	– *don't go outside* – *don't get any fresh air*
social networks	– *fun to change profile and pictures* – *keep in touch with people from far away* – *talk by video chat* – *good friends don't write stupid things*	– *nasty or bad comments on the wall* – *everyone in your list can see everything* – *you can hurt sb's feelings with a stupid comment*

c) Individuelle S-Lösungen.

Station 1 Asking for and giving advice / Linking words

S. 92
Text → L3/13

Dear Ruby

Wortschatz *agony aunt, teen, … what to do., to spend, spent, spent, the two of them, site, to act like, whenever, self-critical, to overreact, as soon as, to make sb do sth*

Einstieg Über die *Across cultures*-Box wird kurz das Kummerkasten-Prinzip thematisiert. Die S nennen Beispiele für *agony aunts*, die sie aus Deutschland kennen.

Methodisches Vorgehen SB geschlossen. L spielt zunächst Rubys Antwort vor, um die S über die Problemsituation spekulieren zu lassen (00:56–02:03). L: *What kind of problem do you think Ruby replies to?* Ggf. ist es notwendig, diesen Abschnitt zweimal vorzuspielen. Nachdem in einer kurzen **Blitzlicht**-Runde mögliche zur Lösung passende Probleme gesammelt wurden, spielt L Laurens Brief ebenfalls 1–2 mal vor und leitet direkt zu Aufgabe 1 über.

S. 92
READING

1 Understanding the problem → WB 63/4; Diff pool ▲ 124/2

Wortschatz *opinion*

Methodisches Vorgehen Die S bearbeiten die vier Fragen in PA. Die Ergebnisse werden anschließend im Plenum besprochen und an der Tafel festgehalten.

Differenzierung

> **▲ Diff pool p. 124/2 Ruby's answer** → After Station 1, p. 92/1
>
> **Methodisches Vorgehen:** Leistungsstärkere und schneller arbeitende S bearbeiten diese Aufgabe im Anschluss an S. 92, Aufgabe 1. Die Aufgabe wälzt die Ergebnisse der Unit-Aufgabe kommunikativ um und regt dabei zu weiterer Kreativität an. Die Methode ergibt sich über die Aufgabenstellung. Lerntandems können, müssen jedoch nicht neu gebildet werden. Situativ können individuelle Vorschläge für Lauren in einem die Seite abschließenden UG mit gewürdigt werden.
>
> **Lösung:** Individuelle S-Lösungen.

Tipps für junge Lehrer/innen **Blitzlicht**-Runden bieten ein einfaches und effektives Rückmeldeinstrument. Dabei können die S je nach Lernstand ganze Sätze, Phrasen oder auch nur einzelne Begriffe äußern. Sie können sich dabei durch Assoziationen, Erfahrungen, Vorwissen oder persönliche Meinungen leiten lassen. Dadurch werden in der Regel individuelle Sprechanteile gesichert.

Lösung

1. *Lauren had a big fight with one of her best friends. Now they don't talk any more. Her friend made friends with another girl.*
2. *Lauren has seen that her friend has posted photos of her and her new friend on a social network site.*
3. *She feels really bad when she looks at these photos.*
4. *Her friend spent all her time with Lauren before the fight. Now she acts like she's having a much better time with her new friend (without Lauren).*

S. 93
LANGUAGE

2 Using linking words → WB 63/5–6; G13; S13; Diff pool △ 124/3

Wortschatz *face-to-face, to block, forever, to care (about), attention, myself*

Einstieg Die Ausführungen im *Skills*-Anhang (S. 133, S13) sind gut geeignet, um die Sprachbewusstheit der S zu schärfen. Beide Versionen des *Pet shop*-Textes werden laut gelesen. L hält die fett gedruckten *linking words* an der Tafel fest.

Methodisches Vorgehen In der Überleitung zu Aufgabe 2 semantisiert L die gelb hinterlegten *linking words* und ergänzt diese an der Tafel. Die S bearbeiten die Aufgabe in EA und schreiben die vollständigen Sätze in ihr Heft. Anschließend werden über eine vergrößerte Folie die gelb hinterlegten Folienschnipsel von jeweils einem S in die passende Lücke gelegt. (Achtung: Für alternative Lösungen - vgl. unten, Lösung - die entsprechende Anzahl an gelben Schnipseln bereithalten.) Die S korrigieren ihre Ergebnisse. Die neuen Vokabeln erschließen sich schnell über den Kontext und werden zum Abschluss im Plenum bewusst gemacht.

Differenzierung

△ **Diff pool p. 124/3 Using linking words: Tony and his phone** → After Station 1, p. 93/2

Methodisches Vorgehen: In dieser zusätzlichen Aufgabe sollen zwei Sätze mit Hilfe der *linking words* verbunden werden. Die Perspektive wird hier auf das Maskottchen Tony gelenkt. Die Aufgabe empfiehlt sich für alle S zum Einschleifen der *linking words*.

Lösung: 1. *We often saw each other* ***before*** *he got a new smartphone for his birthday.* 2. *Tony can't leave his smartphone alone for a minute* ***because*** *he's really into texting.* 3. ***When*** *I wanted to go to the cinema with him, he said "yes".* 4. *At the cinema, someone said, "You must turn off your phone* ***because*** *the film is starting."* 5. ***When/After*** *Tony heard that, he was shocked.* 6. ***Whenever/As soon as*** *a phone rings at the cinema, it makes other people angry.*

Vertiefung Aus Laurens Brief an Ruby kennen die S bereits das Verb *to act like*. Im Zusammenhang mit den *linking words* wird *like* (als ob) verwendet. Spätestens an dieser Stelle sollten die verschiedenen Bedeutungsebenen bewusst gemacht werden. Ein weiteres Beispiel wäre: *She looks like her mother.*
KV 3: Linking words bietet weitere Aufgaben zur Übung der *linking words*.

Tipps für junge Lehrer/innen Die Wortschatzarbeit kann in verschiedenen Formen stattfinden. Lernpsychologisch sollten schwerpunktmäßig die neu erarbeiteten Wörter in Etappen von den Schülern einmal auf Kärtchen oder in ein Heft übertragen und gelernt werden. Dazu sollten klare Verabredungen zu Beispielsätzen getroffen werden, über die, wie im Anhang des Vokabelteils ersichtlich, der Begriff kontextualisiert wird.

Lösung 1. *until/before* 2. *Whenever/As soon as* 3. *Before/Whenever; As soon as/After* 4. *because/after* 5. *like/because* 6. *because*

S. 93
WRITING

3 Your turn: Media in your life

Methodisches Vorgehen Die S haben bereits im *Check-in* ansatzweise ihr eigenes Medienverhalten reflektiert. Nach der Thematisierung der *linking words* geht es nun darum, das sprachlich neu erworbene Wissen schriftlich anzuwenden. L: *We've seen that you can write about something in a better way when you use linking words. Now read the questions and write about how you use media in your life.* Die Aufgabe kann gut in 4er-Gruppen in einem abgewandelten **Placemat**-Verfahren umgesetzt werden. Im mittleren Rechteck könnte z. B. die Überschrift *Media in my life* stehen. Das DIN A3-Blatt wird so oft gedreht, bis jeder S mindestens fünf Sätze nach dem Modell von Aufgabe 2 aufgeschrieben hat. Die S lesen dabei auch die Sätze des Vorgängers, diskutieren und korrigieren diese falls nötig. Nach der Schreibphase werden möglichst viele Beispiele in einer Sammelphase laut vorgelesen.

Differenzierung △ Durch die Vorentlastung dieser Methode sollten auch leistungsschwächere S in die Lage versetzt werden, produktive Ergebnisse beizusteuern. Die individuelle Kreativität wird gleichermaßen gefördert. Die Gruppenzusammensetzung empfiehlt sich als leistungsheterogen, damit stärkere S die schwächeren unterstützen können.

Vertiefung Die S schreiben einige Sätze der korrigierten *placemats* als Beispiele in ihr Heft.
Mit Hilfe von **KV 4: Media words** wenden die S den Medienwortschatz im Zusammenhang an.

Lösung Individuelle S-Lösungen.

S. 93
VOCABULARY

4 The right vocabulary for advice → WB 64/7; S3

Wortschatz *understanding, compromise, to worry*

Methodisches Vorgehen

a) Die S übertragen die Tabelle in ihr Heft und befüllen die entsprechenden Spalten in EA oder PA mit den *phrases* aus dem Text. Für die Sicherung notieren 1–2 Paare ihre Ergebnisse auf Folie.

b) Im UG wird zunächst die *Useful phrases*-Box gemeinsam gelesen. Dabei können Verständnisfragen und neue Wörter geklärt werden. Die S erstellen ihre Sätze in EA und tauschen diese anschließend mit einem Partner aus.

Differenzierung △ ▲ Leistungsschwächere S können sich bei der Erstellung ihrer Sätze auf das Problem von Ruby auf S. 92 beziehen, während leistungsstärkere S ein neues Problem als Grundlage nehmen.

Tipps für junge Lehrer/innen Das Formulieren von Beispielsätzen eignet sich als Zwischenergebnis vor der *Unit task*. Hier können die S kreativ ihre eigenen Ideen und Gedanken versprachlichen. Dabei können Wörterbücher als Unterstützung dienen.

Lösung

a)

Asking for advice	*Giving advice*	*Showing understanding*
I'm writing to you because I don't know what to do. *Can you please help?* *I would like to hear your advice.*	*… my advice is to be self-critical.* *The next step is to …* *Why don't you invite her to your house …* *Or have you tried texting her?* *Please stop looking …*	*You're having a hard time, aren't you?* *I'm sorry you're feeling so upset.* *I know how hard it is to share …* *I hope you can be friends …*

b) Lösungsvorschlag: *My advice is to see it from the other side and try to understand that your friend can have other friends too. / Why don't you ask if you can all do something together? / The next step is to invite your friend to your house. / It is always a good idea to talk about a problem. / You're having trouble with your friend. / I'm sorry you're feeling bad about the situation. / Have you tried talking to her? / Stop thinking too much about the other girl.*

S. 94
LANGUAGE
→ L3/16

5 Find the rule: Question tags → WB 64/8; G14; Diff pool △ 125/4; ▲ 125/5

Wortschatz *up*

Einstieg L geht durch die Klasse und stellt unvermittelt einige Fragen unter Benutzung von Bestätigungsfragen mit korrekter Intonation. Mögliche Beispiele: *Ruby is a helpful agony aunt, isn't she? She always knows the right answers, doesn't she? She doesn't give stupid advice, does she?*

Methodisches Vorgehen

a) Die S öffnen das SB auf S. 94. Gemeinsam werden die Beispiele zunächst im Stillen und dann gemeinsam gelesen. Bevor Vermutungen über die Regelhaftigkeit geäußert werden, wird der erste Spiegelstrich der *Across cultures*-Box thematisiert. Auch dazu wird das vorgegebene Beispiel dialogisch vorgelesen. Anschließend äußern die S ihre Vermutungen über die Verwendung der positiven und negativen Formen. Sie übertragen die Beispiele unter der Überschrift *Question tags* in ihren *English folder.* Die Regel wird anschließend im Grammatikanhang (S. 162–164, G14) zusammen gelesen, der Inhalt der blauen Box mit den deutschen Äquivalenten und die Regel unter dem Bild wird im *English folder* unter den Beispielsätzen notiert.

b) Die S bearbeiten die Aufgabe in ihrem individuellen Lerntempo. Als Hilfestellung wird auf die Übersicht im Grammatikanhang auf S. 163 verwiesen.

c) ◎ Zunächst wird der zweite Teil der *Across cultures*-Box gemeinsam gelesen. Anschließend hören die S die Sätze aus b) nacheinander an und beantworten die Fragestellung. Im zweiten Durchgang sprechen die S im Chor mit, um die korrekte Intonation zu festigen.

Differenzierung

△ Diff pool p. 125/4 A game: Who's the fastest? → After Station 1, p. 94/5

Methodisches Vorgehen: Dieser spielerische Wettbewerb ist nach der Einführung der Grammatik eine willkommene Abwechslung und hilft leistungsschwächeren S bei der Festigung der *question tags*. Gleichzeitig werden Auffassungsgabe, Hörvermögen und Mündlichkeit geschult. Die Durchführung erfolgt wie in der Aufgabe beschrieben.

Lösung: Individuelle S-Lösungen.

▲ Diff pool p. 125/5 You can hear the difference, can't you? → After Station 1, p. 94/5c)

Methodisches Vorgehen: Die S bearbeiten die Aufgabe in PA und wenden das erworbene Wissen vertiefend an. L geht dabei durch die Klasse und korrigiert ggf. behutsam.

Lösung: Individuelle S-Lösungen.

▲ Leistungsstärkere und schnellere S bearbeiten im Anschluss *Test yourself* im Grammatikanhang auf S. 163–164, (Hinweis: Lösungen auf S. 244).

Tipps für junge Lehrer/innen

Ein separater Teil im *English folder* oder ein extra Grammatikheft bieten eine gute Gelegenheit für die S, Ergebnisse zu sichern, da nicht alle S die Bücher behalten werden. So kann über den Doppeljahrgang 5/6 systematisch ein individuelles Nachschlagewerk aufgebaut werden, auf das immer wieder situativ Bezug genommen werden kann.

Lösung

a) *If the verb form in the sentence is positive, the verb form in the question tag is negative. If the verb form in the sentence is negative, the verb form in the question tag is positive.*

b) 1. *That's a cool phone, **isn't it**?* 2. *You can pay, **can't you**?* 3. *You aren't online often, **are you**?* 4. *We need more time for our project, **don't we**?* 5. *She didn't write that awful post, **did she**?* 6. *Ed hasn't got a new girlfriend, **has he**?*

c) 1. *sure* 2. *not sure* 3. *sure* 4. *sure* 5. *not sure* 6. *not sure*

S. 94
LISTENING
→ L3/17 ◎

6 <A song: Friends> Aura Dione → S9; Diff pool △ 125/6

Wortschatz

friendship

Einstieg

SB geschlossen. Zur Bearbeitung der Aufgabe kann **KV 5: <A song: Friends>** hinzugezogen werden. Als *Pre-listening*-Aufgabe wird Aufgabe a) auf **KV 5** bearbeitet. Danach sollte der bekannte Song *Friends* von Aura Dione zunächst, um das Hörerlebnis zu steigern, einmal als Ganzes präsentiert werden. L: *We understand that Lauren is having trouble with her best friend. Let's listen to a song about friends!*
Beim zweiten Mal wird der im Buch abgedruckte Teil, nach wie vor bei geschlossenem SB, vorgespielt. Die S gleichen ihre *key words* mit dem Songtext ab (Aufgabe b) auf **KV 5**). Danach schreiben mehrere S eines ihrer *key words* an die Tafel bzw. auf eine vorbereitete Folie. Dabei können die S ermuntert werden, die *key words* nach Themenbereichen zu gruppieren. Abschließend sollte genügend Zeit für Spekulationen über die Situation der Hauptfigur in dem Song gegeben werden.

Methodisches Vorgehen

a) SB geöffnet. Die S notieren sich auf **KV 5**, Aufgabe c), Wörter oder Zeilen, die etwas über die Situation der Hauptfigur aussagen. Die Ergebnisse werden an der Tafel gesammelt.

b) Bei der Bearbeitung der Aufgabe konzentrieren sich die S auf die zweite Spalte des Songtextes. Ihre Ergebnisse können sie auf **KV 5**, Aufgabe d), eintragen. Die Symbole für Freundschaft werden anschließend gemeinsam an der Tafel gesammelt.

Vertiefung

Je nach Neigung der Lerngruppe oder einzelner S, kann Aufgabe e) auf **KV 5** vertiefend bearbeitet werden. Die S können außerdem gebeten werden, in der Folgestunde eigene Songs zum Thema „Freundschaft" mitzubringen oder entsprechende Links aufzuschreiben. Je nach Lerngruppe können so erstaunliche persönliche Ergebnisse in den Unterricht mit einbezogen werden.

Differenzierung

△ **Diff pool p. 125/6 Symbols of friendship** → Help with Station 1, p. 94/6b)

Methodisches Vorgehen: In der *Useful phrases*-Box bekommen die S Ideen bzw. Anregungen geliefert, was Freundschaft darstellen oder symbolisieren kann. Insbesondere in leistungsschwächeren Lerngruppen ist es sinnvoll, diesen Ideen-Pool vor der Bearbeitung von Aufgabe 6b) gemeinsam durchzugehen, damit ein gemeinsames Lernplateau gesichert wird.

Tipps für junge Lehrer/innen

Es zahlt sich immer aus, beim Abspielen von Audios auf die Qualität des Abspielgerätes bzw. der Boxen Wert zu legen. Dies gilt in besonderer Weise für das Abspielen von Songs.

Lösung

a)

Words/lines from the song	*Situation of the main character*
"Free, free to be myself"	→ *wants to be free again*
"Free to need some help"	→ *needs help because his/her love with another person is over*
"lonely", "silence", "crashing"	→ *feels lonely, sad and tired*
"And even if I never forget you baby"	→ *cannot forget his/her love*

b) ***Symbols of friendship in the song:*** *"share a raincoat" → help, not lonely; they got my back until the end → help as long as you need it; "like a lifeboat" → help in a dangerous situation;* ***Symbols of friendship for you:*** *exchanging secrets, letters, rings, photos, sharing daily things, …*

Station 2 Modals and their substitute forms

Text → L 3/18 ◎

Forum? What forum?

Wortschatz

to be allowed to (do sth), to go over to, What on earth …?, to fix, to go crazy, to take, took, taken, washing machine, to waste, cannot, step-by-step, to be able to (do sth), still, I've done this a million times before., knob, to reach, to work, genius, With a very big head!, may

Einstieg

L legt **Folie 28** auf und semantisiert anhand des Bildes die Vokabeln *to fix, washing machine, knob* und *to work*. Die S beschreiben danach das Bild und stellen Vermutungen über die Situation an.

Methodisches Vorgehen

L leitet zum Text über: *Let's see if your ideas were right.* Die S hören den Text bei geöffnetem SB. Nach der Präsentation des Textes lesen die S ihn abschnittsweise in verteilten Rollen.

S. 95

7 Luke knows best?

READING

Methodisches Vorgehen

a) Um ihre Ergebnisse zu strukturieren, tragen die S die Ideen von Luke und seinem Vater in eine Tabelle ein (vgl. TA). Die Ergebnissicherung kann an der Tafel oder mit Hilfe einer Folie erfolgen. Mehrere S kommen nach vorne, um ihre Ergebnisse in der Tabelle zu ergänzen.

How to solve the problem with the washing machine	
Luke's ideas to solve the problem	*Dad's ideas to solve the problem*
– *wants to look for help at a forum* – *wants to follow the step-by-step advice* – *finds a great website* – *reads out the advice to his father*	– *has a good look at everything first* – *wants to do it step-by-step* – *has experience* – *doesn't believe what's in the forum*

b) Nach einer kurzen EA-Phase berichten die S über ihre Erfahrungen im Plenum.

Differenzierung △ Es ist möglich, langsamer arbeitende S zunächst nur eine Tabellenspalte bearbeiten zu lassen. Die Ergebnisse können dann in der Sammelphase vervollständigt werden.

Vertiefung Die S sprechen abschließend darüber, welchen Weg der Lösung des Problems sie für besser halten (Erfahrung des Vaters oder Internet-Forum).

Tipps für junge Lehrer/innen In Lerngruppen, die nicht so leistungsstark sind, ist es um so wichtiger, immer wieder vorentlastende Momente und Phasen einzubauen.

Lösung
a) Vgl. TA.
b) Individuelle S-Lösungen.

S. 95
SPEAKING

8 The day I fixed my ... → Diff pool △ 125/7

Methodisches Vorgehen L führt in die Aufgabe ein: *Well, last month I had a problem with my car. I couldn't fix it myself. But I'm sure you've fixed something in your life before. Think about that situation.* Bevor die S ihrem Partner von ihrem Erlebnis berichten, sollte ihnen genügend Zeit gegeben werden, sich Notizen zu machen. Ggf. sollten auch Wörterbücher zur Verfügung gestellt werden. Primäres Ziel der Aufgabe ist es, jedem S seinen individuellen Redebeitrag zu ermöglichen und damit den Sprechanteil zu erhöhen.

Differenzierung

> **△ Diff pool p. 125/7 The day I fixed my ...** → Help with Station 2, p. 95/8
>
> **Methodisches Vorgehen:** Der Fragenkatalog bietet leistungsschwächeren S ein gutes *scaffolding* für ihren mündlichen Bericht.

Vertiefung Als Vertiefung kann der mündliche Bericht in einem weiteren Schritt verschriftlicht werden. Dies wäre z. B. im Rahmen einer HA möglich.

Tipps für junge Lehrer/innen Die Balance zwischen Ergebniswürdigung und Korrektur ist etwas, was vor dem Hintergrund der einzelnen Schülerbiographie zu entscheiden ist. Lässt man die Aufgabe vertiefend in schriftlicher Form durchführen, so sollte stichprobenartig in jedem Fall der eine oder andere Bericht durchgesehen werden.

S. 96
LANGUAGE

9 Find the rule: *Can* and its substitute forms → G15

Methodisches Vorgehen
a) Zur Vorentlastung der Aufgabe bietet es sich an, mit den S zunächst das entsprechende Kapitel im Grammatikanhang zu lesen (S. 164–165, G15). So werden die beiden Bedeutungsebenen des Modalverbs *can* bewusst gemacht. Anschließend bearbeiten die S die Aufgabe in EA. Hierzu kann auch **KV 6: Find the rule: *Can* and its substitute forms** verwendet werden. Zur Ergebnissicherung sollte ein Lernplateau geschaffen werden. L schreibt die korrekten Lösungen an die Tafel. Die S übertragen diese in ihr Heft bzw. in ihren *English folder*.
b) Die S überlegen sich weitere Sätze für die beiden Bedeutungen von *can* in EA oder PA und tragen diese auf **KV 6** ein. Im Plenum werden anschließend mehrere Beispiele vorgelesen.

Lösung a)

be able to	*be allowed to*
So I can't fix my own washing machine … (lines 16–17) *I cannot believe you don't just look online (lines 20–21)* *Yes, I think, I can reach it. (line 39)*	*But can I … er, … (line 2)* *Well I can use it, can't I? (line 31)*

b) Individuelle S-Lösungen.

S. 96
LANGUAGE

10 Substitute forms: *Be able to, be allowed to* and *have to*

→ WB 65/9–10; Diff pool △ 126/8–9

Methodisches Vorgehen

a) Die S übertragen die Tabelle in ihren *English folder*. Anschließend gehen sie den Induktionstext auf S. 95 noch einmal durch und ergänzen die Ersatzformen der Modalverben in der Tabelle. Die Ergebnissicherung erfolgt an der Tafel, mit Hilfe einer vorbereiteten Folie oder einer Dokumentenkamera.

b) L leitet anschließend zu Teilaufgabe b) über. Die S erarbeiten in PA eigene Beispielsätze nach dem vorgegebenen Muster und tragen diese abschließend im Plenum vor. Auch hier lässt sich eine Dokumentenkamera sinnvoll einsetzen. Bei dieser Auswertungsmethode korrigiert L die Beispielsätze unmittelbar mit.

Differenzierung

△ Diff pool p. 126/8 The older you are, the more you can do … → Instead of Station 2, p. 96/10b)

Methodisches Vorgehen: In leistungsschwächeren Lerngruppen kann die Aufgabe an Stelle von Aufgabe 10b) auf S. 96 eingesetzt werden. Durch die Vorgaben fällt es den S in der Regel leichter, geeignete Beispielsätze zu erstellen. Die Aufgabe kann auch gut in PA bearbeitet werden. L kann die S zusätzlich dazu ermuntern, die neu gelernten sprachlichen Strukturen zu unterstreichen. Dies schärft noch einmal die *language awareness*.

Lösung: *When Olivia was four, she wasn't able to go cycling. Now she can. When Olivia was four, she didn't have to go shopping. Now she has to go shopping with her mum. When Olivia was four, she didn't have to go to school. Now she must go to school. When Olivia was four, she didn't have to do any homework. Now she has to do a lot of homework for school. When Olivia was four, she didn't have to help her mum in the kitchen. Now she always has to help her. When Olivia was four, she wasn't allowed to watch TV in the evening. Now she can. When Olivia was four, she wasn't able to make models. Now she loves to make models. When Olivia was four, she wasn't allowed/wasn't able to join a social network. Now she can join social networks. When Olivia was four, she wasn't allowed to have a sleepover. Now she can have sleepovers.*

△ Diff pool p. 126/9 'Fun' in Scotland → After Station 2, p. 96/10b)

Methodisches Vorgehen: Der Lückentext im *Diff pool* bietet eine zusätzliche Möglichkeit, die Ersatzformen der Modalverben zu festigen. Für die Ergebnissicherung kann L den Dialog in vergrößerter Form auf eine Folie kopieren. Mehrere S schreiben nacheinander ihre Ergebnisse neben oder über die gelben Kästchen.

Lösung: 1. *wasn't allowed to* 2. *were able* 3. *were allowed/were able* 4. *weren't allowed* 5. *had* 6. *weren't allowed* 7. *had* 8. *weren't able*

Vertiefung

Im Rahmen einer HA bietet sich die *Test yourself*-Aufgabe im Grammatikanhang (S. 165) als Vertiefung an. Zur Stärkung der Lernerautonomie gleichen die S im Anschluss selbstständig ihre Lösungen ab (S. 244).
KV 7: Can I invite all my friends? bietet mit den Aufgaben a) und b) weitere Übungen dazu an.

Tipps für junge Lehrer/innen Eine Dokumentenkamera ist eine gute Möglichkeit, Schülerbeispiele schnell und effektiv durchzugehen. Der Aufwand beim Aufbau der Kamera ist gering. Die S geben in dieser Altersstufe in der Regel gerne ihre Produkte dafür ab.

Lösung a)

	Present	*Past*
können	*can → be able to*	*was/were able to (line 23)*
dürfen	*may/can → be allowed to*	*was/were allowed to (line 1)*
müssen	*must → have to*	*had to (line 12)*

b) Individuelle S-Lösungen.

S. 96
LANGUAGE

11 *Should, shouldn't* and *could* for advice → WB 66/11–12; G16; Diff pool ▲ 126/10; △ 127/11

Einstieg L und die S lesen zunächst das entsprechende Kapitel im Grammatikanhang gemeinsam (S. 165, G16). Erfahrungsgemäß bereiten die Modalverben *should, shouldn't* und *could* den S wenig Schwierigkeiten. Anschließend leitet L zur Aufgabe über: *Tony is having a really bad day. Let's have a closer look at his problems. How about some good advice for him?*

Methodisches Vorgehen Die S bearbeiten die Aufgabe in EA oder PA. Mit Hilfe der Aufgabenstellung und des vorgegebenen Beispiels sollte dies weitgehend selbstständig möglich sein. Für die Ergebnissicherung werden die Ratschläge (gelb hinterlegt) als Folienschnipsel vorbereitet. In der Auswertungs- und Sicherungsphase legen einzelne S die Schnipsel zu den passenden Sätzen, zwei S tragen jeweils ihre Lösungssätze dialogisch vor.

Differenzierung

▲ Diff pool p. 126/10 Giving and taking advice → After Station 2, p. 96/11

Methodisches Vorgehen: Leistungsstärkeren S bietet diese spielerische Aufgabe eine zusätzliche Herausforderung, mit der sie gleichzeitig die Verwendung der Modalverben *should, shouldn't* und *could* festigen können.

Lösung: Individuelle S-Lösungen.

△ Diff pool p. 127/11 You could do that, but I think you should ... → After Station 2, p. 96/11

Methodisches Vorgehen: Diese Aufgabe dient der weiteren Festigung der Modalverben *should, shouldn't* und *could* im Anschluss an S. 96, Aufgabe 11. Sie kann in EA oder PA bearbeitet werden.

Lösung: 1. *You could use mine.* 2. *You should buy a new one.* 3. *You shouldn't post private photos.* 4. *I could check it.* 5. *You should/could try both.* 6. *You could/should tell her you're sorry.* 7. *You could write something interesting/exciting.*

Vertiefung Eine weitere Übungsmöglichkeit bietet **KV 7: Can I invite all my friends?** in Aufgabe c).

Lösung
1. *Too bad, I forgot Lou's birthday yesterday! – You should/could buy her some flowers today.*
2. *How nice, I've got a new neighbour. – You could/should say hello to him/her.*
3. *Oh, no, I've left my money at home. – You could ask a friend.*
4. *I want something nice for Dad. – Well, you should/could take him to a football game then.*
5. *I want to buy a new phone but I haven't got enough money. – You could/should help your parents at home for pocket money.*
6. *Oh no, someone has stolen my bike! – You should go to the police.*

S. 96
MEDIATION

12 A German survey about young people and media

HV-Text
→ L3/20 ◎

Radiokommentator:

Die Ergebnisse einer neuen Umfrage zur Mediennutzung unter deutschen Jugendlichen liegen seit gestern vor. Manches überrascht mich dabei überhaupt nicht, aber es sind doch auch einige Ergebnisse dabei, mit denen ich persönlich nicht gerechnet hätte. Aber hören Sie selbst ... Hier ein paar Auszüge aus den Ergebnissen, ein paar Highlights:

- Wir alle wissen, wie gern Jugendliche fernsehen, aber: Wussten Sie, dass mittlerweile 90% aller deutschen Jugendlichen einen Fernseher im eigenen Zimmer haben? Ja, Sie haben richtig gehört: 90%, neun von zehn! Wow, das überrascht mich schon. Aber was ich unheimlich gern wissen würde: Wie viele von diesen 90% haben ihren eigenen *Kühlschrank* im Zimmer? Ich meine, warum das Zimmer überhaupt verlassen, nicht wahr? Ach ja, Schule sollte es ja auch geben!
- Also, mehr Umfrage-Ergebnisse: Zwei von drei Jugendlichen sind der Meinung, dass man im Fernsehen „etwas lernen kann". Da wird also in den Kinderzimmern nicht nur Lustiges geschaut, es wird auch gelernt, klasse!
- OK, jetzt geht's um die Online-Welt – soziale Netzwerke, Smartphones, das Mitteilen von Informationen, Fotos, und so weiter und so fort. 98% der Jugendlichen in Deutschland sind mittlerweile online, haben also Zugang zum Internet am Computer zu Hause, oder sie haben ein Smartphone. Überraschend, dass fast alle mittlerweile online sind? Nicht wirklich, finde ich. Aber es sind nur *fast* alle. Eine interessante Information wäre auch, was die 2% der Jugendlichen *ohne* Internetzugang vom Internet halten – ob sie kein Internet haben durften, ob sie es nicht wollten? Vielleicht werden wir das in einer anderen Umfrage erfahren.
- Hier ist aber eine *wirklich* interessante Info aus den Umfrage-Ergebnissen. Es geht darum, wie viele Stunden am Tag die deutschen Jugendlichen online sind. Was schätzen sie? 4 Stunden? 6 Stunden? Sogar 8 Stunden? Weit gefehlt! Die befragten Jugendlichen konnten gar nicht sagen, wie viele Stunden sie online sind, weil sie halt nie off sind! Sie sind praktisch ständig online. Aber *wirklich* überraschen wird dies wahrscheinlich auch niemanden, oder wie sehen Sie das? Unsere Leitungen sind jetzt für Sie freigeschaltet, wir würden gerne von Ihnen hören ...

Einstieg Bevor mit der Aufgabe begonnen wird, ist es ratsam, die gängigen Regeln einer Mediation noch einmal bewusst zu machen. Dies kann mit Hilfe des entsprechenden Kapitels im *Skills*-Anhang erfolgen (S. 136, S17). Anschließend leitet L zur Aufgabenstellung über: *So far we've heard and learned a lot about the world of media. Now let's listen to a survey about young people and the media in Germany.*

Methodisches Vorgehen ◎ Die S hören zunächst den gesamten Hörtext einmal bei geschlossenem SB an, bevor die Aufgabenstellung gemeinsam gelesen wird. Beim zweiten Hören notieren sich die S wichtige *key words* auf Deutsch. Anschließend schreiben die S ihre englische Version für den Chat in ganzen Sätzen. Ggf. muss der Text ein drittes Mal vorgespielt werden. L weist noch einmal deutlich darauf hin, dass der Text adressatengerecht formuliert werden sollte.

Differenzierung ▲ Leistungsstarke S sollten bereits an dieser Stelle ermuntert werden, *key words* und *phrases* auf Englisch zu notieren, um die mündliche Mediation zu trainieren (Verlassen der Ausgangssprache, Ansteuern der Zielsprache).
△ Leistungsschwächere S können die Aufgabe mit Hilfe der vorstrukturierten **KV 8: A German survey about young people and media** bearbeiten.

Vertiefung Im Rahmen einer HA kommentieren die S die Informationen aus dem Hörtext, z.B. *What do* ***you*** *think about the survey? Write down your opinion in 7–8 sentences.*

Tipps für junge Lehrer/innen Erfahrungsgemäß ist es so, dass die S gerne ganze Versatzstücke des Ausgangstextes Wort für Wort übersetzen. Die Gefahr besteht zwar naturgemäß weniger bei Hörtexten, aber es ist wichtig, immer wieder auf den Unterschied zwischen Mediation und Übersetzung hinzuarbeiten.

Lösung EH:

Hi …,

I've just heard an interesting survey on the radio. It's a new one about teenagers and the use of media in Germany. Some things are really interesting!

Did you know that 90 % of all German teenagers have their own TV in their room? Two out of three say they can learn something from it.

And already 98 % are online. They use a computer or a smartphone.

I can't believe they're online almost all the time. They can't say exactly how many hours.

Do you know what's it like in Italy? Write back soon.

…

S. 97 13 Are you media mad? → Diff pool ▲ 127/12

Wortschatz *mad, result, to (e-)mail, to download, to comment (on), to stay away from, in other ways*

Methodisches Vorgehen Jeder S arbeitet in seinem eigenen Tempo die *flow chart* in Ruhe durch. L bereitet zu den drei Kategorien Zettel vor (z. B. *You're media mad!*) und hängt diese in verschiedenen Ecken des Klassenraums auf. Im Anschluss sammeln sich die S je nach Ergebnis in den drei Ecken. Auf diese Weise ergibt sich sofort ein Überblick darüber, wie viele S in welcher Kategorie gelandet sind. Ein S pro Gruppe kann den Ergebnistext laut vortragen, und zwar mit veränderten Personalpronomina (z. B. *We're media mad! We love technology and …*). Anschließend nehmen einzelne S kurz Stellung zu der Frage, ob sie mit den Ergebnissen einverstanden sind.

Differenzierung

▲ Diff pool p. 127/12 Media mad → After Station 2, p. 97/13

Methodisches Vorgehen: Die S suchen sich Platz im Raum und arbeiten dialogisch mit Rollentausch gemäß der Aufgabenstellung auf S. 127. Haben sie sich untereinander ausgetauscht, so wird als Fortführung die Methode **Milling around** angewandt. Dies wird solange fortgesetzt, bis jeder S mit mindestens drei verschiedenen Partnern gearbeitet hat. Die Aufgabe dient der Förderung der Sprachkompetenz und ist ergebnisoffen angelegt.

Lösung: Individuelle S-Lösungen.

Vertiefung Die einzelnen Bausteine der *flow chart* sind besonders gut geeignet, das eigene Medienverhalten noch einmal zu reflektieren. Jeder S schreibt zum Abschluss oder als HA über sein eigenes Medienverhalten. Dabei werden abermals viele neu erworbene sprachliche Wendungen umgewälzt. Schwächere S erhalten über die Bausteine der *flow chart* eine sichere Unterstützung.

KV 9: More words bietet vertiefende Wortschatzaufgaben zum Abschluss von Station 2.

Tipps für junge Lehrer/innen Für die PA werden oft Freunde oder Sitznachbarn ausgewählt. L sollte jedoch darauf achten, dass sich die Paarungen während der Arbeit an einer Unit immer wieder neu mischen.

Action UK! Working with films

Where's Maisie? → S21–22

S. 98 VIEWING 1 Little dog, big trouble → WB 67/13

Film-Transkript → 10

Residential Street

Girl: What a cute dog! Can I cuddle her?

Nathan: Sure!

Girl: What's her name?

Nathan: Maisie.
Girl: Hi, Maisie!
Nathan: Hey, what are you doing later? Maybe we should meet up.
Girl: OK, why not? You can bring your dog!
Nathan: Yeah, of course. Can I have your number?
Girl: Why don't you give me yours?
Nathan: Yes, sure, hang on. Ah, you're ready?
Girl: Yep.
Nathan: 079 …

Street in Kidbrooke

Laura: Hi, Nathan. How's my lovely Maisie? Did you take her for a walk? You what?! Where are you?

Park

Jinsoo: It's a text message from Laura.
Marley: Mine too. Oh no! Her new dog's missing!
Jinsoo: Maisie! What can we do to help her?
Marley: I'm going to post a notice with this picture, online to a couple of social networks.
Jinsoo: Good idea. But don't give her real address or phone number. Just ask people to reply to your message.
Marley: Of course. I never give real addresses or phone numbers online.

Street

Parule: I can go home and print out some 'missing' posters. I can put them up in the streets around here and in the park.
Laura: That's a great idea. Thanks, Parule.
Nathan: Maisie! Come on, girl, where are you?

Juice bar

Laura: What if something has happened to Maisie?
Nathan: We'll find her, Laura. Don't worry!
Marley: Hey! Someone posted a message saying … oh, that they think my profile picture is 'cute'. That's not very helpful!
Marley: Hey, there's another one: Someone saw a young woman in the park. She picked up a dog that looks like Maisie.
Laura: Oh, no!
Parule: I hope the woman saw the posters. I put them everywhere.
Laura: Maisie! Polly!
Polly: Oh, hey, it's you again!
Laura: Where did you find her? Maisie is my dog! My brother lost her yesterday.
Polly: Well, I was out jogging in the park and then I found her wandering around, all on her own. And then I saw the poster.
Laura: Thank you so much!
Polly: I was going to call. Only, I wanted a drink first! She's such a lovely little dog.
Nathan: Hey, I'm Laura's brother. Can I buy you another drink – for returning the dog?
Polly: Would you? That's very kind of you. I'll have a green smoothie then, please!
Jinsoo: Hey, what's that? Is it a camera?
Marley: Yes. It looks like a photographer is watching us!

Park

Jinsoo: Hey guys, look at this! Film star Polly McCane buys green smoothie in Greenwich cafe. She was with a new dog and a very good-looking young man – probably her new boyfriend. Is Polly McCane trying to start a new life? Or is she promoting her new film?
Laura: What a load of rubbish! They think Maisie is Polly's dog!
Marley: And they think Nathan is her new boyfriend! That's too funny.
Jinsoo: They're just making all this up just for a story! Poor Polly …
Laura: Nathan will be super-proud that he's in the news … Oh well, the most important thing is that I've got my lovely Maisie back!

Methodisches Vorgehen

a) L schreibt *Little dog, big trouble* an die Tafel und fragt: *Have you got any ideas what the trouble is? (had a fight with the neighbour's dog/cat; broke something at home; ran away; …) Have you ever had a problem with your pet? Have you ever lost a pet? How did you feel? (angry, awful, upset, (wasn't) worried, calm because my pet often runs away / because I always find him/her again, …) What did you do? (called the police; searched/looked in the house/garden; asked the neighbours; …)* Die S beantworten die Fragen in PA. Einige S beschreiben kurz ihre Erfahrungen im Plenum.

b) L: *The title of our film is 'Where's Maisie?' What do you think the film is about? (Someone loses a pet – a dog/cat?) Laura, Nathan and Polly have important roles in the film. Get into groups of three. Choose one of the characters and watch him/her carefully. Why is he/she important for the film? What does he/she do?* Unmittelbar nach der Präsentation des Films machen sich die S Notizen und tauschen sich in ihrer Gruppe aus. Im Plenum wird kurz festgehalten, welche Rolle die drei Charaktere spielen.

c) Diese Aufgabe kann spontan mündlich bearbeitet werden. Es ist aber auch möglich, die S eine Nachricht an Alicia für ein soziales Netzwerk oder als Mail erstellen zu lassen. So können die S im Unterricht das Schreiben unter Zeitdruck üben. Sie erhalten drei Minuten Zeit, max. fünf Sätze oder Zeilen zu schreiben. Anschließend werden die Nachrichten mit einem Partner ausgetauscht (= die Nachricht kommt an!). Ggf. können dabei auch Fehler korrigiert werden. Alternativ kann die Aufgabe als HA bearbeitet werden. Die Lösung kann als Modellantwort für die HA-Bespechung dienen.

Differenzierung

▲ Wenn die Gruppenaufteilung nicht aufgeht, kann in 4er-Gruppen ein guter S die Rolle des *gap fillers* übernehmen und die anderen Mitglieder im Gruppengespräch unterstützen.

Tipps für junge Lehrer/innen

Gap filling ist ein authentischer Aspekt der *Post-viewing*-Kommunikation bei audio-visuellem Verständnis. Auch wenn die S eine bestimmte Seh- und Höraufgabe erhalten, können sie ihre Mitschüler mit eigenen Beobachtungen unterstützen.

Lösung

a) Individuelle S-Lösungen.

b) EH: *Nathan takes Maisie for a walk, but he meets a girl. While he's giving her his mobile number, he forgets Maisie and she runs away. Later, Nathan buys Polly a drink and a reporter takes a photo of them in the café. Nathan is in News Online. They think he's Polly's new boyfriend.*
Laura sends text messages to her friends. She's very angry with Nathan and upset about Maisie. It's a happy ending because Laura has Maisie back again.
Polly finds the dog in the park and then sees Laura's poster. She meets Laura in a Greenwich café. She gives Maisie back to Laura.

c) Lösungsvorschlag: *Alicia, I can't believe what Nathan did! He lost Maisie! He was in Greenwich with Maisie. When a girl saw Maisie, Nathan stopped and talked to her. While he was giving her his mobile number, he forgot all about Maisie. Typical! I was really upset, but I sent text messages to everybody and they helped me to find her. Polly McCane, the film star, was jogging in the park when she saw Maisie. Then she saw one of Parule's posters and took Maisie to the café because she wanted a drink. And we were there! So I got my Maisie back. Now Maisie and Nathan are in News Online – they're Polly's new dog and boyfriend!*

S. 98
SPEAKING

2 Media in the film scenes → WB 67/14–15

Methodisches Vorgehen

L schreibt *Different kinds of media* an die Tafel und in einem Brainstorming sammeln die S im **Chalk-relay**-Verfahren die verschiedenen Medien, die sie im Film gesehen haben, als *word web* an der Tafel. Nach der Präsentation wird das *word web* an der Tafel korrigiert bzw. ergänzt und im Plenum beschreiben die S, wie die einzelnen Medien bei der Suche nach Maisie geholfen haben.

Differenzierung

△ ▲ **KV 10: Media in the film scenes** bietet eine alternative differenzierende Bearbeitung der Aufgabe.

Lösung

- ***Mobile telephone calls:*** *Nathan calls Laura to say he has lost the dog.*
- ***Text messages:*** *Jinsoo and Marley get a text message from Laura to say Maisie is missing.*
- ***Messages on online social networks:*** *Marley posts a picture with a message online to social networks. / Someone posted a message. They saw a young woman in the park. She picked up a dog that looked like Maisie.*
- ***Video chat on a smartphone:*** *Laura speaks to Parule.*
- ***Print media ('missing' posters):*** *Parule puts up posters everywhere in the park; Polly sees one.*
- ***Online news:*** *on Jinsoo's tablet (but this doesn't help find Maisie)*

S. 98 SPEAKING

3 Close-ups

Methodisches Vorgehen

a) Die S lesen die Box mit den *Film skills.* L zeichnet eine große Denkblase an die Tafel. L: *We can speak with our faces too. What's the girl thinking?* Nach einer kurzen Denkpause machen die S Vorschläge, was in der Denkblase stehen könnte. (*I don't know him. / I can't give him my number. / Is that a good idea? / He looks nice, but … / …*)

b) L legt **Folie 29** auf. Die S betrachten die beiden Standbilder und beschreiben die Filmszenen kurz. (*Both scenes are in the Greenwich café. Laura has just got Maisie back from Polly, and Nathan wants to buy Polly a drink because she found Maisie.*) Die S nutzen die Ideen in der Box und beschreiben, was die *close-ups* über die beiden Charaktere aussagen könnten.

Vertiefung Eine vertiefende Behandlung des Themas kann mit Hilfe von **KV 11: What do the close-ups tell us?** erfolgen.

Lösung

b) EH: ***Laura:*** *Laura can't believe it. She's got her Maisie back again. / Laura is so happy because Polly found Maisie in the park. / Laura really loves her dog – and she likes Polly too. / …*
Nathan: *Nathan is Laura's big brother and he wants to look cool for Polly. / Nathan thinks he's so cool and he offers to buy Polly a drink. / Nathan likes himself a lot, and he thinks Polly likes him too. / …*

Skills Writing a letter and a reply

How to write a letter and a reply → S10–13

S. 99

1 The parts of a letter

Wortschatz *camping, to miss, Yours …, to begin, began, begun, beach*

Einstieg Als Einführung ist es sinnvoll, die entsprechenden Kapitel im *Skills*-Anhang gemeinsam durchzugehen. S10 sowie der erste Abschnitt der Tabelle in S11 dienen dabei der Bewusstmachung der verschiedenen Schritte und Teilaspekte. In der geforderten Aufgabenform spielen Empfänger- und Adressatenadresse keine Rolle.

Methodisches Vorgehen

a) Die S lesen die beiden Briefe einmal leise durch. Anschließend werden sie von verschiedenen S laut vorgelesen. Über die farblichen Markierungen können die S problemlos die einzelnen Passagen des Briefes und der Antwort erschließen.

b) Die S äußern ihre Meinung frei im Plenum.

Differenzierung ▲ Zu a): Leistungsstärkere S können alternativ **KV 12: How to write a letter and a reply** bearbeiten.

Tipps für junge Lehrer/innen Die Aufmerksamkeit der S sollte unbedingt auf die farbige Legende neben den Induktionstexten gelenkt werden. Einige S benötigen diese zusätzliche Hilfestellung. Es bietet sich auch an, bei der anschließenden Schreibaufgabe ebenfalls mit farbigen Unterstreichungen zu arbeiten.

Lösung b) Individuelle S-Lösungen.

2 Write your own letter and reply → WB 68/16–18

Wortschatz *weird*

Methodisches Vorgehen
a) Die S arbeiten individuell an ihrem Brief und arbeiten dabei die inhaltlichen Elemente aus S. 99, Aufgabe 1 mit ein. Dazu sollten bei Bedarf Wörterbücher bereitgehalten werden. Die Aufgabe wird erfahrungsgemäß einen größeren zeitlichen Rahmen benötigen. L sollte währenddessen individuelle Hilfestellung leisten. Zusätzlich kann auf die Tipps zur Überarbeitung eines Textes im *Skills*-Anhang hingewiesen werden (S. 133, S12).
b) Ggf. muss nach der ersten Schreibphase, je nach zeitlichem Rahmen, eine Unterbrechung der Aufgabe erfolgen. Optimal wäre es, wenn zumindest Teilaufgabe a) im Unterricht fertiggestellt würde, damit die Antwort als HA erstellt werden kann.
Zum Abschluss lesen mehrere Paare einen der Briefe und die dazugehörige Antwort im Plenum vor. Die übrigen S geben mit Hilfe von **KV 13: Peer evaluation: A letter and a reply** Feedback. Zur Vorbereitung auf die nachfolgende *Unit task* sollten die Schreibprodukte auch individuell korrigiert werden. Die Briefe werden nach der Korrektur im *English folder* abgeheftet.

Tipps für junge Lehrer/innen Wichtig ist, die S darauf hinzuweisen, dass sie sich beim Nachschlagen individueller Sprechabsichten nicht in Details verlieren und nur die allerwichtigsten Wörter nachschlagen sollten. Hilfreich ist eine klare zeitliche Vorgabe, in der die Aufgabe erledigt werden sollte.

Lösung a) + b) Individuelle S-Lösungen.

Unit task Collecting advice for young people's problems

Advice letters and replies: Our collection

Wortschatz *chance, weekday, to do about*

S. 100 Step 1 Choose a topic → WB 69/19

Methodisches Vorgehen L führt kurz in die Thematik der *Unit task* ein. Bei der anschließenden Gruppeneinteilung kann gelost werden, um leistungsheterogene Gruppen zu erhalten. Für die *Unit task* sind insgesamt 3–4 Unterrichtsstunden einzuplanen.
Die S lesen die Situationen A–E gemeinsam in der Gruppe durch und entscheiden sich für ein Problem, das sie gerne bearbeiten möchten. L achtet bei der Verteilung darauf, dass jede Situation mindestens einmal bearbeitet wird, was in der Regel aber kein großes Problem darstellen sollte.

Tipps für junge Lehrer/innen L sollte sich nicht scheuen, die S bei Häufung einer Ausgangslage aus A–E auch zu ihrer Zweit- oder Drittwahl arbeiten zu lassen.

Lösung Individuelle S-Lösungen.

S. 100 Step 2 Pair work: What do you think? → WB 69/20

Methodisches Vorgehen Auf ein akustisches Signal hin diskutieren die S die Problemsituation und einen möglichen Ratschlag zunächst in PA. Ein *scaffolding* ergibt sich dabei über die vorgegebenen Beispiele. L sollte während dieser Phase immer wieder auf die vorangegangene *Skills page* und *die Useful phrases*-Box auf S. 93 verweisen.

Vertiefung Eine wichtige Hilfestellung bietet auch eine Sammlung von Ideen und *words/phrases* zur *Unit task* unter dem Lehrwerkscode dd832q, der auf den *Check-in*-Seiten der Unit abgedruckt ist. Diese Sammlung sollte jedem S in kopierter Form zugänglich gemacht und später im *English folder* abgeheftet werden.

Lösung Individuelle S-Lösungen.

S. 101 Step 3 Write an 'agony aunt' letter → WB 70/21

Methodisches Vorgehen

a) Auf ein erneutes akustisches Signal hin begeben sich die S zurück in ihre Gruppen. L leitet zu *Step 3* über, indem er die S auffordert, sich über die Ergebnisse der PA auszutauschen und diese zu diskutieren.

b) Die S formulieren in ihren Gruppen einen Brief an die *agony aunt* weitgehend selbstständig. L hält sich zur weiteren Hilfestellung im Hintergrund zur Verfügung. Bevor die Gruppenversion in eine vorbereitete Schachtel eingeworfen wird, überarbeiten alle Gruppenmitglieder mit Hilfe von S. 133, S12 ihren Brief gemeinsam. Abschließend überträgt jeder S das Endergebnis der Gruppe in sein Heft. Um vorzubeugen, dass eine S-Gruppe später ihren eigenen Brief aus der Schachtel zieht, können die S ihren Brief mit einem ihrer Gruppe bekannten Zeichen versehen.

Tipps für junge Lehrer/innen Es ist wichtig, den S genügend Zeit zu geben, um ihr Schreibprodukt zu überarbeiten. Dieser je nach Gruppe unterschiedlich lange dauernde Prozess ist wichtig, um letzte Zweifel auszuräumen. Schließlich werden die Schreibprodukte klassenintern öffentlich gemacht, was für viele S eine Hemmschwelle bedeutet.

Lösung a) + b) Individuelle S-Lösungen.

S. 101 Step 4 Exchange questions → WB 70/22

Methodisches Vorgehen Ein S aus jeder Gruppe wird bestimmt, einen Brief an die *agony aunt* aus der Schachtel zu ziehen. Dazu gibt L nur einen kurzen Impuls, da dies einen der spannendsten Momente der Aufgabe darstellt.
In jeder Gruppe wird der zuvor gezogene Brief zunächst laut vorgelesen. Anschließend verfasst die Gruppe gemeinsam eine mögliche Antwort der *agony aunt*. Dabei können die vorgegebenen Leitfragen Hilfestellung geben. L weist beim Herumgehen noch einmal explizit darauf hin. Es ist sinnvoll, in dieser Phase ausreichend Wörterbücher zur Verfügung zu stellen.

Lösung Individuelle S-Lösungen.

S. 101 Step 5 Present the problem and advice → WB 70/23

Methodisches Vorgehen L leitet zur Präsentationsphase über: *Now, let's listen to the letter you have picked and your replies.* Die Reihenfolge der Präsentationen kann ausgelost werden, um längere Diskussionen zu vermeiden. Es sollte darauf geachtet werden, dass nicht nur leistungsstarke S die Gruppenergebnisse präsentieren. Im Anschluss an jede Präsentation geben die zuhörenden S mit Hilfe der Leitfragen ein möglichst konstruktives Feedback. Nach der Präsentationsphase bietet es sich an, die Schreibprodukte einzusammeln und zu korrigieren.

Tipps für junge Lehrer/innen Es ist wichtig, ein differenziertes Feedback immer wieder mit den S zu üben. Dafür können vorab kurz Kriterien gesammelt werden. Dies kann in der Muttersprache erfolgen. Die sogenannte **Sandwichregel**, bei der ein S zunächst etwas Positives sagt, bevor er seine Einwände und/oder Verbesserungsvorschläge vorträgt, um dann mit etwas Positivem zu schließen, stellt eine mögliche Form des Feedbacks dar. Häufige Wiederholungen derselben Rückmeldung sollten vermieden werden, um die Feedback-Phase nicht unnötig in die Länge zu ziehen.

Lösung Individuelle S-Lösungen.

S. 101 Step 6 Organise your letters and replies

Methodisches Vorgehen Als vorbereitende HA suchen die S nach geeignetem Bildmaterial, um „ihre" Problemsituation zu illustrieren. Zu Beginn der nächsten Stunde diskutieren sie im Plenum, in welche Kategorien die vorgestellten Problemsituationen eingeordnet werden können. L gibt die korrigierten Briefe an die Gruppen zurück und verteilt DIN A3-Poster. Während zwei S jeder Gruppe die endgültige Version der Briefe erstellen, kümmern sich die übrigen Gruppenmitglieder um das Layout der Poster. Auch dieser Phase sollte genügend Raum gegeben werden. Die Poster werden für einen **Gallery walk** nach Themen sortiert und an einer passenden Stelle an die Wand geheftet. Zum Abschluss erhält die Lerngruppe die Möglichkeit, die Einzelergebnisse auf den verschiedenen Postern zu sichten und zu würdigen.

Lösung Mögliche Kategorien: *Family/Parents:* A, C, D, E; *Media:* B, E; *Friends:* B, C

Story

Text → S 2/19–24, L 3/21–26

It's a disaster!

Wortschatz *disaster, to rain, light, to be on, thunder (no pl), lightning (no pl), to get out of, front door, upstairs, headphones (pl), downstairs, to tap, to cry, to fight, fought, fought, to joke, to press, to go black, to crash, power cut, round, candlelight (no pl), only, right now, to cook, to show off, to borrow*

Methodisches Vorgehen SB geschlossen. L: *We're going to read a new story about Jay, Gwen, Olivia, Holly, Dave and Luke. Also Dave's dad, Frank, is there. Let's have a look at two pictures from the story.* L legt **Folie 30** auf; die Bilder sind abgedeckt. L deckt die beiden Bilder nacheinander auf und semantisiert unbekannte Vokabeln, bevor die S die Bilder beschreiben. L erklärt, dass Bild 1 die Ausgangssituation der Geschichte und Bild 2 eine Situation gegen Ende der Geschichte darstellt. Je nach Schwerpunkt der Stunde spekulieren die S entweder mündlich über den Verlauf der Geschichte oder schreiben einen kurzen Paralleltext. Dann leitet L zum Text über: *Let's listen to the story and see if your ideas were right!* L präsentiert Abschnitt A von der CD. In leistungsschwächeren Lerngruppen muss Abschnitt A vermutlich zweimal vorgespielt werden. L setzt Frageimpulse: *What's the situation at the beginning of the story? (very bad weather; Frank comes home with car, quickly runs into the house, finds shoes and bags in the entrance; house is quiet) Why is the house so quiet? (everyone is upstairs; maybe the children are afraid of thunder and lightning and hide somewhere)*

Im Anschluss wird die Geschichte bis Z. 110 bei geöffnetem SB präsentiert, die S lesen dabei mit. Einige der neuen Wörter sind selbsterklärend (z. B. *disaster, headphones etc.*), andere sollten erläutert werden (z. B. *to show off, to fight, fought, fought*). Die S spekulieren über einen möglichen Ausgang der Geschichte. Zur Vorentlastung schreiben sie dazu Stichpunkte in ihr Heft. Im Plenum werden die Vorschläge der S vorgetragen und diskutiert. Anschließend wird der Rest der Geschichte vorgespielt und das Ende geklärt. In leistungsschwächeren Lerngruppen sollte eine zweite Präsentation der Geschichte eingeplant werden.

S. 104
READING

1 Understanding the story → WB 71/24–25; S16; Diff pool △ 127/13

Wortschatz *to feel left out*

Methodisches Vorgehen

a) Die S diskutieren in PA über den Titel der Geschichte und überlegen sich Alternativvorschläge. Diese werden schriftlich im Heft festgehalten. Besonders kreative Vorschläge können (z. B. durch einen Sticker) prämiert und gewürdigt werden.

b) Hier steht ein Detailverständnis des Textes im Mittelpunkt. Die S bearbeiten die Aufgabe in PA und machen sich Notizen zu den Gefühlslagen von Frank und Jay. Die Ergebnissicherung kann mit Hilfe einer Folie oder einer Dokumentenkamera erfolgen.

c) In den sich anschließenden *role plays* geht es darum, sich in die verschiedenen Charaktere hineinzufühlen. Als Hilfestellung bei der Vorbereitung der *role plays* können die Hinweise im *Skills*-Anhang dienen (S. 135, S16). Für diese Phase sollte genügend Zeit eingeräumt werden. Abschließend sollten zu jeder der beiden vorgegebenen Situationen mindestens zwei *role plays* im Plenum vorgespielt werden.

Differenzierung

△ **Diff pool p. 127/13 Writing a dialogue** → Help with Story, p. 104/1c)

Methodisches Vorgehen: Der *Diff pool* bietet eine angemessene sprachliche Vorentlastung, um leistungsschwächeren S die Erarbeitung der *role plays* zu erleichtern. Dieses Material sollte im Plenum thematisiert und durchgenommen werden.

Vertiefung **KV 14: It's a disaster!** bietet Aufgaben zur vertiefenden Behandlung der Geschichte. Aufgabe a) kann als Zwischenschritt zur Vorbereitung von Teilaufgabe c) im SB eingesetzt werden.

Tipps für junge Lehrer/innen Wenn es in der Schule die Möglichkeit gibt, kann es für die S sehr motivierend sein, die *role plays* auf einer Bühne aufzuführen. Auf diese Weise wird der Aufgabe der entsprechende Nachdruck verliehen.

Lösung

a) Individuelle S-Lösungen.

b) ***Frank:*** *"Hi girls!" he said, but they didn't notice him because they were watching a loud music video on Olivia's laptop (lines 18–20); "How are you, Jay?" he asked, but Jay was busy with text messages and music on his tablet PC (lines 23–25); … they didn't notice Frank (lines 29–30); "Well, they all look very happy to see me, I must say!" (lines 30–31)*
Jay: *He was starting to worry now, but he didn't want to tell the girls. (lines 78–79); But nobody noticed that Jay wasn't speaking. (lines 93–94); Jay walked slowly into the living room. (lines 118–119); His face was white. He felt sick. (line 122); Now Jay felt really sick. "It's a disaster!" (line 127)*

c) Individuelle S-Lösungen.

S. 104
WRITING

2 Writing about pros and cons → S8; S13

Wortschatz *to link*

Methodisches Vorgehen

a) Die S übertragen die Tabelle aus dem SB in ihr Heft und ergänzen in EA die Beispiele aus dem Text sowie eigene Ideen (ca. 15 Minuten). Anschließend erfolgt die Ergebnissicherung im Plenum.

b) Die Aufgabe sollte, wenn möglich, im Rahmen einer HA bearbeitet werden. Die Schreibprodukte können in der Folgestunde zunächst in einer *peer-correction*-Phase und dann durch das Vorlesen einiger Beispiele ausgewertet werden.

Vertiefung Als Vorbereitung auf die Schreibaufgabe in b) kann der Cartoon *Unsocial Networking* gemeinsam besprochen werden.

Differenzierung △ Für leistungsschwächere S können Hilfekärtchen mit Vor- und Nachteilen verschiedener Medien und Technologien ausgelegt werden, die sie sich bei Bedarf nehmen können.

Lösung a)

New world	*Old world*
watch a video	*use candles*
send text messages	*write notes or letters*
post messages	*write invitation cards, invite people face-to-face*
use the internet	*use a normal phone*
use apps	*read brochures or books etc.*
…	…

b) Lösungsvorschlag:
Most of us use modern technology every day and it's hard for us to imagine a world without mobile phones and the internet. In our new world, we can easily get all kinds of information. Many people have got a smartphone or a tablet PC and can go online everywhere. Our parents weren't able to do that when they were young. They had to go to a library and look for the information in books. It's also great that we can keep in touch with our friends by internet, post messages and share videos so quickly. Before modern technology, people were only able to send letters which took some time to arrive and sometimes even got lost. But sharing information on the internet can also be dangerous. We should be careful because everybody can find our information, photos and videos online. I also think that meeting friends face-to-face is better than just chatting online because you can have some real fun together. But I don't like it when you're together with your friends and everybody is just looking at their smartphones. In the old days, this didn't happen. So I don't think everything is better now, but modern technology is a great help to communicate and get information quickly.

Check-out Self-evaluation

S. 105
VOCABULARY

1 How do people use media?

Methodisches Vorgehen Nachdem das Beispiel gemeinsam besprochen wurde, ordnen die S die Satzhälften einander zu und bilden dann komplette Sätze. Die Lernerautonomie wird über den eigenständigen Abgleich mit den Lösungen auf S. 242 gestärkt. Abschließend sollte eine kurze Ergebnissicherung im Plenum erfolgen.

Lösung Vgl. SB S. 242.

S. 105
SPEAKING

2 What can you say to give these people advice?

Methodisches Vorgehen Die S suchen sich einen Platz im Raum und führen dialogisch die Aufgabe gemeinsam durch. L bietet dazu seine Hilfestellung an und hört punktuell aufmerksam zu. Dies ist eine gute Möglichkeit, einen Überblick über den Lernstand der Klasse zu erhalten. Zum Abschluss können mehrere Dialoge im Plenum vorgetragen werden. Die übrigen S geben Feedback.

Lösung Vgl. SB S. 242.

S. 105
LANGUAGE

3 Fill in the right forms: *can, be able to, be allowed to, must, have to*

Methodisches Vorgehen Die S bearbeiten die Aufgabe in EA gemäß ihres eigenen Lerntempos. Nach dem selbstständigen Abgleich der Ergebnisse sollte eine kurze Ergebnissicherung im Plenum erfolgen. L lässt ggf. das eine oder andere Beispiel auf Deutsch erklären.

Tipps für junge Lehrer/innen Ziel einer *Check-out*-Seite sollte es sein, dass die S eine realistische Einschätzung ihrer erworbenen sprachlichen Teilkompetenzen und -fertigkeiten erhalten, um Rückschlüsse auf den eigenen Lernprozess ziehen zu können. Ziel eines Austauschs der S untereinander ist es, ein gutes Lernklima und eine Kultur des Voneinanderlernens entstehen zu lassen. Daher ist *peer correction* in besonderem Maße zu unterstützen.

Lösung Vgl. SB S. 242.

Ten-tonne truck

SB 106–107 → S 2/25–29 ◎ L 3/27–31 ◎

Lernziel/Kompetenz:
einen narrativen Text selbstständig lesen

Materialien:
- Schüler-Audio-CD 2, Track 25–29
- Lehrer-Audio-CD 3, Track 27–31
- WB 73/1–4
- Folie 31
- KV 1: Ten-tonne truck
- KV 2: 31 steps to create suspense

Zeitlicher Aufwand:
90 Min.

Der vorliegende Lesetext ist ein Auszug aus David Walliams' Buch *Ratburger*. Angaben zum Inhalt der Geschichte entnehmen Sie bitte der nachfolgenden Seite.

⟨ Story ⟩ 5

Ten-tonne truck

Zoe finds a rat in her room. She wants to train it like she trained her pet hamster (who could break-dance), but she knows she isn't allowed to keep any pets. Raj, a shopkeeper who is the 'agony aunt' of the town, tells her to set Armitage the rat free in the park.

106 one hundred and six

one hundred and seven 107

S. 106–107
READING
Text
→ S 2/25–29 ⓞ
L 3/27–31 ⓞ

Ten-tonne truck → WB 73/1–4

Background information

David Walliams was born on August 20th, 1971. He is the biggest UK children's author to debut this century. His books have been translated into 40 languages and have sold over four million copies in the UK alone. They've also been successfully adapted for TV. Walliams has often been compared to Roald Dahl. He is also known for his work as a talent judge in the TV show Britain's Got Talent. *In 2006, Walliams swam the English Channel for Sport Relief, raising over 1 million pounds in donations. In 2010, together with a group of celebrities, he cycled in an end-to-end journey through the UK, again raising over one million pounds. In 2011, he swam the length of the River Thames (140 miles) and raised more than two million pounds for Sport Relief.*

Summary of the story

The excerpt is taken from the book Ratburger. *The mother of the protagonist, Zoe, died when she was a baby and now she's living with her dad and her stepmother, Sheila. Zoe is unhappy because of her stepmother, the school bully Tina Trotts and the death of her pet hamster. One day she finds a rat in her bedroom and adopts him, calling him Armitage. She takes him to school and lets him walk over her hand in class. As a result, she is expelled by her teacher.*
In the excerpt, Zoe seeks advice from the shopkeeper, Raj, who is the 'agony aunt' of the town. He says that she should set Armitage free. Although Zoe is very sad about it, she understands and goes to the park to do so.

Einstieg

Mögliche *pre-reading activities*:
- Die S können zunächst Argumente für oder gegen Haustiere sammeln. Anhand der Argumente sollen sie dann einen möglichen Gesprächsverlauf überlegen: Wie könnte eine Diskussion mit den Eltern aussehen, wenn ein Kind ein Haustier haben möchte? L: *Convince your parents that you should have a pet. Make sure you've thought about a counter-argument before you talk to them. Practise your answers in your group. Then act out a dialogue that you might have with your parents.*
- Die Klasse kann sich auch Gedanken darüber machen, wer für sie bei Problemen ein geeigneter Ansprechpartner wäre. L: *Who do you talk to if there's a problem? What about an agony aunt – what does he or she need to be like? What qualities are important?*
- Ein bildgestützter Einstieg ist mit Hilfe von **Folie 31** möglich. L legt die Folie mit den Illustrationen der Doppelseite auf. Anhand der Bilder lassen sich die folgenden unbekannten Vokabeln semantisieren: *shopkeeper, to set sb/sth free, customer, to carry, to cross, to run sth over, to speed.* Nach der Semantisierung der Vokabeln beschreiben die S die Bilder kurz im Plenum. Danach sollen die S über die Handlung der Geschichte spekulieren. Je nachdem, ob in der Stunde die Mündlichkeit oder die Schriftlichkeit stärker gefördert werden soll, kann dies im Plenum geschehen oder die S schreiben einen Paralleltext in ihr Heft.

Methodisches Vorgehen

L präsentiert den Textauszug von CD bis *"It was breaking Zoe's heart …"* (Z. 56–57). Die S erhalten dabei folgenden Hörauftrag: *You're going to listen to the first part of the extract. Find the main conflict. Boys: Listen to the advice Raj gives and prepare to sum it up in your own words. Girls: Find out how Zoe feels and how her feelings change throughout the first page.*
Nach der Besprechung und Sicherung des Textverständnisses im Plenum spekulieren die S, wie die Geschichte weitergeht. L verweist erneut auf **Folie 31**, Bild 2: *This picture is like a scene from a film. What do you think the scene looks like 20 seconds later?*
Sprachlich bildet die Geschichte einen guten Anknüpfungspunkt an das Thema *Asking and giving advice.* (Unit 5, *Station 1).* Die S sollten noch einmal auf die *Useful phrases* auf S. 93 im SB verwiesen werden. Dadurch schließt sich auch der Kreis zur *Unit task.*

Mögliche *while-reading activities*:

KV 1: Ten-tonne truck, Aufgabe a)
KV 2: 31 steps to create suspense

Mögliche *post-reading activities*:

L: *Imagine Zoe talks to Raj again. You're Zoe: what do you tell him about your visit with Armitage to the park? Start like this: "Oh Raj, I tried to do what you told me, but you know what happened? …*
KV 1: Ten-tonne truck, Aufgabe b)

Extra: Robin Hood and his merry men

Hintergrundinformationen

Robin Hood *is the legendary outlaw hero of a series of English ballads, some of which date from at least as early as the 14th century. Robin Hood was a rebel and the tales about him show him and his companions robbing and killing representatives of authority and giving the gains to the poor. His most frequent enemy was the* ***Sheriff of Nottingham****, a local agent of the government though early ballads make it clear that the action took place in south Yorkshire, not in Nottinghamshire. Other enemies included wealthy landowners. Robin treated women, the poor, and people of humble status with courtesy. A good deal of the impetus for his revolt against authority stemmed from popular resentment of the laws of the forest that restricted hunting rights.*
Several attempts have been made to prove that there was a historical Robin Hood, though references to the legend by medieval writers make it clear that the ballads themselves were the only evidence for his existence. A popular modern belief that he lived at the time of Richard I probably stems from a 'pedigree' fabricated by an 18th-century antiquary, William Stukeley. During the 16th century and later, the essential character of the legend was distorted by a suggestion that Robin was a fallen nobleman, and playwrights increased the romantic appeal of the stories but deprived them of their social bite. Post-medieval ballads gave Robin a companion, **Maid Marian***, but lost the original social impulse that had brought them into existence.*

Materialien KV 1 a–d

Wortschatz siehe Annotationen

Methodisches Vorgehen

Einführung:
Es bietet sich an, das Stück zunächst mit der ganzen Klasse zu lesen und dabei den Wortschatz zu sichern, der mit Hilfe der Annotationen und aus dem Kontext zu erschließen ist. Um den S die Bedeutung des Protagonisten etwas näher zu bringen, empfehlen sich kurze Erläuterungen zur Person des Robin Hood und des Sheriff of Nottingham. Es ist allerdings zu erwarten, dass den S diese Namen aus zahlreichen Filmen bekannt sein dürften.
Anschließend sollten sich die S etwas intensiver mit den Charakteren des Stückes beschäftigen. Grundlage dafür bildet die Liste der *characters*, die Angaben zu *place and time* und die Informationen des *narrator*.

Robin Hood and his merry men **als Theaterstück**
Vorbereitung:
Das Einstudieren eines Theaterstücks ist sehr zeitaufwändig und verlangt ein hohes Maß an Organisation und Planung. Da die S aber in alle Schritte bis zur Durchführung mit einbezogen werden können, fördert diese Vorgehensweise das Miteinander und stabilisiert das Gruppenbewusstsein der Klasse. Aufgrund des Zeitaufwands kann dieses Projekt idealerweise während einer Projektwoche umgesetzt werden, so dass es auch möglich ist, mehrere Aufsichten einzusetzen und verschiedene Räume zu nutzen.
L und die S sollten gemeinsam festlegen, welche S die Rollen besetzen sollen. Die Auswahl sollte sich an der Qualität der Sprache orientieren, aber auch die Darstellungsfähigkeit der einzelnen S berücksichtigen. Im Vorfeld empfiehlt sich deshalb das wiederholte Vorlesen einer Szene mit unterschiedlicher Besetzung. Da ein Theaterstück nicht nur sprachliche, sondern vor allem auch schauspielerische Anforderungen stellt, sollten wirklich nur die S, die sich freiwillig dazu bereit erklären, eingesetzt werden. Die S, deren sprachliche und schauspielerische Leitungen nicht so überzeugen, können als *Robin's men* oder *Sheriff's men* eingesetzt werden. Die für die Hauptrollen ausgewählten S müssen ihre Rollen auswendig lernen. Die S, die keine Rolle übernehmen möchten, werden für begleitende Tätigkeiten eingesetzt, z. B. bei der Beschaffung von Kostümen (Theater-AG, Jugendzentren), bei der Gestaltung des Bühnenbilds, dem Entwerfen von Programmen und Ankündigungspostern etc. Sprachlich gute S können außerdem als Souffleure (L führt das Wort *prompter* ein) eingesetzt werden. Eine Zusammenarbeit mit dem Fach Kunst ist wünschenswert.

Gestaltung:
Die Gestaltung der Kulissen sollte in Zusammenarbeit mit dem Fach Kunst oder Mitgliedern der Theater-AG erfolgen. Das Fach Musik kann ebenfalls Hilfestellung bei der Auswahl von Musik- und Geräuschpassagen leisten. Um einen zu großen Aufwand bezüglich der Kostüme zu vermeiden, ist es auch denkbar, die Namen der Charaktere auf Pappkarton (DIN A4) zu schreiben und diesen den S als eine Art Namensschild umzuhängen. Dabei kann die Farbe des Schildes etwas über die Beziehungen der Charaktere zueinander oder für das Stück aussagen (z. B. *Robin Hood and his men* – grüne Schilder, *Sheriff of Nottingham and his men* – graue Schilder, *Woodcutter, his wife and son* – rote Schilder etc.).

Robin Hood and his merry men* als *radio play
Vorbereitung:
10 S übernehmen die Einzelrollen, aber viele S können die Rolle von *Robin's men* übernehmen und auch den Robin-Hood-Reim gemeinsam sprechen. Die Auswahl der S sollte nach sprachlichen Kriterien erfolgen. Die Klassengröße entscheidet, ob zwei Hörspielversionen erarbeitet werden. Bedingung ist auch, dass ein zweiter oder dritter Raum und weitere Aufsichten zur Verfügung stehen. Bei normal großen Klassen können alle S in die Produktion eines *radio play* integriert werden.
Wesentlich ist zu Beginn, dass die Aufgaben sinnvoll verteilt werden und sich die S bewusst sind, dass jede Mitarbeit dazu beiträgt, das Projekt zu realisieren.
Damit weitgehend selbstständig gearbeitet werden kann, sollte vor Arbeitsbeginn eine Art Checkliste mit den einzelnen Arbeitsschritten konzipiert werden. Diese kann in der Klasse zusammengestellt werden, kann aber bei Zeitnot auch von L präsentiert werden.

Step 1:	*Who can read the different roles?*	*Character / Name of student:*
Step 2:	*Who can work as a prompter?*	*Name:*
Step 3:	*What noises do we need? Make a list.*	*Names:*
Step 4:	*Who can make the noises – and how? Make a list.*	*Names:*
Step 5:	*Where do we need music in the play? What music is good for the play? Make a list.*	*Names:*
Step 6:	*Who can bring the music, CD players, cassette recorders with microphones and headphones?*	*Names:*
Step 7:	*Who can write a plan for the radio play?*	*Names:*

Geräuscheffekte:
Scene 1 (Robin Hood in his camp): Stimmengewirr, Hornsignal, sich nähernde Schritte der Männer, Gemurmel
Scene 2 (Sheriff and his men): Schritte, ggf. Hufgeklapper der Pferde, Klopfen an Tür, Klimpern von Münzen, Gelächter, schnelles Laufen (des Jungen)
Scene 3 (Robin's camp): Laufgeräusche des Jungen, Stimmen der Männer (drücken Missfallen aus)
Scene 4 (In the forest): Pferdegetrappel, Gemurmel der Männer, ggf. „Waldgeräusche" (knackende Äste, Käuzchen), Schritte der Männer und des Jungen
Scene 5: Gehgeräusche, knackende Äste, schnelle Schritte des Jungen beim Weggehen, Bewegung der Männer beim Hinlegen, schleichende Schritte von *Robin's men*, Flüstergeräusche (Zischen), leises Klimpern von Münzen, Schnarchgeräusche der Schlafenden, Schneidegeräusche (Durchschneiden der Fesseln des *woodcutter* und seiner Frau), erneute Schleichgeräusche
Scene 6 (Robin's camp): freudiges Stimmengewirr, Party-Geräusche (Becher, Teller, Besteck), Klimpern von Münzen

Erweiterung

Das Stück kann auch als reiner Lesetext eingesetzt werden. nach mehrmaligem Lesen (anfangs still, dann mit verteilten Rollen) kann eine Inhaltssicherung nach den einzelnen Szenen erfolgen. Um die Textarbeit etwas zu variieren, können einzelne Zitate aus dem Stück an die Tafel geschrieben werden. Die S suchen diese Zitate aus dem Text heraus, nennen die Szene und den Charakter und erläutern den Zusammenhang, in dem die einzelnen Zitate gebracht wurden. Die Zitate können von L vorgegeben werden, können aber auch die Grundlage für eine HA sein, so dass sich die S im Klassenverband gegenseitig abfragen können (Klassenhälften „spielen" gegeneinander).
Da die S in dieser Altersstufe noch gerne malen, kann die ganze Geschichte auch in Szenen unterteilt werden (mehr als sechs) und als Comic/Wandzeitung ausgestaltet werden. Bei den Comics können Sprechblasen verwendet werden. Bei der Wandzeitung empfiehlt sich das Üben von zusammenfassendem Erzählen der Geschichte durch einzelne S. In diesem Fall sollte das inhaltliche Zusammenfassen der einzelnen Szenen arbeitsteilig oder gemeinsam vorbereitet werden.
Um die Schreibfertigkeit zu schulen, kann die Geschichte auch als Brief/Nacherzählung (z. B. aus der Sicht eines der Charaktere) aufgeschrieben und dann als Pergament gestaltet werden. Hierbei empfiehlt es sich, verschiedene Anfänge – je nach Perspektive – vorzugeben und die Briefe der S zu korrigieren, bevor sie auf Pergament übertragen werden (Herstellen von Pergament: Etwas festeres weißes Papier zerknüllen, kurz in kalten, schwarzen Tee tauchen, auseinanderfalten und trocknen lassen. Anschließend können die Ränder vorsichtig (!) angebrannt werden.) Ggf. sollte diese Aktion vom Kunstlehrer unterstützt werden.

Tipps für junge Lehrer/innen

In leistungsschwächeren Klassen empfiehlt sich die Umsetzung des Stücks als *radio play*. Dabei ist es denkbar, zwei unabhängige Versionen zu erstellen, um möglichst vielen S die Möglichkeit zur aktiven Mitwirkung zu geben. Sollte es Zeitprobleme geben, ist es sinnvoll, die Sprechtexte der Charaktere zu kürzen und einen weiteren *narrator* mit Zusammenfassungen einzuführen. Die Kürzungen können von L, aber auch von den S vorgenommen werden.

KV 1 How are you feeling today?

a) *Draw a face that shows how you're feeling today.*

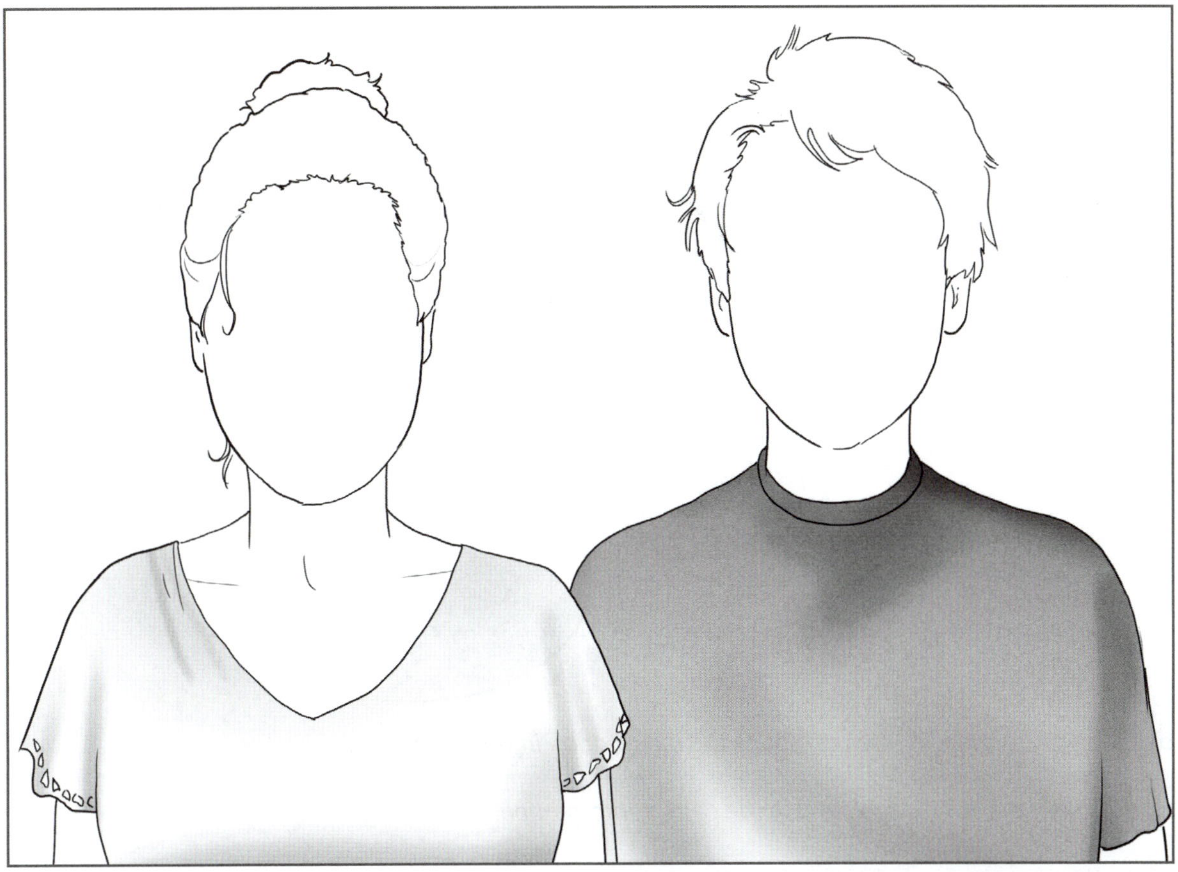

b) *Work in groups of 4. Show your drawing to the group. The others must guess how you're feeling today.*

c) *In your group, cut out the cards and turn them around. Each of you takes one card. Act out the feeling. Can the others guess your word?*

Useful phrases

Are you feeling …?
I think you're feeling …
That's right / wrong.

happy	**sad**	**shy**
excited	**embarrassed**	**proud**
nervous	**bored**	**angry**

Green Line 2 G9
Lehrerband
ISBN 978-3-12-854223-2

KV 2 I love Red Nose Day

a) *What's Red Nose Day? Say what you know about it or what you think it is.*

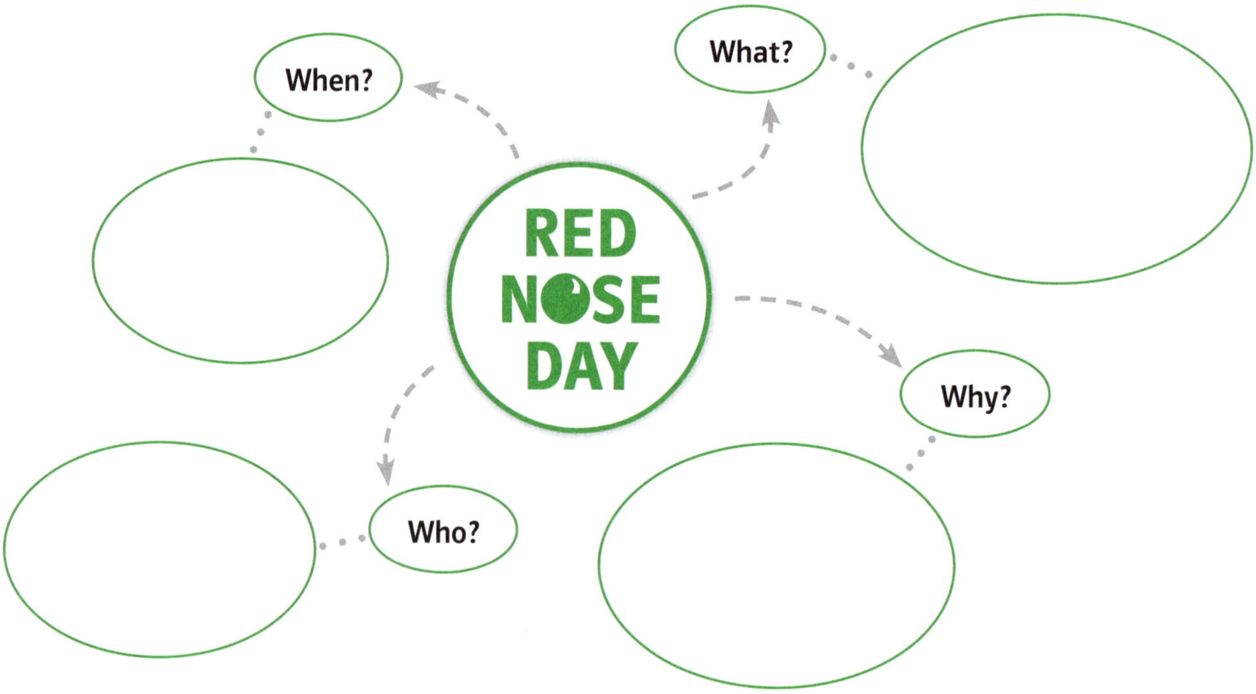

b) ◎ *Listen to the text. Then complete the information in your mind map.*

c) ◎ *Listen to the text again. Fill in the correct information.*

1. Who started Comic Relief? – It was ____________________.
2. When was the first Red Nose Day? – The first Red Nose Day was in ________.
3. What did people do on the first Red Nose Day? – They wore ____________________, did ____________________ and watched ____.
4. How did Olivia feel when she saw the poster on the school noticeboard? – She felt ____________________.
5. What did Olivia and her friends do to raise money? – They made and sold ____________________. After school they went into ____________________ and did their own ______________________________.
6. Who was a real star in the Greenwich comedy show? – ____________________ was a real star in the comedy show.

d) ⚇ *Compare your answers with your partner's.*

Lösung: c) 1. Lenny Henry; 2. 1988; 3. red noses, fun activities (to raise money), a big comedy show on TV; 4. really excited; 5. cakes with funny faces, Greenwich, comedy show (in the street); 6. (Luke's dog) Sherlock

Green Line 2 G9
Lehrerband
ISBN 978-3-12-854223-2

KV 3 Peer evaluation: A report about a special activity

a) *Give your exercise book to your partner and take his / her exercise book. Then read your partner's report. Give him / her feedback with the help of the checklist. If you can, add tips for his / her next report.*

You …	☺	😐	☹
… wrote 6 – 8 sentences.	☐	☐	☐
… said when you did the special activity.	☐	☐	☐
… said who did the special activity.	☐	☐	☐
… said what the special activity was.	☐	☐	☐
… said how you felt during the special activity.	☐	☐	☐
… used the simple past.	☐	☐	☐
… used the correct regular and irregular simple past forms.	☐	☐	☐
… made your text interesting so it was fun reading it.	☐	☐	☐

My tips for you: ______________________________

b) *Give the checklist to your partner and look at yours.*

KV 3 Peer evaluation: A report about a special activity

a) *Give your exercise book to your partner and take his / her exercise book. Then read your partner's report. Give him / her feedback with the help of the checklist. If you can, add tips for his / her next report.*

You …	☺	😐	☹
… wrote 6 – 8 sentences.	☐	☐	☐
… said when you did the special activity.	☐	☐	☐
… said who did the special activity.	☐	☐	☐
… said what the special activity was.	☐	☐	☐
… said how you felt during the special activity.	☐	☐	☐
… used the simple past.	☐	☐	☐
… used the correct regular and irregular simple past forms.	☐	☐	☐
… made your text interesting so it was fun reading it.	☐	☐	☐

My tips for you: ______________________________

b) *Give the checklist to your partner and look at yours.*

Green Line 2 G9
Lehrerband
ISBN 978-3-12-854223-2

KV 4 Mediation skills

a) *Read S17 on p. 136. Write down your ideas and questions.*

____

____

____

____

b) *Read the first paragraph. Say what mediation is and what it isn't in German.*

Was Mediation ist: ____

____

Was Mediation nicht ist: ____

____

c) *Read the information in the box. Fill in the grid with the most important points.*

Adressat	Zweck	Filter

d) *Read the last paragraphs. Then explain what you must do in written[1] and in oral[2] mediation.*

Schriftliche Mediation	Mündliche Mediation

e) *Look at your ideas and questions in* **a)** *again. What do you want to ask your teacher?*

f) *Think of your holidays, family abroad[3] etc. Write down one example of a situation in which mediation was important for you / your friends / your family.*

1 **written** schriftlich | 2 **oral** mündlich | 3 **abroad** im Ausland

Green Line 2 G9
Lehrerband
ISBN 978-3-12-854223-2

KV 5 Find the rule: Differences between present and past

a) *Look at the example in the grid. Think of two more questions that your partner can only answer with a negative sentence. Write them down in the* ***simple present*** *and the* ***simple past****.*

Questions in the simple present:

(question word)	auxiliary verb '(to) do'	subject	verb	rest
Why	don't	you	call	me today?

Questions in the simple past:

(question word)	auxiliary verb '(to) do'	subject	verb	rest
Why	didn't	you	call	me yesterday?

b) *Give your worksheet to your partner and answer the questions on his/her worksheet with negative statements. Write full sentences.*

Simple present	Simple past

c) *Look at your questions and answers in the simple present and the simple past. What are the differences for questions and negative sentences? Write down the rule.*

Green Line 2 G9
Lehrerband
ISBN 978-3-12-854223-2

KV 6 Danny's trip

a) *Last week Danny went on a trip to Bristol to stay with his aunt and uncle, Sarah and Mike. Before Danny went, he made a list of things to remember on his trip.*

pack food for the coach trip ✔
call Mum and Dad on Saturday ✔
send Jack a text every day
go swimming with Mike
buy a present for Grandma ✔
say thank you to Sarah and Mike ✔

What did Danny do? What didn't he do?

1. ______________________
2. ______________________
3. ______________________
4. ______________________
5. ______________________
6. ______________________

b) *When Danny came home again, his sister Lucy asked him questions about the things on his list. Write down what they say. The phrases in the box can help you with Danny's answers.*

apples, banana sandwiches and sweets | at the coach station | in a charity shop | in the afternoon | no – but texts on Saturday and Monday | because forgot swimming things

1. Lucy: *What / Which food did you pack for the coach trip?*
   Danny: ______________________
2. Lucy: ______________________
   Danny: ______________________
3. Lucy: ______________________
   Danny: ______________________
4. Lucy: ______________________
   Danny: ______________________
5. Lucy: ______________________
   Danny: ______________________
6. Lucy: ______________________
   Danny: ______________________

Lösung: a) 1. He packed food for the coach trip. 2. He called his mum and dad on Saturday. 3. He didn't send Jack a text every day. 4. He didn't go swimming with Mike. 5. He bought a present for his grandma. 6. He said thank you to Sarah and Mike. **b)** 1. What / Which food did you pack for the coach trip? – I packed apples, banana sandwiches and sweets. 2. When did you call Mum and Dad on Saturday? – I called them in the afternoon. 3. Did you send Jack a text every day? – No, I didn't. But I sent him texts on Saturday and Monday. 4. Why didn't you go swimming with Mike? – I didn't go swimming with him because I forgot my swimming things. 5. Where did you buy a present for Grandma? – I bought a present for her in a charity shop. 6. When did you say thank you to Sarah and Mike? – I said thank you to them at the coach station.

Green Line 2 G9
Lehrerband
ISBN 978-3-12-854223-2

KV 7 Make fun questions and answers

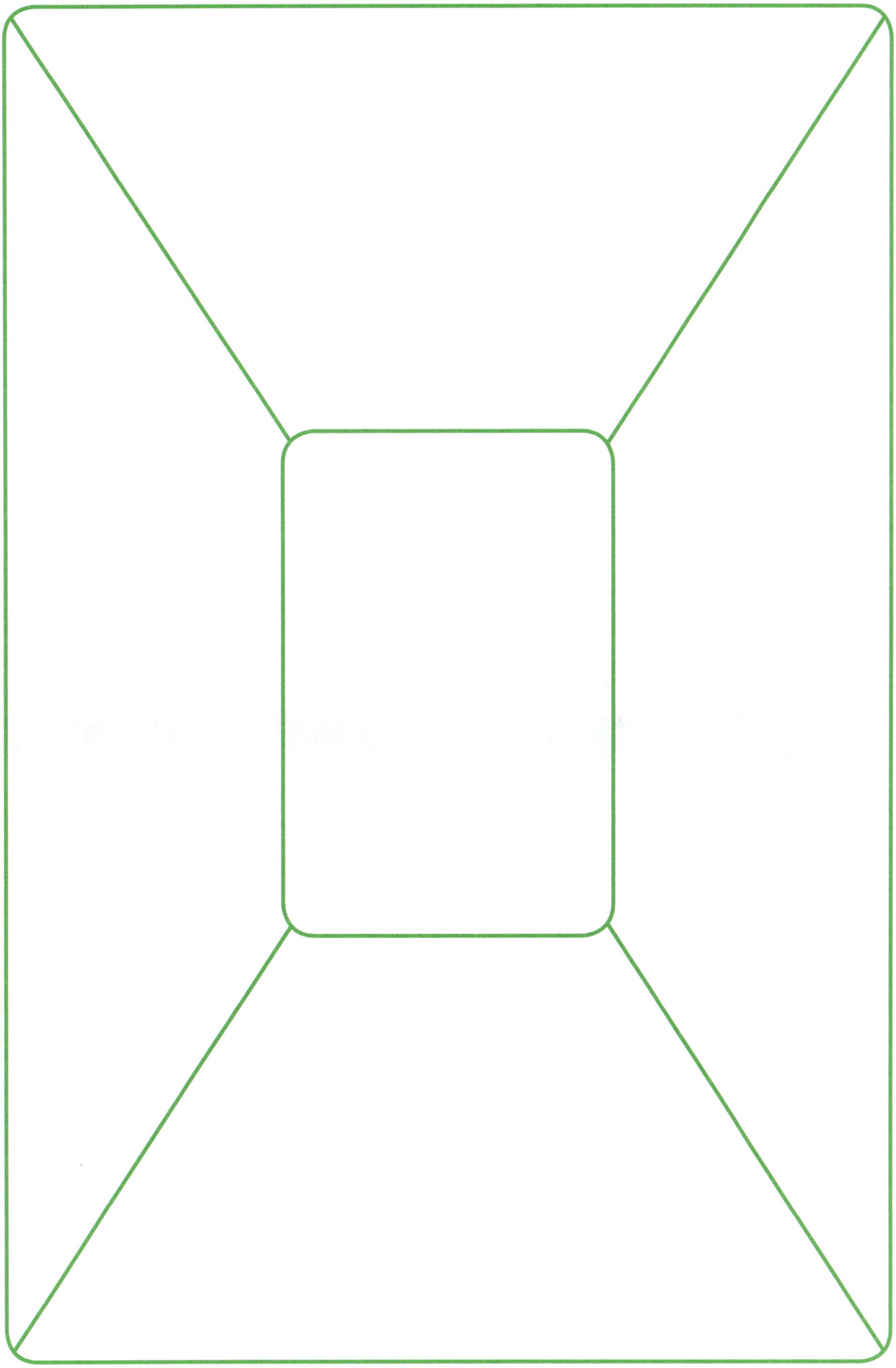

Green Line 2 G9
Lehrerband
ISBN 978-3-12-854223-2

KV 8 Listening: Luke's dream

a) ◎ *Listen to Luke's dream. Tick (✔) the correct answers.*

1. Where did Luke's dream start?
   - ☐ a) on the coach
   - ☐ b) at home
   - ☐ c) outside with Sherlock
2. Where did Luke see the coach?
   - ☐ a) outside school
   - ☐ b) next to a police car
   - ☐ c) at the end of the street
3. What did Luke say about the trip in the police car?
   - ☐ a) It was funny.
   - ☐ b) It was dangerous.
   - ☐ c) It was exciting.
4. What did Luke do after the trip in the police car?
   - ☐ a) He bought a ticket.
   - ☐ b) He called somebody on his phone.
   - ☐ c) He got on a train.
5. How did Luke find out about the horse?
   - ☐ a) He can't remember.
   - ☐ b) The horse told him.
   - ☐ c) He met somebody from Mudchute Farm.
6. What did Luke do when he was alone again?
   - ☐ a) He looked for the coach.
   - ☐ b) He bought new football shoes.
   - ☐ c) He went home.

b) *Listen again. Take notes in the grid.*

	Place or situation	Luke's feelings	Problems
1.	*at home*	–––	
2.	*coach*		
3.			
4.		–––	
5.			
6.		–––	

c) *It's 7:15 – but Luke is in bed. What's the end of Luke's dream? Draw a picture in your exercise book.*

Lösung: a) 1b); 2c); 3c); 4c); 5b); 6a) **b)** 1. at home – (no information) – Sherlock pulled things out 2. coach – excited; horrified – went without him 3. police car – great; exciting – too busy to help 4. train – (no information) – to Greenwich; wrong way 5. horse – nice – not fast enough; dog-tired 6. alone – (no information) – didn't find out end; time to get up **c)** Individuelle S-Lösungen.

Green Line 2 G9
Lehrerband
ISBN 978-3-12-854223-2

KV 9 What's the word?

a) *Complete the puzzle with the right words.*

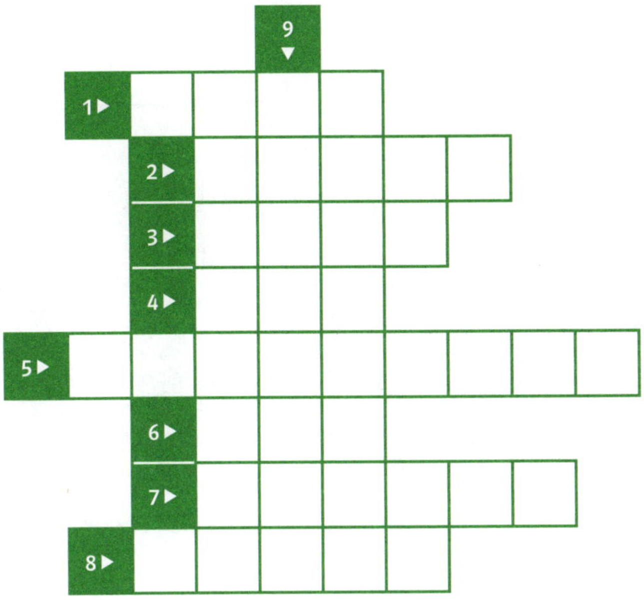

1 It's between your eyes.
2 a bus for a trip
3 a tip
4 a person
5 the day before today
6 to say something that isn't true
7 They can arrest people.
8 four weeks
9 the answer to a problem

b) *Complete the text with the words from the box.*

embarrassing | also | guy | collection | like | driver | ended | enjoyed | ago | noticeboard | trip | coach

Alice was excited when she looked at the school ______________________ **(1)**. "Look Jenny," she said. "There's a ______________________ **(2)** to the City Museum next Saturday. We can go to the museum and ______________________ **(3)** to the flea market." "Good idea," Jenny said. "I went to that museum two years ______________________ **(4)**. It was great. How do we get there?" she asked. "By ______________________ **(5)**." On Saturday they got to the City Museum at 11 o'clock. They ______________________ **(6)** their visit. Alice loved the big ______________________ **(7)** of old costumes. They ______________________ **(8)** up at the flea market, but they didn't buy anything. At 4 o'clock it was time to go back. But which coach was their coach? They didn't remember what it looked ______________________ **(9)**. It was so ______________________ **(10)**! "Hey, look at that ______________________ **(11)** over there!" Jenny said. "We know him!" "Yes, of course," Alice said. "He's our ______________________ **(12)**! He can show us the way."

Lösung: a) 1. nose; 2. coach; 3. clue; 4. guy; 5. yesterday; 6. lie; 7. police; 8. month **b)** 1. noticeboard; 2. trip; 3. also; 4. ago; 5. coach; 6. enjoyed; 7. collection; 8. ended; 9. like; 10. embarrassing; 11. guy; 12. driver

Green Line 2 G9
Lehrerband
ISBN 978-3-12-854223-2

KV 10a ▲ St Dwynwen's Day

a) *Look at the photos of Wales. Compare the places to your home town. Use* ***comparative*** *or* ***superlative forms*** *of the following adjectives:*

beautiful | big | small | quiet | interesting

as … as
more … than
…-er than
the most …
the …-st

b) *Read the text about the Welsh patron saint[1] Dwynwen. You can use a dictionary for help. Look at the five parts of Dwynwen's story. Choose a heading for each part.*

Every year on 25 January people in Wales celebrate St Dwynwen's Day, the Welsh patron saint of lovers.

(1) ____________________

The story of Dwynwen dates back[2] to the 5th century[3], when Dwynwen fell in love with a Prince called Maelon Dafodrill. Her father, Brychan Brycheiniog, wanted her to marry another man.

(2) ____________________

Dwynwen was very sad that she couldn't marry her true love and asked God to make her forget Maelon. An angel visited Dwynwen and gave her a potion[4]. The potion made her forget Maelon and turned him into a block of ice.

(3) ____________________

Dwynwen then got three wishes. Firstly she wished for Maelon to be thawed[5], secondly that God would meet the hopes and dreams of true lovers and thirdly she wished never to marry.

(4) ____________________

Dwynwen devoted[6] the rest of her life to God's service[7]. She founded[8] a convent[9] on the island of Llanddwyn, in North West Wales. You can still see the remains[10] of the church on the island today.

(5) ____________________

On the island there is a well[11] where, according to legend, a sacred[12] fish swims. People say that the fish can predict[13] the happiness of relationships. Visitors still go to the well today. They hope that the water will boil[14], which means that love and good luck will follow[15] them.

Wales is a romantic country – people there also celebrate St Valentine's day on 14 February!

1 **patron saint** Schutzheilige/-r | 2 **to date back to** stammen aus | 3 **century** Jahrhundert | 4 **potion** Zaubertrank | 5 **to thaw** auftauen | 6 **devote one's life to sth** sein Leben etw. widmen | 7 **service** Dienst | 8 **to found** gründen | 9 **convent** Kloster | 10 **remains** *(pl)* Überreste | 11 **well** Brunnen | 12 **sacred** heilig | 13 **to predict** vorhersagen | 14 **will boil** kochen wird | 15 **will follow** folgen wird

Green Line 2 G9
Lehrerband
ISBN 978-3-12-854223-2

KV 10b ▲ St Dwynwen's Day

c) *Draw the people in the story. If you enjoy drawing, make a comic strip of the story.*

d) *Complete the sentences with adjectives and the verbs in the* ***simple past****.*

1. At first Dwynwen felt ____________ because she ____________ **(fall)** in love with a prince.
2. But her father was ____________ with Dwynwen because he ____________ **(want)** another prince for her.
3. So Dwynwen felt very ____________ and ____________ **(try)** to forget her love.
4. A nice angel ____________ **(help)** Dwynwen forget Maelon with a magic potion, but she was ____________, so she never wanted to marry.
5. She ____________ **(start)** a convent on a Welsh island. It's an ____________ place to visit because people say there is a magic fish in a well.

e) *Is your country a romantic country like Wales? Do you celebrate St Valentine's Day? Write an e-mail to a Welsh student and tell him about romantic traditions of your country.*

Start like this:

From:

To: **Address book**

Subject:

Dear Dafydd,
At school I learned that Wales is a romantic country. Today I'd like to tell you about my country.

____

____

____

____

____

____

Yours,

____

f) *Compare your worksheet with your partner's.*

Lösung: d) 1. happy, fell; 2. unhappy, wanted; 3. sad, tried; 4. helped, disappointed; 5. started, interesting

Green Line 2 G9
Lehrerband
ISBN 978-3-12-854223-2

KV 11 The most exciting holiday

a) *Look at these posters for three different holidays.*

London – Canada and back for only £999!

1 ☐

All you need for a holiday at home!

2 ☐

A challenge in Wales!

3 ☐

Read the sentences about the three holidays. Which is which? Write A, B or C under the correct poster.

B is quieter than C.
C is more expensive than A.
A is more dangerous than B.
B is not as popular as A.
B is the cheapest.
A and C are more interesting than B.

b) *Draw a poster for* ***your*** *favourite holiday. Compare it with the three holidays in* **a)**.
Write four sentences. You can use these adjectives:

My favourite holiday

boring | exciting | cool | useful | good | …

Lösung: a) 1C; 2B; 3A **b)** *Lösungsvorschlag:* My favourite holiday isn't as boring as holiday A because I can talk to my friends all the time. My holiday is more exciting than B because I can meet new people. It's more useful than all the other holidays because I can practise my favourite sport. My holiday is the best holiday because the weather is always good.

Green Line 2 G9
Lehrerband
ISBN 978-3-12-854223-2

KV 12 More words

a) *What can you see in each picture? Write down the correct words.*

A. ____________

B. ____________

C. ____________

D. ____________

E. ____________

F. ____________

b) *Make pairs of opposites with the adjectives in the box.*

interesting ✔ | loud | sad | easy | nervous | cheap | fast | small | boring ✔ | young | quiet | old | confident | slow | expensive | happy | big | good | hard | bad

1. *interesting – boring*
2. ____________
3. ____________
4. ____________
5. ____________
6. ____________
7. ____________
8. ____________
9. ____________
10. ____________

c) *One word in each sentence is wrong. Underline it and write down the correct word.*

1. Climbing is a popular outfit activity. ____________
2. Climbing is harder as walking. ____________
3. Harry is very contest because he's good at sport. ____________
4. We went on an excited trip to Wales. ____________
5. We took the easiest round to the outdoor centre. ____________
6. We visited a small sea in the mountains. ____________

Lösung: a) A. mountain; B. forest; C. lake; D. gorge; E lake; F. tree **b)** 2. loud – quiet; 3. sad – happy; 4. easy – hard; 5. nervous – confident; 6. cheap – expensive; 7. fast – slow; 8. small – big; 9. young – old; 10. good – bad **c)** 1. outdoor; 2. than; 3. confident; 4. exciting; 5. route; 6. lake

Green Line 2 G9
Lehrerband
ISBN 978-3-12-854223-2

KV 13 Peer evaluation: A role play

Mit Hilfe dieses Bogens bewertest du die Präsentationen der anderen Gruppen und deiner eigenen Gruppe. Schau dir die Präsentationen der verschiedenen Gruppen an und vergebe Punkte. Gib den Schauspielern eine Rückmeldung: Was hat gut geklappt? Was können sie noch verbessern?

Name: ______	Group 1	Group 2	Group 3	Group 4	My group
Die Gruppe …					
Inhalt / Content					
… hat sich ein gutes und realistisches Ende ausgedacht.	(/2)	(/2)	(/2)	(/2)	(/2)
… hat eine Szene gezeigt, die gut zu den Charakteren passt.	(/2)	(/2)	(/2)	(/2)	(/2)
Text & Sprache / Text & Language					
… hat die Dialoge passend zur Szene gestaltet.	(/2)	(/2)	(/2)	(/2)	(/2)
… hat die Szene auf Englisch vorgespielt, ohne ins Deutsche zu wechseln.	(/2)	(/2)	(/2)	(/2)	(/2)
… hat keine oder nur wenige unwichtige sprachliche Fehler gemacht.	(/2)	(/2)	(/2)	(/2)	(/2)
… konnte ihre Texte auswendig.	(/2)	(/2)	(/2)	(/2)	(/2)
Darbietung / Performance					
… hat laut und deutlich gesprochen, so dass man als Zuschauer alles verstehen konnte.	(/2)	(/2)	(/2)	(/2)	(/2)
… hat durch die Sprache und die Stimmlage gezeigt, welche Gefühle die Charaktere haben (z. B. ängstlich, aufgeregt, müde …).	(/2)	(/2)	(/2)	(/2)	(/2)
… hat gut geschauspielert (Körpersprache, Mimik, Gestik, …).	(/2)	(/2)	(/2)	(/2)	(/2)
Gesamtpunktzahl	/18	/18	/18	/18	/18

Am besten hat mir das Rollenspiel von ______________ gefallen, weil ______________

____

____

____

Punkteverteilung:

2 Punkte = Das ist dir super gelungen.
1 Punkt = Das ist OK, aber kann noch verbessert werden.
0 Punkte = Das hat noch nicht gut geklappt oder ist nicht vorhanden.

Green Line 2 G9
Lehrerband
ISBN 978-3-12-854223-2

KV 14 How to: Plan a travel report

a) *In one or two sentences, say what each of the five parts of the report (A – E) is about.*

Part A is about how the students get from Greenwich to Wales.

Part B is about ______________________________.

Part C is about ______________________________.

Part D is about ______________________________.

Part E is about ______________________________.

b) *Find two or three key phrases in each part that can make good headings for that part.*

Part A: Our class trip – A long way from Greenwich – Croeso i Gymru

Part B: ______________________________.

Part C: ______________________________.

Part D: ______________________________.

Part E: ______________________________.

c) *Make Dave's plan for his report. Use the grid to show the five parts and the main ideas in each part. Then compare your notes with those of a partner.*

Part	Main ideas
A	*class trip – from Greenwich to Wales – long way*
B	
C	
D	
E	

Green Line 2 G9
Lehrerband
ISBN 978-3-12-854223-2

KV 15a How to use an electronic dictionary: Simple past forms

a) *Look at the example of a PED[1] entry. How can you find out about the spelling of the simple past form?*

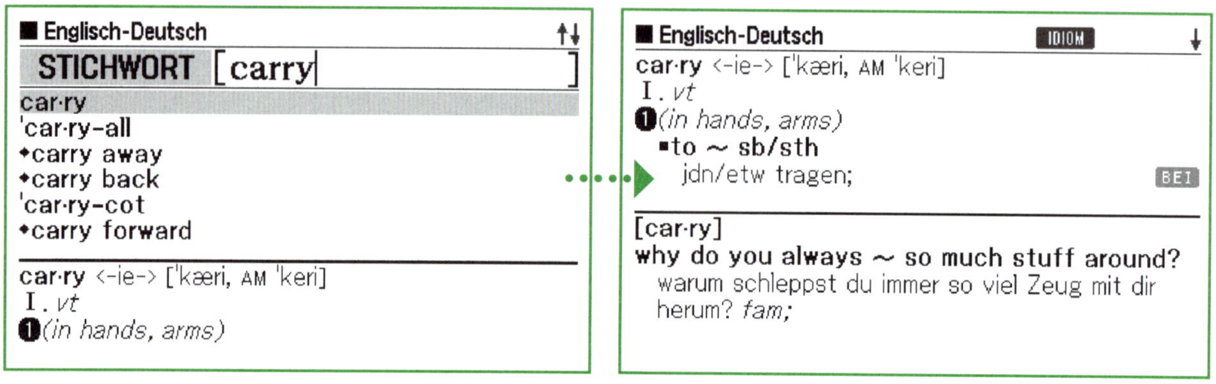

b) *Work with a partner. Look up the simple past forms of the verbs in the grid. Be careful: sometimes the verb is regular, but the spelling of the simple past form is different.*

Infinitive	Simple past form	German
to be	*was, were*	*sein*
to clap		
to do		
to feel		
to get		
to give		
to go		
to have		
to make		
to plan		
to put		
to see		
to sell		
to stop		
to take		
to wear		

1 PED = **Portable Electronic Dictionary** tragbares elektronisches Wörterbuch

Green Line 2 G9
Lehrerband
ISBN 978-3-12-854223-2

KV 15b How to use an electronic dictionary: Simple past forms

c) *Now write down four sentences about what you and some friends did for a charity project at your school. Use four different verbs from the grid.*

1. ______________________________

2. ______________________________

3. ______________________________

4. ______________________________

d) *You and your classmates had a good trip and arrived at a campsite[1] in a national park in Wales. Write about an interesting / scary / funny night there. Look up new words with the help of your PED. Remember to use simple past forms.*

1 **campsite** Campingplatz

You can start like this:
On our class trip, we went camping in Wales. One night …

____

____

____

____

____

____

____

____

____

____

____

____

____

Green Line 2 G9
Lehrerband
ISBN 978-3-12-854223-2

KV 16a How to use an electronic dictionary: Feelings

a) *Look at the example of a PED[1] entry for the adjective 'confident'.*

1

■ Englisch-Deutsch ↑↓

STICHWORT [confident]

con·fi·dent
con·fiden·tial
con·fi·den·tial com·mu·ni·'ca·tion
con·fi·den·ti·al·ity
con·fi·den·tial·ly
con·fi·dent·ly

con·fi·dent ['kɒnfɪdᵊnt, AM 'kɑːnfə-] *adj*
❶ *(certain)* zuversichtlich;
to be confident about sth

2

■ Englisch-Deutsch

con·fi·dent ['kɒnfɪdᵊnt, AM 'kɑːnfə-] *adj*
❶ *(certain)* zuversichtlich;
to be confident about sth
in Bezug auf etw *akk* zuversichtlich sein;
▪**to be ~ of sth**
von etw *dat* überzeugt sein;
▪**to be ~ that ...**
zuversichtlich [*o* überzeugt] sein, dass ...
❷ *(self-assured)* selbstsicher, selbstbewusst;
▪**to be ~ in oneself**
selbstbewusst sein

3

■ Englisch-Deutsch SPRUNG

con·fi·dent ['kɒnfɪdᵊnt, AM 'kɑːnfə-] *adj*
❶ *(certain)* zuversichtlich;
to be confident about sth
in Bezug auf etw *akk* zuversichtlich sein;
▪**to be ~ of sth**
von etw *dat* überzeugt sein;
▪**to be ~ that ...**
zuversichtlich [*o* überzeugt] sein, dass ...
❷ *(self-assured)* selbstsicher, selbstbewusst;
▪**to be ~ in oneself**
selbstbewusst sein

4

■ Englisch-Deutsch SPRUNG

Sprung ↓
[A] Englisch-Deutsch
[B] Deutsch-Englisch
[C] Englisch-Englisch
[D] Französisch-Deutsch
[E] Deutsch-Französisch
[F] Französisch-Französisch
[G] Spanisch-Deutsch
Wählen, dann ENTER drücken.

5

EN-DE | DE-EN | EN-EN | FR-DE ▶

[A] zu·ver·sicht·lich

zu·ver·sicht·lich *adj*
confident;
▪**~ sein, dass ...**

6

■ Deutsch-Englisch

zu·ver·sicht·lich *adj*
confident;
▪**~ sein, dass ...**
to be confident that ...; BEI

1 **PED = Portable Electronic Dictionary** tragbares elektronisches Wörterbuch

Green Line 2 G9
Lehrerband
ISBN 978-3-12-854223-2

KV 16b How to use an electronic dictionary: Feelings

b) 👥/👥👥 *In different situations you usually have different feelings. Write them down in your mind map. Decide if that feeling is a positive, neutral or negative one. Look up more words in your PED.*

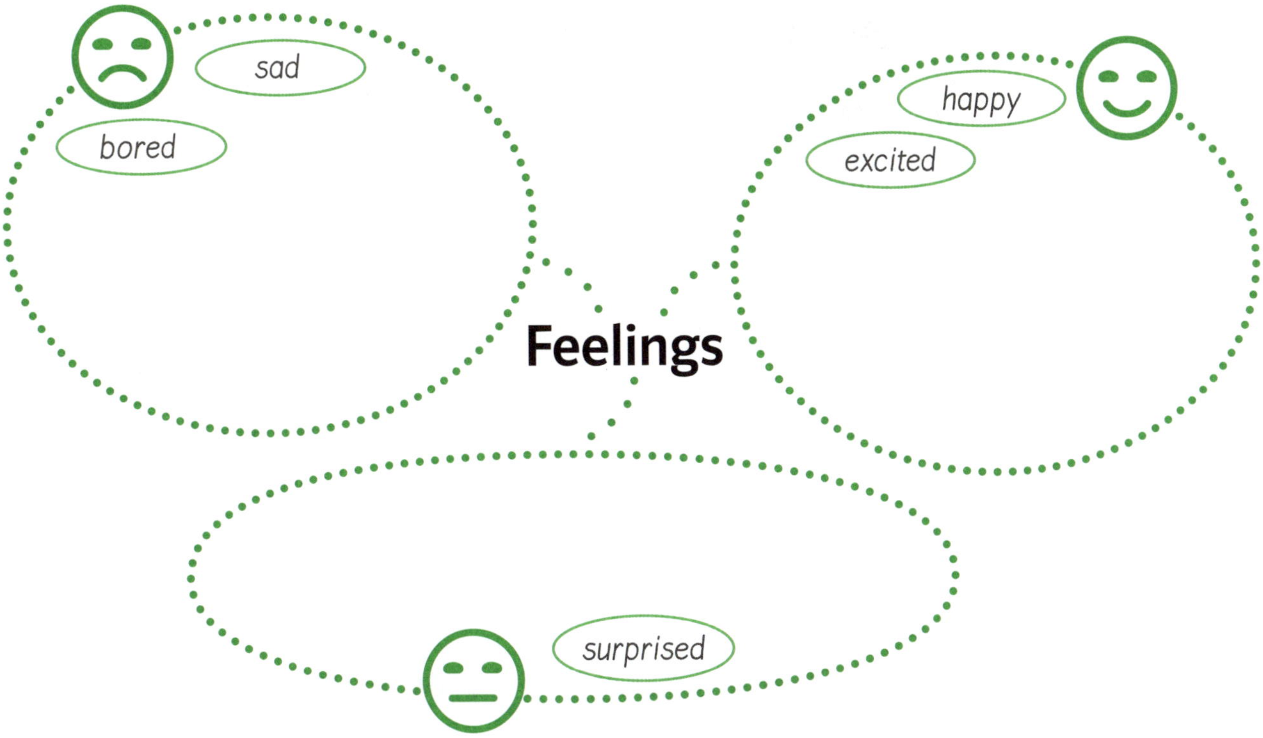

c) *Think about how you usually / often / sometimes feel in different situations. Use words from your mind map. The photos can help you.*

1. When I have a test at school, I'm usually ______________________
2. ______________________
3. ______________________
4. ______________________
5. ______________________
6. ______________________

Green Line 2 G9
Lehrerband
ISBN 978-3-12-854223-2

KV 17 How to use an electronic dictionary: Describing a person's character

a) *Find positive, neutral or negative adjectives that describe a person's character. First try to remember words you already know. Then look up more words in your PED[1].*

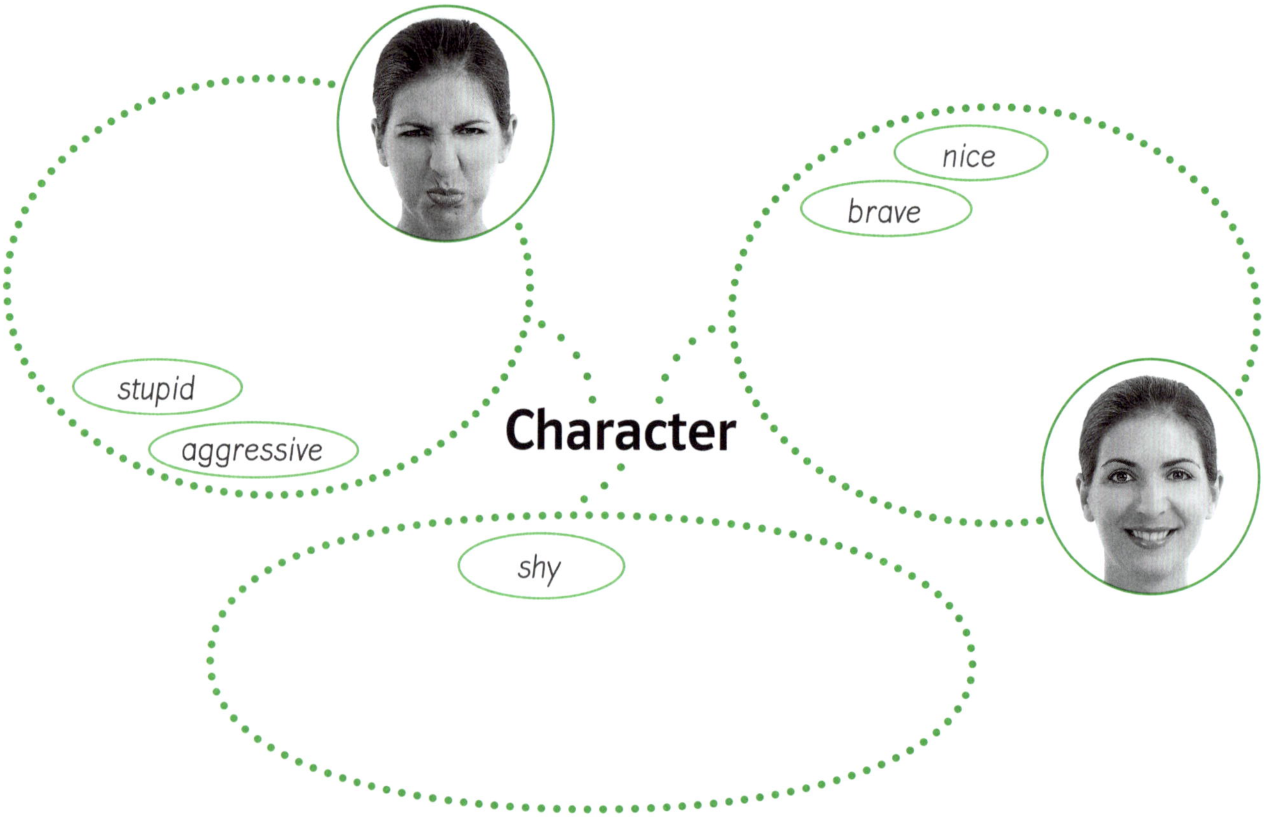

b) *Think about a person you really like. Say why you like him / her and use adjectives from the mind map. Do not say the name of the person.*

1 **PED = Portable Electronic Dictionary** tragbares elektronisches Wörterbuch

Green Line 2 G9
Lehrerband
ISBN 978-3-12-854223-2

KV 18a △ Nick's experiment

a) *Write a text for a children's science[1] magazine. Use the words in the box to fill in the gaps. You can draw pictures to make your text clearer and more interesting.*

connect (3 x) | roll | nail(s) (3 x) | wire(s) (3 x) | lemon(s) (2 x) | per cent copper | juicy

How to make a lemon battery clock

What you need:

Four ____________, some ____________, two ____________, a battery clock

What you do:

1. Use an old penny coin (97 ____________________).
2. ____________ the lemons to make them ____________.
3. ____________ the pennies to the ____________ with the ____________.
4. ____________ each ____________ with a penny and a ____________.
5. ____________ the ____________ to the battery.
6. … and you have got a lemon battery clock!

b) *The next day, Jinsoo and Marley tell Laura about Nick's experiment. Complete the text with* ***simple past*** *forms.*

Jinsoo: Marley and I ____________ **(1. see)** Nick, the new boy, in town after school. He ____________ **(2. go)** to different shops. First he ____________ **(3. buy)** a magazine and then we ____________ **(4. watch)** him go into two more shops. We ____________ **(5. meet)** him as he ____________ **(6. come)** out of a fruit shop.

Marley: We ____________ **(7. not know)** what to say, but he ____________ **(8. tell)** us about his experiment. He ____________ **(9. take)** us home and he ____________ **(10. make)** a lemon battery clock. It ____________ **(11. be)** really interesting – and the clock ____________ **(12. work)**!

1 **science** Naturwissenschaft

Lösung: a) What you need: Four nails, some wire, two lemons, a battery clock. **What you do:** 1. per cent copper; 2. Roll, juicy; 3. Connect, nails, wire; 4. Connect, lemon, nail; 5. Connect, wires; **b)** 1. saw; 2. went; 3. bought; 4. watched; 5. met; 6. came; 7. didn't know; 8. told; 9. took; 10. made; 11. was; 12. worked

Green Line 2 G9
Lehrerband
ISBN 978-3-12-854223-2

KV 18b ▲ Nick's experiment

a) *Nick goes to the hardware store because he wants to buy some nails and some wire. What else can you buy there? Look at the things outside the shop or in the shop windows. Make a mind map for the things you can buy in a hardware store. Use a German-English dictionary to find words you don't know and then put the English words in your mind map.*

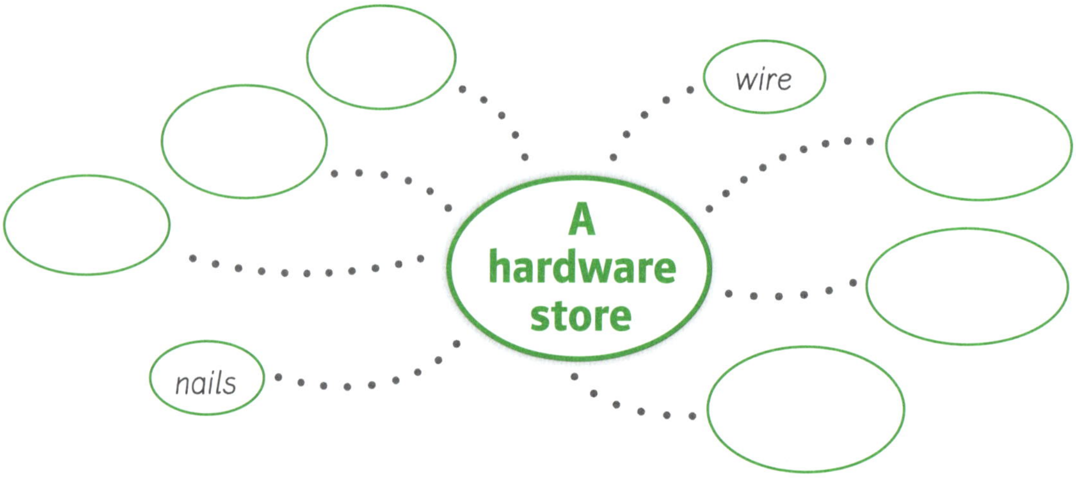

b) *Nick wants to make a time machine one day. Imagine you've got a time machine and it can take you back to a time in the last year. Write a text about what happened. You can use a dictionary to help. Here are some ideas to help you:*

had a birthday party | went on a great holiday | a friend came for a visit | won a contest / game / prize | made a new friend | did well in a test (in English) | got a new pet | started at a new school

____

____

____

____

____

____

____

____

Green Line 2 G9
Lehrerband
ISBN 978-3-12-854223-2

KV 1 'Scary' words

a) *Find the English words in the grid. They go ↓ →.*

Keller | Enthauptung | Blut | dunkel | tot | erschrocken | Geist | Spuk | Monster | Mörder | nervös | unheimlich | schreien | Geräusch

B	A	S	E	M	E	N	T	D	Q	E	P	G	H	O	S	T	A	E	Z	A	Q	P	L	F
E	K	A	A	A	E	Z	U	I	O	N	E	A	E	V	U	N	O	N	T	W	M	F	E	D
H	S	X	W	Q	D	S	E	T	U	F	R	I	G	H	T	E	N	E	D	V	U	C	A	C
E	H	E	R	T	E	A	E	T	U	I	O	N	F	D	S	U	O	R	V	R	R	W	S	E
A	T	T	V	H	A	U	N	T	I	N	G	B	L	O	O	D	V	V	T	T	D	R	B	G
D	U	Z	N	E	D	K	O	S	V	T	N	U	I	O	P	A	Q	O	I	U	E	T	P	T
I	O	O	Z	E	G	K	I	R	A	M	O	N	S	T	E	R	W	U	O	I	R	Z	O	H
N	K	P	O	T	G	K	S	C	A	R	Y	E	A	I	O	K	T	S	P	L	E	Z	U	U
G	R	A	A	S	C	R	E	A	M	W	R	T	Z	H	I	O	H	H	L	O	R	I	T	I

b) *Can you find more 'scary' words? Make a mind map with the words from* **a)** *and your own words.*

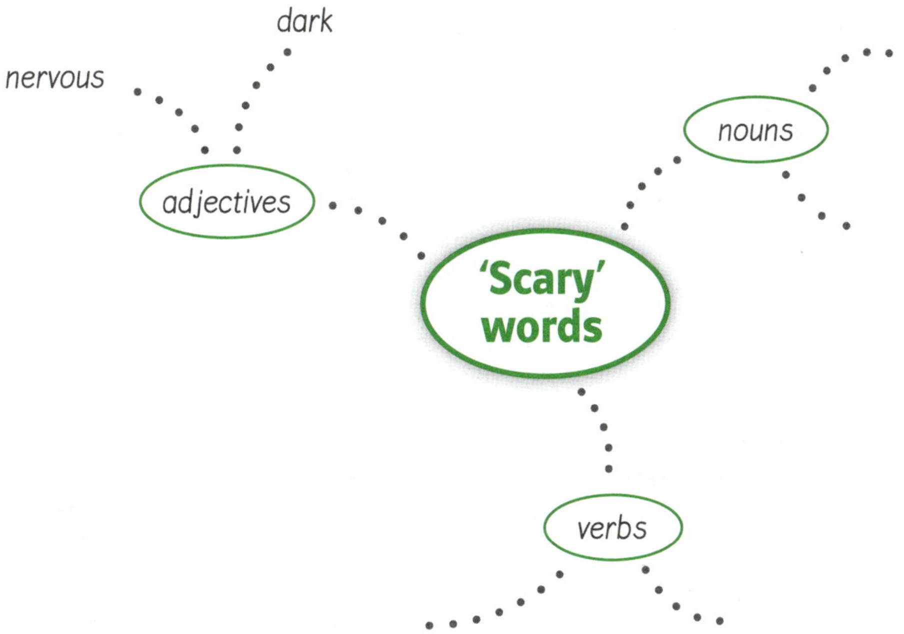

Lösung: ↓ beheading = *Enthauptung*, dead = *tot*, noise = *Geräusch*, dark = *dunkel*, nervous = *nervös*, murderer = *Mörder*; → basement = *Keller*, ghost = *Geist*, frightened = *erschrocken*, haunting = *Spuk*, blood = *Blut*, monster = *Monster*, scary = *unheimlich*, scream = *schreien*

Green Line 2 G9
Lehrerband
ISBN 978-3-12-854223-2

KV 2 Who's who?

a) *There are many famous people in Madame Fifi's House of Wax. The information about them is in the wrong places. Cut out the cards and match the information with the right people. Try to guess new words from the context[1]. Do you know who these people are?*

1

2

3

4

5

6

7

8

- English King
- born at Greenwich Palace 1491, died 1547
- king from 1509–1547
- famous for his six wives
- father of Elizabeth I, Queen of England 1558–1603

A

- British Prime Minister 1940–1945 and 1951–1955
- born 1874, died 1965
- Nobel Prize for Literature in 1953

B

- born 1570, died 1605
- member of a group who tried to blow up the English Parliament in 1606
- Gunpowder Plot
- 5th November: Guy Fawkes Day with bonfires and fireworks

C

- members of the Royal Family
- Prince William: eldest son of Charles, second in line to the throne
- Catherine: Duchess of Cambridge
- both born 1982
- married 2011

D

- famous football player
- married to Victoria (ex-member of Spice Girls)
- sells underwear
- born 1975

E

- famous singer
- many number one hits
- born 1988
- from Barbados

F

- born in New York 1962
- has three ex-wives, e.g. Katie Holmes and Nicole Kidman
- actor

G

- English naturalist and geologist
- born 1809, died 1882
- theory of evolution, 1859
- 5 years aboard the ship HMS Beagle
- buried in Westminster Abbey

H

b) *Make a list of people you'd like to see in the wax museum. Create a card for them with some basic information. Then get together in groups of 3 or 4. Like a guide, present your characters to the others.*

1 **context** Zusammenhang

Lösung: a) 1E; 2B; 3F; 4A; 5D; 6H; 7G; 8C

Green Line 2 G9
Lehrerband
ISBN 978-3-12-854223-2

KV 3 Madame Tussauds

How much do you know about one of the most famous tourist attractions[1] in the world? Read the following text. Six sentences are missing. Find the correct sentences to fill the gaps.

Madame Tussauds is a wax museum and a big tourist attraction in London with branches[2] all over the world, for example in Amsterdam, Bangkok, Berlin, Blackpool, Hollywood, Hong Kong, Las Vegas, New York City, Shanghai, Sydney, Vienna, Washington, D.C., Wuhan and Tokyo. **1** ☐
Wax sculptor[3] Marie Tussaud founded[4] it. The museum not only shows wax figures[5] of historical and royal figures, film and sports stars, but also of murderers.

Marie Tussaud was born as Marie Grosholtz in 1761 in Strasbourg, France. Her mother worked as a housekeeper[6] for Dr. Philippe Curtius in Bern, Switzerland. He knew how to model[7] wax figures.
2 ☐
Tussaud created her first wax figure, of the French writer Voltaire, in 1777. At that time she modelled other famous people too – like Jean-Jacques Rousseau and Benjamin Franklin. During the French Revolution[8] she modelled many famous victims[9] and made death masks[10]. **3** ☐
When Dr. Curtius died in 1794, she got his big collection of wax figures and spent the next 33 years travelling around Europe.

In 1795, Marie Grosholtz married Francois Tussaud and had a new name for her show: Madame Tussaud's. In 1802 she went to London, but couldn't go back to France because of the Napoleonic Wars[11]. She travelled through Great Britain and Ireland and exhibited[12] her figures. **4** ☐
In 1835, Marie opened a museum in Baker Street, London.

One of the main attractions of her Baker Street museum was the Chamber of Horrors. **5** ☐
Today, the museum is one of the most famous tourist attractions in London. It's not cheap to get in – you need at least £20, even if you book online.
6 ☐ You can take a short Dungeon test online to see if the horror is too much for you.

A In this part, you find victims of the French Revolution and new figures of murderers and other criminals.

B If you're interested in horror and fear, maybe the London Dungeon is interesting for you too.

C There are plans to open more museums in Beijing, Singapore, Orlando and San Francisco.

D Curtius taught Tussaud how to do it.

E From 1831, on she tried to find a home for her collection.

F People walked through the streets of Paris with some of them.

1 **tourist attraction** Touristenattraktion | 2 **branch** Zweigstelle | 3 **wax sculptor** Wachsbildhauer/-in | 4 **to found sth** etw. gründen | 5 **wax figure** Wachsfigur | 6 **housekeeper** Haushälter/-in | 7 **to model** modellieren | 8 **French Revolution** Französische Revolution | 9 **victim** Opfer | 10 **death mask** Totenmaske | 11 **Napoleonic Wars** *(pl)* die Napoleonischen Kriege | 12 **to exhibit sth** etw. ausstellen

Lösung: 1C; 2D; 3F; 4E; 5A; 6B

Green Line 2 G9
Lehrerband
ISBN 978-3-12-854223-2

KV 4 How to tell a scary story

a) Tell your partner a scary story. Follow the arrows[1] to the box with THE END.

b) Use the boxes to write your story down. Add your own ideas to make it more interesting.

- A person (find a name)
  - comes back from a trip.
    - Someone finds him dead.
      - The police try to find the murderer.
      - Who is the murderer?
    - He/She meets an old friend.
      - The old friend lives in an old castle[6].
      - The old friend gives him a treasure map.
  - tells someone a story.
    - He/She had a treasure map[2].
      - A boy helps to read the map.
      - He/She loses the map.
    - He/She was shipwrecked[3] and lived on an island[4].
      - A ship saves him/her.
      - There are wild animals on the island.
  - goes on a trip.
    - He/She meets a strange man.
      - The man is an old friend.
      - Man takes him to a dark basement.
    - Monsters catch him/her.
      - The monsters are nice.
      - He/She becomes their new king.
  - finds a strange box.
    - He/She opens the box.
      - A cold wind comes out of the box.
      - There is a piece of paper in the box.
    - Someone steals[5] the box.
      - The man is happy without the scary box.
      - The thief[7] is dead.
- → your ideas for the rest of the story and the ending
- → THE END

1 **arrow** Pfeil | 2 **treasure map** Schatzkarte | 3 **to be shipwrecked** Schiffbruch erleiden | 4 **island** Insel | 5 **to steal sth** etw. stehlen | 6 **castle** Schloss, Burg | 7 **thief, thieves** *(pl)* Dieb

Green Line 2 G9
Lehrerband
ISBN 978-3-12-854223-2

KV 1 The sign language club

a) *Holly is in the sign language club. Today they're learning the alphabet. Have a look at the letters and try to do them yourself.*

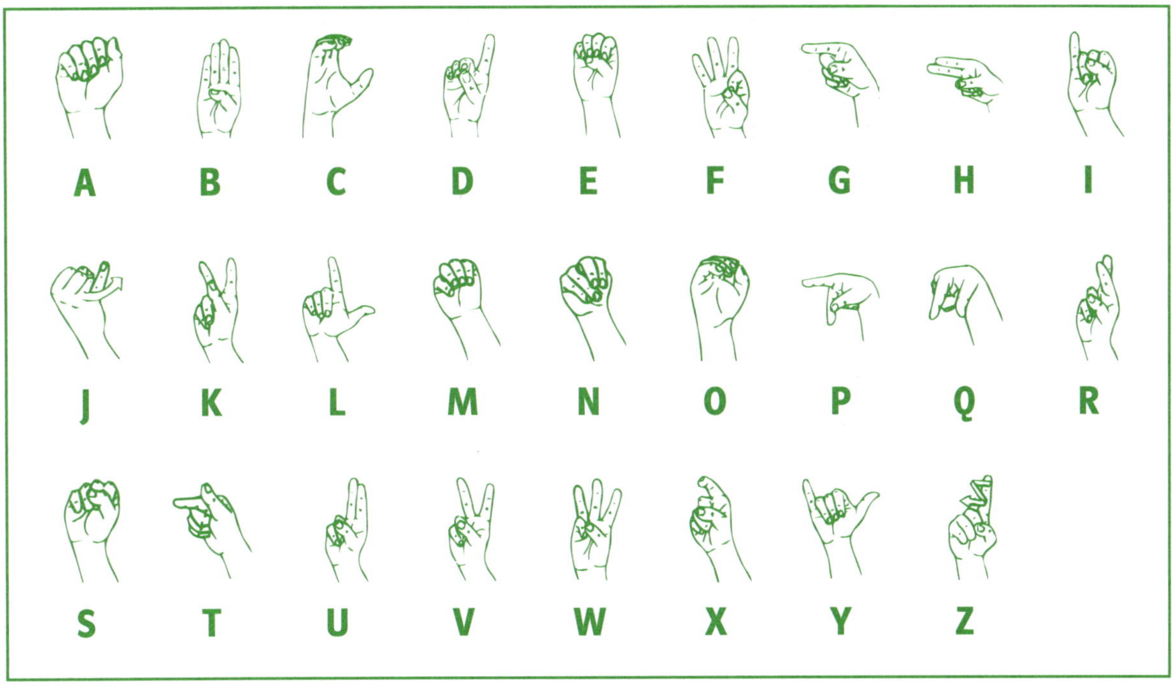

b) *Now try to read these words in sign language. Can you spell them with your own hands?*

1.
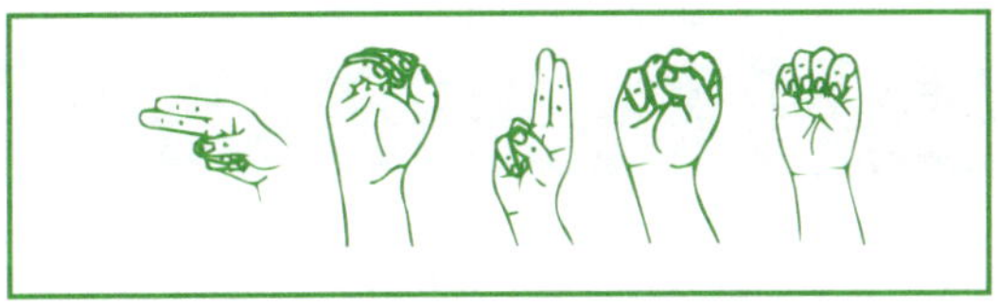

2.
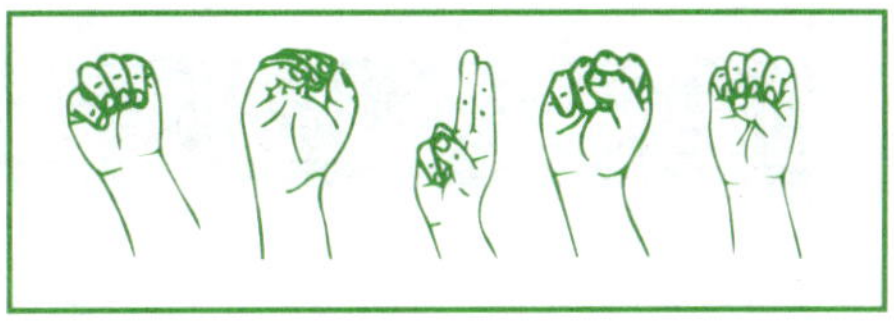

3.
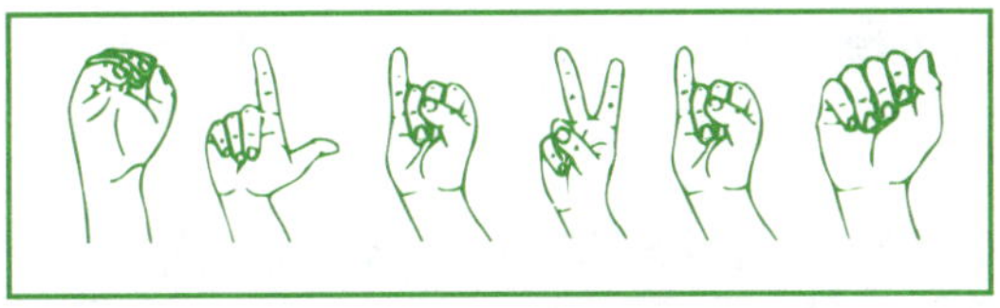

4.
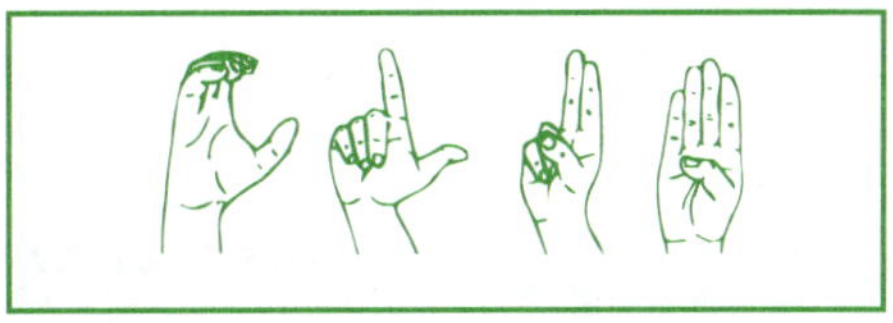

5.
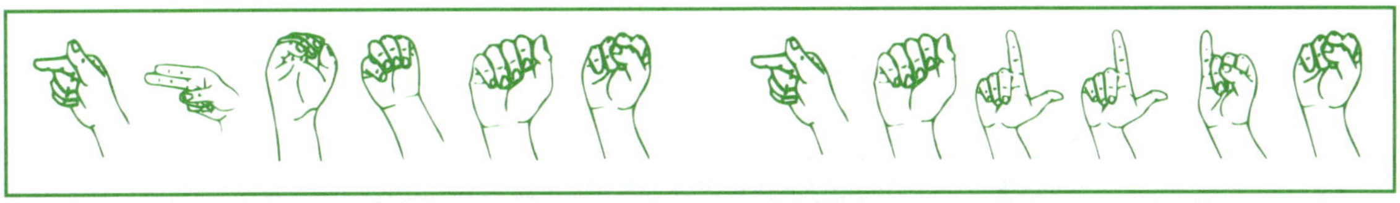

6.

c) *Spell your name in sign language with your hands. Your partner checks if it's correct.*

d) *Work with a partner. One of you spells a word in sign language. The other one says which word it is.*

Lösung: b) 1. house; 2. mouse; 3. Olivia; 4. club; 5. Thomas Tallis; 6. sign language

Green Line 2 G9
Lehrerband
ISBN 978-3-12-854223-2

KV 2 Listening: This is a fantastic school!

a) ◎ *Listen to Olivia's presentation about Thomas Tallis School and complete the sentences.*

Introduction

Hello and welcome to Thomas Tallis Visitor's Day! My name is Olivia and I'm ______________________ (1). I'm here today to tell you about ______________________ (2). First I want to say that this ______________________ (3). Today I can give you some ______________________ (4).

Discovering TTS – What's special about the school

OK, so let's discover Thomas Tallis School! Let's start with what's ______________________ (5).

We have ______________________ (6).

Now, for the second ______________________ (7).

The third very important thing ______________________ (8).

The school day

Now, let's talk about the school day. We start school at ______________ (9). ______________ (10) start at ten to nine. ______________ (11) is from ten past one until two o'clock. We have lessons again until ______________ (12).

School subjects and clubs

Everyone must study English, Maths and Science but there are a lot of other ______________ (13) too.

And there are lots of cool ____________ (14) and activities to do outside the classroom, for example …

Ending

Are there any ______________ (15)? Let's go on a ____________ (16) of the school so you can see …

b) ▲ 👥 *Use the words and phrases to talk about your school. Present your school to your partner.*

Lösung: 1. a Year 8 student. 2. the school and what we do here every day. 3. is a fantastic school – don't be afraid! 4. information and show you the school. 5. special about it. 6. fantastic football, basketball and volleyball teams and lots of students go to watch them when they play. 7. special thing – this school is full of art. 8. about Thomas Tallis is that everyone is special and everyone belongs here! 9. 8:30; 10. Lessons; 11. Lunch; 12. 3 o'clock; 13. subjects; 14. clubs; 15. questions; 16. tour

Green Line 2 G9
Lehrerband
ISBN 978-3-12-854223-2

KV 3 Play a game with relative clauses

Cut out the cards. Put the sentence parts into two different piles[1]. Take three cards from each pile. If you have any matching pairs, put them on the table. Now put in the relative pronoun. Leave it out where possible. If the pronoun is wrong, your partner can try and if he / she is right, he / she gets your cards. If you don't have any matching cards, take one new card from each pile and it's your partner's turn. The one who makes the most correct sentences wins the game.

Pile 1	Pile 2
Emma Watson is the girl	___________ **(1)** acted the role of Hermione in the Harry Potter movies.
London is a city	___________ **(2)** is very big and exciting.
The Millennium Dome is the building	___________ **(3)** people built near the river Thames in 1999.
I know David Beckham	___________ **(4)** was a football player.
Football is a sport	___________ **(5)** many people like.
There are many clubs	___________ **(6)** you can join.
The Natural History Museum	___________ **(7)** Holly goes to next Sunday is a big museum.
The book	___________ **(8)** you gave me yesterday is very interesting.
This is the girl	___________ **(9)** mother is from the USA.
This is the bike	___________ **(10)** I bought yesterday.
Dance class is a subject	___________ **(11)** Olivia loves very much.
Do you know the girl	___________ **(12)** is wearing the red shirt?
Luke's presentation is about two queens	___________ **(13)** lived in Greenwich.
Anne is the woman	___________ **(14)** husband gave her a house for her parties.

1 pile Stapel

Lösung: 1. Emma Watson is the girl **who / that** acted the role of Hermione in the Harry Potter movies. 2. London is a city **which / that** is very big and exciting. 3. The Millennium Dome is the building people built near the river Thames in 1999. 4. I know David Beckham **who** was a football player. 5. Football is a sport many people like. 6. There are many clubs you can join. 7. The Natural History Museum Holly goes to next Sunday is a big museum. 8. The book you gave me yesterday is very interesting. 9. This is the girl **whose** mother is from the USA. 10. This is the bike I bought yesterday. 11. Dance class is a subject Olivia loves very much. 12. Do you know the girl **who / that** is wearing the red shirt? 13. Luke's presentation is about two queens **who / that** lived in Greenwich. 14. Anne is the woman **whose** husband gave her a house for her parties.

Green Line 2 G9
Lehrerband
ISBN 978-3-12-854223-2

KV 4 A student is a person who …

a) *Match the words with the phrases on the right. Then use* ***relative clauses*** *and* ***who*** *or* ***which*** *to explain the words.*

coach	design – buildings
architect	keep – cold
dictionary	wear – in bed
pyjamas	live – London
Londoners	tell – meaning – words
fridge	take – people – trips

1. *A coach is a bus which takes people on trips.*
2. ____________________
3. ____________________
4. ____________________
5. ____________________
6. ____________________

b) *Cross out the* ***relative pronouns*** *which you can't use / which are wrong.*

1. History is a subject (**who** · **which** · **whose** · **that**) Mary likes.
2. She has a friend (**who** · **which** · **whose** · **that**) mother is a History teacher.
3. Last week Mary and her friend went to a museum (**who** · **which** · **whose** · **that**) has a lot of information about London in the past.
4. The man (**who** · **which** · **whose** · **that**) showed them the museum told them about the ghosts.
5. They are the ghosts of two boys (**who** · **which** · **whose** · **that**) lived in the house 300 years ago.
6. They were brothers (**who** · **which** · **whose** · **that**) parents left them alone in the house.
7. "I don't believe the stories (**who** · **which** · **whose** · **that**) people tell about ghosts," Mary said.
8. "They just make the house more interesting for all the visitors (**who** · **which** · **whose** · **that**) come to see it."

c) *Look again at the sentences from* **b)**. *Where can you leave out the relative pronoun? Write down the numbers of the sentences.*

Sentences ____________________

Lösung: a) 2. An architect is a person who designs buildings. 3. A dictionary is a book which tells you the meaning of words. 4. Pyjamas are clothes which you wear in bed. 5. Londoners are people who live in London. 6. A fridge is a cupboard which keeps things cold.
b) 1. who, whose; 2. who, which, that; 3. who, whose; 4. which, whose; 5. which, whose; 6. who, which, that; 7. who, whose; 8. which, whose
c) Sentences 1 and 7.

Green Line 2 G9
Lehrerband
ISBN 978-3-12-854223-2

KV 5 Peer evaluation: Writing prompt cards

Mit Hilfe dieses Bogens könnt ihr gegenseitig eure *prompt cards* bewerten. Notiere deinen Namen auf dem Bogen und gib ihn zusammen mit deinen *prompt cards* an einen Mitschüler (S1), der deine Arbeit bewertet. Danach gibt er deinen Bogen an einen weiteren Mitschüler (S2) weiter, der dich ebenfalls bewertet. Zum Schluss erhältst du deinen Bogen zurück und bewertest dich selbst. Schau dir die Punkte noch einmal an. Wo kannst du noch etwas an deinen *prompt cards* verbessern?

Name: ______________________________	S1	S2	You
Heading			
heading with the topic (e.g. name of the club)	(/1)	(/1)	(/1)
Information (wh-questions)			
where the club takes place	(/1)	(/1)	(/1)
when the club takes place	(/1)	(/1)	(/1)
what you do in the club	(/2)	(/2)	(/2)
why people should[1] join the club	(/2)	(/2)	(/2)
the slogan	(/1)	(/1)	(/1)
Key words			
The **main ideas** are in **key words** (no full sentences!).	(/2)	(/2)	(/2)
Hand writing and size			
The cards are easy to read.	(/2)	(/2)	(/2)
They are a good size to hold them in your hands (not too small, not too big).	(/2)	(/2)	(/2)
Total (14 points)	/14	/14	/14

1 **should** *hier:* sollten

Green Line 2 G9
Lehrerband
ISBN 978-3-12-854223-2

KV 6 Listening: Gwen's timetable

a) ⦾ *Listen to Gwen's conversation with Holly and Olivia. What subjects does she have on Wednesdays? Write them down in the correct order.*

1. ______________________ 3. ______________________

2. ______________________ 4. ______________________

b) *Listen again. Tick (✔) the correct answers.*

1. It's easy for Gwen to talk to new people because
   - ☐ a) she sometimes needs to ask for help.
   - ☐ b) she's a famous person.
   - ☐ c) she knows a lot of jokes.
2. It's difficult for Gwen to understand the timetable because
   - ☐ a) her English isn't very good.
   - ☐ b) she's new at TTS.
   - ☐ c) the words are too small.
3. In Mr Burns's lessons students must
   - ☐ a) put their mobiles on his table.
   - ☐ b) be quiet when he is talking.
   - ☐ c) do experiments with fire.
4. In Technology lessons Gwen can
   - ☐ a) go outside when she wants to.
   - ☐ b) work on special computers.
   - ☐ c) work alone on a project.
5. During volleyball matches students shout loudly
   - ☐ a) because Gwen can't hear very well.
   - ☐ b) because they want to score points.
   - ☐ c) so that Gwen can find the ball.
6. Olivia tells Gwen about some activities at TTS:
   - ☐ a) the Partially Sighted Club and Water Basketball.
   - ☐ b) the Sign Language Club and Wheelchair Basketball.
   - ☐ c) the Sign Language Club and Wheelchair Volleyball.

c) *Listen again. Right or wrong? Tick (✔) the right answers.*

	Right	Wrong
1. Olivia likes Gwen's glasses.	☐	☐
2. Gwen doesn't like talking a lot.	☐	☐
3. It's difficult for Gwen to do experiments alone.	☐	☐
4. Volleyball is Gwen's favourite sport.	☐	☐

Lösung: a) 1. Maths; 2. Science; 3. Technology; 4. PE **b)** 1a); 2c); 3b); 4b); 5c); 6b) **c)** right: 1, 3; wrong: 2, 4

Green Line 2 G9
Lehrerband
ISBN 978-3-12-854223-2

KV 7 Mediation: Braille – Letters for the blind

a) *Read the blog entry[1] by a blind English boy that Olivia found on the internet. You don't need to understand every word. In one sentence, say what it's about in German.*

Hi folks. Today I'd like to tell you something about reading. How can you read if you can't see? Well, of course I can read. Let me tell you how this works.
Today the computer is a great help for partially sighted people and blind people like me. But what did blind people do before there were computers? I can read a lot of books which you probably can't read. These books are in braille. Braille has little dots[2] which you can feel with your fingers. There's a combination of dots for each letter. I run my fingers across these dots from left to right to read them – it's very easy! Well, at least for me!
Did you know that a blind child invented braille? Louis Braille was born in 1809 in Coupvray, a small town in France. He was three years old when he had an accident[3] and became blind. He was a clever boy and wanted to learn how to read and write. At first he went to school in Coupvray. At the age of ten, he went to a special school for blind students in Paris. There were only fourteen books for blind people at the school. Louis read them all. But these books were very heavy[4] because of the metal letters and it was very difficult[5] to read them. And they were very expensive too. Louis thought that there must be an easier way to read for blind people.
One day a soldier visited the school to show the students his 'Night writing' – a special code for soldiers to read messages in the dark. This code had 12 dots for each letter but was very difficult to read. But Louis liked the idea of the dots and made the system much easier with only six dots. That's how he invented braille.
Louis died in 1852, but we still use braille today. Many books are in braille. You can also find braille in many public places. Next time you're in a lift, look at the buttons with the numbers of the floors. There's probably a braille version of each number by each button.
The idea of the 15-year old boy Louis has changed the lives of blind people all around the world. Well, you don't need to see to have a vision!

b) *Right or wrong? Correct the wrong sentences in German and write down the line where you found the information. You can use a dictionary for help.*

	Richtig	Falsch	Zeile
1. Braille besteht aus kleinen Punkten, die man mit den Fingern ertasten kann.	☐	☐	
2. Braille wird von rechts nach links gelesen.	☐	☐	
3. Louis Braille hat die Brailleschrift erfunden.	☐	☐	
4. Louis Braille wurde blind geboren.	☐	☐	
5. In der Schule für Blinde in Paris, die Louis besuchte, gab es überhaupt keine Bücher.	☐	☐	
6. Louis kam die Idee für seine Blindenschrift, nachdem ein Soldat eine Geheimschrift in der Schule vorgestellt hatte, die aus 12 Punkten pro Buchstaben bestand.	☐	☐	
7. Louis Braille starb 1862.	☐	☐	
8. Heute ist Brailleschrift weit verbreitet, manchmal sind Hinweise (z. B. im Fahrstuhl) auch in Brailleschrift dargestellt.	☐	☐	

c) *Where can you see braille? Talk in English and write down some examples.*

1 **blog entry** Blogeintrag | 2 **dot** Punkt | 3 **accident** Unfall | 4 **heavy** schwer | 5 **difficult** schwierig

Lösung: a) In dem Text geht es um Braille – eine spezielle Schrift für Blinde. **b)** Richtig: 1 (Z. 5); 3 (Z. 8); 6 (Z. 15–17); 8 (Z. 19–21); Falsch: 2. Braille wird von links nach rechts gelesen (Z. 6–7). 4. Louis Braille hatte mit drei Jahren einen Unfall, wodurch er blind wurde (Z. 9). 5. In der Schule gab es vierzehn Bücher speziell für Blinde (Z. 11–12). 7. Louis Braille starb im Jahre 1852 (Z. 19).
c) In lifts, on medicine, in museums, in train stations etc.

Green Line 2 G9
Lehrerband
ISBN 978-3-12-854223-2

KV 8 What's the word?

a) *Match sentences with the right words and find the solution (here is a clue: read it from behind!).*

1. the first part of a presentation
2. they are often part of scary stories
3. a person who designs buildings
4. Mrs Preston is Mr Preston's …
5. you do lots of sports there
6. when you are ill[1] you sometimes have to go there
7. 'Mona Lisa' is a …
8. you learn everything about numbers in …
9. the opposite of 'negative'
10. an important test
11. designers care a lot about …

M	positive
T	wife
I	PE
O	ghosts
T	hospital
N	introduction
C	fashion
I	architect
P	Maths
E	painting
O	exam

Solution: ☐1 ☐2 ☐3 ☐4 ☐5 ☐6 ☐7 ☐8 ☐9 ☐10 ☐11 → ☐☐☐☐☐☐☐☐☐☐☐

b) *This is what Nora wrote about her school. Put in the missing words.*

exams | hall | interested | additional | Technology | competition | assembly | lesson | subjects | PE | chess | choose

Our first ________________ **(1)** starts at 8:50, but before that we sometimes go to the ________________ **(2)** for ________________ **(3)**. Tuesday is the best day of the week because we have all my favourite ________________ **(4)** – History, English and ________________ **(5)** (I like team sports best). I'm very ________________ **(6)** in computers too, so I enjoy ________________ **(7)** lessons. But I don't enjoy the ________________ **(8)** at the end of the school year! They are quite difficult sometimes. After school we can do ________________ **(9)** activities. Many students ________________ **(10)** the film club. I'm in the ________________ **(11)** club. I won a prize in a ________________ **(12)** last year!

c) *Which verb goes with which phrase?*

cut | take | try on | offer | win | leave

1. ________________ a competition
2. ________________ your help to a friend
3. ________________ an apple in half
4. ________________ a costume
5. ________________ a space in the middle
6. ________________ exams

1 **ill** krank

Lösung: a) 1. introduction; 2. ghosts; 3. architect; 4. wife; 5. PE; 6. hospital; 7. painting; 8. Maths; 9. positive; 10. exam; 11. fashion; Solution: noititepmoc → competition **b)** 1. lesson; 2. hall; 3. assembly; 4. subjects; 5. PE; 6. interested; 7. Technology; 8. exams; 9. additional; 10. choose; 11. chess; 12. competition **c)** 1. win; 2. offer; 3. cut; 4. try on; 5. leave; 6. take

Green Line 2 G9
Lehrerband
ISBN 978-3-12-854223-2

KV 9 What were they doing when the teacher came in?

What were the students doing when the teacher came in? Write sentences with the following verbs. Use the ***past progressive****.*

Example: One girl was playing with her mobile.

play with one's mobile | talk with each other | drink | play football | fight with each other | take a picture | chase each other | eat a sandwich | draw a picture | write a letter | read a book | hide in the cupboard

Lösung: Two girls were talking with each other. A girl was drinking something. Some students were playing football. Two boys were fighting with each other. A girl was taking a picture of them. Two students were chasing each other. A boy was eating a sandwich. A student was drawing a picture. A girl was writing a letter. A boy was reading a book. A boy was hiding in the cupboard.

Green Line 2 G9
Lehrerband
ISBN 978-3-12-854223-2

KV 10 What was happening when …

a) What was happening? Make notes under the pictures on the cards.

write – text ______ ______ ______

b) *Cut out the pictures in* **a)** *and these cards. (They tell you what happened suddenly.)*

break – chair	**hear – loud noise**	**run – kitchen**	**fall off – wall**

c) *Put the big cards and the small cards face down on the table.*

Partner A takes one card (big or small) and makes the first half of a sentence.
(If you like, you can start with 'while' (big card) or 'when' (small card).
Partner B takes the other kind of card and finishes the sentence. (Do you need 'while' or 'when'?)

Example: *While Melanie was doing her hair, she heard a loud noise.*

---

a) What was happening? Make notes under the pictures on the cards.

eat – shoe ______ ______ ______

b) *Cut out the pictures in* **a)** *and these cards. (They tell you what happened suddenly.)*

steal – money	**see – ghost**	**hurt – head**	**open – door**

c) *Put the big cards and the small cards face down on the table.*

Partner A takes one card (big or small) and makes the first half of a sentence.
(If you like, you can start with 'while' (big card) or 'when' (small card).
Partner B takes the other kind of card and finishes the sentence. (Do you need 'while' or 'when'?)

Example: *While Grandma was sleeping, somebody opened the door.*

Green Line 2 G9
Lehrerband
ISBN 978-3-12-854223-2

KV 11 Peer evaluation: Writing a flyer

Mit Hilfe dieses Bogens könnt ihr gegenseitig eure Flyer bewerten. Notiere deinen Namen auf dem Bogen und gib ihn zusammen mit deinem Flyer an einen Mitschüler (S1), der deine Arbeit bewertet. Danach gibt er deinen Bogen an einen weiteren Mitschüler (S2) weiter, der dich ebenfalls bewertet. Zum Schluss erhältst du deinen Bogen zurück und bewertest dich selbst. Schau dir die Punkte noch einmal an. Wo kannst du noch etwas an deinem Flyer verbessern?

Name: ______________________________	S1	S2	You
Where and when: The flyer …			
… says where and when the club takes place.	(/2)	(/2)	(/2)
What: The flyer …			
… gives information about what you do in the club.	(/2)	(/2)	(/2)
Why: The flyer …			
… tells people why they should[1] join the club.	(/2)	(/2)	(/2)
Slogan: The flyer …			
… has a catchy[2] slogan which people can remember and makes them want to join the club.	(/2)	(/2)	(/2)
Layout and design: The flyer …			
… has an eye-catcher[3] (e.g. big headline with the name of the club, nice picture or logo).	(/2)	(/2)	(/2)
… has a nice design (writing, pictures, illustrations, colours, etc.).	(/2)	(/2)	(/2)
… has a clear structure.	(/2)	(/2)	(/2)
Total (14 points)	/14	/14	/14

1 **should** *hier:* sollten | 2 **catchy** einprägsam | 3 **eye-catcher** Blickfang

Green Line 2 G9
Lehrerband
ISBN 978-3-12-854223-2

KV 12 More words

a) *Put in the missing words.*

1. When you join a club, you become a ________________ of that club.
2. When somebody takes something that belongs to you, he / she ________________ it.
3. We get honey from ________________.
4. Water comes to the bathroom through ________________.
5. May we ________________ some pictures on this wall?
6. You can read many interesting ________________ on our website.
7. Let's dig a ________________ and make a pond.
8. Hold the pen carefully between your finger and ________________.

b) *One word in each group is wrong. Underline it.*

1
bee
pond
bird
squirrel

2
to dig
to build
to cook
to hum

3
farmer
ladder
camera
hammer

4
to choose
to welcome
to shine
to look forward to

c) *Use each underlined word in* **b)** *in a sentence.*

1. ________________________________
2. ________________________________
3. ________________________________
4. ________________________________

Lösung: a) 1. member; 2. steals; 3. bees; 4. pipes; 5. put / hang up; 6. articles; 7. hole; 8. thumb **b)** 1. pond; 2. to hum; 3. farmer; 4. to shine **c)** *Lösungsvorschlag:* 1. You can keep fish in a pond. 2. In summer the bees often hum all day. 3. We saw the farmer and his animals in a field. 4. In August the sun shines for hours.

Green Line 2 G9
Lehrerband
ISBN 978-3-12-854223-2

KV 13 △ Your dream job

a) *Look at the pictures. What are the people doing? Do you like their job? Why / why not?*

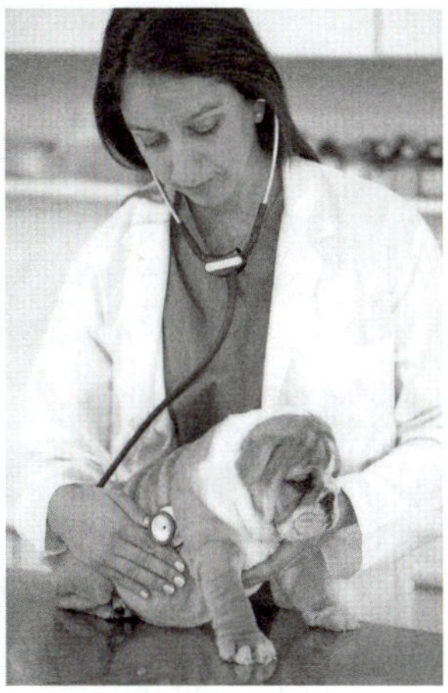

b) *Complete the sentences. You can use the adjectives in the box or your own adjectives.*

boring | creative | cool | different | exciting | famous | fantastic | favourite | good | healthy | helpful | interesting | popular | wonderful | great

One day I want to be a / an …

1. … actor because it's a ____________________ job. It's very ____________________ and I want to be a ____________________ film star.
2. … dancer because I love dancing. I'm a very ____________________ person and I think it's ____________________ to dance in front of a lot of people. What a ____________________ job!
3. … pilot because you can travel to a lot of ____________________ countries. I think a lot of people want to be a pilot. It's ____________________ because it's a really ____________________ job!
4. … police officer because it's never ____________________. You meet a lot of ____________________ people and it's nice to be ____________________ when people have got problems.
5. … vet because I like animals. Dogs are my ____________________ pets and I want all animals to be ____________________. That's why I want to be a very ____________________ vet.
6. ____________________ because ____

____

c) *All jobs have got positive and negative sides. Use the adjectives in the box to talk about the negative sides of the jobs in* **a)**.

awful | bad | boring | difficult | embarrassing | lonely | nervous | scary | silly | unfriendly

Green Line 2 G9
Lehrerband
ISBN 978-3-12-854223-2

KV 14 I love acting!

a) △ *Match the advice with the people in the pictures. Write the numbers in the right boxes.*

A ☐

B ☐

C ☐

D ☐

1. Believe in yourself.
2. Don't worry! That happens all the time – even to the famous actors. Next time you forget your lines, don't panic. Take a deep breath, relax, act as if it was a part of the scene, and that will give you time to remember your lines.
3. You need to practise a bit more.
4. You're always so confident. (Be more confident now.)

b) *What's most important for an actor? What is not so important? Put a number from 1 to 8 in the boxes. The most important thing is number 1. Discuss your lists with your partner.*

- ☐ How an actor moves on stage.
- ☐ An actor must know his / her lines.
- ☐ How an actor speaks with his / her face.
- ☐ An actor mustn't be nervous.
- ☐ How an actor uses his / her hands and arms.
- ☐ An actor must be confident.
- ☐ How an actor says his / her lines.
- ☐ An actor must wear the right clothes.

c) *Learn the lines. Act and get feedback.*

Laura walks through a forest.
L: Oh, this forest is so nice and quiet!

Laura throws the ball up and catches it again.
L: I love my golden ball. It's my favourite toy!

Laura looks at the floor next to a chair.
L: What's this?

Laura slowly sits down on the chair next to a pond (blue paper) and throws the ball up.
L: A pond! It's so nice to sit beside the cold water.

The ball falls out of her hand.
L: Oh, no! My ball! It's gone. It fell into the water! What will my father, the king, say if he finds out I've lost it?

Feedback	☺☺	☺	😐	☹	☹☹
Does he / she know his / her lines?					
How does he / she say his / her lines?					
How does he / she act? (face, hands)					

Lösung: a) A3; B1; C4; D2

Green Line 2 G9
Lehrerband
ISBN 978-3-12-854223-2

KV 15 30 second talks

Can you talk for 30 seconds non-stop in English? Or maybe even for one minute? Cut out these cards and put them in a pile[1]. Then take a card each and try to speak about your topic for at least[2] 30 seconds. Your partner starts and stops the clock. You have ten seconds to read your card and think about it before you start.

A fantastic class trip
- When?
- Where to?
- What activities?
- Who went?
- How did you get there?
- How long?

A competition
- What competition?
- Where?
- When?
- Who?
- What did you do?
- Who won?

A / my (favourite) pet
- Which pet?
- Whose pet?
- Name?
- What does it do?
- What does it eat?
- …

The best holidays
- When?
- Where to?
- What activities?
- Who went?
- How did you get there?
- How long?

A school club
- Which club?
- What do you do?
- Who?
- When?
- Where?
- …

My family
- How many?
- What are their names?
- How do they look?
- How old are they?
- What do they do?
- Where do you live?

My room
- Where?
- Big / small?
- What furniture*?
- Which colour?
- What's special?
- What do you like?

*__furniture__ *(no pl)* Möbel

Our school
- Name?
- Where?
- Big / small?
- School subjects?
- What's special?
- What do you like?

Our class
- Which class?
- How big?
- How many boys / girls?
- Who is the tutor?
- Nice class?
- What do you do with your class?

In the morning
- When do you get up?
- What do you do?
- Breakfast? When? What?
- When do you go to school?
- How do you go to school?
- …

My favourite hobby
- What?
- When?
- Where?
- What do you need?
- What's special?
- …

My favourite star
- Name?
- What does he / she do?
- Age?
- Where from?
- What do you like about him / her?
- …

My home town
- Name?
- How big?
- Where?
- Sights?
- What can you do?
- What do you like?

My favourite book
- Author?
- Title?
- Who / main characters?
- What's it about?
- What do you like about it?
- …

My favourite TV programme*
- Name?
- What programme?
- Who is in it?
- When?
- What's it about?
- How often do you watch it?

*__programme__ Sendung

1 **pile** Stapel | 2 **at least** mindestens

Green Line 2 G9
Lehrerband
ISBN 978-3-12-854223-2

KV 16 Peer evaluation: Giving a presentation

Watch the presentations of the other students and give them points and feedback.

Name: ______________________________

	Presentation 1	Presentation 2	Presentation 3	Presentation 4	Presentation 5	Presentation 6	Presentation 7
The flyer …							
… answers all wh-questions. … says **when** and **where** the club is. … gives information on **what** you do in the club. … tells people **why** they should join the club.	(/4)	(/4)	(/4)	(/4)	(/4)	(/4)	(/4)
… has a catchy[1] and interesting **slogan**.	(/2)	(/2)	(/2)	(/2)	(/2)	(/2)	(/2)
Layout and design: … has an **eye-catcher**[2] (e.g. big heading with the name of the club, nice picture or logo).	(/2)	(/2)	(/2)	(/2)	(/2)	(/2)	(/2)
… has a nice **design** (writing, pictures, colours, etc.).	(/2)	(/2)	(/2)	(/2)	(/2)	(/2)	(/2)
… has a clear **structure**.	(/2)	(/2)	(/2)	(/2)	(/2)	(/2)	(/2)
Total flyer	/12	/12	/12	/12	/12	/12	/12
The presentation: The speaker …							
… introduces himself / herself and the topic.	(/2)	(/2)	(/2)	(/2)	(/2)	(/2)	(/2)
… structures the presentation (first, second, third, …).	(/2)	(/2)	(/2)	(/2)	(/2)	(/2)	(/2)
… talks about the important facts.	(/2)	(/2)	(/2)	(/2)	(/2)	(/2)	(/2)
… makes eye-contact[3] with the audience and does not just read from his / her notes.	(/2)	(/2)	(/2)	(/2)	(/2)	(/2)	(/2)
… speaks loudly and clearly.	(/2)	(/2)	(/2)	(/2)	(/2)	(/2)	(/2)
… involves[4] the audience. (Would you like to …? / Thank you for your attention. / Do you have any questions?)	(/2)	(/2)	(/2)	(/2)	(/2)	(/2)	(/2)
Total presentation	/12	/12	/12	/12	/12	/12	/12
Total flyer and presentation	/24	/24	/24	/24	/24	/24	/24

1 **catchy** einprägsam | 2 **eye-catcher** Blickfang | 3 **eye-contact** Augenkontakt | 4 **to involve sb / sth** jmdn. / etw. einbeziehen

Green Line 2 G9
Lehrerband
ISBN 978-3-12-854223-2

KV 17 What a wonderful world

a) ◎ *Listen to part A of the story and answer the questions. Take notes.*

1. Who is in the story? ____________________
2. When and where does the story take place? ____________________
3. What's the story about? ____________________

____

b) ◎ *Listen to parts B and C of the story. Who made which drawing? Say why you think so.*

Drawing by: ____________________

Why? ____________________

Drawing by: ____________________

Why? ____________________

c) ◎ *Who is **he**? Listen to parts D – F. Write the name in the grid.*

	Who?
1. He is proud of his brilliant idea.	Luke
2. He gets up in the break to get a drink and leaves his bag on the table.	
3. He takes a look at the drawings and laughs because he thinks they are really bad.	
4. He likes the idea of the poster and wants to use it for his own poster.	
5. He wants to make the other person feel nervous on the way back home from school.	
6. He tells the other person that he wants to do a poster with mangas.	
7. He is angry because he thinks the other person stole his idea.	
8. He starts to push the other person.	
9. He tries to stop the fight.	
10. He calls the other person an idiot.	

Lösung: a) 1. Luke, Jay, Holly, Olivia, Dave (and Irina); 2. at school / at home on two school days; 3. a competition Luke and Jay want to take part in and a conflict between the two boys **b)** Picture 1: Drawing by: Luke; Why? bad drawing, but good ideas for names; Picture 2: Drawing by: Jay; Why? very good drawings **c)** 2. Luke; 3. Jay; 4. Jay; 5. Luke; 6. Jay; 7. Luke; 8. Luke; 9. Dave; 10. Jay

Green Line 2 G9
Lehrerband
ISBN 978-3-12-854223-2

KV 1a A Christmas play

Roles:
- 1 teacher
- Mary
- Joseph
- 3 wise men (no lines)
- 3 sheep (no lines; actors or props[1])
- 1 donkey (= 2 students, no lines)
- 3 cows (= 2 students each, no lines)
- 2 shepherds
- 2 angels
- innkeeper
- innkeeper's wife (no lines)
- 1 reporter[2]
- 'chorus[3]' – 9 students with 'CHRISTMAS'

Act 1 The chorus

9 students, each with one letter on a card that they can hold in front of them. They walk out onto the stage[4] in front of the curtain[5] (a blanket[6] that two students are holding), say their sentence and then stand in line so that the letters spell 'Christmas'.

C stands for cows: in our Christmas play we have three, as you can see.

H stands for harmony[7], which there isn't in our Christmas play at the start, but we're trying hard.

R stands for room: Mary and Joseph are looking for one, and Mary is pregnant[8], so this is no fun.

I stands for ideas: our actors had many, our teacher had more, and here are all the best ones, right here on this floor.

S stands for sheep: three in one play, in a field with their flock[9]. There are shepherds too. They are all in shock.

T stands for trouble: Mary and Joseph, in Bethlehem can't stay, King Herod is coming, so they must run away.

M stands for manger[10]: In a manger he lay[11]. Do you think this was nice, with all that hay[12]?

A stands for angels: They watch our play and they speak to us too. They are really quite funny, it's true.

S stands for surprise: at the end of our play, there's a surprise: What started in chaos[13] is then quite civilised[14].

All together: We're asking you to stay, please don't run away! – Let's start our play!

Curtain up

1 **prop** Requisite | 2 **reporter** Reporter/-in | 3 **chorus** Chor | 4 **stage** Bühne | 5 **curtain** Vorhang | 6 **blanket** Decke | 7 **harmony** Harmonie | 8 **pregnant** schwanger | 9 **flock** *hier:* Herde | 10 **manger** Krippe | 11 **to lie, lay** liegen | 12 **hay** Heu | 13 **chaos** Chaos | 14 **civilised** zivilisiert, gesittet

Green Line 2 G9
Lehrerband
ISBN 978-3-12-854223-2

KV 1b A Christmas play

Act 2

At school. There is a teacher. The students are doing their rehearsal[1], but everything is going wrong. The teacher is nervous and angry. The actors are not in their costumes, but in their normal clothes.

Teacher: No, you can't do this. I just can't believe you still[2] don't know your words for the play. Oh, why do I do this every year? OK, guys, let's try this one last time. Mary, Joseph – stand over here. Joseph, you knock[3] on the door, and then *(real name of student who is acting the innkeeper)* opens the door for you.

They all find their place – the other actors on the stage are getting in the way, especially the animals.

Teacher: OK – Curtain!

Mary: *(happy voice that doesn't go with the message)* Oh, Joseph, we must find a place for the night now. I think the baby is coming.

Joseph: Yes, Mary. I'm so sorry, but there's no room. Look, there's an inn[4] over there. I can try again.

Joseph tries to knock on door, but the door is already open. The innkeeper is grinning[5].

Innkeeper: *(still grinning, but with an angry voice)* Now what do you want …?

Teacher: Stop, stop, stop! This is all wrong. You must really wait until they knock on your door. Then you can open it. And if you use an angry voice, you can't grin at the same time. And Mary – remember you are tired, and you can't find a place for the night – so please don't sound so happy. Just think about something sad. OK, one last time – and curtain!

Mary: Oh, Joseph, we must find a place for the night now. I think my room – no, sorry, my baby is coming.

Joseph: Yes, Baby, *(coughing[6] to hide his mistake)* I'm so sorry, but there's no room. Look, there's an inn over there. I can try again.

He walks over to the door, but stumbles[7] and falls. As he hits the floor, the innkeeper thinks this is the knock and opens the door. He first looks serious but then starts laughing when he sees Joseph on the floor.

Innkeeper: Now what do you want …? *(still laughing)*

Teacher: I think I'll have to[8] change this scene again. We really can't do this!

Curtain down

Act 3

We watch some scenes from the performance[9] as a play within the play[10], but in fast forward mode[11]. To separate[12] the different scenes, it's a good idea to use the chorus actors with their letters. One after the other could come on after every scene: the letter C before Scene 1, then the letter H between scenes 1 and 2 etc. They can move their letters up or down to show curtain up / curtain down between the scenes … At the end they spell the word CHRIST … Two additional letters are needed: O and H. During the performance, we see the action through the eyes of two angels. They have the job of making sure everything goes to plan. They can be dressed up[13] as modern 'messengers[14]', so instead of[15] angels with wings[16], they could be postmen/postwomen.

1 **rehearsal** Probe | 2 **still** (immer) noch | 3 **to knock** klopfen | 4 **inn** Herberge | 5 **to grin** grinsen | 6 **to cough** husten | 7 **to stumble** stolpern | 8 **I'll have to …** Ich werde … müssen | 9 **performance** Aufführung | 10 **play within the play** Stück im Stück | 11 **fast forward mode** Schnellvorlauf | 12 **to separate** trennen | 13 **to be dressed up** verkleidet sein | 14 **messenger** Bote/Botin | 15 **instead of** an Stelle von | 16 **wing** Flügel

Green Line 2 G9
Lehrerband
ISBN 978-3-12-854223-2

KV 1c A Christmas play

Scene 1: Mary finds out she is pregnant

Mary is at home, looking a bit sad (poor house wall, or furniture[1], or an empty[2] stage).
Angel 1 and Angel 2 are standing higher than Mary, for example on chairs / a table.

Curtain up or chorus actor with letter 'C' – (could also say: 'C' stands for 'Curtain up').

Angel 1: Hi Mary, How are you doing? Why are you crying[3]?
Mary: Well, with my problems, you'd cry too!
Angel 1: Do you want to talk about it? It sometimes helps.
Mary: Well, I'm getting married next week[4], and I never kissed a boy … and now I'm …
Angel 1: … pregnant.
Mary: Oh no! How did you know? I don't even know you!
Angel 1: Well, it's like this. I don't want to scare[5] you or anything, but, you remember those old stories from the Bible?
Mary: No, I don't!
Angel 1: Well, no, please don't faint[6] …
Mary: I'm OK, really.
Angel 1: OK then – let's go! God sent me to tell you that the baby you're having is the Son of God!
Mary faints.
Angel 2: Oh no! I think I've got some smelling salts[7] here somewhere …

Scene 2: The angels talk to Joseph

Joseph's workshop[8] – there should[9] be some wood[10] lying around. The angels are outside.

Curtain up (or letter 'H' from the chorus)

Angel 1: It's your turn, I did the last one, and that was the most difficult[11]!
Angel 2: No, you can do it better than me.
Angel 1: No, you do it! Go on … *(pushes Angel 2 through the door)*
Joseph: Why didn't you knock? And who are you? Have you got my delivery[12], I asked for some wood last week.
Angel 2: I … er …
Joseph: Go on, tell me! I'm a busy man, I'm getting married next week, and the table isn't ready.
Angel 2: I'm sure Mary is very happy!
Joseph: How do you know about Mary?
Angel 2: Well, er, that's why I'm here. I've got a message.
Joseph: What, from Mary?
Angel 2: Not exactly
Joseph: Who, then?
Angel 2: Well, it's a message from God!
Joseph looks shocked[13].
Angel 2: You see, Mary is pregnant with a really important baby boy. This baby saves his people from their sins[14].
Joseph: I don't believe it!
Angel 2: Ask Mary, she knows WHO he is, and I need to tell you WHAT his job is.

Curtain down (or letter 'R' from the Chorus)

1 **furniture** *(no pl)* Möbel | 2 **empty** leer | 3 **to cry** weinen | 4 **I'm getting married next week.** Ich werde nächste Woche heiraten. | 5 **to scare sb** jmdm. Angst machen | 6 **to faint** in Ohnmacht fallen | 7 **smelling salts** *(pl)* Riechsalz | 8 **workshop** Werkstatt | 9 **should** *hier:* sollte | 10 **wood** Holz | 11 **difficult** schwierig | 12 **delivery** Lieferung | 13 **shocked** schockiert | 14 **sin** Sünde

Green Line 2 G9
Lehrerband
ISBN 978-3-12-854223-2

KV 1d A Christmas play

Scene 3: The road to Bethlehem

Mary and Joseph are on the way to Bethlehem with a donkey (cardboard[1] palm trees[2] and a cardboard donkey). Mary is sitting on the donkey (on a chair behind it). Joseph is holding the donkey. The two angels are looking down on the scene.

Curtain up (= same chorus actor letter 'R')

Angel 1: Well let's see where they're going.
Angel 2: I'm sure they're going along the river Jordan and up to Bethlehem. They don't take the Samaritan[3] route. Jews[4] and Samaritans don't get on[5], you know.
Angel 1: Well, I'm right!
Angel 2: No, no, look, they're turning left. I win.
Angel 1: Come on, let's go to Bethlehem and see what happens there.

Curtain down (or letter 'I' from the chorus)

Scene 4: Birth[6] in the stable[7]

Door to an inn (classroom door or cardboard).

Curtain up (= letter 'S' from the chorus)

Angel 2: I feel a bit bad being here.
Angel 1: Look, they are outside the inn. I don't think they should go in there.
Angel 2: You're right. It's not safe[8]. Too many travellers[9] there. I'm sure they will have to[10] sleep on the floor!
In the background, you see Mary/Joseph knocking, the innkeeper opening the door and talking to them, but they aren't speaking (dumb show[11]).
Angel 1: Well it's just a wall really to keep the animals out.
Angel 2: No, they're turning away. Good, I'm happy they aren't going to stay[12] there. It's not a good place to have a baby[13].
Angel 1: I think I'd better find somewhere better. The baby is coming.
Angel 1 slips away[14] off stage. Stranger[15] (= angel in disguise[16]) comes in from offstage[17] and comes up to Joseph.
Stranger: Excuse me! I think I can help you.
Joseph: I really must find a room FAST!
Stranger: I've got a really nice warm stable just over there. I keep animals there usually, but it's comfortable[18]. There's clean straw[19] to lie on, and there's a manger you can put a baby in.
Joseph: That sounds perfect! Thank you! Mary, my dear …
Stranger walks off stage with Joseph and Mary.
Angel 1: *(going back to Angel 2)* I told you I'd do something. The boss would like it.
Baby cries from off stage.

Curtain down (or chorus actor letter 'T')

1 **cardboard** Pappe | 2 **palm tree** Palme | 3 **Samaritan** Samariter/-in, samaritanisch | 4 **Jew** Jude / Jüdin | 5 **to get on** *hier:* miteinander auskommen | 6 **birth** Geburt | 7 **stable** Stall | 8 **safe** sicher | 9 **traveller** Reisende/-r | 10 **they will have to …** sie werden … müssen | 11 **dumb show** stummes Spiel | 12 **they aren't going to stay** sie werden nicht bleiben | 13 **to have a baby** ein Kind bekommen | 14 **to slip away** sich (heimlich) davonmachen | 15 **stranger** Fremde/-r | 16 **in disguise** maskiert, verkleidet | 17 **offstage** hinter den Kulissen | 18 **comfortable** bequem, gemütlich | 19 **straw** Stroh

Green Line 2 G9
Lehrerband
ISBN 978-3-12-854223-2

KV 1e A Christmas play

Scene 5: Out on the hillside[1]

Sheep (actors or props) with 2 shepherds (or more) sitting there (with food and drink if possible). Angels to one side.

Angel 1: Well, we must do something about them next.
Angel 2: What have they got to do with it?
Angel 1: They should go and see the baby, down in Bethlehem.
Sound of music playing.
Angel 1: Come on. But be careful – don't scare them. The boss doesn't want us to scare people.
Angels move closer to the shepherds.
Angels together: Hi guys, don't get up. We come with a message from God. A baby is born[2] down in the town, and he is the Messiah[3]. So you should go and see him.
Shepherd 1: I think it's true! Look at the lights in the sky[4]! And this music.
Angel 2: Of course, it's true. Do you really think God would send us with a message that wasn't true?
Shepherd 2: Come on then, let's go. Bethlehem it is! Thanks, guys!

Curtain down – The 6 chorus actors with the letters CHRIST … spelling the word 'Christ'

Scene 6: Shepherds visit Jesus

Inside stable, a manger with a 'Baby Jesus' inside – straw can be strips[5] of yellow paper. Mary looking exhausted[6], Joseph watching the baby sleeping. Angels wait 'outside', just making sure the shepherds get there.

Curtain up (6 chorus actors, CHRIST)

Angel 2: Maybe they got lost[7]?
Angel 1: Well, we are angels, right? That means[8] we are faster … Look, here they come now …
Joseph: *(to shepherd)* Are you here to see the baby? He's called Jesus, you know.
Shepherd 1: He's beautiful!
Shepherds take a look at the baby, and give a present of a light to Mary.
Mary: Oh, thank you – it was so dark in here …
Mary drops[9] the light and the straw in the stable catches fire[10]. Teacher runs onto the stage shouting, but falls and knocks his / her head and faints.

Curtain down – Chorus players with letters: OH CHRIST!

1 **hillside** Berghang | 2 **to be born** geboren sein | 3 **Messiah** Messias | 4 **sky** Himmel | 5 **strip** Streifen | 6 **exhausted** erschöpft | 7 **to get lost** sich verlaufen | 8 **to mean** bedeuten | 9 **to drop sth** etw. fallen lassen | 10 **to catch fire** Feuer fangen

Green Line 2 G9
Lehrerband
ISBN 978-3-12-854223-2

KV 1f A Christmas play

Act 4

Freeze frame[1] of the same scene as before. The teacher is lying on the floor. The fire is still burning[2]. (You can use an overhead projector covered[3] with yellow and red strips of paper – when switched on[4], this can represent[5] fire; when you extinguish[6] the fire you can just switch it off[7].) Innkeeper comes up – the only one who is moving. He goes to one side of the stage and takes one of the ten bottles that are there.

Curtain up

Innkeeper: Well, guys, you know the rest of the story. But first we have to put out[8] this fire. I wanted to sing my innkeeper song about ten green bottles, but the teacher didn't want to have this in the play, so he / she changed it. Now I'm sure we're all happy I still have the bottles. So let's use them *('pours'[9] the water onto the fire, extinguishing it. If the student who acts the innkeeper is a good singer, he / she can sing the song 'Ten green bottles').*

Curtain down

Act 5

Resolution[10], Happy Christmas ending. The students all go to visit their teacher in hospital. Their present to him / her is that with them is a reporter from the local[11] newspaper who wants to interview him / her about the story. A hospital bed (two tables in the classroom pushed together) and some chairs around it. The teacher is lying in bed, the children are sitting or standing around the bed. Some are still in their costumes. Maybe some black faces from the fire. The scene should be reminiscent of[12] the stable / manger scene, the shepherds visiting baby Jesus (the teacher).

Student 1: So how are you feeling? Are you OK?

Teacher: Yes, I really just knocked my head, so that's not too bad. But I also broke my arm – and I'll have to stay in hospital over Christmas.

Students *(all together)*: Oh no!!!

Students 2 / 3: Don't worry, we can come and visit you every day!

Teacher: That would be nice. But tell me, what happened after I fell? What did the parents think?

Student 4: Don't worry, there was no problem, really. Our innkeeper here saved the day *(pushing him towards the front).*

Teacher: Oh no, what did you do this time?

Innkeeper: You remember how I wanted to sing my 'Ten green bottles' song? Well, I still had the bottles – and there was water in them …

Teacher: So you extinguished the fire? Wow, that was clever!

Student 5: Yes, and he talked to the parents and sang his song so they thought it was all part of the show – they still don't know it was an accident[13]!

Teacher: Well, I can tell you, this was the most exciting Christmas play in all my life.

Student 6: And to make it even more exciting, here's someone who wants to see you. – We're sure you know him / her!

Reporter: Good morning – how are you doing? Is it ok if I interview you about the Christmas play? Our readers would like to know how you got this great idea of having a fire in the stable.

Teacher: Well, just give me a minute to think – and MERRY CHRISTMAS[14] TO YOU ALL!!! *(grinning at students and the audience)*

Curtain down, end!

1 **freeze frame** Standbild | 2 **to burn** brennen | 3 **covered** bedeckt | 4 **switched on** eingeschaltet | 5 **to represent** darstellen | 6 **to extinguish** löschen | 7 **to switch off** abschalten | 8 **to put out** löschen | 9 **to pour** gießen | 10 **resolution** Auflösung | 11 **local** örtlich, lokal | 12 **to be reminiscent of sth** an etw. erinnern | 13 **accident** Unfall | 14 **Merry Christmas** fröhliche Weihnachten

Green Line 2 G9
Lehrerband
ISBN 978-3-12-854223-2

KV 1a Test yourself

1 School activities

a) *Read these three flyers for school clubs.*

Table Tennis Club

This is just the fun you need after lunch!

When? **Tuesday 1.30 p.m**

Where? **Sports hall**

Open to all students in Years 7 and 8

For top players there are competitions with other schools on Saturdays.

Drama Club

Are you the next Harry Potter?

We have roles for everyone – queens, ghosts, cats, …
There are big roles, small ones, funny roles, sad ones

We do a new play every year.

Come and meet us:
Room 201,
Mondays after lessons (4 p.m.)

History Club

What did people eat in 1450?

Who was Thomas Tallis?

Come to our meetings and find out all about the past!

We meet **every Thursday in the lunch break**.

See you in **Room 27**!

We go on interesting trips at the weekend too!

b) *Compare the clubs and the flyers. You can use some of these words and phrases:*

not as … as | meet new people | useful for school | active | I like … better than | more fun than | boring | activities at weekend are … | try something new | exciting

____

____

____

2 Red Nose Day

*Put in the verbs in the correct form. Use the **simple past** or the **past progressive**.*

It ____________ **(1. be)** a nice day and the sun ____________ **(2. shine)**. Oliver and Tony ____________ **(3. decide)** to go into town. While they ____________ **(4. walk)**, Tony ____________ **(5. say)**, "We must have red noses!" After some time they ____________ **(6. see)** a man who ____________ **(7. sell)** red noses for £3 each. Tony ____________ **(8. buy)** a nice big nose. Oliver ____________ **(9. look)** for his money, but he ____________ **(10. cannot)** find his wallet. When the man saw that Tony ____________ **(11. do not)** find his money, he smiled and ____________ **(12. give)** him the nose for free. "Next year we must buy our noses earlier!" Tony ____________ **(13. say)** while they ____________ **(14. run)** along the street.

Lösung: 1 School activities: a) + b) I think the Table Tennis Club is more fun than the History Club because you can be more active. But I don't like club activities at the weekend because I need my free time. I like drama more than history. I'd like to be a ghost or an animal in a play. But the work there is harder than in the Table Tennis Club. The History Club could be useful for school. It makes history more interesting. **2 Red Nose Day:** 1. was; 2. was shining; 3. decided; 4. were walking; 5. said; 6. saw; 7. was selling; 8. bought; 9. was looking; 10. couldn't; 11. did not; 12. gave; 13. said; 14. were running

Green Line 2 G9
Lehrerband
ISBN 978-3-12-854223-2

KV 1b Test yourself

3 Are you a walking dictionary?

Your English friend doesn't understand these German words. Explain them in English.

who | which | that | where | when

1. **Musiker** That's a person ______________________________________.
2. **Messer** It's ______________________________________.
3. **Palast** It's a place ______________________________________.
4. **Kochrezept** It's information ______________________________________.
5. **Arzt** ______________________________________.
6. **Spielfeld** ______________________________________.
7. **Hundegebell** ______________________________________.
8. **erklären** It's what you do ______________________________________.

4 Dave's dream

Put in the missing words.

whose | angry | cut | built | from | dancing | arrest | hole | ago | enough | tried / wanted | shouted | woke | scared | presentation | wearing | wife | which / that

The night after Luke's History ______________ **(1)** Dave had a strange dream. He was in the house ______________ **(2)** King James ______________ **(3)** for his ______________'s **(4)** parties. All of Dave's friends ______________ **(5)** TTS were there. They were ______________ **(6)** funny costumes and everyone was singing and ______________ **(7)**. Then Queen Mary came and said with a strange voice, "You must dig a ______________ **(8)** for a big pond! Hurry up – or the police will ______________ **(9)** you!" A boy ______________ **(10)** costume was very dirty said, "Dave and I finished the pond ten minutes ______________ **(11)**." But Queen Mary was very ______________ **(12)**. "It's not big ______________ **(13)**!" she ______________ **(14)**. "I'm going to ______________ **(15)** off your heads!" Dave felt very ______________ **(16)**. He ______________ **(17)** to shout "Help!" – but at that moment he ______________ **(18)** up.

Lösung: 3 Are you a walking dictionary: 1. That's a person who makes music. 2. It's something which you use to cut things. 3. It's a place where a king or queen lives / which belongs to a king or a queen. 4. It's information which tells you how to make something to eat. 5. That's a person who looks after people when they feel bad / are hurt / who feel bad / … 6. It's a big place / space outside where you can do sport. 7. That's the noise which dogs make. 8. It's what you do when somebody doesn't understand something. **4 Dave's dream:** 1. presentation; 2. which / that; 3. built; 4. wife; 5. from; 6. wearing; 7. dancing; 8. hole; 9. arrest; 10. whose; 11. ago; 12. angry; 13. enough; 14. shouted; 15. cut; 16. scared; 17. tried / wanted; 18. woke

Green Line 2 G9
Lehrerband
ISBN 978-3-12-854223-2

KV 1 My London words

Collect London words and names that are useful for your personal vocabulary. Add to this list while you're working with Across cultures 1 and Unit 3. You can also create your own categories.

Sights:

Places to eat:

(Public) transport:

Activities in London:

Other words:

Places to go shopping:

Green Line 2 G9
Lehrerband
ISBN 978-3-12-854223-2

KV 2 Royal London

a) *Watch the film. Write down the correct order of the pictures:* ☐☐☐☐☐☐☐☐☐

b) *What does Laura say? Match these phrases with the correct pictures. Write the letter of the picture in the box.*

☐ 1. A lot of London sights are named after members of the Royal Family – like this bridge. It's called the 'Royal Albert Bridge' or 'Albert Bridge' for short.

☐ 2. Many people in Britain celebrated William and Kate's wedding.

☐ 3. […] like the Royal Albert Hall for events and concerts […]

☐ 4. no text

☐ 5. [People from all over the world come here to see the …] or the 'Trooping the Colour' ceremony.

☐ 6. […] St James's Park […]

☐ 7. […] and the Queen's Diamond Jubilee.

☐ 8. [Some people love the traditions.] For others it's just a party!

☐ 9. Tourists from all over the world come to events like these.

c) *Which information about the Royal Family / royal London did you find interesting?*

____

____

____

Lösung: a) F, I, E, A, H, D, B, G, C **b)** 1B, 2F, 3G, 4I, 5D, 6C, 7E, 8H, 9A

Green Line 2 G9
Lehrerband
ISBN 978-3-12-854223-2

KV 3 London and other special cities

a) *What do you think makes London a special city? Together with a partner, collect ideas and write them down in this mind map.*

Take a look again at the pictures on p. 48, at Ex. 2 on p. 49 and at your notes from Ex. 3!

Think about: What do you usually like to do (in other cities)? What can you do in London? What's London famous for?

b) *You've got a friend who doesn't know London. But he / she wants to visit the city in the holidays. Tell him / her what you think makes London a special city and why.*

Let me tell you about London! For me, it's a special city because ______________________________

____

____

____

____

c) *Choose a German city. Fill in the boxes. Think about these questions: What can you do in this city? Which sights has it got? Does it have buses / …? How big is it? Is it very expensive? What's special about it?*

City: ______________________________

What's good?	What isn't so good?
________ ________	________ ________
________ ________	________ ________
________ ________	________ ________

Green Line 2 G9
Lehrerband
ISBN 978-3-12-854223-2

KV 1 Listening: A video chat with Amir

a) ◎ *Listen to the video chat. Note down the places Jay and Amir are talking about. Then tick (✔) the right boxes.*

Places to see	Amir	Jay
1. Big Ben	☐	☐
2. ______	☐	☐
3. ______	☐	☐
4. ______	☐	☐
5. ______	☐	☐
6. ______	☐	☐
7. ______	☐	☐

b) 👥 *Work with a partner. Listen again and take notes about sights 3 – 7. One of you takes notes about Amir's sights, and one takes notes about Jay's sights. Write your notes into the grid.*

Lösung: a) 1. Big Ben (Amir & Jay); 2. Horse Guards (Amir & Jay); 3. Covent Garden (Jay); 4. British Museum (Amir); 5. Brick Lane (Jay); 6. London Wall (and Tower of London) (Amir); 7. Shakespeare's Globe (Amir & Jay) **b) Covent Garden** has got the best street shows of London. / You can see and hear all kinds of music, comedy and magic tricks. **The British Museum** has got amazing things from different cultures all over the world / is very big → a lot for one visit / You can get a list of a hundred special things there. / You can explore the history of the whole world. **Brick Lane:** Lots of Bangladeshi people live there. / It's an interesting street in the East End. / There are lots of curry places (good for lunch). / You can discover the street art = big pictures and graffiti in crazy colours all over the walls → reason for the many music videos that they film there. / You can get really great and cheap clothes. **London Wall (and Tower of London):** part of the walls the Romans built (London = Roman city) / next to the Tower of London / the biggest piece of the old city wall that's still left / more than eighteen hundred years old. **Shakespeare's Globe:** It's like the old Shakespeare theatre, but they built a new one. / You can learn all about the history of the theatre. / You can see some of the world's best Shakespeare actors there. / You can do acting workshops there.

Green Line 2 G9
Lehrerband
ISBN 978-3-12-854223-2

KV 2 It's going to be fun

a) *Are these sentences right or wrong? Tick (✔) the right boxes. Then correct the wrong sentences below.*

	Right	Wrong
1. Jay and Amir went to the Royal Albert Hall earlier that day.	☐	☐
2. Jay and Amir met Olivia and Holly in Greenwich Park that afternoon.	☐	☐
3. Jay wants to go to the British Museum the next day, but Amir doesn't want to.	☐	☐
4. Olivia and Amir both like acting.	☐	☐
5. Mrs Azad thinks that they've got a good plan.	☐	☐
6. Jay's 18-year-old brother is at home and is going to go with them.	☐	☐
7. Jay and Amir need money for their lunch and the Oyster cards.	☐	☐

____

____

____

____

____

b) *Answer the following questions about the Oyster card. The Across cultures box on p. 52 can help you!*

1. What kind of transport do you use the Oyster card for?

____

____

2. Is the Oyster card an expensive way to travel in London?

____

____

3. How do you use the Oyster card?

____

____

Lösung: a) Right: 2, 7; Wrong: 1. They went to the Royal Observatory earlier that day. 3. The two boys want to go to the British Museum the next day with Holly and Olivia. 4. Olivia and Amir both like museums. 5. Mrs Azad isn't happy with their plan at first. 6. Jay's 18-year-old brother isn't at home at the moment and Jay must ask (persuade) him later.
b) 1. You use the Oyster card for public transport. 2. The Oyster card is the cheapest way to travel by public transport in London. 3. You need to get the Oyster card (a smartcard) and you can top it up with credit.

Green Line 2 G9
Lehrerband
ISBN 978-3-12-854223-2

KV 3 What are they going to do?

a) *Look at the pictures. Say what the people are going to do.*

1. walk dog

2. play tennis

3. dig hole

4. have picnic

5. go swimming

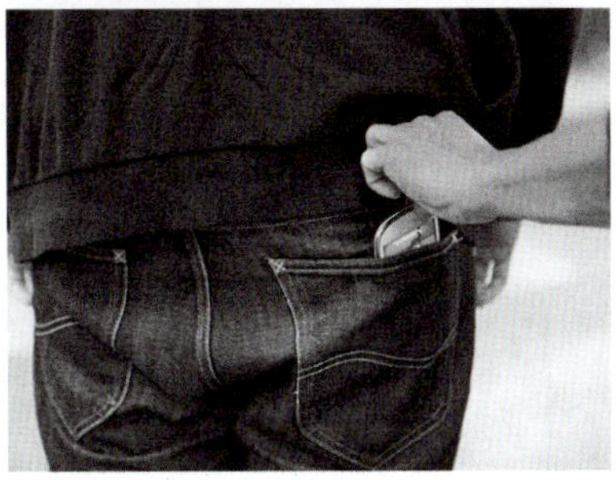

6. steal mobile

1. ______________________________
2. ______________________________
3. ______________________________
4. ______________________________
5. ______________________________
6. ______________________________

b) *Look at this poster about a trip to London. Choose three things which you are going to do and put a tick ✔ or a smiley ☺ next to them. (Don't show your partner!)*

Ask your partner what he / she is going to do.

Example:

Are you going to … ? – Yes, I am. / No, I'm not.

What (else) are you going to do? – I'm going to …

VISITLONDON.COM

Visit the **British Museum!**

Take photos of **Big Ben!**

Go on a boat trip to **Greenwich!**

Look at the wax figures at **Madame Tussauds!**

Buy souvenirs in **Oxford Street!**

Have a meal at **Covent Garden!**

c) *Write three sentences about your partner's plans.*

____

____

____

Lösung: a) The boy is going to walk the dog. 2. The girls are going to play tennis. 3. „I'm going to dig a hole." 4. The teenagers are going to have a picnic. 5. „We're going to go swimming." 6. The woman is going to steal the boy's mobile. **b)** Individuelle S-Lösungen. **c)** *Lösungsvorschlag:* Christoph / Tammi isn't going to visit the British Museum, but he / she's going to look at the wax figures at Madame Tussauds. He / She's going to buy souvenirs in Oxford Street and he / she's going to go on a boat to Greenwich too. He / She isn't going to take photos of Big Ben.

Green Line 2 G9
Lehrerband
ISBN 978-3-12-854223-2

KV 4 Pia's plan for her London trip

a) *Pia wants to go to London for a day. Read her e-mail. Then use the grid to help her make a plan for her London trip.*

Dear Olivia,

I'm very excited because I'm going to visit London again! I'd like to make a plan for my visit, but your underground is very big. You live there and know the city, so I need your help. I haven't got much time in London and I'd like to see five sights in one day.
Could you find a good route for me to see the following sights:

- Buckingham Palace
- the Transport Museum
- Oxford Street
- Mudchute Farm
- the Tower of London

The nearest Tube station to my hotel is Elephant & Castle.
Maybe we could meet as well? Have you got any suggestions where?

Thank you so much for your help!
Pia xxx

From – to	Lines	Change at …	Sight
Elephant & Castle – Victoria			Buckingham Palace

b) *Write Olivia's answer to Pia as an e-mail.*

Lösung: **From Elephant & Castle to Victoria**; lines: Bakerloo, Circle or District; change at Embankment; sight: Buckingham Palace; **From Victoria to Oxford Circus**; lines: Victoria Line; change at –; sight: Oxford Street; **From Oxford Circus to Tower Hill**; lines: Central, Circle or District; change at Bank / Monument or Liverpool Street; sight: Tower of London; **From Tower Hill to Covent Garden**; lines: Circle or District, Central, Piccadilly; change at Bank / Monument and Holborn; sight: Transport Museum; **From Covent Garden to Crossharbour**; Lines: Piccadilly, Central, District or Circle, DLR; change at Holborn, Bank / Monument, Tower Hill / Tower Gateway; sight: Mudchute Farm

Green Line 2 G9
Lehrerband
ISBN 978-3-12-854223-2

KV 5 Useful phrases for Unit 3

Useful phrases for travelling by underground:

Take a look at the story on p. 54, at Ex. 10 on p. 55 and at the Useful phrases box on p. 55.

Useful phrases for for making and discussing suggestions:

Asking for someone's ideas	*What can we do? / Has anybody*
Expressing your ideas	*What about … ? / It must be … / OK, but …*
Saying yes (pros)	*If nobody …*
Saying no (cons)	*not everyone is into …*

Green Line 2 G9
Lehrerband
ISBN 978-3-12-854223-2

KV 6 What's the word?

a) *Gemma told Jack about her trip to London. Put in the missing words.*

musician | public | stop | underground | smartcard | around | change | stayed | sights | off | persuade | travelled | north | top

Gemma: It was cool in London! I saw Big Ben, Covent Garden and lots of other ________________ **(1)**.

Jack: Were you in a hotel?

Gemma: No, I wasn't. I ________________ **(2)** with my grandma in the ________________ **(3)** of the city.

Jack: And how did you get ________________ **(4)** in London? By taxi?

Gemma: No, that's too expensive! I ________________ **(5)** everywhere by ________________ **(6)** transport.

Jack: But the buses and the ________________ **(7)** are quite expensive too. Can you get cheap tickets?

Gemma: You can get an Oyster card. That's a ________________ **(8)**. – It's great.

Jack: Yes, but you mustn't forget to ________________ **(9)** it up! Did you see Buckingham Palace?

Gemma: Yes, I did. But I had a long trip on the Tube. I had to ________________ **(10)** three times. Then I got ________________ **(11)** at the wrong ________________ **(12)**! But a ________________ **(13)** was playing the saxophone in the tunnel. He helped me to find my way.

Jack: London sounds great! I must ________________ **(14)** my mum and dad to take me there next year.

b) *What is it? Complete the words.*

1. Some people with special needs must have this. _ _ _ _ _ _ _ _ _ R
2. It's the place to see interesting animals. _ _ O
3. It sometimes rings to tell you the time. _ _ _ L
4. Many people start their holiday trip here. _ _ _ _ _ _ T
5. You can get off a bus or the Tube here. _ _ _ P
6. Your Oyster card must have this. _ _ _ _ _ T

Lösung: a) 1. sights; 2. stayed; 3. north; 4. around; 5. travelled; 6. public; 7. underground; 8. smartcard; 9. top; 10. change; 11. off; 12. stop; 13. musician; 14. persuade **b)** 1. wheelchair; 2. zoo; 3. bell; 4. airport; 5. stop; 6. credit

Green Line 2 G9
Lehrerband
ISBN 978-3-12-854223-2

KV 7 The food challenge

a) *Imagine you're one of the people in the photo story on p. 54. What can he/she say about it? Choose* ***one*** *of the people and fill in his/her speech bubble. Then compare it with a partner.*

I was really hungry ______________________

b) ▲ *Choose another person and write down what he/she can say about the story.*

Green Line 2 G9
Lehrerband
ISBN 978-3-12-854223-2

KV 8 *Some, any* and their compounds

a) *Take a look at the story on p. 54. Write down the two sentences with **some** and **any**. Then complete Jay's sentence.*

some	any
Olivia: Everybody ______________________	Holly: ______________________
______________________	______________________
______________________	Jay: I haven't got ______________ food.

b) *Now write down the rule: When do you use **some**, and when do you use **any**?*

We use 'some' in ______________________	We use 'any' in ______________________
______________________ .	and in ______________________ .

c) *Test yourself! Fill in **some** or **any** and the correct nouns.*

sandwiches | food | drinks | money

Amir: I'm so hungry. Have we got ______________________ (1) left?

Jay: No, I'm sorry. Let's go to a supermarket and buy ______________________ (2).

Amir: But I haven't got ______________________ (3).

Jay: I got £10 from my mother to buy us something to eat. Let's go and get ______________________ (4) too! I'm very thirsty[1].

d) *Which compounds of **some** and **any** do you know? Write them down in the grid.*

For positive statements	For questions and negative statements
______________________	______________________
______________________	______________________
______________________	______________________

1 **thirsty** durstig

Lösung: a) Olivia: Everybody takes some money and we see who can get the most food! / Holly: Are there any cafés anywhere? / Jay: I haven't got any food! **b)** We use 'some' in positive statements. We use 'any' in questions and in negative statements. **c)** 1. any food / sandwiches; 2. some food / sandwiches; 3. any money; 4. some drinks **d)** For positive statements: somebody / someone, something, somewhere; For questions and negative statements: anybody / anyone, anything, anywhere

Green Line 2 G9
Lehrerband
ISBN 978-3-12-854223-2

KV 9 Tandem activity

Work with a partner. One of you is Amir and one of you is Jay. Read the dialogue and fill in the correct words from your list.

Partner A

someone (2x) | everybody | any | everywhere | anywhere

Amir:	So after the sandwiches ________ is full. What can we do now?
Jay:	We could watch some more shows here at Covent Garden. Is there another clown who is doing magic tricks anywhere?
Amir:	Oh no, that's boring. And there are so many people here ________.
Jay:	Then let's do something special!
Amir:	We could ask ________ for a tip!
Jay:	Hm … I've got an idea! Why don't we go and look for Shahid? He's meeting someone important.
Amir:	This sounds exciting! But he could be ________! Have you got ________ idea where he could be?
Jay:	I know some of the places where he usually meets his girlfriend. But it could be any of them!
Amir:	Hm … Didn't he say yesterday that his girlfriend wanted to watch a play at the Globe? And that she wanted to go there with ________ else?
Jay:	Yeah, you're right! Then let's go to the Globe. We wanted to go there anyway[1]! And maybe we can meet someone famous there!

1 **anyway** sowieso

Partner B

someone (2x) | some (2x) | any | something | anywhere

Amir:	So after the sandwiches everybody is full. What can we do now?
Jay:	We could watch ________ more shows here at Covent Garden. Is there another clown who is doing magic tricks ________?
Amir:	Oh no, that's boring. And there are so many people here everywhere.
Jay:	Then let's do ________ special!
Amir:	We could ask someone for a tip!
Jay:	Hm … I've got an idea! Why don't we go and look for Shahid? He's meeting ________ important.
Amir:	This sounds exciting! But he could be anywhere! Have you got any idea where he could be?
Jay:	I know ________ of the places where he usually meets his girlfriend. But it could be ________ of them!
Amir:	Hm … Didn't he say yesterday that his girlfriend wanted to watch a play at the Globe? And that she wanted to go there with someone else?
Jay:	Yeah, you're right! Then let's go to the Globe. We wanted to go there anyway[1]! And maybe we can meet ________ famous there …

1 **anyway** sowieso

Green Line 2 G9
Lehrerband
ISBN 978-3-12-854223-2

KV 10 Listening: Rocky's audio tour

a) ◎ *Listen to the first part of Rocky's audio tour. Tick (✔) the right answers.*

	Right	Wrong
1. Rocky thinks that he can do the tour of the Tower better than the Beefeaters.	☐	☐
2. If the Beefeaters leave the Tower, all the ravens will go too.	☐	☐
3. The Raven Master sleeps in a special house.	☐	☐
4. Most ravens don't live as long as the ravens in the Tower.	☐	☐
5. Rocky likes tourists who come very close to him.	☐	☐

b) *Listen to the next part of Rocky's audio tour. Tick (✔) the correct answer(s).*

1. Why are the Crown Jewels kept in the Tower?
   ☐ a) most beautiful place ☐ b) safest place ☐ c) because the kings and queens lived there
2. Why can't you steal anything?
   ☐ a) There are special police officers. ☐ b) Everything is behind glass. ☐ c) The alarm goes on.
3. The beautiful things are …
   ☐ a) worth lots of money. ☐ b) a tourist attraction. ☐ c) interesting for both young and older people.
4. What did kings and queens love?
   ☐ a) to collect treasure ☐ b) to wear the Jewels ☐ c) to decorate the palace with treasure
5. Which part of the Crown Jewels does still play a role in royal events?
   ☐ a) a sword ☐ b) a special ring ☐ c) a crown

c) *Listen to the last part of Rocky's audio tour. Complete the sentences.*

1. A beefeater once saw the ghost of a ______________________________.
2. In the past the Tower was a ______________________________.
3. The first bear came from ______________________________ in ____________.
4. The white bear loved to swim in the ______________________________.
5. In ____________ the brown bear went to ______________________________.

Lösung: a) right: 1, 4; wrong: 2, 3, 5 **b)** 1b); 2b); 3a); 4a), 5c) **c)** 1. big bear; 2. royal zoo; 3. Norway, 1252; 4. Thames; 5. 1832, the new London zoo

Green Line 2 G9
Lehrerband
ISBN 978-3-12-854223-2

KV 11 △ Mediation: Rocky's audio tour

Give the main information of Rocky's audio tour in German. Take a look at Tony's tips!

Hallo! Ich spreche leider kein Englisch und würde gerne wissen, was Rocky alles erzählt! Kannst du mir helfen?

= Adressat

Track 1: ravens | old tradition | Raven Master | lots of good food | special house to sleep

Track 2: Crown Jewels | William the Conqueror | safest place | many people | treasures | important role at royal events

Track 3: ghost | bears | royal zoo | white bear | King of Norway | brown bear | Canada

I can remember these words from the audio tour. Maybe they can help you!

1. *Als Erstes berichtet Rocky über die sechs* ______________________________

____

____

____

____

2. *Als Nächstes* ______________________________

____

____

____

____

3. ______________________________

____

____

____

____

Green Line 2 G9
Lehrerband
ISBN 978-3-12-854223-2

KV 12 Mrs Azad's trip to London

a) *Mrs Azad remembers one of her visits at the Tower of London. Read what she tells Amir:*

If you want to get to know London better, a tour with a guide is a good idea. You can see and learn a lot faster and more easily than if you explore the city alone. For example at the Tower of London, the Beefeaters explain the history of the Tower (and the history of the ravens!) best. They always try to come nearest to the ravens. I once joined such a tour at the Tower of London: Suddenly a little boy shouted dramatically "Help!" when the ravens came near. They started to fly more quickly than usual. The ravens hit many people's heads, and one raven hit the boy's head hardest. He fell to the ground. When he got up, he was OK. His arm hurt a little bit, but his shoulder hurt worse! The Beefeater said: "This is the home of the ravens. Next time watch them more carefully, please!"

b) *Read the text again, underline the* ***adverbs*** *and complete this grid with the missing forms:*

	Adverb	Comparative	Superlative	Type of comparison
1.	*well*			
2.	*much*	*more*	*most*	
3.			*worst*	
4.	*easily*			
5.		*more dramatically*		
6.			*most quickly*	
7.	*carefully*			
8.			*fastest*	
9.		*nearer*		
10.	*hard*			

c) *Now write down the rules for the* ***comparison of adverbs*** *in the grid below. Then fill in the right column (type of comparison) of the grid in* **a)**.

	Comparative	Superlative
1. Adverbs with one syllable	*adverb +*	
2. Adverbs with two or more syllables or that end with -ly		
3. Irregular adverbs	*no rule!*	*no rule!*

Lösung: b) Adverbs in the text: better, faster, more easily, best, nearest, dramatically, more quickly, hardest, worse, more carefully; grid: 1. better, best; 3. badly, worse; 4. more easily, most easily; 5. dramatically, most dramatically; 6. quickly, more quickly; 7. more carefully, most carefully; 8. fast, faster; 9. near, nearest; 10. harder, hardest; **c)** 1. Adverbs with one syllable: adverb + -er / adverb + est (grid: 8–10); 2. Adverbs with two or more syllables or that end with -ly: more + adverb / most + adverb (grid: 4–7); 3. Irregular adverbs (grid: 1–3)

Green Line 2 G9
Lehrerband
ISBN 978-3-12-854223-2

KV 13 At Covent Garden

a) *Here is Steve's report about his trip to London. Put in adverbs to make the report better. You can choose from the words in the box. (Be careful to use the adverb form!) You can use the same adverb more than once – but try to use lots of different adverbs.*

quiet | happy | careful | easy | slow | angry | loud | quick | nervous | cheap | rude | excited

On our first day in London Henry and I walked ____________________ (1) to the Tube station. We got off ____________________ (2) at Covent Garden and went to the market. Lots of people were talking and shouting ____________________ (3). We looked ____________________ (4) at the souvenirs, then I said ____________________ (5), "Look, Henry! There's a mini Big Ben. That's a great present for my sister. I can buy it very ____________________ (6)." I paid, then I turned round ____________________ (7). But where was Henry now? I looked for him ____________________ (8). After two minutes I saw him. He was listening ____________________ (9) to some musicians. "Where were you?" I asked him ____________________ (10). "Don't run away again!"

b) *How can you get to Covent Garden? Read the information.*

info	taxi	underground	bike	on foot[1]
time	12 minutes	20 minutes	15 minutes	45 minutes
money	£8.50	£2.40	–	–

Now compare the four trips. Use the adverbs on the right.

quickly | fast | cheaply | safely

1. *You can get to Covent Garden more quickly / faster by bike than by underground*.
2. You can get there most quickly / fastest ____________________.
3. You can get to Covent Garden more ____________________.
4. ____________________.
5. I think ____________________.
6. ____________________.

1 on foot zu Fuß

Lösung: a) *Lösungsvorschlag:* 1. quickly; 2. excitedly; 3. loudly; 4. carefully; 5. happily; 6. cheaply; 7. slowly; 8. nervously; 9. quietly; 10. angrily
b) 2. You can get there most quickly / fastest by taxi. 3. You can get to Covent Garden more cheaply by underground than by taxi. 4. You can get there most cheaply by bike or on foot. 5. I think you can get there more safely by underground than by bike. 6. I'm sure you can get there most safely by taxi.

Green Line 2 G9
Lehrerband
ISBN 978-3-12-854223-2

KV 14 Words that go together

a) *Create new words out of two (sometimes the words are written together, sometimes not).*

transport | friend | Jewels | where | audio | girl | public | tour | any | Crown | guide | tour

1. ____________________ 4. ____________________

2. ____________________ 5. ____________________

3. ____________________ 6. ____________________

b) *One word is wrong. Cross it out.*

1. You can follow
   - a person.
   - a route.
   - a castle.
   - instructions.

2. You can work
   - carefully.
   - hungrily.
   - hard.
   - fast.

3. People can live in
   - a treasure.
   - a prison.
   - a zoo.
   - a castle.

4. Some places aren't
   - safe.
   - far.
   - careful.
   - nice.

5. You can deal with
   - a problem.
   - a prison.
   - a person.
   - a question.

6. You can become
   - a tour guide.
   - famous.
   - nervous.
   - a sandwich.

c) *Make a mind map for the Tower of London.*

Lösung: a) 1. public transport; 2. girlfriend; 3. Crown Jewels; 4. anywhere; 5. audio tour; 6. tour guide **b)** 1. a castle; 2. hungrily; 3. a treasure; 4. careful; 5. a prison; 6. a sandwich **c)** *Lösungsvorschlag:* **people:** Beefeaters, King William, tourists; **history:** castle, prison, royal zoo, must-see sight; **animals:** ravens, (zoo) lions, bears; **what to see:** Crown Jewels, Beefeaters, ravens, treasure, ghost

Green Line 2 G9
Lehrerband
ISBN 978-3-12-854223-2

KV 15 △ My sight / special place in London

Your task is to write about your favourite sight / a special place in London or something that you'd really like to see there. The exercises **a)** *and* **b)** *prepare you to write your text in* **c)**.

a) *First make a mind map about your must-see sight / place.*

b) *Answer the following questions about your sight / place.*

Which sight / place is it? ______________________

____

Where is your sight / place? ______________________

____

Describe your sight / place. ______________________

____

____

Why is it special to you? ______________________

____

____

c) *Now use your ideas from* **a)** *and* **b)** *and write a short text (6 – 8 sentences) about your personal must-see sight / place in London.*

My must-see sight / place in London is ______________________

____

____

____

____

Green Line 2 G9
Lehrerband
ISBN 978-3-12-854223-2

KV 16 A day out in London

a) △ *Choose a scene and say why you like it. Use the notes – and your own ideas too.*

A a T-shirt / clothes stall | different T-shirts | colours | cheap | a bargain

B a food stall | paella | food from Spain | try

C do funny drawings of people | caricatures | £5 | have fun | laugh

D a sunglasses stall | crazy colours | too big | try on / buy | cool or silly?

b) ▲ *Write a dialogue between Jinsoo and Mina. You can use ideas from the film, but you can use your own ideas too.*

Start like this: Jinsoo: Hey, it's me. Where are you?

Green Line 2 G9
Lehrerband
ISBN 978-3-12-854223-2

KV 17 A great view!

a) *Look at this film still. It's a photo from the beginning of the film when Mina, Jinsoo, Marley and Nick are on a bridge. Can you remember what sight you saw before this?*

We are standing on the

____

b) *Now look at the map of London at the back of your book. Find out what bridge they're on and complete the speech bubble.*

c) *Use the map and write down the names of all the other things you can see in the picture. Then describe the view to your partner. The words in the box can help you.*

Start like this: What a great view! …

I'm standing on … | on the right / left | to the right / left of | in the background / middle / foreground | in front of / behind / next to | I'm not sure, but I think I can see … | There's a … / There are some …

d) *Where do Mina and the boys want to go? How do they get there? Use a map of the London underground. There's one at the back of your Green Line book too.*

e) *You are now on the bridge and you want to go to the Sherlock Holmes Museum in Baker Street first and then to Covent Garden. After that you want to meet some friends at the Cutty Sark in Greenwich. How can you get there?*

Green Line 2 G9
Lehrerband
ISBN 978-3-12-854223-2

KV 18 Our London tour

Before Step 1: How are you going to get around in London?

___

Step 2: Which sights are you going to visit?

___

___

Step 3a): Note down some information about (one of) your sights.

___

___

___

Step 3b): Write a plan for your tour (you can give your tour a name!).

Plan for our London tour "________________"

Time of day	Place / Sight	Closest Tube station / bus stop	How to get there	Important information
Morning, 9:00 am	Green Park / City of Westminster, Greater London	Hyde Park Corner	starting point of our tour	starting point of our tour

Green Line 2 G9
Lehrerband
ISBN 978-3-12-854223-2

KV 19 I'm a mudlark

a) *Here are five pictures about the story. Which part (A – E) do they belong to? Fill in the right letter and complete the sentence about the picture.*

1 ☐

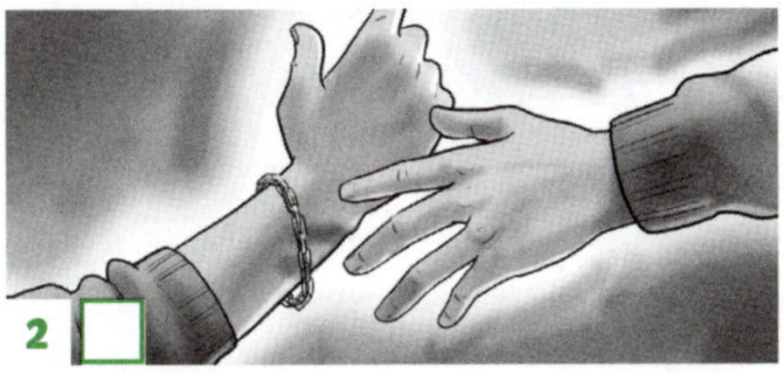
2 ☐

3 ☐

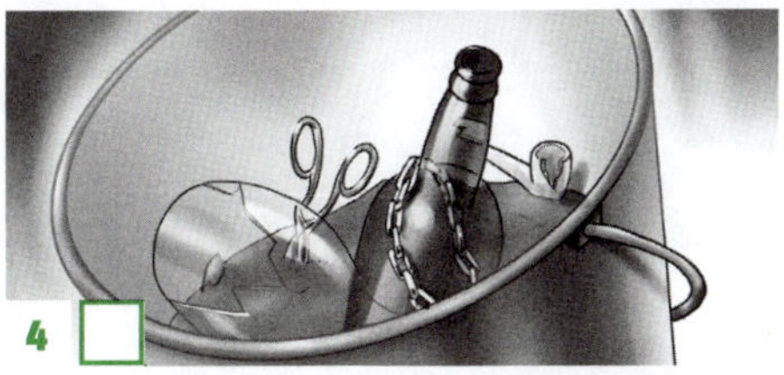
4 ☐

5 ☐

A. Jay grabs Amir's ____________________.

B. Mike is under the ____________________ and holds the bracelet in his ____________________.

C. Mike shows the friends everything in his ____________: a glass, a green ______________, a clay-pipe and a bracelet.

D. ____________________ is coming in. ____________________ is cut off from his friends!

E. Amir throws his bracelet into ____________________.

b) *What's Olivia thinking at the end of the story? Fill in her thought bubble.*

Amir ______________________________

____

____

____

Lösung: a) 1D: **The tide** is coming in. **Jay** is cut off from his friends. 2A: Jay grabs Amir's **bracelet**. 3E: Amir throws his bracelet into the **Thames/the river**. 4C: Mike shows the friends everything in his **bucket**: a glass, a green **bottle**, a clay-pipe and a bracelet. 5B: Mike is under the **bridge** and holds the bracelet in his **hand**. **b)** Amir is very interested in history. Now his bracelet is part of history too.

Klett

Green Line 2 G9
Lehrerband
ISBN 978-3-12-854223-2

KV 20 A look at the Thames

a) *What sights and attractions does the speaker talk about? Tick (✔) the right boxes.*

☐ Big Ben
☐ Madame Tussauds
☐ The London Eye
☐ The O2 Arena
☐ Tower Bridge
☐ The London Dungeon
☐ The Houses of Parliament
☐ Buckingham Palace
☐ The Shard
☐ Hyde Park

b) *What's The Shard? Make notes.*

____

____

____

____

c) *What do you know about the Thames Barrier? Match the correct sentence parts. Tick (✔) the right boxes.*

1. The Thames Barrier
   ☐ a) is a famous tourist sight.
   ☐ b) is very important for London.
2. You find it
   ☐ a) in the south of London.
   ☐ b) at the eastern end of London.
3. The Thames is
   ☐ a) a small river.
   ☐ b) a tidal river.
4. This means that
   ☐ a) there are extremely high tides and flood waters from the North Sea.
   ☐ b) the water can't become dangerous.
5. They built the barrier in
   ☐ a) 1982.
   ☐ b) 1984.
6. The steel gates
   ☐ a) protect England.
   ☐ b) protect London and its people.

Lösung: a) Big Ben, The Houses of Parliament, The London Eye, The O2 Arena, The Shard, Tower Bridge; **b)** London's largest skyscraper (over 300 metres) **c)** 1b), 2b), 3b), 4a), 5a), 6b)

Green Line 2 G9
Lehrerband
ISBN 978-3-12-854223-2

KV 21 A tour from Westminster Bridge to Tower Bridge

a) △ *You're visiting London with a friend. He / She doesn't know the city very well. You do a boat tour on the Thames together and talk about the sights and attractions you can see from the boat. Answer your friend's questions and give some information.*

Your friend: I can hear the sound of a bell. What is it?

You: ______________________________

____

Your friend: Look at this big wheel! Can you tell me something about it?

You: ______________________________

____

Your friend: What's this very high building on the right?

You: ______________________________

____

Your friend: What's the old building you can see near Tower Bridge?

You: ______________________________

____

b) ▲ *You're visiting London with a friend. He / She doesn't know the city very well. You do a boat tour on the Thames together and talk about the sights and attractions you can see from the boat. Write a dialogue.*

____

____

____

____

____

____

____

____

____

____

Green Line 2 G9
Lehrerband
ISBN 978-3-12-854223-2

KV 1 Mudlarks

a) *Read this text about mudlarks. You can't read some words because of the mud. Fill the gaps.*

Today, the Thames is one of the cleanest ri___ **(1)** in a capital city. It wasn't always like this. In the past, Londoners thought the river was a rubbish bin[1]. And this is where the mudlarks come in[2]. 'Mudlark' is a very old word for p___ **(2)**. It was the name for people who tried to find things that they could sell along the river. If you work in the mud, you become very di___ **(3)** – like a pig. People were doing this for many hundreds of years. Most of them worked there in the 18th and 19th cen___ **(4)**. Mudlarks were usually between 8 and 15 years old. Today, you can still find some of the old ru___ **(5)** along the river – at low tide. Some people say that the Thames foreshore[3] is probably one of the biggest archaeological sites[4] in the world.
There are now only 51 people who bel___ **(6)** to the Society of Thames Mudlarks. They are a group of specialists[5] who work for the Museum of London.
The modern mudlarks are a bit different from the original ones. They use metal detectors[6], and they don't need to do do this to make money and eat. They're just lo___ **(7)** for history.
But mudlarks also need to be very car___ **(8)** when they're down on the river banks as it's easy to get cut off by the w___ **(9)**.
Some of the things which the mudlarks find are in surprisingly good condition[7]. There's no air[8] in the mud, so as long as they are deep[9] in the Thames mud, things come out just the way they went in. Mudlarks must take things which are more than 300 years old to The Museum of L___ **(10)**. In the last 30 years, they have collected 90,000 historical objects, for example 18th Century cl___ **(11)** pipes, coins and Georgian jewellery.
Most mudlarks say that there are maybe five or six objects every year that are really special. One mudlark has an interesting story to tell. He often found 1950s French francs[10] cut in half[11] – always in the same part of the river, close to the Mi___ **(12)** Dome. He was very confused[12]. One day, he met a former docker[13] who had the answer.
The docker worked on that part of the river during the fifties. The French government[14] was sending coins to London to melt them down[15]. The dockers threw some of these coins from the sh___ **(13)**. The coins fell into the mud and the dockers came back at night to get the coins. They used the money to take their families on a h___ **(14)** to France – with their pockets full of the stolen[16] coins. When the French realised[17] this, they started cutting the coins in half before sending them to London.

b) *Write down three facts about mudlarks that were interesting for you. Then talk about them with a partner.*

Example: A: I think it's interesting that 'mudlark' is an old word for pig.
B: I didn't know that today, mudlarks work for the Museum of London.

1 **rubbish bin** Mülleimer | 2 **to come in** *hier:* ins Spiel kommen | 3 **foreshore** Uferland | 4 **archaeological site** Ausgrabungsstätte | 5 **specialist** Spezialist | 6 **metal detector** Metalldetektor | 7 **condition** Zustand | 8 **air** Luft | 9 **deep** tief | 10 **French franc** ehem. französische Währung | 11 **cut in half** halbiert | 12 **to be confused** verwirrt sein | 13 **docker** Hafenarbeiter | 14 **government** Regierung | 15 **to melt sth down** etw. einschmelzen | 16 **stolen** gestohlen | 17 **to realise sth** etw. bemerken

Lösung: 1. rivers; 2. pig; 3. dirty; 4. centuries; 5. rubbish; 6. belong; 7. looking; 8. careful; 9. water; 10. London; 11. clay; 12. Millennium; 13. ship(s); 14. holiday

Green Line 2 G9
Lehrerband
ISBN 978-3-12-854223-2

KV 2 The characters in the story

a) *Choose a different colour for each of the characters. Now colour in the correct boxes that go with Jamie, Ten Tons, Davies and Patty.*

- The character is a bit of a clown.
- The character has a mother and a father.
- The character must steal to live.
- The character doesn't have parents.
- The character is good at stealing.
- The character often talks and shouts to himself.
- The character has a home.
- The character must steal to live.
- The character doesn't have parents.
- The character often checks if things are OK.
- The character doesn't like Ten Tons.
- The others think the character is a bit of a coward[1].
- The character almost falls into the water.
- Other people think the character is crazy.
- The character doesn't need to steal from a ship.
- The character is annoyed when the boys are too loud.

b) *Choose one of the characters and write a short text about him / her with the help of the sentences from* **a)**.

____

____

____

____

____

____

____

____

____

____

____

1 **coward** Feigling

Lösung: a) Jamie: The character has a mother and a father. The character has a home. The character doesn't need to steal from a ship. The character often checks if things are OK. The others think the character is a bit of a coward. **Ten Tons:** The character often talks and shouts to himself. Other people think the character is crazy. The character doesn't have parents. The character must steal to live. The character is a bit of a clown. **Davies:** The character doesn't have parents. The character must steal to live. The character almost falls into the water. **Patty:** The character doesn't like Ten Tons. The character is annoyed when the boys are too loud. The character is good at stealing.

Green Line 2 G9
Lehrerband
ISBN 978-3-12-854223-2

KV 1 The world of sports

Everybody in the class gets one card. Walk around the classroom, present your card and find other students with the same sport. Form a group and use your cards to prepare a short presentation of your sport for the class.

play football	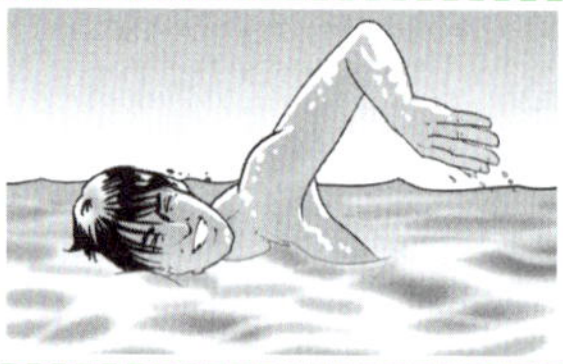	Their team lost the football match last weekend.	score a goal
catch a basketball	kick a football	He loves playing basketball!	
run in a marathon	pass a basketball		run very fast
	runner	He wins every race!	play tennis
tennis court	racquet	This net is very old.	go swimming
goggles 	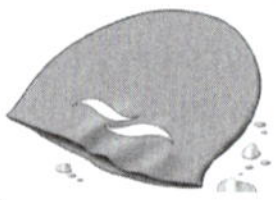 Swimmers usually wear a swimming cap.		rugby pitch
	They scored highly in the rugby match.	play rugby	equipment for riding
throw a rugby ball	surfers	horses	
go riding		For surfing you need waves.	You need the sea or a lake.

Green Line 2 G9
Lehrerband
ISBN 978-3-12-854223-2

KV 2 Talking about my favourite sports

Your task is to prepare a 3-minute talk about the sports you like. The following steps help you to prepare your talk.

Step 1: *Use a word web to make a brainstorming about 'your' sports. Think about the following questions: What's special about 'your' sports? What are the rules? What do you need?*

Step 2: *Make a word cloud with the words that are important for the sports you want to present. You can use it in your talk.*

Step 3: *Make notes for your talk. Don't write full sentences.*

1. This is how I start:
(Catch your classmates' interest[1]!)

___

___

2. Main part:
(Tell them why you like this sport. → What is special about it?
Why do you do it?
How often do you do it?
When did you start it?)

___

___

___

___

___

___

___

3. This is how I end my talk:

___

___

1 **to catch sb's interest** jmnds. Interesse wecken

Green Line 2 G9
Lehrerband
ISBN 978-3-12-854223-2

KV 3 Listening: TTS sport and health projects

a) ◎ *Listen to the conversation between Olivia and Gwen again. Which of these sports do Gwen and Olivia talk about? Number them (1, 2, …) in the correct order.*

☐

☐

☐

☐

☐

b) *Listen again. What do Olivia and Gwen say about the two sports for their projects? Make notes.*

name of sport	good	not so good

c) *Listen again. Tick (✔) the right answers.*

	Right	Wrong
1. The score in the football match is 0:0.	☐	☐
2. Olivia asks Gwen to turn the radio off.	☐	☐
3. If you do lots of sports, you can improve your school work.	☐	☐
4. Gwen had an accident when she tried to play rugby.	☐	☐
5. Olivia says that you can't go skiing in England.	☐	☐
6. Running is not Olivia's favourite fast sport.	☐	☐

d) *Complete the sentences.*

1. Gwen asks Olivia about the ______________________ and ______________________________.
2. You can stay fit when you do sports ______________________.
3. Skiing is really expensive. You need ______________________________.
4. Swimming is fun at the leisure centre. They've got great ______________________________ there.
5. When Olivia wants to go fast, she goes ______________________ or ______________________.
6. Gwen's brother is ______________________________ than she is.

Lösung: a) 1. football; 2. netball; 3. skating **b)** rugby – fast, exciting – dangerous; skiing – fast; mountains – dangerous; expensive; far away **c)** right: 1, 3, 5, 6, wrong: 2, 4 **d)** 1. sport, health projects; 2. regularly; 3. special equipment; 4. water slides; 5. cycling, skating; 6. two years older

Green Line 2 G9
Lehrerband
ISBN 978-3-12-854223-2

KV 4 My sports words

Collect sports words and phrases for the sports you're interested in. Use a dictionary for help.

Sport	Place	Equipment	Team / Individual sport and important rules	More words / phrases

Sport	Place	Equipment	Team / Individual sport and important rules	More words / phrases

Sport	Place	Equipment	Team / Individual sport and important rules	More words / phrases

Green Line 2 G9
Lehrerband
ISBN 978-3-12-854223-2

KV 5 The present perfect simple

a) *Write down sentences in the present perfect. Underline the new tense and the signal words.*

Positive statements:	Negative statements:
Holly has ______	*Holly hasn't* ______
Dave and Holly have ______	*Dave and Holly* ______
Gwen ______	*Gwen has never* ______
______	______
______	______

b) *When do you use the present perfect? Write down the rule.*

Rule:

You use the present perfect when you're interested in ______

______

Signal words:

(only) ever, ______

______

How to form the present perfect:

[ ] + [ ]

c) *How do you form a question in the present perfect? Write down two questions and short answers. Then complete the rules.*

Questions	Short answers
Rule:	**Rule:**
(question word +) have / ______ *+* ______ *(+ adverb) +* ______ *+ rest of the sentence*	*Yes,* ______ *+ have /* ______. *No,* ______ *+* ______.

Lösung: a) Positive statements: Holly has raised money for charity three times. Dave and Holly have only ever run in small races before. Gwen has run in races many times. (+ two examples from Station 2.) **Negative statements:** Holly hasn't run for charity before. Dave and Holly haven't run in a big race before. Gwen has never run in a marathon. (+ two examples from Station 2) **b) Rule:** You use the present perfect when you're interested in the fact that someone has or hasn't done something and in the results for the present or future. **Signal words:** (only) ever, never, three times, (add in Station 2: already, (not) yet, just). **How to form the present perfect:** to have (have / has) + past participle **c)** Individuelle S-Lösungen, z. B. Have you ever watched a marathon? – Yes, I have. Has Dave ever run in a big race? No, he hasn't. **Rule questions:** (question word +) have / has + subject (+ adverb) + past participle + rest of the sentence; **Rule short answers:** Yes, subject + have / has. No, subject + haven't / hasn't.

Green Line 2 G9
Lehrerband
ISBN 978-3-12-854223-2

KV 6 What's the word?

a) *Find the second part and finish the words. Then match the words with the correct phrase. Draw lines.*

-perience | -gramme | -ment | -gether | -plain | -dium | -member | -joy | -cident | -national

1. ac-______________
2. en-______________
3. equip-______________
4. ex-______________
5. ex-______________
6. inter-______________
7. pro-______________
8. re-______________
9. sta-______________
10. to-______________

a) the opposite of 'to forget'
b) what you need for sport or another activity
c) You get this when you do something often.
d) with other people
e) Be careful! This can happen anywhere!
f) You do this when somebody doesn't understand something.
g) to have fun with something
h) not only for one country
i) Radio and TV offer them.
j) a place for big music or sports events

b) *One word in each sentence is wrong. Underline it and write down the correct word.*

1. You want to be in the team? Come to the trowels on Friday. ______________
2. We must practise because we don't want to let the next match. ______________
3. Try to match the ball when I throw it to you! ______________
4. Come on, Ed! Class the ball to me! ______________
5. Let's stay here and watch unit the end of the game. ______________
6. At the end of the game the storm was 2:1. ______________
7. Sandra won the face in 5 minutes 20 seconds[1]. ______________
8. Don't eat so many sweets. It's bad for your hear. ______________

1 **second** Sekunde

Lösung: a) 1. accident – e); 2. enjoy – g); 3. equipment – c); 4. experience – b) / c); 5. explain – f); 6. international – h); 7. programme – i); 8. remember – a); 9. stadium – j); 10. together – d) **b)** 1. trials; 2. lose; 3. catch; 4. Pass; 5. until; 6. score; 7. race; 8. health

Green Line 2 G9
Lehrerband
ISBN 978-3-12-854223-2

KV 7 Have you been to the doctor's yet?

a) *Put the sentences in the correct order to make a dialogue.*
Fill in the right ***past participles****.*

find | buy | prepare | stop | have | do | be | hurt

A. Gwen: But you've already ____________ for the trials!

B. Olivia: Great idea, but I've ____________ my foot!

C. Gwen: Listen, don't worry. I can …

D. Olivia: No, I haven't. … I can't run on Saturday with pain like this.

E. Gwen: Hi Olivia. I've just ____________ an idea. Let's train for the marathon trials.

F. Olivia: I know, it's so unfair! I've ____________ everything I can! I've ____________ new running shoes, I've ____________ eating chocolate, I've ____________ information on the internet about the best way to run, I've …

G. Gwen: Have you ____________ to the doctor's yet?

Gwen: Hi Olivia. ....
....

Olivia: ....

Gwen: ....

Olivia: ....

Gwen: ....

Olivia: ....
....

Gwen: ....

b) *Finish Gwen's last sentence with your own ideas.*

Listen, don't worry. I can ....
....

c) *Do you think it's a good idea for Olivia to join Gwen and Luke's training the next day? Why/Why not?*

Lösung: a) E (had), B (hurt), G (been), D, A (prepared), F (done, bought, stopped, found), C

Klett

Green Line 2 G9
Lehrerband
ISBN 978-3-12-854223-2

KV 8 Practise the present perfect

a) *Gwen, Olivia and Luke have the chance to speak with the marathon coach, Mrs Lewis. Write the dialogue with complete sentences into your exercise book. Put the verbs into the* ***present perfect****.*

Start like this: Luke: Hello Mrs Lewis! It's great to meet you.
How many years have you been a marathon coach now?

Luke: Hello Mrs Lewis! It's great to meet you. How many years / you / be / a marathon coach / now?

Mrs Lewis: I / be / a coach / for ten years now. And I / already / train / many different runners.

Olivia: And / you / ever / meet /any famous runners?

Mrs Lewis: Yes, of course! One of my runners / already / win / several international marathon runs!

Gwen: And / you / ever / change / your training methods[1]?

Mrs Lewis: Yes, / some things / become / different. But / the basic things / always / be / the same: you should go running regularly and quite long distances. What about you? I / hear / that you are going to run in the mini marathon.

Olivia: Yes, that's right. We / just / fill in / the application forms[2]!

Mrs Lewis: And / you / run / in any longer races / before?

Gwen: Luke and I / already / run / in longer races, but / Olivia / only ever / run / in shorter races.

Mrs Lewis: you / already / start / with the training?

Luke: Yes, we have. Gwen and I / just come back / from a run / in the park. But Olivia can't run right now. She / hurt / her foot.

Mrs Lewis: I see. So maybe Olivia can't run in the marathon … My training tip for you: Go running three times a week! you / buy / good running shoes?

Olivia: Yes, I / already / get / new shoes. But / Luke and Gwen / not be / shopping / yet.

Mrs Lewis: Then good luck for the mini marathon and all the best with your foot, Olivia! Goodbye.

Gwen: Thank you! Bye!

Luke: And thanks for your time, Mrs Lewis! Goodbye.

1 **method** Methode
2 **application form** Bewerbungsformular

b) *Tell each other three things that you've already done today and three things that you haven't done yet today.*

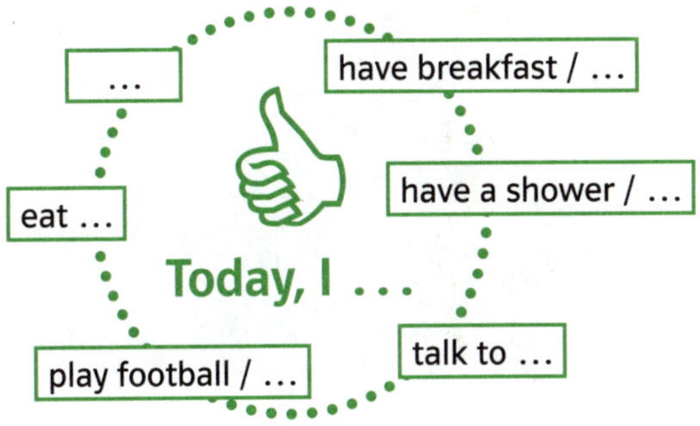

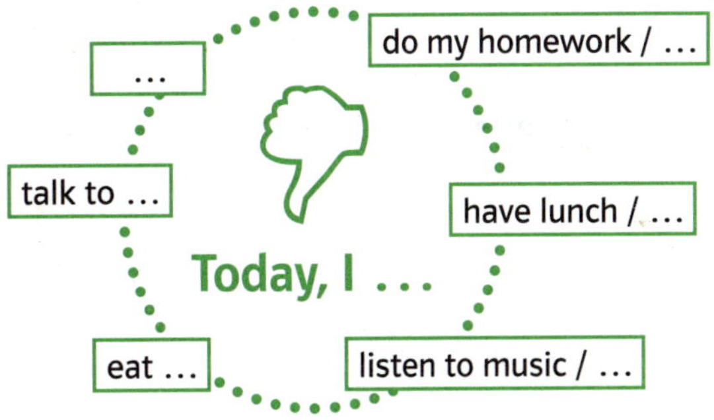

Lösung: a) I've been a coach for ten years now. / And I've already trained many different runners. / And have you ever met any famous runners? / One of my runners has already won several international marathon runs! / And have you ever changed your training methods? / Yes, some things have become different. But the basic things have always been the same: / I've heard that you are going to run in the mini marathon? / We've just filled in the application forms! / And have you run in any longer races before? / Luke and I have already run in longer races, but Olivia has only ever run in shorter races. / Have you already started with the training? / Gwen and I have just come back from a run in the park. / She's hurt her foot. / Have you bought good running shoes? / Yes, I've already got new shoes. But Luke and Gwen haven't been shopping yet.

Green Line 2 G9
Lehrerband
ISBN 978-3-12-854223-2

KV 9 Hockey has always been my favourite sport

a) *Prepare an interview with Alison Leroy, a hockey player. Cut out the notes for her answers and put them next to the correct question.*

Interviewer	Alison Leroy
1. You – always – be – hockey fan?	Yes – they – watch – me – only – Canada
2. Your team – ever – win – world competition?	Yes – team doctor – give – me – ointment
3. Where – you – win – most prizes?	I – live – there – all – life
4. How long – you – live – in Canada?	I – bring – Bayern München T-shirt – twisted ankle
5. Why – you – not win – competition – in England?	I – win – most prizes – Canada
6. your parents – ever – watch – you – international competition?	I – not decide – yet I'm going to – look after ankle – practise – team
7. Where – you – come from – just now?	Yes – hockey – always – be – favourite – sport
8. What souvenirs – you – bring – with you – Germany?	I – come – Germany
9. A doctor – see – your ankle?	No – but – we – win – second place – three times
10. What plans – you – make – next year?	No idea – maybe – we – not practise – enough

b) *Partner A is the interviewer. Partner B is Alison. Use the notes to make the dialogue. Use the* ***present perfect****. Then change roles.*

Interviewer: *Have you always been a hockey fan?*

Alison: *Yes, I have. Hockey has always been my favourite sport.*

Lösung: a) + b) 1. Have you always been a hockey fan? – Yes, I have. Hockey has always been my favourite sport. 2. Has / Have your team ever won a world competition? – No, we haven't. But we've won second place three times. 3. Where have you won the most prizes? – I've won the most prizes in Canada. 4. How long have you lived in Canada? – I've lived there all my life. 5. Why haven't you won a competition in England? – No idea. Maybe we haven't practised enough. 6. Have your parents ever watched you in an international competition? – Yes, they have. But they have only watched me in Canada. 7. Where have you come from just now? – I've come from Germany. 8. What souvenirs have you brought with you from Germany? – I've brought a Bayern Munich T-shirt – and a twisted ankle! 9. Has a doctor seen your ankle? – Yes, our team doctor has given me an ointment. 10. What plans have you made for next year? I haven't decided yet. I'm going to look after my ankle and practise with the team.

Green Line 2 G9
Lehrerband
ISBN 978-3-12-854223-2

KV 12 More words

a) *Draw pictures for these situations.*

"Don't worry."

"Look out!"

"I feel sick."

b) *Put in the missing words.*

prescription | broken | shoulder | accident | race | happen | pain | shouldn't | doctor | ointment | hurt | training | had

Yesterday Tyler had an ____________________ **(1)**. He fell off his bike and ____________________ **(2)** his ____________________ **(3)**. The ____________________ **(4)** was very bad, so he went to see the ____________________ **(5)**. She ____________________ **(6)** a look at it.

Doctor: No, it isn't ____________________ **(7)**. How did it ____________________ **(8)**?"

Tyler: I fell while I was ____________________ **(9)** for the cycling ____________________ **(10)** next week.

Doctor: Well, you ____________________ **(11)** get on your bike again this week. – Sorry!

She gave Tyler a ____________________ **(12)** for an ____________________ **(13)** and said goodbye.

c) *Make a dialogue between Emily and the doctor. Here's the information.*

Emily:
right hand
basketball match
when – play basketball again?

doctor:
not broken – twisted
not do sport for …
prescription
come back …

Emily: *I've hurt …*

Lösung: a) Individuelle S-Lösungen. **b)** 1. accident; 2. hurt; 3. shoulder; 4. pain; 5. doctor; 6. had; 7. broken; 8. happen; 9. training; 10. race; 11. shouldn't; 12. prescription; 13. ointment **c)** Individuelle S-Lösungen.

Green Line 2 G9
Lehrerband
ISBN 978-3-12-854223-2

KV 13 A picnic in the park

a) ▲ *Look at the pictures from the film. Write down 1–2 sentences about each picture.*

A

____

____

____

B

____

____

____

C

____

____

____

b) △ *What happens at the end of the film? Complete the text with the right form of the verbs in the box.*

can't go | dance | decide | fake | jump | must do | need (2x) | score | see | teach | think

Marley ______________ (1) an injury. His father ______________ (2) his help, but now he ______________ (3) all the work alone. Then he ______________ (4) Marley ______________ (5) up and ______________ (6) when Arsenal ______________ (7) a goal. His dad ______________ (8) to ______________ (9) Marley a lesson. He ______________ (10) Marley ______________ (11) a long rest so he ______________ (12) to basketball training the next day, or maybe for a whole week.

Lösung: a) Lösungsvorschlag: A: Everyone is going to watch the football match in the evening, but Marley must help his dad to clear out the attic. B: When they're playing badminton, Marley falls and hurts his foot. C: When Arsenal score a goal, Marley jumps up and starts to dance. Now it is clear that he has faked the injury. b) 1. is faking; 2. needs; 3. must do; 4. sees; 5. jump; 6. dance; 7. score; 8. decides; 9. teach; 10. thinks; 11. needs; 12. can't go

Green Line 2 G9
Lehrerband
ISBN 978-3-12-854223-2

KV 14 Your favourite picnic

a) *What other picnic food do you know – from Britain, from Germany or from another country? Make a mind map. You can draw small pictures or cut out pictures from a magazine too. Use a dictionary.*

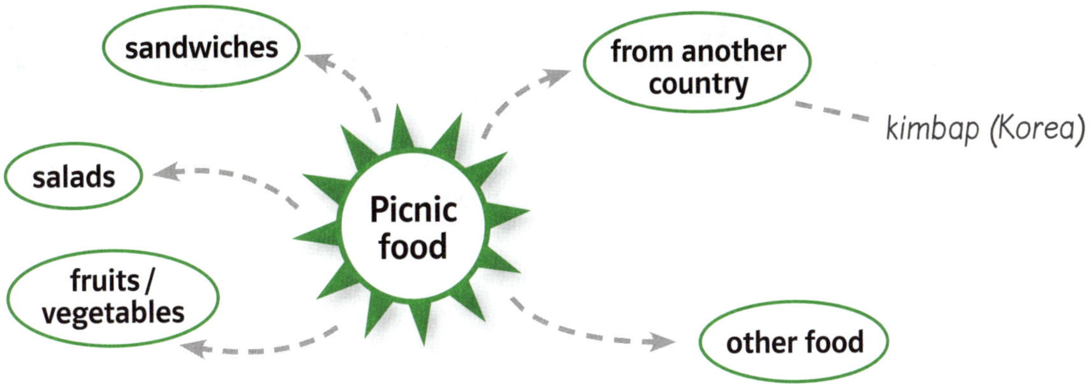

b) *Now say what picnic food you like or don't like. Say why / why not. The words in the boxes can help you. You can use a dictionary too.*

I think … | I like / love … | I'm (really) into …
It's my favourite food.
I want to / would like to try / eat …
It's delicious / great / good / interesting / sweet …

Oh, I don't like … | I hate …
I'm not sure about …
I don't want to / wouldn't like to try / eat …
It's not good / awful / boring / strange …

c) *Look at the picnic phrases in the box. Then write a dialogue and act it out as a role play. You can also use words from your mind map.*

Useful phrases

I'm so thirsty. Can you pass me …, please?
I'm so hungry. Can you pass me …, please?
Which … would you like? | Would you like a / some …? |
How's the pasta salad? | Is it OK? What's …?

Yes, I love … | One with …, please. | Sure.
Thank you. | It's / They're my favourite.
It's got … in it.
I almost forgot. My mum made us some …

Green Line 2 G9
Lehrerband
ISBN 978-3-12-854223-2

KV 15a The language of a radio report

Work in groups of three. One of you chooses the news reporter at the radio station, one the reporter at the scene and one the eyewitness. First listening: Tick (✔) all the useful phrases you hear during the report. Second listening: Finish the other typical phrases for the person you chose.

News reporters can say:

1. Hello / Good morning to all our listeners out there / everyone. ☐
2. We've just received news of … ☐
3. Now we're going to hear from our reporter at the scene: Can you describe the … / Can you tell us about the … ☐
4. Stay with us for more … ☐
5. …, have you been able ______
6. Thanks very ______
7. And to all of our listeners ______
8. OK, on to ______

Reporters at the scene can say:

1. What were you doing when …? ☐
2. Where were you when …? ☐
3. What have you seen? ☐
4. Has anyone else …? ☐
5. Can you remember anything else? ☐
6. What (else) can you tell us? ☐
7. Well, as you've ______
8. …, thank you for talking ______
9. Back to ______
10. This is … – Hello … , tell us ______

Eyewitnesses can say:

1. We couldn't believe our eyes / what we were seeing! ☐
2. It's strange / dramatic / exciting / … ☐
3. I didn't know what was happening. ☐
4. I was watching TV when suddenly I heard / saw … ☐
5. I mean, it was ______
6. It was just ______
7. Well, we're all ______
8. It's hard to get ______

Lösung: News reporters can say: In the report: 1, 2, 3; Not in the report: 4; Other typical phrases: 5. …, have you been able to speak to any of the …? 6. Thanks very much for the report! 7. And to all of our listeners out there, it's important to know that … 8. OK, on to our next story. Reporters at the scene can say: In the report: 2, 3, 4, 5; Not in the report: 1, 6; Other typical phrases: 7. Well, as you've just said … 8. …, thank you for talking to us. 9. Back to you again, … 10. This is … – Hello …, tell us how your friend is doing, please. Eyewitnesses can say: In the report: 1, 2; Not in the report: 3, 4; Other typical phrases: 5. I mean, it was a huge shock, and it happened so suddenly. 6. It was just so scary. 7. Well, we're all just happy that … 8. It's hard to get that picture out of your head, you know.

Green Line 2 G9
Lehrerband
ISBN 978-3-12-854223-2

KV 15b Your radio report

In groups of three, make a short radio report with the help of the useful phrases on p. 77 in your book or on KV 15a. You can choose your own situation or use this one:

It's the sports day of a school in your town. For class 6, there is a football tournament[1]. Class 6a is playing in the final against class 6d. One student from class 6a is really unfair and in the end he fouls[2] a student of class 6d so badly that he falls and breaks his arm. The ambulance[3] arrives … Everybody is really upset.

One of you is the news reporter, one is the reporter at the scene, and one is an eyewitness (a student from another class who saw the fouls). Write your report, then practise and present it.

1 **tournament** Turnier | 2 **to foul sb** jmdn. foulen | 3 **ambulance** Rettungswagen

Green Line 2 G9
Lehrerband
ISBN 978-3-12-854223-2

KV 16a The aliens have landed! – Prepare your role

a) *Tick (✔) the role that you chose. Make notes about what you can say in the radio report. The useful phrases on p. 77 in your book can help you.*

☐ 
Radio news presenter

☐ 
Reporter at the scene

☐ 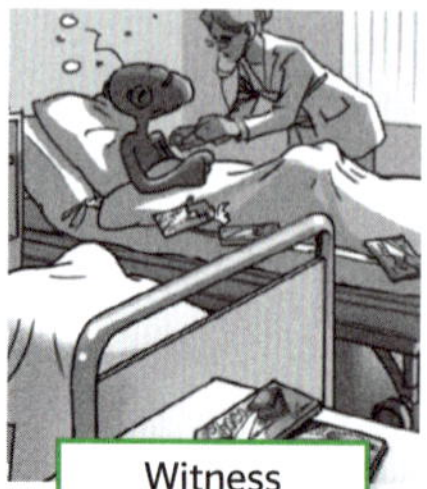
Witness (the doctor at the hospital)

☐ 

Witness (the assistant in the sweet shop)

☐ 
Witness (the man in the garden)

☐ 

(Other)

Green Line 2 G9
Lehrerband
ISBN 978-3-12-854223-2

KV 16b The aliens have landed! – Write your report

b) *Write down the order of your report here. Make some notes about the most important facts.*

Beginning of your report:	
Who talks next?	
First interview:	
Who talks next?	
Second interview:	
Who talks next?	
Third interview:	
Who talks next?	
Ending of your report:	

c) *Write down your part of the radio report.*

Green Line 2 G9
Lehrerband
ISBN 978-3-12-854223-2

KV 17 Hey, don't call *me* silly!

a) *Collect the words and phrases from the story you would like to use again in this mind map.*

Spoken language and feelings

b) *Make a freeze frame for one of the following situations in the story:*

Situation 1 (part D): 5 people (Gwen, Luke, a boy, the two runners in the animal costumes)

Situation 2 (part E): 5 people (Gwen, Luke, Olivia, Dave, Jay), just after the race when Luke and Gwen meet Olivia and they hear about the 'surprise'

Freeze Frame is a film term and means to stop – to freeze – a film at one point to have a look at a scene. When you're doing a freeze frame, remember the following points:

1. Decide who is who!
2. Try to imagine you *are* that person. These questions can help you:
   How do I feel? What am I thinking?
   How can my body language and face show this?
   What's my relationship to the other characters? How can I show this?
3. With the members of your group, decide how you can show your relationship and how you feel.
4. Try out different versions and then choose the one you think is best.

c) *Present your freeze frames in class. Stay in your position for one (!) minute without moving. The rest of the class answers these questions: What does the freeze frame show about the relationship of the characters, their feelings etc.? Do you think it's a good freeze frame? Why/Why not?*

d) *Make a drawing of your freeze frame. You can also ask your teacher to take a picture. Then you can print the photo and put it in the frame.*

e) *Imagine the people in your freeze frame start talking. With the help of the words and phrases from your mind map in* **a)***, choose one typical sentence for each character.*

Green Line 2 G9
Lehrerband
ISBN 978-3-12-854223-2

KV 1 Bullies[1]

a) *Match the sentence parts to find out what bullies do.*

1. They don't sit at the same
2. When you walk past them
3. When you walk past them they push
4. Often, they stop someone
5. In class, they don't
6. They try to make you feel
7. Outside the classroom, they
8. When there's a teacher, they are friendly

a) people so they fall or drop their books.
b) outside the school and ask for money.
c) they say nasty[2] things about your clothes.
d) small or stupid or helpless.
e) throw things at others.
f) like a 'normal' classmate.
g) table at lunchtime.
h) want to work with you.

Can you think of other examples? Write them down here.

b) *Discuss what students and teachers can do to stop a bully. Make notes on your ideas.*

1 **bully** Rüpel, Tyrann/-in | 2 **nasty** garstig, gemein

Lösung: a) 1g; 2c; 3a; 4b; 5h; 6d; 7e; 8f

Green Line 2 G9
Lehrerband
ISBN 978-3-12-854223-2

KV 2 A summary[1]

a) *Look at the following summary of the text. Cross out the words or phrases which are wrong.*

The boy who tells the story is **10 / 11 / 12** (1) years old. His name is August, or Auggie to his friends. Auggie has one **small problem / big problem / big talent** (2): Because he was born with **twelve fingers / no hands / a genetic defect** (3), he looks like **a monster / a star / David Beckham** (4) to other people. His mum taught him **in hospital / at school / at home** (5), but his **parents / friends / classmates** (6) have now decided to send him **to Italy / to school / on a summer holiday** (7). The story tells us what happens to him in the school **bathroom / kitchen / cafeteria** (8).

August is sitting at a table and trying to **read a book / eat his food / drink his milk** (9). **Washing / Sleeping / Eating** (10) is difficult for him. He is on his own because **he is the only boy at the school / his friends have another lesson right now / nobody wants to sit down next to him** (11). Suddenly, a girl stops in front of his table and asks him if there is anybody sitting there. When Auggie says 'no', she sits down next to him and starts **a conversation / to stare at him / to whisper** (12). Then one of her friends comes to their table. Auggie saw her before, whispering to the other girls about him. Now, she wants Summer **to sit with them again / to help her with her homework / to stop staring at her friend Auggie** (13). But Summer wants to stay with August. At first, August doesn't really know what to say, but then Summer has the idea to make this "the summer only lunch table". For the rest of the **lesson / lunch break / summer** (14), they think about people who could join them. So now August doesn't have to feel that the others don't want to sit with him; Summer gives him the feeling that sitting at his table is special and not for everybody.

b) *After school, Summer and the girl from the other table chat online. Her friend wants to know why Summer sat down with Auggie. Write down their chat conversation.*

1 **summary** Zusammenfassung

Lösung: a) 1. 10; 2. big problem; 3. a genetic defect; 4. a monster; 5. at home; 6. parents; 7. to school; 8. cafeteria; 9. eat his food; 10. Eating; 11. nobody wants to sit down next to him; 12. a conversation; 13. to sit with them again; 14. lunch break

Green Line 2 G9
Lehrerband
ISBN 978-3-12-854223-2

KV 3 Making conversation

a) *It's not always easy to talk to people you don't really know. With a partner, make a short list of 'safe' topics that you can always talk about.*

____

____

____

____

____

____

b) *Now look at the following useful phrases and write a short dialogue about one of the topics on your list. Use as many useful phrases from the box as possible. Practise your dialogue and act it out in front of the class.*

Useful phrases

1. Showing interest
- That sounds interesting / exciting / good / …
- Oh really.
- Not really.
- Are you …?
- Do you …?
- Not yet.
- Cool.
- Don't worry.
- Oh, yeah.

2. Using short answers
- Yes, it is.
- Yes, they are.
- No, I don't.
- Yes, it was.
- No, we haven't.
- No, they didn't.
- …

3. Agreeing
- Not a bad idea.
- That's a really great idea.
- That sounds good.
- OK.

4. Making suggestions
- Why don't we …
- I'm sure that …
- It would be really great if …
- Hey, what about this …?
- I was thinking that it'd be nice to …

5. Additional Phrases
- Have you ever …?
- Do you know if …?
- Can I ask you if …?
- What do you think of …?
- Do you like / know …?
- How interesting, …

c) *Take a look at the phrases Summer uses in the story. How does she get Auggie talking? Act out their dialogue too.*

Green Line 2 G9
Lehrerband
ISBN 978-3-12-854223-2

KV 1a Test yourself

1 Plans for London

Here are Steve's plans for his visit to London.

Monday	a.m. Houses of Parliament p.m Madame Tussauds
Tuesday	Greenwich ???
Wednesday	a.m. Covent Garden p.m. meet Mum – Oxford Street (shopping!)

On Tuesday afternoon a reporter asks him about his trip. Write down Steve's answers.

1. What did you do on your first day? – I went ________________________________.
2. Have you been to Madame Tussauds yet? ________________________________.
3. Did you go to Greenwich this morning? ________________. The weather ________________ ________________________________.
4. What are your plans for tomorrow? – In the morning ________________________________ ________________________________!

2 London Zoo

Put in the missing words. Sometimes there is more than one correct word.

attraction | few | cycling | years | opened | public | Tower | placed | were | know | collection | open | right | who/that | in | animals | by | possible | visitors | bus

Do you ________________ (1) where the first zoo in London was? That's ________________ (2), it was in the ________________ (3) of London. Many ________________ (4) later, ________________ (5) 1828, a new zoo ________________ (6) in the north of London. At first there ________________ (7) only a ________________ (8) animals there. Then in 1831 the royal ________________ (9) of animals from the Tower was ________________ (10) in the new zoo. Finally, in 1847, the zoo was ________________ (11) to everyone ________________ (12) wanted to come and see the ________________ (13). London Zoo is still a popular tourist ________________ (14) and millions of ________________ (15) come every year. It's ________________ (16) to get there by ________________ (17) transport. You can take the underground, go by ________________ (18) or you can even go ________________ (19) bike – but be careful! There's no ________________ (20) in the zoo!

Lösung: 1 Plans for London: I went to the Houses of Parliament in the morning. 2. Yes, I have. I went there yesterday afternoon. 3. No, I didn't. The weather was so bad, so I went to the Tower of London / the British Museum. 4. In the morning I'm going to go to Covent Garden. In the afternoon I'm going to meet my mum in Oxford Street. We're going to go shopping! **2 London Zoo:** 1. know; 2. right; 3. Tower; 4. years; 5. in; 6. opened; 7. were; 8. few; 9. collection; 10. placed; 11. open; 12. who / that; 13. animals; 14. attraction; 15. visitors; 16. possible; 17. public; 18. bus; 19. by; 20. cycling

Green Line 2 G9
Lehrerband
ISBN 978-3-12-854223-2

KV 1b Test yourself

3 Carol's e-mail

Simple past *or* ***present perfect****? Put in the correct form of the verbs.*

Hi Tracy! I ________________ **(1. send)** my last e-mail to you a long, long time ago.

Sorry, but I ________________ **(2. be)** very busy all this week. I'm busy now! On Saturday

I ________________ **(3. go)** to the hockey match with Dennis. The stadium ________________

(4. be) very full. I ________________ **(5. never – see)** such a big crowd! Our team

________________ **(6. score)** two goals, but then the Bristol team ________________ **(7. get)**

three. It's always the same. – We ________________ **(8. never – beat)** them yet! On Sunday

I ________________ **(9. persuade)** Mum to take us to the City Theatre. We ________________

(10. see) a play about England in the past. I ________________ **(11. not – know)** much about

the theatre before. But now I ________________ **(12. become)** very interested in drama.

And here's my big news. – I ________________ **(13. go)** to our school drama club yesterday and

guess what? I'm going to be in the next play! They ________________ **(14. choose)** me to be the

doctor who saves everybody in the end. See you, Carol ☺

4 A football match with a difference

Look at the picture and read the facts. Then write a text about the match.

Who? 2 teams of 6

Where? River Windrush in small village

How long? 30 minutes

When? a holiday in August

First time? 100 years ago (tradition!)

People who watch? Yes – lots of fun, very wet, street party

Lösung: 3 Carol's e-mail: 1. sent; 2. have ('ve) been; 3. went; 4. was; 5. have ('ve) never seen; 6. Has Dennis told; 7. scored; 8. got; 9. have ('ve) never beaten; 10. persuaded; 11. saw; 12. didn't know; 13. have ('ve) become; 14. went; 15. have ('ve) chosen **4 A football match with a difference:** *Lösungsvorschlag:* Every year on a holiday in August a funny football match takes place in a small village in England. The teams of six play against each other. But they don't play on a pitch or in a field. They play in the River Windrush which flows through the village. The match takes 30 minutes. It took place for the first time 100 years ago and it is a tradition in the village. Lots of people come to watch and everybody gets very wet. But they enjoy the fun at the match and at the street party in the village.

Green Line 2 G9
Lehrerband
ISBN 978-3-12-854223-2

KV 1a Speaking English – Prepare your role

a) *Choose a scene and prepare your role card. Think of key words / useful phrases and make notes.*

Scene 1: You're on holiday and make a new friend from another country.

Student from Germany	Student from another country
How to start the conversation: ______	How to start the conversation: ______
I want to ask: ______ ______	I want to ask: ______ ______
Information about myself: ______ ______	Information about myself: ______ ______
How to end the conversation: ______	How to end the conversation: ______

Scene 2: You help an English-speaking person in your town.

Student from Germany	English-speaking person
How to start the conversation: ______	How to start the conversation: ______
What I can say to help: ______ ______	I want to know / I need help with: ______ ______
What I want to know about the person: ______ ______	Information about myself: ______ ______
How to end the conversation: ______	How to end the conversation: ______

Green Line 2 G9
Lehrerband
ISBN 978-3-12-854223-2

KV 1b Speaking English – Act and give feedback

b) *Act out your scene with your partner. Use your role card for help, but try to be spontaneous[1].*

c) *Present your scene in class and give feedback.*

	Student A			Student B		
The student …	☺	😐	☹	☺	😐	☹
… looked at his / her partner.	☐	☐	☐	☐	☐	☐
… didn't read from his / her notes.	☐	☐	☐	☐	☐	☐
… spoke loudly and clearly.	☐	☐	☐	☐	☐	☐
… used body language.	☐	☐	☐	☐	☐	☐
… acted in a natural[2] way.	☐	☐	☐	☐	☐	☐

My tips:

Next time you should ______________________________

____

____

____

____

Next time you shouldn't ______________________________

____

____

____

____

1 **spontaneous** spontan | 2 **natural** natürlich

Green Line 2 G9
Lehrerband
ISBN 978-3-12-854223-2

KV 2 Different forms of English

a) *These speakers all have English as their first language. Where do they come from? Match the speech bubbles with the correct flag. Use a dictionary or the internet if you aren't sure.*

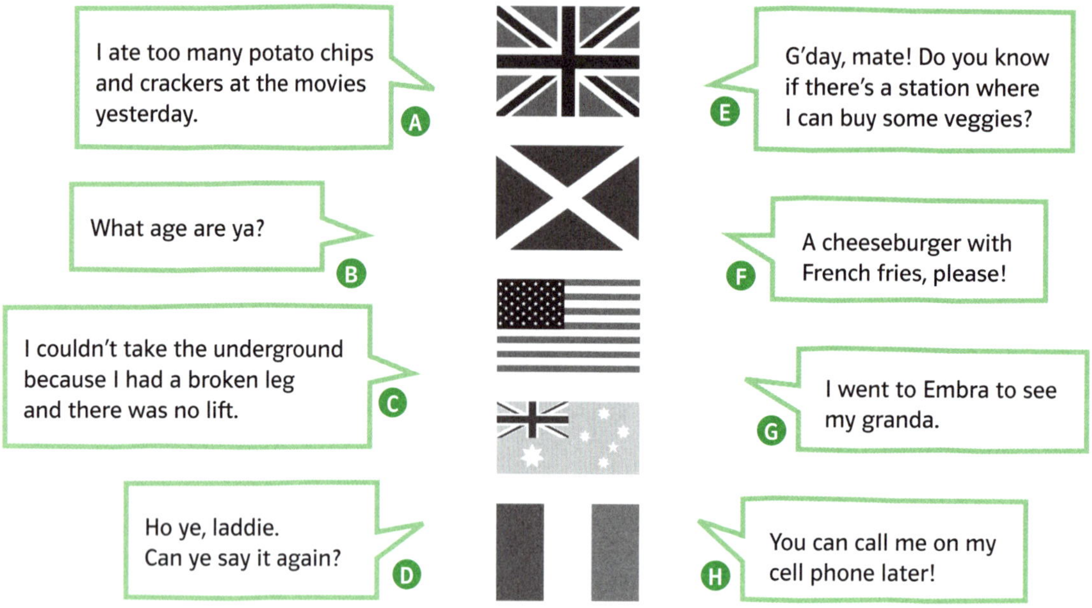

b) *Write the sentence of the speaker from England in* **a)** *again in American English. You can use a dictionary or the internet for help.*

____

____

c) *Write the other sentences from* **a)** *again in British English. You can use a dictionary or the internet for help.*

____

____

____

____

____

____

____

____

____

Lösung: a) A: America; B: Ireland; C: England; D: Scotland; E: Australia; F: America; G: Scotland; H: America **b)** C: I couldn't take the subway because I had a broken leg and there was no elevator. **c)** A: I ate too many crisps and biscuits at the cinema yesterday. B: How old are you? D: Sorry, boy. Can you say it again? E: Hello, my friend! Do you know if there's a farm where I can buy some vegetables? F: A cheeseburger with chips, please! G: I went to Edinburgh to see my grandpa. H: You can call me on my mobile later.

Green Line 2 G9
Lehrerband
ISBN 978-3-12-854223-2

KV 1 Listening: More about the survey

a) ⊙ *Listen to the interviews A and B. Right or wrong? Tick (✔) the correct answers.*

	Right	Wrong
1. Holly created a profile for her guinea pigs.	☐	☐
2. Holly has not had any nasty comments.	☐	☐
3. Another friend of Holly's in London wants to join the forum soon.	☐	☐
4. The boy uses his phone for texts, not for photos.	☐	☐
5. Only the texts from his parents get on his nerves.	☐	☐

b) ⊙ *Listen the interviews C and D. Tick (✔) the correct answers.*

1. The girl reads magazines
   ☐ a) at home. ☐ b) at school. ☐ c) online.
2. Online magazines are
   ☐ a) easier to read. ☐ b) heavier. ☐ c) cheaper.
3. When the second girl is playing video games,
   ☐ a) she thinks about school. ☐ b) she can't relax. ☐ c) she is happy.
4. She has a bit of a problem with
   ☐ a) her parents. ☐ b) her teachers. ☐ c) her friends.
5. She doesn't want to go out on a beautiful day because
   ☐ a) she can't play her games outside. ☐ b) her friends aren't outside. ☐ c) her equipment could get broken.

c) ⊙ *Listen to the last interview. Complete the sentences.*

1. Dave likes to spend his ____________________ on social networks.
2. He and his friends keep in touch with their ____________________ and by ____________________.
3. There was a really ______________________________ on Kevin's wall.
4. Kevin wrote something back and now ____ knows everything.
5. You can hurt somebody's ____________________ with a stupid ____________________.

Lösung: a) right: 2, 4, 5; wrong: 1, 3 **b)** 1b); 2c); 3c); 4a); 5b) **c)** 1. free time; 2. profiles, video chat; 3. nasty comment; 4. everyone in Greenwich; 5. feelings, comment

Green Line 2 G9
Lehrerband
ISBN 978-3-12-854223-2

KV 2 More about the survey

a) △ *How do you use the different media? Write down key words to prepare for your talk.*

1. Which media do you use a lot? Why? ______________________

____

2. How much time do you spend with these media? ______________________

____

3. What are the negative points about these media? ______________________

____

4. What do your friends / parents think about how you use them? ______________________

____

5. Which media don't you use very often? Why not? ______________________

____

6. Look at p. 90, Ex. 2 again and write down the media collocations you want to use in your talk. ______

____

____

7. Underline the useful phrases you want to use in your talk:

Useful phrases

Smartphones / Social networks / Newspapers / Magazines / Blogs / Books / … are great because they're fun / practical / easy to use / …
… are great for meeting … / for staying in touch with … / for sharing information about …
… are interesting because … / are boring because …
I'm online all the time. / I can't imagine living without …
I often / sometimes / almost never use …
But … / On the other hand … / The problem is …
They think … / They're worried that … / They aren't happy about …

b) ▲ *Choose one of the students from the survey. What would you like to tell or ask him / her about the media? Write a dialogue. Then act it out.*

You can use these ideas:

- Do you agree with the student? Why / why not?
- Have you had any experience with situations like the ones he / she talked about?

Green Line 2 G9
Lehrerband
ISBN 978-3-12-854223-2

KV 3 Linking words

a) *Match the sentence parts. Use a linking word. (There is sometimes more than one answer.)*

1. I can't go out with my friends	after	
2. Lots of my friends stay online	before	you go away?
3. Can you help me with this problem	until	she's my mother.
4. My brother reads my e-mails	because	I've finished my homework.
5. I was very angry	like	I saw embarrassing photos of my party online.
6. My sister Tina often tells me what to do	as soon as	he gets the chance.
	when	they fall asleep.
	whenever	

b) *Write the sentences down and compare them with your partner's. Do you agree?*

1. *I can't go out with my friends* ______.
2. ______.
3. ______.
4. ______.
5. ______.
6. ______.

c) *Make one sentence out of two. Use linking words.*

1. Mike always checks his e-mails. After that he texts his friends.

   Mike always checks his e-mails before he ______.

2. Mary can't meet her friends today. She's ill, that's why.

   ______.

3. Don't use your new smartphone yet. Read the instructions first.

   ______.

4. Kate collects posters. That's why she buys so many magazines.

   ______.

Lösung: a) + b) *Lösungsvorschlag:* 1. I can't go out with my friends until / before I've finished my homework. / After Mike has checked his e-mails, he texts his friends. 2. Lots of my friends stay online until / when / after they fall asleep. 3. Can you help me with this problem before / until you go away. 4. My brother reads my e-mails when / whenever / as soon as he gets the chance. 5. I was very angry when / after / because I saw embarrassing photos of my party online. 6. My sister Tina often tells me what to do like she's my mother.
c) Mike always checks his e-mails before he texts his friends. 2. Mary can't meet her friends today because she's ill. 3. Don't use your new smartphone until / before you have read the instructions. / Read the instructions before you use your new smartphone. 4. Kate buys so many magazines because she collects posters.

Green Line 2 G9
Lehrerband
ISBN 978-3-12-854223-2

KV 4 Media words

a) *What can you say in these situations? Tick (✔) the correct answers.*

1. Your best friend is going to move to another town.
   - ☐ a) Let's act like we're friends.
   - ☐ b) Let's stay in touch.
   - ☐ c) Let's take part in the show.
2. Your sister is very angry with you because you used her phone.
   - ☐ a) Have you changed your profile?
   - ☐ b) Don't worry about me.
   - ☐ c) Aren't you overreacting?
3. A friend has received a nasty comment in a social network.
   - ☐ a) You shouldn't be a cyber bully.
   - ☐ b) Don't worry about it.
   - ☐ c) It's great to make new friends online.
4. A friend has found a cool online competition.
   - ☐ a) Great! Let's take part.
   - ☐ b) OK. I don't care about competitions.
   - ☐ c) Good! We can act like we're interested.

b) *What's the word?*

1. When you tell somebody what you think, you give your ____________.
2. A person who sends unfriendly messages online is a ____________.
3. Another word for a smartphone is a ____________.
4. When people talk together about something, they have a ____________.
5. You want to go out; I want to stay in. – We must find a ____________.
6. Famous people get lots of ____________ in the media.

c) *Put in the missing verbs in the* ***simple present****. (You sometimes need an '-s'.)*

post | worry | stay | change | take | chat | spend | make | take

Diana and her friends like to ____________ **(1)** hours online. It's a good way to ____________ **(2)** in touch when they are not together. Diana and Lauren ____________ **(3)** photos every day, then they ____________ **(4)** the best photos, so all their friends can see them. "I don't show the pictures to my mum," Diana says. "She doesn't like it when I ____________ **(5)** part in video chats or social networks. But she can't ____________ **(6)** me stop. And she needn't ____________ **(7)**. I often ____________ **(8)** my profile and I only ____________ **(9)** to my real friends."

Lösung: a) 1b); 2c); 3b); 4a) **b)** 1. opinion; 2. cyber bully; 3. mobile; 4. discussion; 5. compromise; 6. attention **c)** 1. spend; 2. stay; 3. take; 4. post; 5. take; 6. make; 7. worry; 8. change; 9. chat

Klett

Green Line 2 G9
Lehrerband
ISBN 978-3-12-854223-2

KV 5 ⟨A song: Friends⟩

a) *Before you listen, write down some key words you think are important for a friendship.*

____

____

b) *While you're listening, find out which of your key words are in the song. Tick (✔) them.*

c) *Which words / lines tell you what kind of a situation the main character is in?*

Words / lines from the song	Situation of the main character

d) *Your turn: What things are symbols of friendship in the song, and for* ***you****? Why?*

Symbols of friendship in the song	Symbols of friendship for you

e) *Choose one of the following tasks:*

- *Write a poem about friendship. Use your ideas from above. Present your poem to the class.*
- *Draw four pictures that show the main character's feelings in different parts of the song. Present your pictures to the class.*
- *Practise singing the song and think of gestures[1] you can make to show the meaning of different parts of the song. Present your song to the class.*

1 **gesture** Geste

Lösung: c) „Free, free to be myself" → wants to be free again; „Free to need some help" → needs help because his / her love with another person is over; „lonely", „silence", „crashing" → feels lonely, sad and tired; „And even if I never forget you baby" → cannot forget his / her love d) Symbols of friendship in the song: „share a raincoat" → help, not lonely; „they got my back until the end" → help as long as you need it; „like a lifeboat" → help in a dangerous situation; Symbols of friendship for you: exchanging secrets, letters, rings, photos, sharing daily things, …

Green Line 2 G9
Lehrerband
ISBN 978-3-12-854223-2

KV 6 Find the rule: *Can* and its substitute forms

a) *Read the text on p. 95 again. In which sentences from the text does* **can** *mean the same as the words in sentences A or B? Collect the sentences in the grid.*

A	B
I'm good at Maths so I'**m able to** help my little brother with his homework.	My little brother **isn't allowed to** come into my room.

b) *Make more sentences for the two meanings of* **can** *and add them to the grid.*

c) *Now complete the rule. When do you use* **(not) be able to**, *and when do you use* **(not) be allowed to**?

______________________	______________________
verwendest du, um eine Fähigkeit oder	verwendest du, um eine Erlaubnis oder
Unfähigkeit auszudrücken.	ein Verbot auszudrücken.

Lösung: a) **A:** So I can't fix my own washing machine … (lines 16–17); I cannot believe you don't just look online … (lines 20–21); Yes, I think I can reach it. (line 39) **B:** But can I … er … (line 2); Well, I can use it, can't I? (line 31)

Green Line 2 G9
Lehrerband
ISBN 978-3-12-854223-2

KV 7 Can I invite all my friends?

a) *Read Sam's dialogue with his dad.*
Underline ***can*** = **dürfen** *in green and* ***can*** = **können** *in red.*

1. Sam: Can I use your phone today, Dad?
2. Dad: Sorry, Sam, I can't give it to you today. I need it myself.
3. Sam: But how can I stay in touch with my friends?
4. Dad: Well, you can use my computer to send e-mails, if you like.
5. Sam: Oh, OK, thanks. Can I watch a DVD after that?
6. Dad: Yes, sure. But you can't invite all your friends to come here and watch!
7. Sam: Why not, Dad. I can find enough space for three friends.
8. Dad: Well, – OK. But only three!

b) *What did / didn't they do? Say what happened.*
Use ***(not) be able to***, ***(not) be allowed to***, *or* ***(not) have to***.

1. The shops didn't open before 9 o'clock. **(they – wait – 9 o'clock)**
   They had to wait until 9 o'clock.
2. There wasn't any water in the swimming pool. **(children – not – swim)**
   ____
3. Max's parents said, "No, you're too young!" **(Max – not – have – smartphone)**
   ____
4. Amy was the best Maths student in the class. **(she – help – friends – homework)**
   ____
5. Jack's dad took the boys to the stadium by car. **(they – not – walk)**
   ____

c) *Give these people some advice. Use* ***should***, ***shouldn't*** *and* ***could***.

1. "I have no pocket money left." You shouldn't go to expensive concerts.
2. "I broke a model in my friend's room." ______________________________
3. "My phone isn't working." ______________________________
4. "I'm always tired in the morning." ______________________________
5. "I'm bored. I don't know what to do." ______________________________

Lösung: a) can = dürfen: Sentences 1, 4, 5, 6; can = können: 2, 3, 7, 8 **b)** 2. The children weren't able to swim. 3. Max wasn't allowed to have a smartphone. 4. Amy was able to help her friends with their homework. 5. They didn't have to walk. **c)** 2. You should say you're sorry to your friend. 3. You shouldn't try to fix it yourself. 4. You should turn your phone off earlier. 5. You could go to the sports club.

Green Line 2 G9
Lehrerband
ISBN 978-3-12-854223-2

KV 8 △ A German survey about young people and media

a) ◎ *In German, take notes for the different parts of the radio report.*

1. Einleitung

____

____

2. Fernsehen

____

____

3. Online-Welt

____

____

4. Zeit online

____

____

b) *Use your notes to complete the English e-mail to your chat friend in Italy.*

From:

To: **Address book**

Subject:

Hi ____________, I've just heard an interesting new survey on the radio. It's about

____.

Some things are really interesting! Did you know that ______________________________

____

And already ________ % are online. They use ______________________________

____

They spend a lot of time online: ______________________________

____

Do you know what it's like in Italy? Write back soon.

Green Line 2 G9
Lehrerband
ISBN 978-3-12-854223-2

KV 9 More words

a) *Do you remember the story about the washing machine? Put in the missing words.*

There was ________________ **(1)** everywhere because there was a ________________ **(2)** with one of the ________________ **(3)**. Luke's dad wanted to ________________ **(4)** it. Luke said: "Don't ________________ **(5)** so much time, Dad. Look ________________ **(6)**!" Then Luke's dad ________________ **(7)** a ________________ **(8)** off. Fifteen minutes later the washing machine was ________________ **(9)** again.

b) *Take one part from each box and make new words.*

web- | on- | feed- | net- | friend- | under- | smart- | every- | for- | down-

-back | -load | -standing | -where | -site | -ship | -line | -ever | -phone | -work

1. ________________
2. ________________
3. ________________
4. ________________
5. ________________
6. ________________
7. ________________
8. ________________
9. ________________
10. ________________

c) *Word families. Fill in the gaps in the grid.*

noun	verb	adjective
	to work	–––
–––	to worry	
interest		
discussion	to discuss	–––
–––	to care	
text		–––
practising		

Lösung: a) 1. water; 2. problem; 3. pipes; 4. fix; 5. waste; 6. online; 7. turned; 8. knob; 9. working **b)** 1. website; 2. online; 3. feedback; 4. network; 5. friendship; 6. understanding; 7. smartphone; 8. everywhere; 9. forever; 10. download **c)** work – to work; to worry – worried; interest – to interest – interesting / interested; discussion – to discuss; to care – careful; text – to text; practising – to practise – practical

Green Line 2 G9
Lehrerband
ISBN 978-3-12-854223-2

KV 10 Media in the film scenes

a) △ *Match the sentences with the pictures and name the kind of media.*

1. That's a great idea. | 2. You what? | 3. I put them everywhere. | 4. I'm going to post a notice online. | 5. I can go home and print out some 'missing' posters. | 6. How's my lovely Maisie? | 7. I hope the woman saw the posters. | 8. But don't give her real address or phone number.	• social media • ('missing') poster • mobile phone • video chat

A ☐ ☐ __________

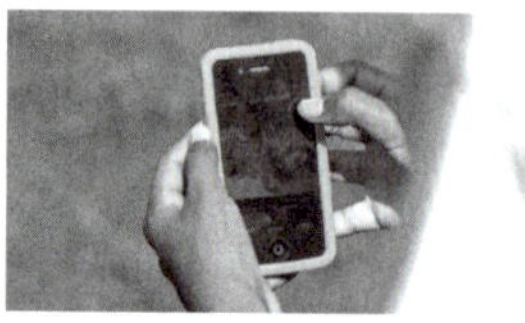

B ☐ ☐ __________

C ☐ ☐ __________

D ☐ ☐ __________

b) ▲ *Name the kind of media and write down what is happening in each picture.*

____

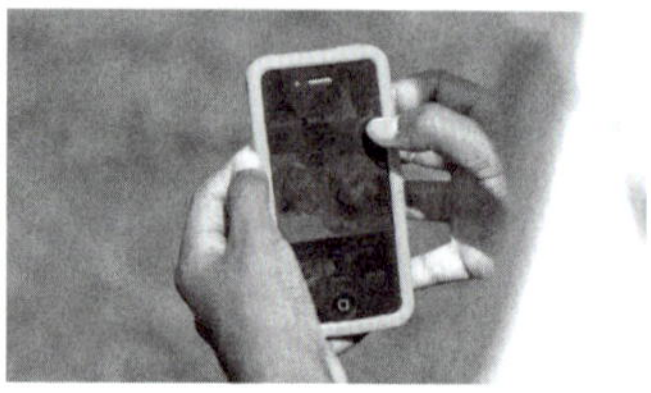

____

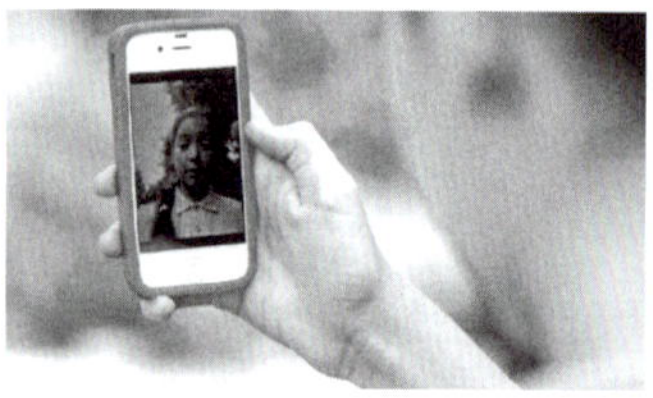

____

____

Lösung: a) A: 6, 2 – mobile phone; B: 4, 8 – social media; C: 5, 1 – video chat; D: 3, 7 – ('missing') posters **b)** A: Laura is phoning her brother. Nathan tells her that he's lost Maisie. (mobile phone); B: Marley is posting a notice online. (social media); C: Parule is offering to print some 'missing' posters. (video chat); D: Parule is putting up the posters. ('missing' poster)

Green Line 2 G9
Lehrerband
ISBN 978-3-12-854223-2

KV 11 What do the close-ups tell us?

a) *Think about these scenes in the film. What is happening?*

b) *Choose a phrase from the box or a phrase of your own, and write about how the character feels and why.*

feel / be aggressive / angry / happy / surprised / upset / worried / nervous …
think something is boring / funny / interesting / silly / stupid / …

1. ______________________________

2. ______________________________

3. ______________________________

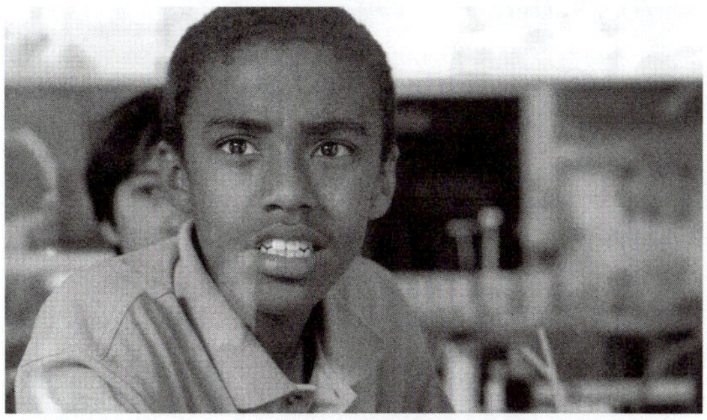

4. ______________________________

Lösungsvorschlag: b) 1. Nathan is feeling worried and nervous because he has lost Maisie. He hopes that they can find her. He isn't smiling and he doesn't look confident. He nervously puts his hand to his mouth. 2. Maisie looks happy. She likes it when Laura and Polly cuddle her. 3. Marley is upset and angry because he sees a photographer who is taking pictures of them. You can see this because his mouth and his eyes are open. 4. Laura thinks the news about Polly is stupid and silly. You can see that because she is closing her eyes.

Green Line 2 G9
Lehrerband
ISBN 978-3-12-854223-2

KV 12 ▲ How to write a letter and a reply

Read the letter to an agony aunt, and then read the reply. Both letters have five parts. Mark them in different colours and write down a heading for each part. The ideas in the box can help you.

In an advice letter, the main idea is the problem. | Write your name (often with 'Yours'). (2x) | Ask for advice. | Say 'Thank you'. | A reply should show understanding / feelings. | Begin with a greeting. (2x) | Finish your letter. | Give advice.

Dear Ruby,

I'm writing to you because I just don't know what to do.
I'm 13, and a new friend has invited me to go on holiday with his family this summer, to Spain. They always go to really cool places, and we just go camping. We never have much money. Before I met my friend, camping was fun. But it doesn't sound fun now. My parents say: "No, you can't go." That isn't fair, is it?
I feel like I'm missing a lot of fun. I'm angry with my parents. What do you think, Ruby?
Thanks for your help!

Yours, Ben

Dear Ben,

Yes, I understand that a cool holiday in Spain sounds like fun.
But my advice is to ask yourself this: Is your friend really a good friend? Do you care about each other? Why don't you ask him to come with your family on a camping trip. If he's a good friend, you can have fun together anywhere, can't you? It needn't be on a beach in Spain.
I hope this advice helps!

Ruby

Lösung: Vgl. SB p. 99, Ex. 1.

Green Line 2 G9
Lehrerband
ISBN 978-3-12-854223-2

KV 13 Peer evaluation: A letter and a reply

A letter to an agony aunt

You …	☺	😐	☹
… begin with a greeting.	☐	☐	☐
… explain your problem with details and background information.	☐	☐	☐
… say how you feel about the problem.	☐	☐	☐
… ask for advice.	☐	☐	☐
… say thank you.	☐	☐	☐
… end the letter with your name.	☐	☐	☐
… use modals *(can, must, …)* and their substitute forms *(be allowed to, have to, …)* correctly.	☐	☐	☐
… use linking words *(after, before, because, …)* to connect your sentences.	☐	☐	☐

My tips for you: ______________________________

____

____

A reply letter

You …	☺	😐	☹
… begin with a greeting.	☐	☐	☐
… show you understand the problem.	☐	☐	☐
… give helpful advice.	☐	☐	☐
… say why your advice could help and give some examples.	☐	☐	☐
… express positive wishes.	☐	☐	☐
… end your letter with your name.	☐	☐	☐
… use modals *(can, must, …)* and their substitute forms *(be allowed to, have to, …)* correctly.	☐	☐	☐
… use linking words *(after, before, because, …)* to connect your sentences.	☐	☐	☐

My tips for you: ______________________________

____

____

Green Line 2 G9
Lehrerband
ISBN 978-3-12-854223-2

KV 14 It's a disaster!

a) *In the story, there are many dialogues in which the characters express their thoughts. But you can find out even more about their feelings and thoughts when you look at* ***how*** *they say things: Find the sentences in the text and explain what the way of speaking can tell you about the characters' feelings and thoughts. The words in the box can help you.*

~~angry~~ | worried | horrified | confident | happy | helpless

	How do they say it?		What does it tell us about their feelings / thoughts?
1.	line 44	"No!" Olivia **shouted**.	Olivia is angry because Jay wants to share the party invitation with everyone.
2.	line 52	"Jay, what are you doing?!" Olivia **cried**.	
3.	lines 73 – 74	"Did you really send that message?" **whispered** Holly.	
4.	lines 85 – 86	"Sometimes, the old ways are better!" **smiled** Frank.	
5.	line 114	"Fantastic!" **shouted** Olivia.	
6.	lines 121 – 122	"How many messages are there?" he **whispered**.	

b) *Find headings for the five parts of the story. Then complete this diagram to show the levels of suspense[1] in the different parts.*

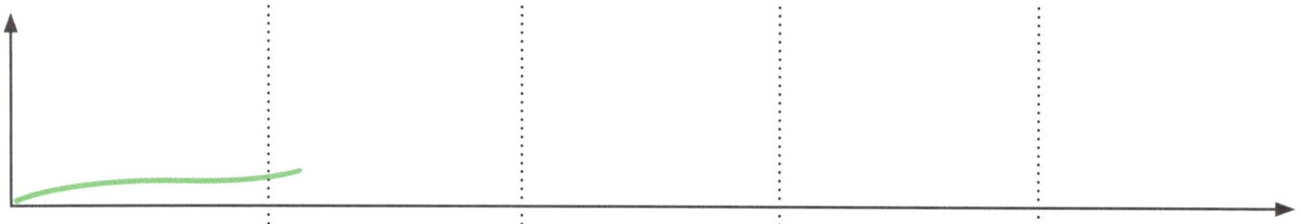

A: Everyone is busy
B: ______
C: ______
D: ______
E: ______

1 **suspense** Spannung

Lösung: a) 2. Olivia feels **helpless** because she doesn't know how to stop Jay. 3. Holly is **worried** that the message is online now and everyone can see it. 4. Frank feels **confident / happy** because now he can show the kids that it's possible to live without the media they use. 5. Olivia is **happy** that the power cut has stopped the message. 6. Jay is **horrified** because he doesn't know that the power cut has stopped the message.

Green Line 2 G9
Lehrerband
ISBN 978-3-12-854223-2

KV 1 Ten-tonne truck

a) *Right or wrong? Tick (✔) the right boxes. Then correct the wrong sentences.*

	Right	Wrong
1. Zoe finds a rat in her room and carries him around in her pocket.	☐	☐
2. Her stepmother loves hamsters and rats.	☐	☐
3. Raj never gives good advice.	☐	☐
4. Raj thinks Zoe should set Armitage free.	☐	☐
5. When Zoe opens her hand, Armitage quickly runs away.	☐	☐
6. When Zoe goes away, Armitage follows her.	☐	☐
7. Armitage is in the bushes when a ten-tonne truck arrives.	☐	☐

b) *Imagine you are Armitage, the rat. Tell the story from his point of view[1].*

Start like this:

I'm a baby rat and I live with Zoe. She has called me Armitage and she's a very nice girl. When I was living in her room, I saw that she was sometimes a bit sad, so I decided she needed a friend like me.

1 **point of view** Perspektive

Lösung: a) Right: 1, 4, 6; Wrong: 2. She hates Zoe's hamster and is never going to let her keep the rat. 3. All the kids in town know he gives the best advice. 5. When she opens her hand, Armitage doesn't move. 7. Armitage is in the middle of the road when a ten-tonne truck arrives.

Green Line 2 G9
Lehrerband
ISBN 978-3-12-854223-2

KV 2 31 steps to create suspense[1]

Step by step: How does the author create suspense in the story? What exactly happens? Read through the different steps. Add the numbers from 2–30.

Step [1]: Zoe asks Raj for advice.

Step [ ]: Zoe hears a loud noise.

Step [ ]: There is a ten-tonne truck and it's getting closer and closer.

Step [ ]: Zoe opens her hand.

Step [ ]: Zoe takes a big breath and stands up.

Step [ ]: Armitage has followed her and is in the middle of the road.

Step [ ]: Armitage doesn't move or run away.

Step [ ]: Zoe is happy.

Step [ ]: Armitage turns his head as if he's trying to understand.

Step [ ]: Zoe can't move.

Step [ ]: Again, Armitage doesn't move.

Step [ ]: She tells herself, "Don't look back."

Step [ ]: She thinks there isn't anything dangerous waiting for him now.

Step [ ]: A tear drops from her eyes.

Step [ ]: Armitage is gone.

Step [ ]: She puts him down on the grass.

Step [ ]: Zoe shouts his name happily.

Step [ ]: But she looks back.

Step [ ]: Zoe gives reasons why the park is perfect and describes it.

Step [ ]: Zoe is fighting back tears.

Step [ ]: When she crosses the road, she hears a small sound.

Step [ ]: He tells her she must set Armitage free.

Step [ ]: Maybe Armitage feels that something is wrong.

Step [ ]: Zoe takes the long way through the park.

Step [ ]: Zoe shakes her hand, but Armitage holds on tight.

Step [ ]: She whispers goodbye.

Step [ ]: Zoe turns round.

Step [ ]: Armitage is moving slowly towards her.

Step [ ]: Zoe kisses him gently on his pink nose.

Step [ ]: Zoe is sad and starts to walk home.

Step [31]: Can the driver see the baby rat in the road?

1 **suspense** Spannung

Lösung: Step 2: He tells her she must set Armitage free. Step 3: Zoe takes the long way through the park. Step 4: Zoe gives reasons why the park is perfect and describes it. Step 5: Maybe Armitage feels that something is wrong. Step 6: Zoe opens her hand. Step 7: Armitage doesn't move or run away. Step 8: Zoe shakes her hand, but Armitage holds on tight. Step 9: Zoe is fighting back tears. Step 10: She puts him down on the grass. Step 11: Again, Armitage doesn't move. Step 12: Zoe kisses him gently on his pink nose. Step 13: She whispers goodbye. Step 14: A tear drops from her eyes. Step 15: Armitage turns his head as if he's trying to understand. Step 16: Zoe takes a big breath and stands up. Step 17: She tells herself, "Don't look back." Step 18: But she looks back. Step 19: Armitage is gone. Step 20: Zoe is sad and starts to walk home. Step 21: When she crosses the road, she hears a small sound. Step 22: Zoe turns round. Step 23: Armitage has followed her and is in the middle of the road. Step 24: Zoe shouts his name happily. Step 25: Zoe is happy. Step 26: She thinks there isn't anything dangerous waiting for him now. Step 27: Zoe hears a loud noise. Step 28: Armitage is moving slowly towards her. Step 29: There is a ten-tonne truck and it's getting closer and closer. Step 30: Zoe can't move.

Green Line 2 G9
Lehrerband
ISBN 978-3-12-854223-2

KV 1a Robin Hood and his merry[1] men

Place: Sherwood Forest
Time: 1190
List of characters:

1 Robin Hood
2 Maid[2] Marian
3 Dicken
4 Will Scarlet
5 Little John
6 Friar[3] Tuck
7 Poor woodcutter[4]
8 His wife
9 His son
10 Sheriff of Nottingham[5] and his men

Scene 1 Robin Hood's camp in Sherwood Forest

Robin Hood: Hey everyone! Listen to this! The Sheriff of Nottingham and his men want to collect money again in Sherwood Forest. An old man gave me this poster, and it says it here.
Maid Marian: That's terrible, Robin! They always shout at the poor people because they want more money.
Dicken: Ha! Let them shout. The poor people don't have any money for them!
Will Scarlet: But if you can't pay, the Sheriff takes your cows or horses, your last shirt –
Little John: Or you go to prison for years! That Sheriff of Nottingham is a cruel, cruel man!
Friar Tuck: What does he do with all the money?
Robin Hood: He gives it to cruel Prince[6] John. Prince John uses it to buy nice things.
Dicken: When is the Sheriff going to come to Sherwood Forest?
Robin Hood: *(looks at the poster again)* On July 1st.
Friar Tuck: B-But that's today, Robin!
Robin Hood: You're right! *(He blows a horn[7]: his merry men come to him)* Listen, everybody! The cruel Sheriff of Nottingham is in the forest today. He's collecting money from everybody, even from the poor!
Friar Tuck: Down with[8] the Sheriff! Down with Prince John!
All the merry men: We're Robin Hood and his merry men!
We live in Sherwood Forest and
We take from the rich and give to the poor!
So when the Sheriff knocks[9] on your door,
Don't be scared, that isn't so good!
Give a call to Robin Hood.
He's the man they're talking about,
He's the man who can sort it out!
Maid Marian: How can we sort it out Robin? *(Everybody looks at Robin Hood)*
Robin Hood: Er … I don't know … er … Well, I could think of something, of course, but …
Maid Marian: I know what we can do!

1 **merry** [ˌmeri] fröhlich | 2 **maid** [meɪd] Maid | 3 **friar** ['fraɪə] Mönch | 4 **woodcutter** ['wʊdˌkʌtə] Holzfäller | 5 **Sheriff of Nottingham** ['ʃerɪf əv 'nɒtɪŋəm] Sheriff von Nottingham | 6 **prince** [prɪns] Prinz | 7 **(to) blow a horn** [bləʊ‿ə 'hɔːn] das Horn blasen | 8 **down (with)** ['daʊn wɪθ] nieder (mit) |
9 **to knock** [nɒk] (an)klopfen

Green Line 2 G9
Lehrerband
ISBN 978-3-12-854223-2

KV 1b Robin Hood and his merry men

Scene 2 The Sheriff arrives

Narrator: The Sheriff of Nottingham and his men arrive in the forest a little later. They stop in front of a poor woodcutter's house.

Sheriff: We've collected lots of money today. Let's collect some more! Hahaha! *(He knocks on the door of the poor woodcutter's house.)*

Poor woodcutter and wife and boy: *(in the house)* Who's there?

Sheriff: It's the Sheriff of Nottingham! It's time to pay money to your Prince! Open the door!

Poor woodcutter and wife: G-Good morning, Sheriff of Nottingham. H-How are you?

Boy: *(from behind his mother)* Good morning, Mr Sheriff.

Sheriff: How many people live in this house?

Poor woodcutter: J-Just me and my wife.

Sheriff: Ha! That isn't true! I heard three voices!

Poor woodcutter's wife: No, please! Only the two of us live here! My husband is just nervous. It makes his voice go higher sometimes. That's what you heard.

Sheriff: Hmm. Two people. ... That's 40 shillings[10]!

Wife: Forty shillings! We've got 10 shillings, that's all! *(She holds out[11] money to him)*

Poor woodcutter: We don't have any more! We can't buy any food!

Sheriff: No more money? Just this? *(to the men)* Then take these two away! *(to the woodcutter and his wife)* And I'm going to take this *(takes the money)* ... and your house ... for Prince John, of course. *(The men laugh)* Your new home is the prison! Hahaha!

Narrator: They take the woodcutter and his wife and leave. The boy runs out of the house and looks around.

Boy: *(scared)* Only one man can help us! *(He runs away)*

10 shilling [ˈʃɪlɪŋ] Schilling | **11 to hold out** [həʊld ˈaʊt] ausstrecken; anbieten

Green Line 2 G9
Lehrerband
ISBN 978-3-12-854223-2

KV 1c Robin Hood and his merry men

Scene 3 In Robin's camp

Narrator: The poor boy runs into the forest to find Robin Hood.
Boy: *(looks around, sees Robin's camp)* Robin Hood! You must help us!
Robin Hood: Wait a moment! Stop and sit down a minute. Now, what happened?
Boy: The Sheriff and his men are taking my mum and dad to prison! They took everything from us!
Merry men: Down with the Sheriff! Down with Prince John!
Boy: You and your men take from the rich and give to the poor. My dad told me this. You must help us, Robin Hood!
Robin Hood: Don't worry, my boy. Take us to the Sheriff and his men. I know what we can do!
Maid Marian: Wait a minute! It was my idea!
Robin Hood: OK, OK. It was *our* idea.

Scene 4 In the forest

Narrator: It is late in the afternoon, and the Sheriff and his men are riding through Sherwood Forest. The men look nervous. The Sheriff tries not to look nervous.
Sheriff's first man: *(to the Sheriff)* Oh no! It's going to get dark soon. It's too late to go back to Nottingham.
Second man: I'm dog-tired. I could fall asleep on my horse. Let's sleep here.
Third man: Sleep in Sherwood Forest? There's … It's too … uh … cold here.
Fourth man: A-And Robin Hood could find us! Or Maid Marian. She's got all the ideas!
Sheriff: *(in a loud voice)* I'm not scared of Robin Hood! Or of Maid Marian! Or of anyone! I'm the Sheriff of Nottingham. We're going to catch Robin Hood, Marian and the men and put them in prison.

Narrator: Suddenly the parents see their son. He is looking at them from behind a tree. The boy makes a signal to them not to say anything, but …
Poor woodcutter: *(in a quiet voice to his wife)* Look, it's our son!
Sheriff: *(to the parents)* What did you say?
Poor woodcutter and wife: N-Nothing, Sheriff!
Narrator: The boy comes out from behind the tree. The Sheriff is surprised.
Boy: Good evening! I was walking here and I heard voices. Have you got a problem? Can I help you?
Sheriff's first man: Yes, boy! We're looking for a place to sleep …
Boy: *(He looks at his parents, then the men and smiles)* Oh, I know a great place for you to sleep. Follow me, please!

Green Line 2 G9
Lehrerband
ISBN 978-3-12-854223-2

KV 1d Robin Hood and his merry men

Scene 5 A safe place to sleep

Narrator: The boy leads[12] everyone to a place where there are lots of green trees. It is almost dark now. Some of the trees there are not really trees, but the Sheriff and his men have not seen this! They are Robin Hood, Marian, and his merry men! They are wearing green and brown and have got tree branches[13] in their hands.

Poor boy: This is the place for you, Sheriff. It's very nice and very safe!
Sheriff: Ha! And Robin Hood can never find us here in all of these trees. Come here, boy. Take this – for your help. *(He gives him a brown apple. The Sheriff's men laugh.)*
Boy: *(smiles)* Thank you and have a GOOD night!
Narrator: The boy leaves. The men and the Sheriff all lie down[14] near the trees. They fall asleep after a moment.
Robin Hood: *(in a quiet voice)* They must be asleep! Let's do our job.
Narrator: Robin and his merry men walk quietly to the Sheriff and his men. Marian stays where she is and keeps watch[15]. The men take the bags of money. They free[16] the woodcutter and his wife, and walk away quietly.

Scene 6 In Robin's camp

Narrator: Robin, Marian and his men are back in their camp with the poor woodcutter and his wife. The boy is with his parents again. Now everyone is very happy. They are having a party and are eating and drinking.
Boy: Mum! Dad! I'm so happy to see you!
Poor woodcutter and wife: Our brave son!
Dicken: Hahaha! The Sheriff is cruel and he's an idiot too!
Will Scarlet: We played a trick on him and his men with Marian and Robin's idea!
Friar Tuck: What can he tell Prince John? Now the Sheriff must worry!
All: Down with the Sheriff! Down with Prince John!
Robin Hood: *(gives a bag of money to the woodcutter)* This is for you. Now you're not so poor! Give some money to your poor friends too!
Woodcutter and wife and boy: Oh, thank you, Robin Hood! Thank you all!
Robin and all the merry men: We're Robin Hood and his merry men!
We live in Sherwood Forest and
We take from the rich and give to the poor!
So when the Sheriff knocks on your door,
Don't be scared, that isn't so good!
Give a call to Robin Hood.
He's the man they're talking about,
He's the man who can sort it out!
We hope you liked our little play –
Come back and see us soon one day!

12 **to lead, led, led** [li:d] führen | 13 **branch** [brɑ:nʃ] Zweig | 14 **to lie down** [laɪ daʊn] sich hinlegen | 15 **to keep watch** [ki:p ˈwɒtʃ] Wache halten | 16 **to free** [fri:] befreien

Green Line 2 G9
Lehrerband
ISBN 978-3-12-854223-2

Lernen an Stationen

Konzeption und Aufbau des Lernzirkels

Diagnose und Differenzierung

Das Lernen an Stationen ist eine motivierende Möglichkeit zur individuellen Lernstandsdiagnose und Förderung leistungsstärkerer und -schwächerer S. Die Materialien sind gebrauchsfertig vorbereitet, sprechen „Herz, Hand und Verstand" an und können mit geringem Kopier- und Zeitaufwand in der Klasse eingesetzt werden. Einsatzpunkte finden sich nach Unit 1 & 2, Unit 3 & 4 und Unit 5 jeweils vor *Revision A*, *B* und *C* im Schülerbuch. Der zeitliche Umfang beläuft sich auf jeweils zwei Schulstunden.
Angebunden sind die verschiedenen Aufgabentypen im weitesten Sinne an die Geschichten im Lehrwerk und an die Lebenswirklichkeit der Lehrwerkskinder Jay, Dave, Luke, Holly, Olivia und Gwen. Einige Aufgaben der drei Lernzirkel bilden eine zusammenhängende Geschichte. Sie können aber auch unabhängig voneinander bearbeitet werden. Die Situationen und zugehörigen Materialien sind so angelegt, dass die S den Wortschatz und alle grammatikalischen Strukturen, welche in den jeweiligen Units des Lehrwerkes betrachtet wurden, wiederholen, üben und festigen können. Nach einigen Stationen haben sie, je nach Leistungsstand, die Möglichkeit, offengelegte Schwierigkeiten mit entsprechenden Fördermaterialien zu beheben oder aber Stärken weiter auszudifferenzieren, indem sie weiterführende Aufgaben eines höheren Anforderungsniveaus bearbeiten.
Grundsätzlich folgt die Aufgabengestaltung der Einteilung in die von den S erwarteten Schlüsselkompetenzen; der Kompetenzbereich kombiniertes Hör-/Sehverstehen ist aufgrund der technischen Voraussetzungen noch nicht Gegenstand der Diagnose. Dies ergibt die folgenden Bereiche: *Writing*, *Reading*, *Speaking*, *Listening* (in PA-Phasen verankert). Des Weiteren trainieren die S an verschiedenen Stationen grammatikalische Strukturen, Wortschatz, Rechtschreibung und üben sich in der Sprachmittlung.
Abgesehen von diesen Schlüsselkompetenzen waren in der Konzeption des Lernzirkels auch die motivierende Gestaltung der Materialien sowie die Berücksichtigung der verschiedenen Lernertypen von großer Bedeutung. Die selbstständige Kontrolle der Ergebnisse durch die S bietet einerseits mehr Freiheiten und macht andererseits die S eigenverantwortlich für ihr Vorankommen. L ermöglicht dies die Beobachtung der Lerngemeinschaft und stellt so den organisatorischen Rahmen zur individuellen Zuwendung zu einzelnen S, die möglicherweise intensivere Hilfe benötigen. Wichtig ist, dass L dies vor der Bearbeitung des Stationenlaufs den S mitteilt; er ist zunächst einmal nur Organisator und Beobachter. Nur bei Bedarf fungiert L als Helfer und gibt weiterführende Tipps zum Lernen, Üben und Wiederholen.
Die meisten S kennen diese Arbeitsform aus der Grundschule und werden sich ohne Schwierigkeiten zurechtfinden.

Ablauf des Stationenlernens

Im Einzelnen sieht die Arbeit an den Stationen wie folgt aus: Die S erhalten einen Laufzettel, auf dem alle Stationen vermerkt sind. Zunächst bearbeitet der S eine Station, sieht sich dann die Lösung an und ermittelt seine Fehler. Entweder geht der S danach weiter zur nächsten Station oder er erhält – je nach Umfang der Fehler – ein Ticket zu einem *bus stop*, wo entweder als Förderung noch einmal die zu lernende Struktur aufgegriffen wird oder aber besonders leistungsstarke S eine kniffligere Aufgabe lösen können. Nach einer erneuten Selbstkontrolle kehren die S wieder zu einer Station zurück.

My stations

Name: ______________________

Station 1 (→ READING)

☐ → Go to a Central Line station.

Station 2 (→ WRITING)

☐ I think it's easy. → Go to bus stop 5. Then go back to a Central Line station.
☐ I think it isn't easy. → Go to a Central Line station.

Station 3 (→ VOCABULARY)

☐ → Go to a Central Line station.

Station 4 (→ MEDIATION)

☐ → Go to a Central Line station.

Station 5 (→ SPEAKING)

☐ → Go to a Central Line station.

Station 6 (→ SIMPLE PAST)

☐ I think it's easy. → Go to bus stop 6. Then go back to a Central Line station.
☐ I think it isn't easy. → Go to bus stop 1. Then go back to a Central Line station.

Station 7 (→ PAST PROGRESSIVE)

☐ I think it's easy. → Go to a Central Line station.
☐ I think it isn't easy. → Go to bus stop 2. Then go back to a Central Line station.

Station 8 (→ DEFINING RELATIVE CLAUSES)

☐ I think it's easy. → Go to a Central Line station.
☐ I think it isn't easy. → Go to bus stop 4. Then go back to a Central Line station.

Station 9 (→ COMPARISONS WITH ADJECTIVES)

☐ I think it's easy. → Go to a Central Line station.
☐ I think it isn't easy. → Go to bus stop 3. Then go back to a Central Line station.

Green Line 2 G9
Lehrerband
ISBN 978-3-12-854223-2

Central Line: Station 1 How was your holiday?

a) *Jay, Luke, Holly, Olivia and Dave meet for the first time after their summer holiday and they talk about what they did. Read their conversation.*

Holly: I'm so happy that you are all back in Greenwich now! I was really lonely here. We didn't go on any trips because mum didn't have enough money.

Olivia: That's so sad! What did you do all the time?

Holly: I spent a lot of my time reading books and listening to music. I played a lot with my guinea pigs of course, but most of the time it was boring here. So I watched a lot of TV too. What did you do, Luke?

Luke: My family and I went to Spain for a week and we went swimming in the sea every day. Sometimes we rode our bikes to the next town or through a forest. That was fun too.

Dave: Did you take your own bikes to Spain?

Luke: No! We got bikes from the hotel.

Dave: Wasn't it too hot to ride a bike? I spent all my time in the pool in Italy. My parents were at the pool all the time too, and we didn't go to a lot of other places.

Luke: I couldn't sit around all the time! I want to do something, especially when Sherlock isn't with me. We left him with my aunt in Stratford-upon-Avon.

Dave: Wait, I forgot. We went skating one day and I almost[1] broke my arm when I fell. My dad wanted to go to a hospital, but mum told him everything was OK.

Holly: You were lucky! But Jay, why don't you tell us about your holiday? Didn't you go to Pakistan with your parents?

Jay: Yes, we went to Pakistan and it was good to see all my family members. We travelled a lot through the country and visited everybody.

Holly: You don't look happy, Jay. What's wrong?

Jay: Well, I don't know. The holiday was cool, but I also saw something that wasn't very cool. It was a children's home[2].

Dave: What's a children's home?

Jay: It's a home for children without parents.

Holly: Without parents? Why? What do you mean?

Jay: When their parents die[3] or can't take care of[4] them, they must go to a children's home. There are carers[5] who take care of them, prepare meals for them and try to help them. But these places are not nice because they haven't got enough money for toys or clothes, and the kids have to sleep together with a lot of other kids in one room, sometimes even in one bed with four others. The place that I saw was really full of babies and small children without toys and they were very poor[6]. They only got one bowl of rice[7] every day and no sweets.

Dave: Oh no, no other food? That's awful.

Olivia: I saw one of these homes on TV. They aren't nice places. Sometimes the kids can't even go to school.

Luke: No school is cool! … It's just a joke, don't worry! But Jay, what can we do?

Jay: I don't know! It's just so sad.

Holly: We could all give some of our old toys to them. What do you think?

Luke: It's a great idea, but is it really enough?

Jay: They also need money for food and they need clothes too.

Holly: I think I've got an idea! Let's have a charity day at TTS!

1 **almost** fast | 2 **children's home** Kinderheim | 3 **to die** sterben | 4 **to take care of sb** sich um jmdn. kümmern | 5 **carer** Betreuer/-in | 6 **poor** arm | 7 **rice** Reis

Green Line 2 G9
Lehrerband
ISBN 978-3-12-854223-2

b) *Are these sentences right or wrong? Tick (✔) the right boxes. Then correct the wrong sentences.*

	Right	Wrong
1. Luke went to Italy with his parents.	☐	☐
2. Dave broke his arm when he fell.	☐	☐
3. Holly went on a trip with her mother.	☐	☐
4. Holly watched a lot of TV.	☐	☐
5. Jay visited his family in Pakistan.	☐	☐
6. Jay is sad because of the situation in the children's home.	☐	☐
7. The friends want to send food to the children's home.	☐	☐
8. The friends want to organise a charity day at TTS.	☐	☐

____

____

____

____

c) *What do you think is Holly's idea for the charity day? What could the friends do to help the children in Pakistan? Discuss your ideas with a partner.*

d) *Have a look at the pictures of children from the children's home. Match the words with the faces.*

A. ____________________

B. ____________________

C. ____________________

D. ____________________

E. ____________________

F. ____________________

aggressive
happy
sad
excited
scared
surprised

e) *How many other words for feelings can you write down in 30 seconds? Have a competition with a partner.*

Self-check: b) Right: 4, 5, 6, 8; Wrong: 1. Luke went to Spain with his parents. 2. Dave didn't break his arm. It was OK. 3. Holly stayed at home because her mother didn't have enough money. 7. The friends want to send their old toys to Pakistan. **d)** A: happy, B: surprised, C: sad; D: scared; E: aggressive; F: excited

Green Line 2 G9
Lehrerband
ISBN 978-3-12-854223-2

Central Line: Station 2 Holidays at TTS

a) *Write Tony's letter about his holidays. Use the* ***simple past****. The ideas in the box can help you.*

Dear Lou,
My holidays here at TTS were very nice. The students weren't here, so I did everything I wanted ______________________________

____

____

____

____

____

____

____

- find cheese
- watch TV in room 202
- listen to music in recording studio
- try computer in computer room
- look at cupboard in teachers' room
- find cookies
- cat in biology room
- scared / lonely / surprised / funny / happy
- the first / second / … day / week
- one day
- after that
- on another day

b) *Lou talks to Tony about her holidays. Use the* ***simple past*** *and remember to ask interesting questions. Use the question words* ***where****,* ***when****,* ***what****,* ***who*** *and* ***how****. Write the conversation and act it out with a partner.*

Central Line: Station 3 Charity words

Fill in the missing words in the correct form and tense.

fun activities | charity events | comedy show | give | in need | raise | popular | wear red noses | organisation | wear | funny

A charity is an ______________ **(1)** that ______________ **(2)** money for people ______________ **(3)**. In Britain, Red Nose Day is very ______________ **(4)**. On the first Red Nose Day in 1988, people ______________ **(5)**, did ______________ **(6)** and watched a big ______________ **(7)** on TV. People ______________ **(8)** a lot of money. Today, Red Nose Day is still on TV. Lots of people ______________ **(9)** a red nose on this day. They also do something ______________ **(10)** for money. A lot of schools do ______________ **(11)** too.

Self-check: 1. organisation; 2. raises; 3. in need; 4. popular; 5. wore red noses; 6. fun activities; 7. comedy show; 8. gave; 9. wear; 10. funny; 11. charity events

Green Line 2 G9
Lehrerband
ISBN 978-3-12-854223-2

Central Line: Station 4 Ein Herz für Kinder

The friends are looking for ideas for a charity event they want to organise at TTS. Pia helps them and sends them a link with information about the organisation 'Ein Herz für Kinder'. Help the friends to understand the information. Talk to your partner in English.

„Ein Herz für Kinder"

- Idee von Axel Springer 1978
- Motto: „Seid nett zueinander!"
- Ziel: Mehr Sicherheit für Kinder im Straßenverkehr
- heute eine der größten internationalen Hilfsorganisationen
- Hilfsprojekte für Kinder, die in Armut leben, in Deutschland und international
- große Gala im ZDF: 2014 in Berlin – 16.269.471 Euro; viele bekannte Stars

Central Line: Station 5 Jay's presentation

a) *Jay and his friends want to organise a charity event at TTS for a children's home[1] in Pakistan. They need to convince their teachers of the idea. Help Jay to prepare a presentation. Read the homepage of the children's home and underline the most important information.*

Who we are:

Our children's home is near a big city. We built it in 1997. It's for children without parents or for those whose parents are too poor to take care of[2] them. We've got children from all over the country here and we offer a home to every child in need.
There are babies and small children in our children's home, but also teenagers. After their 16th birthday, the children leave our place to live on their own. Of course we help them to find work and a home.
Carers[3] take care of the children and they also teach them how to read and write. After school, all of the children help on the farm and prepare the meals or wash clothes and clean the house.
We're happy when our children find new families! Adoptions[4] are always possible, so lots of people from Europe and other parts of the world come here to find a child.
Because we don't have a lot of money, we need all the help we can get. Our situation is difficult at the moment: Many children sleep together in one room, we don't have a lot of toys and we can only offer them one bowl of rice[5] a day. So we need money for food, clothes and, of course, for toys.

b) *Use the information to write prompt cards for Jay's presentation.*

c) *Practise the presentation and give it to the class or a small group.*

d) *Make a flyer for the presentation.*

1 **children's home** Kinderheim | 2 **to take care of sb** sich um jmdn. kümmern | 3 **carer** Betreuer/-in | 4 **adoption** Adoption | 5 **rice** Reis

Green Line 2 G9
Lehrerband
ISBN 978-3-12-854223-2

Central Line: Station 6 Where were you?

a) *Somebody played a trick and put glue[1] on Mr Swindon's chair in the break. Now he's asking where the students were during the break. Fill in the correct **simple past** forms.*

Mr S.: Where were you in the break, Dave?

Dave: I ______________ **(1. go)** outside and then I ______________ **(2. play)** with my smartphone.

Mr S.: Were you alone?

Dave: No, I ______________ **(3. not be)**. Tom ______________ **(4. be)** with me.

Mr S.: Olivia, what did you do in the break?

Olivia: Holly and Gwen ______________ **(5. be)** with me, we ______________ **(6. sit)** down on a bench[2] and then we ______________ **(7. talk)** about Gwen's first day here.

Gwen: Holly and Olivia ______________ **(8. explain)** where to go to find help and they ______________ **(9. tell)** me a lot about TTS.

Mr S.: OK, but Jay where ______________ **(10. be)** you?

Jay: First, Luke and I ______________ **(11. play)** football. Later, we ______________ **(12. listen)** to the girls.

Mr S.: ______________ **(13. they – see)** you?

Luke: No, they ______________ **(14)**. It ______________ **(15. be)** a secret!

Mr S.: Wait, Lisa! What did you do?

Lisa: First I ______________ **(16. eat)** an apple and then I ______________ **(17. watch)** the birds. And I ______________ **(18. see)** Andy and Travis. They ______________ **(19. be)** late for the break.

Mr S.: Andy, is that right?

Andy: No, it isn't. We ______________ **(20. not be)** late! We ______________ **(21. go)** outside together with everybody else!

Travis: Andy, I ______________ **(22. not see)** Danny outside.

Danny: I ______________ **(23. listen)** to band practice inside, but I really ______________ **(24. not play)** the trick on you, Mr Swindon.

Mr S.: I don't know what to believe …

b) *What do you think? Who played the trick on Mr Swindon? Talk to your partner.*

1 **glue** Klebstoff | 2 **bench** Bank

Self-check: a) 1. went; 2. played; 3. wasn't; 4. was; 5. were; 6. sat; 7. talked; 8. explained; 9. told; 10. were; 11. played; 12. listened; 13. Did they see; 14. didn't; 15. was; 16. ate; 17. watched; 18. saw; 19. were; 20. weren't; 21. went; 22. didn't see; 23. listened; 24. didn't play

Green Line 2 G9
Lehrerband
ISBN 978-3-12-854223-2

Central Line: Station 7 Queen Anne's ball

What were the people doing when the thief[1] stole Queen Anne's shoes?
Write sentences with the help of the words in the box.

Queen – dance with man | two men – eat cake | two children – play chess under the table | old lady – sleep | a singer – sing | clown – play a trick on singer | dog – lie on floor

1. ______________________________

2. ______________________________

3. ______________________________

4. ______________________________

5. ______________________________

6. ______________________________

7. ______________________________

1 **thief, thieves** *(pl)* Dieb

Self-check: 1. The Queen was dancing with a man. 2. Two men were eating cake. 3. Two children were playing chess under the table. 4. An old lady was sleeping. 5. A singer was singing. 6. A clown was playing a trick on the singer. 7. A dog was lying on the floor.

Green Line 2 G9
Lehrerband
ISBN 978-3-12-854223-2

Central Line: Station 8 Relative clause game

Partner A: *Think of something and describe it with a relative clause. Choose from the ideas below.*
Partner B: *Guess what your partner is describing. You can guess three times. Take turns.*

Example: (basketball)
Partner A: It's a sport which you play with a ball. → Partner B: Is it football? →
Partner A: No it isn't. → Partner B: Is it basketball? → Partner A: Yes, it is.

a sport		you play with a ball
a thing		all students need
a person		works at our school
an animal	who	Holly loves
a car	which	is very fast
a sight		you must visit in London
a subject		I don't like
a feeling		you have when you have a test

Self-check: It's a thing which all students need. It's a person who works at our school. It's an animal which Holly loves. It's a car which is very fast. It's a sight which you must visit in London. It's a subject which I don't like. It's a feeling which you have when you have a test.

Central Line: Station 9 Fun activities

*Compare these things and activities. Use the adjectives and **as … as** or **… than**.*

Example: I think climbing is more dangerous than drawing, but it isn't as boring as drawing.

climbing – drawing	exciting
swimming – reading	dangerous
sports car – normal car	small
CD – concert	big
plane – train	fast
gorge scrambling – walking	loud
	interesting
	boring
	expensive

1. ______________________________
2. ______________________________
3. ______________________________
4. ______________________________
5. ______________________________

Lösungsvorschlag: 1. I think swimming isn't as interesting as reading. 2. A sports car is faster and louder than a normal car. 3. A concert is more expensive than a CD, but a CD isn't as exciting as a concert. 4. A train isn't as fast as a plane. 5. I think gorge scrambling is more exciting than walking, but it's more dangerous too.

Green Line 2 G9
Lehrerband
ISBN 978-3-12-854223-2

Bus stop 1 △ Simple past game

*Throw three dice and make sentences in the **simple past**. The sentences can be funny or crazy. If the three parts of the sentence don't make any sense[1], throw again.*

Dice 1	Dice 2	Dice 3
Max	go	school
June	sing	hospital
Luke	come	kitchen
Ben	run	a black cat
Ian	catch	an elephant
Olivia	see	cookies

1 **to make sense** Sinn machen

Self-check: Simple past forms: go – went; sing – sang; come – came; run – ran; catch – caught; see – saw

Bus stop 2 △ Match the sentence parts

*Match the correct sentence parts. Use **when** and **while**.*

1. Olivia was playing the sax		the teacher fell into the pond.
2. Dave was watching Luke		he was playing football.
3. Lou and Tony were having a picnic	when	they saw a cat.
4. Holly's mum needed her help	while	he was in the kitchen.
5. Sherlock was eating Luke's lunch		Holly called her on the phone.
6. The TTS Eco Club was meeting in the wildlife garden		Holly was playing with her guinea pigs.

1. ______
2. ______
3. ______
4. ______
5. ______
6. ______

______

Self-check: 1. Olivia was playing the sax when Holly called her on the phone. 2. Dave was watching Luke while he was playing football. 3. Lou and Tony were having a picnic when they saw a cat. 4. Holly's mum needed her help when Holly was playing with her guinea pigs. 5. Sherlock was eating Luke's lunch while he was in the kitchen. 6. The TTS Eco Club was meeting in the wildlife garden when the teacher fell into the pond.

Green Line 2 G9
Lehrerband
ISBN 978-3-12-854223-2

Bus stop 3 △ Big – bigger – biggest

a) *Fill in the missing forms.*

Adjective	Comparative	Superlative
1.		happiest
2. good		
3.	worse	
4.		simplest
5. intelligent		
6.		
7.		
8.		
9.		
10.		

b) *Add more adjectives that you know. Write them down together with their **comparative** and **superlative forms**.*

c) *Make sentences with **as … as** and **… than**.*

1. Wales – green – London

___

2. Funny films – scary – horror films

___

3. Class trip – exciting – lessons

___

4. Mouse – big – cat

___

Self-check: a) 1. happy – happier – happiest; 2. good – better – best; 3. bad – worse – worst; 4. simple – simpler – simplest; 5. intelligent – more intelligent – most intelligent; **b)** Individuelle S-Lösungen; **c)** 1. Wales is greener than London. 2. Funny films aren't as scary as horror films. 3. A class trip is more exciting than lessons. 4. A mouse isn't as big as a cat.

Green Line 2 G9
Lehrerband
ISBN 978-3-12-854223-2

Bus stop 4 △ Relative pronouns

a) *Match the pictures with the right **relative pronoun**.*

b) *Make six more sentences with the examples from **a)**.*

1. The hamburger which Olivia is eating is very good.

Self-check: a) **who:** teacher, Olivia, pilot, Holly, child, presenter, people; **which:** song, ruler, tree, month, car, cat, breakfast, pen, dog, hamburger, house, bag, bike, city, bottle, water, number, glass; **that:** song, ruler, tree, month, car, cat, breakfast, pen, dog, teacher, hamburger, Olivia, house, bag, pilot, bike, city, bottle, Holly, water, child, number, presenter, people, glass

Green Line 2 G9
Lehrerband
ISBN 978-3-12-854223-2

Bus stop 5 ▲ Gwen's first day at TTS

*Look at the pictures and write a short diary entry[1] about Gwen's first day at TTS. How do you think she felt in each situation? Use the **simple past** and your mind map about feelings (p. 9, Ex. 3).*

Start like this: Dear Diary,
Today was my first day at TTS. I was so nervous when I …

1 **diary entry** Tagebucheintrag

Bus stop 6 ▲ Black stories

a) *In 'black stories' you must find out what happened. One of you (the story master) gets the story details, all the important information and the solution. He / She describes the situation and the other group members (detectives) have to find out what happened. Ask questions in the **simple past** to find out what you need to know. The story master can only answer with **yes** or **no**.*

Situation:
We're in a small room with a table. There's nothing on the table and there are no chairs. Romeo and Juliet are on the floor. They're dead[1]. All around them there is water on the floor and lots of broken glass. There's no blood[2]. What happened?

1 **dead** tot | 2 **blood** Blut

b) *Make your own black story with a partner, draw a picture and give the situation. Keep it simple! Your group must guess what happened.*

Green Line 2 G9
Lehrerband
ISBN 978-3-12-854223-2

My stations

Name: ______________________________

Station 1 (→ GOING-TO FUTURE)

☐ I think it's easy. → Go to a Central Line station.
☐ I think it's difficult. → Go to bus stop 2. Then go back to a Central Line station.

Station 2 (→ COMPOUND WORDS WITH *SOME* AND *ANY*)

☐ → Go to a Central Line station.

Station 3 (→ PRESENT PERFECT)

☐ I think it's easy. → Go to a Central Line station.
☐ I think it's difficult. → Go to bus stop 3. Then go back to a Central Line station.

Station 4 (→ SPEAKING)

☐ I think it's easy. → Go to bus stop 5. Then go back to a Central Line station.
☐ I think it's difficult. → Go to a Central Line station.

Station 5 (→ WRITING)

☐ I think it's easy. → Go to bus stop 6. Then go back to a Central Line station.
☐ I think it's difficult. → Go to a Central Line station.

Station 6 (→ READING)

☐ → Go to a Central Line station.

Station 7 (→ MEDIATION)

☐ → Go to a Central Line station.

Station 8 (→ SIMPLE PAST OR PRESENT PERFECT?)

☐ I think it's easy. → Go to a Central Line station.
☐ I think it's difficult. → Go to bus stop 4. Then go back to a Central Line station.

Station 9 (→ ADJECTIVES AND ADVERBS)

☐ I think it's easy. → Go to a Central Line station.
☐ I think it's difficult. → Go to bus stop 1. Then go back to a Central Line station.

Station 10 (→ VOCABULARY)

☐ → Go to a Central Line station.

Green Line 2 G9
Lehrerband
ISBN 978-3-12-854223-2

Central Line: Station 1 What are they going to do?

a) *The friends are planning a charity sports day at TTS with a charity run to raise money for a children's home[1] in Pakistan. Look at the pictures and make sentences. Use the* ***going-to future****.*

1

organise | charity run | TTS

2

sell | cakes | sandwiches

3

find out | more information | children's home

4

make | posters | charity day

5

find | famous singer

6

buy | drinks | decorations

1. ____________________
2. ____________________
3. ____________________
4. ____________________
5. ____________________
6. ____________________

b) *What are your plans for your next birthday party? Write six sentences about what you are going to do.*

____

____

____

____

____

____

1 **children's home** Kinderheim

Self-check: a) 1. The friends are going to organise a charity run at TTS. 2. Gwen is going to sell cakes and sandwiches. 3. I'm going to find out more information about the children's home. 4. Olivia and Holly are going to make posters for the charity day. 5. Jay is going to find a famous singer. 6. Dave's parents are going to buy the drinks and decorations.

Green Line 2 G9
Lehrerband
ISBN 978-3-12-854223-2

Central Line: Station 2 Posters for the charity day

a) *Holly and Olivia are making posters for a charity sports day at TTS for a children's home[1] in Pakistan. Put in* ***some*** *or* ***any****.*

Olivia: Holly, let's make posters for the charity sports day!

Holly: Great idea! Have we got everything we need?

Olivia: I don't know. Let's see. Here are __________ **(1)** photos of the children's home.

Holly: Have you got __________ **(2)** black pencils? I can only see __________ **(3)** other colours.

Olivia: No, there aren't __________ **(4)** black pencils. And there isn't __________ **(5)** glue[2] left. This one is empty[3].

Holly: But we need __________ **(6)**! And we're going to need __________ **(7)** tape[4] too.

Olivia: Tape is over there. Have you got __________ **(8)** books about Pakistan for more pictures and __________ **(9)** additional information?

Holly: Yes, we've got __________ **(10)** more books.

b) *Dave's parents are helping to organise the charity day. Complete the dialogue with the words in the box.*

everything | everybody | everywhere | something | anybody (2x) | anything | somewhere | somebody (2x)

Mr P.: It's great that the kids are organising this event and that ____________________ **(1)** is going to help!

Mrs P.: That's right. All the parents want to help, but some of them haven't got ____________________ **(2)** to do yet.

Mr P.: OK, let's see what they can do. We can organise ____________________ **(3)** now.

Mrs P.: Have we got ____________________ **(4)** to sell the drinks?

Mr P.: No, there isn't ____________________ **(5)** yet. Maybe Mrs Fraser can do it.

Mrs P.: People are going to need to park ____________________ **(6)**. This isn't possible ____________________ **(7)** around the school, so ____________________ **(8)** needs to show them where they can park.

Mr P.: That's a good job for Mr and Mrs Elliot. They know Greenwich best.

Mrs P.: I know that Mr Fraser wants to do ____________________ **(9)** too.

Mr P.: We need ____________________ **(10)** to take photos and put them on the school website. That's a good job for him.

1 **children's home** Kinderheim | 2 **glue** Klebstoff | 3 **empty** leer | 4 **tape** Klebeband

Self-check: a) 1. some; 2. any; 3. some; 4. any; 5. any; 6. some; 7. some; 8. any; 9. some; 10. some; **b)** 1. everybody; 2. anything; 3. everything; 4. anybody; 5. anybody; 6. somewhere; 7. everywhere; 8. somebody; 9. something; 10. somebody

Green Line 2 G9
Lehrerband
ISBN 978-3-12-854223-2

Central Line: Station 3 Charity day checklist

The friends are organising a charity day at TTS for a children's home[1] in Pakistan. Ask and answer questions about what they have or haven't done. Take turns.

Example: **Has** Jay **called** his aunt in Pakistan for more information **yet**? – Yes, he **has**.

Things to do	Who?	Done?
1. call aunt in Pakistan for more information	Jay	✓
2. make posters for charity sports day	Holly and Olivia	✓
3. find sponsors[2]	Dave	✗
4. buy drinks and decorations	Dave's parents	✗
5. make flyers	Luke	✓
6. talk to teachers	Jay and Luke	✓
7. find famous singer	Jay	✗
8. invite local newspaper	Gwen	✓

1 **children's home** Kinderheim | 2 **sponsor** Sponsor/-in

Self-check: 2. Have Holly and Olivia made posters for the charity sports day yet? – Yes, they have. 3. Has Dave found sponsors yet? – No, he hasn't. 4. Have Dave's parents bought drinks and decorations yet? – No, they haven't. 5. Has Luke made flyers yet? – Yes, he has. 6. Have Jay and Luke talked to the teachers yet? – Yes, they have. 7. Has Jay found a famous singer yet? – No, he hasn't. 8. Has Gwen invited the local newspaper yet? – Yes, she has.

Central Line: Station 4 I want to run

Joe is a student at TTS with an artificial leg[1]. He wants to run in a charity run at TTS, but his mum is not happy about the idea. Act out a conversation between Joe and his mum. Use the role cards and your own ideas.

Joe	Joe's mum
• wants to run for charity • knows he can make it • talked to doctor • is going to stop if something isn't OK • wants to practise with special coach • wants mum to watch race	• Joe could get hurt • doesn't want him to run • artificial leg could break or hurt Joe • understands that the race is important • later: says yes, but Joe must stop if leg hurts • wants to be at all meetings with coach • is going to watch the race

1 **artificial leg** Beinprothese

Green Line 2 G9
Lehrerband
ISBN 978-3-12-854223-2

Central Line: Station 5 An interview with Ted Beeran

Ted Beeran, a famous singer, is going to sing at the TTS charity day for a children's home[1] in Pakistan. Before the event, a reporter from the local newspaper interviews him. Use the useful phrases on p. 75 in your book and the ideas below to write the interview.

Ted Beeran

- lived in a children's home
- family adopted[2] him when 4 years old
- has always played the guitar
- wrote songs; started singing at 10
- started to sing in Tube stations in London
- People gave him money for his music.
- Jay wrote e-mail; told him about the event
- had a look at homepage of the children's home
- wants to help because he knows how these kids feel
- thinks Jay is a funny guy; likes him
- thinks Jay's talented
- would like to help Jay to become famous

1 **children's home** Kinderheim | 2 **to adopt sb** jmdn. adoptieren

Green Line 2 G9
Lehrerband
ISBN 978-3-12-854223-2

Central Line: Station 6 Charity day at TTS

A local hero[1]

Last Saturday, Greenwich saw a special day – a sports day at Thomas Tallis School (TTS). But it wasn't a normal sports day like every year. This year, there was a special reason for the event. Six friends from TTS put all their energy[2] and power[3] into a project which is simply wonderful. The students had the idea to raise money for a children's home[4] in Pakistan. One of the group's boys – Jay – comes from a Pakistani family himself and during his summer holiday, he saw children without enough food, toys or good clothes. It was a very bad situation for him and he decided to tell his friends about it.

"Together we decided to do something for the children's home," Jay said to our reporter. "So we planned a charity event for TTS, where all pupils and teachers could do something," Holly said happily.

So these intelligent kids inspired[5] their teachers and other students and soon everybody was busy preparing things for the sports event. Lots of parents helped too. They organised food, printed[6] flyers, offered drinks and spent time and money. "We wanted to help the kids, especially because our son, Dave, asked us to," said his mum, a local vet. "It's so important to teach children to help others and that's why we wanted to do something," said Dave's father.

The kids took part in[7] many different sports competitions last Saturday and got points. For each point they got money from sponsors[8]. Jay and his friends also got Ted Beeran, the famous singer and songwriter, to give a concert at TTS in the evening. He has also given the money for the tickets to the children's home in Pakistan. How did Jay get Ted for the charity event? "I'm going to tell you later in an interview together with him," he answered our question. The school raised a lot of money from the charity day and they've already given it to the children's home in Pakistan.

But it wasn't only a special day for charity. One boy from TTS created his own victory[9]. Joe, a boy who has got an artificial leg[10], raised more money than any other student in the charity run because he had the most sponsors. He was really happy and proud.

"It's so special for me because I thought that I could never take part in a race again. Running has always been my favourite sport, but after the car accident two years ago, when I lost my leg, I thought I could never do it again," Joe said happily. There were two winners last Saturday at TTS: the children's home and Joe, who is now a local hero.

1 **hero, heroes** *(pl)* Held | 2 **energy** Energie | 3 **power** Kraft | 4 **children's home** Kinderheim | 5 **to inspire sb** jmdn. inspirieren | 6 **to print** drucken | 7 **to take part (in)** teilnehmen (an) | 8 **sponsor** Sponsor/-in | 9 **victory** Sieg | 10 **artificial leg** Beinprothese

Green Line 2 G9
Lehrerband
ISBN 978-3-12-854223-2

a) *Are these sentences right or wrong? Tick (✔) the right boxes.*
Then correct the wrong sentences.

	Right	Wrong
1. Five friends from TTS organised the charity event alone.	☐	☐
2. It was a special day for Greenwich.	☐	☐
3. Jay was the boy who travelled to Pakistan and saw the children work in the fields.	☐	☐
4. Ted Beeran kept the money from the tickets.	☐	☐
5. The kids took part in several different sports competitions.	☐	☐
6. The charity event raised a lot of money for the children's home.	☐	☐
7. Joe lost his leg in an accident three years ago.	☐	☐
8. Joe won the charity run.	☐	☐

____

____

____

____

____

b) *Answer the following questions.*

1. Why did Dave's parents want to help the children?
2. Why was it so special for Joe to have raised the most money?
3. Has the author chosen a good title for the story? Why / Why not?
4. How does Jay feel after the event? Write a comment on the TTS website for him. (5 – 6 sentences)

c) *Sum up the text. Remember to answer the wh-questions:*
what? who? where? when? why?

Self-check: a) Right: 2, 5, 6; Wrong: 1. Six children had the idea to organise the charity event. Their teachers, parents and other students helped them. 3. Jay travelled to Pakistan where he visited a children's home. 4. Ted Beeran gave the money from the tickets to the children's home. 7. Joe lost his leg in an accident two years ago. 8. Joe raised more money than the other students. **b)** 1. They did it because Dave asked them to and because they thought it was important to teach children to help others. 2. It was special because he has got an artificial leg and thought he could never run again. 3. Individuelle S-Lösungen; 4. Individuelle S-Lösungen **c)** Lösungsvorschlag: The text is a newspaper article about a charity sports day at TTS. A group of students had the idea to organise the day to raise money for a children's home in Pakistan. Their teachers, parents and other students helped them. There were different sports activities and also a charity run in which Joe, a student with an artificial leg, raised the most money. In the evening, there was a concert with Ted Beeran, a famous singer. The school raised a lot of money on that day, which they have already given to the children's home.

Green Line 2 G9
Lehrerband
ISBN 978-3-12-854223-2

Central Line: Station 7 The accident

You are shopping with your friends when you see a policeman who is trying to talk to two British tourists. You can help them to understand each other.

Polizist: Es ist eine Tasche gestohlen worden. Könntest du bitte fragen, wo die beiden waren und was sie getan haben, als es passierte?

Du: Where ______________________________? **(1)**

What ______________________________? **(2)**

Tourist: We were near the café over there and wanted to go inside and have a cup of tea.

Du: Sie ______________________________. **(3)**

Polizist: Was passierte als nächstes?

Du: What ______________________________? **(4)**

Tourist: As we went inside, a tall man suddenly came and stood next to my wife. He took the bag and ran away down this street. I followed him because I wanted to catch him.

Du: ______________________________

______________________________. **(5)**

Polizei: Und wie kam es zu dem Autounfall hier an der Ecke?

Du: How ______________________________ **(6)** at the corner?

Tourist: I almost caught him, when he ran across the street without looking at the cars. I followed behind him and then there was suddenly a car. The driver stopped the car because I was in his way, and the next car crashed into the first one.

Du: ______________________________

______________________________. **(7)**

Polizist: Und was passierte mit dem Dieb?

Du: ______________________________ the thief[1]? **(8)**

Tourist: He ran away, but he lost my wife's bag.

Du: ______________________________. **(9)**

1 **thief, thieves** *(pl)* Dieb

Self-check: 1. Where were you when it happened? 2. What were you doing when it happened? 3. Sie waren in der Nähe des Cafés dort drüben und wollten hineingehen, um einen Tee zu trinken. 4. What happened next? 5. Als sie hineingehen wollten, stand plötzlich ein großer Mann neben der Frau. Er nahm ihre Tasche und rannte diese Straße hinunter. Der Mann folgte ihm, weil er ihn fangen wollte. 6. How did the accident happen at the corner? 7. Er hätte den Dieb fast gefangen, als er, ohne auf die Autos zu achten, über die Straße rannte. Er rannte ihm hinterher und dann war da plötzlich ein Auto. Der Fahrer hielt an, weil der Mann im Weg war und das nachfolgende Auto fuhr auf das erste Auto auf. 8. And what happened to the thief? 9. Er ist weggerannt, aber er hat die Tasche der Frau verloren.

Green Line 2 G9
Lehrerband
ISBN 978-3-12-854223-2

Central Line: Station 8 Lou's story

*Lou is a very special mouse. Write a text about her with the information below. Use the **simple past** and the **present perfect**.*

! Signal words – simple past:
last …, in 1988, … ago, yesterday, when …

! Signal words – present perfect:
never, (only) ever, just, already, never (before), (not) yet

already – live – in Wales and Scotland | come – to Greenwich – two years ago | travelling mouse – visit lots of countries | see – lots of different places | meet – interesting mice | one year – travel by boat – see whales[1] | already – swim with dolphins[2] | last month – visit – cousin – Buckingham Palace | see – Queen – when – there | cousin – give – a bracelet – as present | never – visit – Ireland – before | just – plan – trip – there

1 **whale** Wal | 2 **dolphin** Delfin

Lösungsvorschlag: Lou has already lived in Wales and Scotland, and she came to Greenwich two years ago. She is a travelling mouse and has visited lots of countries where she has seen lots of different places and met interesting mice. One year, she travelled by boat and saw whales. She has already swum with dolphins too. Last month she visited her cousin in Buckingham Palace. When she was there, she saw the Queen. Her cousin gave her a bracelet as a present. Lou has never visited Ireland before, but she has just planned a trip there.

Central Line: Station 9 The Tower ravens

a) *Adjective or adverb? Fill in the correct form.*

Ravens are very ____________ **(1. intelligent)** animals. They're ____________ **(2. quick)** learners[1] and they like everything that glitters[2]. They can sing ____________ **(3. loud)**, but it isn't a ____________ **(4. beautiful)** song they sing. Ravens like to steal things and hide them ____________ **(5. good)**. A raven knows that no other bird should see the place where it hides the things and it is very ____________ **(6. careful)**. When another bird gets too ____________ **(7. close)**, the raven shouts out ____________ **(8. angry)**. Then it flies away ____________ **(9. fast)**. In the Tower of London, they live ____________ **(10. happy)** and the Raven Master looks after them ____________ **(11. careful)**. It isn't an ____________ **(12. easy)** job because ravens can bite very ____________ **(13. hard)**. The Beefeater who takes care of the ravens feeds them with ____________ **(14. good)** food and speaks to them ____________ **(15. quiet)** as he goes ____________ **(16. slow)** towards them. It's not a ____________ **(17. dangerous)** job, but at the same time it isn't one everyone can do ____________ **(18. easy)**.

b) *Write a short text about your favourite animal. Use **adjectives** and **adverbs**.*

1 **learner** Lerner | 2 **to glitter** glitzern

Self-check: a) 1. intelligent; 2. quick; 3. loudly; 4. beautiful; 5. well; 6. careful; 7. close; 8. angrily; 9. fast; 10. happily; 11. carefully; 12. easy; 13. hard; 14. good; 15. quietly; 16. slowly; 17. dangerous; 18. easily

Green Line 2 G9
Lehrerband
ISBN 978-3-12-854223-2

Central Line: Station 10 Find the words

a) *Find 20 words from Unit 3 and Unit 4 in the grid. They go → ↓ ↗ ↘.*

A	W	B	A	C	K	A	C	H	E	C	R	Q	L	N	U	I	O	P	L
T	A	L	O	C	A	T	I	O	N	H	F	H	Y	O	O	V	V	W	L
T	T	H	T	M	K	R	U	H	I	O	M	L	F	T	Z	R	N	A	L
R	H	Z	Z	U	K	E	Q	R	T	I	B	D	D	W	B	U	T	N	G
A	P	E	R	S	U	A	D	E	R	B	E	M	U	D	D	Y	I	H	U
C	R	A	W	I	Q	S	E	R	O	E	E	N	I	S	Q	G	O	W	I
T	O	E	I	C	A	U	O	W	V	K	B	E	A	T	L	N	I	D	D
I	G	T	T	I	T	R	L	R	G	Z	I	O	L	E	Z	R	N	A	E
O	R	Z	N	A	Z	E	E	A	A	P	G	U	M	P	T	W	T	X	H
N	A	G	E	N	O	S	W	T	Z	O	V	G	N	S	V	Q	M	T	R
C	M	B	S	O	E	X	X	X	D	I	S	T	A	N	C	E	E	I	T
A	M	N	S	D	L	T	Z	U	O	N	S	G	J	U	O	L	N	K	U
Q	E	Q	U	I	P	M	E	N	T	T	K	K	B	R	E	A	T	H	E
W	X	D	R	H	U	I	U	I	O	R	T	W	S	Z	U	I	O	P	L

b) *Write ten sentences with all of these words or write a short story with ten of them.*

____

____

____

____

____

____

____

____

____

____

Lösung: → backache, location, persuade, muddy, beat, distance, equipment, breathe; ↓ attraction, programme, witness, musician, treasure, point, steps, ointment, guide; ↗ wobbly, deserve; ↘ north

Green Line 2 G9
Lehrerband
ISBN 978-3-12-854223-2

Bus stop 1 △ Adverbs

a) *Fill in the* ***adverbs****. Be careful with the spelling.*

1. Mrs Meyers is a **bad** cook. She always cooks badly.
2. Holly is a **happy** girl. She often laughs ____________________.
3. Amber and her friends are **good** readers. They read ____________________.
4. My aunt is a **dangerous** driver. She always drives ____________________.
5. Luke is a **fast** runner. He runs ____________________.
6. Sherlock isn't a **loud** dog. He never barks ____________________.
7. Kate is a **beautiful** woman. She dresses[1] ____________________.
8. "Who has left the door open?" Mr Burton asked ____________________ **(angry)**.
9. "Open the box ____________________ **(careful)**," my mum said.
10. "The homework is for tomorrow. We must work ____________________ **(hard)**," Gwen told Olivia.

b) *Write ten sentences about your classmates. Use* ***adjectives*** *and* ***adverbs****.*

____

____

____

____

____

____

____

____

____

____

1 **to dress** sich kleiden

Self-check: a) 2. happily; 3. well; 4. dangerously; 5. fast; 6. loudly; 7. beautifully; 8. angrily; 9. carefully; 10. hard

Green Line 2 G9
Lehrerband
ISBN 978-3-12-854223-2

Bus stop 2 △ Tony's plans

*Fill in the verbs in the **going-to future**.*

Dear Eddie,

On our sports day next week, I ________________ **(1. get up)** at 5:30.

I ________________ **(2. prepare)** a good breakfast with eggs.

This ________________ **(3. make)** me strong for the marathon.

My friend Lou and I ________________ **(4. run)** in the charity run.

After breakfast, I ________________ **(5. put on)** my running shoes.

Lou ________________ **(6. meet)** me at Greenwich Park and we

________________ **(7. do)** a long warm-up together. After the warm-up,

I ________________ **(8. go)** home and take a shower.

Do you think I can win the marathon? Many good runners ________________

(9. come). I've got a question. Maybe you can answer it. I normally don't eat when I run, but most

of the other mice ________________ **(10. bring)** bananas for the run.

Do you think I should bring one too?

Tomorrow I ________________ **(11. buy)** my new running shoes.

And next week, Lou ________________ **(12. visit)** me every day

so we can practise together.

________________ **(13. you – cheer)** us during the race?

Yours,

Tony

Self-check: 1. 'm going to get up; 2. 'm going to prepare; 3. is going to make; 4. are going to run; 5. 'm going to put on; 6. is going to meet; 7. 're going to do; 8. 'm going to go; 9. are going to come; 10. are going to bring; 11. 'm going to buy; 12. is going to visit; 13. Are you going to cheer

Green Line 2 G9
Lehrerband
ISBN 978-3-12-854223-2

Bus stop 3 △ Have you ever …?

Make questions and answers in the ***present perfect****. Take turns.*

Example: **Have** you **ever raised** money for charity? – Yes, I **have**. I **have raised** money for a pet charity **once**.

raise money for charity run in a big race visit London go to the stadium be in hospital have an accident meet a famous person …	(only) ever already never (before) once (twice, three times, …) so far

---

Bus stop 4 △ A postcard[1] from London

Put in the verbs in the ***simple past*** *or the* ***present perfect****.*

Dear Mum and Dad,

My trip to London ____________ **(1. be)** great so far. I ____________ **(2. already – spend)** five amazing days here and I ____________ **(3. see)** lots of interesting sights. I ____________ **(4. just – come back)** from a boat tour on the Thames. Yesterday, we ____________ **(5. look)** at the Crown Jewels in the Tower of London. ____________ **(6. you – go)** there when you ____________ **(7. visit)** London last summer? And ____________ **(8. you – ever – talk)** to a Beefeater? They know so many interesting things. See you on Saturday when I get back.

Love,

Ben

1 **postcard** Postkarte

Self-check: 1. has been; 2. have ('ve) already spent; 3. have ('ve) seen; 4. have ('ve) just come back; 5. looked; 6. Did you go; 7. visited; 8. have you ever talked

Green Line 2 G9
Lehrerband
ISBN 978-3-12-854223-2

Bus stop 5 ▲ Plan a trip to London

a) *Imagine you're spending a weekend in London and you want to see a lot of sights. At home you've already made a list of things you want to see. Use the map of London and the Tube map in your book to plan a good and interesting tour around London. You can go by Tube, but also try to walk as much as possible to see a lot of London. Take notes. Write down street names, Tube stations, Tube lines, stations where you change trains, etc.*

- Madame Tussauds
- London Dungeon
- Piccadilly Circus
- British Museum
- Westminster
- Buckingham Palace
- Trafalgar Square
- London Eye
- St Paul's
- Tower and Tower Bridge

b) *Present your route to another pair and discuss which trip is better. Give reasons.*

Green Line 2 G9
Lehrerband
ISBN 978-3-12-854223-2

Bus stop 6 ▲ An interview with a star

Which of these stars would you like to interview? Choose one person and write the interview. The useful phrases on p. 75 in your book can help you.

EMMA WATSON

15th April, 1990
in Paris

actress in Harry Potter movies (Hermione)

☺ books, cinema, talk to friends, shopping, theatre

☹ bad movies, cheap shoes

DAVID BECKHAM

2nd May, 1975
in London

English footballer; Manchester United, Real Madrid, LA Galaxy

☺ kids, pasta, football, video games, clothes

☹ full buses, unfriendly people

PRINCE WILLIAM

21st June, 1982
in London

son of Prince Charles and Princess Diana; future king

☺ polo, football, walk in the park, kids

☹ rain, loud music, arrogant[1] people, fish and chips

PINK

8th September, 1979
in Abington Township, USA

singer, songwriter

☺ kids, action, do shows, write new songs

☹ do nothing, the gym[2]

CATHERINE, DUCHESS OF CAMBRIDGE

9th January, 1982
in Reading, England

Kate Middleton; lived in Italy for some months; married Prince William

☺ shopping, her dog, walk in the park, music, kids

☹ too many reporters, fast cars, aggressive people

DANIEL RADCLIFFE

23rd July, 1989
in London

actor; acted as Harry Potter

☺ meet friends, pizza, sleep long, read books, cinema

☹ too many people around him, boring books, do nothing

1 **arrogant** arrogant | 2 **gym** Fitnessstudio

Green Line 2 G9
Lehrerband
ISBN 978-3-12-854223-2

My stations

Name: ______________________________

Station 1 (→ SPEAKING)

☐ → Go to a Central Line station.

Station 2 (→ READING)

☐ → Go to a Central Line station.

Station 3 (→ WRITING)

☐ I think it's easy. → Go to bus stop 3. Then go back to a Central Line station.
☐ I think it's difficult. → Go to a Central Line station.

Station 4 (→ MEDIATION)

☐ → Go to a Central Line station.

Station 5 (→ QUESTION TAGS)

☐ → Go to a Central Line station.

Station 6 (→ MODALS AND THEIR SUBSTITUTE FORMS)

☐ I think it's easy. → Go to a Central Line station.
☐ I think it's difficult. → Go to bus stop 1. Then go back to a Central Line station.

Station 7 (→ SUBORDINATE CLAUSES)

☐ I think it's easy. → Go to a Central Line station.
☐ I think it's difficult. → Go to bus stop 2. Then go back to a Central Line station.

Station 8 (→ VOCABULARY)

☐ → Go to a Central Line station.

Green Line 2 G9
Lehrerband
ISBN 978-3-12-854223-2

Central Line: Station 1 Ted's phone call

a) *Jay knows the famous singer Ted Beeran, who gave a concert on a charity day at TTS. Choose a role, cut out the prompt card, fold[1] it and make notes for a telephone conversation between Ted and Jay on the back. Don't write full sentences.*

b) *Find a partner and act out the conversation.*

Ted ✶ Ted ✶ Ted ✶ Ted ✶ Ted ✶ Ted ✶ Ted ✶ Ted ✶ Ted ✶ Ted

- says hello and tells Jay who is talking
- asks him how he is and what he's doing
- asks about the results of charity day at TTS
- tells Jay that he has got talent and a great voice, but has to get some lessons with a vocal coach[2]
- wants to help him; offers him to take part in talent show in New York; knows the show and the jury members[3]
- offers to help him with everything he needs in New York

Jay ✶ Jay ✶ Jay ✶ Jay ✶ Jay ✶ Jay ✶ Jay ✶ Jay ✶ Jay ✶ Jay

- tells Ted that he is happy to hear from him
- tells Ted how he is; asks how Ted is; asks about his new songs
- tells him about the good results and the money that TTS made with charity event
- proud that Ted believes he has got talent
- excited that Ted invites him to New York; would like to take part in talent show
- tells Ted that he has to ask his parents; probably has to persuade them

1 **to fold sth** etw. falten | 2 **vocal coach** Gesangstrainer/-in | 3 **jury member** Jurymitglied

Green Line 2 G9
Lehrerband
ISBN 978-3-12-854223-2

Central Line: Station 2 America's new superstar

Soon after a charity event at TTS with the famous singer Ted Beeran, Jay's parents noticed that Jay was very quiet and often upstairs in his room where he spent hours in front of his computer. "I really want to know what he is looking for on the internet," Jay's father said one evening after dinner. "He's going to tell us as soon as he knows how, believe me," Jay's mum said over her shoulder on her way into the kitchen. "I trust[1] him!"
20 minutes later, when they were in the living room watching the news, Jay came downstairs and sat down on the sofa. His mum smiled at her husband and didn't say anything.
After some minutes, Jay started talking. "Mum, Dad, I've got something that I want to talk to you about. During the last weeks, I've thought a lot about my wish to be a singer. I've often talked to Ted Beeran and I've sent him some of my recordings." He looked at his parents. "Well, that's great, Jay," his father said. "It's important to have dreams. Someday you could become a popular singer." He put his arm around his son and looked at him. "Dad, I don't want to be a famous singer *someday*. I want to be a famous singer *now*!" Jay's mum looked at him. "What do you mean?" she asked. "There is this popular TV show *Britain's Got Talent*. You've watched it with me, do you remember?" Jay's mother didn't say a thing. "The show isn't on TV in Britain right now, but Ted thinks I've really got talent and he said that I could win it if I tried really hard." His father looked at him and said: "That's really good, Jay! Let's wait till the show is on again and then you can try, OK?" Jay answered: "That's too long, Dad. But they're showing a similar programme in the USA right now and …" "No, Jay! Don't even think about it!" his mum said and looked at him dramatically.
"Oh Mum, please! I've got all the information I need!"

1 **to trust sb** jmdm. vertrauen

a) *Complete the following sentences:*

1. Jay has been very quiet after the charity event because ____________________

   ____

2. His father is worried, but ____________________

   ____

3. Jay has been on the computer to ____________________

   ____

4. Jay isn't allowed to ____________________

   ____

b) *Talk to a partner about talent shows on German TV. Do you like to watch them? Would you like to take part in one of these shows? Give reasons for your opinion.*

c) *Choose one statement and list arguments. Talk to your partner.*

- Jay's parents are right to say no because …
- Jay's parents are wrong to say no because …

d) *How does the story go on? Write down your ideas.*

Self-check: a) 1. … Ted Beeran has invited him to take part in a talent show in the USA and Jay is thinking about how to ask his parents.
2. … his mother trusts Jay and knows he's going to tell them when he knows how. 3. … collect all the information he needs.
4. … take part in the talent show in the USA.

Green Line 2 G9
Lehrerband
ISBN 978-3-12-854223-2

Central Line: Station 3 What Jay should and shouldn't do

The famous singer Ted Beeran has invited Jay to take part in a talent show in the USA, but Jay isn't allowed to go. Jay wants to persuade his parents and has written an e-mail to Ted to ask for his advice. Write Ted's e-mail to Jay with the ideas from the box. Tell Jay what he should and what he shouldn't do to convince his parents.

☺	☹
• show details of the show • say where you want to stay → friends of family • say that you're going to call every day • find somebody to send your homework and school things • ask music teacher for help	• do anything without your friends in New York • leave the flat alone • use public transport on your own • decide without your parents • lie to them

Central Line: Station 4 Lost in New York

Jay is in New York for a talent show. He goes out on his own and gets lost[1]. He meets a German family and asks for help. The parents don't speak much English, but Linda, their daughter, is able to help.

Jay: Excuse me, can you help me? I can't find my way back to my friends' place.

Linda: ______________________________ (1)

Father: Wir kennen uns auch nicht so gut aus, aber wir können es versuchen.

Linda: ______________________________ (2)

Jay: I have to go to 23rd East Street.

Linda: ______________________________ (3)

Mother: Das ist recht weit. Du solltest die U-Bahn nehmen.

Linda: ______________________________ (4)

Jay: Well, I'm not allowed to take it alone. It's dangerous, isn't it?

Linda: ______________________________ (5)

Father: Ja, das stimmt. Unser Hotel ist in der Nähe der Straße. Wir können zusammen fahren, aber du musst noch kurz warten. Unser Sohn musste in diesen Laden gehen.

Linda: ______________________________ (6)

Jay: That's great! Thank you very much.

Linda: ______________________________ (7)

1 **to get lost** sich verirren

Lösungsvorschlag: 1. Der Junge weiß nicht mehr, wie er zur Wohnung seiner Freunde kommt und bittet um Hilfe. 2. We don't know the city very well ourselves, but we can try to help. 3. Er muss zur 23rd East Street. 4. She says it's quite far. You should take the underground. 5. Er darf nicht alleine U-Bahn fahren. Es ist gefährlich, oder? 6. That's right. Our hotel is near the street. We can go by underground together, but you have to wait a minute. My brother had to go to this shop. 7. Er findet den Vorschlag gut und bedankt sich.

Green Line 2 G9
Lehrerband
ISBN 978-3-12-854223-2

Central Line: Station 5 Question tags

*Fill in the right **question tags**.*

1. You like skating, ______________________?
2. They played a fantastic match, ______________________?
3. Sandra was the perfect actress for this character, ______________________?
4. William likes dogs, ______________________?
5. Gwen has never run in a marathon before, ______________________?
6. Holly and Olivia aren't going to watch the show, ______________________?
7. We had a perfect day, ______________________?
8. Sue can't play chess, ______________________?
9. Ted Beeran is the best singer, ______________________?
10. All the lights suddenly went out, ______________________?

Self-check: 1. don't you; 2. didn't they; 3. wasn't she; 4. doesn't he; 5. has she; 6. are they; 7. didn't we; 8. can she; 9. isn't he; 10. didn't they

---

Central Line: Station 6 Rules for Mousebook

*Look at the pictures. Make sentences with **should, shouldn't, be able to, be allowed to** and **have to**.*

1

be | always | nice | friendly

2

post | address | phone number

3

use | password

4

chat | friends | post | photos

5

fake | profile

6

stay in touch | old friends | different countries

Self-check: 1. You should always be nice and friendly. 2. You shouldn't post your address and phone number. 3. You have to use a password. 4. You're able to chat with friends and post photos. 5. You aren't allowed to fake a profile. 6. You're able to stay in touch with old friends from different countries.

Green Line 2 G9
Lehrerband
ISBN 978-3-12-854223-2

Central Line: Station 7 Subordinate clauses

a) *Complete these sentences with the words in the box. Sometimes more than one solution is possible.*

after	as soon as	whenever	until	because	like

1. ____________________ I asked for help, my mum got up and came to my room.
2. We went to the football stadium ____________________ we found out about the match.
3. It always gets dangerous ____________________ Lou comes to the kitchen and the cat sees her.
4. ____________________ Lisa and Terry went to the concert, they had dinner together.
5. I couldn't be happy ____________________ I found my lucky charm again.
6. Mary and Peter always go to Spain in their holidays ____________________ they love the sun.
7. Grandpa needs your help ____________________ you have finished your homework.
8. She acts ____________________ a famous star, but she is only a normal girl.
9. ____________________ I found my old friend on Mousebook, we chatted every day.

b) *Write seven more sentences with* ***subordinate clauses****.*

Self-check: 1. When / As soon as / After / Whenever / Because; 2. when / as soon as / after; 3. when / whenever / as soon as; 4. After; 5. until; 6. because; 7. as soon as / when; 8. like; 9. After / As soon as

Green Line 2 G9
Lehrerband
ISBN 978-3-12-854223-2

Central Line: Station 8 A crossword puzzle

Across →

2. Sometimes kids have a … about pocket money with their parents.
4. On the train she always listens to music on her …
6. Please don't … nasty comments to my profile.
9. another word for 'strange'
10. You and your best friend have a very close …
11. Some people like writing … with a pen and paper better than writing e-mails.
13. Mousebook is an internet …
14. I like to sleep outside. That's why I go … every summer.
15. The door of our cupboard has got a …
16. Somebody who is really intelligent is a …

Down ↓

1. When there are two different opinions, you have to find a …
3. for young people between 13 and 19
5. My computer doesn't work. Can you … it?
7. Thunder and …
8. Monday, Tuesday, Wednesday, Thursday and Friday are …
10. Radio, TV and Internet are forms of …
12. When you want to eat something warm you have to …

Self-check: Across: 2. discussion, 4. headphones, 6. post, 9. weird, 10. friendship, 11. letters, 13. site, 14. camping, 15. knob, 16. genius
Down: 1. compromise, 3. teen, 5. fix, 7. lightning, 8. weekdays, 10. media, 12. cook

Green Line 2 G9
Lehrerband
ISBN 978-3-12-854223-2

Bus stop 1 △ Modal verbs

a) *Write the sentences again. Use* ***be allowed to, be able to*** *and* ***have to.***

Example: I **can** read all night long. I never get tired. → I'**m able to** read all night long. I never get tired.

1. He **mustn't** use his aunt's car because he isn't old enough. ____________________

   ____
2. Max **can't** run very well because his leg hurts. ____________________

   ____
3. Ben **must** practise the guitar. He has got a lesson tomorrow. ____________________

   ____
4. They **needn't** look after the cat in their holidays. ____________________

   ____
5. You **can** ride a horse, **can't** you? ____________________

   ____

b) *Fill in* ***should, shouldn't*** *and* ***could.***

In London you __________ (1) always be careful. You __________ (2) watch your bag all the time and you __________ (3) leave it anywhere. Someone __________ (4) steal it on the Tube or at one of the famous sights. You __________ (5) also make sure that your mobile phone is in your pocket. When you are inside a church or museum, it __________ (6) ring. This __________ (7) get you into trouble.

Self-check: a) 1. He isn't allowed to use his aunt's car because he isn't old enough. 2. Max isn't able to run very well because his leg hurts. 3. Ben has to practise the guitar. He has got a lesson tomorrow. 4. They don't have to look after the cat in their holidays. 5. You're able to ride a horse, aren't you? **b)** 1. should; 2. should; 3. shouldn't; 4. could; 5. should; 6. shouldn't; 7. could

✂ -

Bus stop 2 △ Subordinate clauses

Put the sentence parts in the correct order to make sentences with subordinate clauses.

1. I found out | when | about the competition | I arrived there
2. better | I felt | I spoke | as soon as | to the doctor
3. nervous | was | Lou | was gone | until | the cat
4. Whenever | goes for a walk in the park | Sherlock | catch squirrels | he wants to
5. Lisa | a superstar | acts like | she is

Self-check: 1. I found out about the competition when I arrived there. 2. I felt better as soon as I spoke to the doctor. 3. Lou was nervous until the cat was gone. 4. Whenever Sherlock goes for a walk in the park, he wants to catch squirrels. 5. Lisa acts like she is a superstar.

Green Line 2 G9
Lehrerband
ISBN 978-3-12-854223-2

Bus stop 3 ▲ A new star?

Jay has gone to the USA to take part in a talent show on TV. The famous singer Ted Beeran has invited him. Jay has always wanted to be a famous singer and suddenly he has got the chance. He has been very busy because he has practised singing every day. His big day has arrived and he finally meets the jury[1] of the talent show. How does the story go on? Write a text with your own ideas.

Step 1: *Think about the main ideas. Decide if the talent show is going well for Jay or not. How does he present himself? Does the jury like him?*

Step 2: *Use a mind map or a list and write down ideas for the details (wh-questions).*

Step 3: *Use your notes to create the plot[2]. (What happens first, what next etc.? Are there other characters in the story that are important? How does the story end?)*

Step 4: *Write your text. You can use a dictionary for help. Describe the characters' feelings and thoughts and also use dialogues.*

Step 5: *Ask a partner to read your text, give feedback and help you with problems.*

You can start like this:

New York was amazing. Jay didn't have enough time to visit all the places and sights that he wanted to see. Every day he practised singing and in the afternoon he had lessons with Ted Beeran's vocal coach[3]. He was very happy and he thought that he was really, really good. Sure there wasn't anybody who was better than him. Then finally his big day arrived. He took a long shower in the morning and spent a lot of time on his hair and clothes. He wanted to look perfect too and he knew that he had to be cool. Nobody would like a singer who wasn't cool. He took a taxi to the TV studio. When he arrived at the studio, he saw hundreds of people, some with a guitar, others with a keyboard, some of them were already singing. Jay heard perfect voices and saw really cool people. Most of them were older than Jay and looked like they had more experience too. Suddenly, Jay felt very nervous. He had a headache and felt ill. His legs were wobbly …

1 jury Jury | **2 plot** Handlung | **3 vocal coach** Gesangstrainer/-in

Green Line 2 G9
Lehrerband
ISBN 978-3-12-854223-2

Anhang

Transkripte zu den Hörverstehens-Aufgaben im Workbook

Unit 1: My friends and I

3 Did you watch Comic Relief? S 1/1 ⊙

Jay: Hi Holly.
Holly: Hello Jay. Hi Luke.
Jay: Did you see Comic Relief last night on TV, Holly?
Holly: Of course! I watched all of it with my mum. We saw every minute! I really liked the comedy show parts and she loved all the silly songs. Did you see it, Jay?
Jay: Yeah, I watched the first half. I liked some of it, but it was too long. Six hours! That's too much TV for me. I can't sit still for six hours!
Holly: What about you, Luke. Did you see it?
Luke: I watched the first hour, but then I went swimming with my sister at the leisure centre. There were some people in the swimming pool with red noses! That was funny. Irina gave some of her pocket money to charity, but I didn't have any money with me. Did you give any money, Holly?
Holly: Yes, I did. I gave some to my mum and then she gave our money online.
Luke: Did you give anything, Jay?
Jay: My dad sent a text message for the whole family. It's really easy. You can do that too, Luke. It's not too late.
Luke: Umm ... good idea.

13 A phone call from Wales S 1/2 ⊙

Mum: Hi Angela! How are you doing?
Angela: Hi Mum! I'm having a great time. The outdoor centre is really nice.
Mum: Is the weather OK?
Angela: It wasn't very good in the morning, but it was much better in the afternoon.
Mum: What did you do today?
Angela: We did some mountain climbing in the morning and we went for a walk by the river in the afternoon.
Mum: Was the climbing difficult?
Angela: No, not really. It was a small mountain. It was easier than walking by the river, because the walk by the river was very long. And I think climbing is much more interesting than walking.
Mum: I hope it wasn't dangerous.
Angela: Well, it isn't as dangerous as gorge scrambling! That's climbing up a river. But it's lots of fun. That's tomorrow. It's the most exciting activity at the centre, I think. Oh, did you see the picture I e-mailed you?
Mum: The picture of the big mountain? Yes, I did. It looks very high.
Angela: Yes, it is. It isn't the highest mountain in Wales, but it's the highest one near here.
Mum: On the outdoor centre website it says students usually climb that mountain.
Angela: Yes, that's on Wednesday, the last day. I'm more nervous about that than I am about the gorge scrambling.
Mum: Good luck, then, Angela. Call me tomorrow and send me more pictures!
Angela: OK, Mum. Bye!

Unit 2: Let's discover TTS!

3 A new teacher? S 1/13 ⊙

Jay: Did you see the new teacher?
Holly: The student teacher with the beautiful hair? She was in Drama yesterday.
Jay: No. The new teacher is a man.
Holly: Oh. Where did you see him?
Jay: In Geography class, this morning. He talked to Mr Whitely for a few minutes.
Holly: Oh. Was he short and did he have big eyes? That's Mr Jacobs. He's really funny.
Jay: No. He's tall and young. He wears cool glasses.
Holly: What does he teach?
Jay: I think he teaches PE. He had on a red football shirt and sports shoes.
Holly: Uhhh… no. So what's so special about him?
Jay: Well, he looks like a football player.
Holly: He probably is a football player if he's a PE teacher.
Jay: No, he looks like a famous football player. For Arsenal.
Holly: And he teaches here?
Jay: Yeah.
Holly: He doesn't teach here! Look at this poster! Meet the players! He's a professional player. He's here for Sports Day!

7 a) In the forest S 1/14 ⊙

Olivia: I had a strange dream last night. We were walking in the forest with the others in the Eco Club. It was a beautiful day. The cloud was shining. The dogs were singing. We were crying. Then I saw a rabbit. It was a big, big rabbit. Quickly, we started to sleep but the rabbit slept after us. When the rabbit was sleeping faster and faster, we climbed up a tree. We were shouting for help when the sheep came and chased the rabbit away.

7 b) In the forest S 1/15 ⊙

Olivia: I had a strange dream last night. We were walking in the forest with the others in the Eco Club. It was a beautiful day. The sun was shining. The birds were singing. We were laughing. Then I saw a monster. It was a big, big monster. Quickly, we started to run but the monster ran after us. When the monster was running faster and faster, we climbed up a tree. We were shouting for help when the instructor came and chased the monster away.

11 [p] or [b] S 1/16 ⊙

Speaker:
1. believe - believe
2. pond - pond
3. prince - prince
4. surprised - surprised
5. club - club
6. pretty - pretty

‹Revision A›

1 A dangerous man S 1/28

Interviewer: I'm talking to Jack Willis. He was in the middle of a dangerous situation at the post office today. Can you tell us what happened, Jack?
Jack: Yes, I was at the post office to send a parcel, and two policemen came in.
Interviewer: Really? And what happened then?
Jack: Then a man pulled out a gun from his pocket. He looked really crazy.
Interviewer: Wow! Were you near to the man?
Jack: Yes, I was. He was very close to me.
Interviewer: Did you see his face?
Jack: No, I didn't. He had on a very big hat.
Interviewer: Did he say anything?
Jack: No, he didn't. One policeman shouted 'Put the gun down!'
Interviewer: Did the man do anything?
Jack: Yes, he put the gun on the floor and he put his hands up. Then the police took him away in their car.
Interviewer: That was a dangerous situation! Were you scared?
Jack: No, I wasn't. It was all very quick. I was just surprised. I felt happy that the police were there.
Interviewer: Thank you for talking to us, Jack.
Jack: You're welcome!

Unit 3: London is amazing!

3 What are we going to do? S 1/29

Jay: Hey, Shahid! You look great in that T-shirt. Is it new?
Shahid: Hmm, Jay. What do you want? You always say nice things when you want something!
Jay: Well, Amir and I are going to visit the British Museum tomorrow, and we'd like you to come too because Mum says we can't go alone.
Shahid: I don't know, Jay. I don't think so. I'm going to do my homework tomorrow.
Jay: You're going to do homework on a Saturday! Why?
Shahid: We're going to have an important History test next week.
Jay: You can do that another day. The British Museum is full of history. You can learn more about history there than from books!
Shahid: Maybe. But isn't it going to be expensive? I don't want to pay lots of money to get in.
Jay: No, it's free.
Shahid: Free? That's good. What are you going to do in the museum? It's very big, you know. You can't see all of it in one day.
Jay: We're going to see the display about Egypt. Amir is doing a school project about it and he says it's really interesting. He's going to take photos of some of the things in the museum for his project.
Shahid: Well, OK, then. Why not? I can do my homework on Sunday. What about lunch?
Jay: Mum says she's going to give us some money to buy lunch. We're going to get something to eat at Covent Garden.
Shahid: That sounds cool. I love Covent Garden.
Jay: Good. I'm going to have a look on the internet this evening. I want to find out more cool things to see.

8 Inside the British Museum S 1/30

Holly: Hey, Olivia, let's see what's next. What's in this room?
Olivia: This next room is room six. Wow! Look at those two things!
Holly: What are they? They're so big! They're amazing. I like their faces. Look at them! They aren't smiling.
Olivia: No, they aren't very happy. They look angry, I think. I like all the decoration on the side and the strange writing on them. Are they horses or men or birds?
Holly: I don't know. All three, I think. They look like monsters from a film, or aliens. Fantasy animals! What were they for?
Olivia: There's some information about them on the wall. Let's have a look.
Holly: Good idea. Hmm… It says they were part of a king's house. They stood outside his palace to keep bad luck away from him.
Olivia: I'd like to have two huge monsters outside my house too! How old are they? Does it say on the information sign?
Holly: Yes, they're more than two thousand years old. A British man found them when he was digging underground a hundred and sixty years ago!
Olivia: I bet he was surprised!

Unit 4: Sport is good for you!

3 What sports have you done? S 2/1

Gwen: Hey, Luke, so you're interested in sports too?
Luke: Yes, I am. I love football. Playing it, watching it on TV. I think it's great! Do you like football?
Gwen: Erm, no not really. I've never played it. I like to watch rugby, but I've never played it. Have you?
Luke: No, I haven't, but I've watched it on TV too. It's very different from football. Is it your favourite sport?
Gwen: No, my favourite sport is running. Have you ever run in a race?
Luke: Yeah, lots of times. I've already won lots of races.
Gwen: Me too! What about swimming? Do you like going swimming?
Luke: Yes. It's not my favourite sport, but I enjoy going for a swim at the leisure centre.
Gwen: The leisure centre here in Greenwich?
Luke: Yeah, it's good. Have you been there?
Gwen: No, I haven't. I'm new in Greenwich, remember? But I want to go soon. How big are the water slides?
Luke: Well … they're not *small*. They're good, but they're nothing special.
Gwen: Have you ever been on a really, *really* big water slide?
Luke: Er … no, I haven't.
Gwen: I have. It was amazing! *Really* fast!
Luke: That sounds fantastic. I want to try one of those!

Gwen: Oh, and another sport – it's also really amazing. Have you ever ridden a horse?
Luke: No, I've never done that. Have you?
Gwen: Yes, I have. Just once. I loved it! I really want to do it again some time.
Luke: Oh, no thanks! Not for me. I don't like horses very much.

6 Past participles S 2/2 ⊙

Speaker: asked – been – broken – chosen – done – eaten – fallen – finished – seen – written

8 A visit to the doctor S 2/3 ⊙

Doctor: Hello Craig. What's the problem?
Boy: I've really hurt my arm and my shoulder.
Doctor: Let me look. Hmmm, yes. What happened?
Boy: I was playing rugby at school. I was running and passing the ball to another player when I fell over his foot. Then he fell and hit my head.
Doctor: Was that this afternoon?
Boy: Yes, about an hour ago.
Doctor: I see. Does it hurt here?
Boy: Ow! Yes, it does.
Doctor: And do you have any pain here?
Boy: A bit, but it's not so bad there.
Doctor: And here?
Boy: OWWW!!!
Doctor: Sorry.
Boy: Have I twisted my arm?
Doctor: It's worse than that. You've broken it. But I think your head's OK. It doesn't look like there's a problem with it, at least for now.
Boy: Do I need to go to hospital? I've never been to hospital before.
Doctor: Yes, it's not a very bad break, but you need to go to hospital. Where are your parents?
Boy: My mum's at work and dad lives in another city. A teacher brought me here. She's outside, but she needs to go back to school soon.
Doctor: Hmmm. I see. Have you ever been in an ambulance?
Boy: No, I haven't!
Doctor: Well, you can't walk to the hospital, so I'm going to call an ambulance for you.
Boy: Wow! That's great! Erm… I mean, thank you very much.
Doctor: Here's a prescription for some ointment to put on your shoulder to help stop the pain.
Boy: Thank you.
Doctor: Is your mother going to work tomorrow?
Boy: I think she is. But I'm not sure.
Doctor: I want you to stay at home and rest tomorrow. Don't go to school. Sometimes problems can happen later when you hit your head. You're probably OK, but it's best to be careful.

13 Interview with a basketball player S 2/4 ⊙

Interviewer: Good evening listeners. In the studio with me today I have Rob Carter, who plays wheelchair basketball with the Hightown Hotshots, this year's winner of the BWBC contest. That's the British Wheelchair Basketball Clubs contest, if you're new to this exciting sport. Hi Rob!
Rob: Hello.
Interviewer: Thanks very much for coming to talk to us today.
Rob: No problem. It's good to be here.
Interviewer: So, your team has just won the big match – again! Well done! That's the third time your team has won it.
Rob: Thanks. We were lucky. Wenfield Flyers are a very strong team. They played well, and it was a good match. We all enjoyed it very much, I think.
Interviewer: And you also won the contest back in 2004 and then again five years ago. Is that right?
Rob: Yes, but I wasn't on the team then.
Interviewer: I see. And I hear you've become a father!
Rob: Yes, that's right. Lots of good news for me! We won the match three days ago, and yesterday my wife Claire had a baby! A wonderful baby girl.
Interviewer: Fantastic! What's her name?
Rob: We haven't decided yet!
Interviewer: You haven't decided? Well, you *have* been a very busy man.
Rob: Yes, I have. And I still am. Tomorrow I'm going to go to a school to talk about wheelchair basketball, and about my accident four years ago.
Interviewer: Your accident was only four years ago? I didn't know that.
Rob: Yes. I was driving my car – too fast, much too fast. I hit a tree, and well… you know the rest of the story. Before the accident I played a lot of football. Now I play wheelchair basketball. But I love both sports. And I think I'm better at wheelchair basketball than I was at football.
Interviewer: Well, thank you very much for talking to us today. Good luck to your team for next year's competition. And all the best to your two ladies.
Rob: Thanks very much!

24 A radio report S 2/5 ⊙

News presenter: Good evening to all our listeners. We've just received amazing news of spaceships over London. Yes, it's true! The **bright** lights you've seen are UFOs from **space**! There are six or seven of these spaceships in **the sky**, and one of them has **just** landed in Greenwich Park. Now we're **going to** hear from our reporter at the scene.
Reporter: Hello! This really is an important day for the people of our world! The door of the spaceship opened a few minutes **ago** but nothing has happened yet … Wait! What's this? An alien is coming out. Oh! The alien is very **strange-looking**!
I've **never** seen an alien like that in a film! Now two more **are coming** out! Where are they going? They're going into a **sweet** shop! What do they want in there?

‹Revision B›

1 Tower Bridge S 2/15

Tour guide: On your left you can see one of the most famous sights in London: Tower Bridge. This goes over the Thames from the Tower of London to the south east part of London.
The bridge has a very special design, because tall ships must pass through. As you can see, the bridge has two towers. You can also see that in the middle the bridge has two parts. These two parts can go up and down to let ships go through.
Before the bridge, it was more difficult for people to get from the north side of the river to the south side of the river in this part of London. There was a tunnel for people to walk through under the river, but it was small and dark and they needed to pay money to use it. It took eight years to build the bridge. In June 1894 it was finally done. People stopped using the tunnel because the bridge was free. It was also quicker and easier to use the bridge to get across the river.
One day in 1952 the bridge started to open with a number 78 bus still on it. The driver drove faster, and the bus jumped to the other side. Everybody on the bus was OK.
For the first 83 years the bridge was brown and black, but now you can see it's blue and white, with a little red too. In 1977 the bridge got its new colours for the Queen's Silver Jubilee, a special day to celebrate 25 years for Elizabeth the Second as the Queen. You can go inside the towers to see videos and displays about the history of the bridge and how it works.

Unit 5: Stay in touch

4 What's the problem? S 2/16

Narrator: Dialogue 1
Gill: Where's Sam? He never turns his phone on!
Sara: I've texted him five times already. He's never on time.
Gill: He makes me crazy! We're *not* going to get the train on time. We've only got two minutes.
Narrator: Dialogue 2
Chris: Do you remember the race on Friday? Well, I was so upset! Someone posted a really embarrassing picture of me on the internet!
Terry: Who would do that? That's *really* bad.
Chris: I don't know what to do! How can I go to school tomorrow?
Narrator: Dialogue 3
Gill: Did you see Chloe's blog?
Sara: Yeah. She's lying about the play. She says that it was only wonderful because of her! She didn't even know her lines!
Gill: I know. She also says that no one else worked as hard as she did.
Sara: That's one big lie! Who does she think she is?

6 Sounds: [g] or [k]? S 2/17

Speaker: In spring they drink pink lemonade and sing happy songs.

9 No e-family S 2/17

Erin: Anna's family is very strict. She isn't even allowed to have a smartphone.
Harry: OK, but she's got a mobile phone that she can text on. I think it takes pictures too.
Erin: It's very, *very* old! Anyway, I don't think her parents are nice.
Harry: No, you're wrong! They're really nice. I went climbing with Anna and her parents one weekend, and we had a great time.
Erin: But they haven't even got a TV!
Harry: Well, I think they've got a computer that they can watch DVDs on.
Erin: And that's another thing. She's only allowed to use the computer for school work. She can't use social networking sites or forums.
Harry: I think she's allowed to write e-mails.
Erin: E-mails? Nobody writes e-mails anymore!
Harry: I do.
Erin: They haven't got any video games or anything you can play or have fun with!
Harry: But they usually have a good time doing lots of sports and outdoor activities. They're really into things like that.
Erin: Yeah, that's fine, but sometimes you just need to relax and do something on your own.
Harry: I think she reads books and listens to music on CDs.
Erin: That's not the same. She doesn't know about a lot of the stuff that we say to each other and all the cool video clips we send each other.
Harry: You girls just spend all your time sending selfies to each other.
Erin: That's not true! I go on this special animal rescue forum all the time. I also do lots of house designing.
Harry: … and you waste a lot of time taking stupid selfies to send your friends.
Erin: OK … sometimes I do. Anyway, I think that Anna's parents don't care about how she feels.
Harry: I think they're great and they *really* care about her!

Lösungen Diff pool (S. 108–127)

Unit 1: My friends and I

△ p. 108/1 Feelings
Erwartungshorizont:
1. *I feel nervous because there's a test in English tomorrow.*
2. *I feel excited because my team won a football match.*
3. *I feel bad because I forgot my homework again.* 4. *I feel good because I know all the answers in class today.* 5. *I feel shy because I'm the new student.* 6. *I feel bored because I'm alone and I don't know what to do.* 7. *I'm happy because I'm at the park and am playing with my friends.* 8. *I'm excited because I'm invited to meet my favourite star.* 9. *I'm nervous because I lost my lucky charm.* 10. *I'm embarrassed because I have chocolate on my white jeans and everyone can see it.*

▲ p. 108/2 Charity work
Lösungsvorschlag:
My talk is about a German charity. Its name is 'Kindernothilfe'. It's from Duisburg. The charity helps children in 29 countries all over the world. They also help the children's parents and their community. I'd like to make cakes with you to raise money to give to 'Kindernothilfe'.

△ p. 108/3 Irregular simple past forms
1. *did* 2. *got* 3. *brought* 4. *put* 5. *gave* 6. *was* 7. *came* 8. *wore* 9. *had* 10. *took*

△ p. 109/4 Sounds

[d]	[t]	[ɪd]
played *turned*	*stopped* *danced* *chased* *laughed* *watched* *looked* *jumped*	*acted* *collected* *wanted* *started*

△ p. 109/5 The star of the show
I ***did*** *lots of great tricks in the comedy show. First I* ***jumped*** *over a big box. Then I* ***ran*** *around and* ***chased*** *my tail. After that I* ***danced*** *on a skateboard, and when Olivia* ***started*** *to play the sax I also* ***sang****. The people* ***loved*** *it. They* ***laughed*** *and* ***clapped*** *and* ***gave*** *lots of money to Comic Relief. Luke and his friends* ***tried*** *to do* ***their*** *best too, but everybody's eyes* ***were*** *on me. I* ***felt*** *happy and proud – I* ***was*** *the real star of the show!*

△ p. 109/6 A report about a special activity
1. *These people sold old things on a flea market.* 2. *These people made cakes and biscuits and had a cake sale.* 3. *These people ran for charity. They found sponsors. They paid money per metre.* 4. *These people organised a talent show. They sold tickets and drinks in the break.*

△ p. 110/7 What they didn't do and what they did
1. A. *Tony didn't go swimming in the boating lake with Lou, he watched TV.*
   B. *Lou didn't watch TV, she went swimming in the boating lake.*
2. A. *Tony didn't play tennis with a friend, he slept on the sofa.*
   B. *Lou didn't sleep on the sofa, she played tennis with a friend.*
3. A. *Tony didn't buy cheese at Greenwich Market, he listened to music.*
   B. *Lou didn't listen to music, she bought cheese at Greenwich Market.*
4. A. *Tony didn't prepare dinner for his friends, he played a computer game.*
   B. *Lou didn't play a computer game, she prepared dinner for her friends.*

▲ p. 110/8 A perfect day
Individuelle S-Lösungen.

△ p. 110/9 The new forms
1. *bigger* 2. *big* 3. *nicer* 4. *more popular* 5. *funnier* 6. *funny* 7. *worse* 8. *faster* 9. *taller* 10. *more intelligent* 11. *faster*

△ p. 111/10 Say what's different
1. *Wales is smaller than England.* 2. *The weather today is worse than yesterday.* 3. *Route B is easier than Route A.* 4. *The courses aren't as expensive as most people think.* 5. *I'm not as nervous as I was about new challenges.*

△ p. 111/11 Who's the tallest?
Individuelle S-Lösungen.

▲ p. 111/12 The best thing ever
Lösungsvorschlag:
1. *The tastiest meal I ever had was a plate of spaghetti when I was on holiday in Rome. At home I enjoy eating hamburgers, but hamburgers aren't as tasty as that spaghetti. The plate of spaghetti was even tastier than the ice-cream I had as a dessert!* 2. *The funniest book I ever read was* The secret diary of Adrian Mole, aged 13 3/4. *It isn't as exciting as the Harry Potter books, but it's much funnier. Adrian Mole is a funny character. For example, his mother thinks his room is too tidy and is angry with Adrian. It's a great book.*

△ p. 111/13 The secret
Erwartungshorizont:

Luke: *Look! I think that window is open. Oh no, I can't reach it. Jay, can you help me up?*
Jay: *Yes, of course! Can you reach it?*
Dave: *Hey, here's another door! Do you think it's open?*
Luke: *Shshsh, quiet!*
Jay: *Don't make so much noise!*
Dave: *There's a light on! I think it's the window of the girls' room.*
Jay: *Let's throw a small stone!*

Olivia: *Who's there? Oh, it's you, boys! I thought I heard something. What are you doing out there?*
Luke: *There's no time to explain. We need to get inside! Can you help us, Olivia?*
Olivia: *But how? I can only open this window upstairs. The teachers are sleeping downstairs!*
Jay: *We can use this ladder to climb upstairs!*
Dave. *Great! I can climb up and then…*
Olivia: *… I can open the window!*
Luke: *Let's go!*

Unit 2 Let's discover TTS!

△ p. 112/1 This is a fantastic school!
Individuelle S-Lösungen.

△ p. 112/2 A school trip which was really cool
1. *whose* 2. *which/that* 3. *whose* 4. *who/that* 5. *whose* 6. *who/that*

△ p. 112/3 Contact clauses
1b) *Lots of children I know go to the museum.*
2a) *The art you can see all around our school gives us lots of ideas.*
3b) *I'm friends with lots of the students I see at Dance class.*
4a) *This is a website I use a lot for my homework.*
5a) *I think the school trips we go on are fun.*
6b) *Students I see from the car window often get there earlier than me!*

△ p. 113/4 Make one sentence from two
1. *At TTS there are lots of clubs and activities (which/that) you can do outside.* 2. *I'm playing tennis with a new friend who/that can run really fast!* 3. *Last lesson we watched a film which/that was really interesting.* 4. *In Drama Club we learn about different film stars (who/that) I like very much.* 5. *I can show you a cool wall painting (which/that) we made yesterday.* 6. *Do you know the new girl who/that is talking to Luke?*

▲ p. 113/5 Puzzles
a) 1. *which/that* 2. *which/that* 3. *who/that* 4. *which/that* 5. *whose* 6. *which/that*
b) Vgl. Lösungen unter der Aufgabe im SB.

△ p. 113/6 How to: Write prompt cards

Who:	*Mary/Christopher Wren (famous architect)*
What:	*liked the sea/wanted a hospital/hospital between her house and the river/queen was upset/Wren had a very good idea/cut the hospital in half*
Where:	*Greenwich*
When:	*1692*

▲ p. 114/9 School subjects
Individuelle S-Lösungen.

△ p. 114/10 The mice's Cooking Club
Present Progressive: 3. *are eating* 5. *are looking*
Past Progressive: 2. *was learning* 4. *were preparing*

▲ p. 115/11 Act it out and guess!
Individuelle S-Lösungen.

△ p. 115/12 When or while?
1. *when* 2. *When* 3. *while* 4. *While* 5. *when* 6. *While*

▲ p. 115/13 A crazy day at home
Lösungsvorschlag:
First, breakfast was crazy. While Mum was reading the newspaper, our dog was eating her breakfast! Then, while Mum and Dad were doing the dishes, we were making a mess in the kitchen. But when Dad came in, we were just talking to each other. When we were going for a walk with our dog in the afternoon, he ran after a cat. While we were watching TV in the evening, we saw our uncle on TV. He was taking part in a quiz show.

▲ p. 115/14 Write a dialogue
Lösungsvorschlag:
Mum: *You look **really** angry Luke. Is anything wrong?*
Luke: *I had an **absolutely awful** fight with Jay today.*
Mum: *What was the problem that made you **so angry**?*
Luke: *I had a **brilliant idea** for a competition, but Jay didn't want to work with me as a team, so now I am working alone. **That's it!***
Mum: *Oh, that's **very sad**. Can't you talk to him again?*
Luke: ***No way!** Now I **absolutely want** to win the competition alone!*

Unit 3 London is amazing!

△ p. 116/2 What are they going to do next week?
Dear Mum, I can't call you very often next week because I have so many plans! On Monday, Jay and I are going to go to the cinema. On Tuesday, Aunt Yasmin is going to go shopping with me – she's going to buy a London T-shirt for me. On Wednesday, I'm going to meet Jay's friends in the afternoon. And on Thursday, Shahid and I are going to visit the Cutty Sark. On Friday, Jay and I are going to have a sleepover at Luke's house.

△ p. 116/4 Guess my plans for tomorrow
1e) 2d) 3b) 4a) 5c)

▲ p. 117/6 A game: Why didn't you buy any food?
Individuelle S-Lösungen.

△ p. 117/7 Compound words with *some* and *any*
a) 1. *some* 2. *some* 3. *any* 4. *any* 5. *any* 6. *some*
b) 1. *any* 2. *any* 3. *some* 4. *some* 5. *some* 6. *any*

▲ **p. 118/8 Sherlock, you crazy dog!**
1. *Hi everyone, I hope you can manage without me!* 2. *I had to get to the station, so I didn't do everything before I left.* 3. *You needn't buy anything for dinner.* 4. *There's something in the fridge for you, please check.* 5. *I don't want to find any food on the sofa when I come back.* 6. *Everybody should clean up a bit.* 7. *Can someone please clean the windows?* 8. *Remember: someone must take Sherlock for a walk tomorrow morning.* 9. *Lots of love for everybody, Mum.*

(Die Sätze 6, 7 und 8 sind in der Reihenfolge vertauschbar.)

△ **p. 118/9 Complete the text**
1. *anybody* 2. *something* 3. *nothing* 4. *someone* 5. *everywhere* 6. *nobody* 7. *anywhere* 8. *anything* 9. *everything* 10. *everybody*

△ **p. 118/10 Adverbs**
1. *carefully* 2. *fast* 3. *slowly* 4. *clearly* 5. *politely* 6. *hard* 7. *nervously* 8. *happily*

△ **p. 119/12 Adjective or adverb?**
1. *When Amir came to London, he was* ***nervous*** *because he travelled alone. At Victoria Station he looked around* ***nervously*** *to find Jay and his aunt and uncle.* 2. *But he was also* ***excited****: Jay always talked so* ***excitedly*** *about all the things you can do in London!* 3. *Amir, Jay and his aunt and uncle went home by bus. The old London buses are very* ***slow****. They travel around the city very* ***slowly*** *so tourists can have a* ***good*** *look at all the sights. You can see them very* ***well*** *from the top of a real London bus.* 4. *On the bus, Amir smiled* ***happily****. A whole week in London! And he was* ***happy*** *to see his cousin and his family.*

▲ **p. 119/13 Adjective or adverb?**
Individuelle S-Lösungen.

▲ **p. 119/14 A treasure in the Thames**
Individuelle S-Lösungen.

Unit 4 Sport is good for you!

△ **p. 120/1 Talk about sports**
red cloud: tennis, judo, skating; green cloud: karate, gymnastics, dancing (hip hop, ballet)

▲ **p. 120/2 Have you really done that?**
Individuelle S-Lösungen.

△ **p. 120/3 Great runners**
1. *have you written an e-mail to* 2. *haven't got* 3. *have found* 4. *Have they won* 5. *have never heard* 6. *have run* 7. *has won* 8. *hasn't won* 9. *Have you checked* 10. *have copied* 11. *haven't had* 12. *have looked*

▲ **p. 121/4 Write a profile about Brandon**
Lösungsvorschlag:
Have you ever heard about Brandon Fairchild? I've just seen him in his latest movie. He is beautiful. He always wears his cool black sunglasses. He has just got the award for 'Coolest Actor'. He's very rich and many girls would love to be his girlfriend, but he has never had a famous girlfriend. I know that he has already bought a cool house in Hollywood, but that he hasn't found a new house in London yet. He has even got a private jet and he has already travelled around the world in it! He loves travelling. That's why he's going to buy his own ship. He has acted in so many great films already. He's going to win an Oscar soon!

△ **p. 122/7 Boys' Day**
1. *haven't told* 2. *have* 3. *talked* 4. *did you say* 5. *has bought* 6. *thought* 7. *did Luke say* 8. *told* 9. *has already asked* 10. *has just given* 11. *did* 12. *Have you asked* 13. *haven't* 14. *didn't ask*

▲ **p. 122/8 A game: Who is it?**
Individuelle S-Lösungen (vgl. Beispiel auf S. 146).

△ **p. 123/10 What's the person like?**
Positive: *brave, fast, polite, clever, careful, helpful, funny, interesting, great, good, confident, friendly, popular, nice*
Negative: *unfriendly, stupid, crazy, silly, boring, awful*

△ **p. 123/11 Useful phrases from the story**
1. *means a lot* 2. *too bad* 3. *don't call* 4. *feels so* 5. *nervous*

▲ **p. 123/12 A game: Frozen image!**
Individuelle S-Lösungen.

Unit 5 Stay in touch

△ **p. 124/1 Media collocations**
Vgl. Übersicht S. 227.

▲ **p. 124/2 Ruby's answer**
Individuelle S-Lösungen.

△ **p. 124/3 Using linking words: Tony and his phone**
1. *We often saw each other* ***before*** *he got a new smartphone for his birthday* 2. *Tony can't leave his smartphone alone for a minute* ***because*** *he's really into texting.* 3. ***When*** *I wanted to go to the cinema with him, he said "yes".* 4. *At the cinema, someone said, "You must turn off your phone* ***because*** *the film is starting."* 5. ***When/after*** *Tony heard that, he was shocked.* 6. ***Whenever/As soon as*** *a phone rings at the cinema, it makes other people angry.*

△ **p. 125/4 A game: Who's the fastest?**
Individuelle S-Lösungen.

▲ p. 125/5 A game: You can hear the difference, can't you?
Individuelle S-Lösungen.

△ p. 126/8 The older you are, the more you can do …
When Olivia was four, she wasn't able to go cycling. Now she can. When Olivia was four, she didn't have to go shopping. Now she has to go shopping with her mum. When Olivia was four, she didn't have to go to school. Now she must go to school. When Olivia was four, she didn't have to do any homework. Now she has to do a lot of homework for school. When Olivia was four, she didn't have to help her mum in the kitchen. Now she always has to help her. When Olivia was four, she wasn't allowed to watch TV in the evening. Now she can. When Olivia was four, she wasn't able to make models. Now she loves to make models. When Olivia was four, she wasn't allowed/wasn't able to join a social network. Now she can join social networks. When Olivia was four, she wasn't allowed to have a sleepover. Now she can have sleepovers.

△ p. 126/9 'Fun' in Scotland
1. *wasn't allowed to* 2. *were able* 3. *were allowed/were able* 4. *weren't allowed* 5. *had* 6. *weren't allowed* 7. *had* 8. *weren't able*

▲ p. 126/10 Giving and taking advice
Individuelle S-Lösungen.

△ p. 127/11 You could do that, but I think you should …
1. *You could use mine.* 2. *You should buy a new one.* 3. *You shouldn't post private photos.* 4. *I could check it.* 5. *You should/could try both.* 6. *You could/should tell her you're sorry.* 7. *You could write something interesting/exciting.*

▲ p. 127/12 Media mad
Individuelle S-Lösungen.

Textquellennachweis
289.1 www.wales.com © Crown Copyright / Her Majesty's Stationery Office

Bildquellennachweis

10.1 Thinkstock (Jupiterimages), München; **10.2** February Films (Elke Bock), London; **10.3** February Films (Andrew Kemp), London; **10.4** Klett-Archiv (Weccard), Stuttgart; **10.5** Avenue Images GmbH (Photo Alto), Hamburg; **11.1** shutterstock.com (Erika Cross), New York, NY; **11.2** iStockphoto (Kemter), Calgary, Alberta; **11.3** iStockphoto (Bobbie Osborne), Calgary, Alberta; **11.4** February Films (Andrew Kemp), London; **11.5** February Films (Elke Bock), London; **11.6** February Films (Elke Bock), London; **11.7** February Films (Andrew Kemp), London; **11.8** February Films (Elke Bock), London; **11.9** February Films (Elke Bock), London; **11.10** February Films (Elke Bock), London; **12.1** February Films (Andrew Kemp), London; **12.2** February Films (Andrew Kemp), London; **12.3** February Films (Andrew Kemp), London; **12.4** February Films (Andrew Kemp), London; **248.1** Thinkstock (Pere Sanz), München; **248.2** shutterstock.com (Mark William Penny), New York, NY; **248.3** Mauritius Images (Alamy), Mittenwald; **250.1** iStockphoto (rypson), Calgary, Alberta; **250.2** iStockphoto (KatarzynaBialasiewicz), Calgary, Alberta; **250.3** Thinkstock (AlexBrylov), München; **251.1** shutterstock.com (pchais), New York, NY; **251.2** 123rf (Tobias Arhelger), Nidderau; **251.3** 123rf (Tobias Arhelger), Nidderau; **251.4** Corel Corporation Deutschland, Unterschleissheim; **251.5** shutterstock.com (Arseniy Krasnevsky), New York, NY; **251.6** shutterstock.com (Sunny Forest), New York, NY; **254.1** Casio GmbH, Norderstedt; **254.2** Casio GmbH, Norderstedt; **256.1** Casio GmbH, Norderstedt; **256.2** Casio GmbH, Norderstedt; **256.3** Casio GmbH, Norderstedt; **256.4** Casio GmbH, Norderstedt; **256.5** Casio GmbH, Norderstedt; **256.6** Casio GmbH, Norderstedt; **257.1** Thinkstock (Hemera), München; **257.2** Getty Images (Blend Images), München; **257.3** iStockphoto (Berc), Calgary, Alberta; **258.1** iStockphoto (erikreis), Calgary, Alberta; **260.1** February Films, London; **262.1** Corbis (Russ Einhorn/Splash News), Berlin; **262.2** Corbis (Rune Hellestad), Berlin; **262.3** Corbis (infuslv-07/INFphoto. com), Berlin; **262.4** Ullstein Bild GmbH (Prisma/TPX), Berlin; **262.5** Corbis (infuklo-116/117/INFphoto. com), Berlin; **262.6** Ullstein Bild GmbH (Imagno), Berlin; **262.7** Getty Images (Evrim Aydin/Anadolu Agency), München; **262.8** Getty Images (Popperfoto), München; **274.1** shutterstock.com (LDprod), New York, NY; **274.2** Thinkstock (evgenyatamanenko), München; **274.3** shutterstock.com (Brian A Jackson), New York, NY; **274.4** Fotolia.com (Monkey Business), New York; **274.5** shutterstock.com (Eric Isselee), New York, NY; **274.6** iStockphoto (zeljkosantrac), Calgary, Alberta; **274.7** shutterstock.com (Eugenio Marongiu), New York, NY; **274.8** shutterstock.com (Voronin76), New York, NY; **277.1** iStockphoto (Reimphoto), Calgary, Alberta; **277.2** iStockphoto (oleg66), Calgary, Alberta; **277.3** iStockphoto (Rich Legg), Calgary, Alberta; **277.4** iStockphoto (PeopleImages), Calgary, Alberta; **277.5** Getty Images (martin leigh), München; **278.1** February Films, London; **278.2** February Films, London; **278.3** February Films, London; **278.4** February Films, London; **290.1** iStockphoto (Alenmax), Calgary, Alberta; **290.2** shutterstock.com (Cedric Weber), New York, NY; **290.3** iStockphoto (Aidas85), Calgary, Alberta; **290.4** shutterstock.com (Francesco Carucci), New York, NY; **290.5** shutterstock.com (Maksym Gorpenyuk), New York, NY; **291.1** February Films, London; **291.2** February Films, London; **291.3** February Films, London; **291.4** February Films, London; **291.5** February Films, London; **291.6** February Films, London; **291.7** February Films, London; **291.8** February Films, London; **291.9** February Films, London; **295.1** Thinkstock (damedeeso), München; **295.2** iStockphoto (stevecoleimages), Calgary, Alberta; **295.3** shutterstock.com (kryzhov), New York, NY; **295.4** Thinkstock (XiXinXing), München; **295.5** iStockphoto (ballero), Calgary, Alberta; **295.6** shutterstock.com (Jacob Lund), New York, NY; **299.1** February Films (Andrew Kemp), London; **299.2** February Films (Andrew Kemp), London; **299.3** February Films (Andrew Kemp), London; **299.4** February Films (Andrew Kemp), London; **303.1** Thinkstock (Bananastock), München; **304.1** February Films (Andrew Kemp), London; **305.1** shutterstock. com (Monkey Business Images), New York, NY; **305.2** shutterstock.com (pisaphotography), New York, NY; **305.3** iStockphoto (Andrew Cribb), Calgary, Alberta; **305.4** iStockphoto (tupungato), Calgary, Alberta; **308.1** February Films, London; **308.2** February Films, London; **308.3** February Films, London; **308.4** February Films, London; **308.5** February Films, London; **308.6** February Films, London; **309.1** February Films, London; **309.2** February Films, London; **311.1** February Films (Andrew Kemp), London; **312.1** shutterstock.com (pcruciatti), New York, NY; **318.1** iStockphoto (s-c-s), Calgary, Alberta; **318.2** Thinkstock (Gene Krebs), München; **318.3** Avenue Images GmbH (image 100), Hamburg; **318.4** iStockphoto (SolStock), Calgary, Alberta; **318.5** Fotolia.com (Nikolay Pozdeyev), New York; **322.1** February Films (Andrew Kemp), London; **324.1** iStockphoto (SolStock), Calgary, Alberta; **325.1** Mauritius Images (Alamy), Mittenwald; **328.1** February Films, London; **328.2** February Films, London; **328.3** February Films, London; **339.1** Alamy Images (martin phelps), Abingdon, Oxon; **342.1** iStockphoto (RF), Calgary, Alberta; **342.2** Fotolia.com (konstan), New York; **342.3** Thinkstock (Wavebreak Media), München; **342.4** Klett-Archiv (Kreaktor GmbH), Stuttgart; **342.5** shutterstock.com (pdesign), New York, NY; **352.1** February Films, London; **352.2** February Films, London; **352.3** February Films, London; **352.4** February Films, London; **353.1** February Films, London; **353.2** February Films, London; **353.3** February Films, London; **353.4** February Films, London; **368.1** shutterstock.com (Zzvet), New York, NY; **380.1** iStockphoto (JoseASReyes), Calgary, Alberta; **381.1** Getty Images (Ken Hermann/Stone), München; **390.1** shutterstock.com (Featureflash), New York, NY; **390.2** Corbis (Katy Winn), Berlin; **390.3** Corbis (Guy Corbishley/Demotix), Berlin; **390.4** Ullstein Bild GmbH (Reuters), Berlin; **390.5** Alamy Images (newsphoto), Abingdon, Oxon; **390.6** Corbis (Debby Wong), Berlin

Sollte es in einem Einzelfall nicht gelungen sein, den korrekten Rechteinhaber ausfindig zu machen, so werden berechtigte Ansprüche selbstverständlich im Rahmen der üblichen Regelungen abgegolten.